한 권으로 끝내는
DELF

최신 출제 경향으로
영역별 완벽 대비!

B2

한 권으로 끝내는
DELF B2

초판 1쇄 발행 2021년 11월 18일
초판 7쇄 발행 2025년 11월 14일

지은이 정일영
펴낸곳 (주)에스제이더블유인터내셔널
펴낸이 양홍걸 이시원

홈페이지 www.siwonschool.com
주소 서울시 영등포구 영신로 166 시원스쿨
교재 구입 문의 02)2014-8151
고객센터 02)6409-0878

ISBN 979-11-6150-559-6
Number 1-521106-03033100-04

이 책은 저작권법에 따라 보호받는 저작물이므로 무단복제와 무단전재를 금합니다. 이 책 내용의 전부 또는 일부를 이용하려면 반드시 저작권자와 ㈜에스제이더블유인터내셔널의 서면 동의를 받아야 합니다.

프랑스어 능력시험 대비

한 권으로 끝내는
DELF

최신 출제 경향으로
영역별 완벽 대비!

B2

S 시원스쿨닷컴

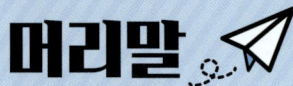

머리말

Bonjour tout le monde ! 여러분 안녕하세요!
시원스쿨 델프의 신 정일영입니다.

프랑스는 세계를 주도하는 대표적인 국가 중 하나로 다양한 방면에서 세계적 강국의 위상을 가지고 있습니다. 또한 프랑스어는 많은 국제 기구에서 영어와 더불어 공식 언어로 사용되고 있으며 특히 유럽 연합 이후 프랑스는 유럽 대륙을 이끌어 가는 나라라는 점에서 프랑스어를 배우는 것은 큰 강점이 될 수 있습니다. 이러한 이유로 프랑스어를 모국어로 사용하거나 공용어로 사용하는 프랑스어권 국가들뿐만 아니라 많은 나라가 프랑스어에 대해 높은 관심을 가지고 있습니다.

CIEP가 주관하는 프랑스어 능력 시험 DELF(Diplôme d'études en langue française)는 164개국, 1,000개 이상의 센터에서 시행되고 있는데, 특히 우리나라의 경우 응시율이 매우 높은 것으로 알려져 있습니다. 프랑스 유학을 준비하는 학생들은 대학 혹은 대학원 입학을 위해서 DELF 자격증이 필수적입니다. 프랑스어를 전공하는 학생들에게 졸업 필수 요건으로 일정 수준 이상의 DELF 자격증을 갖출 것을 요구하는 대학들도 늘어나는 추세입니다. 또한 프랑스어 관련 기업들의 경우 직원 채용 시 DELF 자격증을 요구하기도 합니다. 이 밖에도 여러 가지 이유로 프랑스어를 공부하는 많은 분들이 자신의 프랑스어 능력을 평가하거나 실력을 더욱 높이기 위해 DELF에 응시하고 있습니다.

이 책에서 다루는 B2 단계는 DELF의 4가지 단계 중 4번째 단계로, 프랑스어 중고급 수준입니다. 이는 자신의 전문 분야 및 복잡한 말의 구체적이고 추상적인 내용을 이해할 수 있을 뿐만 아니라, 다양한 주제에 대한 명확하고 자세한 자신의 생각을 말할 수 있으며 시사 이슈에 대한 자신의 견해 및 여러 관점의 장단점을 표현할 수 있는 수준입니다.

이러한 B2 단계에 도달하기 위해서는 약 600~650 시간의 실용 학습이 필요하다고 명시되어 있습니다. DELF 시험은 듣기, 독해, 작문, 구술로 영역을 나누어 각 영역을 전문적으로 평가하므로, 영역별 유형을 정확하게 파악하고 전략적으로 접근해야 합니다. 따라서 본서는 실제 시험에 최대한 근접한 유형의 문제들로 구성하였으며 유형별, 문항별로 상세한 풀이 요령과 해설을 제공합니다.

세계 공용어로서의 위상을 가지고 있는 프랑스어는 응시자 여러분의 경쟁력을 극대화할 수 있는 효과적인 수단이 될 것입니다. DELF 감독관을 10년간 역임하면서, 시험 출제 경향을 분석하여 DELF를 준비하는 학생들에게 보다 높은 적중률과 합격증 취득의 기쁨을 선사하기 위해 이 책을 집필하였습니다. 비록 부족한 점이 있겠지만 감히 '델프의 신'이라 자부하며 이 책이 프랑스어를 공부하는 여러분들께 많은 도움이 되기를 바랍니다. 마지막으로 부족한 저의 뒷바라지를 해 주신 어머니 남궁염 님과 훌륭한 책을 만들기 위해 노력해 주신 시원스쿨 이진경, 박윤수, 김지언 님께 감사드립니다.

Je vous soutiens de tout mon cœur !
여러분을 진심으로 응원합니다!

DELF B2 목차

- 머리말 004
- DELF란 어떤 시험일까요? 008
- 접수부터 성적 확인까지 010
- DELF B2은 어떻게 준비해야 할까요? 012
- 시험 당일 주의 사항 013
- 이 책의 구성과 특징 014
- 나에게 맞는 강의를 만나 보세요! 016

I. Compréhension de l'oral 듣기평가 ▷ 완전 공략 X 실전 연습 X 해설

EXERCICE 1	인터뷰를 듣고 문제에 답하기	022
EXERCICE 2(1)	인터뷰를 듣고 문제에 답하기	114
EXERCICE 2(2)	르포를 듣고 문제에 답하기	176

듣기평가 新 유형 ▷ 완전 공략 X 실전 연습 X 해설

新 유형 개정 GUIDE		204
EXERCICE 3	최신 유형 5 set로 끝장내기	206

II. Compréhension des écrits 독해 평가 ▷ 완전 공략 X 실전 연습 X 해설

EXERCICE 1	정보 전달을 목적으로 하는 글 읽고 답하기	256
EXERCICE 2	설득을 목적으로 하는 글 읽고 답하기	326

독해 평가 新 유형 ▷ 완전 공략 X 실전 연습 X 해설

EXERCICE 3	최신 유형 5 set로 끝장내기	402

III. Production écrite 작문 평가 ▷ 완전 공략 × 실전 연습 × 해설

EXERCICE 1 의견 표명하기 ·· **436**

IV. Production orale 구술 평가 ▷ 완전 공략 × 실전 연습 × 해설

EXERCICE 1 기사 읽고 요약 후 자신의 태도 표명하기 ·· **532**

〈부록〉

- **Compréhension de l'oral** 듣기 영역 원어민 MP3 파일 (新 유형 MP3 파일 포함)
- **Production orale** 구술 영역 원어민 MP3 파일
- **DELF 가이드북** (온라인 제공)

DELF란 어떤 시험일까요?

**DELF
자격증 소개**

DELF(Diplôme d'études en langue française)는 국제적으로 통용되는 프랑스어 공인 인증 자격증으로, 프랑스 교육부가 자격증을 발급하고 있습니다. DELF는 유럽 공용 외국어 등급표에 따라 A1, A2, B1, B2의 단계로 나뉘며 (C1, C2는 DALF), 시험은 각 단계별로 나뉘어 치러집니다.

**DELF
시험 시행 기관**

DELF와 DALF 시험은 CIEP(Centre international d'études pédagogiques)에서 문제를 출제 및 채점합니다. 우리나라에서는 주한 프랑스 문화원이 시험을 총괄하면서 서울 시험을 진행하고 있으며, 서울 이외의 인천, 대전, 대구, 광주, 부산은 Alliance Française(알리앙스 프랑세즈)가 진행합니다.

**DELF
자격증 유효 기간**

DELF 자격증은 한 번 취득하면 평생 유효합니다. DELF 시험은 이전 단계 자격증 취득 여부와 상관없이 원하는 단계에 응시할 수 있으며, 동시에 여러 단계에 응시할 수도 있습니다. 한 단계에 합격하기까지 여러 차례 응시할 수 있으며, 앞으로는 합격 후에도 동일한 단계에 재시험을 보는 것이 가능하다고 합니다.

**DELF
자격증 활용도**

DELF 자격증을 취득할 경우, 국내 주요 대학 입학 시 가산점을 받을 수 있으며 대학교 졸업 시 논문을 면제받을 수 있습니다. 또한 프랑스 또는 프랑스어권 국가의 대학 및 대학원은 B2 이상의 성적을 요구하기도 합니다. 국내에서 프랑스 관련 업무를 하는 기업체의 경우 직원 채용 시 DELF 자격증이 있을 경우 가산점을 부여하고 있습니다.

DELF 레벨

DELF, DALF는 유럽 공용 외국어 등급표의 단계에 따라 6단계로 분류되어 있으며, 청취, 독해, 작문, 구술의 네 가지 영역으로 나누어 평가합니다.

DELF A1 (낮은 수준)

입문 단계 (약 90시간의 실용 학습)
국적, 나이, 사는 곳, 학교에 대한 질문을 이해하고 답변할 수 있습니다. 일상적이고 친숙한 표현을 이해하고 사용할 수 있는 수준입니다.

DELF A2

초보 단계 (약 150~200시간의 실용 학습)
개인과 가족에 대한 간단한 정보, 주변 환경, 일, 구매 등에 대한 표현을 이해할 수 있습니다. 친숙하고 일상적인 주제에 대해 단순하고 직접적인 정보 교환을 할 수 있는 수준입니다.

DELF B1

실용 구사 단계 (약 400시간의 실용 학습)
명확한 표준어를 구사한다면 일, 학교, 취미 등에 대한 내용을 이해합니다. 관심사에 대해 간단하고 논리적인 말을 할 수 있고, 프로젝트나 견해에 대해 간략하게 설명할 수 있는 수준입니다.

DELF B2

독립 구사 단계 (약 600~650시간의 실용 학습)
구체적이거나 추상적인 내용을 이해합니다. 시사를 비롯한 다양한 주제에 대해 명확하고 자세하게 자신의 생각을 밝힐 수 있는 수준입니다.

DALF C1

자율 활용 단계 (약 800~850시간의 실용 학습)
길고 어려운 텍스트 및 함축적인 표현을 파악합니다. 복잡한 주제에 대해 명확하고 짜임새 있게 자신의 생각을 전달할 수 있는 수준입니다.

DALF C2 (높은 수준)

완성 단계 (약 900시간 이상의 실용 학습)
어려움 없이 듣고 읽을 수 있습니다. 즉석에서 자신의 생각을 자연스럽고 명확하게 표현할 수 있고, 복잡한 주제에 대한 미세한 뉘앙스도 파악할 수 있는 수준입니다.

접수부터 성적 확인까지

시험 일정

시험 일정은 해마다 조금씩 다르므로 매년 알리앙스 프랑세즈 사이트를 참고할 것을 권장합니다.

일정	단계	시험 날짜	접수 기간	시행 지역
3월	DELF B1, B2	3월 2일(토) 3월 3일(일)	2024년 1월 15일 - 1월 31일	서울, 부산, 대전, 광주, 인천, 대구
3월	DELF A1, A2	3월 16일(토) 3월 17일(일)	2024년 1월 15일 - 1월 31일	서울, 부산, 대전, 광주, 인천, 대구
3월	DALF C1	3월 16일(토) 3월 17일(일)	2024년 1월 15일 - 1월 31일	서울, 대전, 대구, 광주
3월	DALF C2		2024년 1월 15일 - 1월 31일	부산
5월	DELF B1, B2	5월 11일(토) 5월 12일(일)	2024년 4월 1일 - 4월 12일	서울, 부산, 대전, 광주, 인천, 대구
5월	DELF A1, A2	5월 25일(토) 5월 26일(일)	2024년 4월 1일 - 4월 12일	서울, 부산, 대전, 광주, 인천, 대구
5월	DALF C1	5월 25일(토) 5월 26일(일)	2024년 4월 1일 - 4월 12일	대전, 인천
5월	DALF C2		2024년 4월 1일 - 4월 12일	서울
9월	DELF B1, B2	9월 7일(토) 9월 8일(일)	2024년 7월 29일 - 8월 9일	서울, 부산, 대전, 광주, 인천, 대구
11월	DELF B1, B2	11월 2일(토) 11월 3일(일)	2024년 9월 23일 - 10월 4일	서울, 부산, 대전, 광주, 인천, 대구
11월	DELF A1, A2	11월 16일(토) 11월 17일(일)	2024년 9월 23일 - 10월 4일	서울, 부산, 대전, 광주, 인천, 대구
11월	DALF C1	11월 16일(토) 11월 17일(일)	2024년 9월 23일 - 10월 4일	서울, 부산
11월	DALF C2		2024년 9월 23일 - 10월 4일	대전

(2024년 기준)

시험 접수

DELF 시험 접수는 알리앙스 프랑세즈 홈페이지(https://www.delf-dalf.co.kr/ko/)에서 온라인으로만 가능하며, 접수 기간은 접수 시작일 17시부터 접수 마감일 17시까지(입금 완료에 한해)입니다.

알리앙스 프랑세즈 사이트 회원가입 / 로그인 ▶ 시험 접수 및 원서 작성 ▶시험 선택(시험 종류, 단계, 응시 지역 선택) ▶ 응시료 결제 ▶ 접수 완료

시험 진행

듣기, 독해, 작문 [토요일 시행]

시험	시간
A1	09:00~10:40
A2	11:20~13:20
B1	13:50~16:10
B2	09:10~12:00

구술 [일요일 시행]

시험	시간	소요 시간
A1	09:00~11:00	준비 시간 약 10분 / 시험 시간 약 5~7분
A2	10:30~13:00	준비 시간 약 10분 / 시험 시간 약 6~8분
B1	09:00~12:00	준비 시간 약 10분 / 시험 시간 약 15분
B2	12:00~19:00	준비 시간 약 30분 / 시험 시간 약 20분

응시료

2024년 기준 응시료는 다음과 같습니다.

레벨	응시료
A1 일반/주니어	₩ 147,000 / 132,000
A2 일반/주니어	₩ 163,000 / 146,000
B1 일반/주니어	₩ 258,000 / 232,000
B2 일반/주니어	₩ 279,000 / 251,000

시험 결과 발표

결과는 보통 시험일로부터 한 달 후에 알리앙스 프랑세즈 홈페이지에서 로그인 후 마이페이지 시험 결과에서 확인할 수 있습니다. 합격 여부에 대한 전화 및 이메일 문의는 불가능합니다.

합격증, 자격증 발급

합격증(Attestations de réussite)은 합격자 발표일로부터 약 2주 후에, 자격증(Diplômes)은 합격자 발표일로부터 약 4개월 후에 발급되며 재발급은 불가능합니다. 합격증 및 자격증은 응시 지역의 알리앙스를 직접 방문하여 수령해야 하며, 수령 시 응시자는 본인의 신분증 원본을 지참하고, 수험 번호도 꼭 알고 있어야 합니다.

DELF B2는 어떻게 준비해야 할까요?

점수 기준

DELF B2 시험은 총 4개 영역(듣기, 독해, 작문, 구술)으로 구성되어 있으며, 구술을 제외한 3개 영역은 토요일, 구술은 일요일에 치러집니다.

* 합격을 위한 최소 점수: 100점 중 50점
* 영역별 취득하여야 할 최소 점수: 25점 중 5점

시험 구조

영역	소요 시간 (총 3시간 20분)	만점 100점
청취 · 두 종류의 녹음 내용 듣고 문제 풀기	약 30분	25점 만점
독해 · 두 종류의 지문 읽고 문제 풀기 - 정보 전달을 목적으로 하는 글 읽고 문제에 답하기 - 설득을 목적으로 하는 글 읽고 문제에 답하기	60분	25점 만점
작문 · 개인적 의견 표명하기	60분	25점 만점
구술 · 르포를 읽고, 그에 대한 개인적 견해 표현하기	약 50분 (준비 시간 30분)	25점 만점

시험 당일 주의 사항

꼭 기억해 두세요!

☑ 듣기 평가가 시작되면 고사실에 입실할 수 없으며, 응시료 또한 환불되지 않습니다. 구술 시험의 경우 준비 시간 또한 시험의 일부이므로 준비 시간을 거치지 않으면 시험을 볼 수 없습니다.

☑ 신분증, 수험표, 필기도구를 반드시 준비해야 합니다.

☑ 신분증과 수험표는 토, 일 양일간 반드시 소지하여야 합니다. 수험표에 기재된 수험 번호로 고사장 자리를 확인하며, 구술 시험 시 수험표에 도장도 받아야 합니다.
  * 인정되는 신분증: 주민등록증, 유효 기간이 지나지 않은 여권, 운전면허증(델프 주니어 응시자 – 사진 부착, 이름과 생년월일 기재, 델프 프림 응시자 – 기본 증명서 또는 가족 관계 증명서)
  * 인정되지 않는 신분증: 도서관증, 사원증, 신용 카드, 교통 카드, 등본, 학생증
  * 시험 현장에서 수험표 출력 불가능

☑ 볼펜(검정색이나 파란색 볼펜)을 꼭 챙겨야 합니다. 연필 또는 샤프 사용 시 채점되지 않으므로 유의해야 합니다. 수정액 및 수정 테이프도 사용할 수 있습니다.

☑ 책상에는 신분증, 수험표, 볼펜만 놓아둘 수 있으며 메모지, 책, 사진, 타블렛 PC, 스마트 워치 등 모든 전자 기기의 사용은 금지됩니다.

☑ 화장실은 시험 전에 다녀와야 합니다. 부득이하게 화장실에 가야 하는 경우 감독관이 동행합니다.

☑ 시험지는 감독관의 허락 전까지 열람할 수 없습니다.

☑ 시험지는 반출이 불가능합니다.

이 책의 구성과 특징

책의 구성

STEP 1. 출제 가이드 및 영역별 유형 파악

* 각 영역별(듣기, 독해, 작문, 구술)로 전반적인 가이드 라인을 제시합니다. 10년간의 DELF 감독관 경험을 토대로 실제 시험이 어떻게 출제되며, 어떻게 시험을 준비해야 하는지 안내합니다.

* 영역별 분석, 파트별 문제 유형과 학습 방법을 제시합니다. 영역별 문제 유형 및 풀이 방법을 파악하면 보다 전략적인 시험 대비가 가능하고, 고득점으로 합격할 수 있습니다.

STEP 2. 완전 공략 및 실전 연습문제

* 각 영역의 완전 공략을 위해 파트별 핵심 포인트, 빈출 주제에 대해 설명합니다. 여기에 더해 고득점 전략까지 제시함으로써 문제 풀이에 실질적인 도움이 되도록 하였습니다.

* 공략법을 익힌 후, 파트별 실전 연습 문제를 풀어 봄으로써 실전에 대비합니다.

* 지문에 대한 정확한 번역뿐만 아니라 자세한 문제 분석과 전략적인 풀이 요령을 제시하여, 문제 해결 능력을 향상시켜 줍니다.

STEP 3. 구술 영역 대비를 위한 원어민 MP3

* 구술 영역 모범 답안을 mp3 파일로 제작하여, 응시자들이 가장 부담스러워하는 구술 영역을 실제 시험장과 같은 분위기에서 연습할 수 있도록 하였습니다. 정확한 발음과 속도로 녹음된 모범 답안을 통해 응시자들은 원어민의 발음, 억양, 속도를 학습하고, 원어민과의 대화를 반복 훈련할 수 있으므로 듣기와 회화 실력까지 고루 상승됩니다.

책의 특징

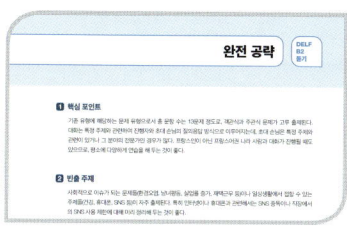

문제 유형별 풀이 전략
문제 유형별로 핵심 포인트, 빈출 주제, 고득점 전략을 제시합니다. 영역별, 문제 유형별 풀이 전략을 통해 실질적인 문제 해결 방법을 익힐 수 있습니다.

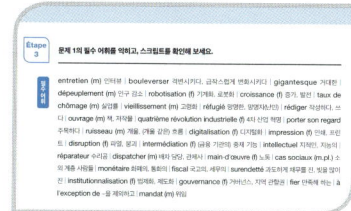

필수 어휘와 숙어
외국어 능력의 핵심은 어휘와 숙어라고 해도 과언이 아닙니다. 지문 속 어휘와 숙어를 제시해 사전 찾을 시간을 줄여 줍니다.

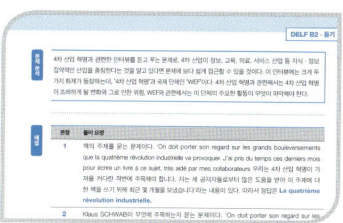

문제 분석
문제에 대한 전반적인 총평을 제시합니다. 문제에서 묻고 있는 것은 무엇인지, 어떤 부분에 초점을 맞추며 문제를 풀어야 하는지 안내합니다.

보기항별 해설
문제 보기항별로 해설을 달아 각각이 답이 되는 이유와 답이 되지 않는 이유를 분석합니다. 답이 되는 근거를 찾는 연습을 반복하면서 문제 풀이 전략을 학습합니다.

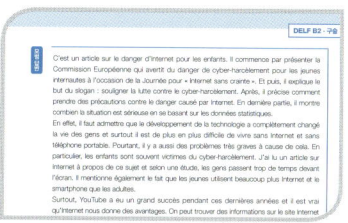

모범 답안
작문과 구술 영역은 모범 답안을 제시해 시험에서 실질적인 도움이 되도록 합니다.

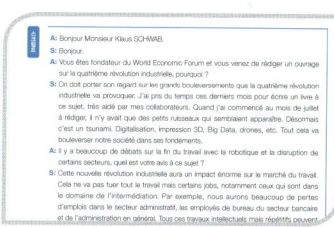

원어민 음성의 MP3
듣기와 구술 영역은 원어민이 녹음한 음성 MP3를 제공합니다. 스크립트를 보며 원어민의 정확한 발음을 함께 익힐 수 있습니다.

DELF 가이드북 (온라인 제공)
응시자들이 꼭 알아야 할 DELF 시험 관련 정보, B2에 특화된 공략법, 현지 DELF 채점관 겸 감독관인 저자만이 제공할 수 있는 핵심 노하우를 모두 담았습니다.

나에게 맞는 강의를 만나 보세요!

난이도	A0	A1	A2
왕초보	왕초보 탈출 1탄	왕초보 탈출 2탄	왕초보 탈출 3탄
왕초보	15분 완성 발음 특강		
문법		NEW 프랑스어 기초 문법	NEW 프랑스어 기초 문법
회화		기초 회화 1탄	기초 회화 2탄
회화		NEW 프랑스어 기초 회화	NEW 프랑스어 기초 회화
회화			리얼 프랑스어
원어민		Atelier français (FR)	Atelier français (FR)
원어민			원어민이 알려주는 네이티브 표현 TOP 50
어휘	왕초보 어휘 마스터	포인트 테마 어휘	포인트 테마 어휘
표현		여행 프랑스어	여행 프랑스어
패턴		프랑스어 패턴	프랑스어 패턴
듣기		프랑스어 듣기 (A1-A2)	프랑스어 듣기 (A1-A2)
작문			프랑스어 초중급 작문
독해			동화로 배우는 프랑스어
DELF		DELF A1	DELF A2
DELF			DELF A2 말하기 (FR)
DELF			틀리기 쉬운 DELF 문법
FLEX			
스크린			

시험 강의 외에도 **DELF** 준비에 도움이 될 수 있는 아래의 강의를 참고하세요.

B2 대비: 중고급 문법 완성, 레벨UP! 프랑스어 회화, 고급 문법 작문

B1	B2	C1
초중급 핵심 문법	중고급 문법 완성	고급 문법(C1~C2)
톡톡! 실전회화	레벨UP! 프랑스어 회화	
	리얼 현지 회화 (FR)	
		미술 작품으로 배우는 프랑스어 (FR)
	중급 어휘 마스터	
쏙쏙 동사 마스터		
	프랑스어 듣기 (B1-B2)	
중급 문법 작문	고급 문법 작문	
		시사독해와 작문
DELF B1	DELF B2	
DELF B1 말하기 (FR)		
FLEX UP 프랑스어		
영화로 배우는 프랑스어 <사랑은 부엉부엉>		
영화로 배우는 프랑스어 <카페 벨에포크>		

*(FR) 표시된 강의는 원어민 강의입니다.

Compréhension de l'oral

1 듣기 완전 분석

B2 듣기 영역의 문제 유형은 총 2개로 구분된다(2023년부터 본격적으로 바뀌는 시험에서는 3개 유형으로 늘어나고, 지문의 개수는 5개가 될 것으로 추정, 주관식 문제는 폐지됨). 첫 번째 유형은 발표, 콘퍼런스, 담화, 문서 자료, 라디오 또는 텔레비전, 인터넷 방송에서 나오는 녹음 내용을 듣고 질문에 답하는 방식으로 진행된다(2번 들려줌, 13문제). 두 번째 유형은 특정 주제와 관련한 인터뷰, 혹은 르포를 듣고 질문에 답하는 방식이다(1번만 들려줌, 7~8문제).

듣기 영역의 경우 EXERCICE 1과 2로 구분하여 제시하고 있으나 실제로는 거의 인터뷰만 출제되고 있다. 새로운 시험에서, EXERCICE 1은 기존과 동일하게 인터뷰를 2번 듣고 문제를 풀되 7문제로 줄어든다. 이때 인터뷰 길이는 기존 유형에 비해 훨씬 짧은 것이 특징이다. EXERCICE 2는 EXERCICE 1과 동일한 유형으로 출제되며, 이때 인터뷰는 1과 마찬가지로 2번 들려준다. EXERCICE 1, 2와 확연히 다른 신유형을 본서에서는 EXERCICE 3이라 하여 구분하였다. EXERCICE 3의 경우, 총 6문제로 짤막한 인터뷰 또는 기사 3개가 출제되며, 지문과 문제는 한 번만 들려준다. 본서에서는 기존 형식의 인터뷰를 EXERCICE 1, EXERCICE 1보다 짧은 인터뷰를 EXERCICE 2(1), 르포를 EXERCICE 2(2), 신유형은 EXERCICE 3으로 구분하여 제시하였다.

2 듣기 유형 파악 [약 30분, 25점]

EXERCICE	특징
기존 유형	일상생활을 하며 자주 접하는 사회적 이슈나 계몽을 목적으로 하는 캠페인을 중심으로 전문가와 인터뷰하는 방식이다. Exercice 1의 경우 13문제 정도 출제되며 내용이 긴 편이다. Exercice 2의 경우 형식은 1과 마찬가지로 인터뷰 방식이지만 문항수가 7문제 정도로 적으며 내용도 짧다. 초기에는 Exercice 2에서 르포 형식이 출제되었는데, 최근에는 두 유형 다 인터뷰로 출제되는 경향이 있다. 그러나 출제 기관에서 제시한 적용 범위에는 르포 형식도 포함되어 있기 때문에 함께 알아 두어야 한다.
신유형	기존에는 객관식 문제와 주관식 문제가 고루 출제되었지만, 2023년부터는 객관식 문제만 출제된다. 다만 2020년부터 3년 동안은 기존 방식과 新유형이 병행되므로, 두 방식 모두에 대비하는 것이 좋다. Exercice 1, 2의 경우 라디오, 텔레비전, 인터넷 방송의 인터뷰가 주로 출제되는 반면 Exercice 3은 간략한 인터뷰나 르포 형식이 출제된다. Exercice 3의 경우 document 1, 2, 3으로 이루어지고 각 document당 2문제가 출제되는데, 인터뷰와 르포 형식이 번갈아 출제된다.

3 듣기 평가 이것만은 꼭!

❶ 담화 유형에 따라 음성 지문을 들려주는 횟수가 다름에 유의한다.

듣기 영역은 인터뷰인지 르포인지에 따라 들려주는 횟수가 다르다. 즉, 인터뷰는 두 번 들려주지만, 르포는 한 번만 들려준다. 이를 미리 숙지하지 못했거나 착각하여 당황하는 수험생들이 간혹 있는데, 유의해야 한다. 2020년부터 적용되기 시작한 시험의 경우 듣기 지문이 5개로 늘어나는데 반해 시험 시간은 그대로인 것을 감안하면, EXERCICE 3은 한 번만 들려줄 확률이 크다. 어쨌든 2020년부터 3년간 기존 방식과 새로운 방식이 병행되므로, 두 방식 모두 대비해야 한다.

❷ 확실히 아는 문제에 집중한다.

듣기 영역의 경우 객관식 문제와 주관식 문제가 모두 출제되는데, DELF B1까지만 하더라도 객관식 문제가 주관식 문제보다 쉬운 편이었으나 B2부터는 객관식 문제라 하더라도 지문에 쓰인 어휘 및 표현을 문제에서 그대로 쓰지 않고 의미가 유사한 어휘 및 표현으로 바꾸어 제시하는 경우가 많기 때문에 결코 쉽지 않다. 따라서 객관식 문제에서 점수를 획득하는 것을 목표로 하기보다는, 객관식 문제이든 주관식 문제이든 간에 정답을 확실히 아는 문제부터 정확히 푸는 방식을 택하는 것이 좋다.

❸ 선택지를 효과적으로 활용한다.

객관식 문제의 경우 선택지를 적극적으로 활용하는 전략이 필요하다. 일반적으로 선택지(A, B, C) 중 두 가지가 서로 관련이 있는 경우가 많다. 그러므로 내용이 전혀 이해되지 않을 경우에는 서로 관련이 있는 선택지 중 하나를 답으로 하는 것이 좋다. 왜냐하면 비슷한 선택지를 제시해서 수험생들이 정답을 헷갈리게 하는 경우가 종종 있기 때문이다.

❹ 듣기는 최소 점수만 확보해도 성공이다.

수험생들이 가장 어려워하는 것은 듣기이다. 프랑스어에 탁월한 재능이 있다거나 프랑스에서 어학연수나 유학을 한 경우가 아닌 이상, 듣기 실력을 단기간에 향상시키는 것은 상당히 어렵기 때문이다. 따라서 듣기 영역에서는 최소 점수만 넘기고 다른 영역에서 점수를 확보한다는 생각으로 시험에 임하는 것이 좋다.

EXERCICE 1

> **잠깐** 듣기 평가 EXERCICE 1을 시작하기 전, 듣기 영역 전체에 해당하는 아래 지시문을 들려줍니다.

Vous allez entendre deux fois un enregistrement de 5 minutes environ. Vous avez tout d'abord 1 minute pour lire les questions. Puis vous écoutez une première fois l'enregistrement. Vous avez ensuite 3 minutes pour répondre aux questions. Vous écoutez une seconde fois l'enregistrement.
Vous avez encore 5 minutes pour compléter vos réponses.

Pour répondre aux questions, cochez (☒) la bonne réponse ou écrivez l'information demandée.

당신은 대략 5분 정도의 녹음을 두 번 듣게 될 것입니다. 가장 먼저 문제들을 읽는 데 1분의 시간이 주어질 것입니다. 그리고 첫 번째로 녹음을 듣게 될 것입니다. 그 후에 문제들에 답변하기 위한 3분이 주어질 것입니다. 두 번째 녹음을 듣게 될 것입니다.
당신의 답변을 완성시키기 위한 5분이 더 주어질 것입니다.

질문들에 답하기 위해서 정답에 ☒를 하거나 요구되는 정보를 쓰세요.

이어서 EXERCICE 1 지시문을 들려줍니다.

완전 공략

DELF B2 듣기

1 핵심 포인트

기존 유형에 해당하는 문제 유형으로서 총 문항 수는 13문제 정도로, 객관식과 주관식 문제가 고루 출제된다. 대화는 특정 주제와 관련하여 진행자와 초대 손님의 질의응답 방식으로 이루어지는데, 초대 손님은 특정 주제와 관련이 있거나 그 분야의 전문가인 경우가 많다. 프랑스인이 아닌 프랑스어권 나라 사람과 대화가 진행될 때도 있으므로, 평소에 다양하게 연습을 해 두는 것이 좋다.

2 빈출 주제

사회적으로 이슈가 되는 문제들(환경오염, 남녀평등, 실업률 증가, 재택근무 등)이나 일상생활에서 접할 수 있는 주제들(건강, 휴대폰, SNS 등)이 자주 출제된다. 특히 인터넷이나 휴대폰과 관련해서는 SNS 중독이나 직장에서의 SNS 사용 제한에 대해 미리 정리해 두는 것이 좋다.

3 고득점 전략

① Dictée 연습을 한다.

듣기 영역의 점수를 올리기란 쉽지 않지만, DELF 시험을 통과하기 위해서는 어떤 영역에서도 과락이 있어서는 안 된다. 그러므로 듣기 영역을 포기해서는 안 되며, 듣기 영역 공부 방법으로 Dictée를 추천한다. Dictée를 하면서 문제를 푼 뒤, 다시 한번 들으며 놓쳤던 부분을 확인하며 문제를 푸는 것이다. 단, 이 과정을 한 번만 하는 것이 아니라, 음성 내용의 놓친 부분이 없을 때까지, 내용을 충분히 이해했다는 생각이 들 때까지 반복해야 한다. Dictée가 시간이 많이 걸리는 것은 사실이나, 듣기 실력을 탄탄히 쌓을 수 있으므로 꾸준히 하는 것이 좋다.

② 주관식 문제의 답을 우리말로 적은 뒤 프랑스어로 바꿔 보자.

듣기 음성을 듣자마자 주관식 문제의 답을 — 그것도 프랑스어로 — 작성하는 것은 쉽지 않다. 답이 짧은 명사나 명사구라면 가능하겠지만, 긴 문장이 답이 될 경우에는 한 번에 답을 쓰기 어렵다. 이럴 때에는 일단 우리말로 답을 적은 다음, 다시 프랑스어로 바꾸는 것도 전략이 될 수 있다. 왜냐하면 DELF 시험에서는 지문에 나온 어휘나 문장이 아니더라도 의미가 같으면 정답으로 인정받을 수 있기 때문이다.

EXERCICE 1 실전 연습

🎧 Track 1-01

공략에 따라 **EXERCICE 1** 연습 문제를 풀어 보세요.

Lisez les questions, écoutez le document puis répondez.

❶ Quel est le sujet du livre de Klaus SCHWAB ?

....

❷ Dans cet entretien, la réflexion de Klaus SCHWAB porte principalement sur _____
   A ☐ l'utilisation des matériaux respectueux de l'environnement.
   B ☐ la révolution industrielle qui influence beaucoup le changement climatique.
   C ☐ la structure industrielle qui provoque de grands changements dans la société moderne.

❸ Citez deux éléments qui vont bouleverser notre société.

....

❹ Sur quoi cette nouvelle révolution industrielle aura-t-elle une influence gigantesque ?
   A ☐ Le marché du travail.
   B ☐ Le progrès de la médecine.
   C ☐ La protection de l'environnement.

❺ Citez les deux secteurs qui seront en danger par la nouvelle révolution industrielle.

....

❻ Quels sont les caractères des emplois mis en danger par la nouvelle révolution industrielle ?

....

7 Précisez les deux étapes du changement structurel lors de la première révolution industrielle.

....

8 Selon Klaus SCHWAB, des opportunités de travail vont se créer avec _____

A ☐ le dépeuplement et la robotisation.
B ☐ la croissance du taux de chômage et les accidents de travail.
C ☐ le vieillissement de la population et l'augmentation des réfugiés.

9 D'après Klaus SCHWAB, quelles capacités vont-elles augmenter grâce au nouveau paradigme ?

....

10 Quels sont les principaux risques que Klaus SCHWAB imagine pour l'économie mondiale ? (deux réponses)

....

11 Dans quels secteurs le WEF fait-il la promotion de la coopération ?

....

12 Quelle est la position de Klaus SCHWAB pour la prochaine réunion de Davos ?

A ☐ Il y est opposé.
B ☐ Il y est favorable.
C ☐ Il y est indifférent.

13 Qu'est-ce qui est le plus important pour Klaus SCHWAB par rapport au WEF ?

....

Étape 2

문제 1의 내용을 해석해 보세요.

문제를 읽으세요. 자료를 듣고 대답하세요.

❶ Klaus SCHWAB의 책의 주제는 무엇인가?

....

❷ 이 인터뷰에서 Klaus SCHWAB의 생각은 _____ 에 주로 근거한다.

  A ☐ 환경 친화적인 소재의 사용
  B ☐ 기후 변화에 많은 영향을 끼치는 산업 혁명
  C ☐ 현대 사회에 많은 변화들을 가져오는 산업 구조

❸ 우리 사회를 격변시킬 두 요소를 인용하라.

....

❹ 이 새로운 산업 혁명은 무엇에 거대한 영향을 끼치는가?

  A ☐ 노동 시장
  B ☐ 의학의 발달
  C ☐ 환경 보호

❺ 새로운 산업 혁명에 의해 위기에 처하게 될 두 분야를 인용하시오.

....

❻ 새로운 산업 혁명에 의해 위기에 처할 직업들의 특성들은 무엇인가?

....

❼ 1차 산업 혁명 때 구조적 변화의 두 단계를 구체적으로 쓰시오.

....

⑧ Klaus SCHWAB에 따르면, 노동의 기회들은 _____와 함께 생겨날 것이다.

　　A □ 인구 감소와 로봇화
　　B □ 실업률의 증가와 산업 재해
　　C □ 인구의 고령화와 난민들의 증가

⑨ Klaus SCHWAB에 따르면, 새로운 패러다임 덕분에 어떤 능력들이 상승할 것인가?

....

⑩ 세계 경제에 대해 Klaus SCHWAB이 생각하는 주요 위험들은 무엇인가? (두 가지 답변)

....

⑪ 어떤 분야들에서 WEF(세계 경제 포럼)는 협동을 추진하는가?

....

⑫ 다음 다보스 포럼에 대해 Klaus SCHWAB의 입장은 무엇인가?

　　A □ 그것에 반대한다.
　　B □ 그것에 호의적이다.
　　C □ 그것에 무관심하다.

⑬ WEF와 관련하여 Klaus SCHWAB에게 있어서 가장 중요한 것은 무엇인가?

....

Étape 3

문제 1의 필수 어휘를 익히고, 스크립트를 확인해 보세요.

필수 어휘

entretien (m) 인터뷰 | bouleverser 격변시키다, 급작스럽게 변화시키다 | gigantesque 거대한 | dépeuplement (m) 인구 감소 | robotisation (f) 기계화, 로봇화 | croissance (f) 증가, 발전 | taux de chômage (m) 실업률 | vieillissement (m) 고령화 | réfugié 망명한, 망명자(난민) | rédiger 작성하다, 쓰다 | ouvrage (m) 책, 저작물 | quatrième révolution industrielle (f) 4차 산업 혁명 | porter son regard 주목하다 | ruisseau (m) 개울, (개울 같은) 흐름 | digitalisation (f) 디지털화 | impression (f) 인쇄, 프린트 | disruption (f) 파열, 붕괴 | intermédiation (f) (금융 기관의) 중재 기능 | intellectuel 지적인, 지능의 | réparateur 수리공 | dispatcher (m) 배차 담당, 관제사 | main-d'œuvre (f) 노동 | cas sociaux (m.pl.) 소외 계층 사람들 | monétaire 화폐의, 통화의 | fiscal 국고의, 세무의 | surendetté 과도하게 채무를 진, 빚을 많이 진 | institutionnalisation (f) 법제화, 제도화 | gouvernance (f) 거버넌스, 지역 관할권 | fier 만족해 하는 | à l'exception de ~을 제외하고 | mandat (m) 위임

스크립트

A: Bonjour Monsieur Klaus SCHWAB.

S: Bonjour.

A: Vous êtes fondateur du World Economic Forum et vous venez de rédiger un ouvrage sur la quatrième révolution industrielle, pourquoi ?

S: On doit porter son regard sur les grands bouleversements que la quatrième révolution industrielle va provoquer. J'ai pris du temps ces derniers mois pour écrire un livre à ce sujet, très aidé par mes collaborateurs. Quand j'ai commencé au mois de juillet à rédiger, il n'y avait que des petits ruisseaux qui semblaient apparaître. Désormais c'est un tsunami. Digitalisation, impression 3D, Big Data, drones, etc. Tout cela va bouleverser notre société dans ses fondements.

A: Il y a beaucoup de débats sur la fin du travail avec la robotique et la disruption de certains secteurs, quel est votre avis à ce sujet ?

S: Cette nouvelle révolution industrielle aura un impact énorme sur le marché du travail. Cela ne va pas tuer tout le travail mais certains jobs, notamment ceux qui sont dans le domaine de l'intermédiation. Par exemple, nous aurons beaucoup de pertes d'emplois dans le secteur administratif, les employés de bureau du secteur bancaire et de l'administration en général. Tous ces travaux intellectuels mais répétitifs peuvent être remplacés par la robotisation des processus de travail. Je crois au principe de Schumpeter. Comme lors des trois premières révolutions industrielles, une grande partie des emplois qui sont détruits seront remplacés par de nouveaux. Par exemple, les réparateurs de robots, ou les dispatchers de drones sont peut-être les emplois de demain. Nous ne pouvons pas encore tous les imaginer. Mais il y a une tendance générale. Lors de la première révolution industrielle, la main-d'œuvre était transférée de l'agriculture à l'industrie, ensuite de l'industrie aux services. Désormais, ce sera une concentration des emplois dans le domaine de la santé, de l'éducation et du social. Avec le vieillissement de la population et l'augmentation des cas sociaux – je pense aux réfugiés, par exemple –, des opportunités de travail vont se créer. J'ajoute à cela le secteur culturel : le nouveau paradigme verra augmenter la capacité d'innovation, de création et cela ne va pas se concentrer seulement sur le plan technologique.

A : Quels sont les principaux risques pour l'économie mondiale ?

S : Nous allons publier un rapport à ce sujet. Moi, j'en imagine principalement trois : conflits régionaux, cyber-attaques de grande ampleur, et les chocs dans tout le système monétaire et fiscal car le monde est encore surendetté. Il faudra trouver une solution.

A : Le WEF est devenu une organisation internationale désormais, qu'est-ce que cela vous apporte ?

S : Nous sommes la seule organisation qui fait la promotion de la coopération entre les secteurs public et privé. C'est très important car, lors de la prochaine réunion de Davos, nous mettrons ensemble 300 personnalités du monde politique avec 1 500 chefs d'entreprise, la société civile, les représentants de la société civile, les meilleurs spécialistes et les représentants de la jeunesse. Ce nouveau statut est d'ailleurs une étape importante dans l'institutionnalisation du forum, qui devient indépendant à long terme de son fondateur. Nous avons aussi créé un système de gouvernance qui répond aux exigences d'une organisation internationale.

A : Êtes-vous fier de la reconnaissance qu'apporte le statut d'organisation internationale au WEF ?

S : Oui. Nous sommes la seule organisation internationale – à l'exception de la Croix-Rouge – qui avait à son commencement un fondateur et non pas un mandat politique. Mais c'est surtout la confiance que nous avons créée autour de notre organisation qui est importante, le statut ne fait que refléter cela.

A : Merci Klaus SCHWAB et à dimanche prochain !

Le Temps 08/01/2016

Étape 4 문제 1의 해설을 확인해 보세요.

해석

A: 안녕하세요, Klaus SCHWAB 씨.
S: 안녕하세요.
A: 당신은 세계 경제 포럼(WEF)의 창립자이며 4차 산업 혁명에 대한 저서를 쓰셨는데요, 왜죠?
S: 우리는 4차 산업 혁명이 가져올 커다란 격변에 주목해야 합니다. 저는 제 공저자들로부터 많은 도움을 받아 이 주제에 대한 책을 쓰기 위해 최근 몇 개월을 보냈습니다. 제가 7월 달에 책을 쓰기 시작했을 때에는 그저 작은 흐름만이 나타나는 듯했습니다. 이제 그것은 해일입니다. 디지털화, 3D 프린트, 빅 데이터, 드론 등. 이 모든 것은 우리 사회를 근간부터 뒤엎을 것입니다.
A: 로봇공학으로 인한 노동의 종말과 몇몇 분야의 붕괴에 대해 많은 논쟁이 있는데요, 이 주제에 대한 당신의 생각은 무엇인가요?
S: 이 새로운 산업 혁명은 노동 시장에 엄청난 충격을 가져올 것입니다. 이것이 모든 일자리를 죽이지는 않겠지만 어떤 직업들, 특히 중재 기능의 분야에서는 충격이 클 것입니다. 예를 들어, 우리는 행정 분야에서 많은 직업들을 잃을 텐데, 일반적으로 은행 및 행정 분야의 사무직들일 것입니다. 이 지적이지만 반복적인 모든 업무들은 업무 과정의 로봇화를 통해 대체될 수 있습니다. 저는 Schumpeter의 원칙을 믿습니다. 처음 세 개의 산업 혁명이 있었을 때처럼, 없어지는 직업들의 대부분은 새로운 직업들에 의해 대체될 것입니다. 예를 들어, 로봇 수리공들 또는 드론 관제사들은 아마도 미래의 직업들이 될 것입니다. 우리는 아직 모든 것을 예측할 수는 없습니다. 그렇지만 일반적인 추세가 있습니다. 1차 산업 혁명 때, 노동은 농업에서 산업으로 전환되었고 그 후에는 산업에서 서비스로 전환되었습니다. 이제는 건강, 교육, 사회 복지 분야에 직업들이 집중될 것입니다. 인구의 고령화와 소외 계층들의 증가와 함께 – 저는 예를 들어 난민들에 대해 생각합니다 – 노동의 기회들이 창출될 것입니다. 저는 여기에 문화 분야를 추가합니다: 새로운 패러다임이 혁신, 창조 능력을 제고할 것이며 이것은 단지 기술적 관점에만 집중되지는 않을 것입니다.
A: 세계 경제에 있어서 주요 위험들은 무엇입니까?
S: 우리는 이 주제에 대한 보고서를 낼 것입니다. 저는 이에 대해 특히 세 가지: 지역 갈등, 대규모 사이버 공격, 그리고 모든 화폐 및 세무 제도에 대한 충격을 생각하는데, 왜냐하면 세계는 아직도 과도한 채무 상태이기 때문입니다. 해결책을 찾아야 할 것입니다.
A: WEF는 이제 국제 기구가 되었는데 이것이 당신에게 무엇을 가져다주나요?
S: 우리는 공적 분야와 민간 분야 사이에 협동을 추진하는 유일한 단체입니다. 이것은 매우 중요한데 왜냐하면 다음 다보스 포럼에서 우리는 1,500명의 기업주, 민간 단체, 민간 단체 대표자들, 최고의 전문가들과 청년 대표자들과 300명의 정계 인사들을 함께 모을 것이기 때문입니다. 게다가 이 새로운 위치는 장기적으로 창립자로부터 독립적이 될 포럼의 제도화에 있어서 중요한 단계입니다. 우리는 또한 국제 기구의 요구에 부합하는 거버넌스 체계를 만들었습니다.
A: 국제 기구라는 위상이 세계 경제 포럼에 가져다주는 인식에 대해 만족하시나요?
S: 예. 우리는 – 적십자를 제외하고는 – 정치적 위임이 아닌 창립자가 시작한 유일한 국제 기구입니다. 그렇지만 중요한 것은 우리가 우리 기구에 대해서 만들었던 신뢰이며, 위상은 단지 이것을 반영하는 것뿐입니다.
A: 감사합니다 Klaus SCHWAB 씨. 다음 주 일요일에 뵙죠!

DELF B2 · 듣기

문제 분석

4차 산업 혁명과 관련한 인터뷰를 듣고 푸는 문제로, 4차 산업이 정보, 교육, 의료, 서비스 산업 등 지식 · 정보 집약적인 산업을 총칭한다는 것을 알고 있다면 문제에 보다 쉽게 접근할 수 있을 것이다. 이 인터뷰에는 크게 두 가지 화제가 등장하는데, '4차 산업 혁명'과 국제 단체인 'WEF'이다. 4차 산업 혁명과 관련해서는 4차 산업 혁명이 초래하게 될 변화와 그로 인한 위험, WEF와 관련해서는 이 단체의 주요한 활동이 무엇이 파악해야 한다.

해설

문항	풀이 요령
1	책의 주제를 묻는 문제이다. 'On doit porter son regard sur les grands bouleversements que la quatrième révolution industrielle va provoquer. J'ai pris du temps ces derniers mois pour écrire un livre à ce sujet, très aidé par mes collaborateurs 우리는 4차 산업 혁명이 가져올 커다란 격변에 주목해야 합니다. 저는 제 공저자들로부터 많은 도움을 받아 이 주제에 대한 책을 쓰기 위해 최근 몇 개월을 보냈습니다'라는 내용이 있다. 따라서 정답은 **La quatrième révolution industrielle.**
2	Klaus SCHWAB이 무엇에 주목하는지 묻는 문제이다. 'On doit porter son regard sur les grands bouleversements que la quatrième révolution industrielle va provoquer 우리는 4차 산업 혁명이 가져올 커다란 격변에 주목해야 합니다'라는 문장과 'Tout cela va bouleverser notre société dans ses fondements 이 모든 것은 우리 사회를 근간부터 뒤엎을 것'이라는 내용으로 보아 정답은 **C**.
3	우리 사회를 급작스럽게 변화시킬 요소들에 관한 문제로서 '**Digitalisation, impression 3D, Big Data, drones** 디지털화, 3D 프린트, 빅 데이터, 드론'을 예로 들고 있으므로 이 중 두 개를 정답으로 쓰면 된다.
4	4차 산업 혁명이 영향을 끼치는 분야를 묻는 문제이다. 'Cette nouvelle révolution industrielle aura un impact énorme sur le marché du travail 이 새로운 산업 혁명은 노동 시장에 엄청난 충격을 가져올 것'이라는 내용에 따라 정답은 **A**.
5	직업군 중 새로운 산업 혁명으로 인해 위험에 처하게 될 분야를 묻는 문제이다. 'les employés de bureau du secteur bancaire et de l'administration 은행 및 행정 분야의 사무직들'이라고 하였으므로 **Le secteur bancaire et de l'administration.**이 정답.
6	새로운 산업 혁명에 의해 위기에 처할 직업군의 특징을 묻는 문제이다. 'Tous ces travaux intellectuels mais répétitifs peuvent être remplacés par la robotisation des processus de travail 이 지적이지만 반복적인 모든 업무들은 업무 과정의 로봇화를 통해 대체될 수 있습니다'라는 문장에 따라 정답은 **Ils sont intellectuels mais répétitifs.**
7	1차 산업 혁명의 구조적인 2단계 변화가 무엇인지 묻는 문제로서 '**de l'agriculture à l'industrie** 농업에서 산업으로' 바뀌었기 때문에 이것이 정답.
8	무엇으로 인해 노동의 기회가 생겨나는지 묻는 문제이다. 'Avec le vieillissement de la population et l'augmentation des cas sociaux (réfugiés), des opportunités de travail vont se créer 인구의 고령화와 소외 계층(난민들)의 증가와 함께 노동의 기회들이 창출될 것'이라는 문장에 따라 정답은 **C**.

9	새로운 패러다임을 통해 어떤 능력들이 향상될지 묻는 문제로서 'le nouveau paradigme verra augmenter la capacité d'innovation, de création 새로운 패러다임이 혁신, 창조 능력을 제고할 것'이라고 했으므로 **La capacité d'innovation, de création.**이 정답.
10	세계 경제와 관련된 주요 위험을 묻는 문제이다. '**conflits régionaux, cyber-attaques de grande ampleur, et les chocs dans tout le système monétaire et fiscal** 지역 갈등, 대규모 사이버 공격 그리고 모든 화폐 및 세무 제도에 대한 충격'에서 두 개를 쓰면 된다.
11	어떤 분야에서 WEF가 협동을 추진하는지 묻는 문제로서 'Nous sommes la seule organisation qui fait la promotion de la coopération entre les secteurs public et privé 우리는 공적 분야와 민간 분야 사이에 협동을 추진하는 유일한 단체'라는 문장에 따라 **Les secteurs public et privé.**를 정답으로 쓰면 된다.
12	다보스의 다음 회의에 대한 Klaus SCHWAB의 생각을 묻는 문제다. 'Ce nouveau statut est une étape importante dans l'institutionnalisation du forum 이 새로운 위치가 포럼의 제도화에 있어서 중요한 단계'라는 문장에서 이 회의를 매우 중요하다고 생각한다는 것을 알 수 있다. 따라서 정답은 **B**.
13	WEF와 관련하여 Klaus SCHWAB이 중요하게 생각하는 것이 무엇인지 묻는 문제이다. 'c'est surtout la confiance que nous avons créée autour de notre organisation qui est importante 중요한 것은 우리가 우리 기구에 대해서 만들었던 신뢰'에 따라 정답은 **La confiance.**

EXERCICE 1 실전 연습

Track 1-02

공략에 따라 EXERCICE 1 연습 문제를 풀어 보세요.

Lisez les questions, écoutez le document puis répondez.

❶ Que demande l'animateur à Sylvie pour les lecteurs ? (deux réponses)

....

❷ Pourquoi est-ce que la famille de Sylvie a déménagé à Toulouse ?

　A ☐ Pour des raisons de santé.
　B ☐ Pour mener une vie joyeuse.
　C ☐ Pour des raisons économiques.

❸ Où Sylvie a-t-elle travaillé longtemps ?

....

❹ Pour quelles raisons Sylvie a-t-elle commencé à bloguer ? (une réponse)

....

❺ Quels étaient les éléments essentiels dans le choix des pays par Sylvie ?

　A ☐ Le budget et du temps.
　B ☐ Le budget et la santé.
　C ☐ Le budget et les valeurs culturelles.

❻ Qu'est-ce qui était le plus important pour Sylvie dans ce voyage ?

....

7 Pendant ce voyage, les enfants de Sylvie _____

   A ☐ n'ont pas manqué les cours d'école.

   B ☐ avaient de gros problèmes avec les frais de scolarité.

   C ☐ n'ont pas suivi les cours pendant plus de trois mois.

8 Comment Agathe a-t-elle travaillé avec les professeurs ?

   A ☐ Par Internet.

   B ☐ Par le précepteur.

   C ☐ Par des cours particuliers.

9 Que conseille Sylvie par rapport aux longs voyages en famille ?

....

10 Selon Sylvie, quel élément permet-il aux gens de s'approcher de sa famille ?

....

11 Quelle est la réponse de Sylvie concernant son meilleur souvenir de voyage ?

....

12 Qu'est-ce que le voyage pour Sylvie ?

....

13 Pour quelle raison Sylvie blogue-t-elle ?

   A ☐ Pour ne pas ennuyer ses proches.

   B ☐ Pour résoudre des problèmes économiques.

   C ☐ Pour s'échapper de la vie quotidienne banale.

Étape 2

문제 2의 내용을 해석해 보세요.

문제를 읽으세요. 자료를 듣고 대답하세요.

❶ 진행자는 독자들을 위해 Sylvie에게 무엇을 부탁하는가? (두 가지 답변)

....

❷ 왜 Sylvie의 가족은 툴루즈로 이사를 갔는가?

　A ☐ 건강상의 이유로
　B ☐ 즐거운 삶을 영위하기 위해
　C ☐ 경제적인 이유로

❸ Sylvie는 어디에서 오랫동안 일을 했는가?

....

❹ 어떠한 이유들로 Sylvie는 블로그를 시작하게 되었는가? (한 가지 답변)

....

❺ Sylvie의 나라 선택에 있어 중요한 요소들은 무엇이었는가?

　A ☐ 예산과 시간
　B ☐ 예산과 건강
　C ☐ 예산과 문화적 가치들

❻ Sylvie에게 있어 이 여행에서 가장 중요한 것은 무엇이었는가?

....

❼ 이 여행 동안 Sylvie의 아이들은 _____

    A ☐ 학교 수업들을 빼먹지 않았다.

    B ☐ 학비에 큰 문제들이 있었다.

    C ☐ 3개월 이상 수업을 듣지 않았다.

❽ Agathe는 어떻게 선생님들과 공부하였는가?

    A ☐ 인터넷을 통해서

    B ☐ 가정 교사를 통해서

    C ☐ 과외 수업을 통해서

❾ 긴 가족 여행과 관련하여 Sylvie는 무엇을 충고하는가?

....

❿ Sylvie에 따르면, 어떤 요소가 사람들로 하여금 그녀의 가족에게 다가오게 하는가?

....

⓫ 여행에서의 최고의 추억에 대한 Sylvie의 답변은 무엇인가?

....

⓬ Sylvie에게 여행은 무엇인가?

....

⓭ 어떠한 이유로 Sylvie는 블로그를 하는가?

    A ☐ 주변 사람들을 귀찮게 하지 않기 위해서

    B ☐ 경제적인 문제들을 해결하기 위해서

    C ☐ 평범한 일상생활에서 벗어나기 위해서

문제 2의 필수 어휘를 익히고, 스크립트를 확인해 보세요.

필수 어휘

lecteur (m) 독자 | bloguer 블로그를 하다 | frais de scolarité (m.pl.) 학비 | précepteur 가정 교사, 선생 | cours particulier (m) 과외 수업 | s'échapper 도망치다, 벗어나다 | banal 평범한, 진부한 | parcours (m) 여정, 코스 | rassurer 안심시키다 | entourage (m) 측근, 주변 사람들 | périple (m) 여행 | voir le jour 출현하다, 출판되다 | entreprendre 착수하다, 시작하다 | tenir compte de qc ~을 고려하다 | abordable (값이) 적절한, 싼 | garde-robe (f) 의상 | laisser de côté 제쳐두다 | gérer 대처하다 | rattacher 매다, 연결하다 | redoubler 유급하다 | insecte (m) 곤충, 벌레 | brochette (f) 꼬치 | scorpion (m) 전갈 | s'éloigner de ~에서 멀어지다 | intensément 강하게, 절실하게 | citation (f) 인용(문), 명구(名句) | en somme 요컨대, 결국 | embêter 귀찮게 하다, 지겹게 하다

스크립트

A: Bonjour, Sylvie. Pouvez-vous vous présenter à nos lecteurs, nous raconter votre parcours et présenter votre blog voyage ?

S: Je suis Sylvie du blog Le coin des voyageurs.fr. J'ai quitté Paris et j'habite la région toulousaine depuis une dizaine d'années, un choix fait en famille pour avoir une meilleure qualité de vie. Je travaille (longtemps pour la télé puis une création d'entreprise) et j'ai 4 enfants (qui vivent à Paris, Montréal et Toulouse). J'ai commencé à bloguer pour partager un voyage autour du monde et rassurer notre entourage pendant notre périple. Le coin des voyageurs a vu le jour au retour pour continuer ce voyage et partager ma passion avec d'autres voyageurs.

A: Vous avez entrepris un tour du Monde avec votre famille. Pouvez-vous nous en dire plus sur le choix des pays et l'organisation du voyage ? Comment vous êtes-vous mis d'accord sur les étapes du voyage ?

S: Les pays ont été choisis en commun en tenant compte de notre budget (équilibre entre pays chers et pays plus abordables), des saisons (nous souhaitions pouvoir porter la même garde-robe partout et éviter de nous charger), et du temps dont nous disposions. L'important était de passer du temps ensemble et de découvrir le monde avec nos enfants.

A: Vos enfants étaient scolarisés. Comment avez-vous géré la scolarité de vos enfants pendant ce tour du monde ?

S: Nous sommes partis début juin (avant la fin des cours) et sommes rentrés en janvier l'année suivante. Donc finalement en 7 mois de voyage, les enfants n'ont manqué qu'un trimestre et demi. Agathe avait 16 ans et elle a travaillé seule en restant rattachée à son lycée toulousain avec une liaison par e-mail de temps en temps avec quelques professeurs. Elle en parle dans cette interview si ça vous intéresse. Elle a réussi son bac ! Léo-Paul avait 12 ans et était en 4ème. Il a suivi les cours mais ils n'étaient pas simples à gérer. Bref, il a redoublé sa 4ème.

A: En résumé, quels sont vos meilleurs conseils pour les voyageurs désirant réaliser un long voyage en famille ?

S: Je n'ai pas vraiment de conseils, si ce n'est qu'avec des enfants, il faut préparer plus soigneusement le voyage (pas question de prendre des risques). C'est une expérience extraordinaire. Voyager en famille permet des rencontres incroyables car la présence des enfants inspire confiance et les gens nous abordent beaucoup plus facilement.

A: Quel est votre meilleur souvenir lors de ce long voyage ?

S: Alors là, impossible de n'en choisir qu'un. Je me souviens de la rencontre avec des Indiens aux États-Unis. Et puis, on a mangé des insectes en Chine (et j'ai goûté les brochettes de scorpions).

A: De manière plus générale, pour vous, qu'est-ce que le voyage ?

S: C'est m'éloigner de mon cadre de vie quotidien pour partir à la rencontre d'une autre culture, d'une autre histoire et d'autres paysages. Si vous me demandez pourquoi je voyage, c'est pour vivre intensément et oublier le temps qui passe trop vite !

A: Quelle est votre citation préférée liée au voyage ?

S: Celle de Sacha Guitry me fait beaucoup rire, « En somme, je m'aperçois que les voyages, ça sert surtout à embêter les autres une fois qu'on est revenu ! ». C'est pour cette raison que je blogue, pour ne pas ennuyer mon entourage !

A: Quelle est votre prochaine destination ?

S: Nous partons au Maroc en mars et en juin, nous serons au Canada. J'aimerais aussi aller au Québec en hiver mais je crois que ce sera pour l'année prochaine.

One Day One Travel 18/01/2014

문제 2의 해설을 확인해 보세요.

A: 안녕하세요 Sylvie. 우리 독자들에게 당신을 소개하고 당신의 여정에 대해 이야기하고 당신의 여행 블로그를 소개해 주시겠어요?

S: 저는 Le coin des voyageurs.fr. 블로그의 Sylvie입니다. 저는 100여 년 전부터 파리를 떠나 툴루즈 지방에 살고 있는데, 이는 최고의 삶의 질을 위해 가족끼리 했던 선택입니다. 저는 일을 하고 있고((TV) 방송업계에서 오래 일했고 그 후에는 창업과 관련된 일을 했습니다) (파리, 몬트리올 그리고 툴루즈에 살고 있는) 4명의 자녀가 있습니다. 저는 전 세계에 여행을 공유하고 우리의 여행 동안 우리 주변 사람들을 안심시키기 위해 블로그를 시작했습니다. Le coin des voyageurs는 이 여행을 계속하고 다른 여행자들과 내 열정을 공유하기 위해 돌아와 만들었습니다.

DELF B2 · 듣기

A: 당신은 가족과 함께 세계 여행을 했습니다. 우리에게 나라 선택과 여행 준비에 대해 더 많이 얘기해 주실 수 있나요? 당신은 여행의 여정에 대해 어떻게 합의를 했나요?

S: 국가들은 우리의 예산(비싼 국가들과 더 저렴한 국가들 사이에 균형), 계절(우리는 어디서든 같은 옷을 입을 수 있기를, 그리고 짐이 되는 것을 피하기를 원했습니다), 그리고 우리가 가진 시간을 고려하여 함께 결정되었습니다. 중요한 것은 함께 시간을 보내고 우리 아이들과 함께 세상을 발견하는 것이었죠.

A: 당신의 아이들은 학교에 다니고 있었죠. 이 세계 일주 동안 당신의 아이들의 취학에는 어떻게 대처하셨나요?

S: 우리는 6월 초에 떠났고(종업 전에) 그 다음 해 1월에 돌아왔습니다. 그러니까 결국 7개월의 여행 동안 아이들은 단지 3개월 반을 놓쳤을 뿐이었죠. Agathe는 16세였고 그녀는 간간이 몇몇 선생님들과 이메일을 통해 툴루즈에 있는 그녀의 고등학교와 연결된 상태로 혼자 공부했죠. 당신이 이것에 관심이 있다면 그녀는 이 인터뷰에서 그것에 대해 말할 거예요. 그녀는 대학 입학 시험을 통과했거든요! Léo-Paul은 12살이었고 4학년이었습니다. 그는 수업을 들었지만 그것들을 소화해 내기가 쉽지 않았어요. 요컨대, 그는 4학년을 유급했죠.

A: 요약하자면, 긴 가족 여행을 하고 싶어 하는 여행객들을 위한 당신의 최고의 충고들은 무엇일까요?

S: 별로 충고할 것은 없습니다. 다만 아이들과 함께라면 여행을 좀 더 세심하게 준비해야 합니다(위험을 감수한다는 것은 있을 수 없는 일이죠). 이것은 놀라운 경험입니다. 가족 여행을 한다는 것은 믿을 수 없는 만남들을 가능하게 하는데 왜냐하면 아이들의 존재가 신뢰감을 주고, 사람들이 우리에게 훨씬 더 쉽게 다가오기 때문입니다.

A: 이 긴 여행에서 당신의 최고의 추억은 무엇입니까?

S: 그 점에 대해서는 하나만 고른다는 것은 불가능합니다! 미국에서 인디언들과의 만남이 기억납니다. 그리고 중국에서 곤충들을 먹었죠(저는 전갈 꼬치를 맛보았습니다).

A: 더 넓은 의미에서, 당신에게 여행은 무엇입니까?

S: 그것은 다른 문화, 다른 역사와 다른 풍경들과의 만남을 향해 떠나기 위해 내 삶의 일상적인 틀로부터 스스로 멀어지는 것입니다. 만일 당신이 내게 왜 여행을 하는지 묻는다면, 그것은 절실히 살기 위해서이며 너무 빨리 지나가는 시간을 잊기 위해서입니다!

A: 여행과 관련된, 당신이 좋아하는 명언은 무엇입니까?

B: Sacha Guitry의 그것이 저를 많이 웃게 했어요. '결국, 저는 여행들이 무엇보다도 우리가 돌아왔을 때 다른 사람들을 귀찮게 하는 데 쓰인다는 것을 알게 되었습니다!' 이런 이유 때문에 저는 주변 사람들을 귀찮게 하지 않기 위해 블로그를 합니다.

A: 당신의 다음 목적지는 어디인가요?

S: 우리는 3월에 모로코로 떠나고 6월에는 캐나다에 있을 것입니다. 저는 겨울에 퀘벡도 가고 싶지만, 그것은 아마 내년이 될 것이라고 생각합니다.

문제 분석

가족 여행을 주제로 글을 쓰는 블로거와의 인터뷰이다. 이 문제는 주제를 비롯하여 어휘나 표현이 평이한 편이며, 인터뷰 순서에 따라 순서대로 문제를 풀면 되어 어렵지 않다. 이 문제에서는 인터뷰이의 직업과 블로그, 가족 여행을 하게 된 이유와 여행지를 선택한 이유, 인터뷰이가 여행에 대해 어떤 충고를 하는지 등을 중점적으로 파악해야 한다.

문항	풀이 요령
1	진행자가 독자들을 위해 Sylvie에게 무엇을 부탁했는지 묻는 문제이다. 'Pouvez-vous vous présenter à nos lecteurs, nous raconter votre parcours et présenter votre blog voyage ? 우리 독자들에게 당신을 소개하고 당신의 여정에 대해 이야기하고 당신의 여행 블로그를 소개해 주시겠어요?'라고 했으므로 이 중에 두 개를 정답으로 쓰면 된다. 정답은 **Se présenter à ses lecteurs, leur raconter son parcours et présenter son blog voyage.**
2	Sylvie의 가족이 이사를 한 이유를 묻는 문제로서 'un choix fait en famille pour avoir une meilleure qualité de vie 최고의 삶의 질을 위해 가족끼리 했던 선택'이라는 내용에 따라 정답은 **B**. 이 문제는 주관식으로도 출제될 수 있다는 점을 염두에 두자.
3	Sylvie의 직업에 관한 문제로서 'longtemps pour la télé puis une création d'entreprise 방송업계에서 오래 일했고 그 후에는 창업과 관련된 일'을 했다고 했다. 문제에서는 오래 일한 곳을 물어봤기 때문에 **Elle a travaillé longtemps pour la télé.**라고 쓰면 된다.
4	블로그를 하게 된 이유를 묻는 문제이다. 'J'ai commencé à bloguer **pour partager un voyage autour du monde et rassurer notre entourage pendant notre périple** 전 세계에 여행을 공유하고 우리의 여행 동안 우리 주변 사람들을 안심시키기 위해 블로그를 시작했다'라는 내용에 따라 이 두 개 중 하나를 정답으로 쓰면 된다. 이때 소유 형용사를 notre에서 son으로 바꾸는 것에 유의해야 한다.
5	Sylvie가 여행 국가들을 선택하며 고려한 요소를 묻는 문제이다. 'Les pays ont été choisis en commun en tenant compte de notre budget, des saisons et du temps dont nous disposions 국가들은 우리의 예산, 계절 그리고 우리가 가진 시간을 고려하여 함께 결정되었습니다'라는 내용에 따라 정답은 **A**.
6	Sylvie가 여행에서 가장 중요하게 여기는 것이 무엇인지 묻는 문제인데 'L'important était de **passer du temps ensemble et de découvrir le monde avec nos enfants** 중요한 것은 함께 시간을 보내고 우리 아이들과 함께 세상을 발견하는 것'이라고 했으므로 이것을 정답으로 쓰되 소유 형용사를 ses로 바꾸는 것에 유의해야 한다.
7	Sylvie의 자녀들의 학업에 대한 문제이다. 'les enfants n'ont manqué qu'un trimestre et demi 아이들은 단지 3개월 반을 놓쳤을 뿐이었죠'라는 내용에 따라 정답은 **C**.
8	Agathe가 선생님들과 어떠한 방식으로 공부했는지 묻는 문제이다. 'elle a travaillé seule... avec une liaison par e-mail de temps en temps avec quelques professeurs 그녀는 간간이 몇몇 선생님들과 이메일을 통해 연결된 상태로 혼자 공부했죠'라는 내용에 따라 정답은 **A**.
9	긴 기간 동안의 가족 여행에 대한 Sylvie의 충고가 무엇인지 묻는 문제이다. '**il faut préparer plus soigneusement le voyage** 여행을 좀 더 세심하게 준비해야 한다'라는 내용에 따라 이것이 정답.
10	사람들이 Sylvie의 가족에게 접근할 수 있게 해 주는 이유를 묻는 문제이다. 'la présence des enfants inspire confiance et les gens nous abordent beaucoup plus facilement 아이들의 존재가 신뢰감을 주고 사람들이 우리에게 훨씬 더 쉽게 다가오기 때문입니다'라는 내용에 따라 정답은 **La présence des enfants.**

11	최고의 추억을 묻는 문제로서 그 점에 대해서는 '**impossible de n'en choisir qu'un** 하나만 고른다는 것은 불가능합니다'라고 했으므로 이것이 정답.
12	Sylvie에게 여행이란 무엇인지 묻는 문제이다. '**C'est m'éloigner de mon cadre de vie quotidienne pour partir à la rencontre d'une autre culture, d'une autre histoire et d'autres paysages** 다른 문화, 다른 역사와 다른 풍경들과의 만남을 향해 떠나기 위해 내 삶의 일상적인 틀로부터 스스로 멀어지는 것'이라고 하였으므로 이것이 정답.
13	Sylvie가 블로그를 하는 이유를 묻는 문제로서 'je blogue, pour ne pas ennuyer mon entourage 주변 사람들을 귀찮게 하지 않기 위해 블로그를 합니다'라는 내용에 따라 정답은 **A**.

EXERCICE 1 실전 연습

Track 1-03

Étape 1 공략에 따라 EXERCICE 1 연습 문제를 풀어 보세요.

Lisez les questions, écoutez le document puis répondez.

① Ce sondage concerne des études menées par le passé sur _____

A ☐ le bonheur en France.
B ☐ le chômage en France.
C ☐ la situation économique de la France.

② Selon un récent sondage, _____

A ☐ la plupart des Français ne s'intéressent pas au bonheur quotidien.
B ☐ plus de la moitié des Français se sentent malheureux au quotidien.
C ☐ plus de la moitié des Français se sentent heureux dans la vie quotidienne.

③ Quel chiffre est-il similaire au résultat du sondage qui révèle le fait que 73% des Français s'estiment heureux au quotidien ?

....

④ Qu'explique « le biais de positivité » ?

A ☐ La capacité de travail.
B ☐ La difficulté de la vie professionnelle.
C ☐ Le décalage entre réalité et ressenti.

⑤ Selon Didier, quelle est la tendance générale des gens ?

A ☐ Ils trouvent leur situation meilleure par rapport à celle des autres.
B ☐ Ils essaient de surmonter leur difficulté par l'aide des autres.
C ☐ Ils prétendent que leur échec est causé par l'erreur des autres.

⑥ Quand on vous demande si vous êtes heureux dans la vie ou au travail, _____

A ☐ vous répondez oui.
B ☐ vous répondez non.
C ☐ vous ne vous sentez pas bien.

7 Pour plus de 80% des interrogés, qui contribue en priorité au bonheur ?

   A ☐ La famille et les amis.
   B ☐ La famille et les fonctionnaires.
   C ☐ La famille et les supérieurs hiérarchiques.

8 Quand on s'inquiète de l'avenir, nous avons une tentation plus grande de nous replier sur _____.

   A ☐ une société de masse.
   B ☐ une petite communauté soudée.
   C ☐ une grande communauté soudée.

9 Dans quel sens les relations humaines sont-elles importantes ?

....

10 Selon Didier, que signifie « la main » ?

....

11 D'après Didier, par quoi la tête est-elle incarnée ?

....

12 Selon l'invité, _____

   A ☐ on peut mener une vie indépendante.
   B ☐ on peut vivre sans la relation dépendante.
   C ☐ on ne peut que vivre dans une relation dépendante.

13 Citez la phrase de John Donne par rapport à l'envie de collectif.

....

> **Étape 2** 문제 3의 내용을 해석해 보세요.

문제를 읽으세요. 자료를 듣고 대답하세요.

❶ 이 여론 조사는 _____ 에 대해 과거에 진행되었던 연구들과 관련이 있다.

　A ☐ 프랑스에서의 행복
　B ☐ 프랑스에서의 실업
　C ☐ 프랑스의 경제적 상황

❷ 최근의 여론 조사에 따르면 _____

　A ☐ 대부분의 프랑스 사람들은 일상의 행복에 관심이 없다.
　B ☐ 프랑스 사람들의 절반 이상이 일상생활에서 불행하다고 느낀다.
　C ☐ 프랑스 사람들의 절반 이상이 일상생활에서 행복하다고 느낀다.

❸ 73%의 프랑스인들이 일상생활에서 스스로 행복하다고 평가한다는 사실을 보여주는 여론 조사 결과는 어떤 수치와 유사한가?

....

❹ '긍정 편향'은 무엇을 설명하는가?

　A ☐ 업무 능력
　B ☐ 직장 생활의 어려움
　C ☐ 현실과 느낌 사이의 간극

❺ Didier에 따르면, 사람들의 일반적인 성향은 무엇인가?

　A ☐ 그들의 상황이 타인의 그것에 비해 더 낫다고 생각한다.
　B ☐ 그들은 타인의 도움을 통해 그들의 어려움을 극복하려 노력한다.
　C ☐ 그들은 그들의 실패가 타인의 실수에 의해 야기된다고 주장한다.

❻ 당신에게 삶 또는 직장에서 행복한지를 묻는다면, _____

　A ☐ 당신은 그렇다고 답변한다.
　B ☐ 당신은 아니라고 답변한다.
　C ☐ 당신은 기분이 좋지 않다.

❼ 여론 조사에 응한 사람들의 80% 이상에게 있어서, 누가 우선적으로 행복에 기여하는가?

　　A ☐ 가족과 친구들

　　B ☐ 가족과 공무원들

　　C ☐ 가족과 직장 상사들

❽ 우리가 미래에 대해 걱정할 때, 우리는 ＿＿＿＿＿＿ 에 틀어박히려는 더 강한 욕망을 갖는다.

　　A ☐ 대중 사회

　　B ☐ 결속된 작은 공동체

　　C ☐ 결속된 큰 공동체

❾ 어떤 의미에서 인간관계가 중요한가?

　　...

❿ Didier에 따르면 '손'은 무엇을 의미하는가?

　　...

⓫ Didier에 따르면 머리는 무엇에 의해 구현되는가?

　　...

⓬ 초대 손님에 따르면, ＿＿＿＿＿＿＿＿＿＿＿＿＿＿＿＿＿＿＿＿＿＿＿＿＿＿＿＿＿＿＿

　　A ☐ 우리는 독립적인 삶을 영위할 수 있다.

　　B ☐ 우리는 의존적 관계 없이 살아갈 수 있다.

　　C ☐ 우리는 의존적 관계 속에서만 살아갈 수 있다.

⓭ 집단 욕구와 관련하여 John Donne의 문장을 인용하시오.

　　...

Étape 3 문제 3의 필수 어휘를 익히고, 스크립트를 확인해 보세요.

필수 어휘

sondage (m) 여론 조사 | biais de positivité (m) 긍정 편향 | décalage (m) 차이, 간격 | ressenti (m) 느낌 | hiérarchique 서열상의 | tentation (f) 욕망, 유혹 | se replier 웅크리다, 자신을 되돌아보다 | société de masse (f) 대중 사회 | soudé 결속된 | incarner 구현하다 | morose 우울한 | troublé 불안한 | à priori 우선 보기에 | intuitif 직관적인 | par le passé 과거에 | déferlante (f) 파도 | pessimiste 비관적인 | refuge (m) 피난처, 은신처 | crainte (f) 두려움, 불안 | focalisation (f) 집약, 집중 | constant 영원한, 변함없는 | pleinement 전적으로, 완전히 | conviction (f) 신념 | pilier (m) 기둥 | inaccessible 접근할 수 없는 | électoral 선거의 | à longueur de ~동안 내내 | Occident (m) 서양 | médico-légal 법의학의 | contester 이의를 제기하다 | manipuler 조작하다, 다루다 | homicide (m) 살인 | cheminement (m) 진보, 진전 | interdépendance (f) 상호 의존 | primordial 가장 중요한 | majeur 더 큰(많은), 중대한

스크립트

A: Bonjour Monsieur Didier. Un récent sondage indique que 73% des Français s'estiment heureux au quotidien, alors que nous avons tendance à nous imaginer tous moroses en ces temps troublés. Comment expliquer ce décalage ?

D: Bien qu'à priori contre-intuitif, ce résultat va dans le sens des études menées par le passé sur le bonheur en France. Malgré la déferlante de mauvaises nouvelles et de récits pessimistes qui donnent une vision du monde forcément noire, la plupart des Français sont heureux au quotidien. C'est d'ailleurs assez étonnant car ce chiffre est sensiblement le même que celui du bonheur au travail : ¾ des Français sont heureux au travail d'après un sondage de 2016. Ce décalage entre réalité et ressenti peut s'expliquer par ce qu'on appelle en psychologie « le biais de positivité » . Nous avons tendance à trouver notre situation, actuelle ou à venir, meilleure par rapport à celle des autres. Ainsi, si quelqu'un vous demande si vous êtes heureux dans la vie ou au travail, vous aurez tendance à dire oui. Mais si l'on vous demande si les autres le sont, vous aurez tendance à dire non. Ce qui contribue à cette impression de morosité générale alors qu'individuellement, nous nous sentons bien. Cette façon de fonctionner a un avantage, c'est qu'elle permet de voir la vie de façon plus positive, ce qui peut expliquer un chiffre aussi important malgré une situation globale complexe.

A: Pour 86% des sondés, la famille et les amis contribuent en priorité au bonheur. Le cercle proche serait-il devenu un refuge au sein d'un monde troublé ?

D: Dans les moments de crainte pour l'avenir, il peut en effet y avoir une focalisation forte sur la famille et les amis proches, comme si nous avions une tentation plus grande de nous replier sur une petite communauté soudée. Mais j'estime que c'est plutôt une constante humaine. Les relations humaines sont un élément central dans le sens que nous donnons à notre vie. Elles participent pleinement à notre équilibre « cœur, main et tête ». Le cœur est constitué par les relations humaines et représente la valeur la plus importante de notre vie; la main, c'est l'action professionnelle ou associative; et la tête est incarnée par nos convictions, nos valeurs. Sans ces 3 piliers notre vie n'aurait aucun sens et le bonheur serait tout simplement inaccessible.

A: Alors qu'une certaine parole politique cultive à des fins électorales la peur de l'autre, 69% des Français pensent qu'une pratique collective (associative, culturelle ou sportive) pourrait les rendre plus heureux. Et si pour plus de bonheur, nous aspirions en réalité à plus d'échanges humains ?

D: Il est vrai que l'autre est souvent présenté comme un danger dont on devrait se protéger. Les responsables politiques parlent, par exemple, à longueur de journée d'une montée de la violence en France, alors que les chiffres montrent le contraire ! Il y a en effet une baisse importante de la violence en Occident depuis 20 ans et si l'on regarde les rapports de l'Institut médico-légal, difficiles à contester ou à manipuler, on constate une diminution de 65% des homicides en Île-de-France sur la même période. Nous sommes fondamentalement des êtres relationnels, l'autre n'est pas un danger mais une évidence dans notre cheminement de vie. Nous naissons dans la dépendance, nous mourrons dans la dépendance et entre temps nous vivons dans l'interdépendance. Nul ne peut dire le contraire malgré les appels marketing visant à nous transformer en êtres indépendants les uns des autres. Pour donner du sens à notre vie, agir en collaboration, que ce soit au travail, ou dans des actions associatives, me semble une des voies primordiales à suivre et constitue une source majeure de bien-être. On peut citer la phrase du poète John Donne : « Nul n'est une île, en soi suffisante. »

Psychologies 17/03/2017

Étape 4

문제 3의 해설을 확인해 보세요.

해석

A: 안녕하세요, Dider 씨. 최근의 한 여론 조사는 73%의 프랑스인들이 일상생활에서 스스로는 행복하다고 평가하는 반면, 이 불안한 시대에 우리 모두가 우울하다고 생각하는 경향이 있다고 보여줍니다. 이 간극을 어떻게 설명할까요?

D: 보기에는 직관적이지 않지만, 이 결과는 과거 프랑스의 행복에 대한 연구 동향을 따릅니다. 필연적으로 절망적인 세계관을 갖게 하는 비관적인 이야기들과 나쁜 소식들의 쇄도에도 불구하고 대부분의 프랑스인들은 일상생활에서 행복합니다. 이는 꽤 놀라운데, 왜냐하면 이 수치가 직장에서의 행복 수치와 거의 같기 때문입니다: 2016년의 한 여론 조사에 따르면, 프랑스인들의 4분의 3이 직장에서 행복합니다. 현실과 느낌 사이의 이 간극은 우리가 심리학에서 '긍정 편향'이라고 부르는 것으로 설명될 수 있습니다. 우리는 현재의, 혹은 다가올 우리의 상황이 다른 이들의 것에 비하면 더 낫다고 생각하는 경향이 있습니다. 그래서 만약 누군가가 당신에게 당신이 삶에서, 혹은 직장에서 행복한지 묻는다면 당신은 그렇다고 대답하는 경향이 있습니다. 하지만 누군가 당신에게 다른 사람들이 그런지 묻는다면 당신은 아니라고 대답하는 경향이 있습니다. 이것이 이 일반적인 우울감에 기여합니다. 우리 개인적으로는 기분이 좋다고 할지라도요. 이러한 작동법에는 장점이 있는데, 그것이 삶을 좀 더 긍정적으로 볼 수 있게 해 준다는 것입니다. 이는 복잡한 전반적인 상황 속에서도 이렇게나 큰 수치를 설명할 수 있습니다.

A: 여론 조사 응답자들의 86%의 경우, 무엇보다도 가족과 친구들이 행복에 기여합니다. 가까운 사람들이 불안한 세상의 중심에서 피난처가 되는 것일까요?

D: 미래에 대한 걱정으로 불안한 순간들 속에서, 실제로 가족들과 가까운 친구들에 대한 강한 집중이 있을 수 있습니다. 마치 우리가 결속된 작은 공동체 속으로 틀어박히려는 더 큰 욕망을 갖게 되는 것처럼요. 하지만 저는 이것이 오히려 불변의 인간 본성이라고 생각합니다. 인간 관계는 우리가 우리의 삶에 부여하는 의미의 핵심 요소입니다. 이는 전적으로 우리의 '심장, 손과 머리'의 균형에 관여합니다. 심장은 인간 관계에 의해 구성되며, 우리의 삶에서 가장 중요한 가치를 나타냅니다; 손은 직업적이거나 단체적인 행동입니다; 그리고 머리는 우리의 신념과 우리의 가치에 의해 구현됩니다. 이 세 기둥이 없다면, 우리의 삶은 어떤 의미도 없을 것이며 행복은 단지 접근할 수 없는 것이 될 뿐입니다.

A: 어떤 정치적인 발언은 선거 목적으로 다른 이에 대한 공포를 조장하는 반면에, 69%의 프랑스인들은 집단적(문화적이거나 스포츠적인, 단체적) 행동이 그들을 더 행복하게 만들 수 있다고 생각합니다. 그리고 더 큰 행복을 위해, 우리가 실제로 더 많은 인적 교류를 열망하는 것은 어떨까요?

D: 타인이 종종 우리가 스스로를 그것으로부터 보호해야 하는 위험으로 비춰지는 것은 사실입니다. 예를 들어 정치적 책임자들은 하루 종일 프랑스에서 폭력이 증가했다는 것에 대해 말하지만, 수치는 그 반대를 보여줍니다! 실제로는 20년 전부터 서양에서 폭력이 크게 감소했고, 그리고 이의를 제기하거나 조작하기 어려운 법의학 연구소의 보고서들을 보면, 우리는 같은 시기에 일드프랑스에서 살인이 65% 감소했다는 것을 확인할 수 있습니다. 우리는 기본적으로 관계 지향적인 존재들이고, 타인은 위험이 아니라 우리 삶의 진보에 대한 명확한 증거입니다. 우리는 의존하며 태어났고, 의존하며 죽을 것이고, 그 사이에는 상호 의존하며 살 것입니다. 우리를 상호 독립적인 존재로 변화시키려는 마케팅의 호소에도 불구하고, 누구도 그 반대라고는 말할 수 없을 것입니다. 우리 삶에 의미를 부여하기 위해서는, 내게는 직장에서나 집단 행동에서나 함께 행동하는 것이 따라야 할 가장 중요한 길들 중 하나로 보이며, 행복의 주요한 원천을 구성하는 것처럼 보입니다. 우리는 John Donne의 시구를 인용할 수 있습니다: '어느 누구도 그 자체로 충분한 섬이 아니다.'

DELF B2 · 듣기

문제 분석

행복과 관련한 인터뷰로, 여론 조사 내용을 중심으로 이야기가 전개된다. 인터뷰는 크게 두 부분으로 나눌 수 있는데, 하나는 여론 조사에서 프랑스인들의 과반수가 스스로는 행복하다고 평가하는 반면, 다른 사람들은(혹은 우리는) 우울하다고 생각하는 경향에 대한 것이다. 다른 하나는 행복에 영향을 미치는 가장 중요한 요소인 인간관계에 대한 것이다.

해설

문항	풀이 요령
1	여론 조사가 과거에 진행되었던 어떤 연구들과 관련이 있는지 묻는 문제이다. 'ce résultat va dans le sens des études menées par le passé sur le bonheur en France 이 결과는 과거 프랑스의 행복에 대한 연구 동향을 따릅니다'라는 내용에 따라 정답은 **A**.
2	여론 조사의 결과를 묻는 문제로, '**la plupart des Français sont heureux au quotidien** 대부분의 프랑스인들은 일상생활에서 행복합니다'라는 내용에 따라 정답은 **C**.
3	여론 조사의 수치가 무엇과 비슷한지에 대한 문제이다. '**ce chiffre est sensiblement le même que celui du bonheur au travail** 이 수치가 직장에서의 행복에 대한 수치와 거의 같다'라는 내용에 따라 이것이 정답.
4	'긍정 편향'이 무엇을 설명할 수 있는지 묻는 문제이다. 'Ce décalage entre réalité et ressenti peut s'expliquer par ce qu'on appelle en psychologie « le biais de positivité » 현실과 느낌 사이의 이 간극은 우리가 심리학에서 '긍정 편향'이라고 부르는 것으로 설명될 수 있습니다'라는 문장에 따라 정답은 **C**.
5	사람들의 성향을 묻는 문제로, 'Nous avons tendance à trouver notre situation, actuelle ou à venir, meilleure par rapport à celle des autres 우리는 현재의, 혹은 다가올 우리의 상황이 다른 이들의 것에 비하면 더 낫다고 생각하는 경향이 있습니다'라고 하였으므로 정답은 **A**.
6	행복하냐는 질문에 사람들이 어떻게 답하는지 묻는 문제로 'si quelqu'un vous demande si vous êtes heureux dans la vie ou au travail, vous aurez tendance à dire oui 누군가가 당신에게 당신이 삶에서, 혹은 직장에서 행복한지 묻는다면 당신은 그렇다고 대답하는 경향이 있습니다'라는 내용에 따라 정답은 **A**.
7	여론 조사와 관련하여 우선적으로 행복에 기여하는 사람이 누구인지 묻는 문제이다. 'Pour 86% des sondés, la famille et les amis contribuent en priorité au bonheur 여론 조사 응답자들의 86%의 경우, 무엇보다도 가족과 친구들이 행복에 기여합니다'라는 내용에 따라 정답은 **A**.
8	미래에 대해 걱정할 때 무엇에 대해 더 강한 욕망을 갖는지 묻는 문제이다. 'comme si nous avions une tentation plus grande de nous replier sur une petite communauté soudée 마치 우리가 결속된 작은 공동체 속으로 틀어박히려는 더 큰 욕망을 갖게 되는 것처럼요'라는 내용에 따라 정답은 **B**.
9	어떤 관점에서 인간관계가 중요한지에 대한 문제이다. '**Les relations humaines sont un élément central dans le sens que nous donnons à notre vie** 인간 관계는 우리가 우리의 삶에 부여하는 의미의 핵심 요소입니다'라는 내용에 따라 이것이 정답.

10	'손'의 의미를 묻는 문제이다. '**la main, c'est l'action professionnelle ou associative** 손은 직업적이거나 단체적인 행동입니다'라는 내용이 있으므로 이것이 정답.
11	머리는 무엇을 통해 구현되는지 묻고 있다. '**la tête est incarnée par nos convictions, nos valeurs** 머리는 우리의 신념과 우리의 가치에 의해 구현됩니다'라는 문장이 정답.
12	Didier 씨가 생각하는 삶의 방식에 대해 묻는 문제이다. 'Nous naissons dans la dépendance, nous mourrons dans la dépendance et entre temps nous vivons dans l'interdépendance 우리는 의존하며 태어났고, 의존하며 죽을 것이고, 그 사이에는 상호 의존하며 살 것입니다'라는 내용에 따라 정답은 **C**.
13	John Donne의 문장을 인용하는 문제로서 '**Nul n'est une île, en soi suffisante** 어느 누구도 그 자체로 충분한 섬이 아니다'가 정답.

EXERCICE 1 실전 연습

🎧 Track 1-04

Étape 1 공략에 따라 EXERCICE 1 연습 문제를 풀어 보세요.

Lisez les questions, écoutez le document puis répondez.

❶ Quelle est la première question de l'animatrice ?

....

❷ Selon Jacques LECOMTE, les chartes des entreprises _____
   A ☐ ne sont pas obligatoires.
   B ☐ sont toujours efficaces pour garantir un management de qualité.
   C ☐ ne fonctionnent pas correctement pour garantir un management de qualité.

❸ Dans quels cas les entreprises humanistes peuvent-elles avoir un impact positif sur la société ? (deux réponses)

....

❹ Selon Jacques LECOMTE, sur quoi l'entreprise doit-elle se focaliser ?
   A ☐ La finalité de la société.
   B ☐ Le développement technique.
   C ☐ La meilleure stratégie de vente.

❺ Précisez la triple performance.

....

❻ Quels sont les outils au service du profit ?

....

7 Quel est le point le plus important pour le management humaniste ?

　　A ☐ L'égalité.
　　B ☐ La tolérance.
　　C ☐ La confiance.

8 La mesure considérée comme un remarquable développement est _____

　　A ☐ l'installation de bienfaisance.
　　B ☐ la suppression des horaires fixes.
　　C ☐ la suppression de tous les mécanismes de contrôle de type pointeuse.

9 D'après l'invité, quels sont les droits des gens dans la société humaniste ?
　　(deux réponses)

....

10 Que signifie la « démarche appréciative » ?

....

11 Quels sont les changements remarquables des patrons ?

....

12 Le management humaniste ayant uniquement le but de la productivité _____

　　A ☐ apaise la haine des salariés.
　　B ☐ encourage le courage des salariés.
　　C ☐ provoque la démotivation des salariés.

13 Selon Jacques LECOMTE, quels sont les désirs des générations Y et Z ? (deux réponses)

....

Étape 2 문제 4의 내용을 해석해 보세요.

문제를 읽으세요. 자료를 듣고 대답하세요.

❶ 진행자의 첫 번째 질문은 무엇인가?

．．

❷ Jacques LECOMTE에 따르면, 기업 헌장은 ＿＿＿＿＿＿＿＿＿＿＿＿＿＿＿＿

　A ☐ 의무가 아니다.

　B ☐ 훌륭한 경영을 보장하기 위해 항상 효과적이다.

　C ☐ 훌륭한 경영을 보장하기 위해 제대로 기능하지 않는다.

❸ 어떤 경우에 인본주의 기업들은 사회에 긍정적인 영향을 끼칠 수 있는가? (두 가지 답변)

．．

❹ Jacques LECOMTE에 따르면, 기업은 어디에 초점을 맞추어야 하는가?

　A ☐ 회사의 목적성

　B ☐ 기술 발전

　C ☐ 최고의 판매 전략

❺ 삼중의 성과들을 구체적으로 쓰시오.

．．

❻ 이윤을 위한 도구들은 무엇인가?

．．

❼ 인본주의적 경영을 위해 가장 중요한 점은 무엇인가?

A ☐ 평등

B ☐ 관용

C ☐ 신뢰

❽ 눈에 띄는 발전으로 간주되는 조치는 _____ 이다.

A ☐ 선행의 정착

B ☐ 고정 시간의 폐지

C ☐ 출근 체크기 형태의 모든 통제 메커니즘의 폐지

❾ 초대 손님에 따르면, 인본주의적 회사에서 사람들의 권리는 무엇인가? (두 가지 답변)

....

❿ '강점 탐구'란 무엇을 의미하는가?

....

⓫ 기업주들의 주목할 만한 변화는 무엇인가?

....

⓬ 오로지 생산성의 목적을 띤 인본주의적 경영은 _____

A ☐ 직원들의 증오를 달랜다.

B ☐ 직원들의 용기를 북돋운다.

C ☐ 직원들의 사기 저하를 유발한다.

⓭ Jacques LECOMTE에 따르면, Y세대와 Z세대들의 바람은 무엇인가? (두 가지 답변)

....

DELF B2 · 듣기

Étape 3 문제 4의 필수 어휘를 익히고, 스크립트를 확인해 보세요.

필수 어휘

charte (f) 헌장 | se focaliser 집중하다 | finalité (f) 목적성 | bienfaisance (f) 선행 | suppression (f) 폐지, 삭제 | pointeuse (f) 출근 체크기 | démarche appréciative (f) 강점 탐구 | apaiser 진정시키다, 가라앉히다 | haine (f) 증오 | démotivation (f) 사기 저하 | mentir 속이다 | catastrophique 재앙을 불러일으키는 | fournisseur 납품업자 | se soucier de ~에 대해 걱정, 근심하다 | muer 변화시키다, 허물을 벗다 | rentable 수익성이 있는 | dirigeant 지도하는, 지도자 | au profit de ~에 이익이 되도록 | actionnaire 주주 | contesté 이론의 여지가 있는 | au service de ~을 위해서 | équation (f) 방정식 | bienveillance (f) 친절, 호의 | se traduire 나타나다 | se fier à 믿다, 신뢰하다 | impliqué 관련된 | coconstruire 함께 구성하다 | direction (f) 경영진 | complimenter 축하하다 | en rupture avec ~와 전혀 다른, 아주 대조적인 | consister à ~하는 데 있다 | instrumentaliser ~을 도구로 여기다 | psychologie positive (f) 긍정 심리학 | pervertir 변질시키다, 타락시키다 | s'avérer 사실로 드러나다 | contre-productif 역효과를 내는 | dupe 잘 속는 | productiviste 생산성 본위의 | rancœur (f) 원망, 적개심 | entreprenariat (m) 기업가 정신 | faire carrière 성공하다

스크립트

A: Bonjour Monsieur LECOMTE. Comment reconnaît-on une entreprise humaniste ? À sa charte de valeurs ?

L: Toutes les entreprises ont maintenant des chartes, mais qui ne garantissent malheureusement pas toujours un management de qualité. Certaines sont même tentées par le social washing [le fait d'avoir un discours responsable et des pratiques qui ne le sont pas]. Mais aujourd'hui, celles qui mentent sur leurs conduites réelles sont vite repérées, et c'est catastrophique pour leur réputation. À l'inverse, les entreprises humanistes sont reconnues pour prendre soin de leurs salariés, respecter leurs clients et leurs fournisseurs, se soucier de l'environnement et avoir un impact positif sur la société. Leurs engagements au service du bien commun les rendent très attractives : elles reçoivent chaque jour des piles de CV et peuvent choisir les meilleurs candidats.

A: Selon vous, ces entreprises sont muées par le « pourquoi ». En quoi est-ce essentiel ?

L: De nombreuses entreprises sont focalisées sur le « comment ». Comment vendre, produire et être le plus rentable possible ? Il me semble qu'un dirigeant doit surtout s'interroger sur la finalité de sa société : à quoi sert-elle ? Pas seulement au profit d'actionnaires ! Cette idée, développée après la Seconde Guerre mondiale, a longtemps été un dogme absolu. Elle est aujourd'hui de plus en plus contestée, y compris par des patrons. Désormais, on parle de triple performance : le profit, les personnes, la planète. C'est une belle évolution, qui a aussi sa limite. Souvent, la responsabilité sociale (les personnes) et environnementale (la planète) est considérée comme un outil au service du profit. La finalité reste donc la même. Renversons l'équation ! Une entreprise doit bien sûr être rentable pour durer, mais c'est le profit qui doit être au service de la responsabilité sociale et environnementale. Comme lorsque nous respirons : cela nous est nécessaire pour vivre mais nous ne vivons pas pour respirer.

A : Bienveillance, coopération, empathie… Comment ces valeurs se traduisent-elles dans les faits ?

L : Par une démarche sincère ! Un management humaniste est d'abord une manière d'être, un état d'esprit, il n'existe pas de méthode. La confiance est centrale. On ne peut pas faire semblant d'avoir confiance. Lorsqu'un patron se fie totalement à ses salariés, ils se sentent responsabilisés, sont plus impliqués, motivés. Dans certaines entreprises, les employés « coconstruisent » les règles horaires. Elles ne sont plus imposées par la direction. D'autres ont supprimé tous les mécanismes de contrôle de type de pointeuse et ont connu un remarquable développement. La confiance est aussi un fondement de l'innovation. Dans ces sociétés, tout le monde a la possibilité de donner son avis et d'être écouté, quel que soit son poste ; les salariés peuvent consacrer une partie de leur temps de travail à un projet innovant de leur choix ; l'erreur est acceptée, et les succès, complimentés. Beaucoup adoptent aussi la « démarche appréciative ». Cette méthode, en rupture avec les pratiques traditionnelles qui cherchent constamment à analyser ce qui va mal au sein d'une équipe ou d'une organisation, consiste, à l'inverse, à prendre en considération et à partager collectivement ce qui fonctionne bien !

A : Vous dénoncez le discours « Rendez vos salariés plus heureux, ils seront plus productifs ». Pourquoi ?

L : C'est instrumentaliser la psychologie positive, la pervertir. Le salarié n'est pas un outil au service de la rentabilité. Son bien-être est une finalité en soi. J'entends souvent qu'il faut toucher les patrons avec ce qu'ils peuvent comprendre. Mais ils sont de plus en plus nombreux à être sensibles à leur responsabilité environnementale et sociale. Par ailleurs, il est vrai que plus une entreprise est responsable, plus elle est rentable. Sauf que, dans un premier temps, s'engager en ce sens coûte de l'argent. La rentabilité n'est pas immédiate. Rechercher le bonheur des salariés pour des raisons de profit à court terme s'avère donc contre-productif. Et ceux-ci ne sont pas dupes. Un management humaniste qui cache un objectif productiviste crée de la rancœur, du découragement, de la démotivation.

A : Pensez-vous qu'il y aura de plus en plus d'entreprises humanistes ?

L : J'en suis convaincu. Les générations Y et Z sont pour moi l'espoir absolu. L'entreprenariat social les attire beaucoup. Ces jeunes sont habités par l'esprit de partage, notamment grâce aux réseaux sociaux. Ils cherchent moins à faire carrière que leurs aînés, rêvent davantage de collaboration, de relations moins hiérarchiques et, surtout, veulent un travail qui ait du sens, une utilité.

Psychologies 22/06/2020

Étape 4

문제 4의 해설을 확인해 보세요.

해석

A: 안녕하세요, LECOMTE 씨. 우리는 인본주의적 기업을 어떻게 알아볼 수 있나요? 그것의 가치 헌장을 보고요?

L: 요즘은 모든 기업들이 헌장을 가지고 있습니다. 하지만 불행히도 그것이 항상 훌륭한 경영을 보장해 주는 것은 아닙니다. 심지어 어떤 기업들은 '소셜 워싱(책임져야 하는 발언을 하고도 실제로는 그렇게 하지 않는 것)'의 유혹에 넘어가기도 합니다. 그러나 오늘날, 그들의 실제 운영을 속이는 기업들은 빠르게 포착되며, 그것은 그들의 명성에 재앙을 불러일으킵니다. 반대로, 인본주의적 기업들은 그들의 직원들을 돌보고, 그들의 고객들과 납품업자들을 존중하는 것, 환경을 염려하고 사회에 긍정적인 영향을 주는 것으로 알려져 있습니다. 공공 복지 서비스에 대한 이들의 참여는 그들을 매우 매력적으로 만들어 줍니다: 기업들은 매일 산더미 같은 이력서들을 받고, 가장 뛰어난 지원자들을 고를 수 있습니다.

A: 당신에 따르면, 이런 기업들은 '왜'에 의해서 변화한다는 거군요. 무엇이 핵심인가요?

L: 많은 기업들은 '어떻게'에 초점을 맞춥니다. 어떻게 팔 것인지, 생산할 것인지, 그리고 어떻게 최대한 수익을 낼 것인지요. 제가 보기에 경영자는 특히 회사의 목적성에 대해 자문해 봐야 합니다: 이것(이 회사)이 무엇에 쓸모가 있을까? 단지 주주들의 이익을 위해서만이 아니라요! 제2차 세계 대전 이후에 발전된 이 생각은 오랫동안 절대적인 신조였습니다. 오늘날 그것은 기업주들에 의해서를 비롯해, 점점 더 많이 반박당하고 있죠. 사람들은 이제 삼중의 성과에 대해 말합니다: 이윤, 사람들, 지구죠. (이는 좋은 변화지만, 역시 한계가 있습니다.) 종종, 사회적이고(사람들) 환경적인(지구) 책임은 이윤을 위한 도구로 여겨집니다. 궁극적인 목적은 여전히 같습니다. 방정식을 바꾸는 겁니다! 기업은 당연히 살아남기 위해 수익성이 있어야 하지만, 이윤이 사회적, 환경적 책임을 위한 것이 되어야 합니다. 마치 우리가 숨을 쉴 때처럼 말이에요: 그것은 살기 위해 우리에게 필요하지만, 우리가 숨쉬기 위해 살지는 않죠.

A: 친절, 협동, 공감... 이 가치들은 실제로는 어떻게 나타나나요?

L: 진실된 과정을 통해서지요! 인본주의적 경영은 무엇보다도 존재 방식이자 마음가짐이며, 방법이란 존재하지 않습니다. 신뢰가 핵심입니다. 우리는 신뢰가 있는 것처럼 꾸밀 수는 없습니다. 어떤 기업주가 그의 직원들을 전적으로 믿을 때, 그들은 책임감을 느끼고 더욱 더 결속되고, 의욕적이 됩니다. 어떤 기업들에서 직원들은 시간 규칙을 '상호 결정'합니다. 그것들은 더 이상 경영진에 의해 강요되지 않습니다. 다른 기업들은 출근 체크기 형태의 모든 통제 메커니즘을 없앴고, 눈에 띄는 발전을 이루었습니다. 신뢰는 또한 혁신의 기반입니다. 이 회사들에서 모든 사람들은 지위를 막론하고 자신의 의견을 내고, 들어질 기회를 갖습니다: 직원들은 그들의 근무 시간의 일부를 그들의 선택에 따른 혁신적 기획에 몰두할 수 있습니다: 실수는 허용되고, 성공은 축하 받습니다. 많은 회사들이 또한 '강점 탐구'를 채택합니다. 이 방법은 팀이나 조직 안에서 무엇이 잘못되어 가고 있는지를 끊임없이 분석하려 애쓰는 전통적인 관습과는 달리, 반대로 무엇이 잘 돌아가고 있는지를 생각하고 집단적으로 공유하는 것입니다!

A: 당신은 '당신의 직원들을 더 행복하게 만들어라, 그들이 더 생산적이 될 것이다'라는 연설을 했습니다. 왜 그런가요?

L: 이것은 긍정 심리학을 도구화하고 그것을 변질시키는 것입니다. 직원은 수익성을 위한 도구가 아닙니다. 그의 행복은 그 자체로 목적입니다. 저는 종종 기업주들이 이해할 수 있는 것을 가지고 그들과 접해야 한다는 말을 듣습니다. 그러나 그들의 환경적, 사회적 책임에 민감한 기업주들이 점점 더 많아지고 있습니다. 게다가,

한 기업이 책임감이 있을수록, 그 기업이 많은 수익을 얻는 것이 사실입니다. 처음에 이런 방향으로 시작하는 데 돈이 든다는 것만 제외하면요. 수익성은 즉각적이지 않습니다. 따라서 수익 때문에 단기적으로 직원들의 행복을 추구하는 것은 역효과를 냅니다. 또한 직원들은 쉽게 속지 않습니다. 생산 본위의 목적을 감추는 인본주의적 경영은 적개심과 실망, 사기 저하를 가져옵니다.

A: 당신은 인본주의적 기업들이 점점 더 늘어날 것이라고 생각하나요?

L: 저는 믿어 의심치 않습니다. 제게 있어서 Y세대와 Z세대는 절대적 희망입니다. 사회적 기업가 정신은 그들을 매우 사로잡습니다. 이 젊은이들은 특히 소셜 네트워크 덕분에 공유 정신을 장착하고 있습니다. 이들은 그들의 이전 세대들보다 성공하려고 덜 애쓰고, 더 많은 협동과 덜 계급적인 관계를 꿈꾸며, 무엇보다도 의미가 있는 일, 효용성이 있는 일을 원합니다.

문제 분석

인본주의적 기업에 관한 인터뷰 내용이다. 이 인터뷰에서는 인본주의적 기업의 특징을 파악하는 것이 핵심이다. 즉, 인본주의적 기업이 근로자와 고객, 납품업자를 존중하고 사회에 긍정적인 기여를 한다는 것을 파악해야 이어지는 문제들을 풀 수 있다. 또한 인본주의적 경영의 핵심이 '신뢰'라는 것을 인지해야 하는데, 구체적으로 신뢰가 기업에서 어떤 방식으로 기능하는지 파악해야 한다. 마지막으로 Y세대와 Z세대의 어떠한 특성이 인본주의적 기업들이 증가하는 데 기여할 것인지 또한 놓쳐서는 안 된다.

해설

문항	풀이 요령
1	진행자의 첫 번째 질문이 무엇인지 묻는 문제이다. '**Comment reconnaît-on une entreprise humaniste ?** 우리는 인본주의적 기업을 어떻게 알아볼 수 있나요?'라고 하였으므로 이것이 정답이다.
2	기업 헌장에 관한 문제로서 'Toutes les entreprises ont maintenant des chartes, mais qui ne garantissent malheureusement pas toujours un management de qualité 요즘은 모든 기업들이 헌장을 가지고 있습니다. 하지만 불행히도 그것이 항상 훌륭한 경영을 보장해 주는 것은 아닙니다'라는 내용에 따라 정답은 **C**.
3	인본주의 기업들이 사회에 미치는 영향을 묻는 문제이다. '**les entreprises humanistes sont reconnues pour prendre soin de leurs salariés, respecter leurs clients et leurs fournisseurs, se soucier de l'environnement** 인본주의적 기업들은 그들의 직원들을 돌보고, 그들의 고객들과 납품업자들을 존중하는 것, 환경을 염려하고'에서 두 개를 정답으로 쓴다.
4	기업이 추구해야 할 지향점에 관한 문제로서 'Il me semble qu'un dirigeant doit surtout s'interroger sur la finalité de sa société 제가 보기에 경영자는 특히 회사의 목적성에 대해 자문해 봐야 합니다'라는 문장에 따라 정답은 **A**.
5	삼중의 성과에 대한 문제이다. '**le profit, les personnes, la planète** 이윤, 사람들, 지구'가 정답.

6	이윤을 위한 도구를 묻는 문제로서 'la responsabilité sociale (les personnes) et environnementale (la planète) est considérée comme un outil au service du profit 사회적이고(사람들) 환경적인(지구) 책임은 이윤을 위한 도구로 여겨집니다'라는 내용에 따라 따라 **La responsabilité sociale et environnementale.**이 정답.
7	인본주의적 경영에서 가장 중요한 점을 묻는 문제이다. 'La confiance est centrale 신뢰가 핵심'이라는 내용에 따라 정답은 **C**.
8	눈에 띄는 발전으로 간주되는 조치가 무엇인지 묻는 문제이다. 'D'autres ont supprimé tous les mécanismes de contrôle de type de pointeuse et ont connu un remarquable développement 다른 기업들은 출근 체크기 형태의 모든 통제 메커니즘을 없앴고, 눈에 띄는 발전을 이루었습니다'라는 내용에 따라 정답은 **C**.
9	인본주의적 회사에서 사람들의 권리를 묻는 문제이다. '**Dans ces sociétés, tout le monde a la possibilité de donner son avis et d'être écouté, quel que soit son poste ; les salariés peuvent consacrer une partie de leur temps de travail à un projet innovant de leur choix** 이 회사들에서 모든 사람들은 지위를 막론하고 자신의 의견을 내고, 들어질 기회를 갖습니다; 직원들은 그들의 근무 시간의 일부를 그들의 선택에 따른 혁신적 기획에 몰두할 수 있습니다'라는 내용에 따라 이 중 두 개를 정답으로 쓰면 된다.
10	'강점 탐구'의 정의를 묻는 문제이다. '**consiste à prendre en considération et à partager collectivement ce qui fonctionne bien** 무엇이 잘 돌아가고 있는지를 생각하고 집단적으로 공유하는 것'이라는 내용에 따라 이 중 두 개를 정답으로 쓰면 된다.
11	기업주들의 주목할 만한 변화에 대한 문제이다. '**ils sont de plus en plus nombreux à être sensibles à leur responsabilité environnementale et sociale** 환경적, 사회적 책임에 민감한 기업주들이 점점 더 많아지고 있습니다'라는 내용에 따라 이것이 정답.
12	생산 본위의 목적을 감추는 경영의 단점을 묻는 문제이다. 'Un management humaniste qui cache un objectif productiviste crée de la rancœur, du découragement, de la démotivation 생산 본위의 목적을 감추는 인본주의적 경영은 적개심과 실망, 사기 저하를 가져옵니다'라는 내용에 따라 정답은 **C**.
13	Y와 Z세대들의 바람을 묻는 문제로서 '**Ils cherchent moins à faire carrière que leurs aînés, rêvent davantage de collaboration, de relations moins hiérarchiques et, surtout, veulent un travail qui ait du sens, une utilité** 그들의 이전 세대들보다 성공하려고 덜 애쓰고, 더 많은 협동과 덜 계급적인 관계를 꿈꾸며, 무엇보다도 의미가 있는 일, 효용성이 있는 일을 원합니다'라는 내용에 따라 이 중 두 개를 정답으로 쓰면 된다.

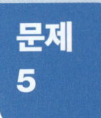

EXERCICE 1 실전 연습

🎧 Track 1-05

공략에 따라 EXERCICE 1 연습 문제를 풀어 보세요.

Lisez les questions, écoutez le document puis répondez.

❶ Quelle est la profession d'Aurélien BOUTAUD ?

....

❷ Sur quoi « Les Défricheurs » ont-ils voulu faire le point ?

   A ☐ La crise économique mondiale.
   B ☐ L'inquiétude sur le marché du travail.
   C ☐ La gravité sur le problème de l'environnement.

❸ Comment peut-on définir « être écolo » au sens politique ?

....

❹ D'après Aurélien BOUTAUD, le problème de l'environnement

   A ☐ doit être considéré dans tous les domaines.
   B ☐ n'a pas de relation avec le domaine politique.
   C ☐ doit être considéré uniquement dans le concept de l'écologie.

❺ Quels enjeux les scientifiques présentent-ils à propos de « limite planétaire » ?

....

❻ Qu'est-ce qui est arrivé il y a plus de 65 millions d'années ?

....

7 Après le changement de régime il y a plus de 65 millions d'années, _____

    A ☐ les espèces vivantes se sont complètement effacées.
    B ☐ une diversité des espèces vivantes s'est anéantie naturellement.
    C ☐ une diversité des espèces vivantes s'est développée progressivement.

8 Citez deux facteurs mentionnés qui déterminent l'impact d'une société sur l'environnement.

....

9 En ce qui concerne l'empreinte carbone, les Français _____

    A ☐ exportent trop de CO2 au niveau de l'écologie.
    B ☐ consomment plus de CO2 au niveau de l'écologie.
    C ☐ consomment moins de CO2 au niveau de l'écologie.

10 De quoi le système de production doit-il dépendre ?

....

11 Pourquoi doit-on diminuer la consommation d'aliments issus des animaux ?

....

12 D'après Aurélien BOUTAUD, la décroissance économique _____

    A ☐ doit s'appliquer à tous les pays.
    B ☐ doit s'appliquer aux pays pauvres.
    C ☐ ne doit s'appliquer qu'aux pays les plus riches.

13 Selon les écologistes, que signifie le productivisme ?

....

| Étape 2 | **문제 5의 내용을 해석해 보세요.**

문제를 읽으세요. 자료를 듣고 대답하세요.

❶ Aurélien BOUTAUD의 직업은 무엇인가?

....

❷ 'Les Défricheurs'는 무엇에 대한 현상을 명확히 하기를 원하는가?

    A ☐ 세계 경제 위기

    B ☐ 노동 시장에 대한 걱정

    C ☐ 환경 문제에 대한 심각성

❸ 정치적인 의미에서 '친환경적이다'를 어떻게 정의 내릴 수 있는가?

....

❹ Aurélien BOUTAUD에 따르면, 환경 문제는 ....

    A ☐ 모든 영역에서 고려되어야 한다.

    B ☐ 정치적인 영역과는 관계가 없다.

    C ☐ 친환경주의 개념에서만 고려되어야 한다.

❺ '지구 한계'와 관련하여 과학자들은 어떤 쟁점들을 제시하는가?

....

❻ 6천 5백만 년도 더 전에 무슨 일이 있었는가?

....

60   DELF B2

❼ 6천 5백만 년 전 체제 변화 이후에, _____

　　A ☐ 살아 있는 종들은 완전히 멸종했다.

　　B ☐ 살아 있는 종들의 다양성은 자연스럽게 소멸되었다.

　　C ☐ 살아 있는 종들의 다양성은 점차적으로 발전하였다.

❽ 환경에 미치는 사회의 영향을 진단하는, 언급된 두 요소들을 인용하시오.

....

❾ 탄소 발자국과 관련하여, 프랑스인들은 _____

　　A ☐ 친환경 수준에서 너무 많은 이산화탄소를 수출한다.

　　B ☐ 친환경 수준에서 더 많은 이산화탄소를 소비한다.

　　C ☐ 친환경 수준에서 더 적은 이산화탄소를 소비한다.

❿ 생산 시스템은 무엇에 달려 있는가?

....

⓫ 왜 동물로부터 나온 음식 소비를 줄여야 하는가?

....

⓬ Aurélien BOUTAUD에 따르면, 탈성장은 _____

　　A ☐ 모든 국가에 적용되어야 한다.

　　B ☐ 개발 도상국들에게 적용되어야 한다.

　　C ☐ 오직 선진국들에게만 적용되어야 한다.

⓭ 환경학자들에 따르면, 생산 제일주의는 무엇을 의미하는가?

....

Étape 3

문제 5의 필수 어휘를 익히고, 스크립트를 확인해 보세요.

필수 어휘

marché du travail (m) 노동 시장 | définir 정의하다 | s'effacer 사라지다 | s'anéantir 없어지다, 소멸되다 | empreinte carbone (f) 탄소 발자국 | décroissance (f) 쇠퇴, 탈성장 | productivisme (m) 생산 제일주의 | faire le point 현상을 명확히 하다 | environnementaliste 환경문제 전문가, 환경학자 | empreinte écologique (f) 생태 발자국 | unanime 만장일치의 | prendre une ampleur 발전하다, 규모가 커지다 | enjeu (m) 쟁점, 문제 | effondrement (m) 붕괴, 종말 | réchauffement climatique (m) 지구 온난화 | perturber 교란하다 | franchir 뛰어넘다 | biodiversité (f) 생물 다양성 | résilience (f) 회복력 | incertitude (f) 불확실성, 미확정 | concilier 조정하다, 양립시키다 | transition (f) 변화 | démographie (f) 인구 통계(학) | stabilisation (f) 안정화 | décennie (f) 10년간 | levier (m) 수단 | échelle (f) 등급, 단계 | agro-écologie (f) 친환경 농업 | s'imposer 필요불가결하다 | quasiment 거의 | PIB (produit intérieur brut) (m) 국내 총생산 (GDP) | exponentiel(le) 지수의, (f) 지수 함수 | croître 자라다, 증가하다 | viable 지속성이 있는 | il convient de ~하는 것이 좋다, 바람직하다 | bien entendu 물론 | gain (m) 이윤, 이익 | concurrentiel 경쟁하는 | mécaniser 기계화하다 | robotiser 로봇화하다

* empreinte écologique: 인간이 지구에서 사는 데 필요한 자원의 생산 및 폐기에 드는 비용을 토지로 환산한 지수
* empreinte carbone: 개인 및 단체가 직간접적으로 발생시키는 온실 기체의 총량

스크립트

A: Dans le cadre de la semaine internationale pour le climat du 20 au 27 septembre, « Les Défricheurs » ont voulu faire le point sur l'urgence climatique et explorer les perspectives avec Aurélien BOUTAUD, environnementaliste et co-auteur de « L'empreinte écologique ». Aujourd'hui, ça veut dire quoi « être écolo » ?

B: Il n'y a pas de définition unanime. Aujourd'hui, ça veut dire, au sens politique du terme, considérer que les questions environnementales doivent être au cœur de toutes les politiques publiques et de toutes les actions des acteurs privés ou publics. La question environnementale a pris une ampleur telle aujourd'hui que tous les autres secteurs doivent prendre en compte ces enjeux. Mettre l'écologie au cœur de toutes les politiques est une question politique prioritaire.

A: De plus en plus on entend beaucoup parler d'effondrement, qu'est-ce que ça veut dire exactement et doit-on en avoir peur ?

B: Quand on parle de « limite planétaire », les scientifiques montrent qu'il y a un certain nombre d'enjeux comme le réchauffement climatique ou des choses moins connues telles que les cycles de l'azote, du carbone complètement perturbés par les activités humaines. On essaie donc de saisir la limite à ne pas franchir, car cela nous emmènerait vers une rupture, un effondrement. En science, on parle d'un changement de régime: c'est le cas de la dernière grande extinction massive de la biodiversité il y a plus de 65 millions d'années et pour autant tout n'a pas disparu, la biodiversité et la résilience du vivant étaient suffisamment fortes pour qu'il y ait un nouveau cycle qui se mette en œuvre, une diversité qui s'est développée progressivement. Malgré les incertitudes de la littérature scientifique, il faut considérer la question de l'effondrement comme une possibilité de plus en plus forte, il faut en faire une question politique centrale.

A : Comment peut-on concilier la transition écologique avec nos modes de vie actuels ?

B : Quand on veut déterminer l'impact d'une société sur l'environnement, il faut considérer trois facteurs : le premier c'est la démographie : nous sommes de plus en plus nombreux, mais on prévoit une stabilisation dans les décennies à venir. Le deuxième c'est le niveau de vie matériel : ce que l'on consomme et combien. Le troisième c'est le système de production : la technologie et les modes de production, dont on dispose. Si on ne joue pas sur les deux derniers leviers, que l'on peut davantage modifier, ça ne peut pas vraiment fonctionner. L'empreinte carbone d'un Français est de 10 à 12 tonnes de CO_2 par an (t /an); or, ce qui est écologiquement souhaitable, c'est environ 2t/an : il faut donc diviser par 6 ce que l'on consomme ! Cela suppose de faire beaucoup de sacrifices... Mais on ne peut pas tout faire à l'échelle individuelle : le système de production doit aussi changer, s'orienter vers des formes d'agriculture biologique et vers l'agro-écologie. Ce nouveau système de production dépendra aussi des nouveaux modes de consommation, comme par exemple la diminution de la consommation d'aliments issus des animaux – car ce sont de grands producteurs de gaz à effet de serre – ou le choix de produits locaux. Mais c'est vrai aussi pour les autres secteurs : le logement et le transport.

A : Est-ce qu'on peut sauver la planète tout en cherchant encore la croissance économique ? Est-ce que la décroissance s'impose ?

B : La décroissance est une vieille idée. Évidemment, la décroissance des empreintes écologiques est nécessaire. À moyen terme, il paraît quasiment inévitable que cela passe aussi par la décroissance économique, ce qui impliquerait la baisse du PIB. Il faudra trouver des modes de fonctionnement de l'économie qui ne dépendent plus de la croissance. Tout simplement, car la croissance est exponentielle, elle croît trop rapidement. Actuellement, en France on a besoin de 2% de croissance par an pour créer de l'emploi. En un siècle, la production et la consommation ont été multipliées par 7. Or, ce n'est pas viable ! Il conviendrait de passer vers une économie « post-croissance ». Bien entendu, on parle de passer vers la décroissance dans les pays les plus riches, on ne va pas demander une décroissance aux pays pauvres. La décroissance implique un changement complet d'idéologie. Le productivisme, selon le terme utilisé par les écologistes, suppose d'avoir un gain de productivité continu tout en réduisant la quantité de travail. Dans ce système concurrentiel, les entreprises doivent sans cesse devenir plus productives, plus efficaces en mécanisant/robotisant leur production.

A : Quoi dire aux gens qui font des gestes pour l'environnement chaque jour, alors que le problème est planétaire ?

B : Il faut que les changements individuels soient accompagnés par l'action publique, les deux sont à mettre en parallèle. En même temps, il faut adresser un message clair aux producteurs, pour qu'ils aillent aussi vers un changement de comportement.

Les Défricheurs News 21/09/2019

Étape 4 문제 5의 해설을 확인해 보세요.

A : 9월 20일부터 27일까지의 '국제 기후 파업 주간' 동안, 'Les Défricheurs'는 기후 위기 상황을 명확히 하고, 환경 문제 전문가이자 '생태 발자국'의 공동 저자인 Aurélien BOUTAUD 씨와 전망을 탐구해 보려 했습니다. 오늘날, '친환경적이다'라는 것은 무엇을 의미하나요?

B : 만장일치의 정의는 없습니다. 오늘날, 그 용어의 정치적 의미에서는, 환경 문제들이 모든 공공 정책과, 민간 또는 공공 관계자들의 모든 행동의 핵심이 되어야 함을 고려한다는 의미입니다. 오늘날 환경 문제는 그 규모가 너무 커져서, 다른 모든 분야들은 이러한 문제들을 고려해야 합니다. 환경 보호를 모든 정책들의 중심에 놓는 것은 가장 최우선적인 정치적 문제입니다.

A : 오늘날 우리는 종말에 대해 말하는 것을 점점 더 많이 듣습니다. 이것은 정확히 무엇을 의미할까요? 그리고 우리는 이에 대해 두려움을 가져야 할까요?

B : 우리가 '지구 한계'에 대해 말할 때, 과학자들은 지구 온난화, 혹은 덜 알려진 것들, 예컨대 인간의 활동들로 인해 완전히 어지럽혀진 탄소와 질소의 순환과 같이 여러 개의 쟁점들이 있음을 보여줍니다. 그래서 우리는 넘지 말아야 할 한계를 파악하기 위해 애쓰는데, 왜냐하면 그것이 우리를 파괴와 종말로 이끌 것이기 때문입니다. 과학에서 우리는 체제의 변화에 대해 이야기합니다: 이것은 6천 5백만 년도 더 전에 있었던 생물 다양성의 마지막 대량 멸종의 사례입니다. 그렇다고 모든 것들이 사라지지는 않았으며, 새로운 순환이 시작되고 다양성이 점진적으로 발전하기에 생물들의 회복력과 생물 다양성은 충분히 강했습니다. 과학적 문헌들의 불확실성에도 불구하고 종말의 문제는 가능성이 점점 더 커지고 있다고 고려되어야 하며, 이것이 핵심적인 정치적 문제가 되어야 합니다.

A : 우리는 어떻게 환경 보호적인 변화와 현재 우리의 삶의 방식을 양립시킬 수 있을까요?

B : 우리가 환경에 미치는 사회의 영향을 진단하고자 할 때 3가지 요소들을 고려해야 합니다: 첫 번째는 인구 통계입니다. 인구는 점점 더 많아지지만, 다가올 몇 십 년 후에는 안정될 것이라고 예상합니다. 두 번째는 물질 생활의 수준입니다. 우리가 무엇을 얼마나 소비하느냐입니다. 세 번째는 생산 시스템입니다. 우리가 가지고 있는 생산 양식과 기술이죠. 만약 우리가 우리 스스로 더 바꿀 수 있는 마지막 두 개의 수단을 이용하지 않는다면, 이는 실제로 작동하지 못할 것입니다. 프랑스인 한 명의 탄소 발자국은 1년에 이산화탄소 10톤에서 12톤입니다. 그런데 환경적으로 바람직한 것은 연간 약 2톤입니다. 그래서 우리가 소비하는 것을 6명에서

나누어야 합니다! 이는 많은 희생을 전제로 합니다... 하지만 우리는 개인적인 단계에서 모든 것을 할 수는 없습니다. 생산 시스템도 바뀌어야 하고, 무공해 농업의 형태와 친환경 농업으로 나아가야 합니다. 이 새로운 생산 시스템도 예를 들면 동물로부터 나온 음식에 대한 소비 감소 — 왜냐하면 이것이 온실가스의 주된 생산자이기 때문에 — 혹은 토종 농산물 선택과 같은 새로운 소비 방식에 달려 있습니다. 이는 주거와 교통 등 다른 분야에서도 그렇습니다.

A: 우리는 경제 성장을 계속 추구하면서 지구도 구할 수 있을까요? 쇠퇴가 불가피할까요?

B: 쇠퇴는 구시대적 발상입니다. 분명히, 생태 발자국의 감소는 필요합니다. 중기적으로 보면, 경제적 쇠퇴를 거치게 될 것이라는 것도 거의 불가피해 보이는데, 이는 국내 총생산의 감소를 의미할 것입니다. 성장에 더 이상 의존하지 않는 경제 작동 방식을 찾아야 할 것입니다. 왜냐하면 경제 성장은 지수 함수이기 때문에 너무 빠르게 성장할 따름이기 때문입니다. 현재 프랑스에서는 일자리 창출을 위해 1년에 2%의 경제 성장이 필요합니다. 한 세기 동안, 생산과 소비는 7배로 늘어났습니다. 그런데 이는 지속성이 없습니다! '후성장' 경제로 가는 것이 적절할 것입니다. 물론 우리는 가장 부유한 국가들(선진국들)이 탈성장을 향해 가야 한다고 말하는 것이며, 개발 도상국들에게 탈성장을 강요하지는 않을 것입니다. 탈성장은 이데올로기의 전적인 변화를 내포합니다. 환경학자들이 사용하는 용어에 따르면, 생산 제일주의는 일의 양은 줄이면서 계속해서 생산성의 이윤을 얻는 것을 전제로 합니다. 이러한 경쟁 시스템에서, 기업들은 그들의 생산을 기계화/로봇화하면서 끊임없이 생산성과 효율성을 향상시켜야 합니다.

A: 문제는 지구적인데, 매일 환경을 위해 행동하는 사람들에게 뭐라고 해야 할까요?

B: 개인의 변화에는 공적인 조치가 수반되어야 하고, 그 두 가지는 병행되어야 합니다. 동시에 생산자들에게도 명확한 메시지를 보내야 합니다. 그들이 행동의 변화를 향해 나아가도록 하기 위해서 말입니다.

문제 분석

환경을 주제로 한 인터뷰이다. 이 인터뷰는 환경을 경제적인 측면과 연관지어 설명하고 있기 때문에, 이해하기가 쉽지 않은 편이다. 이 인터뷰에서는 두 가지 개념, '친환경적'이라는 것은 무엇인지, '경제적 쇠퇴'는 무엇인지를 정확히 파악해야 한다. 또한 환경을 위해 현재 삶의 방식을 어떻게 변화시켜야 하는지 구체적으로 살펴야 한다. 마지막으로 경제적인 측면과 관련해서는, '후성장' 개념이 의미하는 것이 무엇인지 파악해야 한다.

해설

문항	풀이 요령
1	초대 손님의 직업을 묻는 질문이다. 'environnementaliste et co-auteur de « L'empreinte écologique » 환경 문제 전문가이자 '생태 발자국'의 공동 저자'라고 하였으므로, **Environnementaliste** 또는 **Écrivain**가 정답.
2	'Les Défricheurs'가 중요하게 여기는 것이 무엇인지 묻는 문제로서 '« Les Défricheurs » ont voulu faire le point sur l'urgence climatique 'Les Défricheurs'는 기후 위기 상황을 명확히 한다'에서 기후 위기 상황은 곧 환경 문제이므로 정답은 **C**.

3	'친환경적이다'라는 용어의 정치적 의미를 묻는 문제이다. '**considérer que les questions environnementales doivent être au cœur de toutes les politiques publiques et de toutes les actions des acteurs privés ou publics** 환경 문제들이 모든 공공 정책과, 민간 또는 공공 관계자들의 모든 행동의 핵심이 되어야 함을 고려한다'가 정답. 어휘나 표현이 지문과 다르더라도 의미가 동일하면 정답으로 인정받을 수 있다.
4	환경 문제가 다루어져야 할 영역에 대한 문제로서 'La question environnementale a pris une ampleur telle aujourd'hui que tous les autres secteurs doivent prendre en compte ces enjeux 오늘날 환경 문제는 그 규모가 너무 커져서, 다른 모든 분야들은 이러한 문제들을 고려해야 합니다'라는 내용에 따라 정답은 **A**.
5	지구 한계에 대해 과학자들이 어떤 쟁점을 제시하는지 묻는 문제이다. 'les scientifiques montrent qu'il y a un certain nombre d'enjeux comme le **réchauffement climatique** ou des choses moins connues telles que les **cycles de l'azote, du carbone** complètement perturbés par les activités humaines 과학자들은 지구 온난화, 혹은 덜 알려진 것들, 예컨대 인간의 활동들로 인해 완전히 어지럽혀진 탄소와 질소의 순환과 같이 여러 개의 쟁점들이 있음을 보여줍니다'라는 내용이 있는데, 답의 개수를 명시하지 않았으므로 이들 중 하나를 쓰면 된다.
6	6천 5백만 년 이전에 생겼던 사건을 묻는 문제로서 '**la dernière grande extinction massive de la biodiversité** 생물 다양성의 마지막 대량 멸종'이 정답.
7	6천 5백만 년 전 대량 멸종 이후의 변화를 묻는 문제이다. 'la biodiversité et la résilience du vivant étaient suffisamment fortes pour qu'il y ait un nouveau cycle qui se mette en œuvre, une diversité qui s'est développée progressivement 새로운 순환이 시작되고 다양성이 점진적으로 발전하기에 생물들의 회복력과 생물 다양성은 충분히 강했습니다'라는 내용으로 보아 정답은 **C**.
8	환경에 영향을 미치는 사회적 영향을 묻는 문제로서, 지문에 'Le premier c'est la démographie: nous sommes de plus en plus nombreux, mais on prévoit une stabilisation dans les décennies à venir. Le deuxième c'est le niveau de vie matériel: ce que l'on consomme et combien. Le troisième c'est le système de production: la technologie et les modes de production, dont on dispose 첫 번째는 인구 통계입니다: 우리는 점점 더 많아지지만, 다가올 몇 십 년 후에는 안정될 것이라고 예상합니다. 두 번째는 물질 생활의 수준입니다: 우리가 무엇을 얼마나 소비하느냐입니다. 세 번째는 생산 시스템입니다: 우리가 가지고 있는 생산 양식과 기술이죠'라고 하였다. 그러므로 **la démographie, le niveau de vie matériel, le système de production** 중에서 두 개를 골라 정답으로 쓰면 된다.
9	탄소 발자국과 관련한 문제이다. 'L'empreinte carbone d'un Français est de 10 à 12 tonnes de CO2 par an (t/an); or, ce qui est écologiquement souhaitable, c'est environ 2t/an 프랑스인 한 명의 탄소 발자국은 1년에 이산화탄소 10톤에서 12톤입니다. 그런데 환경적으로 바람직한 것은 연간 약 2톤입니다'라는 내용으로 보아 정답은 **B**.
10	생산 시스템과 관련한 문제로서 '**Ce nouveau système de production dépendra aussi des nouveaux modes de consommation** 이 새로운 생산 시스템도 새로운 소비 방식에 달려 있습니다'라는 내용에 따라 이것이 정답.

11	동물들로부터 나온 음식 소비를 줄여야 하는 이유를 묻는 문제이다. '**ce sont de grands producteurs de gaz à effet de serre** 이것이 온실가스의 주된 생산자이기 때문에'라는 내용에 따라 이것이 정답.
12	탈성장이 적용되어야 하는 나라의 범위를 묻는 문제로 '**on parle de passer vers la décroissance dans les pays les plus riches, on ne va pas demander une décroissance aux pays pauvres** 선진국들이 탈성장을 향해 가야 한다고 말하는 것이며 개발 도상국들에게 탈성장을 강요하지는 않을 것입니다'라는 내용에 따라 정답은 **C**.
13	생산 제일주의의 정의를 묻는 문제이다. '**avoir un gain de productivité continu tout en réduisant la quantité de travail** 일의 양은 줄이면서 계속해서 생산성의 이윤을 얻는 것을 전제로 합니다'라는 내용에 따라 이것이 정답.

EXERCICE 1 실전 연습

🎧 Track 1-06

공략에 따라 EXERCICE 1 연습 문제를 풀어 보세요.

Lisez les questions, écoutez le document puis répondez.

❶ Quelle est la première question de l'animateur ?

....

❷ Pourquoi doit-on bien organiser ses vacances à la maison ?
   A ☐ Pour que personne ne s'ennuie.
   B ☐ Pour que les enfants fassent leurs devoirs.
   C ☐ Pour que les parents s'occupent mieux de leurs enfants.

❸ Selon l'invitée, _____
   A ☐ on préfère rester à la maison pour des raisons économiques.
   B ☐ il est très difficile de trouver des lieux amusants près de sa maison.
   C ☐ on trouve facilement plein de choses à faire dans les environs de chez soi.

❹ Quel est l'avantage de la découverte du calendrier d'idées d'activités pour les enfants ?

....

❺ Quelle est la première chose à faire pour passer de bonnes vacances à la maison ?

....

❻ Que demandent les parents aux enfants lors de la création du calendrier ?

....

7 Une fois que chaque membre de la famille aura ajouté sa touche personnelle au calendrier, _____

   A ☐ les enfants ne pourront pas participer à sa décoration.
   B ☐ les enfants vont choisir leurs lieux de vacances préférés.
   C ☐ ce sera un plaisir pour chaque membre de la famille de venir le consulter.

8 Qu'imagine-t-on si on part en vacances loin de chez soi ?

....

9 Que doit-on préparer pour faire un pique-nique ?

   A ☐ La glacière et la nappe.
   B ☐ Les ballons et les livres.
   C ☐ La glacière et les livres.

10 Que les enfants peuvent-ils apprendre à reconnaître quand on va pique-niquer près de chez soi ?

....

11 Pourquoi vaut-il mieux emporter un des jouets favoris des enfants ? (deux réponses)

....

12 Comment faire pour rechercher des événements près de chez vous ?

   A ☐ Utiliser le site Internet.
   B ☐ Visiter l'office de tourisme.
   C ☐ Téléphoner à l'agence de voyage.

13 Que faut-il vérifier lorsqu'on va dans un parc d'attractions ? (une réponse)

....

Étape 2

문제 6의 내용을 해석해 보세요.

문제를 읽으세요. 자료를 듣고 대답하세요.

❶ 진행자의 첫 번째 질문은 무엇인가?

....

❷ 왜 집에서의 휴가를 잘 계획해야 하는가?
  A ☐ 누구도 지루하지 않기 위해서
  B ☐ 아이들이 그들의 숙제를 하기 위해서
  C ☐ 부모가 아이들을 더 잘 돌보기 위해서

❸ 초대 손님에 따르면, _____
  A ☐ 사람들은 경제적 이유로 인해 집에 머무는 것을 선호한다.
  B ☐ 집 근처에서 재미있는 장소들을 발견하는 것은 매우 어렵다.
  C ☐ 집 주변에서 할 만한 많은 것들을 쉽게 찾을 수 있다.

❹ 아이들을 위해 활동 일정표를 만드는 것의 장점은 무엇인가?

....

❺ 집에서 좋은 휴가를 보내기 위해 첫 번째로 할 일은 무엇인가?

....

❻ 일정표를 만들 때 부모는 아이들에게 무엇을 요구하는가?

....

❼ 일단 가족 각 구성원이 일정표에 개인적인 손길이 닿고 나면, _____

　　A ☐ 아이들은 장식에 참가하지 않을 수 있을 것이다.

　　B ☐ 아이들은 그들이 선호하는 휴가지를 고를 것이다.

　　C ☐ 그것에 대해 논의하러 오는 것이 가족 각 구성원들에게 기쁨이 될 것이다.

❽ 집에서 멀리 떠나 휴가를 가면 우리는 무슨 생각을 하는가?

....

❾ 피크닉을 하기 위해 무엇을 준비해야 하는가?

　　A ☐ 아이스박스와 식탁보

　　B ☐ 공들과 책들

　　C ☐ 아이스박스와 책들

❿ 집 근처로 소풍을 갈 때 아이들은 무엇을 구분하는 것을 배울 수 있는가?

....

⓫ 왜 아이들이 좋아하는 장난감들 중에 하나를 가져가는 것이 좋은가? (두 가지 답변)

....

⓬ 당신의 집 주변의 행사들을 찾기 위해 어떻게 해야 하는가?

　　A ☐ 인터넷 사이트를 활용한다.

　　B ☐ 관광 안내소를 방문한다.

　　C ☐ 여행사에 전화한다.

⓭ 놀이공원에 갈 때 무엇을 확인해야 하는가? (한 가지 답변)

....

Étape 3

문제 6의 필수 어휘를 익히고, 스크립트를 확인해 보세요.

필수 어휘

environs (m.pl.) 주변 | calendrier (m) 일정표 | glacière (f) 아이스박스 | nappe (f) 식탁보 | jouet (m) 장난감 | parc d'attraction (m) 놀이공원 | un tas de 많은, 한 무더기의 | soupçonner 짐작하다 | accrocher 걸다 | frigo (m) 냉장고 | inexploré 탐험되지 않은 | alentours (m.pl.) 근처 | embarquer 태우다, 싣다 | prendre le temps de 여유를 가지고 ~을 하다 | se renseigner 문의하다 | en plein air 야외의 | aquatique 수상의 | faire le plein de ~을 가득 채우다 | sensation (f) 감각, 감동 | convenir ~에 맞다, 적절하다

스크립트

A: Bonsoir. Aujourd'hui, on va parler des activités à faire pendant les vacances. Nous recevons Mme Benoît. Bonsoir. Que peut-on faire pendant les vacances à la maison pour ne pas s'ennuyer ?

B: Les vacances à la maison, ça peut aussi être très chouette ! Il suffit de bien les organiser pour que personne ne s'ennuie ! On trouve facilement plein de choses à faire dans les environs de chez soi. Il existe aussi tout un tas de sorties et de coins sympas dont on ne soupçonne même pas l'existence. Pour profiter de tout cela en famille, découvrez le calendrier d'idées d'activités pour occuper les enfants et avoir plein de choses à raconter le jour de la rentrée.

A: Qu'est-ce qu'on peut faire pour passer de bonnes vacances à la maison ?

B: Pour passer de bonnes vacances à la maison, faites d'abord la liste de toutes les activités que vous souhaitez faire durant ce mois d'août : il faut faire plaisir aussi bien aux petits qu'aux grands. Ensuite, prenez un grand calendrier et organisez les activités. N'hésitez pas à créer le calendrier en partant de zéro et faites participer les enfants à sa décoration. Accrochez-le dans la cuisine, sur le frigo par exemple, à la vue de tout le monde. Une fois que chacun y aura ajouté sa touche personnelle, ce sera un plaisir pour chaque membre de la famille de venir le consulter.

A: On pense souvent qu'on doit partir en voyage pour passer les meilleures vacances. Qu'est-ce que vous en pensez ?

B: Bien souvent on a l'impression que plus on part loin de chez soi, plus on s'amuse et plus les vacances sont réussies. C'est pourtant faux ! Il reste sûrement plein de coins inexplorés pour se balader aux alentours de votre maison. Alors embarquez toute la famille, n'oubliez pas la glacière pour pique-niquer, la nappe et les ballons pour les enfants, et c'est parti ! Profitez-en pour leur apprendre à reconnaître les arbres, les plantes, les fleurs. Laissez-les tout de même emporter un de leurs jouets favoris, cela les aidera à accepter de partir en balade plus facilement et ils en profiteront au maximum une fois sur place. Pour de bonnes vacances à la maison, vous pouvez même inviter des amis à se joindre à vous ! Il ne faut pas oublier les musées et événements : ils sont juste à côté de chez nous, mais on ne prend pas forcément le temps de se renseigner à leur sujet. Rendez-vous sur le site Internet de votre commune à la recherche des événements près de chez vous. Une visite de musée, une sortie à la ferme, un spectacle musical, une activité sportive, un concert, une séance de cinéma en plein air... les possibilités sont nombreuses !

A : Quelles sont les autres activités qu'on peut faire près de la maison ?

B : Pendant vos vacances à la maison, vous aurez aussi l'occasion de tester les parcs de votre région. Profitez de l'été pour vous rendre notamment aux parcs aquatiques. C'est le moment parfait pour vous détendre et passer des vacances à la maison finalement pas si nulles que ça ! Les parcs d'attractions sont aussi supers pour faire le plein de sensations fortes et de fous rires ! Attention à bien prévoir ce type de sorties pour passer de bonnes vacances : y aura-t-il beaucoup d'attente avant les attractions (cela pourrait ne pas convenir aux plus petits) ? Est-ce que le parc possède une application mobile avec un plan ? Lorsque ces journées sont bien organisées, elles sont inoubliables !

Envie de plus 09/07/2019

Étape 4

문제 6의 해설을 확인해 보세요.

해석

A: 안녕하세요. 오늘 우리는 휴가 동안 할 활동들에 대해 이야기해 보려고 해요. Benoît 부인을 초대했습니다. 안녕하세요. 집에서의 휴가 동안 지루하게 지내지 않기 위해 우리가 무엇을 할 수 있을까요?

B: 집에서의 휴가도 아주 근사할 수 있습니다! 누구도 지루하지 않도록 그것을 잘 준비하는 것으로 충분합니다! 우리는 집 주변에서 할 만한 많은 것들을 쉽게 찾을 수 있어요. 또 많은 외출들과 우리가 그 존재를 짐작조차 하지 못하는 좋은 곳들이 있습니다. 이 모든 것들을 가족들끼리 만끽하기 위해서는, 아이들을 사로잡고 개학날 이야기할 많은 것들을 갖도록 활동 일정표를 만들어 보세요.

A: 집에서 휴가를 잘 보내려면 무엇을 해야 할까요?

B: 집에서 좋은 휴가를 보내시려면, 우선 이 8월 동안 당신이 하고 싶은 모든 활동들의 목록을 작성하세요: 아이들뿐만 아니라 어른들도 즐길 수 있어야 합니다. 그러고 나서 큰 일정표를 준비해서 이 활동들을 정리하세요. 아무것도 없는 상태에서 일정표를 만들기를 주저하지 말고, 아이들이 그것을 장식하는 데 참여할 수 있도록 하세요. 부엌에 그것을 걸어 두세요. 예를 들면 모두의 눈에 띄는 냉장고 같은 곳에요. 일단 각자 그것에 개인적으로 손길이 닿고 나면, 그것에 대해 의논하러 오는 것이 가족 각 구성원들에게 기쁨이 될 것입니다.

A: 흔히 우리는 최고의 휴가를 보내기 위해서는 여행을 떠나야 한다고 생각하는데요, 이에 대해서는 어떻게 생각하시나요?

B : 우리는 종종 우리가 집에서 멀리 떠날수록 더 재미있고 더 성공적인 휴가를 보낸다는 인상을 받습니다. 하지만 이건 틀렸어요! 당신의 집 근처에 가 보지 않은, 산책할 만한 장소가 많이 있을 겁니다. 그러니 온 가족을 태우고, 소풍용 아이스박스와 식탁보, 그리고 아이들을 위한 공들도 잊지 마시고요, 출발하세요! 아이들에게 나무들, 식물들, 꽃들을 구분하는 것을 알려주는 데 이 기회를 활용하세요. 그래도 그들이 좋아하는 장난감 중 하나를 가져가도록 내버려 두세요. 그것이 그들로 하여금 산책 나가는 것을 더 쉽게 받아들이도록 도와줄 것이며, 일단 그곳에 가면 아이들은 그것을 최대한 활용할 것입니다. 집에서 멋진 휴가를 보내기 위해서, 당신은 친구들이 당신에게 합류하도록 초대할 수도 있습니다! 미술관과 행사들을 잊어서는 안 됩니다: 이것들은 우리의 집 바로 옆에 있지만, 우리는 여유를 가지고 그것들의 테마에 대해 문의할 수는 없을 수 있습니다. 여러분의 시(市) 인터넷 사이트에 가서 여러분 집 주변의 행사들을 찾아보세요. 박물관 방문, 농장 나들이, 뮤지컬 연극, 스포츠 활동, 콘서트, 야외 극장… 경우의 수는 많습니다!

A : 우리는 집 근처에서 어떤 다른 활동들을 할 수 있나요?

B : 집에서의 휴가 동안, 당신은 당신의 동네에 있는 공원들을 돌아볼 기회도 있습니다. 특히 수상 공원을 방문하려면 여름을 활용하세요. 이때는 당신이 긴장을 풀고, 마침내 그렇게 나쁘지 않은 휴가를 집에서 보내기에 완벽한 시기입니다. 놀이공원도 강렬한 감정과 웃음을 가득 채우기에 아주 좋습니다. 좋은 휴가를 보내기 위해 이런 종류의 나들이를 계획할 때 조심해야 합니다: 놀이 기구 앞에 대기 줄이 많을 것인가? (이는 어린아이들에게 적합하지 않을 수 있습니다) 공원이 지도가 있는 어플리케이션이 있는가? 이런 하루들이 잘 계획될 때, 잊지 못할 하루가 될 것입니다!

문제 분석

방학과 관련한 인터뷰로, 주제 및 어휘의 난이도가 낮아 쉽게 풀 수 있는 문제이다. 이 인터뷰는 집에서 휴가를 잘 보내는 방법에 대해 이야기하고 있는데 이때, 일정표를 어떻게 활용할 수 있는지 파악해야 한다. 또한 인터뷰에서 제안하고 있는 집 근처로 휴가를 갈 경우 주의사항은 무엇인지 또한 함께 살펴야 한다.

해설

문항	풀이 요령
1	진행자의 첫 번째 질문이 무엇인지 묻는 문제이다. '**Que peut-on faire pendant les vacances à la maison pour ne pas s'ennuyer ?** 집에서의 휴가 동안 지루하게 지내지 않기 위해 무엇을 할 수 있는지' 묻고 있으므로 이것이 정답.
2	집에서의 휴가를 잘 계획해야 하는 이유를 묻는 문제이다. 인터뷰에서 'pour que personne ne s'ennuie 누구도 지루하지 않도록'이라는 내용이 나온다. 따라서 정답은 **A**.
3	집에서 휴가를 보내는 것에 대해 묻는 문제로, 'on trouve facilement plein de choses à faire dans les environs de chez soi 우리는 집 주변에서 할 만한 많은 것들을 쉽게 찾을 수 있어요'라고 설명하는 부분이 있다. 따라서 이와 의미가 같은 **C**가 정답.
4	아이들을 위해 활동 일정표를 만드는 것의 장점을 묻는 문제이다. 'découvrez le calendrier d'idées d'activités pour occuper les enfants et avoir plein de choses à raconter le jour de la rentrée 아이들을 사로잡고 개학 날 이야기할 많은 것들을 갖도록 활동 일정표를 만들어 보세요'라는 내용에 따라 **Ils peuvent avoir plein de choses à raconter le jour de la rentrée.**를 정답으로 쓰면 된다.

5	집에서 좋은 휴가를 보내기 위해 첫 번째로 할 일이 무엇인지 묻는 문제이다. '**faites d'abord la liste de toutes les activités que vous souhaitez faire durant ce mois d'août** 우선 이 8월 동안 당신이 하고 싶은 모든 활동들의 목록을 작성하세요'라고 충고하고 있다. 따라서 이것이 정답.
6	일정표를 만들 때 부모가 아이들에게 요구하는 것이 무엇인지 묻는 문제로서 'N'hésitez pas à créer le calendrier en partant de zéro et faites participer les enfants à sa décoration 아무것도 없는 상태에서 일정표를 만들기를 주저하지 마시고, 아이들이 그것을 장식하는 데 참여할 수 있도록 하세요'라는 내용에 따라 **Participer à la décoration du calendrier.** 가 정답.
7	일정표의 효용에 대한 문제이다. 'ce sera un plaisir pour chaque membre de la famille de venir le consulter 그것에 대해 의논하러 오는 것이 가족 각 구성원들에게 기쁨이 될 것입니다'라는 내용에 따라 **C**가 정답.
8	집을 떠나 휴가를 보낼 때 갖게 되는 생각에 대한 질문이다. '**on a l'impression que plus on part loin de chez soi, plus on s'amuse et plus les vacances sont réussies** 우리는 종종 우리가 집에서 멀리 떠날수록 더 재미있고 더 성공적인 휴가를 보낸다는 인상을 받습니다'라는 부분이 있다. 따라서 이 문장이 정답.
9	피크닉을 가기 위해 준비해야 할 것에 대한 문제로 'n'oubliez pas la glacière pour pique-niquer, la nappe et les ballons pour les enfants 소풍용 아이스박스와 식탁보, 그리고 아이들을 위한 공들도 잊지 마시고요'라는 내용에 따라 정답은 **A**.
10	집 근처로 소풍을 갈 경우 아이들이 무엇을 배울 수 있는지 묻는 문제이다. 'Profitez-en pour leur apprendre à reconnaître **les arbres, les plantes, les fleurs** 아이들에게 나무들, 식물들, 꽃들을 구분하는 것을 알려주는 데 이 기회를 활용하세요'라는 내용에 따라 이것이 정답.
11	아이들이 좋아하는 장난감을 가져가야 하는 이유에 관한 문제로서 '**cela les aidera à accepter de partir en balade plus facilement cela les aidera à accepter de partir en balade plus facilement et ils en profiteront au maximum une fois sur place** 그것이 그들로 하여금 산책 나가는 것을 더 쉽게 받아들이도록 도와줄 것이며, 일단 그곳에 가면 아이들은 그것을 최대한 활용할 것입니다'라는 내용에 따라 이를 정답으로 적는다.
12	집 주변의 행사를 찾기 위한 방법을 묻는 문제이다. 'Rendez-vous sur le site Internet de votre commune à la recherche des événements près de chez vous 여러분의 시(市) 인터넷 사이트에 가서 여러분 집 주변의 행사들을 찾아보세요'라는 내용에 따라 정답은 **A**.
13	놀이공원에 가기 전에 유의할 사항을 묻는 문제이다. '**y aura-t-il beaucoup d'attente avant les attractions** (cela pourrait ne pas convenir aux plus petits) ? **Est-ce que le parc possède une application mobile avec un plan ?** 놀이 기구 앞에 대기 줄이 많을 것인가? (이는 어린아이들에게 적합하지 않을 수 있습니다) 공원이 지도가 있는 어플리케이션이 있는가?'에 따라 이것들 중 하나를 정답으로 적는다.

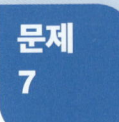

EXERCICE 1 실전 연습

🎧 Track 1-07

공략에 따라 EXERCICE 1 연습 문제를 풀어 보세요.

Lisez les questions, écoutez le document puis répondez.

❶ Quelle est la profession de Florian ?

....

❷ Selon Florian, les salariés _____

    A ☐ souffrent de plus en plus.
    B ☐ se sentent heureux depuis plusieurs années.
    C ☐ ne travaillent pas beaucoup depuis plusieurs années.

❸ Qui montre cette souffrance ? (trois réponses)

....

❹ D'après Florian, les managers _____

    A ☐ ont de la difficulté à exprimer leurs sentiments.
    B ☐ montrent une attitude passive pour leurs sentiments.
    C ☐ parlent librement des inconvénients de la vie professionnelle.

❺ Citez deux secteurs où on peut observer la souffrance que les salariés subissent.

....

❻ Quel genre de problème retrouve-t-on chez les managers comme chez les autres salariés ?

....

7 Que signifie la complexité des managers ?

    A ☐ La pression qu'ils ressentent par le licenciement.
    B ☐ La pression qu'ils ressentent par la possibilité d'être remplacés.
    C ☐ La pression qu'ils ressentent par l'impossibilité d'être remplacés.

8 Que font les managers lors de l'absence d'un salarié ?

    A ☐ Ils l'ignorent.
    B ☐ Ils le sanctionnent.
    C ☐ Ils essaient de le compenser.

9 Que propose Florian pour résoudre le problème de l'engrenage ?

....

10 D'après Florian, comment faire pour retrouver de l'énergie et du bien-être ? (une réponse)

....

11 Qu'est-ce qui est le plus important au travail pour la qualité de vie ?

    A ☐ La culture humaine.
    B ☐ Le bénéfice de l'entreprise.
    C ☐ La compétence des salariés.

12 Par quoi la résilience commence-t-elle ? (deux réponses)

....

13 Quel problème peut-on observer dans les entreprises qui ne se préoccupent pas d'équipes ?

....

| Étape 2 | **문제 7의 내용을 해석해 보세요.** |

문제를 읽으세요. 자료를 듣고 대답하세요.

❶ Florian의 직업은 무엇인가?

....

❷ Florian에 따르면, 직장인들은 _____

    A ☐ 점점 더 고통스러워한다.
    B ☐ 몇 년 전부터 행복하다고 느낀다.
    C ☐ 몇 년 전부터 일을 많이 하지 않는다.

❸ 누가 이 고통을 보이는가? (세 가지 답변)

....

❹ Florian에 따르면, 관리자들은 _____

    A ☐ 그들의 감정을 표현하는 데 어려움을 겪는다.
    B ☐ 그들의 감정에 대해 소극적 태도를 보인다.
    C ☐ 직장 생활의 어려움들에 대해 자유롭게 말한다.

❺ 직장인들이 겪는 고통을 관찰할 수 있는 두 가지 분야들을 인용하시오.

....

❻ 어떤 종류의 문제를 다른 직장인들에게서처럼 관리자들에게서 발견할 수 있는가?

....

❼ 관리자들의 복잡성은 무엇을 의미하는가?

　　A ☐ 해고로 인해 그들이 느끼는 압박

　　B ☐ 대체될 수 있다는 것으로 인해 그들이 느끼는 압박

　　C ☐ 대체될 수 없다는 것으로 인해 그들이 느끼는 압박

❽ 한 직원이 결근할 때 관리자들은 무엇을 하는가?

　　A ☐ 그를 무시한다.

　　B ☐ 그를 벌한다.

　　C ☐ 그를 보완하려고 노력한다.

❾ 악순환 문제를 해결하기 위해 Florian은 무엇을 제안하는가?

　　...

❿ Florian에 따르면, 에너지와 행복을 되찾기 위해 어떻게 해야 하는가? (한 가지 답변)

　　...

⓫ 삶의 질을 위해 직장에서 가장 중요한 것은 무엇인가?

　　A ☐ 인간적인 문화

　　B ☐ 기업의 이익

　　C ☐ 직원들의 능력

⓬ 무엇을 통해 회복 탄력성이 시작되는가? (두 가지 답변)

　　...

⓭ 팀을 돌보지 않는 기업들에서 우리는 어떤 문제를 볼 수 있는가?

　　...

Étape 3

문제 7의 필수 어휘를 익히고, 스크립트를 확인해 보세요.

필수 어휘

symptôme (m) 징후, 초기 증상 | inconvénient (m) 어려움 | complexité (f) 복잡(합)성 | ressentir 느끼다 | licenciement (m) 해고 | sanctionner 벌하다 | compenser 보완하다 | engrenage (m) 악순환 | résilience (f) 회복력(회복 탄력성) | médecin du travail 촉탁의 | accélération (f) 가속 | cap (m) 진행 방향, 선수 | montée (f) 상승 | souffrance (f) 고통 | dirigeant 지도자 | au fur et à mesure 점차, 갈수록 | puiser 꺼내다, 끌어오다 | s'épuiser 고갈되다 | compensation (f) 보상, 보완, 보충 | intensification (f) 강화, 증대 | logique 당연한, 논리적인, 필연적인 | ponctuel 일시적인, 일회적인 | adéquation (f) 일치, 적합성 | redonner 회복시키다, 다시 주다 | élan (m) 도약, 추진 | épuisement (m) 피로, 고갈 | en fonction de ~와 관련하여 | particularité (f) 특성 | paternaliste 가족주의적인 | indicateur (m) 지표 | maillon (m) 요소 | voire 그 위에, 게다가 또 | atout (m) 성공의 수단 | évoquer 거론하다, 연상시키다 | dégât (m) 피해 | intentionnel 의도적인 | systématiquement 번번이 | inaptitude (f) 부적응, 부적격함

스크립트

A: Monsieur Florian. En tant que médecin du travail, comment définissez-vous le contexte actuel et les tendances très récentes que vous observez ?

F: Je constate une très nette accélération. Beaucoup de mouvements, de changements mais sans cap réel. Depuis plusieurs années, nous voyons la montée de la souffrance chez les salariés. Mais ce qui a changé, c'est que cette souffrance nous la trouvons désormais chez les managers, les employeurs, les dirigeants. Au fur et à mesure, je constate que la parole se libère et que de plus en plus de managers s'expriment plus facilement sur leur mal-être et les pressions qu'ils ressentent. Il m'arrive par exemple d'avoir des échanges avec des managers qui m'exposent une situation et qui me demandent « Qu'en pensez-vous ? ».

A: Est-ce que cette nouvelle souffrance des managers ou dirigeants se retrouve plus dans un univers professionnel que dans un autre ?

F: Le même constat se fait quels que soient les univers et les métiers. Industrie, médico-social, services, administratifs, commerces... Avant, les managers semblaient avoir des solutions pour garder l'optimisme. Mais il semble qu'ils aient puisé dans leurs dernières ressources et qu'aujourd'hui l'humain s'épuise ! On retrouve chez eux la même fatigue psychologique et physique que pour tous les autres salariés. Avec une complexité de plus : la pression qu'ils ressentent par l'impossibilité d'être remplacés. Souvent, j'ai pu observer des phénomènes de compensation qui se mettent en place dans les entreprises. Lorsqu'il y a des salariés absents, le manager essaie de compenser. Avec une intensification logique de son travail. Ce qui au départ est le problème individuel d'un salarié devient ensuite le problème d'un service, et aujourd'hui par extension le problème de l'entreprise. C'est un engrenage !

A : Quelles sont les solutions pour sortir de cet engrenage ?

F : Le souci c'est que ce n'est pas un problème ponctuel. Il faut bien se dire que pour sortir de ce type de situation, il faut développer la capacité à faire évoluer toute l'organisation. Pour retrouver de l'énergie et du bien-être, il va falloir faire un travail collectif pour identifier ensemble, les solutions pour fonctionner autrement et ménager les hommes. Trouver la bonne adéquation entre les compétences, le lieu, le collectif. Redonner un élan à toute l'équipe !

A : Est-ce que vous avez perçu des variations sur l'état d'épuisement des équipes en fonction des territoires ?

F : Nous observons à peu près les mêmes réalités partout. J'ai peut-être observé des particularités sur des territoires hors grandes métropoles. Ce sont des entreprises qui développent une approche plus paternaliste. Avec des échanges plus faciles entre employeurs et salariés. Plus de proximité entre eux. Mais selon moi, l'indicateur essentiel de qualité de vie dans son travail est davantage lié à la culture humaine, à une culture d'entreprise où on a intégré l'humain comme le maillon indispensable pour réussir et faire gagner l'entreprise. Il est essentiel de mettre l'humain au cœur de sa stratégie. Car même dans les moments compliqués, voire dans des moments dramatiques, il y a la force du collectif. L'humain n'est pas une complexité pour l'entreprise. C'est son principal atout !

A : Ces moments dramatiques que vous évoquez, en avez-vous accompagné ?

F : Oui. Et dans ces moments-là, c'est par l'écoute, les échanges avec les équipes et les dirigeants que nous avons ensemble trouvé la force et le courage d'avancer, de continuer. La résilience commence par l'échange, le collectif, la solidarité entre tous. J'ai vu des équipes sortir plus fortes de ces drames. Par nature, notre métier nous permet de voir ce qui ne va pas dans l'entreprise. Les risques bien sûr, mais au-delà et avant tout le mal-être, les dégâts humains que certaines formes de management ou d'organisation provoquent. Ce n'est pas toujours intentionnel. Mais systématiquement et sans surprise, dans ces entreprises où on ne prend pas soin des équipes, souvent on voit se multiplier les inaptitudes. Et c'est là que l'engrenage se met en place.

Job de vie

| Étape 4 | 문제 7의 해설을 확인해 보세요. |

해석

A: Florian 씨, 촉탁의로서 당신이 본 현재 상황과 최신 경향들을 어떻게 정의하십니까?

F: 저는 분명한 가속화를 확인합니다. 많은 움직임들, 변화들이 있지만 실질적인 방향성은 없습니다. 몇 년 전부터, 우리는 고통받는 직장인들이 증가하는 것을 보았습니다. 하지만 달라진 점은, 이제 우리가 이 고통을 관리자, 고용주, 리더들에게서 발견한다는 것입니다. 갈수록, 저는 발언이 자유로워졌다는 것과 점점 더 많은 매니저들이 그들이 느끼는 압박감과 불편함에 대해 더 쉽게 표현한다는 것을 확인합니다. 예를 들어, 저는 저에게 상황을 설명하고, "이에 대해 어떻게 생각하세요?"라고 물어보는 관리자들과 이야기를 나눈 적이 있습니다.

A: 관리자들과 리더들의 이 새로운 고통은 다른 영역에서보다 직업적인 영역에서 더 많이 나타납니까?

F: 같은 사실이 분야나 직업에 상관없이 나타납니다. 산업, 사회 의료, 서비스, 행정, 상업 등등이요. 이전에 관리자들은 낙관론을 유지할 수 있는 해결책을 가지고 있는 것처럼 보였습니다. 하지만 그들은 마지막 능력까지 동원한 것으로 보이고, 오늘날 인간성이 고갈된 것으로 보입니다! 우리는 그들에게서 다른 모든 직장인들에게서와 같은 심리적이고 육체적인 피로함을 발견합니다. 거기에 복잡성까지 더해서 말이죠: 대체될 수 없다는 점으로 인해 그들이 느끼는 압박감이요. 저는 종종 기업에서 일어나는 보완 현상을 관찰할 수 있었습니다. 결근한 직원이 있을 때, 관리자는 보완하려 노력합니다. 당연히 그의 일이 많아지겠죠. 처음에는 직원 한 명의 개인적인 문제인 것이 그 다음에는 부서의 문제가 되고, 오늘날에는 확장되어 회사의 문제가 됩니다. 이것은 악순환입니다!

A: 이 악순환에서 벗어나기 위한 해결책들은 무엇입니까?

F: 우려되는 점은 이것이 일회성 문제가 아니라는 것입니다. 이런 종류의 상황에서 벗어나기 위해서는 조직 전체를 변화시킬 수 있는 능력을 키워야 한다고 생각해야 합니다. 에너지와 행복을 되찾기 위해, 우리는 협업해야 할 것입니다. 사람들을 관리하고 다르게 일하는 방법들을 함께 알아내기 위해서요. 능력, 장소, 집단 사이에 적당한 일치점을 찾는 것이죠. 팀 전체에 열정을 회복시키는 겁니다!

A: 지역에 따른 팀들의 피로 상태 편차를 알고 계셨습니까?

F: 우리는 도처에서 거의 같은 현실을 관찰합니다. 저는 아마 대도시 외곽 지역에서 특이점을 발견했던 것 같습니다. 그건 더 가족주의적인 접근법을 개발하고 있는 회사들이었습니다. 고용주와 고용인들 사이의 의견 교류가 더 용이했지요. 그들 사이는 더 친밀했어요. 하지만 제 생각에, 직장에서의 삶의 질을 보여주는 핵심적인 지표는 인간적인 문화, 기업이 성공하고 돈을 벌게 하기 위해 없어서는 안 되는 요소에 사람을 포함시켰던 기업 문화와 더 연관이 있습니다. 사람을 그것의 전략의 핵심에 두는 것은 중요합니다. 왜냐하면 복잡한 순간에까지도, 더 나아가 극적인 순간에도 집단의 힘이 있기 때문입니다. 사람은 기업에게 있어서 어려운 것이 아닙니다. 그것은 그의 가장 중요한 성공의 수단입니다!

A: 당신이 말씀하신 이 극적인 순간들에, 당신은 함께하셨나요?

F: 네, 그리고 그 순간들에 우리가 함께 계속해 나갈, 앞으로 나아갈 용기와 힘을 찾은 것은 팀들과 리더들과의 대화와 경청을 통해서였습니다. 회복 탄력성은 모두들 간의 상호 교류, 연합, 연대로 시작됩니다. 저는 이러한 극적인 순간에서 더 의연하게 빠져나오는 팀들을 보아 왔습니다. 본질적으로 우리의 직업은 우리가 기업 내에서 무엇이 잘못되어 가고 있는지 볼 수 있게 해 줍니다. 위험은 물론이고, 그걸 넘어서 무엇보다도 특정한 형태의 경영이나 구조가 유발하는 인간적인 피해들과 불편함에 대해서 말입니다. 이것이 항상 의도적인 것은 아닙니다. 하지만 번번이, 여지없이 팀을 돌보지 않는 기업들에서 우리는 흔히 부적응이 증가하는 것을 보게 됩니다. 그리고 바로 여기서 악순환이 시작됩니다.

DELF B2 · 듣기

문제 분석

직장에서 관리자와 경영진들의 고충과 어려움에 대한 인터뷰이다. 개별적인 문제가 부서의 문제가 되고, 부서의 문제가 결국 회사의 문제로 이어지는 악순환을 낳게 되므로, 이를 해결하기 위한 방안을 제시하고 있다. 인간적인 기업 문화가 바로 그 해결 방안이다. 이때, 경청과 상호 교류가 필수적이라 할 수 있다. 주제 및 어휘가 평이한 편으로, 어렵지 않게 풀 수 있는 문제라 하겠다.

해설

문항	풀이 요령
1	Florian의 직업을 묻는 문제로서 'En tant que **médecin du travail** 촉탁의로서'라는 내용에 따라 이것이 정답. 회사에 고용되어 일하는 의사라는 의미만 포함되면 지문과 어휘가 다르더라도 정답으로 인정받을 수 있다.
2	직장인들의 상황을 묻는 문제이다. 'nous voyons la montée de la souffrance chez les salariés 우리는 고통받는 직장인들이 증가하는 것을 보았습니다'라는 내용에 따라 정답은 **A**.
3	고통을 보이는 사람들이 누구인지 묻는 문제이다. 'c'est que cette souffrance nous la trouvons désormais chez **les managers, les employeurs, les dirigeants** 우리가 이 고통을 관리자, 고용주, 리더들에게서 발견한다는 것입니다'라는 내용에 따라 이것이 정답.
4	관리자들의 태도를 묻는 문제로서 'je constate que la parole se libère et que de plus en plus de managers s'expriment plus facilement sur leur mal-être et les pressions qu'ils ressentent 저는 발언이 자유로워졌다는 것과 점점 더 많은 매니저들이 그들이 느끼는 압박감과 불편함에 대해 더 쉽게 표현한다는 것을 확인합니다'라는 내용에 따라 정답은 **C**.
5	어떤 분야에서 같은 현상을 관찰할 수 있는지 묻는 문제이다. 'Le même constat se fait quels que soient les univers et les métiers. **Industrie, médico-social, services, administratifs, commerces** 같은 사실이 분야나 직업에 상관없이 관찰됩니다. 산업, 사회의료, 서비스, 행정, 상업 등등이요'에서 두 가지를 골라 정답으로 적으면 된다.
6	다른 직장인들과 동일하게 관리자들에게서 발견할 수 있는 문제들이 무엇인지 묻는 문제로 'On retrouve chez eux **la même fatigue psychologique et physique** que pour tous les autres salariés 우리는 그들에게서 다른 모든 직장인들에게서와 같은 심리적이고 육체적인 피로함을 발견합니다'라는 내용에 따라 이것이 정답.
7	관리자들의 복잡성이 무엇인지 묻는 문제이다. 'la pression qu'ils ressentent par l'impossibilité d'être remplacés 대체될 수 없다는 것으로 인해 그들이 느끼는 압박감'이라는 내용에 따라 정답은 **C**.
8	직원이 결근했을 때 관리자가 무엇을 하는지 묻는 문제로서 'Lorsqu'il y a des salariés absents, le manager essaie de compenser 결근한 직원이 있을 때, 관리자는 보완하려 노력합니다'라는 내용에 따라 정답은 **C**.
9	악순환을 해결하기 위한 방법을 묻는 문제이다. '**il faut développer la capacité à faire évoluer toute l'organisation** 조직 전체를 변화시킬 수 있는 능력을 키워야 한다'라는 내용에 따라 이것이 정답.

10	에너지와 행복을 되찾기 위한 방법을 묻는 문제로서 '**il va falloir faire un travail collectif** pour identifier ensemble, les solutions pour fonctionner autrement et ménager les hommes 우리는 협업해야 할 것입니다. 사람들을 관리하고 다르게 일하는 방법들을 함께 알아내기 위해서요'라는 내용이 정답.
11	삶의 질을 위해 직장에서 가장 중요한 것이 무엇인지 묻는 문제이다. 'l'indicateur essentiel de qualité de vie dans son travail est davantage lié à la culture humaine, à une culture d'entreprise où on a intégré l'humain comme le maillon indispensable pour réussir et faire gagner l'entreprise 직장에서의 삶의 질을 보여주는 핵심적인 지표는 인간적인 문화, 기업이 성공하고 돈을 벌게 하기 위해 없어서는 안 되는 요소에 사람을 포함시켰던 기업 문화와 더 연관이 있습니다'라는 내용에 따라 정답은 **A**.
12	회복 탄력성의 동력이 무엇인지 묻는 문제로서 'La résilience commence par **l'échange, le collectif, la solidarité** entre tous 회복 탄력성은 모두들 간의 상호 교류, 연합, 연대로 시작됩니다'라는 내용에 따라 이 중 두 개를 정답으로 적는다.
13	팀을 돌보지 않는 기업들에 어떤 문제가 발생하는지 묻는 문제이다. 지문에 'dans ces entreprises où on ne prend pas soin des équipes, souvent on voit se multiplier les inaptitudes 팀을 돌보지 않는 기업들에서 우리는 흔히 부적응이 증가하는 것을 보게 됩니다'라고 하였다. 그러므로 정답은 **Les inaptitudes se multiplient.**

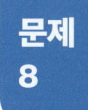

EXERCICE 1 실전 연습

🎧 Track 1-08

공략에 따라 EXERCICE 1 연습 문제를 풀어 보세요.

Lisez les questions, écoutez le document puis répondez.

❶ Quel est le sujet de cette interview ?

....

❷ En ce qui concerne l'éducation, la parentalité d'aujourd'hui diffère de celle d'autrefois par _____

　A ☐ la méditation.
　B ☐ l'intervention.
　C ☐ l'indifférence.

❸ D'après Brigitte CASSETTE, comment peut-on définir l'éducation ?

....

❹ Pour quelle raison les parents veulent-ils changer ?

　A ☐ Car les enfants veulent vivre sans attache.
　B ☐ Car ils se sentent à l'aise avec leurs enfants.
　C ☐ Car la relation avec leurs enfants n'est pas optimale.

❺ Qu'est-ce qui est nécessaire pour accompagner l'enfant ?

....

❻ On peut créer des outils _____

　A ☐ après avoir compris le processus.
　B ☐ avant qu'on comprenne le processus.
　C ☐ même si on ne comprend pas le processus.

7 Brigitte CASSETTE souligne le fait que _____

   A ☐ les outils peuvent créer le processus.
   B ☐ le changement personnel est primordial.
   C ☐ le processus est le facteur le plus important.

8 Selon animateur, _____

   A ☐ il faut suivre les conseils des spécialistes.
   B ☐ il serait plus sage d'appliquer une recette toute faite.
   C ☐ il est important de trouver les outils qui nous sont adaptés.

9 À quoi Brigitte CASSETTE compare-t-elle un parent qui comprend le processus ?

....

10 Selon cette interview, Brigitte CASSETTE _____

   A ☐ nie l'importance des outils.
   B ☐ ne s'intéresse pas à l'importance des outils.
   C ☐ ne veut pas critiquer les gens qui mettent l'importance sur les outils.

11 L'animateur suppose que Brigitte CASSETTE a rencontré des cas _____

   A ☐ de parents qui ont changé.
   B ☐ d'enfants qui n'ont jamais changé.
   C ☐ de parents qui n'ont jamais changé.

12 Précisez l'exemple qui montre le fait que beaucoup d'adultes ne sont pas bien dans leur vie.

....

13 Qu'est-ce qui permet de s'épanouir et d'avoir un mode de vie qui convient vraiment à soi ?

....

Étape 2

문제 8의 내용을 해석해 보세요.

문제를 읽으세요. 자료를 듣고 대답하세요.

❶ 이 인터뷰의 주제는 무엇인가?

....

❷ 교육과 관련하여 오늘날의 부모 활동은 _____ 때문에 옛날의 그것과 다르다.

  A ☐ 성찰

  B ☐ 간섭

  C ☐ 무관심

❸ Brigitte CASSETTE에 따르면, 교육을 어떻게 정의 내릴 수 있는가?

....

❹ 어떠한 이유로 부모들은 변화하기를 원하는가?

  A ☐ 왜냐하면 아이들이 구속 없이 살고 싶어 하기 때문에

  B ☐ 왜냐하면 그들은 그들의 자녀들에게 편안함을 느끼기 때문에

  C ☐ 왜냐하면 그들의 자녀들과의 관계가 최상의 상태가 아니기 때문에

❺ 아이와 함께 하기 위해 필요한 것은 무엇인가?

....

❻ 우리는 _____ 도구들을 창조할 수 있다.

  A ☐ 과정을 이해하고 난 후에

  B ☐ 과정을 이해하기 전에

  C ☐ 과정을 이해하지 못하더라도

❼ Brigitte CASSETTE는 _____ 사실을 강조한다.

    A ☐ 수단들이 과정을 창조할 수 있다는

    B ☐ 개인적인 변화가 가장 중요하다는

    C ☐ 과정이 가장 중요한 요소라는

❽ 진행자에 따르면, _____

    A ☐ 전문가들의 충고들을 따라야 한다.

    B ☐ 전부 만들어져 있는 방식을 적용하는 것이 더 현명할 것이다.

    C ☐ 우리에게 적합한 수단들을 찾는 것이 중요하다.

❾ Brigitte CASSETTE는 과정을 이해하는 부모를 무엇에 비유하는가?

....

❿ 이 인터뷰에 따르면, Brigitte CASSETTE는 _____

    A ☐ 수단들의 중요성을 부정한다.

    B ☐ 수단들의 중요성에 관심이 없다.

    C ☐ 수단들에 중점을 두는 사람들을 비판하고 싶어 하지 않는다.

⓫ 진행자는 Brigitte CASSETTE가 _____ 경우를 접했을 거라고 추측한다.

    A ☐ 변화된 부모들의

    B ☐ 결코 변하지 않는 아이들의

    C ☐ 결코 변하지 않는 부모들의

⓬ 많은 성인들이 그들의 삶에 만족하지 못하고 있다는 사실을 보여주는 예를 구체적으로 쓰시오.

....

⓭ 자신에게 실제로 적합한 삶의 방식을 가지게 하고 삶을 꽃피울 수 있도록 하는 것은 무엇인가?

....

DELF B2 · 듣기

Étape 3 문제 8의 필수 어휘를 익히고, 스크립트를 확인해 보세요.

필수 어휘

parentalité (f) 부모 행동 | méditation (f) 심사숙고, 성찰 | attache (f) 구속 | processus (m) 과정 | sage 현명한, 신중한 | recette (f) 방법 | s'épanouir (꽃이) 피다, 밝아지다 | reproduire 재현하다, 재생하다 | schéma (m) 스키마 | fluide 원활한, 유동성의 | enfermé 유폐된, 갇힌 | autorité (f) 권위, 권력 | s'appuyer sur ~에 근거하다 | valable 유효한 | mettre en œuvre ~을 사용하다, 적용하다 | marteau (m) 망치 | dénigrer 비방하다 | mécanisme (m) 메커니즘

스크립트

A: Bonjour et bienvenue aux « parents heureux enfants heureux ». Aujourd'hui j'interviewe Brigitte CASSETTE. Brigitte, je suis enchanté d'avoir l'occasion de t'interroger et de partager avec toi des choses intéressantes sur l'éducation et la parentalité. Est-ce que tu as l'impression qu'il y a une sorte de vague de la parentalité bienveillante ?

C: Avant on avait tendance à reproduire une parentalité en fonction de l'éducation qu'on avait reçue. Maintenant je trouve que c'est fort différent. Il y a une réflexion, qui est moins une copie de ce qu'on a vu ou de l'éducation que l'on a reçue, mais plus une remise en cause de ces schémas qui existent et une recherche d'une parentalité différente quelle qu'elle soit. Pour moi, l'éducation est un mouvement mutuel entre l'enfant et nous. C'est quelque chose qui ne va pas dans un sens. C'est dans les deux sens. C'est-à-dire que l'enfant m'apprend et je lui apprends; de ce fait là je me transforme.

A: Mais j'imagine qu'il y a des parents qui peuvent se sentir avec un désir de changer parce qu'ils voient que leurs relations avec leurs enfants ne sont pas optimales, ne sont pas fluides et bien qu'ils aient ce désir ils peuvent se sentir bloqués ou enfermés dans des réflexes dont ils n'ont même pas conscience.

C: Il faut des méthodes, il faut des outils pour pouvoir créer le changement. Ce n'est pas seulement du changement personnel qui est nécessaire, il faut connaître des méthodes et des outils pour accompagner l'enfant. Moi, je dirais plus qu'il faut connaître des processus, c'est-à-dire, il faut comprendre comment ça marche l'autorité avec les enfants d'aujourd'hui, comment ça marche les conflits, comment connaître des processus, pour pouvoir ensuite, en s'appuyant sur ces processus, pouvoir soi-même agir différemment. Moi, j'aime beaucoup les étapes de compétences et d'évolutions, tout ça c'est des outils mais je dirais qu'à partir du moment où on a compris le processus on peut créer des outils. Ils sont tous valables parce qu'ils s'appuieront sur un processus et quand je rencontre les parents en atelier parentalité, je suis toujours extrêmement surprise de la quantité de choses que ces parents peuvent mettre en œuvre une fois qu'ils ont compris le processus global.

A: Ce n'est pas forcément une recette toute faite qu'il faudrait appliquer bêtement mais

**c'est toujours pareil il faut comprendre le processus pour ensuite trouver les outils qui nous sont adaptés et ça demande plus d'efforts, peut être, de comprendre le processus que d'appliquer une simple recette qu'on trouverait sur Internet.

C: Oui, et en même temps sur le long terme c'est beaucoup plus valable, c'est-à-dire qu'un parent qui comprend le processus de ce fait là, il a un bon sac. C'est la différence entre avoir un marteau et avoir un sac plein de choses que je vais pouvoir choisir parce que je sais à quoi ça sert et c'est pour moi complètement différent. Par contre, je ne veux pas dénigrer les personnes qui parlent d'outils.

A: OK, pour terminer, on n'est pas là pour convaincre qui que ce soit, mais j'imagine que tu as rencontré des cas concrets de parents ou d'enfants qui se sont transformés. Quels peuvent être les bénéfices de justement comprendre ces mécanismes et d'être à l'écoute de ces enfants. Pourquoi on fait ça ? Qu'est-ce que ça apporte dans la vie de famille ou dans la vie d'un enfant ?

C: Combien d'adultes ne sont pas bien dans leur vie ? En fait, ils ne font pas le travail qu'ils veulent, ils ne vivent pas dans l'endroit qu'ils veulent, dans la maison qu'ils auraient voulue, la vie qu'ils espéraient. Pour moi ce travail d'accompagnement mutuel va permettre à chacun de pouvoir s'épanouir dans un mode de vie qui lui convient vraiment.

A: Ok. Merci beaucoup, Brigitte. Il y a des informations sur Brigitte CASSETTE sur le site parents heureux enfants heureux et n'hésitez pas à cliquer. Merci.

Parents heureux enfants heureux

문제 8의 해설을 확인해 보세요.

A: 안녕하세요. '행복한 부모 행복한 자녀'에 오신 것을 환영합니다. 오늘 저는 Brigitte CASSETTE 씨를 인터뷰 할 것입니다. Brigitte, 당신에게 질문하고 당신과 함께 교육과 부모 행동에 대해 흥미로운 것들을 공유할 기회를 가지게 되어 기쁩니다. 당신은 자애로운 부모 행동에 일종의 풍조가 있다는 느낌을 가지나요?

C: 이전에는 우리가 받았던 교육에 따라 부모 행동을 모사하려는 경향이 있었습니다. 지금은 매우 다르다고 생각합니다. 우리가 봤던 것이나 우리가 받았던 교육을 모방하기보다, 현존하는 이러한 스키마에 대해 의문을 제기하려는, 그리고 그게 무엇이든 간에 다양한 부모 행동을 추구하려는 생각이 있습니다. 저에게 있어서 교육은 아이와 우리들 사이의 상호적인 움직임입니다. 이는 한 방향에서가 아니라 양방향에서 이루어지는 무언가입니다. 다시 말해 아이는 나를 가르치고, 나는 그를 가르치는 것이지요: 이러한 행위로부터 나는 변화합니다.

A: 저는 바뀌고자 하는 욕구를 느낄 수 있는 부모들이 있다고 생각합니다. 왜냐하면 그들은 그들의 자녀들과의 관계가 최상의 상태가 아니며 원활하지 않다는 것을 알고 있으며, 그들이 이러한 바람을 가지고 있다고 할지라도 그들이 자각조차 하지 못하는 반응들에서 막막함을 느낄 수 있기 때문입니다.

C: 방법들이 필요하고, 변화를 만들어 낼 수 있는 수단들이 필요합니다. 필요한 것은 개인적인 변화뿐만이 아니며, 아이와 함께하기 위한 방법과 수단들을 알아야 합니다. 저는 과정을 알아야 한다고 말하고 싶네요. 다시 말해 오늘날 아이들에게 권위가 어떻게 작용하는지, 갈등은 어떻게 진행되는지, 그리고 이런 과정들에 근거해서 스스로 다르게 행동하기 위한 과정들을 어떻게 알아가야 하는지 이해해야 한다는 겁니다. 저는 능력과 진전의 단계들을 매우 좋아하는데, 이 모든 것들은 수단이지만, 저는 우리가 과정을 이해하는 그 순간부터 수단을 만들어 낼 수 있다고 말하고 싶습니다. 그것들은 모두 가치가 있는데, 왜냐하면 그것들이 과정에 근거할 것이기 때문입니다. 그리고 저는 부모 행동 연구회에서 부모들을 만날 때, 그들이 일단 전체적인 과정을 이해하면 적용할 수 있는 것들의 양에 항상 매우 놀라곤 합니다.

A: 있는 그대로 적용해야 하는, 전부 만들어진 어떤 방식이 있는 것은 아니지만, 이후에 우리에게 적합한 수단들을 찾아내기 위해 과정을 이해해야 한다는 것은 늘 같습니다. 그리고 과정을 이해하는 것은 어쩌면 인터넷에서 찾은 간단한 방식을 적용하는 것보다 더 많은 노력을 요구할 것입니다.

C: 맞습니다. 그리고 동시에 장기적으로는 이것이 더 가치가 있습니다. 다시 말해 이러한 행위의 과정을 이해하는 부모는 좋은 '가방'을 가지고 있다는 것입니다. 이는 망치 하나를 가지고 있는 것과, 내가 선택할 수 있는 것들로 가득한 가방을 가지고 있는 것의 차이인데, 내가 그것이 무엇에 쓰일지 알기 때문입니다. 이것은 저에게 있어서 완전히 다른 것입니다. 다만 저는 수단에 대해 말하는 사람들을 비방하고 싶지는 않습니다.

A: 좋아요, 마무리로, 우리가 누군가를 설득하기 위해 여기 있는 것은 아니지만, 저는 당신이 변화된 아이들이나 부모들의 구체적인 경우를 접했을 거라고 생각해요. 이러한 메커니즘들을 정확하게 이해하고 자녀들의 말을 잘 들어주는 것의 장점은 어떤 것들이 될 수 있을까요? 왜 우리가 이것을 할까요? 이는 가정 생활이나 아이의 삶에 무엇을 가져다줄까요?

C: 얼마나 많은 성인들이 그들의 삶에 만족하지 못하고 있습니까? 사실 그들은 그들이 원했던 일을 하지 않고, 그들이 원했던 장소에, 그들이 원했던 집에 살지 않고, 그들이 바랐던 삶을 살지 않고 있죠. 저에게 있어서 이 상호 동행 방식은 각자에게 실제로 자신에게 적합한 삶의 방식 속에서 삶을 꽃피울 수 있게 해 줄 것입니다.

A: 알겠습니다. 대단히 감사합니다, Brigitte. 행복한 부모 행복한 자녀 사이트에 Brigitte CASSETTE에 대한 정보들이 있으니 망설이지 말고 클릭하세요. 감사합니다.

문제 분석

교육에 대해 부모가 어떠한 태도를 가져야 할지를 소재로 하는 인터뷰로, 우선 인터뷰의 주제가 무엇인지 파악해야 한다. 인터뷰는 '부모 행동'에 대해 부모 각자의 변화가 필요할 뿐만 아니라, 아이와 함께 하기 위한 방법 및 수단, 즉 '과정'이 무엇인지에 대해 구체적으로 이야기하므로, 이에 주의를 기울여야 한다. 특히, '교육'이란 무엇인지 정의하였는데, DELF 시험에서 어떤 개념을 정의하는 표현이 나왔다면 문제로 출제될 확률이 크기 때문에 집중해서 들어야 한다.

해설

문항	풀이 요령
1	인터뷰 주제를 묻는 문제다. 'je suis enchanté d'avoir l'occasion de t'interroger et de partager avec toi des choses intéressantes sur l'éducation et la parentalité 당신에게 질문하고 당신과 함께 교육과 부모 행동에 대해 흥미로운 것들을 공유할 기회를 가지게 되어 기쁩니다'라고 하였으므로 정답은 **L'éducation et la parentalité.**
2	교육적인 차원에서 과거의 부모와 현재의 부모가 어떠한 점에서 차이가 나는지 묻는 문제이다. 'Il y a une réflexion, qui est moins une copie de ce qu'on a vu ou de l'éducation que l'on a reçue, mais plus une remise en cause de ces schémas qui existent et une recherche d'une parentalité différente quelle qu'elle soit 우리가 봤던 것이나 우리가 받았던 교육을 모방하기보다, 현존하는 이러한 스키마에 대해 의문을 제기하려는, 그리고 그게 무엇이든 간에 다양한 부모 행동을 추구하려는 생각이 있습니다'에 따라 정답은 **A**.
3	Brigitte CASETTE가 생각하는 교육의 정의를 묻는 문제로서 '**l'éducation est un mouvement mutuel entre l'enfant et nous** 교육은 아이와 우리들 사이의 상호적인 움직임'이라는 내용에 따라 이를 정답으로 쓴다. 이때 nous 대신 les parents이라고 해도 정답으로 인정한다.
4	부모들이 변하고자 하는 이유에 대한 문제이다. 'leurs relations avec leurs enfants ne sont pas optimales 그들의 자녀들과의 관계가 최상의 상태가 아니며'라는 내용에 따라 정답은 **C**.
5	아이와 함께 하기 위한 조건에 대한 문제로서 '**il faut connaître des méthodes et des outils pour accompagner l'enfant** 아이와 함께하기 위한 방법과 수단들을 알아야 합니다'라는 내용에 따라 이것이 정답.
6	도구를 창조하는 단계에 도달하는 것과 관련된 문제이다. 지문에서 **à partir du moment où on a compris le processus on peut créer des outils** 우리가 과정을 이해하는 그 순간부터 수단을 만들어 낼 수 있다'라고 했으므로 정답은 **A**.
7	과정의 중요성에 관한 문제로서 'je dirais qu'à partir du moment où on a compris le processus on peut créer des outils 저는 우리가 과정을 이해하는 그 순간부터 수단을 만들어 낼 수 있다고 말하고 싶습니다'라고 하였는데 이는 과정이 가장 중요하다는 뜻이기 때문에 정답은 **C**.
8	진행자의 말로 알맞은 것을 고르는 문제로 'Ce n'est pas forcément une recette toute faite qu'il faudrait appliquer bêtement mais c'est toujours pareil il faut comprendre le processus pour ensuite trouver les outils qui nous sont adaptés 있는 그대로 적용해야 하는, 전부 만들어진 어떤 방식이 있는 것은 아니지만, 이후에 우리에게 적합한 수단들을 찾아내기 위해 과정을 이해해야 한다는 것은 늘 같습니다'라는 내용에 따라 정답은 **C**.
9	과정을 이해하는 부모를 무엇에 비유하고 있는지 묻고 있다. 'un parent qui comprend le processus de ce fait là il a un bon sac 이러한 행위의 과정을 이해하는 부모는 좋은 '가방'을 가지고 있다는 것입니다'라는 내용에 따라 정답은 **Les parents qui ont un bon sac.**

10	수단에 대한 Brigitte의 생각을 묻고 있는데 'je ne veux pas dénigrer les personnes qui parlent d'outils 저는 수단에 대해 말하는 사람들을 비방하고 싶지는 않습니다'라는 내용이 있다. 인터뷰 전반에 걸쳐 과정과 수단이 중요하다는 점을 강조하고 있다는 점에서 수단의 중요성을 부정한다고 볼 수는 없기 때문에 정답은 **C**.
11	Brigitte가 접한 경우가 무엇인지에 대한 문제이다. 'tu as rencontré des cas concrets de parents ou d'enfants qui se sont transformés 저는 당신이 변화된 아이들이나 부모들의 구체적인 경우를 접했을 거라고 생각해요'라는 내용에 따라 정답은 **A**.
12	사람들이 자신의 삶에 만족하지 못하고 있다는 예를 드는 문제이다. '**ils ne font pas le travail qu'ils veulent, ils ne vivent pas dans l'endroit qu'ils veulent, dans la maison qu'ils auraient voulue, la vie qu'ils espéraient** 그들은 그들이 원했던 일을 하지 않고, 그들이 원했던 장소에, 그들이 원했던 집에 살지 않고, 그들이 바랐던 삶을 살지 않고 있다'는 내용이 있는데 이 중에 하나만 정답으로 적으면 된다.
13	자신에게 적합한 삶의 방식을 영위할 수 있도록 해 주는 요소가 무엇인지를 묻고 있다. 'ce travail d'accompagnement mutuel va permettre à chacun de pouvoir s'épanouir dans un mode de vie qui lui convient vraiment 이 상호 동행 방식은 각자에게 실제로 자신에게 적합한 삶의 방식 속에서 삶을 꽃피울 수 있게 해 줄 것입니다'라는 내용에 따라 정답은 **Le travail d'accompagnement mutuel.**

EXERCICE 1 실전 연습

🎧 Track 1-09

Étape 1 — 공략에 따라 EXERCICE 1 연습 문제를 풀어 보세요.

Lisez les questions, écoutez le document puis répondez.

❶ Quel est le titre du livre de l'invité ?

....

❷ Sur quoi l'invité a-t-il fait une postface dans son ouvrage ?

    A ☐ Le problème de la fatigue.
    B ☐ La question du coronavirus.
    C ☐ La pollution de l'environnement.

❸ Selon l'invité, qu'est-ce qui a considérablement grandi ces dernières décennies ?

....

❹ Qu'est-ce qui est de moins en moins supporté ?

....

❺ Quel est le résultat d'une résistance ?

....

❻ Citez un exemple qui montre le fait qu'on commence à voir apparaître des contraintes intérieures.

....

7 D'après l'invité, à quoi l'exigence est-elle liée ?

    A ☐ La violence.

    B ☐ La consommation.

    C ☐ La responsabilité.

8 Quelles sont les choses qui sont considérées comme étant accentuées ?

    A ☐ Les crimes affreux.

    B ☐ Les actes légitimes.

    C ☐ Les limites humaines.

9 Qu'est-ce qui est intolérable pour les gens ?

....

10 Pourquoi le travail a-t-il changé ?

....

11 Quel type de la fatigue a-t-il augmenté ?

....

12 Pourquoi on ne veut pas aller au travail ?

    A ☐ Parce que le travail est physiquement insupportable.

    B ☐ Parce que le travail est psychologiquement insupportable.

    C ☐ Parce que le travail ne peut pas résoudre le problème économique.

13 Sur quoi l'invité a-t-il travaillé ?

....

Étape 2 문제 9의 내용을 해석해 보세요.

문제를 읽으세요. 자료를 듣고 대답하세요.

❶ 초대 손님의 책의 제목은 무엇인가?

....

❷ 초대 손님은 그의 저서에서 무엇에 대해 발문을 썼는가?
  A ☐ 피로의 문제
  B ☐ 코로나 바이러스의 문제
  C ☐ 환경 오염

❸ 초대 손님에 따르면 최근 몇 십 년 동안 무엇이 많이 성장했는가?

....

❹ 점점 덜 견딜 수 있게 되는 것은 무엇인가?

....

❺ 저항의 결과는 무엇인가?

....

❻ 내부적 강압이 나타나는 것을 알기 시작했다는 사실을 보여주는 예를 인용하시오.

....

❼ 초대 손님에 따르면, 요구는 무엇과 연관되는가?

A ☐ 폭력

B ☐ 소비

C ☐ 책임감

❽ 두드러지는 것처럼 느껴졌던 것들은 무엇인가?

A ☐ 끔찍한 범죄들

B ☐ 합법적 행위들

C ☐ 인간의 한계

❾ 사람들에게 있어서 참을 수 없는 것은 무엇인가?

....

❿ 왜 노동이 바뀌었는가?

....

⓫ 어떤 유형의 피로가 증가했는가?

....

⓬ 왜 사람들은 직장에 가기를 원하지 않는가?

A ☐ 왜냐하면 일이 신체적으로 견딜 수 없기 때문에

B ☐ 왜냐하면 일이 심리적으로 견딜 수 없기 때문에

C ☐ 왜냐하면 일이 경제적인 문제를 해결할 수 없기 때문에

⓭ 초대 손님은 무엇에 대해 연구했었는가?

....

Étape 3 문제 9의 필수 어휘를 익히고, 스크립트를 확인해 보세요.

필수 어휘

postface (f) 발문 | coronavirus (m) 코로나 바이러스 | résistance (f) 저항 | contrainte (f) 강압, 구속 | exigence (f) 요구, 제약 | affreux 끔찍한 | légitime 합법적인 | intolérable 참을 수 없는 | cartable (m) 책가방 | épidémie (f) 전염병 | éclairer 이해시켜주다, 가르쳐주다 | engendrer 야기하다 | caricatural 과장된 | affirmation (f) 긍정 | autonomie (f) 자율, 독립성 | obstacle (m) 반대, 방해 | intériorité (f) 내면성 | hypertrophie (f) 비대증 | s'instaurer 창출되다 | comportement (m) 행동 | du coup 그래서 | accentué 강조된 | psychologiquement 심리학적으로 | insupportable 참을 수 없는 | apparence (f) 형식 | perception (f) 지각

스크립트

A: Le masque dans les cartables, pour la rentrée. Un quotidien marqué par les mesures de protection. Après déjà de long mois à vivre avec l'épidémie, la fatigue peut parfois s'installer. La fatigue a-t-elle une histoire ? Où trouve-t-elle sa source ? Sa manière de se manifester est-elle la même avec les années ? Pour nous éclairer, notre invité est Georges VIGARELLO, directeur d'études de l'EHESS (École des hautes études en sciences sociales). Il est l'auteur d'un livre passionnant qui nous concerne tous. « Histoire de la fatigue, Du Moyen Âge à nos jours » publié aux éditions du Seuil. Dans votre livre, vous n'avez pas eu le temps d'intégrer la dimension de la fatigue engendrée par l'épidémie. Comment est-ce que vous inscrivez ceci dans votre histoire de la fatigue ?

V: Dans mon livre, j'ai quand même fait une postface sur la question du coronavirus. Alors, comment intégrer cette fatigue liée au masque et à la maladie ? Pour vous dire les choses de façon un peu caricaturale : je pense qu'aujourd'hui nous avons tendance à résister toujours davantage à ce qui se présente comme étant une contrainte. Parce que, au fond, l'affirmation de soi, l'autonomie, ont considérablement grandi ces dernières décennies. Tout ce qui est de l'ordre de l'obstacle, de l'ordre de la domination, tout cela devient de moins en moins supporté. Certaines exigences, aujourd'hui, se sont imposées en traînant quelque chose qui est de l'ordre de l'insatisfaction, de l'inconfort.

A: Et donc, vous nous montrez que la fatigue a longtemps été la conséquence d'une résistance. Il fallait porter des choses lourdes, pousser des choses lourdes par exemple.

V: Ce que vous dites, c'est un des grands trajets du livre : la montée progressive de la prise de conscience, de l'exigence. Le fait de ressentir une forme de contrainte intérieure, qui a longtemps été une contrainte extérieure. Même si, dans des périodes éloignées, on commence à voir apparaître des contraintes intérieures. Par exemple, le fait de ne pas supporter la colère. Il y a bien quelque chose qui fait référence à l'intériorité.

Mais cette exigence, liée à l'intériorité, a considérablement évolué aujourd'hui. Je pense que c'est lié à ce que j'appellerais, avec beaucoup de prudence et de façon un peu caricaturale, « l'hypertrophie du moi ». C'est-à-dire que le « moi » est devenu de plus en plus grand. Il y a de plus en plus d'exigences. Tout cela peut être lié à la consommation, au fait que l'on peut disposer des choses, au fait que des facilités se sont instaurées, concernant nos comportements. Du coup, évidemment, ce qui est de l'ordre de la limite est de moins en moins supporté. Les limites humaines se sont donc déplacées et se sont, à mes yeux, ressenties comme étant accentuées.

A : Donc quand on est fatigué, aujourd'hui, c'est un peu de notre faute à nous ?

V : Par forcément. Il y a aussi « l'autre ». Celui qui nous contraint, celui qui nous place dans une situation de domination. Cela est intolérable. Je crois que le travail a changé parce qu'il impose des relations qui sont de plus en plus personnelles, c'est-à-dire la nécessité d'avoir des relations avec l'autre. Donc, ce changement fait que la relation elle-même est en jeu. Et certaines relations sont moins supportées aujourd'hui qu'elles ne l'étaient auparavant.

A : Il y a une fatigue qui est aujourd'hui plus psychologique que physique ?

V : Je crois que oui. C'est l'immense montée de la fatigue psychologique en effet. Et, dans certains cas, il domine. Le fait, par exemple, qu'on ne veuille pas aller au travail parce que cela nous est psychologiquement insupportable. Ce n'est donc plus du tout la situation que l'on connaissait. Celle dans laquelle nous ne pouvons pas aller au travail parce que la fatigue physique n'est pas supportable. Et je pense que cela fait partie des questions de l'inconfort d'aujourd'hui.

A : Une dernière question, plus personnelle, comment arrive-t-on à écrire une histoire de la fatigue ?

V : Moi, je m'intéresse aux problèmes du corps. Depuis longtemps je travaille sur l'apparence, sur la façon dont le corps est perçu. Je pense que c'est à partir de ces questions de la perception qu'est né le projet de faire un travail sur la fatigue.

France Info 06/09/2020

Étape 4

문제 9의 해설을 확인해 보세요.

해석

A: 개학 날 책가방 속의 마스크, 보호 조치에 따라 두드러지는 일상. 이미 전염병과 같이 산 지 수 개월이 지났고, 때로 피로가 자리잡을 수 있습니다. 피로는 역사를 가지고 있을까요? 그것의 근원은 어디에서 찾을 수 있을까요? 그것이 발현되는 방식이 시간이 지나도 같을까요? 우리를 일깨워 주기 위해, 사회 과학 고등 연구원(EHESS)의 연구 소장인 Georges VIGARELLO께서 초대 손님으로 오셨습니다. 그는 우리 모두와 관련이 있는, 흥미로운 책의 저자입니다: Seuil 출판사에서 펴낸, '중세 시대부터 오늘날까지, 피로의 역사'라는 책이지요. 당신의 책에서, 당신은 전염병에 의해 야기되는 피로의 측면을 포함할 시간이 없었습니다. 당신의 '피로의 역사'에서 이것을 어떻게 기록하시겠습니까?

V: 그래도 저는 제 책에 코로나 바이러스 문제에 대한 발문을 적었습니다. 그래서, 그 병과 마스크와 관련된 이 피로를 어떻게 포함시킬까요? 약간 과장해서 말하자면, 저는 오늘날 사람들이 속박으로 보여지는 것에 항상 더 저항하는 경향이 있다고 생각합니다. 왜냐하면 사실 최근 몇 십 년 동안 자기 긍정과 독립성이 상당히 강해졌기 때문입니다. 반대되는 종류, 지배적인 종류인 모든 것들을 점점 못 견디게 됩니다. 오늘날, 어떤 제약들은 불만족스럽거나 불편한 류의 것들을 동반한 채로 강제됩니다.

A: 그리고 당신은 우리에게 피로가 오랫동안 저항의 결과였다는 것을 보여줍니다. 예를 들면 무거운 사안들을 책임지거나 감당해야 했습니다.

V: 당신이 말씀하시는 게 바로 이 책의 큰 흐름 중 하나입니다. 점진적으로 각성과 요구가 증가한다는 것이요. 내부적 강압의 형태를 느낀다는 사실인데요, 이것은 오랫동안 외부적 강압이었습니다. 아주 오래전에 우리가 내부적 강압이 나타나는 것을 알기 시작했다 할지라도요. 예를 들면 분노를 참지 않는 것처럼요. 다분히 내면성을 따르는 무엇인가가 있다는 거죠. 하지만 내면성과 관련된 이 요구는 오늘날 상당히 바뀌었습니다. 저는 이것이 제가 아주 조심스럽게, 그리고 조금은 과장해서, '자아 비대증'이라고 부르는 것과 연관이 있다고 생각합니다. 다시 말해, '자아'가 점점 더 커지고 있다는 것입니다. 점점 더 많은 요구가 생기죠. 이 모든 것은 어쩌면 소비와, 우리가 물건들을 소유할 수 있다는 사실과, 우리의 행동과 관련된 편의성이 창출되었다는 사실과 관련이 있을 것입니다. 그 결과로, 제한하는 종류의 것을 점점 못 견디게 되는 것이죠. 그래서, 제 눈에는 인간의 한계가 바뀌고 두드러지는 것처럼 느껴졌습니다.

A: 그래서 오늘날 우리가 피곤할 때, 그게 약간은 우리의 잘못이라는 건가요?

V: 반드시 그렇지는 않습니다. '타인'도 있죠. 우리를 억압하는 사람, 우리를 지배의 상황에 놓이게 하는 사람, 그런 건 받아들일 수 없죠. 저는 노동이 바뀌었다고 생각하는데, 그것이 점점 더 사적인 관계, 다시 말해 타인과의 관계를 가져야 할 필요성을 강요하기 때문이에요. 그래서 이 변화는 관계 그 자체가 문제가 되게 합니다. 그리고 어떤 관계들은 오늘날, 이전에 그랬던 것보다 덜 견뎌지게 되지요.

A: 오늘날에는 신체적인 것보다 심리적인 피로가 있다는 건가요?

V: 저는 그렇다고 생각합니다. 정말로 심리적 피로가 엄청나게 증가했어요. 그리고 어떤 경우에는 그것이 지배합니다. 예를 들어, 우리가 직장에 가고 싶어 하지 않는 것은 그것이 우리에게 심리적으로 견딜 수 없는 것이기 때문이라는 사실이죠. 더 이상 우리가 알고 있던 상황이 아닌 거예요. 육체적 피로를 견딜 수 없어서 직장에 가지 못하는, 그런 상황이 아니라는 거죠. 그리고 저는 이것이 오늘날 불편한 문제들의 일부라고 생각합니다.

A: 마지막 질문인데요, 좀 더 사적인 질문이지만, 어떻게 '피로의 역사'를 쓰게 되신 건가요?

V: 저는 신체의 문제들에 관심이 있어요. 오래전부터 저는 신체가 인식되는 방법이나 형식에 대해 연구했습니다. 저는 피로에 대한 연구 계획이 인식에 대한 의문들에서 출발한 것이라고 생각해요.

DELF B2 · 듣기

> **문제 분석**
>
> 피로에 관한 인터뷰이다. 소재 자체가 생소할 뿐만 아니라, 여러 가지 화제가 제시되고 있어 내용을 파악하기가 어려운 문제이다. 이 지문의 내용은 크게, 피로가 저항의 결과라는 것, 피로는 우리 자신뿐만 아니라 타인이 원인일 수 있다는 것, 심리적인 피로가 증가하고 있다는 것으로 나눌 수 있다.

해설

문항	풀이 요령
1	초대 손님의 책의 제목을 묻는 문제이다. '**Histoire de la fatigue, Du Moyen Âge à nos jours** 중세 시대부터 오늘날까지, 피로의 역사'라고 하였으므로 이것이 정답.
2	저자가 발문에서 무엇에 대해 썼는지 묻는 문제로서 'j'ai quand même fait une postface sur la question du coronavirus 그래도 저는 제 책에 코로나 바이러스 문제에 대한 발문을 적었습니다'라는 내용에 따라 정답은 **B**.
3	최근 몇 십 년 동안 많이 성장한 것이 무엇인지 묻는 문제이다. '**l'affirmation de soi, l'autonomie, ont considérablement grandi ces dernières décennies** 최근 몇 십 년 동안 자기 긍정과 독립성이 상당히 강해졌다'는 내용에 따라 이것을 정답으로 적는다.
4	점점 덜 견딜 수 있게 되는 것이 무엇인지 묻는 문제이다. '**Tout ce qui est de l'ordre de l'obstacle, de l'ordre de la domination, tout cela devient de moins en moins supporté** 반대되는 종류, 지배적인 종류인 모든 것들을 점점 못 견디게 됩니다'라는 내용에 따라 이를 정답으로 적는다.
5	저항의 결과를 묻는 문제이다. '**la fatigue** a longtemps été la conséquence d'une résistance 피로가 오랫동안 저항의 결과였다'라는 내용에 따라 이를 정답으로 쓰면 된다.
6	내부적 강압이 나타나는 것을 알기 시작했다는 사실을 보여주는 예에 관한 문제이다. '**le fait de ne pas supporter la colère** 분노를 참지 않는 것'이라는 내용에 따라 이를 정답으로 적는다.
7	요구와 연관되는 것이 무엇인지 묻는 문제이다. 'Tout cela peut-être lié à la consommation, au fait que l'on peut disposer des choses, au fait que des facilités se sont instaurées, concernant nos comportements 이 모든 것은 어쩌면 소비와, 우리가 물건들을 소유할 수 있다는 사실과, 우리의 행동과 관련된 편의성이 창출되었다는 사실과 관련이 있을 것'이라는 내용에 따라 정답은 **B**.
8	두드러지는 것처럼 느껴졌던 것이 무엇인지 묻는 문제이다. 'Les limites humaines se sont donc déplacées et se sont ressenties comme étant accentuées 인간의 한계가 바뀌고 두드러지는 것처럼 느껴졌습니다'라는 내용에 따라 정답은 **C**.
9	사람들이 참을 수 없는 것이 무엇인지 묻는 문제로서 '**Celui qui nous contraint, celui qui nous place dans une situation de domination. Cela est intolérable** 우리를 억압하는 사람, 우리를 지배의 상황에 놓이게 하는 사람, 그런 건 받아들일 수 없죠'라는 내용에 따라 이를 정답으로 적는다.

10	노동이 바뀐 이유를 묻는 문제이다. 'Je crois que le travail a changé **parce parce qu'il impose des relations qui sont de plus en plus personnelles** 저는 노동이 바뀌었다고 생각하는데, 그것이 점점 더 사적인 관계를 강요하기 때문'이라는 내용을 정답으로 적으면 된다.
11	피로의 유형과 관련된 문제로서 'C'est l'immense montée de **la fatigue psychologique** en effet 정말로 심리적 피로가 엄청나게 증가했다'라는 내용에 따라 이것을 정답으로 적는다.
12	사람들이 직장에 가는 것을 싫어하는 이유를 묻는 문제이다. 'parce que cela nous est psychologiquement insupportable 그것이 우리에게 심리적으로 견딜 수 없는 것이기 때문'이라는 내용에 따라 정답은 **B**.
13	초대 손님이 무엇에 대해 연구했었는지를 묻는 문제로서 'je travaille **sur l'apparence, sur la façon dont le corps est perçu** 저는 신체가 인식되는 방법이나 형식에 대해 연구했습니다'라는 내용에 따라 이를 정답으로 적는다.

EXERCICE 1 실전 연습

Track 1-10

Étape 1 공략에 따라 EXERCICE 1 연습 문제를 풀어 보세요.

Lisez les questions, écoutez le document puis répondez.

① Pourquoi la France est-elle confinée depuis le 17 mars ?

② Selon l'invitée, quel est le problème des mères françaises ?
  A ☐ La différence du salaire.
  B ☐ La difficulté de la promotion.
  C ☐ La double journée de travail.

③ Quelle est la difficulté des mères à part le travail professionnel ? (deux réponses)

④ D'après l'invitée, _____
  A ☐ ce sont les pères qui contactent les professeurs.
  B ☐ ce sont les mères qui contactent les professeurs.
  C ☐ ce sont les enfants qui contactent les professeurs.

⑤ De quoi l'invitée s'inquiète-t-elle après le 11 mai ?

⑥ Avec qui les femmes ont-elles des difficultés à négocier ?
  A ☐ leurs maris.
  B ☐ leurs patrons.
  C ☐ leurs enfants.

7 Les femmes sont l'objet de quel traitement à la maison ?

    A ☐ L'objet d'un grand mépris.

    B ☐ L'objet d'un grand respect.

    C ☐ L'objet d'un grand sacrifice.

8 Beaucoup de femmes sont furieuses car _____

    A ☐ les enfants ne leur obéissent pas bien.

    B ☐ la négociation à l'intérieur du couple leur a été très défavorable.

    C ☐ elles sont obligées de quitter leur travail pour garder les enfants.

9 Que font les femmes lorsqu'elles restent à la maison ? (deux réponses)

....

10 Citez les métiers des femmes qui sont essentiels à la société. (deux réponses)

....

11 Comment les métiers des femmes sont-ils considérés ? (deux réponses)

....

12 Que demandent les féministes ?

....

13 Quel est le résultat de la recherche ?

    A ☐ Les métiers féminisés sont raisonnablement payés par rapport aux métiers qui sont majoritairement masculins.

    B ☐ Les métiers féminisés sont largement sous-payés par rapport aux métiers qui sont majoritairement masculins.

    C ☐ Les métiers féminisés sont largement sur-payés par rapport aux métiers qui sont majoritairement masculins.

Étape 2

문제 10의 내용을 해석해 보세요.

문제를 읽으세요. 자료를 듣고 대답하세요.

❶ 왜 프랑스는 3월 17일부터 록다운 상태인가?

....

❷ 초대 손님에 따르면, 프랑스 어머니들의 문제는 무엇인가?

A ☐ 월급의 차이

B ☐ 승진의 어려움

C ☐ 이중적 일과

❸ 직장 일 외에 어머니들의 어려움은 무엇인가? (두 가지 답변)

....

❹ 초대 손님에 따르면, _____

A ☐ 선생님들과 접촉하는 것은 아버지들이다.

B ☐ 선생님들과 접촉하는 것은 어머니들이다.

C ☐ 선생님들과 접촉하는 것은 아이들이다.

❺ 5월 11일 이후 초대 손님은 무엇에 대해 걱정하는가?

....

❻ 여성들은 누구와 협상할 때 어려움을 겪는가?

A ☐ 그들의 남편들

B ☐ 그들의 고용주들

C ☐ 그들의 자녀들

7 여성들은 집에서 어떤 취급의 대상인가?

　　A ☐ 엄청난 경멸의 대상

　　B ☐ 엄청난 존경의 대상

　　C ☐ 엄청난 희생의 대상

8 많은 여성들이 분노하는데 왜냐하면 _____

　　A ☐ 아이들이 그들의 말을 잘 듣지 않기 때문이다.

　　B ☐ 부부 사이에서의 협상이 그들에게 매우 불리하기 때문이다.

　　C ☐ 아이들을 돌보기 위해 일을 그만둬야 하기 때문이다.

9 여성들은 집에 있을 때 무엇을 하는가? (두 가지 답변)

....

10 사회에서 중요한 여성들의 직업들을 인용하시오. (두 가지 답변)

....

11 여성들의 직업은 어떻게 여겨지는가? (두 가지 답변)

....

12 페미니스트들은 무엇을 요구하는가?

....

13 연구의 결과는 무엇인가?

　　A ☐ 여성화된 직업들은 남성들이 대부분 종사하는 직업들과 비교하여 합리적으로 지불된다.

　　B ☐ 여성화된 직업들은 남성들이 대부분 종사하는 직업들과 비교하여 훨씬 저임금이다.

　　C ☐ 여성화된 직업들은 남성들이 대부분 종사하는 직업들과 비교하여 훨씬 고임금이다.

문제 10의 필수 어휘를 익히고, 스크립트를 확인해 보세요.

필수 어휘

confiné 밀폐된 | mépris (m) 경멸 | féminiser 여성화하다, 여성의 숫자를 늘리다 | majoritairement 대부분 | épidémie (f) 전염병 | creuser 간격을 벌리다, 헤집다 | inégalité (f) 불평등 | déconfinement (m) 격리 해제 | régression (f) 퇴보, 감소 | cumuler 겸업하다 | se dévouer 헌신하다 | perdant 패자 | cumul (m) 겸직 | épuisé 지친, 고갈된 | huis (m) 문 | invisibiliser 보이지 않게 하다 | déconsidéré 신용을 잃은, 평판이 나쁜 | exténuant 기진맥진하게 하는 | pan (m) 부분 | aide-soignant 간호 조무사 | caissier 출납원 | se passer de ~없이 지내다 | pandémie (f) 세계적 유행병 | valoriser 더 높은 가치를 부여하다 | revalorisation (f) 재평가 | mettre en lumière 드러내다, 밝히다 | pétition (f) 청원서, 청원

스크립트

A: Depuis le 17 mars, la France est confinée en raison de l'épidémie de coronavirus. Une situation qui creuse de nombreuses inégalités, notamment entre les hommes et les femmes, et que le déconfinement ne va pas régler. Céline PIQUES, peut-on parler aussi d'une régression avec le confinement ?

P: Je pense qu'il y a une régression parce qu'on connaissait, nous les femmes et en particulier les mères, la double journée de travail. C'est-à-dire cumuler le travail d'un côté, puisque des femmes en France travaillent, et le travail domestique et parental. Et maintenant, on doit cumuler avec l'école à la maison, tâche extrêmement compliquée. Quand on regarde des professeurs ou des maîtres et maîtresses d'école, on voit que la grande majorité des contacts parentaux avec les professeurs, ce sont les mères plutôt que les pères. Donc les femmes sont en première ligne à la maison, à assurer une triple journée. Et que va-t-il se passer après le 11 mai ? On sait que tous les enfants ne pourront pas retourner à l'école. Qui va se dévouer pour les garder ? J'ai bien peur qu'il y ait un retour des hommes au travail et un retour bien moindre des femmes au travail. On a déjà des indicateurs qui montrent l'inégalité et la difficulté des femmes à négocier face à leur conjoint. Et elles sont aujourd'hui les grandes perdantes de ce cumul, de ce triple cumul de tâches et elles sont pour beaucoup épuisées après deux mois de confinement.

A: Comment vous expliquez justement que ce déconfinement soit peut-être plus difficile pour les femmes que pour les hommes ?

P: Je pense qu'il y a un rapport de force très inégal encore à l'intérieur des couples et c'est quelque chose qu'on ne pense pas suffisamment. Par exemple, en tant que mère, j'ai reçu un courrier de mon école qui me dit « les enfants seront présents à l'école, si aucun des deux parents n'est vraiment en capacité de garder les enfants ». Mais personne n'intervient jamais dans le choix qui est fait entre le père et la mère pour garder l'enfant. On est donc dans le huis clos familial. Notre souhait aujourd'hui, c'est d'arrêter d'invisibiliser ce travail. Car ce travail, quand il est invisible et gratuit, est très souvent déconsidéré dans notre société. Les femmes au foyer par exemple, sont souvent l'objet d'un grand mépris, on pense qu'elles ne font pas grand-chose de leur journée alors que c'est un travail extrêmement fatigant et exténuant. Beaucoup de femmes sont extrêmement furieuses parce que cette négociation à l'intérieur du couple leur a été très défavorable. Elles se retrouvent à faire des tâches domestiques, parentales, la classe à la maison, y compris quand les deux conjoints sont tous les deux en télétravail. On voit effectivement que les femmes en font plus.

A : Pendant cette crise sanitaire, on a vu que les salariés de la première ligne étaient souvent des salariées, ça a peut-être rendu plus visible tout un pan du travail féminin ?

P : Oui, les infirmières sont à 87% des femmes, les aides-soignantes à 91%, les aides ménagères à 97% et les caissières à 76%. Donc, on est vraiment dans des métiers très féminisés. Et à partir du moment où ce sont des métiers qui sont essentiels à la société, — comme éduquer, soigner, assister, nettoyer ou servir —, ce sont des femmes qui le font. Ce sont des métiers dont on n'a pas pu se passer pendant la pandémie. Elles ont assuré alors qu'elles étaient en première ligne. Malheureusement, ce sont des métiers qui sont largement sous-payés et sous valorisés. Donc ce que nous, féministes, demandons aujourd'hui, c'est la revalorisation de ces métiers. Que la crise permette au moins de mettre en lumière le travail domestique et parental, gratuit et invisibilisé des femmes à la maison. On a lancé une pétition, écrite par deux chercheuses : Rachel Silveira et Séverine Lemière. Elles prouvent dans leurs recherches, que ces métiers féminisés dont nous avons besoin, sont largement sous-payés par rapport à des métiers au niveau de compétences comparables, qui sont majoritairement masculins.

France Info 04/05/2020

문제 10의 해설을 확인해 보세요.

A: 3월 17일 이후부터 프랑스는 코로나 바이러스 때문에 록다운 상태입니다. 이 상황은 많은 불평등을, 특히 남성과 여성 간의 불평등을 심화시켰는데요, 이는 격리 해제가 해결할 수 없는 문제입니다. Céline PIQUES 씨, 록다운으로 인한 퇴보에 대해서도 말해 볼까요?

P: 저는 우리 여성들과 특히 어머니들이 이중적 일과를 겪고 있기 때문에 퇴보가 있다고 생각합니다. 다시 말해서 프랑스 여성들은 일을 하기 때문에, 한편으로는 업무를, (다른 한 편으로는) 집안일과 육아 일을 겸한다는 거죠. 그리고 이제, 우리는 가정에서 학교를 겸해야 해요. 정말 복잡한 일이죠. 학교의 선생님들을 보면, 부모와 교사가 접촉하는 대부분의 경우가 아버지보다는 어머니라는 것을 알 수 있습니다. 그래서 여성들은 가정에서 제일선에 있으며, 세 배로 일과를 해야 합니다. 그리고 5월 11일 이후에는 무슨 일이 일어날까요? 우리는 모든 아이들이 학교로 돌아가지는 못할 것이라는 걸 압니다. 누가 그들을 돌보는 데 헌신하게 될까요? 저는 남성들은 직장으로 복귀하고, 여성들은 그보다 훨씬 적게 복귀하게 될 것이 퍽 두렵습니다. 우리는 이미 여성들이 그들의 배우자와 마주하여 협상할 때의 어려움과 불평등을 보여주는 지표들을 가지고 있습니다. 그리고 그녀들은 오늘날 이런 겸업, 이런 세 가지 일들을 한 번에 해야 하는 최대 피해자들이며, 2달 간의 록다운 이후로 완전히 녹초가 되었습니다.

A: 이 격리 해제가 남성들보다 여성들에게 더 곤란할 수 있다는 것을 정확히 어떻게 설명하시겠어요?

P: 저는 여전히 부부 사이에 아주 불평등한 힘의 관계가 있다고 생각하고, 이것이 우리가 충분히 생각하지 않는 것입니다. 예를 들면, 어머니인 저는 학교로부터 다음과 같은 편지를 받았습니다: '만약 부모 두 분 중 누구도 정말로 아이들을 돌볼 능력이 없다면, 아이들은 학교에 출석할 것입니다.' 하지만 아이를 돌보기 위해 아버지와 어머니가 했던 선택에 대해서는 누구도 결코 간섭하지 않습니다. 결국 가정에만 머무르게 되는 것이죠. 오늘날 우리의 바람은 이 일이 보이도록 하는 것입니다. 왜냐하면 이 일은 그것이 보이지 않고 아무런 대가가 없을 때 우리 사회에서 매우 자주 경시되기 때문입니다. 예를 들어 주부들은 흔히 엄청난 경멸의 대상이고, 우리는 그녀들이 그들의 일과 동안 그다지 큰 일을 하지 않는다고 생각합니다. 하지만 그건 극도로 피곤하고 고달픈 일입니다. 많은 여성들은 크게 분노하는데, 부부 사이에서의 이러한 협상이 그들에게 아주 불리하기 때문입니다. 그녀들은 두 부부가 둘 다 재택근무를 할 때를 포함해서 집안일과 육아, 홈스쿨링을 해야 할 상황에 놓입니다. 확실히 여성들이 더 많이 일한다는 것을 알 수 있죠.

A: 이 보건 위기 동안, 우리는 제일선의 근로자들이 대체로 여성 근로자들이라는 것을 알았습니다. 이것이 어쩌면 여성 노동의 일면을 더 잘 보이도록 만들지 않았을까요?

P: 맞아요, 간호사의 87%, 간호 조무사의 91%, 가사 도우미의 97%, 출납원의 75%가 여성이죠. 결국 정말로 아주 여성화된 직업들에 몸담고 있는 것입니다. 그리고 이 직업들이 사회에 중요해진 순간부터, ─ 교육하기, 돌보기, 도와주기, 청소하기, 혹은 시중 들기 ─, 이 일을 하는 사람들은 여성들입니다. 이것들은 코로나 동안 없어서는 안 될 직업들입니다. 여성들은 제일선에 있음에도 유능했습니다. 그러나 불행히도, 대개 저임금이고 저평가 받는 직업들입니다. 따라서, 오늘날 우리 페미니스트들이 요구하는 것은 이 직업들의 재평가입니다. 이 위기가 적어도 가정에서 여성들의 보이지 않고 대가 없는, 집안일과 육아 일을 밝힐 수 있기를 바랍니다. 우리는 Rachel Silveira와 Séverine Lemière라는 두 여성 연구원들에 의해 쓰인 청원서를 보냈습니다. 그녀들은 그들의 연구에서 우리가 필요로 하는 이 여성화된 직업들이, 남성들이 대부분 종사하며 비슷한 수준의 능력을 요하는 직업들에 비해 대체로 저임금이라는 것을 증명합니다.

문제 분석

코로나 바이러스 이후로 더욱 심화된 남녀 간 불평등을 주제로 하는 인터뷰이다. 코로나 바이러스로 인해 록다운이 시작되면서, 회사에서의 업무, 집안일, 부모로서의 역할이 남성보다는 여성에게 보다 가중되어, 여성 불평등이 더욱 심화되었음에 문제를 제기하고 있다. 따라서 현재 저평가가 되어 있는 간호사, 간호 조무사, 가사 도우미, 출납원처럼 여성화된 직업과 집안일 및 부모로서의 일이 재평가되기를 요구하고 있다. 시의적인 주제인만큼 듣기 영역뿐만 아니라 다른 영역에서도 얼마든지 출제될 수 있기 때문에 코로나 바이러스 및 이로 인한 남녀 간 불평등에 대해 미리 정리해 두는 것이 좋다.

해설

문항	풀이 요령
1	프랑스가 록다운을 시작한 이유를 묻는 문제로서 'Depuis le 17 mars, **la France est confinée en raison de l'épidémie de coronavirus** 3월 17일 이후부터 프랑스는 코로나 바이러스 때문에 록다운 상태'라는 내용에 따라 이를 정답으로 적는다.
2	프랑스 어머니들의 문제가 무엇인지 묻는 문제이다. 'Je pense qu'il y a une régression parce qu'on connaissait, nous les femmes et en particulier les mères, la double journée de travail 저는 우리 여성들과 특히 어머니들이 이중적 일과를 겪고 있기 때문에 퇴보가 있다고 생각합니다'라는 내용에 따라 정답은 **C**.
3	직장 일 외에 어머니들의 어려움을 묻는 문제이다. '**Le travail domestique et parental.** 집안일과 육아 일'이 정답.
4	부모 중 교사와 주로 접촉하는 대상을 묻는 문제로서 'on voit que la grande majorité des contacts parentaux avec les professeurs, ce sont les mères plutôt que les pères 부모와 교사가 접촉하는 대부분의 경우가 아버지보다는 어머니라는 것을 알 수 있습니다'라는 내용에 따라 정답은 **B**.
5	초대 손님이 5월 11일 이후 무엇에 대해 걱정하는지 묻는 문제이다. '**J'ai bien peur qu'il y ait un retour des hommes au travail et un retour bien moindre des femmes au travail** 저는 남성들은 직장으로 복귀하고, 여성들은 그보다 훨씬 적게 복귀하게 될 것이 퍽 두렵습니다'가 정답. 이때 J'ai는 Elle a로 수정해야 하는 것에 유의하자.
6	여성들이 누구와 협상할 때 어려움을 겪는지 묻는 문제이다. '**On a déjà des indicateurs qui montrent l'inégalité et la difficulté des femmes à négocier face à leur conjoint** 우리는 이미 여성들이 그들의 배우자와 마주하여 협상할 때의 어려움과 불평등을 보여주는 지표들을 가지고 있습니다'라는 내용에 따라 정답은 **A**.
7	여성들이 집에서 어떤 취급을 받고 있는지 묻는 문제로서 'Les femmes au foyer par exemple, sont souvent l'objet d'un grand mépris 주부들은 흔히 엄청난 경멸의 대상'이라는 내용에 따라 정답은 **A**.
8	여성들이 분노하는 이유를 묻는 문제이다. 'cette négociation à l'intérieur du couple leur a été très défavorable 부부 사이에서의 이러한 협상이 그들에게 아주 불리하기 때문입니다'라는 내용에 따라 정답은 **B**.

9	여성들이 집에 있을 때 무엇을 하는지 묻는 문제이다. 'Elles se retrouvent à faire **des tâches domestiques, parentales, la classe à la maison,** y compris quand les deux conjoints sont tous les deux en télétravail 그녀들은 두 부부가 둘 다 재택근무를 할 때를 포함해서 집안일과 육아, 홈스쿨링을 해야 할 상황에 놓입니다'라는 내용에 따라 이 중 두 개를 쓰면 된다.
10	사회에서 중요한 여성들의 직업에 대한 문제이다. '**les infirmières** sont à 87% des femmes, **les aides-soignantes** à 91%, **les aides ménagères** à 97% et **les caissières** à 76%. Ce sont des métiers qui sont essentiels à la société 간호사의 87%, 간호 조무사의 91%, 가사 도우미의 97%, 출납원의 76%가 여성이죠. 이 직업들은 사회에서 중요합니다'라는 내용에 따라 이들 중 두 개를 적는다.
11	여성들의 직업에 대한 평판을 묻는 문제로서 '**ce sont des métiers qui sont largement sous-payés et sous valorisés** 대개 저임금이고 저평가 받는 직업들'이라는 내용에 따라 이를 정답으로 적는다.
12	페미니스트들이 요구하는 것을 묻는 문제이다. 'ce que nous, féministes, demandons aujourd'hui, **c'est la revalorisation de ces métiers** 오늘날 우리 페미니스트들이 요구하는 것은 이 직업들의 재평가입니다'가 정답.
13	연구의 결과에 대한 문제로서 'Elles prouvent dans leurs recherches, que ces métiers féminisés dont nous avons besoin, sont largement sous-payés par rapport à des métiers au niveau de compétences comparables, qui sont majoritairement masculins 그녀들은 그들의 연구에서 우리가 필요로 하는 이 여성화된 직업들이, 남성들이 대부분 종사하며 비슷한 수준의 능력을 요하는 직업들에 비해 대체로 저임금이라는 것을 증명합니다'라는 내용에 따라 정답은 **B**.

EXERCICE 2 (1)

Vous allez entendre une seule fois un enregistrement de 1 minute 30 à 2 minutes. Vous avez tout d'abord 1 minute pour lire les questions. Après l'enregistrement, vous avez 3 minutes pour répondre aux questions.
Pour répondre aux questions, cochez (☒) la bonne réponse ou écrivez l'information demandée.

Lisez les questions, écoutez le document puis répondez.

당신은 1분 30초에서 2분의 녹음을 단 한 번만 듣게 될 것입니다. 우선 문제들을 읽는 데 1분의 시간이 주어질 것입니다. 녹음을 듣고 난 후 문제들에 답변하기 위한 3분이 주어질 것입니다.
문제들에 답변하기 위해 정답에 ☒ 표기를 하거나 요구되는 정보를 쓰세요.

문제들을 읽고 자료를 듣고 난 후 답변하세요.

완전 공략

DELF B2 듣기

1 핵심 포인트

EXERCICE 2 (1)은 8문제 정도 출제된다. EXERCICE 1과 마찬가지로 특정 주제에 관한 인터뷰로서, EXERCICE 1과는 문제 수만 다르다고 해도 무방하다.

2 빈출 주제

EXERCICE 1과 마찬가지로 환경오염, 남녀평등, 실업률 증가, 재택근무 등 사회적으로 이슈가 되는 문제들이나 건강, 휴대폰, SNS와 같은 일상적으로 접할 수 있는 주제가 자주 출제되므로, 이러한 주제들에 대해 평소 관심을 갖고 관련 내용들을 미리 정리해 두는 것이 좋다.

3 고득점 전략

① 반복해서 듣는 연습이 필수적이다.

다른 영역과 달리 듣기는 한 번 놓치면 반복해서 들을 수 없기 때문에 가장 집중해야 하는 영역이다. 그렇기에 듣기 영역은 국내에서 공부하는 수험생들이 가장 어려워하고 부담스러워한다. 듣기 실력을 향상시키기 위해 가장 중요한 것은 반복해서 듣기 연습을 하는 것이다. 요즘은 팟캐스트나 유튜브를 통해 프랑스 뉴스나 기사 등을 접하는 것이 쉬워졌으므로, 이를 최대한 활용하여 꾸준히 듣기 연습을 하는 것이 좋다.

② 지문을 듣기 전, 문제를 읽으며 정답을 추려내자.

지문을 듣기 전에 반드시 문제를 훑어봐야 한다. 이때, 어떤 문제가 출제되었는지 확인하는 것뿐만 아니라 선택지까지 꼼꼼히 읽는 것이 필요하다. DELF 시험에서 객관식 문제의 선지는 A, B, C 세 개로 제시되므로, 선택지를 읽으며 정답이 아닐 확률이 높은 1개를 제외시키는 것이다. 듣기 지문을 들으면서 나머지 2개 중 하나에서 답을 좁혀 가는 전략을 취하면, 정답률을 보다 높일 수 있을 것이다.

EXERCICE 2 (1) 실전 연습

Track 2(1)-01

Étape 1 공략에 따라 EXERCICE 2 연습 문제를 풀어 보세요.

Lisez les questions, écoutez le document puis répondez.

① Pourquoi la hausse des demandes d'aide n'étonne pas Sylvie ?

  A ☐ Parce que la situation sociale n'est pas favorable.
  B ☐ Parce que les conditions de travail ne s'améliorent pas.
  C ☐ Parce que les offres d'emploi sont de plus en plus nombreuses.

② Précisez les indicateurs qui étaient au rouge. (deux réponses)

....

③ Qui vient aux Restos du Cœur ?

  A ☐ Des gens qui cherchent du travail.
  B ☐ Des jeunes qui n'ont pas besoin de travail.
  C ☐ Des étudiants qui ont besoin d'une expérience sociale.

④ Pourquoi les jeunes qui font des petits boulots viennent dans cette association ?

....

⑤ Les personnes âgées qui viennent aux Restos du Cœur _____

  A ☐ n'ont pas envie d'améliorer leur qualité de vie.
  B ☐ savent que leur vie quotidienne ne changera pas.
  C ☐ ne s'intéressent pas à leur situation actuelle.

⑥ Les Restos du Cœur du type français _____

  A ☐ sont uniques dans le monde entier.
  B ☐ existent déjà dans d'autres pays étrangers.
  C ☐ ont commencé en Belgique.

❼ Quel est le moyen le plus simple pour devenir bénévole ?

....

❽ Précisez les actions entreprises par les Restos Bébés du Cœur. (deux réponses)

....

Étape 2   **문제 1의 내용을 해석해 보세요.**

문제를 읽으세요. 자료를 듣고 대답하세요.

❶ 왜 원조 요청 증가가 Sylvie에게 놀랍지 않은가?
   A ☐ 왜냐하면 사회적 상황이 좋지 않기 때문에
   B ☐ 왜냐하면 근무 조건이 개선되지 않기 때문에
   C ☐ 왜냐하면 구인이 점점 더 많아지기 때문에

❷ 위기였던 지표들을 구체적으로 쓰시오. (두 가지 답변)

....

❸ Restos du Cœur에 누가 오는가?
   A ☐ 일자리를 찾는 사람들
   B ☐ 일자리가 필요하지 않은 젊은이들
   C ☐ 사회 경험이 필요한 학생들

❹ 왜 아르바이트를 하는 젊은이들이 이 단체에 오는가?

....

❺ Restos du Cœur에 오는 노인들은 ＿＿＿＿＿＿＿＿＿＿

    A ☐ 그들의 삶의 질을 향상시키고 싶어 하지 않는다.

    B ☐ 그들의 일상생활이 바뀌지 않을 것을 안다.

    C ☐ 그들의 현 상황에 관심이 없다.

❻ 프랑스식의 Restos du Cœur는 ＿＿＿＿＿＿＿＿＿＿

    A ☐ 전 세계에서 유일하다.

    B ☐ 이미 외국에 존재한다.

    C ☐ 벨기에에서 시작되었다.

❼ 자원 봉사자가 되기 위한 가장 간단한 방법은 무엇인가?

＿＿＿＿＿＿＿＿＿＿＿＿＿＿＿＿＿＿＿＿＿＿＿＿＿＿＿＿＿

❽ Restos Bébés du Cœur가 하는 활동들을 구체적으로 쓰시오. (두 가지 답변)

＿＿＿＿＿＿＿＿＿＿＿＿＿＿＿＿＿＿＿＿＿＿＿＿＿＿＿＿＿

Étape 3

문제 1의 필수 어휘를 익히고, 스크립트를 확인해 보세요.

필수 어휘

hausse (f) 상승 | être au rouge 위험 수위에 있다, 빨간불이 켜지다 | entrepris 시작된, 시도된 | minima sociaux (m.pl.) 최저 보장 소득 | à temps partiel 파트타임의 | petit boulot (m) 아르바이트 | n'avoir rien à voir avec qc ~과 아무 상관이 없다 | donner un coup de main 도움을 주다 | logistique (f) 물자 보급 | bénévolat (m) 자원 봉사

스크립트

A: Bonjour. Aujourd'hui, nous recevons madame Sylvie, présidente des Restos du Cœur. Bonjour.

S: Bonjour.

A: Y a-t-il une hausse des demandes d'aide au niveau national par rapport aux dernières années ?

S : Oui, il y a une très forte hausse puisque l'on en est à pratiquement +10% par rapport à l'an dernier. Malheureusement, cela ne nous étonne pas car tous les indicateurs étaient au rouge : chômage, nombre de personnes vivant des minima sociaux…

A : Qui sont les gens qui viennent aux Restos du Cœur ?

S : Le plus grand nombre, ce sont des chômeurs. C'est pratiquement la moitié. On a de plus en plus de jeunes (étudiants, des jeunes qui ne sont plus étudiants mais en recherche d'emploi, et même des jeunes qui travaillent, la plupart du temps à temps partiel, ils font des petits boulots qui ne sont pas assez payés pour vivre correctement). À l'autre extrême, nous avons de plus en plus de personnes âgées. Des gens qui n'ont malheureusement aucun espoir de voir leur situation s'améliorer.

A : Êtes-vous présents dans d'autres pays ?

S : Les Restos du Cœur, tels qu'on les connaît en France n'existent qu'en France. Il y a des Restos du Cœur en Belgique mais cela n'a rien à voir avec notre association. Ils sont totalement indépendants.

A : Si je souhaite devenir bénévole, que dois-je faire ?

S : Le plus simple c'est d'aller sur notre site et d'y voir l'endroit le plus proche de chez vous. Après, il faut savoir ce que vous voulez faire, si c'est être au contact des personnes accueillies ou si c'est donner un coup de main pour la logistique, la préparation… On a besoin de toutes les formes de bénévolats et toutes les compétences.

A : J'ai entendu dire que vous faisiez d'autres actions, moins connues, comme les Bébés du Cœur. Qu'en est-il exactement ?

S : L'aide alimentaire, cela représente 80% de ce qu'on appelle « nos missions sociales ». Donc 20% sont consacrés à toute une série d'actions qui vont aider les personnes que nous accueillons à trouver des solutions à leurs difficultés du quotidien. Il y a les Restos Bébés du Cœur, qui viennent en aide aux jeunes mamans et à leurs bébés, par la distribution de produits, de conseils, le prêt de matériel, parfois simplement une écoute.

A : Merci beaucoup pour vos réponses. La solidarité, c'est vraiment notre affaire à tous. Mais aussi, et avant tout, c'est l'affaire de chaque citoyen. Les formes d'aides sont multiples et nous en avons plus que jamais besoin.

20minutes 19/12/2011

문제 1의 해설을 확인해 보세요.

해석

A: 안녕하세요. 오늘 우리는 Restos du Cœur의 장이신 Sylvie 씨를 모셨습니다. 안녕하세요.
S: 안녕하세요.
A: 지난해들에 비해 국가적 차원에서의 원조 요청이 증가했나요?
S: 네, 실제로 작년에 비해 10%가 증가했으니 크게 늘었죠. 불행히도 이건 저희에겐 놀랍지 않았어요. 왜냐하면 모든 지표들 — 실업, 최저 보장 소득으로 살아가는 사람들의 수(사회적 소수 계층) — 에 빨간불이 켜졌었거든요.
A: Restos du Cœur에 오는 사람들은 누구인가요?
S: 실업자들이 가장 많은 수를 차지해요. 사실상 절반이죠. 젊은 사람들이 점점 더 많아지고 있어요(학생들, 더 이상 학생은 아니지만 구직 중인 젊은이들, 심지어는 일하고 있는 젊은이들도 있는데, 대부분은 아르바이트예요. 괜찮게 살기에는 충분치 않은 월급을 받는 아르바이트를 하지요) 반대쪽 극단에는 나이 많은 사람들이 점점 더 많아지고 있어요. 불행히도 그들의 상황이 나아질 거라고 보는 어떤 희망도 갖고 있지 않은 사람들이죠.
A: 다른 국가들에도 당신들의 단체가 있나요?
S: 프랑스에서 사람들이 알고 있는 것과 같은 Restos du Cœur는 프랑스에만 있어요. 벨기에에도 Restos du Cœur가 있기는 하지만 그건 우리 단체와 아무 상관이 없습니다. 그들은 완전히 별개예요.
A: 만약 자원 봉사자로 일하고 싶다면 뭘 해야 하나요?
S: 가장 간단한 방법은 저희 사이트에 가서서 당신의 집에서 가장 가까운 장소를 찾는 것입니다. 그리고 당신이 하고 싶은 게 뭔지 알아야 해요. 우리가 맞이하는 사람들과 연락하는 일인지, 아니면 물자 보급이나 준비를 돕는 일인지요… 우리는 모든 형태의 자원 봉사들과 모든 능력이 필요해요.
A: 당신들이 Bébés du Cœur처럼 덜 알려진 다른 활동들도 한다고 들었는데요. 그건 정확히 무엇인가요?
S: 식량 원조예요. 그게 우리가 '우리의 사회적 임무'라고 부르는 것의 80%를 차지하죠. 그리고 20%는 우리가 맞이하는 사람들이 일상적 어려움들을 해결할 방법을 찾도록 돕는 모든 일련의 행위들에 전념하고 있습니다. Restos Bébés du Cœur가 있는데요, 이들은 어린 엄마들과 그들의 아이들에게 음식을 나눠 주고, 조언을 해 주고, 물건을 빌려주고, 때로는 그저 들어주는 것으로 그들을 도와줍니다.
A: 당신의 답변에 감사드립니다. 연대는 정말 우리 모두의 문제죠. 그리고 무엇보다도 각 시민들의 문제입니다. 도움의 형태는 다양하고, 우리는 그 어느 때보다도 그것을 필요로 합니다.

문제 분석

Restos du Cœur의 장과의 인터뷰로, Restos du Cœur는 실업자 및 사회적 소수 계층에게 음식을 지급함으로써 도움을 주는 단체이다. Restos du Cœur는 Restos BéBés du Cœur도 운영하고 있는데, 이는 어린 엄마들과 아기들에게 음식을 지원하고 물건을 빌려주거나 충고를 해 주며 도움을 준다. 여기에서는 Restos du Cœur가 어떤 단체이며 어떤 사람들에게 도움을 주고 있는지, Restos du Cœur에서 자원 봉사자로 일하고 싶다면 어떻게 해야 하는지를 중점적으로 파악해야 한다.

DELF B2 · 듣기

문항	풀이 요령
1	원조 요청 증가가 Sylvie에게 놀랍지 않은 이유를 묻는 문제이다. 인터뷰에서 'tous les indicateurs étaient au rouge : chômage, nombre de personnes vivant des minimas sociaux... 모든 지표들 — 실업, 최저 보장 소득으로 살아가는 사람들의 수(사회적 소수 계층) — 에 빨간불이 켜졌었다'라는 말이 언급되고 있으므로 이와 의미가 동일한 **A**가 정답.
2	위기였던 지표들이 무엇인지 구체적으로 쓰는 문제이다. 'les indicateurs étaient au rouge : **chômage, nombre de personnes vivant des minima sociaux** 모든 지표들 — 실업, 최저 보장 소득으로 살아가는 사람들의 수 — 에 빨간불이 켜졌었거든요'라는 내용이 나오고 있다. 따라서 이것이 정답.
3	Restos du Cœur에 오는 사람들이 누구인지 묻는 문제이다. 지문에서 'Le plus grand nombre, ce sont des chômeurs 실업자들이 가장 많은 수를 차지해요', 'On a de plus en plus de jeunes (étudiants, des jeunes qui ne sont plus étudiants mais en recherche d'emploi, et même des jeunes qui travaillent, la plupart du temps à temps partiel, ils font des petits boulots qui ne sont pas assez payés pour vivre correctement) 젊은 사람들이 점점 더 많아지고 있어요(학생들, 더 이상 학생은 아니지만 구직 중인 젊은이들, 심지어는 일하고 있는 젊은이들도 있는데, 대부분은 아르바이트예요. 괜찮게 살기에는 충분치 않은 월급을 받는 아르바이트를 하지요)'라고 하였다. 이들은 일자리를 찾는 사람들이라고 할 수 있으므로 정답은 **A**.
4	아르바이트를 하는 젊은이들이 이 단체에 오는 이유를 묻는 문제이다. '**ils font des petits boulots qui ne sont pas assez payés pour vivre correctement** 괜찮게 살기에는 충분치 않은 월급을 받는 아르바이트를 한다'라는 내용이 있다. 따라서 **Parce qu'ils ne sont pas assez payés pour vivre correctement.**이 정답.
5	Restos du Cœur에 오는 노인들과 관련된 문제로서 'des gens qui n'ont malheureusement aucun espoir de voir leur situation s'améliorer 불행히도 그들의 상황이 나아질 거라고 보는 어떤 희망도 갖고 있지 않은 사람들'이라는 내용이 있다. 따라서 정답은 **B**.
6	Restos du Cœur가 프랑스에 유일한지 묻는 문제이다. 'Les Restos du Cœur, tels qu'on les connaît en France n'existent qu'en France 프랑스에서 사람들이 알고 있는 것과 같은 Restos du Cœur는 프랑스에만 있다'라는 내용이 나온다. 따라서 정답은 **A**.
7	자원 봉사자가 되기 위한 방법을 묻는 문제로서 '**c'est d'aller sur notre site et d'y voir l'endroit le plus proche de chez vous** 저희 사이트에 가셔서 당신의 집에서 가장 가까운 장소를 찾는 것입니다'라는 내용이 나온다. notre를 leur로, vous를 nous로 바꾸는 것에 유의하자.
8	Restos Bébés du Cœur가 하는 활동을 묻는 문제이다. '**la distribution de produits, de conseils, le prêt de matériel, parfois simplement une écoute** 음식을 나눠 주고, 조언을 해 주고, 물건을 빌려주고, 때로는 그저 들어주는 것'으로 어린 엄마들과 아이들에게 도움을 준다고 하였다. 따라서 이것들 중 두 가지를 쓰면 된다.

문제 2

EXERCICE 2 (1) 실전 연습

🎧 Track 2(1)-02

Étape 1 공략에 따라 EXERCICE 2 연습 문제를 풀어 보세요.

Lisez les questions, écoutez le document puis répondez.

❶ Quelles sont les missions de cette fédération ? (deux réponses)

....

❷ Que fait cette fédération par rapport au problème alimentaire ?

    A ☐ Elle distribue de la nourriture aux gens malades.
    B ☐ Elle cultive des produits agricoles pour les gens en difficulté.
    C ☐ Elle offre des aliments aux gens en difficulté.

❸ Selon ce document, _____

    A ☐ on jette illégalement des aliments à la poubelle.
    B ☐ des aliments sont jetés à la poubelle alors qu'on peut encore les manger.
    C ☐ on vend des aliments au-delà de leur date de péremption.

❹ Quelle est la condition requise pour signer une convention avec cette fédération ?

....

❺ Que doit-on faire pour que davantage de nourriture puisse être récupérée ?

    A ☐ On doit récolter les produits au maximum.
    B ☐ On doit consommer les produits le plus vite possible.
    C ☐ On a besoin des machines adéquates afin de conserver les produits plus longtemps.

❻ Il faut lutter contre le gaspillage alimentaire pour _____

    A ☐ garder une bonne santé.
    B ☐ empêcher la pollution atmosphérique.
    C ☐ une société plus solidaire et plus responsable.

❼ Que signifie la lutte contre le gaspillage alimentaire ? (une réponse)

....

❽ Quel est le message de la journée « anti-gaspi » ?

    A ☐ Tout le monde est responsable du gaspillage alimentaire.
    B ☐ Chacun doit faire de son mieux pour réussir cette manifestation.
    C ☐ On doit s'inscrire à cette fédération.

Étape 2

문제 2의 내용을 해석해 보세요.

문제를 읽으세요. 자료를 듣고 답하세요.

❶ 이 연맹의 임무들은 무엇인가? (두 가지 답변)

....

❷ 식량 문제와 관련하여 이 연맹은 무엇을 하는가?

    A ☐ 아픈 사람들에게 식량을 나눠준다.
    B ☐ 어려움에 처한 사람들을 위해 농작물을 재배한다.
    C ☐ 어려움에 처한 사람들에게 음식을 제공한다.

❸ 이 자료에 따르면, _____

    A ☐ 사람들이 음식물을 불법적으로 쓰레기통에 버린다.
    B ☐ 음식물이 아직 먹을 수 있음에도 불구하고 쓰레기통에 버려진다.
    C ☐ 유통 기한이 지난 음식물을 판다.

❹ 이 연맹과 협정을 체결하기 위해 요구되는 조건은 무엇인가?

....

❺ 더 많은 음식물들이 회수될 수 있도록 하기 위해서 무엇을 해야 하는가?

　　A □ 생산물들을 최대한 수확해야 한다.
　　B □ 최대한 빨리 제품들을 소비해야 한다.
　　C □ 제품들을 더 오래 보존하기 위해 적합한 기계가 필요하다.

❻ _____ 위해 음식물 낭비 방지 투쟁을 해야 한다.

　　A □ 좋은 건강을 유지하기
　　B □ 대기오염을 억제하기
　　C □ 더 결속되고 책임감 있는 사회를

❼ 음식물 낭비를 막기 위한 투쟁은 무엇을 의미하는가? (한 가지 답변)

　　...

❽ '음식물 낭비 반대'의 날의 메시지는 무엇인가?

　　A □ 모든 사람들이 음식물 낭비에 책임이 있다.
　　B □ 이 시위를 잘 해내기 위해 각자는 최선을 다해야 한다.
　　C □ 이 연맹에 가입해야 한다.

Étape 3

문제 2의 필수 어휘를 익히고, 스크립트를 확인해 보세요.

필수 어휘

fédération (f) 연맹 | poubelle (f) 쓰레기통 | date de péremption (f) 유통 기한 | requis 요구되는, 필요한 | convention (f) 협약, 협정 | récupérer 회수하다, 회복하다 | récolter 수확하다 | adéquat 적합한 | lutter ~와 싸우다, ~에 맞서다 | gaspillage (m) 낭비 | pauvreté (f) 가난, 빈곤 | consommable 소비할 수 있는, 먹을 수 있는 | marchand 상업의, 시장 경제에 따르는 | personne démunie 빈민 | se contenter 만족해 하다 | hygiène (f) 위생 | confronté 직면해 있는 | se périmer 기한이 지나다 | équivalent de ~만큼의 | emballé 포장된 | gâchis (m) 낭비 | individualisme (m) 개인주의 | solidaire 결속된 | se mobiliser 모이다, 집결하다 | acteur 관계자, 당사자 | à la portée de ~의 손이 닿는 곳에, ~의 능력 범위 안에

A: Bonsoir. Aujourd'hui, nous recevons monsieur Alain SAUGÉ.

S: Bonsoir.

A: Vous êtes le président de la Fédération française des Banques Alimentaires. Que représente votre fédération dans la lutte contre le gaspillage alimentaire ?

S: Le concept des Banques Alimentaires, qui est né en 1967 aux États-Unis avant d'être transposé en France en 1984, est toujours le même. Il s'agit d'associer deux missions : la lutte contre le gaspillage alimentaire et la lutte contre la pauvreté. Chaque mois, nous fournissons dix kilos d'aliments à huit cent vingt mille personnes en difficulté. La moitié de ces aliments auraient été jetés à la poubelle car approchant trop de leur date de péremption mais toujours consommables. Si ces produits avaient été vendus, ils auraient coûté trois cent millions d'euros, ce n'est pas rien…

A: Qui bénéficie de ces produits ?

S: Près de cinq mille associations ont signé une convention avec nous en échange d'une participation de solidarité aux frais d'environ 3% de la valeur marchande des produits. Il faut qu'elles soient capables d'assurer l'accueil et le soutien des personnes démunies (elles ne doivent pas se contenter de distribuer la nourriture), ainsi que de respecter les règles d'hygiène et de sécurité alimentaire.

A: Quels sont les problèmes auxquels vous êtes confrontés sur cette question ?

S: Nous sommes convaincus que bien plus de nourriture pourrait encore être récupérée. Mais il nous faut des moyens. Par exemple, il faudrait avoir de quoi transformer les produits. On reçoit des tomates en grande quantité, mais elles se périment vite. Si l'on avait les machines adéquates, on pourrait les transformer en soupe ou en sauce afin de les conserver plus longtemps.

A: Quelle est aujourd'hui la situation du gaspillage alimentaire en France ?

S: En France, chaque personne jette l'équivalent de vingt kilos de nourriture par an - dont sept kilos encore emballés – un gâchis qui représente une perte de quatre cents euros par an et par foyer. Lutter contre le gaspillage alimentaire, c'est un choix contre l'égoïsme, contre l'individualisme, pour une société plus solidaire et plus responsable.

A: Qu'attendez-vous de cette première journée de lutte contre le gaspillage alimentaire, le 16 octobre ?

S: Tous les gens se mobilisent autour d'actions spéciales lors de cette journée « anti-gaspi ». Le message est simple : nous sommes tous des acteurs de la chaîne alimentaire et la lutte contre le gaspillage est à la portée de tous. Ce rendez-vous du 16 octobre doit permettre à chacun d'entre nous d'en prendre conscience et de devenir chaque jour un peu plus un citoyen engagé dans la lutte contre le gaspillage alimentaire.

20minutes 11/10/2013

Étape 4

문제 2의 해설을 확인해 보세요.

해석

A: 안녕하세요. 오늘은 Alain SAUGÉ 씨를 모셨습니다.
S: 안녕하세요.
A: 당신은 프랑스 푸드 뱅크 연맹의 장이신데요. 음식물 낭비를 막기 위해 당신의 연맹은 무엇을 하나요?
S: '푸드 뱅크'라는 개념은 1984년 프랑스로 도입되기 전 1967년 미국에서 처음 생겨났는데, 그 개념은 항상 같습니다. 두 가지 임무 — 음식물 낭비 반대 운동과 가난 퇴치 운동 — 를 연결시키는 것이죠. 매달 우리는 어려움에 처한 82만 명에게 10kg의 식량을 제공합니다. 이 식량의 절반은 유통 기한이 너무 임박해서 쓰레기통에 버려질 뻔했지만, 여전히 먹을 수 있는 것들입니다. 만약 이 제품들이 판매되었더라면 3억 유로는 되었을 텐데, 이건 적은 돈이 아니죠...
A: 이 식량들의 수혜자는 누구인가요?
S: 거의 5천 개의 단체들이 저희와 제품 시장 가격의 약 3%만큼의 비용으로 상호 연대 참여를 한다는 협정을 체결했습니다. 이들은 불우이웃들을 받아들이고 지원해 줄 수 있어야 하고, (그들은 식량을 나눠주는 것에 만족해서는 안 됩니다) 위생과 식품 안전 규칙을 준수해야 합니다.
A: 당신들이 이 문제에 있어서 당면한 문제들은 무엇인가요?
S: 우리는 여전히 더 많은 식량들이 회수될 수 있을 거라고 확신합니다. 하지만 우리는 자본이 필요해요. 예를 들어 제품들을 가공할 양이 있어야 합니다. 우리는 대량의 토마토를 받지만, 그것들은 빨리 상합니다. 적합한 기계가 있다면, 우리는 이것들을 더 오래 보존할 수 있도록 스프나 소스로 가공할 수 있을 것입니다.
A: 오늘날 프랑스의 음식물 낭비 상황은 어떤가요?
S: 프랑스에서 개인이 1년에 20kg만큼의 음식물을 버리고, 그 중 7kg은 여전히 포장된 상태입니다. 이는 1년에 한 가구당 400유로의 손해에 상당하는 낭비입니다. 음식물 낭비를 막기 위해 투쟁하는 것은 더 결속되고 더 책임감 있는 사회를 위해 이기주의와 개인주의에 맞서는 선택입니다.
A: 10월 16일, 음식물 낭비 반대의 첫 번째 날로부터 당신은 무엇을 기대하고 있나요?
S: 모든 사람들이 이 '음식물 낭비 반대'의 날에 특별한 활동으로 모일 것입니다. 메시지는 간단합니다: 우리 모두가 식량 순환의 당사자들이며 음식물 낭비에 대항하는 것은 우리 모두의 일입니다. 10월 16일의 이 회합은 우리 각자를 이에 대해 인식할 수 있게 해 줄 것이고 매일 조금씩 더 음식물 낭비 방지에 참여하는 시민이 될 수 있게 해 줄 것입니다.

문제 분석

Banques Alimentaires 책임자와의 인터뷰 내용이다. Banques Alimentaires와 같은 단체가 소재로 제시될 경우 단체의 목적, 대상, 구체적인 활동 및 규칙을 비롯하여 단체가 창설된 시기 등은 기본적으로 파악해야 할 정보이다. 그다음으로는 이 단체의 활동과 관련하여 프랑스에서의 음식물 낭비에 대한 것이 제시되고 있으므로 음식물 낭비 상황 및 이 단체 활동의 의의를 파악해야 한다.

DELF B2 · 듣기

문항	풀이 요령
해설 1	연맹의 임무가 무엇인지 묻는 문제이다. 'Il s'agit d'associer deux missions : **la lutte contre le gaspillage alimentaire et la lutte contre la pauvreté** 두 가지 임무 — 음식물 낭비 반대 운동과 가난 퇴치 운동 — 를 연결시키는 것이죠'라는 내용에 따라 이것이 정답.
2	식량과 관련한 연맹의 활동이 무엇인지 묻는 문제로서 'nous fournissons dix kilos d'aliments à huit cent vingt mille personnes en difficulté 우리는 어려움에 처한 82만 명에게 10kg의 식량을 제공합니다'라고 기술하고 있다. 따라서 **C**가 정답.
3	음식물 낭비 문제에 대한 질문이다. 'La moitié de ces aliments auraient été jetés à la poubelle car approchant trop de leur date de péremption mais toujours consommables 이 식량의 절반은 유통 기한이 너무 임박해서 쓰레기통에 버려질 뻔했지만, 여전히 먹을 수 있는 것들입니다'라고 하였으므로 정답은 **B**.
4	이 연맹과 협정을 체결하기 위한 조건을 묻는 문제로 '**Il faut qu'elles soient capables d'assurer l'accueil et le soutien des personnes démunies** (elles ne doivent pas se contenter de distribuer la nourriture), **ainsi que de respecter les règles d'hygiène et de sécurité alimentaire** 이들은 불우이웃들을 받아들이고 지원해 줄 수 있어야 하고, (그들은 식량을 나눠주는 것에 만족해서는 안 됩니다) 위생과 식품 안전 규칙을 준수해야 합니다'라는 내용에 따라 이것이 정답. (이 문장이 아니더라도 같은 내용이 들어가 있으면 정답으로 간주함)
5	더 많은 음식물이 회수되도록 하기 위해 해야 할 일을 묻는 문제이다. 'si l'on avait les machines adéquates, on pourrait les transformer en soupe ou en sauce afin de les conserver plus longtemps 적합한 기계가 있다면, 우리는 이것들을 더 오래 보존할 수 있도록 스프나 소스로 가공할 수 있을 것입니다'라는 내용이 있다. 따라서 정답은 **C**.
6	음식물을 낭비하지 말아야 하는 이유를 묻는 문제이다. 'pour une société plus solidaire et plus responsable 더 결속되고 더 책임감 있는 사회를 위해서'라는 내용이 있다. 정답은 **C**.
7	음식물 낭비를 막기 위한 투쟁이 무엇에 비유되는지에 대한 문제이다. 'Lutter contre le gaspillage alimentaire, **c'est un choix contre l'égoïsme, contre l'individualisme** 음식물 낭비를 막기 위해 투쟁하는 것은 이기주의와 개인주의에 맞서는 선택입니다'라고 했으므로 이 둘 중에 하나를 정답으로 적는다.
8	음식물 낭비 반대의 날의 의의가 무엇인지 묻는 문제로서 'Le message est simple : nous sommes tous des acteurs de la chaîne alimentaire et la lutte contre le gaspillage est à la portée de tous 메시지는 간단합니다: 우리 모두가 식량 순환의 당사자들이며 음식물 낭비에 대항하는 것은 우리 모두의 일입니다' 라는 내용에 따라 정답은 **A**.

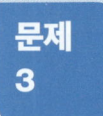

EXERCICE 2 (1) 실전 연습

🎧 Track 2(1)-03

공략에 따라 EXERCICE 2 연습 문제를 풀어 보세요.

Lisez les questions, écoutez le document puis répondez.

❶ Florent GUHL _____

    A ☐ travaille dans un laboratoire qui étudie l'agriculture biologique.

    B ☐ est responsable de l'Agence Bio.

    C ☐ est un agriculteur qui pratique l'agriculture biologique.

❷ Quelle est la définition de l'agriculture biologique ?

....

❸ Les aliments bio _____

    A ☐ sont des produits sur lesquels on utilise beaucoup d'additifs.

    B ☐ sont cultivés avec des produits chimiques.

    C ☐ ne présentent pas de différence de goût ou de couleur avec les non bio.

❹ Pourquoi distribue-t-on ces produits bio aux animaux ?

....

❺ Le logo bio européen garantit _____

    A ☐ qu'on peut conserver les produits biologiques plus longtemps.

    B ☐ que le goût du produit biologique est meilleur que celui des autres produits.

    C ☐ que le produit respecte les règles de l'agriculture biologique.

❻ Le logo bio européen _____

    A ☐ est obligatoire sur tous les produits bio alimentaires dans le monde entier.

    B ☐ n'est pas obligatoire sur tous les produits bio alimentaires dans l'Union européenne.

    C ☐ est obligatoire sur tous les produits bio alimentaires dans l'Union européenne.

7 Selon ce document, _____

   A ☐ la consommation de produits bio des Français augmente de plus en plus.

   B ☐ les Français ne s'intéressent pas aux produits bio.

   C ☐ la consommation de produits bio des Français diminue de plus en plus.

8 À quelle catégorie appartiennent 43% des produits bio consommés en France ?

....

Étape 2 문제 3의 내용을 해석해 보세요.
_____

문제를 읽으세요. 자료를 듣고 대답하세요.

1 Florent GUHL은 _____

   A ☐ 유기농업을 연구하는 연구실에서 일한다.

   B ☐ 유기농업 진흥회의 책임자이다.

   C ☐ 유기농업을 시행하는 농민이다.

2 유기농업의 정의는 무엇인가?

....

3 유기농 식품들은 _____

   A ☐ 많은 첨가물을 사용하는 제품들이다.

   B ☐ 화학 제품들을 사용하여 재배된다.

   C ☐ 비유기농 제품들과 맛과 색의 차이를 보이지 않는다.

4 왜 이 유기농 제품들을 동물들에게 주는가?

....

5 유럽 유기농 로고는 _____을 보증한다.

   A ☐ 더 오랫동안 유기농 제품들을 보관할 수 있다는 것

   B ☐ 유기농 제품의 맛이 다른 제품들보다 뛰어나다는 것

   C ☐ 제품이 유기농업의 규칙들을 준수한다는 것

6 유럽 유기농 로고는 _____

   A ☐ 전 세계에서 모든 유기농 식품에 의무적이다.

   B ☐ 유럽 연합에서 모든 유기농 식품에 의무가 아니다.

   C ☐ 유럽 연합에서 모든 유기농 식품에 의무적이다.

7 이 자료에 따르면, _____

   A ☐ 프랑스인들의 유기농 제품 소비는 점점 늘어난다.

   B ☐ 프랑스인들은 유기농 제품들에 관심이 없다.

   C ☐ 프랑스인들의 유기농 제품 소비는 점점 줄어든다.

8 프랑스에서 소비되는 유기농 제품들의 43%는 어느 범주에 속하는가?

....

Étape 3 문제 3의 필수 어휘를 익히고, 스크립트를 확인해 보세요.

___

필수어휘

biologique 유기농의, 무공해의 | **agriculteur** 농민, 농업의 | **additif (m)** 첨가물 | **appartenir** ~에 속하다 | **respectueux** 존중하는 | **biodiversité (f)** 생물 다양성 | **ingrédient (m)** 재료 | **génétiquement** 유전적으로 | **élevage (m)** 사육 | **fondé sur** ~에 토대를 둔, 근거로 한 | **en priorité** 우선적으로, 1차적으로 | **médecine douce (f)** 대체 의학, 자연 치료법 | **agréer** 승인하다, 인가하다 | **bondir** 튀어 오르다 | **milliard (m)** 10억 | **majoritairement** 대부분 | **grande surface (f)** 대형 판매장 | **auprès de** ~에게서, ~에 대하여 | **restauration (f)** 외식 산업 | **provenir** 나오다, ~의 산(産)이다

___

스크립트

A: Bonjour. Aujourd'hui, nous recevons Florent GUHL, directeur de l'Agence Bio.
G: Bonjour.

A: D'abord, qu'est-ce que le bio ?

G: L'agriculture biologique est un mode de production et de transformation respectueux de l'environnement, du bien-être animal et de la biodiversité, qui apporte des solutions face au changement climatique.

A: Alors, quelles sont les caractéristiques des aliments bio ?

G: Ils sont produits à partir d'ingrédients cultivés sans produits chimiques et sans OGM (organismes génétiquement modifiés). Il n'y a pas de changement de goût ou de couleur. L'utilisation d'additifs est très fortement limitée.

A: Ces produits bio sont distribués aux animaux ?

G: Oui. Le mode d'élevage biologique est fondé sur le respect du bien-être animal. Les animaux disposent obligatoirement d'un accès au plein air et d'espace. Ils sont nourris avec des aliments bio principalement issus de la ferme et sont soignés en priorité avec des médecines douces.

A: Est-ce que les produits bio sont bien contrôlés ?

G: Tout à fait. Aux contrôles effectués sur l'ensemble des produits agroalimentaires s'ajoutent des contrôles spécifiques au bio, réalisés par un organisme indépendant agréé par les pouvoirs publics. Le logo bio européen garantit que le produit respecte les règles de l'agriculture biologique.

A: Comment les reconnaître ?

G: Le logo bio européen est obligatoire sur tous les produits bio alimentaires pré-emballés dans l'Union européenne.

A: Et la vente ? Comment se porte le marché du bio ?

G: La consommation de produits bio des Français a bondi de 21,7% en 2016 à 7,1 milliards d'euros et représente aujourd'hui 3,5% du marché alimentaire. La vente de produits bio se fait encore majoritairement en grandes surfaces (45%) et magasins spécialisés bio (37%), mais également en direct des producteurs (13%) et auprès d'artisans commerçants (5%).

A: Cela représente une énorme somme d'argent, n'est-ce pas ?

G: Le marché du bio est en effet passé d'un peu moins d'un milliard d'euros en 1999, à 5,9 milliards en 2015 puis à 7,1 milliards en 2016. Sur ces 7,1 milliards d'euros, la consommation à domicile par les ménages représente 6,7 milliards, tandis que la restauration hors domicile (restaurants et cantines) ne représente encore que 411 millions d'euros de chiffre d'affaires.

A: De quelle origine proviennent ces produits bio ?

G: Sur tous les produits bio consommés par les Français, 71% sont produits en France, car quand les Français pensent bio, ils pensent local. Sur les 29% de produits importés, plus de la moitié viennent de pays membres de l'Union européenne, et 43% peuvent être considérés comme exotiques (banane, café, cacao), soit des produits peu ou pas cultivés en France.

20minutes 23/05/2017

Étape 4

문제 3의 해설을 확인해 보세요.

해석

A: 안녕하세요. 오늘은 Agence Bio(프랑스 유기농업 진흥회)의 회장이신 Florent GUHL 씨를 모셨습니다.

G: 안녕하세요.

A: 우선, '유기농'이란 무엇인가요?

G: 유기농업은 환경과 동물 복지, 그리고 생물 다양성을 존중하는 생산 및 가공 방식이며, 이는 기후 변화에 대한 해결책들을 제시합니다.

A: 그러면 유기농 식품들의 특징은 무엇입니까?

G: 화학 제품이나 유전자 변형 식품을 쓰지 않고 재배된 재료들로부터 나오는 제품들입니다. 맛이나 색의 변화가 없고, 첨가물의 사용이 엄격히 제한됩니다.

A: 이 유기농 제품들을 동물들에게 주나요?

G: 네, 무공해 사육 방식은 동물 복지 존중에 기초하고 있습니다. 동물들은 반드시 야외에 접근할 수 있어야 하고, 공간을 가져야 합니다. 그들은 주로 그 농장에서 나온 유기농 제품들을 먹고 자라며, 1차적으로 대체 의학으로 치료를 받습니다.

A: 유기농 제품들은 잘 검사되고 있습니까?

G: 완전히요. 농산물 가공 제품 전체를 대상으로 실시되는 검사에, 공권력으로부터 승인받은 독립적 기관에 의해 실시되는 유기농 특별 검사도 있습니다. 유럽 유기농 로고는 제품이 유기농업의 규칙들을 준수한다는 것을 보증합니다.

A: 그것들을 어떻게 알아볼 수 있나요?

G: 유럽 유기농 로고는 유럽 연합에서 포장 전의 모든 유기농 식품들에 의무적입니다.

A: 판매는요? 유기농 시장은 어떻게 되어 가고 있나요?

G: 프랑스인들의 유기농 제품 소비는 2016년 21.7% 증가해서 71억 유로에 달했습니다. 이는 오늘날 식품 시장의 3.5%에 해당합니다. 유기농 제품의 판매는 아직 대부분이 대형 판매장(45%)과 유기농 전문 상점(37%)에서 이루어지고 있으며, 생산자들과의 직거래(13%)나 소매 상인들(5%)에게서 이루어지기도 합니다.

A: 이건 엄청난 금액을 의미하지 않나요?

G: 유기농 시장은 사실 1999년에 10억 유로에 조금 못 미쳤는데, 2015년에는 59억 유로, 그리고 나서 2016년에는 71억 유로에 이르렀습니다. 이 71억 유로 중에서, 가정에서의 소비는 67억 유로를 차지하는 반면, 외식 산업(식당과 구내 식당)은 전체 매상고의 4억 1,100만 유로에 그칩니다.

A: 이 유기농 제품들의 원산지는 어디입니까?

G: 프랑스인들에 의해 소비되는 모든 유기농 제품들 중에서 71%는 프랑스에서 생산되는데요, 프랑스인들이 '유기농'을 생각할 때 그들은 국내산을 생각하기 때문입니다. 29%의 수입 제품들 중에서 반 이상이 유럽 연합 국가들에서 옵니다. 그리고 43%는 이국적인 것으로 여겨질 수 있는데요(바나나, 커피, 카카오), 즉, 프랑스에서 거의 혹은 전혀 재배되지 않는 제품들입니다.

DELF B2 · 듣기

문제 분석

프랑스 유기농업 진흥회 회장과의 인터뷰 내용이다. '유기농'이 인터뷰의 제재로, 유기농의 정의, 유기농 식품의 특징, 검사, 판매, 원산지를 중점적으로 파악해야 한다. 환경에 대한 관심이 그 어느 때보다 높은 만큼, 유기농과 관련한 내용은 미리 정리해 두는 것이 좋다.

해설

문항	풀이 요령
1	초대 손님의 직업과 관련한 문제로 지문에 'directeur de l'Agence Bio 프랑스 유기농업 진흥회 회장'이라는 말이 인터뷰 앞 부분에 나온다. 따라서 정답은 **B**.
2	유기농업의 정의를 묻는 문제이다. '**L'agriculture biologique est un mode de production et de transformation respectueux de l'environnement, du bien-être animal et de la biodiversité** 유기농업은 환경, 동물 복지 그리고 생물 다양성을 존중하는 생산 및 가공 방식'이라는 설명이 나온다. 따라서 이것을 정답으로 쓰면 된다.
3	유기농 식품의 특성이 무엇인지 묻는 문제로서 'Il n'y a pas de changement de goût ou de couleur 맛이나 색의 변화가 없다'라는 내용이 언급되고 있다. 따라서 정답은 **C**.
4	유기농 제품들을 동물들에게 사료로 주는 이유를 묻는 문제이다. '**Le mode d'élevage biologique est fondé sur le respect du bien-être animal** 무공해 사육 방식은 동물 복지 존중에 기초하고 있습니다'라고 하였으므로 이것이 정답.
5	유럽 유기농 로고의 기능이 무엇인지를 묻는 문제로서 'le logo bio européen garantit que le produit respecte les règles de l'agriculture biologique 유럽 유기농 로고는 제품이 유기농업의 규칙들을 준수한다는 것을 보증합니다'라는 내용이 있다. 따라서 정답은 **C**.
6	유럽 유기농 로고의 표기 방침에 대한 문제이다. 'le logo bio européen est obligatoire sur tous les produits bio alimentaires pré-emballés dans l'Union européenne 유럽 유기농 로고는 유럽 연합에서 포장 전의 모든 유기농 식품들에 의무적입니다'라는 내용이 있다. 따라서 정답은 **C**.
7	프랑스에서의 유기농 제품의 소비 현황에 대해 묻는 문제로서 'La consommation de produits bio des Français a bondi de 21,7% en 2016 à 7,1 milliards d'euros 프랑스인들의 유기농 제품 소비는 2016년 21.7% 증가해서 71억 유로에 달했습니다'라는 내용에 따라 정답은 **A**.
8	유기농 제품들 중 일부 제품에 대한 문제이다. '**43% peuvent être considérés comme exotiques (banane, café, cacao), soit des produits peu ou pas cultivés en France** 43%는 이국적으로 여겨질 수 있는데요(바나나, 커피, 카카오 등), 즉, 프랑스에서 거의 혹은 전혀 재배되지 않는 제품들입니다'라는 내용이 나온다. 따라서 이것이 정답.

문제 4

EXERCICE 2 (1) 실전 연습

Track 2(1)-04

Étape 1

공략에 따라 EXERCICE 2 연습 문제를 풀어 보세요.

Lisez les questions, écoutez le document puis répondez.

❶ Selon ce document, _____
- A ☐ le sport n'a rien à voir avec la santé.
- B ☐ les enfants ne s'intéressent pas au sport.
- C ☐ le nombre d'enfants qui commencent le sport augmente.

❷ Sur quoi les spécialistes sont-ils d'accord ?
- A ☐ L'activité sportive constitue un élément positif pour l'enfant.
- B ☐ L'activité physique est l'un des éléments que les enfants n'aiment pas.
- C ☐ Bouger son corps est une activité fatigante pour les enfants.

❸ Quels sont les avantages du sport au-delà du plan physique ? (deux réponses)

....

❹ Quel est le problème quant à la socialisation de l'enfant ?
- A ☐ Les enfants passent trop de temps à la maison.
- B ☐ Les enfants ne travaillent pas bien à l'école.
- C ☐ Les enfants ne veulent pas rester à la maison.

❺ Précisez les éléments qui créent des problèmes de sédentarité. (deux réponses)

....

❻ Quel est l'avantage de l'activité physique pour un enfant énervé ?

....

❼ Un enfant agressif qui pratique un sport _____

    A ☐ ne peut pas bien s'entendre avec ses amis.

    B ☐ va devenir de plus en plus violent.

    C ☐ peut apprendre à mieux se maîtriser.

❽ Selon ce document, pourquoi les enfants malades doivent-ils faire du sport ?

    A ☐ Parce que le sport leur permet de se détendre.

    B ☐ Parce que leurs parents n'ont pas le temps de s'occuper d'eux.

    C ☐ Parce que le sport améliore leur condition physique.

Étape 2

문제 4의 내용을 해석해 보세요.

문제를 읽으세요. 자료를 듣고 답하세요.

❶ 이 자료에 따르면, _____

    A ☐ 운동은 건강과 아무런 관계가 없다.

    B ☐ 아이들은 운동에 관심이 없다.

    C ☐ 운동을 시작하는 아이들의 수가 늘어나고 있다.

❷ 전문가들은 무엇에 대해 동의하는가?

    A ☐ 운동 활동이 아이들에게 긍정적인 요소를 구성한다는 것.

    B ☐ 육체적 활동이 아이들이 좋아하지 않는 요소들 중 하나라는 것.

    C ☐ 몸을 움직이는 것이 아이들에게 피곤한 활동이라는 것.

❸ 신체적인 면을 제외하고 운동의 장점들은 무엇인가? (두 가지 답변)

❹ 아이의 사회화에 대한 문제는 무엇인가?

　　A ☐ 아이들이 집에서 너무 많은 시간을 보낸다.

　　B ☐ 아이들이 학교에서 공부를 잘 하지 않는다.

　　C ☐ 아이들이 집에 있기를 원하지 않는다.

❺ 정주성의 문제를 야기하는 요인들을 구체적으로 쓰시오. (두 가지 답변)

．．．

❻ 신경질적인 아이에게 신체적 활동의 장점은 무엇인가?

．．．

❼ 운동을 하는 공격적인 아이는 ＿＿＿＿＿＿＿＿＿＿＿＿＿＿＿＿＿＿＿＿＿＿＿＿

　　A ☐ 친구들과 잘 지낼 수 없다.

　　B ☐ 점점 더 난폭해진다.

　　C ☐ 스스로를 더 잘 억누르는 법을 배울 수 있다.

❽ 이 자료에 따르면, 왜 아픈 아이들이 운동을 해야 하는가?

　　A ☐ 왜냐하면 운동이 그들에게 긴장을 풀게 해 주기 때문이다.

　　B ☐ 왜냐하면 그들의 부모들이 그들을 돌볼 시간이 없기 때문이다.

　　C ☐ 왜냐하면 운동은 그들의 신체적인 컨디션을 향상시키기 때문이다.

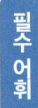

Étape 3 　**문제 4의 필수 어휘를 익히고, 스크립트를 확인해 보세요.**

필수 어휘　bouger 움직이다 | fatigant 피로하게 하는 | socialisation (f) 사회화 | sédentarité (f) 정주성, 집 안에만 틀어박혀 지내는 생활 | énervé 신경질적인 | s'entendre bien (avec) (~와) 잘 지내다 | se maîtriser 스스로를 억누르다 | psychologue 심리학자 | intellectuel 지적인 | console de jeu (f) 게임 콘솔 | s'extérioriser 자신의 감정을 드러내다 | adversaire 상대자, 적 | appartenance (f) 소속 | quête (f) 탐색, 찾음 | tendre à ~하는 경향이 있다 | effacer 사라지게 하다, 지우다 | valoriser 더 높은 가치를 부여하다

A : Bonjour. Aujourd'hui, nous recevons madame Sophie. Bonjour, vous êtes éducatrice sportive. Le sport est devenu un véritable phénomène de société chez l'enfant. Ils sont de plus en plus nombreux à le pratiquer et de plus en plus tôt. Qu'est-ce que vous en pensez ?

S : Tout le monde (médecins, éducateurs sportifs, psychologues...) semble d'accord sur le fait que l'activité physique et sportive constitue un facteur de développement pour l'enfant. Les bénéfices sont multiples, physiques d'abord, mais également psychologiques et intellectuels. Le sport joue également un rôle très important dans la socialisation de l'enfant.

A : Expliquez-nous cela plus précisément.

S : L'activité physique et sportive assure un développement harmonieux des muscles. Elle contribue également à lutter contre la sédentarité qui, dans nos sociétés modernes, touche de plus en plus les enfants, que ce soit devant la télévision, l'ordinateur ou la console de jeux.

A : Est-ce que faire du sport est également bénéfique sur le plan psychologique ?

S : Oui. Par exemple, chez un enfant timide, l'activité physique peut l'aider à davantage s'extérioriser et, à l'inverse, chez un enfant énervé ou stressé à se calmer et à se détendre. De même, un enfant agressif qui pratique un sport va apprendre à mieux se maîtriser.

A : L'activité physique/sportive a donc aussi un rôle de socialisation ?

S : Oui. Quel que soit l'âge de l'enfant, le sport encourage l'esprit d'équipe, lui apprend à respecter des règles et aussi ses adversaires. Le grand enfant ou l'adolescent pourra développer son sentiment d'appartenance à un groupe et cela peut l'aider dans la quête de son identité.

A : L'activité physique est-elle recommandée pour des enfants régulièrement malades ?

S : Il est important de rappeler que les enfants qui sont souvent malades peuvent faire du sport car celui-ci contribue alors à améliorer leur condition physique. De plus, et c'est sans doute le plus important, le sport tend à effacer les différences liées à la maladie et à valoriser l'enfant. Bien évidemment, l'activité sportive doit être adaptée à la maladie.

e-santé 03/09/2015

문제 4의 해설을 확인해 보세요.

해석

A: 안녕하세요. 오늘은 Sophie 씨를 모셨습니다. 안녕하세요, 당신은 스포츠 교육자시죠. 스포츠는 아이들에게 있어서 진정한 사회적 현상이 되었습니다. 운동을 하는 아이들의 수가 점점 더 늘어나고 있고, 연령도 점점 더 어려지고 있습니다. 이에 대해 어떻게 생각하세요?

S: 모든 사람들(의사들, 스포츠 교육자들, 심리학자들 등)이 육체적이고 운동적인 활동이 아이들에게 있어서 발달의 요소를 구성한다는 사실에 동의하는 것처럼 보입니다. 장점은 다양합니다. 우선 육체적인 면뿐만 아니라 심리적이고 지적인 면에서 그렇습니다. 운동은 아이의 사회화에도 매우 중요한 역할을 합니다.

A: 좀 더 구체적으로 설명해 주세요.

S: 육체적이고 운동적인 활동은 근육의 조화로운 발달을 보장합니다. 그것은 또한 우리 현대 사회에서 점점 더 많은 아이들에게 영향을 미치고 있는 정주성, 텔레비전이든 컴퓨터든 또는 게임기든 그 앞에만 있는 것을 막는 데 기여합니다.

A: 운동을 하는 것이 심리적인 면에서도 이롭습니까?

S: 네, 예를 들어서, 내성적인 아이에게 육체적인 활동은 아이로 하여금 감정을 더 밖으로 표출하도록 도움을 줄 수 있습니다. 그리고 반대로, 신경질적이거나 긴장한 아이에게는 감정을 가라앉히고 긴장을 완화할 수 있도록 도와줍니다. 마찬가지로, 운동을 하는 공격적인 아이는 스스로를 더 잘 억누르는 법을 배우게 됩니다.

A: 육체적/스포츠 활동이 사회화의 역할도 한다고요?

S: 네, 아이의 나이와 상관없이, 운동은 단체 정신을 갖게 하고, 규칙과 상대방을 존중하는 법을 배우게 합니다. 아이나 청소년은 한 집단에 대한 소속감을 키울 수 있고, 이는 아이가 자신의 정체성을 찾는 데 도움을 줍니다.

A: 육체적 활동은 자주 아픈 아이들에게도 추천할 만한가요?

S: 자주 아픈 아이들이 운동을 할 수 있도록 상기시키는 것이 중요합니다. 왜냐하면 그것이 그들의 신체적인 컨디션을 향상시키는 데 도움이 되기 때문입니다. 게다가 아마도 가장 중요한 것은, 운동이 병과 관련된 차이를 없애 주고 아이에게 더 높은 가치를 부여하는 경향이 있다는 점입니다. 분명 스포츠 활동은 병(의 완화)에 적합합니다.

문제 분석

스포츠 교육자와의 인터뷰이다. 운동을 하는 아이들의 수가 점점 늘어나고 있을 뿐만 아니라, 운동을 시작하는 시기 또한 어려지고 있는 요즘의 현상에 대한 전문가와의 인터뷰라 하겠다. 이 인터뷰에서는 운동이 육체적인 측면, 심리적인 측면, 지적인 측면, 사회화적인 측면에서 구체적으로 어떠한 역할을 하는지 파악해야 한다. 이처럼 하나의 개념이나 현상을 여러 가지 요소로 나누어 설명하는 담화를 들을 때에는, 우선 개념 혹은 현상의 구조(시스템)를 파악한 뒤 세부적인 요소들에 초점을 맞추어 분석적으로 듣는 전략을 활용하는 것이 좋다.

문항	풀이 요령
1	운동과 관련한 아이들의 경향 또는 현상을 묻는 문제이다. 앞부분에서 'ils sont de plus en plus nombreux à le pratiquer 운동을 하는 아이들의 수가 점점 더 늘어나고 있고'라고 하였으므로 정답은 **C**.
2	운동이 아이들에게 미치는 영향에 대한 전문가들의 의견을 묻는 문제이다. 지문에 'l'activité physique et sportive constitue un facteur de développement pour l'enfant 육체적이고 운동적인 활동이 아이들에게 있어서 발달의 요소를 구성한다'라는 내용이 있다. 따라서 정답은 **A**.
3	운동의 장점을 묻는 문제인데 이때 주의할 것은 신체와 관련된 내용을 제외해야 한다는 것이다. '**psychologiques et intellectuels. Le sport joue également un rôle très important dans la socialisation de l'enfant** 심리적이고 지적인 면에서 그렇습니다. 운동은 아이의 사회화에도 매우 중요한 역할을 합니다'라는 내용이 있다. 따라서 이 중에 두 가지를 답으로 적으면 된다.
4	아이들의 사회화와 관련한 문제이다. 스포츠가 'que ce soit devant la télévision, l'ordinateur ou la console de jeux 텔레비전이든 컴퓨터든, 게임기든 그 앞에만' 있는 것을 막는 데 기여한다는 내용이 있다. 이것으로 보아 아이들이 집에서 너무 많은 시간을 보낸다는 것을 추측할 수 있으므로 정답은 **A**.
5	아이들을 움직이지 않게 하는 요인들을 구체적으로 쓰는 문제이다. **la télévision, l'ordinateur ou la console de jeux** 중에 두 가지를 적으면 된다.
6	신경질적인 아이에게 스포츠의 장점을 묻는 문제이다. 'chez un enfant énervé ou stressé **à se calmer et à se détendre** 신경질적이거나 긴장한 아이에게는 감정을 가라앉히고 긴장을 완화할 수 있도록 도와줍니다'라는 내용이 나온다. 따라서 이것이 정답.
7	공격적인 성격의 아이에게 스포츠의 장점을 묻는 문제로서 'apprendre à mieux se maîtriser 스스로를 더 잘 억누르는 법을 배우게 합니다'라는 내용이 있으므로 정답은 **C**.
8	아픈 아이들이 운동을 해야 하는 이유를 묻는 문제이다. 'améliorer leur condition physique 그들의 신체적인 컨디션을 향상시키는 데 도움이 되기 때문입니다'라는 내용에 따라 정답은 **C**.

EXERCICE 2 (1) 실전 연습

🎧 Track 2(1)-05

공략에 따라 EXERCICE 2 연습 문제를 풀어 보세요.

Lisez les questions, écoutez le document puis répondez.

❶ Qu'est-ce que Vélib ?

A ☐ C'est un système de location en libre-service de vêtements.

B ☐ C'est un système de location en libre-service de véhicules automobiles.

C ☐ C'est un système de location en libre-service de bicyclettes.

❷ Comment peut-on savoir si le vélo a bien été restitué ?

....

❸ Comment faire pour utiliser ce service ?

A ☐ Il est indispensable de louer un vélo sur place.

B ☐ On doit obligatoirement acheter un vélo.

C ☐ Il faut souscrire un abonnement annuel ou acheter un ticket de courte durée.

❹ En ce qui concerne ce système, _____

A ☐ on n'a pas besoin de payer d'argent si on a un abonnement.

B ☐ on paie une certaine somme par heure.

C ☐ les 30 premières minutes de chaque trajet sont gratuites.

❺ Quels sont les avantages des abonnements annuels ? (deux réponses)

....

❻ Quel est l'avantage de Vélib' Passion par rapport à l'autre abonnement annuel ?

....

❼ Pour les communes qui veulent mettre en place ce système, _____

  A ☐ on propose une baisse d'impôts.

  B ☐ on va créer gratuitement des circuits de circulation.

  C ☐ on va les aider financièrement pour créer les stations.

❽ En ce qui concerne la lutte anti-pollution, _____

  A ☐ on va financer les gens qui achètent un véhicule neuf en abandonnant leur voiture trop vieille.

  B ☐ on va financer les gens qui veulent garder des véhicules très vieux.

  C ☐ on va faire payer une amende aux gens qui gardent des véhicules très vieux.

Étape 2 | 문제 5의 내용을 해석해 보세요.

문제를 읽으세요. 자료를 듣고 대답하세요.

❶ Vélib은 무엇인가?

  A ☐ 이것은 의류 셀프 임대 시스템이다.

  B ☐ 이것은 자동차 셀프 임대 시스템이다.

  C ☐ 이것은 자전거 셀프 임대 시스템이다.

❷ 자전거가 잘 반환되었는지 어떻게 알 수 있는가?

....

❸ 이 서비스를 이용하기 위해서는 어떻게 해야 하는가?

  A ☐ 현장에서 자전거를 임대하는 것이 필수적이다.

  B ☐ 반드시 자전거를 사야 한다.

  C ☐ 1년 정기권에 서명하거나 단기 티켓을 사야 한다.

❹ 이 시스템과 관련해서, _____

　　A ☐ 우리는 정기권이 있다면 돈을 지불할 필요가 없다.

　　B ☐ 우리는 시간당 일정 금액을 지불한다.

　　C ☐ 매 이용의 처음 30분은 무료다.

❺ 일 년 정기권의 장점들은 무엇인가? (두 가지 답변)

....

❻ 다른 1년 정기권과 비교했을 때 Vélib' Passion의 장점은 무엇인가?

....

❼ 이 시스템을 운영하기를 원하는 시(市)들을 위해, _____

　　A ☐ 세금 감면을 제안한다.

　　B ☐ 순환로를 무료로 만들어 줄 것이다.

　　C ☐ 이들이 정류장들을 만들도록 재정적으로 도울 것이다.

❽ 오염 방지와 관련해서, _____

　　A ☐ 너무 낡은 자동차를 버리고 새로운 자동차를 사는 사람들을 재정적으로 지원할 것이다.

　　B ☐ 아주 낡은 차량들을 간직하기를 원하는 사람들을 재정적으로 지원할 것이다.

　　C ☐ 아주 낡은 차량들을 간직하는 사람들에게 벌금을 매길 것이다.

Étape 3

문제 5의 필수 어휘를 익히고, 스크립트를 확인해 보세요.

필수어휘

location (f) 임대 | libre-service (m) 셀프 서비스 | restituer 반환하다 | sur place 현장에서 | souscrire 서명하다 | abonnement (m) 정기권 | impôt (m) 세금 | financer 출자하다, (자금을) 조달하다 | amende (f) 벌금 | déposer 놓다, 두다 | vingt-quatre heures sur vingt-quatre 24시간, 연중무휴 | accrocher 걸다 | attache (f) 잡아매기, 묶기 | voyant lumineux (m) 표시등, 경고등 | disponible 이용할 수 있는 | effectuer 실행하다, 행하다 | facturer 청구하다 | illimité 무한정의 | piste cyclable (f) 자전거 도로 | dans le cadre de ~의 일환으로 | dater de (~부터) 시작되다, (~로) 거슬러 올라가다 | détruire 파괴하다

A: Bonjour. Aujourd'hui, nous recevons madame Hélène, présidente de la Métropole du Grand Paris. Qu'est-ce que c'est, Vélib' ?

H: Prendre un vélo dans une station, le déposer dans une autre, Vélib' est un système de location en libre-service simple à utiliser, disponible vingt-quatre heures sur vingt-quatre et sept jours sur sept.

A: Et comment restituer son vélo ?

H: Une fois votre trajet terminé, accrochez le vélo sur un point d'attache libre dans n'importe quelle station Vélib'. Attendez quelques instants, un signal sonore et un voyant lumineux vous confirmeront que le vélo a bien été restitué. Environ mille huit cents stations sont disponibles vingt-quatre heures sur vingt-quatre et sept jours sur sept dans Paris.

A: Comment faire pour utiliser ce service ?

H: Pour accéder au service, vous devez souscrire un abonnement annuel ou acheter un ticket de courte durée. Plusieurs offres vous sont proposées pour répondre à votre besoin : pour une journée, une semaine ou une année entière. Les trente premières minutes de chaque trajet sont offertes (quarante-cinq minutes pour les abonnés Vélib' Passion). Si vous devez effectuer un trajet supérieur au temps de gratuité, le coût de la location supplémentaire vous sera facturé selon les tarifs d'utilisation du service.

A: Pouvez-vous nous en parler plus précisément ?

H: D'abord, il y a des abonnements annuels. Pour seulement 29 € par an, cet abonnement vous donne accès pendant une année au service Vélib' avec un nombre de trajets illimités et les trente premières minutes offertes pour chacun de vos voyages. Sinon, vous pouvez utiliser Vélib' Passion. Pour 39 € par an, cet abonnement vous donne accès pendant une année au service Vélib' avec un nombre de trajets illimités et les quarante-cinq premières minutes offertes pour chacun de vos voyages.

A: En ce qui concerne l'environnement et le développement économique, où en est la Métropole du Grand Paris ?

H: Nous sommes là pour aider les maires. Premièrement, je veux mettre en place Vélib' dans les cent trente-et-une villes de la métropole. Pour les communes qui le veulent, nous apporterons les aides financières pour créer les stations. Nous allons aussi financer davantage de pistes cyclables pour créer des circuits de circulation douce dans Paris. Dans le cadre de la lutte anti-pollution, nous avons aussi souhaité mener des actions. Soit proposer à quelqu'un qui a un véhicule datant d'avant 1996 de le détruire et de recevoir cinq mille euros pour acheter un véhicule neuf.

20minutes 09/01/2017

Étape 4

문제 5의 해설을 확인해 보세요.

해석

A: 안녕하세요. 오늘은 Métropole du Grand Paris의 장이신 Hélène 씨를 모셨습니다. Vélib이 무엇인가요?

H: 한 정류장에서 자전거를 타고 다른 정류장에 그것을 두는 것입니다. Vélib은 간단히 이용할 수 있는 셀프 임대 시스템이며, 연중 무휴 이용 가능합니다.

A: 자전거는 어떻게 반환하나요?

H: 일단 당신의 여정이 끝나면, 아무 Vélib 정류장의 주차 장소에 자전거를 달아 두세요. 잠깐 기다리면 신호음과 표시등이 당신에게 그 자전거가 잘 반환되었다는 것을 확인시켜 줄 것입니다. 파리에서는 약 1,800여 개의 정류장을 연중 무휴 이용 가능합니다.

A: 이 서비스를 이용하려면 어떻게 해야 하나요?

H: 서비스에 접근하려면 당신은 1년 정기권에 서명하거나 단기 티켓을 구매해야 합니다. 당신의 요구에 부응하기 위해 몇몇 제안들이 주어집니다: 하루, 1주일, 혹은 1년 권이 있습니다. 각 이용의 처음 30분은 제공됩니다. (Vélib Passion의 가입자는 45분) 만약 당신이 무료 이용 시간보다 더 긴 여정을 할 예정이라면, 서비스 이용 요금에 따라 추가 임대 비용이 당신에게 부과될 것입니다.

A: 그것에 대해 더 구체적으로 말씀해 주실 수 있나요?

H: 우선 1년 정기권이 있습니다. 1년에 단 29유로로, 당신은 이 정기권으로 1년 간 Vélib의 서비스를 무제한으로 이용할 수 있으며, 매 이용 시 처음 30분이 제공됩니다. 아니면, 당신은 Vélib Passion을 이용할 수도 있습니다. 1년에 39유로를 내면, 당신은 이 정기권으로 1년 간 Vélib의 서비스를 무제한으로 이용할 수 있으며, 매 이용 시 처음 45분이 제공됩니다.

A: 환경과 경제적 발전에 관련해서 Métropole du Grand Paris의 현 주소는 어디인가요?

H: 우리는 시청들을 돕고 있습니다. 첫 번째로, 저는 수도권의 131개 도시들에 Vélib을 설치하고 싶습니다. 우리는 이를 원하는 시(市)들에 정류장을 만들기 위한 재정적 도움을 줄 것입니다. 우리는 또한 파리 내에서 원활한 도로 순환을 만들기 위해 더 많은 자전거 전용 도로에 출자할 것입니다. 오염 방지책의 일환으로, 우리는 또한 활동을 주도하고 싶습니다. 즉 1996년 이전에 생산된 자동차를 소유한 사람들에게 그것을 폐차하고 새 차를 구입하기 위해 5,000 유로를 받을 것을 제안하는 바입니다.

문제 분석

Vélib을 주제로 한 인터뷰이다. 우리나라 지자체에서도 서울의 '따릉이'를 비롯한 공공 자전거를 운영하고 있어, 쉽게 접근할 수 있는 주제이다. 이 인터뷰에서는 Vélib이 구체적으로 무엇인지, Vélib을 이용하려면 어떻게 해야 하며 요금 제도는 어떠한지를 파악해야 한다. 마지막으로 시청을 돕기 위한 인터뷰이의 계획이 무엇인지도 놓쳐서는 안 된다.

문항	풀이 요령
1	Vélib이 무엇인지 묻는 문제이다. 지문에서 'Prendre un **vélo** dans une station 한 정류장에서 자전거를 타는 것'이라고 했고, 'Vélib' est **un système de location en libre-service** simple à utiliser Vélib은 간단히 이용할 수 있는 셀프 임대 시스템'이라고 했으므로 정답은 **C**.
2	자전거가 반환되었는지 알 수 있는 방법에 대한 문제이다. 잠깐 기다리면 '**un signal sonore et un voyant lumineux vous confirmeront** que le vélo a bien été restitué 신호음과 표시등이 당신에게 그 자전거가 잘 반환되었다는 것을 확인시켜 줄 것입니다'라는 내용이 있다. 따라서 이것이 정답. 단, vous를 nous로 바꿔야 함에 유의하자.
3	Vélib 이용 방법에 대한 문제로서 'vous devez souscrire un abonnement annuel ou acheter un ticket de courte durée 1년 정기권에 서명하거나 단기 티켓을 구매해야 한다'라는 내용이 있다. 따라서 정답은 **C**.
4	시스템 이용에 대한 문제이다. 지문에 'les trente premières minutes de chaque trajet sont offertes 각 이용의 처음 30분은 제공됩니다'라는 내용이 있다. 따라서 정답은 **C**.
5	1년 정기권의 장점을 묻는 문제이다. 지문에 'pendant une année au service vélib avec **un nombre de trajets illimités et les trente premières minutes offertes pour chacun de vos voyages** 1년 간 Vélib의 서비스를 무제한으로 이용할 수 있으며, 매 이용 시 처음 30분이 제공됩니다'라는 설명이 있다. 따라서 이것이 정답. vos를 nos로 바꿔야 함에 유의하자.
6	Vélib' Passion의 장점을 묻는 문제로서 '**les quarante-cinq premières minutes offertes pour chacun de vos voyages** 매 이용 시 처음 45분이 제공됩니다'라는 설명이 있다. 따라서 이것이 정답. vos를 nos로 바꿔야 함에 유의하자.
7	Vélib을 운영하려는 시(市)들을 위해 어떠한 지원을 할 예정인지 묻는 문제이다. 'Pour les communes qui le veulent, nous apporterons les aides financières pour créer les stations 우리는 이를 원하는 시(市)들에 정류장을 만들기 위한 재정적 도움을 줄 것입니다'라는 내용이 언급되고 있다. 따라서 정답은 **C**.
8	오염 방지를 위한 정책에 대해 묻고 있는데 'Soit proposer à quelqu'un qui a un véhicule datant d'avant 1996 de le détruire et de recevoir cinq mille euros pour acheter un véhicule neuf 1996년 이전에 생산된 자동차를 소유한 사람들에게 그것을 폐차하고 새 차를 구입하기 위해 5,000 유로를 받을 것을 제안하는 바입니다'라는 내용이 있다. 따라서 정답은 **A**.

EXERCICE 2 (1) 실전 연습

🎧 Track 2(1)-06

Étape 1 공략에 따라 EXERCICE 2 연습 문제를 풀어 보세요.

Lisez les questions, écoutez le document puis répondez.

① Une école bilingue est une école _____
   A ☐ qui n'accepte que les enfants français.
   B ☐ pour les enfants étrangers en France.
   C ☐ dans laquelle l'enseignement est dispensé en deux langues.

② Qu'est-ce qu'on apprend dans ces écoles ? (deux réponses)
   ....

③ Quand on a 3 ou 4 ans, _____
   A ☐ il faut apprendre seulement sa langue maternelle.
   B ☐ la capacité à parler d'autres langues est minimum.
   C ☐ la compétence d'apprentissage des langues est maximum.

④ Juliette _____
   A ☐ se sent plus à l'aise quand elle parle français.
   B ☐ ne sait pas parler anglais.
   C ☐ est capable de se présenter en anglais.

⑤ Quels sont les deux critères pour choisir une école bilingue ?
   ....

⑥ Que recommande-t-on de vérifier par rapport aux enseignants ?
   A ☐ S'ils sont capables de contrôler les enfants.
   B ☐ S'ils ont beaucoup d'expérience dans l'enseignement.
   C ☐ S'ils sont bien des natifs et de quel pays ils proviennent.

❼ Quels enfants les collèges internationaux favorisent-ils ?

....

❽ En ce qui concerne les frais, _____

    A ☐ toutes les écoles publiques sont gratuites.

    B ☐ certaines sections des écoles publiques sont payantes.

    C ☐ les tarifs des écoles privées sont les mêmes que ceux des écoles publiques.

Étape 2

문제 6의 내용을 해석해 보세요.

문제를 읽으세요. 자료를 듣고 답하세요.

❶ 이중 언어 학교는 _____ 학교이다.

    A ☐ 프랑스 아이들만 수용하는

    B ☐ 프랑스에 있는 외국 어린이를 위한

    C ☐ 교육이 두 언어로 진행되는

❷ 이 학교에서 배우는 것은 무엇인가? (두 가지 답변)

....

❸ 3세 또는 4세일 때, _____

    A ☐ 모국어만을 배워야 한다.

    B ☐ 다른 언어들을 말할 수 있는 능력이 최소이다.

    C ☐ 언어 습득 능력이 최대이다.

❹ Juliette는 _____

    A ☐ 프랑스어로 말할 때 더 편안함을 느낀다.

    B ☐ 영어를 말할 줄 모른다.

    C ☐ 영어로 자기소개를 할 수 있다.

❺ 이중 언어 학교를 선택하기 위한 두 가지 기준들은 무엇인가?

❻ 교사들과 관련해서 무엇을 확인할 것을 권하는가?
   A ☐ 그들이 아이들을 통제할 수 있는지
   B ☐ 그들이 많은 교육 경험이 있는지
   C ☐ 그들이 원어민인지 그리고 어느 나라에서 왔는지

❼ 국제 중학교는 어떤 아이들에게 특혜를 주는가?

❽ 비용과 관련해서는, _____
   A ☐ 모든 공립 학교가 무료이다.
   B ☐ 공립 학교들의 몇몇 과들은 유료이다.
   C ☐ 사립 학교들의 비용이 공립 학교와 같다.

Étape 3
문제 6의 필수 어휘를 익히고, 스크립트를 확인해 보세요.

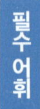

bilingue 2개 국어를 하는 | dispenser 주다 | apprentissage (m) 습득 | se sentir à l'aise 편안함을 느끼다 | natif 원어민 | payant 유료의 | s'imprégner (사상, 감정 따위에) 젖어들다, 영향을 받다 | mimétisme (m) 모방 | binational 이중 국적의 | préciser 명확하게 하다 | scolarité (f) 취학

A: Bonjour. Aujourd'hui, nous recevons monsieur Claude HAGÈGE, linguiste, professeur au Collège de France.

H: Bonjour.

A: Récemment, on parle beaucoup des écoles bilingues. Qu'est-ce qu'une école bilingue ?

H: Une école bilingue, comme son nom l'indique, est une école dans laquelle l'enseignement est dispensé en deux langues. Pourtant, il ne s'agit pas seulement d'apprendre la langue mais surtout de la parler, de l'entendre, en s'imprégnant d'une autre culture.

A: À partir de quel âge commence l'enseignement bilingue ?

H: C'est entre trois et quatre ans que la capacité d'apprentissage des langues est maximum. C'est là que les capacités de mimétisme sont maximales. Par exemple, après des cours en classe bilingue, Juliette, six ans, de langue maternelle française, sait se présenter en anglais et utilise régulièrement un mot en anglais dans une phrase, parce qu'il lui vient plus naturellement qu'en français.

A: Comment choisir une école bilingue ?

H: Comme on choisit une autre école, en prenant en compte les critères habituels de proximité du domicile et du niveau général. Concernant l'enseignement des langues, on peut comparer le nombre d'heures de cours dispensés en langue étrangère (cinq à dix heures par semaine selon les établissements). Il peut être également intéressant de vérifier si les enseignants sont bien des natifs et de quel pays ils proviennent.

A: Doit-on déjà parler une deuxième langue pour faire une école bilingue ?

H: Au collège ou au lycée oui : un bon, voire un très bon niveau est demandé. D'ailleurs les collèges internationaux favorisent les enfants binationaux ou de familles multi-culturelles. Le site du collège international de Sèvres précise bien qu'en anglais, le programme est prévu pour accueillir des enfants qui parlent couramment anglais. Les enfants doivent pouvoir lire facilement un livre comme Harry Potter.

A: Combien ça coûte ?

H: Si la scolarité dans les écoles publiques est gratuite, certaines sections y sont malgré tout payantes, entre 1 000 et 2 000 euros par an selon la section. Les écoles privées, elles, facturent entre 3 000 et 6 000 euros par an.

L'express 28/07/2015

Étape 4

문제 6의 해설을 확인해 보세요.

A: 안녕하세요, 오늘은 언어학자이자 콜레주 드 프랑스의 교수이신 Claude HAGÈGE 씨를 모셨습니다.

H: 안녕하세요.

A: 최근 이중 언어 학교에 대해 말이 많은데요, 이중 언어 학교라는 것이 무엇인가요?

H: 그것의 이름이 나타내는 것처럼, 이중 언어 학교란 2가지 언어로 교육을 하는 학교입니다. 그러나 이는 그저 언어를 배우는 것뿐만 아니라 무엇보다도 다른 문화에 젖어들면서 그 언어를 말하고, 듣는 것입니다.

A: 몇 살부터 이중 언어 교육이 시작됩니까?

H: 언어 습득 능력이 가장 최고치일 때는 3살에서 4살 사이입니다. 모방 능력이 최대일 때가 바로 이때거든요. 예를 들어 이중 언어 수업 이후에, 프랑스어가 모국어인 6살 Juliette는 영어로 자기소개를 할 줄 알고 문장에서 영단어를 정확하게 사용하는데, 왜냐하면 그 아이에게 영어가 프랑스어보다 더 자연스러워졌기 때문입니다.

A: 이중 언어 학교를 어떻게 선택하나요?

H: 우리가 집에서의 인접성이나 전반적인 수준 등 통상적인 기준을 고려하여 다른 학교를 선택하는 것과 같습니다. 언어 교육과 관련해서는, 우리는 외국어로 진행되는 수업의 시수(학교에 따라 주당 5~10시간)를 비교할 수 있습니다. 그리고 교사들이 원어민인지와 그들이 어느 나라에서 왔는지를 확인하는 것도 이익이 될 수 있습니다.

A: 이중 언어 학교에 가기 위해서는 제2외국어를 이미 말할 수 있어야 하나요?

H: 중학교나 고등학교는 그렇습니다: 심지어 아주 높은 수준이 요구됩니다. 게다가 국제 중학교들은 이중 국적이나 다문화 가정의 아이들에게 특혜를 줍니다. Sèvres 국제 중학교 사이트는 영어로 명시되어 있고, 영어를 유창하게 말하는 아이들을 유치하기 위한 프로그램이 마련되어 있습니다. 아이들은 해리 포터 같은 책을 쉽게 읽을 수 있어야 합니다.

A: 비용은 얼마나 됩니까?

H: 공립 학교들은 무료지만, 그 중 몇몇 과들은 과에 따라 1년에 1,000 유로에서 2,000 유로를 지불해야 합니다. 사립 학교들의 비용은 1년에 3,000 유로에서 6,000 유로 사이입니다.

문제 분석

이중 언어 학교에 대한 인터뷰이다. 이중 언어 학교란 어떤 학교를 말하는 것인지, 몇 살부터 이중 언어 교육이 시작되는지, 이중 언어 학교를 어떻게 선택하는지, 이중 언어 학교에 가기 위해 제2외국어 실력은 필수적인지, 학비는 어떤지를 파악해야 한다.

해설

문항	풀이 요령
1	이중 언어 학교란 무엇인지 묻는 문제이다. 인터뷰 앞부분에 'une école dans laquelle l'enseignement est dispensé en deux langues 2가지 언어로 교육을 하는 학교'라는 말이 언급되고 있다. 따라서 정답은 **C**.
2	이중 언어 학교에서 배우는 것이 무엇인지 묻는 문제이다. '**il ne s'agit pas seulement d'apprendre la langue mais surtout de la parler, de l'entendre, en s'imprégnant d'une autre culture** 이는 그저 언어를 배우는 것뿐만 아니라 무엇보다도 다른 문화에 젖어들면서 그 언어를 말하고, 듣는 것입니다'라고 하였으므로, 여기서 두 가지를 쓰면 된다.
3	언어 학습 능력과 나이의 관계를 묻는 문제이다 'C'est entre trois et quatre ans que la capacité d'apprentissage des langues est maximum. C'est là que les capacités de mimétisme sont maximales 언어 습득 능력이 가장 최고치일 때는 3살에서 4살 사이입니다. 모방 능력이 최대일 때가 바로 이때거든요'라는 말이 있다. 따라서 정답은 **C**.

4	Juliette의 언어 능력을 묻는 문제이다. 'Juliette sait se présenter en anglais et utilise régulièrement un mot en anglais dans une phrase Juliette는 영어로 자기소개를 할 줄 알고 문장에서 영단어를 정확하게 사용한다'라는 내용이 있다. 따라서 정답은 **C**.
5	이중 언어 학교를 선택하기 위한 기준을 묻는 문제이다. 'en prenant en compte **les critères habituels de proximité du domicile et du niveau général** 집에서의 인접성이나 전반적인 수준 등 통상적인 기준을 고려하여'라는 내용이 있다. 따라서 이것이 정답.
6	부모들이 학교를 선택할 때 이중 언어 학교 교사의 자질 중 어떤 자질을 확인하는 것이 좋은지 묻는 문제이다. 지문에 'Il peut être également intéressant de vérifier si les enseignants sont bien des natifs et de quel pays ils proviennent 교사들이 원어민인지와 그들이 어느 나라에서 왔는지를 확인하는 것도 이익이 될 수 있습니다'라고 하였으므로 정답은 **C**.
7	국제 중학교가 특혜를 주는 아이들의 조건을 묻는 문제이다. 'favorisent **les enfants binationaux ou de familles multiculturelles** 이중 국적이나 다문화 가정의 아이들에게 특혜를 줍니다'라는 내용이 있기 때문에 이것이 정답.
8	학비와 관련한 문제로서 'la scolarité dans les écoles publiques est gratuite, certaines sections y sont malgré tout payantes 공립 학교들은 무료지만, 그 중 몇몇 과들은 과에 따라 지불해야 합니다'라는 문장에 따라서 정답은 **B**.

EXERCICE 2 (1) 실전 연습

🎧 Track 2(1)-07

공략에 따라 EXERCICE 2 연습 문제를 풀어 보세요.

Lisez les questions, écoutez le document puis répondez.

❶ Dans le système du télétravail, _____

    A ☐ le salarié travaille à la maison.
    B ☐ le salarié travaille au bureau en regardant la télé.
    C ☐ l'employeur n'a pas besoin de donner de salaire à ses employés.

❷ Donnez des exemples de technologies de l'information et de la communication.

....

❸ Qu'est-ce qui doit apparaître dans le contrat de travail ?

....

❹ Pourquoi un travailleur à domicile effectuant des travaux de couture ne peut pas être considéré comme un télétravailleur ?

....

❺ Les télétravailleurs _____

    A ☐ ne sont pas considérés comme employés de l'entreprise.
    B ☐ reçoivent un salaire moins important que les autres salariés de l'entreprise.
    C ☐ bénéficient des mêmes droits que les autres salariés de l'entreprise.

❻ Quels sont les droits des salariés ? (deux réponses)

....

7 Qui décide du salaire des télétravailleurs ?

　　A ☐ C'est le télétravailleur qui décide.

　　B ☐ C'est l'employeur qui décide.

　　C ☐ Il est fixé librement entre le salarié et l'employeur.

8 Tous les télétravailleurs _____

　　A ☐ sont obligés de faire du travail supplémentaire.

　　B ☐ doivent venir régulièrement au bureau.

　　C ☐ doivent recevoir un salaire supérieur au Smic.

Étape 2

문제 7의 내용을 해석해 보세요.

_____

문제를 읽으세요. 자료를 듣고 대답하세요.

1 재택근무 제도에서, _____

　　A ☐ 직원은 집에서 근무한다.

　　B ☐ 직원은 텔레비전을 보면서 사무실에서 일한다.

　　C ☐ 고용주는 직원들에게 월급을 줄 필요가 없다.

2 정보통신 기술의 예들을 쓰시오.

....

3 근로 계약서에는 무엇이 드러나야 하는가?

....

4 왜 삯바느질을 하며 집에서 일하는 사람은 재택 근무자로 여겨질 수 없는가?

....

❺ 재택 근무자들은 _____
   A ☐ 기업의 직원으로 여겨지지 않는다.
   B ☐ 기업의 다른 직원들보다 월급을 적게 받는다.
   C ☐ 기업의 다른 직원들과 같은 권리를 갖는다.

❻ 직원들의 권리는 무엇인가? (두 가지 답변)

   ....

❼ 누가 재택 근무자들의 월급을 결정하는가?
   A ☐ 결정하는 것은 재택 근무자이다.
   B ☐ 결정하는 것은 고용주이다.
   C ☐ 근로자와 고용주 간에 자유롭게 결정된다.

❽ 모든 재택 근무자들은 _____
   A ☐ 추가 근무를 해야 한다.
   B ☐ 사무실에 규칙적으로 와야 한다.
   C ☐ 최저 임금보다 많은 월급을 받아야 한다.

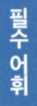

Étape 3 문제 7의 필수 어휘를 익히고, 스크립트를 확인해 보세요.

필수 어휘

télétravail (m) 재택근무 | effectuer 시행하다 | couture (f) 바느질 | SMIC (m) 최저 임금 (= Salaire minimum interprofessionnel de croissance) | volontaire 자발적인 | reposer sur ~에 근거하다 | modalité (f) 방법, 형태 | désigner 가리키다 | conventionnel 합의에 의한, 계약에 근거한 | s'appliquer 적용되다 | rémunérer 급여를 지급하다

스크립트

A: Bonjour. Aujourd'hui, nous recevons monsieur Durand. Bonjour, vous travaillez pour l'Agence nationale pour l'amélioration des conditions de travail (L'ANACT). Qu'est-ce que le télétravail ?

D: Le télétravail est une forme d'organisation du travail dans laquelle le travail qui aurait pu être effectué par le salarié dans les locaux de l'employeur est effectué hors de ces locaux (au domicile du salarié, dans un espace de travail partagé ou « coworking », etc.) de façon régulière et volontaire en utilisant les technologies de l'information et de la communication (ordinateur, Internet, etc.).

A : Qui décide de mettre en place ce type de travail ?

D : Le télétravail repose sur l'accord de l'employeur et du salarié et doit être prévu par le contrat de travail qui doit en préciser les conditions, et notamment les modalités de contrôle du temps de travail.

A : Quelle est la définition du télétravailleur ?

D : Le télétravailleur désigne toute personne salariée de l'entreprise qui effectue du télétravail. Le travail effectué nécessite l'usage des technologies de l'information et de la communication (ordinateur, Internet, etc.). Un travailleur à domicile effectuant des travaux de couture ne peut pas donc être considéré comme un télétravailleur.

A : Quels sont ses droits ?

D : Il bénéficie des mêmes droits individuels et collectifs que les autres salariés de l'entreprise : surveillance médicale, congés (congés payés, congés pour évènements familiaux...), accès à la formation professionnelle, etc. Il a également droit aux mêmes avantages sociaux que les autres salariés de l'entreprise.

A : Et le salaire ?

D : Le salaire des télétravailleurs est fixé librement avec leur employeur. Comme pour les travailleurs qui vont au bureau, il ne peut pas être inférieur au minimum prévu par les textes conventionnels s'appliquant dans l'entreprise. Aucun télétravailleur ne peut également être rémunéré à un niveau inférieur au Smic.

travail-emploi.gouv.fr 31/03/2017

Étape 4 문제 7의 해설을 확인해 보세요.

A : 안녕하세요. 오늘은 Durand 씨를 모셨습니다. 안녕하세요, 당신은 국립 노동 조건 개선 기구(L'ANACT)에서 일하시죠. 재택근무란 무엇인가요?

D : 재택근무란, 고용주의 건물 내에서 직원에 의해 시행될 수 있는 일이 이러한 건물 밖에서(직원의 집에서, 공유 오피스 등에서) (컴퓨터, 인터넷 등) 정보통신 기술을 활용하여 규칙적이고 자발적으로 시행되는 근무 조정의 한 형태입니다.

A : 이러한 형식의 근무를 시행하기로 누가 결정하나요?

D : 재택근무는 고용주와 직원 간의 합의에 근거하며, (근무) 조건들, 특히 근무 시간 조절 방식을 명시하는 근로 계약서에 의해 미리 규정되어야 합니다.

A : 재택 근무자의 정의는 무엇입니까?

D : 재택 근무자는 재택근무를 시행하는 기업으로부터 월급을 받는 모든 사람들을 가리킵니다. 시행되는 업무

는 (컴퓨터, 인터넷 등) 정보통신 기술의 사용을 필요로 합니다. 따라서 집에서 삯바느질하는 사람은 재택 근무자로 간주될 수 없습니다.

A: 재택 근무자들의 권리는 무엇입니까?

D: 재택 근무자는 기업에서 일하는 다른 직원들과 동일한 개인적이고 집단적인 권리들을 누립니다: 의료 진단, 휴가(유급 휴가, 가족 경조사 휴가), 직업 교육에 대한 접근 등이요. 또한 기업의 다른 직원들과 동일한 복리 후생에 대한 권리도 가집니다.

A: 월급은요?

D: 재택 근무자들의 월급은 그들의 고용주와 (협의하여) 자유롭게 정해집니다. 사무실로 출근하는 직원들과 마찬가지로, 기업에서 적용하는 협약 문서에 의해 정해진 최소 금액보다 적게 받을 수 없습니다. 또한 어떤 재택 근무자도 최저 임금보다 낮은 수준의 월급을 받을 수 없습니다.

문제 분석

재택근무에 대한 인터뷰이다. 이 인터뷰를 들을 때에는 재택근무의 정의, 재택근무를 결정하는 주체, 재택 근무자의 정의, 재택 근무자의 권리, 재택근무 시 월급에 집중해야 한다. 코로나 19 이후 재택근무를 시행하는 기업들이 늘고 있어, 재택근무와 관련한 주제가 출제될 확률이 높으므로 문제에서 제시된 정보 외에 재택근무의 장단점 등에 대해서도 미리 정리해 두자.

해설

문항	풀이 요령
1	재택근무에 대해 묻는 문제이다. 인터뷰 앞부분에서 'le travail qui aurait pu être effectué par le salarié dans les locaux de l'employeur est effectué hors de ces locaux (au domicile du salarié, dans un espace de travail partagé ou « coworking », etc) 고용주의 건물 내에서 직원에 의해 시행될 수 있는 일이 이러한 건물 밖에서(직원의 집에서, 공유 오피스 등에서) 시행되는' 형태라고 정의하고 있다. 따라서 정답은 **A**.
2	정보통신 기술의 예와 관련한 문제이다. 'les technologies de l'information et de la communication (**ordinateur, Internet, ...**) 컴퓨터, 인터넷 등 정보통신 기술'을 활용한다고 하였으므로 이것이 정답.
3	근로 계약서에 대한 문제이다. 'Le télétravail repose sur l'accord de l'employeur et du salarié et doit être prévu par le contrat de travail qui doit en préciser **les conditions, et notamment les modalités de contrôle du temps de travail** 재택근무는 고용주와 직원 간의 합의에 근거하며, (근무) 조건들, 특히 근무 시간 조절 방식을 명시하는 근로 계약서에 의해 미리 규정되어야 합니다'라는 부분이 있는데, 이것이 정답.
4	삯바느질을 하며 집에서 일하는 사람을 재택 근무자로 볼 수 없는 이유를 묻는 문제이다. '**Le travail effectué nécessite l'usage des technologies de l'information et de la communication (ordinateur, Internet, etc.)** 시행되는 업무는 (컴퓨터, 인터넷 등) 정보통신 기술의 사용을 필요로 합니다'라는 부분이 언급되어 있다. 그러므로 이것을 정답으로 쓰면 된다.

5	재택 근무자의 권리와 관련된 문제이다. 'Il bénéficie des mêmes droits individuels et collectifs que les autres salariés de l'entreprise 재택 근무자는 기업에서 일하는 다른 직원들과 동일한 개인적이고 집단적인 권리들을 누립니다'라는 설명이 있다. 따라서 정답은 **C**.
6	직원들의 권리를 묻는 문제이다. '**surveillance médicale, congés (congés payés, congés pour évènements familiaux...), accès à la formation professionnelle** 의료 진단, 휴가(유급 휴가, 가족 경조사 휴가), 직업 교육에 대한 접근 등이요'라고 하였으므로 이 중 두 가지를 쓰면 된다.
7	재택 근무자의 월급에 대한 문제로서 'Le salaire des télétravailleurs est fixé librement avec leur employeur 재택 근무자들의 월급은 그들의 고용주와 (협의하여) 자유롭게 정해집니다'라는 내용에 따라 정답은 **C**.
8	재택 근무자의 월급에 대한 문제로서 'Aucun télétravailleur ne peut également être rémunéré à un niveau inférieur au Smic 어떤 재택 근무자도 최저 임금보다 낮은 수준의 월급을 받을 수 없습니다'라는 내용이 있으므로 정답은 **C**.

EXERCICE 2 (1) 실전 연습

🎧 Track 2(1)-08

Étape 1 공략에 따라 EXERCICE 2 연습 문제를 풀어 보세요.

Lisez les questions, écoutez le document puis répondez.

❶ Dans quelles conditions les devoirs à la maison sont-ils bénéfiques ? (deux réponses)

....

❷ Selon le chercheur, ...
   A ☐ les devoirs à la maison n'ont aucune relation avec les études des élèves.
   B ☐ les élèves abandonnent leurs études à cause des devoirs à la maison.
   C ☐ les élèves peuvent réviser ce qu'ils ont appris en classe grâce aux devoirs à la maison.

❸ Quel est l'avantage des devoirs à la maison en ce qui concerne les parents ?
   A ☐ Ils donnent l'occasion aux parents de communiquer avec leur enfant.
   B ☐ Les parents peuvent faire les devoirs à la place de leur enfant.
   C ☐ Ils permettent aux parents de s'impliquer dans le travail scolaire de leur enfant.

❹ À quoi servent les exercices de profonde réflexion ?
   A ☐ À offrir l'occasion aux élèves de faire des exercices d'entraînement.
   B ☐ À permettre aux élèves de réinvestir à la leçon vue en classe.
   C ☐ À aider les élèves à découvrir par eux-mêmes de nouvelles notions.

❺ Comment les enfants peuvent-ils faire leurs devoirs si leurs parents ne peuvent pas les aider ?

....

❻ Que demandent les collégiens parisiens aux professeurs sur le site Internet de leur établissement ?

....

❼ Qu'est-ce qui est le plus important dans ce dispositif de devoirs à la maison ?

  A ☐ S'aider entre élèves par rapport aux devoirs.

  B ☐ La volonté des élèves d'obtenir une bonne note.

  C ☐ La relation de confiance qui s'établit entre l'élève, le prof et la famille.

❽ Qu'est-ce qui perdure lorsque les jeunes, en grandissant, cessent de se connecter ?

....

Étape 2 **문제 8의 내용을 해석해 보세요.**
_____

문제를 읽으세요. 자료를 듣고 답하세요.

❶ 어떤 조건에서 집에서의 과제가 도움이 되는가? (두 가지 답변)

....

❷ 연구자에 따르면, _____

  A ☐ 집에서의 과제는 아이들의 공부와 아무 관계가 없다.

  B ☐ 학생들이 집에서의 과제 때문에 공부를 포기한다.

  C ☐ 학생들은 집에서의 과제 덕분에 수업에서 배웠던 것을 복습할 수 있다.

❸ 부모와 관련하여 집에서의 과제의 장점은 무엇인가?

  A ☐ 아이들과 대화할 기회를 부모에게 준다.

  B ☐ 부모들은 아이들 대신에 집에서 과제를 할 수 있다.

  C ☐ 부모로 하여금 아이들의 학업에 개입할 수 있도록 해 준다.

❹ 깊은 사고력을 요하는 연습 문제들은 무엇에 사용되는가?

  A ☐ 학생들에게 연습 문제를 풀어 볼 기회를 제공한다.

  B ☐ 학생들이 수업 시간에 했던 공부에 재투자할 수 있도록 해 준다.

  C ☐ 학생들이 새로운 개념을 스스로 발견할 수 있도록 돕는다.

❺ 부모들이 그들을 도울 수 없다면 아이들은 어떻게 과제를 할 수 있는가?

....

❻ 파리의 중학생들은 학교 인터넷 사이트에서 교사들에게 무엇을 질문하는가?

....

❼ 집에서의 과제라는 이 조치에서 가장 중요한 것은 무엇인가?
- A ☐ 과제와 관련해 학생들끼리 서로 돕기.
- B ☐ 좋은 성적을 얻겠다는 학생들의 의지.
- C ☐ 학생, 선생 그리고 가족 간에 형성되는 신뢰 관계.

❽ 아이들이 자라면서 연결이 끊어지더라도 지속되는 것은 무엇인가?

....

Étape 3

문제 8의 필수 어휘를 익히고, 스크립트를 확인해 보세요.

필수 어휘

réviser 복습하다 | à la place de ~대신에 | s'impliquer 개입하다, 뛰어들다 | profond 깊은 | entraînement (m) 훈련, 연습 | réinvestir 재투자하다 | dispositif (m) 조치 | profitable 유익한 | réinvestissement (m) 재투자 | personnalisé 개성화된, 개인차를 고려한 | éloigné 먼, 멀리 떨어진 | perdurer 오래 지속되다, 영속되다

스크립트

A: Bonjour. Aujourd'hui, nous recevons Pascal BRESSOUX, chercheur en sciences de l'éducation à l'université Grenoble-Alpes. À votre avis, les devoirs à la maison sont-ils bénéfiques ? Selon des chercheurs en éducation, ils sont profitables s'ils permettent à l'élève de s'entraîner et s'ils ont été faits par les élèves eux-mêmes.

B: Les études montrent que les devoirs à la maison remplissent trois fonctions : voir des choses qu'on n'a pas eu le temps de faire en classe, entraîner l'élève à appliquer ce qu'il a appris en cours et/ou impliquer les parents dans le travail scolaire de leur enfant. Les devoirs sont bénéfiques dans le cadre d'exercices d'entraînement, de réinvestissement de la leçon vue en classe, plutôt que dans des exercices de profonde réflexion qui demandent au jeune de découvrir par lui-même de nouvelles notions.

A : Mais certains parents n'ont pas les moyens d'aider leurs enfants, n'est-ce pas ?
B : C'est vrai. Mais maintenant les élèves peuvent faire leurs devoirs à la maison avec l'aide des professeurs. Par exemple, les élèves d'un collège parisien peuvent se connecter depuis chez eux à un site Internet propre à l'établissement pour poser des questions à quatre professeurs du collège sur des points mal compris de leur leçon. C'est comme une aide personnalisée à domicile, mais avec leurs professeurs.
A : Quel est le point le plus important pour vous dans ce dispositif de devoirs à la maison ?
B : C'est la relation de confiance qui s'établit entre l'élève, le prof et la famille, dont beaucoup sont éloignées de l'école. Une confiance qui perdure lorsque les jeunes, en grandissant, cessent de se connecter.

Le Figaro 09/03/2017

Étape 4

문제 8의 해설을 확인해 보세요.

A : 안녕하세요. 오늘은 Grenoble-Alpes 대학에서 교육학 연구원으로 계시는 Pascal BRESSOUX 씨를 모셨습니다. 당신이 생각하시기에, 집에서 과제를 하는 것이 도움이 되나요? 교육 분야 연구자들에 따르면, 만약 과제가 학생들을 연습하게 해 준다면, 그리고 학생들 스스로 과제를 한다면 유익하다고 하던데요.
B : 연구들은 집에서의 과제들이 세 가지 기능을 한다는 것을 보여줍니다: 교실에서는 할 시간이 없었던 것들을 보게 해 주고, 학생으로 하여금 수업 시간에 자신이 배운 것을 적용해 보도록 연습시키고, 그리고/혹은 아이들의 학업에 그들의 부모님을 끌어들이는 것입니다. 과제는 학생 스스로 새로운 개념을 찾아낼 것을 요구하는, 깊은 사고력을 요하는 연습 문제라기보다는, 수업 시간에 했던 공부에 대해 재투자하고 트레이닝 하는 연습 문제의 일환으로서 도움이 됩니다.
A : 하지만 어떤 부모들은 아이들을 지원해 줄 능력이 없어요, 그렇지 않습니까?
B : 맞습니다. 하지만 지금은 학생들이 선생님들의 도움을 받아 집에서 과제를 할 수 있습니다. 예를 들어, 파리의 중학생들은 중학교 선생님 4명에게 수업에서 이해하지 못했던 점들에 대해 질문하기 위해 그들의 집에서 학교 인터넷 사이트에 접속할 수 있습니다. 이는 집에서 개인에게 맞춤화된 도움을 받는 것이죠. 그들의 선생님들과 함께 말이에요.
A : 집에서의 과제라는 이 조치에 있어서 당신에게 가장 중요한 점은 무엇인가요?
B : 학생과 교사와 그리고 다수가 학교로부터 멀어졌던 가족 사이에 세워지는 신뢰 관계입니다. 아이들이 자라면서 연결이 끊어지더라도 오래 지속되는 신뢰 말이지요.

문제 분석	교육학 연구원과의 인터뷰로, 집에서 과제를 하는 것의 효과가 인터뷰의 제재이다. 이 인터뷰에서는 집에서 과제를 하는 것의 기능을 3가지로 나누어 설명하고 있는데, 각각의 기능이 무엇인지 파악해야 한다. 그리고 집에서의 과제와 관련해 인터뷰이가 가장 중요하게 생각하는 것이 무엇인지도 놓쳐서는 안 된다.

	문항	풀이 요령
해설	1	어떤 조건에서 집에서의 과제가 도움이 되는지 묻는 문제이다. 'ils sont profitables **s'ils permettent à l'élève de s'entraîner et s'ils ont été faits par les élèves eux-mêmes** 만약 과제가 학생들을 연습하게 해 준다면, 그리고 학생들 스스로 과제를 한다면 유익하다'라는 내용이 정답.
	2	집에서 과제를 하는 것에 대한 연구 결과를 묻는 문제이다. 이와 관련해 지문에서 3가지 내용을 언급하고 있다. 'voir des choses qu'on n'a pas eu le temps de faire en classe 교실에서는 할 시간이 없었던 것들을 보게 해 주고, entraîner l'élève à appliquer ce qu'il a appris en cours 학생으로 하여금 수업 시간에 자신이 배운 것을 적용해 보도록 연습시키고, impliquer les parents dans le travail scolaire de leur enfant 아이들의 학업에 그들의 부모님을 끌어들이는 것'이 그것이다. 이 중 선택지와 부합하는 것은 **C**.
	3	집에서 과제를 할 때 장점을 묻는 문제이다. 'impliquer les parents dans le travail scolaire de leur enfant 아이들의 학업에 그들의 부모님을 끌어들인다'라는 내용이 언급되고 있다. 따라서 **C**가 정답. B는 학부모가 아이의 숙제를 도와주는 것이 아니라 대신 해 준다는 것이므로 오답.
	4	깊은 사고력을 요하는 연습 문제들의 기능을 묻는 문제로 'demandent au jeune de découvrir par lui-même de nouvelles notions 학생 스스로 새로운 개념을 찾아낼 것을 요구하는'이라는 내용이 있으므로 정답은 **C**. A와 B가 과제의 장점이긴 하지만 다른 종류의 과제와 관련된 내용이므로 답이 될 수 없다.
	5	부모가 도와주지 않을 경우 아이들이 과제를 어떻게 해결하는지 묻는 문제이다. '**les élèves peuvent faire leurs devoirs à la maison avec l'aide des professeurs** 학생들이 선생님들의 도움을 받아 집에서 과제를 할 수 있습니다'라는 부분이 있으므로 이것이 정답.
	6	인터넷상에서 학생이 교사에게 할 수 있는 질문이 무엇인지 묻는 문제이다. 'les élèves d'un collège parisien peuvent (…) poser des questions (…) sur des points mal compris de leur leçon 파리의 중학생들은 수업에서 이해하지 못했던 점들에 대해 질문'하기 위해 학교 인터넷 사이트에 접속할 수 있다고 하였으므로 **Ils demandent des points mal compris de leur leçon.**이라고 쓰면 된다.
	7	집에서의 과제와 관련하여 가장 중요한 것을 묻는 문제이다. 'C'est la relation de confiance qui s'établit entre l'élève, le prof et la famille 학생과 교사와 그리고 가족 사이에 세워지는 신뢰 관계입니다'라고 되어 있으므로 정답은 **C**.
	8	학생, 교사, 가족 간의 신뢰에 대한 문제이다. 이와 관련하여 '**Une confiance** qui perdure lorsque les jeunes, en grandissant, cessent de se connecter 아이들이 자라면서 연결이 끊어지더라도 오래 지속되는 신뢰 말이지요'라는 내용이 있으므로 이것이 정답.

EXERCICE 2 (1) 실전 연습

🎧 Track 2(1)-09

공략에 따라 **EXERCICE 2** 연습 문제를 풀어 보세요.

Lisez les questions, écoutez le document puis répondez.

❶ De quoi s'agit-il ?

　　A ☐ Du tourisme de voyage.

　　B ☐ Du tourisme de plein air.

　　C ☐ Du tourisme à l'étranger.

❷ Selon ce document, _____

　　A ☐ la France est au même niveau que les États-Unis dans ce domaine.

　　B ☐ la France possède le deuxième parc de campings dans le monde.

　　C ☐ la France possède le deuxième parc de campings en Europe.

❸ Pourquoi est-ce que la France est devenue une nation puissante au secteur du camping ?

　　A ☐ Parce que les gens commencent à s'intéresser aux loisirs coûteux.

　　B ☐ Parce que la situation économique mondiale est devenue stable.

　　C ☐ Parce que le confort des campings s'est amélioré.

❹ Pourquoi a-t-on investi d'énormes sommes d'argent dans le confort des campings ?

　　..

❺ Précisez les exemples de services proposés à la clientèle des campings. (deux réponses)

　　..

❻ Quel est l'un des éléments qui favorisent le succès des campings ?

　　A ☐ Les campings ont diminué leur période d'ouverture.

　　B ☐ Les campings ont baissé leur prix pour accueillir plus de touristes.

　　C ☐ Les campings ont allongé leur période d'ouverture.

7 Quel est l'avantage de l'hébergement en mobil-home ?

....

8 Quelle est la raison pour laquelle les touristes étrangers sont de plus en plus nombreux ?

    A ☐ Grâce au soutien du gouvernement.
    B ☐ Grâce à une stratégie marketing adaptée.
    C ☐ Grâce à l'augmentation de l'intérêt pour le tourisme.

Étape 2

문제 9의 내용을 해석해 보세요.

문제를 읽으세요. 자료를 듣고 대답하세요.

1 무엇에 관한 것인가?

    A ☐ 여행 관광
    B ☐ 야외에서의 관광
    C ☐ 외국으로의 관광

2 이 자료에 따르면, _____

    A ☐ 프랑스는 이 분야에서 미국과 같은 수준에 있다.
    B ☐ 프랑스는 세계에서 두 번째 캠핑지를 차지하고 있다.
    C ☐ 프랑스는 유럽에서 두 번째 캠핑지를 차지하고 있다.

3 왜 프랑스가 캠핑 분야에서 강대국이 되었는가?

    A ☐ 사람들이 비용이 비싼 여가 활동에 관심을 갖기 시작했기 때문이다.
    B ☐ 세계 경제적 상황이 안정되었기 때문이다.
    C ☐ 캠핑장이 더 쾌적해졌기 때문이다.

4 사람들이 캠핑장의 쾌적함에 왜 엄청난 돈을 투자했는가?

....

❺ 캠핑장에서 고객에게 제공되는 서비스들의 예시를 구체적으로 쓰시오. (두 가지 답변)

....

❻ 캠핑의 성공에 도움이 되는 요소들 중 하나는 무엇인가?

    A ☐ 캠핑장들이 개장 기간을 줄였다.
    B ☐ 캠핑장들이 더 많은 관광객을 유치하기 위해 가격을 낮추었다.
    C ☐ 캠핑장들이 개장 기간을 연장했다.

❼ 모빌홈에서의 숙박의 장점은 무엇인가?

....

❽ 외국인 관광객들이 점점 더 많아지는 이유는 무엇인가?

    A ☐ 정부의 지원 덕분에
    B ☐ 적절한 마케팅 전략 덕분에
    C ☐ 관광에 대한 관심의 증가 덕분에

Étape 3

문제 9의 필수 어휘를 익히고, 스크립트를 확인해 보세요.

필수 어휘

coûteux 값비싼 | clientèle (f) 고객 | favoriser 돕다, 촉진하다 | allonger 연장하다 | hébergement (m) 숙박 | soutien (m) 지지, 지원 | se targuer 자랑하다, 뽐내다 | plein air (m) 야외 | au travers de ~을 통해, ~에 의하여 | emplacement (m) 장소 | mobil-home (m) 모빌홈(차량 등을 이용하여 쉽게 옮길 수 있는 주거용 구조의 이동 주택차) | bungalow (m) 방갈로 | haut de gamme 고급의 | conforme à ~에 부합하는 | attente (f) 기대 | coiffeur 미용사 | masseur 안마사 | observation (f) 견해, 관찰 | s'accroître 증가하다, 성장하다 | piscine couverte (f) 실내 수영장 | priser 높이 평가하다 | fidèle 충실한 | version (f) 번역, 판(版) | hollandais 네덜란드의

A : Bonjour. Aujourd'hui, nous recevons Marianne CHANDERNAGOR, directrice du Salon Mondial du tourisme. La France peut en effet se targuer des bons résultats du tourisme de plein air ces dernières années.

C : Oui. La France comptait en 2016 sept mille huit cents campings. Ce qui fait de l'Hexagone le premier parc de campings en Europe et le deuxième dans le monde après les États-Unis.

A : Quelles sont les raisons pour lesquelles les Français sont les rois du camping ?

C : Tout d'abord, le confort des campings s'est amélioré entre 2010 et 2016, notamment au travers du développement des emplacements équipés (en mobil-home, bungalows, tentes meublées). Des investissements énormes ont eu lieu ces dix dernières années en ce sens pour proposer une offre plus haut de gamme et plus conforme aux attentes des voyageurs.

A : Expliquez-nous cela plus précisément.

C : Les campings ont développé les services proposés à leur clientèle, comme la piscine, la boîte de nuit, le coiffeur, le masseur, les spectacles… Et les patrons des campings sont très connectés aux sites d'avis touristiques et répondent très vite aux observations de leurs clients.

A : On constate également que les campings ont allongé leur période d'ouverture. À votre avis, c'est l'un des éléments qui favorisent le succès des campings ?

C : Oui. De 2010 à 2016, la durée moyenne d'ouverture s'est accrue de quatre jours par an. Désormais la majorité des campings ouvrent sept à huit mois dans l'année. Notamment car le fait de proposer un hébergement en mobil-home permet aux vacanciers de venir même s'il fait un peu froid. Et de plus en plus d'établissements se sont équipés de piscines couvertes.

A : Et les touristes étrangers sont de plus en plus nombreux, n'est-ce pas ?

C : Oui. Toujours entre 2010 et 2016, les réservations des touristes étrangers en camping ont augmenté. Notamment grâce aux clients allemands, espagnols, suisses et belges. Et les Britanniques, Italiens et Néerlandais continuent à priser nos campings. La qualité du terrain de camping à la française est désormais reconnue dans le monde.

A : À votre avis, quelle est la raison de ce phénomène ?

C : Si cette clientèle est restée fidèle, c'est parce que les acteurs du secteur ont su adapter leur stratégie marketing. La majorité de leurs sites sont proposés en version anglaise, allemande et hollandaise.

20minutes 22/05/2017

문제 9의 해설을 확인해 보세요.

해석

A: 안녕하세요. 오늘 우리는 프랑스 관광 박람회(Salon mondial du tourisme)의 책임자이신 Marianne CHANDERNAGOR 씨를 모셨습니다. 프랑스는 사실 최근 몇 년 간 야외 관광에서 좋은 결과를 자랑하고 있습니다.

C: 네, 2016년 프랑스에서의 캠핑 횟수는 7,800회에 달합니다. 이는 프랑스를 유럽에서 제일 가는 캠핑지로 만들었고, 세계적으로는 미국 다음으로 두 번째입니다.

A: 프랑스인들이 캠핑의 왕이 된 이유가 무엇인가요?

C: 무엇보다도 2010년과 2016년 사이에 캠핑장들이 더 쾌적해졌기 때문인데요, 특히 필요한 장비가 갖춰진 장소들(모빌홈, 방갈로, 가구가 딸린 텐트 등)의 발전을 통해서입니다. 최근 10년 동안 엄청난 투자가 있었는데, 이는 더 고급화되고 여행객들의 기대에 더 부응하는 캠핑을 제공하기 위해서입니다.

A: 그것에 대해 더 구체적으로 설명해 주세요.

C: 캠핑장들은 수영장, 나이트클럽, 미용사, 안마사, 공연 등 그들의 고객층에게 제공되는 서비스들을 발전시켜 왔습니다. 그리고 캠핑장 주인들은 관광에 관한 의견들을 올리는 사이트에 계속 접속해 있으면서 고객들의 의견에 아주 빠르게 반응합니다.

A: 우리는 또한 캠핑장들이 그들의 개장 기간을 늘린 것을 확인했죠. 당신이 생각하기에 이건 캠핑의 성공에 도움이 되는 요소들 중 하나인가요?

C: 네, 2010년부터 2016년까지, 평균 개장 기간이 1년에 4일 늘어났죠. 이제 대부분의 캠핑장들은 1년에 7개월에서 8개월 개장합니다. 특히 모빌홈에서의 숙박을 제공한다는 사실은 조금 춥더라도 휴가객들이 오도록 합니다. 그리고 점점 더 많은 캠핑장들이 실내 수영장들을 갖추고 있습니다.

A: 그리고 외국인 관광객들도 점점 더 많아지고 있어요, 그렇지 않습니까?

C: 네, 예외 없이 2010년에서 2016년 사이에 외국인 관광객들의 캠핑 예약이 증가했습니다. 특히 독일, 스페인, 스위스, 벨기에 고객들 덕분입니다. 그리고 영국인과 이탈리아인, 네덜란드인들도 우리 캠핑장을 계속해서 높이 평가합니다. 프랑스 캠핑장들의 질은 이제 세계적으로 알려져 있습니다.

A: 당신이 생각하기에 이런 현상의 이유는 무엇인가요?

C: 이 고객층이 이렇게 충성스러운 것은 이 분야의 관계자들이 그들의 마케팅 전략을 조절할 줄 알았기 때문입니다. 이들 사이트 대부분은 영어, 독일어, 네덜란드어 버전으로 제공됩니다.

문제 분석

프랑스 캠핑 관광에 대해 Salon Mondial du tourisme 책임자와 진행한 인터뷰이다. 이 인터뷰는 최근 프랑스의 캠핑이 점점 늘어나고 있는 현상에 대한 원인을 분석하는 방식으로 이루어진다. 여기에서는 프랑스 캠핑 관광과 관련된 통계치, 프랑스에서 캠핑 관광이 호조를 띠게 된 이유, 프랑스 자국민뿐만 아니라 외국인 관광객 수가 증가하는 이유를 중점적으로 파악해야 한다.

문항	풀이 요령
1	인터뷰 주제를 묻는 문제이다. 'bons résultats du tourisme de plein air 야외 관광에서 좋은 결과'라는 내용으로 보아 **B**가 정답.
2	자료의 내용을 정확히 파악했는지 확인하는 문제로서 'le premier parc de campings en Europe et le deuxième dans le monde après les États-Unis 유럽에서 제일 가는 캠핑지, 세계적으로는 미국 다음으로 두 번째'라고 언급하고 있다. 따라서 정답은 **B**.
3	프랑스가 캠핑 강국이 된 이유와 관련한 문제이다. 이와 관련하여 'le confort des campings s'est amélioré 캠핑장들이 더 쾌적해졌기' 때문이라는 내용이 있으므로 정답은 **C**.
4	캠핑 시설에 많은 돈을 투자한 이유를 묻는 문제이다. **'pour proposer une offre plus haut de gamme et plus conforme aux attentes des voyageurs** 더 고급화되고 여행객들의 기대에 더 부응하는 캠핑을 제공하기 위해서입니다'라는 내용에 따라서 이것이 정답.
5	캠핑장에서 고객들에게 제공되는 서비스의 구체적인 예를 기술하는 문제이다. 이와 관련하여 '**la piscine, la boîte de nuit, le coiffeur, le masseur, les spectacles** 수영장, 나이트클럽, 미용사, 안마사, 공연' 등이 언급되고 있으므로 이들 중 두 개만 쓰면 된다.
6	캠핑의 성공에 도움이 되는 요소를 파악하는 문제로서 'les campings ont allongé leur période d'ouverture 캠핑장들이 그들의 개장 기간을 늘린 것'이 성공의 요소라고 생각한다고 답변했으므로 정답은 **C**.
7	모빌홈의 장점을 묻는 문제이다. 'le fait de proposer un hébergement en mobil-home permet aux vacanciers de venir même s'il fait un peu froid 모빌홈에서의 숙박을 제공한다는 사실은 조금 춥더라도 휴가객들이 오도록 합니다'라고 하였으므로 **Les vacanciers peuvent venir même s'il fait un peu froid.**가 정답.
8	외국인 관광객 수가 증가한 원인을 묻는 문제로서 'adapter leur stratégie marketing 마케팅 전략을 조절'할 줄 알았기 때문이라는 내용이 있다. 따라서 정답은 **B**.

문제 10

EXERCICE 2 (1) 실전 연습

Track 2(1)-10

Étape 1 공략에 따라 EXERCICE 2 연습 문제를 풀어 보세요.

Lisez les questions, écoutez le document puis répondez.

❶ D'après la présentatrice, quels sont les points négatifs du concept du « sans contact » ?

....

❷ Selon l'enquête, plus de la moitié des Français pensent que (qu') _____

A ☐ ils affectionnent le concept du « sans contact ».
B ☐ il faut renforcer le moyen de vivre « sans contact ».
C ☐ le sans contact est un choix inévitable dans la vie quotidienne.

❸ Selon le document, _____

A ☐ toutes les activités sans contact se réalisent de la même façon.
B ☐ le travail à distance est un exemple représentatif du sans contact.
C ☐ la communication en ligne n'est pas considérée comme une activité sans contact.

❹ Donnez des exemples d'activités sans contact dans la vie quotidienne. (deux réponses)

....

❺ Dans quel secteur les Européens acceptent-ils bien le sans contact ?

A ☐ La culture.
B ☐ L'économie.
C ☐ La médecine.

❻ Dans quel cas les Européens ne veulent-ils pas d'amélioration par la technologie ? (une réponse)

....

❼ En ce qui concerne les activités en ligne, quelle est l'activité la plus favorable pour les Allemands ?

....

❽ Qu'est-ce qui est le plus important dans les relations sociales pour les Européens ?

    A ☐ L'esprit ouvert.
    B ☐ Le contact direct.
    C ☐ Le contact indirect.

Étape 2

문제 10의 내용을 해석해 보세요.

문제를 읽으세요. 자료를 듣고 답하세요.

❶ 진행자에 따르면 '비접촉' 개념의 부정적인 점은 무엇인가?

....

❷ 조사에 따르면, 프랑스인들의 절반 이상은 _____ 고 생각한다.

    A ☐ 그들이 '비접촉' 개념을 좋아한다
    B ☐ '접촉 없이' 사는 방법을 강화해야 한다
    C ☐ '비접촉'은 일상생활에서 피할 수 없는 선택이라

❸ 자료에 따르면, _____

    A ☐ 모든 비접촉 활동들이 같은 방식으로 실현된다.
    B ☐ 재택근무는 비접촉의 대표적인 예이다.
    C ☐ 온라인상에서의 의사소통은 비접촉 활동으로 간주되지 않는다.

❹ 일상생활에서 비접촉 활동들의 예들을 쓰시오. (두 가지 답변)

....

DELF B2 · 듣기

❺ 어떤 분야에서 유럽인들은 비접촉을 잘 수용하는가?

　　A □ 문화
　　B □ 경제
　　C □ 의료

❻ 어떤 경우에 유럽인들은 기술에 의한 진보를 원하지 않는가? (한 가지 답변)

....

❼ 온라인상에서의 활동들과 관련해서 독일인들이 가장 좋아하는 활동은 무엇인가?

....

❽ 유럽인들에게 사회적 관계에서 가장 중요한 것은 무엇인가?

　　A □ 개방적인 마음
　　B □ 직접적인 접촉
　　C □ 간접적인 접촉

Étape 3　**문제 10의 필수 어휘를 익히고, 스크립트를 확인해 보세요.**

필수 어휘

présentateur(trice) 사회자, 해설자 | affectionner 몹시 좋아하다 | graver 새기다 | distanciation (f) 거리 유지, 거리 두기 | ravir ~의 넋을 빼앗다, 황홀하게 하다 | marche forcée (f) 강행군 | apprécié 널리 애호되는 | avoir recours à ~에 도움을 청하다, ~의 수단을 동원하다 | télémédecine (f) 원격 치료 | sceptique 회의적인 | entretenir 유지하다 | transaction (f) 상거래 | gérer 경영하다, 운영하다 | aller de pair 병행하다, 따라다니다 | perception (f) 인식, 지각 | unanime 만장일치의 | affaiblir 약하게 하다

A: La crise sanitaire a gravé le concept du « sans contact ». Deux mots qui évoquent non seulement la distanciation physique, mais aussi le progrès et la modernité pour certains, et la solitude et la frustration pour d'autres. Quelles sont les pratiques « sans contact » préférées, celles que l'on déteste ?

B: Même si 74% des participants à l'enquête sont conscients que le sans contact va continuer à se généraliser, son intensification ne ravit pas tous les Français. Cela est ressenti comme une pratique imposée « à marche forcée », qui n'est pas majoritairement appréciée. La communication virtuelle et le télétravail sont les secteurs dans lesquels la plupart des Français ressentent une forte augmentation du sans contact. Les activités sans contact sont présentes dans de nombreuses sphères de notre vie (éducation, social, travail, etc.), mais on ne perçoit pas partout de la même façon ce remplacement du physique par le virtuel. En Europe, on est plutôt favorable à la modernisation de la santé et à l'introduction du sans contact dans la médecine (consultations à distance, prise de rendez-vous en ligne, etc). Près de 6 Européens sur 10 se déclarent prêts à avoir recours à la télémédecine, et 1 sur 5 affirment l'avoir déjà essayée. En revanche, les européens sont très sceptiques au sujet des améliorations par la technologie d'autres secteurs, comme les relations amoureuses, l'enseignement, les liens familiaux ou encore la confiance entre les gens. Les Européens apprécient nettement certaines pratiques sans contact qui facilitent leur quotidien, comme les courses, les démarches administratives, l'accès à l'information en ligne, mais peu apprécient entretenir des relations sociales à distance, et encore moins faire des rencontres amoureuses. Ceux qui apprécient le plus faire leurs courses en ligne sont les Allemands et les Polonais. Les transactions sans contact en Pologne sont passées de 33% en 2014 à 80% en 2018.

A: En France on trouve en général plus difficile de s'adapter aux services numériques, n'est-ce pas ?

B: Les Français de leur côté préfèrent le sans contact pour gérer leur budget, faire des démarches administratives, consulter les médias et faire des paiements sans contact, y compris faire leur shopping en ligne. Mais la généralisation du sans contact va-t-elle de pair avec des services plus accessibles et moins difficiles d'utilisation ? Selon le rapport, les Français ont toujours une perception en dessous de la moyenne en ce qui concerne la facilité à s'adapter à un monde dans lequel il y aurait moins de contacts humains/physiques, et plus d'interactions numériques.

A: Sommes-nous habitués à communiquer virtuellement avec amis et proches ?

B: 50% des Français ont remplacé des rencontres physiques par des rencontres virtuelles, et cela n'est pas perçu positivement. Les Européens se montrent unanimes concernant le fait qu'être amené à moins voir les gens « en vrai » affaiblit et dégrade les relations sociales.

France Soir 10/03/2021

Étape 4 문제 10의 해설을 확인해 보세요.

해석

A: 보건 위기가 '비접촉' 개념을 각인시켰습니다. 물리적 거리 두기뿐만 아니라 누군가에게는 발전과 근대성을, 다른 사람들에게는 고독과 상실감을 연상시키는 단어입니다. 사람들이 선호하는 '비접촉' 행위들은 무엇이고, 싫어하는 '비접촉' 행위들은 무엇일까요?

B: 조사 참여자들의 74%가 비접촉이 계속해서 일반화될 것이라는 것을 인식하고 있다 하더라도, 그것의 확대가 모든 프랑스인들에게 달갑지는 않습니다. 이는 '강행군'으로 강제적으로 실시되는 것처럼 느껴지며 대부분이 좋아하지 않습니다. 가상의 의사소통과 재택근무는 대부분의 프랑스인들이 비접촉이 매우 증가했음을 느끼는 분야입니다. 비접촉 활동들이 우리 삶의 많은 분야들(교육, 사회, 업무 등)에서 나타나지만, 우리는 가상에 의한 신체의 이러한 대체를 어디서나 똑같이 인식하지는 않습니다. 유럽에서는 보건의 현대화와 치료에 있어서의 비접촉의 도입에 대해 꽤 호의적입니다(원격 진료, 온라인 예약 등). 유럽인의 거의 10명 중 6명이 원격 치료를 이용할 준비가 되어 있다는 의사를 표명했으며, 5명 중 1명은 이미 이를 시도한 적이 있다고 말했습니다. 반대로, 유럽인들은 연인 관계, 교육, 가족 관계, 혹은 사람들 간의 신뢰와 같은 다른 분야에서는 기술에 의한 진보에 대해 매우 회의적입니다. 유럽인들은 분명히 장보기, 행정 처리, 온라인 정보 접근 등 그들의 일상을 편리하게 해 주는 몇몇 비접촉 행위들은 좋아하지만, 원격으로 사회적 관계를 유지하는 것은 별로 좋아하지 않으며, 하물며 연인을 만날 때는 더 그렇습니다. 온라인으로 장을 보기를 가장 좋아하는 사람들은 독일인들과 폴란드인들입니다. 폴란드에서 비접촉 거래는 2014년 33%에서 2018년 80%으로 증가했습니다.

A: 프랑스에서는 보통 디지털 서비스에 적응하는 것이 더 어렵다고 생각하는데, 그렇지 않나요?

B: 프랑스인들은 예산을 운영하고, 행정 처리를 하고, 미디어를 보고, 온라인 쇼핑을 비롯해 돈을 지불하는 것에 있어서 비접촉을 선호합니다. 그러나 비접촉의 일반화가 곧 더 접근 가능하고 더 사용하기 쉬운 서비스로 이어질까요? 보고서에 따르면 프랑스인들은 인간적/신체적 접촉이 덜하고 디지털 상호작용이 더 많은 세상에 쉽게 적응하는 것에 대해 여전히 평균 이하의 인식을 가지고 있습니다.

A: 우리는 친구들, 가까운 사람들과 가상으로 소통하는 것에 익숙한가요?

B: 프랑스인들의 50%는 가상의 만남으로 물리적 만남을 대체했고, 이는 긍정적으로 인식되지는 않습니다. 유럽인들은 '실제로' 사람들을 덜 보게 되는 것이 사회적 관계를 약하게 하고 망가지게 한다는 사실에 만장일치를 보입니다.

문제 분석

현대 기술의 발전 및 코로나로 인해 '비접촉' 활동이 늘어나고 있으며, 이는 앞으로 더욱 늘어날 전망이다. 지문은 '비접촉'과 관련된 내용을 다루고 있는데, 여기에서는 '비접촉'의 개념, 분야, 사람들의 선호도 등을 중점적으로 파악해야 한다. 특히, 사람들이 선호하는 '비접촉' 행위와 싫어하는 '비접촉' 행위는 무엇인지에 주목한다. '비접촉' 행위들이 늘어나고 있으나 사람들은 '비접촉' 행위를 긍정적으로 인식하지 않는다는 점이 여러 차례 제시되고 있으므로, 놓치지 말자.

해설

문항	풀이 요령
1	'비접촉' 개념의 부정적인 점을 묻는 문제이다. 지문에서 '비접촉' 개념을 긍정적인 면과 부정적인 면으로 나누어 설명했음에 주의해야 한다. 비접촉은 '**la solitude et la frustration** 고독과 상실감'을 연상시킨다는 내용이 있으므로 이것이 정답. 참고로 'le progrès et la modernité 발전과 근대성'은 긍정적인 면이다.
2	'비접촉'에 대한 프랑스인들의 생각을 묻는 문제이다. 'Même si 74% des participants à l'enquête sont conscients que le sans contact va continuer à se généraliser, son intensification ne ravit pas tous les Français 조사 참여자들의 74%가 비접촉이 계속해서 일반화될 것이라는 것을 인식하고 있다 하더라도, 그것의 확대가 모든 프랑스인들에게 달갑지는 않습니다'라는 내용이 있는데, 이와 의미가 가장 가까운 것은 **C**.
3	'비접촉' 활동의 예를 묻는 문제로서 'La communication virtuelle et le télétravail sont les secteurs dans lesquels la plupart des Français ressentent une forte augmentation du sans contact 가상의 의사소통과 재택근무는 대부분의 프랑스인들이 비접촉이 매우 증가했음을 느끼는 분야들'이라는 내용에 따라 정답은 **B**.
4	일상생활에서 '비접촉' 활동의 예를 쓰는 문제이다. 'Les activités sans contact sont présentes dans de nombreuses sphères de notre vie (**éducation, social, travail, etc**) 비접촉적 활동들이 우리 삶의 많은 분야들(교육, 사회, 업무 등)에서 나타나지만'이라는 내용에 따라 이들 중 두 개를 쓰면 된다.
5	유럽인들이 잘 수용하는 '비접촉' 활동에 대해 묻는 문제이다. En Europe, on est plutôt favorable à la modernisation de la santé et à l'introduction du sans contact dans la médecine 유럽에서는 보건의 현대화와 치료에 있어서의 비접촉의 도입에 대해 꽤 호의적'이라는 내용에 따라 정답은 **C**.
6	유럽인들이 원하지 않는 기술에 의한 진보를 묻는 문제이다. 'En revanche, les européens sont très sceptiques au sujet des améliorations par la technologie d'autres secteurs, comme **les relations amoureuses, l'enseignement, les liens familiaux** ou encore **la confiance entre les gens** 반대로, 유럽인들은 연인 관계, 교육, 가족 관계, 혹은 사람들 간의 신뢰와 같은 다른 분야에서는 기술에 의한 진보에 대해 매우 회의적입니다'라고 하였으므로 이들 중 하나를 답으로 쓰면 된다.

7	독일인들이 가장 좋아하는 온라인상에서의 활동에 대한 문제로서 'Ceux qui apprécient le plus faire leurs courses en ligne sont les Allemands et les Polonais 온라인으로 장을 보기를 가장 좋아하는 사람들은 독일인들과 폴란드인들입니다'라고 하였으므로 정답은 **Faire leurs courses (en ligne).**
8	유럽인들이 사회적 관계에서 중요하게 여기는 점이 무엇인지에 대해 묻고 있다. 'Les Européens se montrent unanimes concernant le fait qu'être amené à moins voir les gens « en vrai » affaiblit et dégrade les relations sociales 유럽인들은 '실제로' 사람들을 덜 보게 되는 것이 사회적 관계를 약하게 하고 망가지게 한다는 사실에 만장일치를 보입니다'라는 내용이 있다. 이는 곧 직접적인 만남이 중요하다고 생각한다는 의미이므로 정답은 **B**.

EXERCICE 2 (2)

듣기 평가

Vous allez entendre une seule fois un enregistrement de 1 minute 30 à 2 minutes. Vous avez tout d'abord 1 minute pour lire les questions. Après l'enregistrement, vous avez 3 minutes pour répondre aux questions.
Pour répondre aux questions, cochez (☒) la bonne réponse ou écrivez l'information demandée.

Lisez les questions, écoutez le document puis répondez.

당신은 1분 30초에서 2분의 녹음을 단 한 번만 듣게 될 것입니다. 우선 문제들을 읽는 데 1분의 시간이 주어질 것입니다. 녹음을 듣고 난 후 문제들에 답변하기 위한 3분이 주어질 것입니다.
문제들에 답변하기 위해 정답에 ☒ 표기를 하거나 요구되는 정보를 쓰세요.

문제들을 읽고 자료를 듣고 난 후 답변하세요.

완전 공략

DELF B2 듣기

1 핵심 포인트

EXERCICE 2(2)는 7문제 정도 출제된다. EXERCICE 1에 비하면 문항 수는 적으나, 텍스트 자체가 르포이고, 한 번만 들려주기 때문에 수험생들이 가장 부담스러워하는 영역이다. 앞서 언급한 것처럼, 최근 듣기 시험에서 르포 형식은 출제되고 있지 않으나 다시 출제될 확률이 아예 없는 것은 아니기 때문에 미리 문제 유형을 익혀 익숙해지는 것이 필요하다.

2 빈출 주제

EXERCICE 1과 마찬가지로 출제되는 주제가 광범위하다. 인문, 사회, 과학, 예술 등에서 문제가 고루 출제되고 있다.

3 고득점 전략

① 모르는 단어나 표현이 나와도 당황하지 말고 일단 끝까지 듣는다.

DELF B2 시험 자체가 난이도가 높기 때문에 지문에 등장하는 단어나 표현 또한 어려울 수밖에 없다. 그러므로 모르는 단어나 표현이 나오더라도 당황하지 말고, 일단 지문을 끝까지 들으며 전체적인 의미를 파악하는 데 주력하자. 지엽적인 단어나 표현의 의미를 파악하느라 전체적인 내용이 무엇인지 놓칠 수 있기 때문이다.

② 객관식 문제부터 푼다.

EXERCICE 2는 한 번만 들려주기 때문에, 집중해서 들어야 한다. 그럼에도 놓치는 내용이 있을 수밖에 없으므로 아는 문제는 확실히 맞히는 전략을 쓰는 것이 좋다. 음성 녹음을 듣기 전에 우선 문제부터 읽은 다음, 음성 녹음을 들을 때에는 객관식 문제부터 푸는 것을 추천한다.

EXERCICE 2 (2) 실전 연습

🎧 Track 2(2)-01

공략에 따라 EXERCICE 2 연습 문제를 풀어 보세요.

Lisez les questions, écoutez le document puis répondez.

❶ Quel est le sujet principal de cet article ?

    A ☐ Le mauvais effet de la musique dans la vie sociale.
    B ☐ Le danger provoqué par la musique.
    C ☐ L'importance de la musique dans la vie quotidienne.

❷ Citez les endroits où l'on écoute de la musique.

....

❸ Combien d'utilisateurs de lecteurs portables de musique y a-t-il ?

    A ☐ un million
    B ☐ 10 millions
    C ☐ 100 millions

❹ À quoi la musique classique peut-elle servir ?

    A ☐ À soigner certaines maladies.
    B ☐ À se concentrer au travail.
    C ☐ À mieux s'entendre avec ses amis.

❺ Précisez l'avantage principal de la musique par rapport au bien-être.

....

❻ Quel est l'avantage quand on écoute de la musique en voiture dans les embouteillages ?

....

❼ Donnez un exemple pour montrer que la musique facilite la manière dont le cerveau traite les informations.

....

Étape 2   **문제 1의 내용을 해석해 보세요.**

문제를 읽으세요. 자료를 듣고 대답하세요.

❶ 이 기사의 주제는 무엇인가?
    A ☐ 사회 생활에서 음악의 나쁜 효과
    B ☐ 음악에 의해 유발되는 위험
    C ☐ 일상생활에서 음악의 중요성

❷ 음악을 듣는 장소들을 인용하시오.
....
....

❸ 휴대용 음악 플레이어 사용자들의 수는 얼마인가?
    A ☐ 백만
    B ☐ 천만
    C ☐ 일 억

❹ 클래식 음악은 무엇에 사용될 수 있는가?
    A ☐ 몇몇 병을 치료하기 위해
    B ☐ 일에 집중하기 위해
    C ☐ 친구들과 더 잘 어울리기 위해

❺ 행복과 관련하여 음악의 주된 장점을 구체적으로 쓰시오.
....
....

❻ 교통 체증에 갇힌 차에서 음악을 들을 때 어떤 장점이 있는가?
....
....

❼ 음악이 뇌가 정보를 처리하는 방식을 용이하게 하는 예를 쓰시오.
....
....

Étape 3

문제 1의 필수 어휘를 익히고, 스크립트를 확인해 보세요.

필수 어휘

lecteur (m) 재생 장치(플레이어) | portable 휴대용의 | faciliter 용이하게 하다, 돕다 | cerveau (m) 뇌 | favoriser 돕다 | agir sur qc/qn ~에 영향을 미치다, 작용하다 | musicothérapeute 음악 요법 치료사 | méditatif 명상적인 | stimuler 자극하다 | endorphine (f) 엔도르핀 | fameux 유명한, 이름 높은 | hormone (f) 호르몬 | propice 좋은 | relaxant 긴장을 풀어 주는 | s'énerver 신경질 나다, 흥분하다 | endormissement (m) 취침 | QI (m) 아이큐 (= Quotient Intellectuel)

스크립트

La musique favorise le bien-être

La musique occupe une place essentielle dans notre vie. De nombreuses personnes écoutent de la musique dans la rue, dans les transports en commun… L'Union européenne compterait cent millions d'utilisateurs de lecteurs portables de musique, et c'est le premier centre d'intérêt chez les 11~18 ans.

Quel type de musique agit sur notre bien-être ?
Il y a d'abord la musique classique et en particulier Mozart, qui est très utilisé par les musicothérapeutes et également les musiques douces et méditatives. Ces musiques nous aident à nous détendre, ce qui stimule la production d'endorphines, les fameuses hormones du bien-être.

Le moment propice à l'écoute
Les musiques relaxantes peuvent être écoutées à la maison, en voiture dans les embouteillages pour éviter de s'énerver, lorsqu'on travaille sur ordinateur et, bien entendu, le soir pour favoriser l'endormissement.

Musique et apprentissage
La musique facilite la manière dont le cerveau traite les informations. Une étude du laboratoire de l'université de Laval au Canada montre que les enfants qui apprennent la musique ont de meilleurs résultats scolaires, ils retiennent mieux les informations.

Le cerveau des musiciens
Une récente recherche montre que les musiciens utilisent davantage les deux côtés du cerveau et possèdent un QI supérieur à la moyenne. Par ailleurs, les chefs d'orchestre classique vivent souvent très vieux.

France Info 9/09/2013

문제 1의 해설을 확인해 보세요.

해석

음악은 행복을 돕는다.

음악은 우리 삶에서 중요한 위치를 차지한다. 많은 사람들이 길거리에서, 대중교통에서 음악을 듣는다. 유럽 연합 국가들의 사람들 중 휴대용 음악 플레이어를 사용하는 사람들은 1억 명에 달하며, 음악은 11~18세들에게 첫 번째 관심사다.

어떤 종류의 음악이 우리의 행복에 작용할까?
우선 클래식 음악, 특히 음악 요법 치료사들에 의해 아주 많이 활용되는 모차르트가 있다. 감미로운 음악과 명상 음악도 있다. 이러한 음악들은 우리가 긴장을 풀도록 도와주는데, 이는 행복 호르몬으로 잘 알려진 엔도르핀의 생성을 자극한다.

(음악을) 듣기에 좋은 순간
긴장을 풀어 주는 음악들은 집에서, 교통 체증에 갇힌 차에서, 짜증을 피하기 위해 컴퓨터로 작업할 때, 그리고 당연히 숙면을 돕기 위해 저녁에 들어질 수 있다.

음악과 학습
음악은 뇌가 정보를 처리하는 방식을 용이하게 만든다. 캐나다 Laval 대학교 연구실의 한 연구는 음악을 배운 아이들이 학업 성적이 더 좋으며, 정보를 더 잘 기억한다는 것을 보여준다.

음악가들의 뇌
최근의 한 연구는 음악가들이 양쪽 뇌를 더 많이 사용하고 평균보다 높은 IQ를 가지고 있다는 것을 보여준다. 게다가, 클래식 오케스트라의 지휘자들은 대개 아주 오래 산다.

문제 분석

음악이 우리 생활에서 중요한 위치를 차지한다는 것을 화제로 하는 르포이다. 이 르포는 우리를 행복하게 하는 음악의 유형, 음악을 듣기에 적합한 때, 음악과 학습의 관계, 음악가들의 두뇌에 대한 내용을 중심으로 전개되고 있다. 르포 주제를 묻는 문제는 매우 자주 출제되므로, 듣기 연습을 할 때 지문의 주제를 파악하는 연습을 많이 해 두는 것이 좋다.

문항	풀이 요령
1	기사의 주제를 묻는 문제이다. 기사의 제목인 'La musique favorise le bien-être 음악은 행복을 돕는다'와 다음 문장 'La musique occupe une place essentielle dans notre vie 음악은 우리 삶에서 중요한 위치를 차지한다'에서 음악의 중요성에 대한 것임을 알 수 있으므로 정답은 **C**.
2	음악을 듣는 장소를 묻는 문제이다. 'De nombreuses personnes écoutent de la musique **dans la rue, dans les transports en commun** 많은 사람들이 길거리에서, 대중교통에서 음악을 듣는다'라는 내용이 나온다. 따라서 이것이 정답.
3	휴대용 음악 플레이어로 음악을 듣는 사람들의 수를 묻는 문제로 'cent millions d'utilisateurs de lecteurs portables de musique 휴대용 음악 플레이어를 사용하는 사람들은 1억 명'에 달한다고 하였으므로 정답은 **C**.
4	클래식 음악의 효용성을 묻는 문제이다. 'la musique classique et en particulier Mozart, qui est très utilisé par les musicothérapeutes 클래식 음악, 특히 음악 요법 치료사들에 의해 아주 많이 활용되는' 모차르트'라고 하였으므로 정답은 **A**.
5	음악의 장점을 묻는 문제로서 '**Ces musiques nous aident à nous détendre, ce qui stimule la production d'endorphines, les fameuses hormones du bien-être** 이러한 음악들은 우리가 긴장을 풀도록 도와주는데, 이는 행복 호르몬으로 잘 알려진 엔도르핀의 생성을 자극한다'라고 하였으므로 이것이 정답.
6	교통 체증으로 갇힌 차에서 음악 듣는 것의 장점에 대해 묻는 문제이다. 'en voiture dans les embouteillages pour **éviter de s'énerver** 교통 체증에 갇힌 차에서 짜증을 피하기 위해'라는 구절이 있으므로 이것이 정답.
7	음악이 정보 처리 방식에 대해 갖는 장점을 묻는 문제이다. '**les enfants qui apprennent la musique ont de meilleurs résultats scolaires, ils retiennent mieux les informations** 음악을 배운 아이들이 학업 성적이 더 좋으며, 정보를 더 잘 기억한다'라는 내용이 있으므로 이것이 정답.

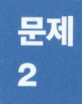

EXERCICE 2 (2) 실전 연습

Track 2(2)-02

공략에 따라 **EXERCICE 2** 연습 문제를 풀어 보세요.

Lisez les questions, écoutez le document puis répondez.

❶ Selon cet article, les Français _____

    A ☐ dépensent trop d'argent pour acheter leur téléphone portable.

    B ☐ sont victimes d'actes criminels à cause de leur téléphone portable.

    C ☐ ont été attaqués par des bandits à cause de leur téléphone portable.

❷ Que suggère le rapport présenté ?

    A ☐ Les problèmes d'origine criminelle sur téléphone portable sont plus graves en France que dans les autres pays.

    B ☐ En France, le taux de crimes sur téléphone portable est inférieur à celui d'autres pays.

    C ☐ La prévention contre les crimes sur téléphone portable est efficace en France par rapport aux autres pays.

❸ Quelle conséquence négative est provoquée par la cybercriminalité ?

....

❹ Selon le sondage, _____

    A ☐ les Français qui utilisent un téléphone portable équipé d'un logiciel de sécurité sont très nombreux.

    B ☐ beaucoup de Français utilisent leur téléphone portable en ayant conscience de l'importance d'un logiciel de sécurité.

    C ☐ beaucoup de Français utilisent leur téléphone portable en ignorant l'importance d'un logiciel de sécurité.

❺ Quelle est l'autre raison du problème de criminalité excepté du manque de connaissance des systèmes de sécurité ?

....

❻ Donnez les deux exemples qui prouvent que les Français se montrent plus confiants que leurs voisins dans les réseaux wifi publics ou non sécurisés.

....

❼ Quelle est la situation actuelle en France face à la cybercriminalité classique ?

....

Étape 2

문제 2의 내용을 해석해 보세요.

문제를 읽으세요. 자료를 듣고 답하세요.

❶ 이 기사에 따르면, 프랑스인들은 _____
  A ☐ 그들의 휴대폰을 사는 데 너무 많은 돈을 소비한다.
  B ☐ 휴대폰으로 인한 범죄 행위들의 희생자들이다.
  C ☐ 휴대폰 때문에 강도들에게 공격을 당했다.

❷ 제시된 보고서는 무엇을 시사하는가?
  A ☐ 휴대폰 범죄 문제가 다른 나라들보다 프랑스에서 더 심각하다.
  B ☐ 프랑스에서 휴대폰 범죄 비율은 다른 나라들의 그것보다 낮다.
  C ☐ 프랑스에서 휴대폰 범죄 예방이 다른 나라들에 비해 효과적이다.

❸ 사이버 범죄로 인해 유발되는 부정적 결과는 무엇인가?

....

❹ 여론 조사에 따르면, _____
  A ☐ 보안 소프트웨어를 갖춘 휴대폰을 사용하는 프랑스인들이 매우 많다.
  B ☐ 많은 프랑스인들이 보안 소프트웨어의 중요성을 인식하면서 휴대폰을 사용한다.
  C ☐ 많은 프랑스인들이 보안 소프트웨어의 중요성을 무시한 채 휴대폰을 사용한다.

❺ 보안 시스템에 대한 인식 부족 외에 범죄 문제의 또 다른 원인은 무엇인가?

....

DELF B2 · 듣기

❻ 프랑스인들이 공용 와이파이나 보안이 없는 네트워크에서 그들의 이웃 국가들보다 더 낙관적으로 보인다는 것을 입증하는 두 가지 예를 쓰시오.

_____

❼ 고전적인 사이버 범죄에 대한 프랑스의 현황은 어떠한가?

_____

Étape 3 **문제 2의 필수 어휘를 익히고, 스크립트를 확인해 보세요.**

필수 어휘

dépenser 지출하다 | attaquer 공격하다 | bandit (m) 강도 | cybercriminalité (f) 사이버 범죄 | criminalité (f) 범죄 행위 | confiant ~을 신뢰하는, 낙관적인 | sécurisé 보안화된 | au cours de ~중에, ~의 사이에 | embêtant 골치 아픈, 난처한 | basique 기초의, 기본적인 | voler 훔치다 | terminal (m) 단말기 | affirmer 단언하다, 주장하다 | déclarer 표명하다 | nettement 명확하게, 분명히 | consulter 조회하다

스크립트

Les Français ont du mal à protéger leurs smartphones.

« 41% des Français utilisant des smartphones ont été victimes d'actes de cybercriminalité au cours des douze derniers mois, contre seulement 29% en Europe et 38% dans le monde », explique un rapport.

Une donnée relativement embêtante pour les Français, puisque le coût de la cybercriminalité est très élevé. En France, on considère qu'il est de 144,70 euros pour chaque victime de cybercriminalité ces douze derniers mois.

En effet, le nombre d'utilisateurs équipés d'un logiciel de sécurité basique gratuit est seulement de 26%. Quant au nombre de personnes (il est précisé « adultes ») qui se sont fait voler leur terminal ou l'ont perdu, il est de 14%.

Mais ce manque de connaissance des systèmes de sécurité n'est pas la seule raison de ce taux élevé. D'une manière générale, les Français font plus confiance que leurs voisins européens. L'enquête affirme que quatre Français sur dix utilisateurs de réseaux sociaux déclarent partager leurs mots de passe avec d'autres personnes, soit plus que la moyenne européenne (30%) et mondiale (25%). De même, les Français se montrent « nettement plus confiants dans les réseaux wifi publics ou non sécurisés : ils sont 34% à consulter leurs comptes bancaires - contre 26% en Europe et 29% dans le monde - ou à faire des achats en ligne via ce mode de connexion ».

Moins de victimes d'actes de cybercriminalité classique
Mais si les Français ont des progrès à faire au niveau de la cybercriminalité sur mobile, ils s'en sortent bien mieux que les autres pays européens face à la cybercriminalité classique. Ainsi, 27% des Français ont été victimes d'actes de cybercriminalité au cours des douze derniers mois, contre 36% en Europe et 41% dans le reste du monde.

France Info 02/10/2013

Étape 4

문제 2의 해설을 확인해 보세요.

해석

프랑스인들은 그들의 스마트폰을 보호하는 데 어려움을 겪는다.

'지난 12개월간 스마트폰을 사용하는 프랑스인들의 41%가 사이버 범죄 행위의 희생양이었으며, 이에 비해 유럽에서는 (사이버 범죄의 희생양이) 단지 29%, 그리고 전 세계적으로는 38%에 불과했다'고 한 보고서가 밝혔다.
이는 프랑스인들에게 비교적 골치 아픈 데이터인데, 왜냐하면 사이버 범죄 비용이 크게 증가했기 때문이다. 프랑스에서는 최근 12개월간 사이버 범죄의 희생자 한 명당 144.70유로가 들었다고 추정하고 있다.
실제로 기본적인 무료 보안 소프트웨어를 갖춘 사용자의 수는 26%에 불과하다. 그들의 단말기를 도난당하거나 잃어버린 사람들(정확히는 '성인들')의 수는 14%이다.
하지만 보안 시스템에 대한 이러한 인식 부족이 이처럼 높은 비율의 유일한 원인은 아니다. 일반적으로 프랑스인들은 유럽 주변국들보다 더 신뢰를 갖는다. 조사에 따르면 SNS를 이용하는 프랑스인 10명 중 4명이 그들의 비밀 번호를 다른 사람들과 공유한다고 대답했는데, 이는 유럽 국가의 평균(30%)과 세계 평균(25%)보다 높다. 마찬가지로, 프랑스인들은 '공용 와이파이나 보안이 없는 네트워크에서 훨씬 더 낙관적으로' 보인다. 이러한 연결 방식을 통해 그들의 은행 계좌를 조회하거나 ― 유럽에서는 26%, 전 세계적으로는 29%인 데 비해 ― 온라인 쇼핑을 하는 사람들은 34%에 달한다.

고전적인 사이버 범죄 행위의 더 적은 희생자들
그러나 프랑스인들은 모바일 사이버 범죄의 영역에서는 개선이 필요하지만, 고전적 사이버 범죄 행위에 대해서는 다른 유럽 국가들보다 훨씬 더 잘 극복하고 있다. 예를 들어 지난 12개월간 프랑스인들의 27%가 사이버 범죄 행위의 희생양이었던 데 반해, 유럽에서는 36%, 나머지 국가들에서는 41%가 그러했다.

문제 분석

프랑스의 스마트폰 사이버 범죄에 대한 르포이다. 이 르포에서는 프랑스에서 스마트폰 사이버 범죄율이 높은 이유를 중점적으로 다루고 있으므로, 이를 정확히 파악하는 데 초점을 맞춰야 한다. 특히 국가별 스마트폰 사이버 범죄율, 무료 보안 소프트웨어 설치 비율, 자신의 암호를 다른 사람과 공유하는 비율 등의 통계 자료가 많이 제시되고 있기 때문에 각각의 수치 및 그것이 의미하는 바를 정확히 파악해야 한다.

문항	풀이 요령
1	기사의 주제를 묻는 문제이다. 제목에 'Les Français ont du mal à protéger leurs smartphones 프랑스인들은 그들의 스마트폰을 보호하는 데 어려움을 겪는다'라는 문장이 나온다. 좀 더 구체적으로 '41% des Français utilisant des smartphones ont été victimes d'actes de cybercriminalité 스마트폰을 사용하는 프랑스인들의 41%가 사이버 범죄 행위의 희생양이었다'라고 하였다. 따라서 정답은 **B**.
2	보고서에 대한 문제로 '41% des Français utilisant des smartphones ont été victimes d'actes de cybercriminalité au cours des douze derniers mois, contre seulement 29% en Europe et 38% dans le monde 지난 12개월간 스마트폰을 사용하는 프랑스인들의 41%가 사이버 범죄 행위의 희생양이었으며, 이에 비해 유럽에서는 (사이버 범죄의 희생양이) 단지 29%, 그리고 전 세계적으로는 38%에 불과했다'라는 내용으로 보아 프랑스인들이 가장 큰 피해를 봤다는 의미이므로 정답은 **A**.
3	사이버 범죄로 인해 어떠한 문제가 발생하는지 묻는 문제이다. 'Une donnée relativement embêtante pour les Français, puisque **le coût de la cybercriminalité est très élevé**. 이는 프랑스인들에게 비교적 골치 아픈 데이터인데, 왜냐하면 사이버 범죄 비용이 크게 증가했기 때문이다'라는 내용이 언급되고 있으므로 이것이 정답.
4	보안 소프트웨어에 대한 프랑스인들의 인식을 묻는 문제로서 'le nombre d'utilisateurs équipés d'un logiciel de sécurité basique gratuit est seulement de 26% 기본적인 무료 보안 소프트웨어를 갖춘 사용자의 수는 26%에 불과하다'라는 내용이 있다. 이는 보안 소프트웨어의 중요성에 대한 인식이 부족하다는 의미이므로 정답은 **C**.
5	프랑스에서 사이버 범죄 비율이 높은 이유를 묻는 문제이다. 지문에서는 보안 시스템에 대한 인식 부족과 낙관성을 원인으로 꼽는다. 문제에서 보안 시스템에 대한 인식 부족 외의 것을 물었으므로 '**les Français font plus confiance que leurs voisins européens** 프랑스인들은 유럽 주변국들보다 더 신뢰를 갖는다'라는 내용이 있다. 따라서 이것이 정답.
6	프랑스인들이 보안이 취약한 네트워크 사용에 다른 유럽 국가들보다 낙관적이라는 것을 보여주는 예를 찾는 문제이다. '**ils sont 34% à consulter leurs comptes bancaires - contre 26% en Europe et 29% dans le monde - ou à faire des achats en ligne via ce mode de connexion** 이러한 연결 방식을 통해 그들의 은행 계좌를 조회하거나 — 유럽에서는 26%, 전 세계적으로는 29%인 데 비해 — 온라인 쇼핑을 하는 사람들은 34%에 달한다'가 정답.
7	고전적인 사이버 범죄에 대한 프랑스의 현황을 묻는 문제이다. '**ils s'en sortent bien mieux que les autres pays européens face à la cybercriminalité classique** 고전적 사이버 범죄 행위에 대해서는 다른 유럽 국가들보다 훨씬 더 잘 극복하고 있다'라는 내용이 있으므로 이것이 정답. 이때 ils을 **Les Français**로 바꾸는 것에 유의한다.

EXERCICE 2 (2) 실전 연습

🎧 Track 2(2)-03

Étape 1 공략에 따라 EXERCICE 2 연습 문제를 풀어 보세요.

Lisez les questions, écoutez le document puis répondez.

❶ Ce reportage traite du problème _____
   A ☐ de la demande de retraite anticipée.
   B ☐ des conditions de travail des salariés.
   C ☐ du renvoi des salariés incompétents.

❷ Selon ce document, _____
   A ☐ le salarié peut être renvoyé lorsqu'il fait rarement des erreurs.
   B ☐ l'employeur ne peut licencier son employé dans aucun cas.
   C ☐ l'employeur peut licencier son employé lorsque ce dernier se trompe pendant de longues périodes.

❸ Outre le licenciement pour faute classique, quelle est l'autre manière de rompre le contrat pour l'employeur évoquée dans ce reportage ?
   A ☐ Le licenciement pour motif économique.
   B ☐ Le licenciement pour insuffisance professionnelle.
   C ☐ Le licenciement pour dégâts matériels.

❹ Quelles sont les causes principales du licenciement pour insuffisance professionnelle ?

....

❺ Quelle est l'obligation de l'employeur pour qu'un salarié ne soit pas licencié à cause du manque de caractère spécialiste ?
   A ☐ Il doit obtenir l'accord de son employé pour acheter du nouveau matériel.
   B ☐ Il doit former son employé s'il lui demande un nouveau travail.
   C ☐ Il doit accepter l'avis de son employé concernant les recrutements.

❻ Que signifie l'AFPA ?

....

❼ Qu'espère le gouvernement grâce à l'AFPA ?

....

Étape 2 **문제 3의 내용을 해석해 보세요.**

문제를 읽으세요. 자료를 듣고 대답하세요.

❶ 이 기사는 _____ 문제를 다루고 있다.

　A ☐ 조기 퇴직 요구에 대한

　B ☐ 직원들의 근무 조건에 대한

　C ☐ 무능한 직원들의 해고에 대한

❷ 이 기사에 따르면 _____

　A ☐ 직원은 실수를 드물게 했을 때 해고될 수 있다.

　B ☐ 고용주는 어떠한 경우에도 그의 직원을 해고할 수 없다.

　C ☐ 고용주는 직원이 오랜 기간 동안 실수를 하면 그의 직원을 해고할 수 있다.

❸ 고전적인 실수에 대한 해고 외에 이 기사에서 언급되는, 고용주가 계약을 파기하는 다른 방법은 무엇인가?

　A ☐ 경제적 이유로 인한 해고

　B ☐ 전문성 부족으로 인한 해고

　C ☐ 물질적 피해로 인한 해고

❹ 전문성 부족으로 인한 해고의 주된 원인들은 무엇인가?

....

❺ 전문성 부족으로 인한 해고가 발생하지 않기 위한 고용주의 의무는 무엇인가?

　A ☐ 새로운 자재를 사기 위해서는 직원의 동의를 얻어야 한다.

　B ☐ 새로운 일을 그에게 요구하기 위해서는 그의 직원을 교육해야 한다.

　C ☐ 채용에 대해 그의 직원의 의견을 수용해야 한다.

❻ AFPA는 무엇을 의미하는가?

❼ 정부는 AFPA에 무엇을 기대하고 있는가?

Étape 3

문제 3의 필수 어휘를 익히고, 스크립트를 확인해 보세요.

필수 어휘

retraite anticipée (f) 조기 퇴직 | renvoi (m) 해고 | se tromper 실수하다, 틀리다 | licenciement (m) 해고 | faute (f) 죄, 잘못 | rompre 파기하다, 취소하다 | dégât (m) 피해, 손해 | recrutement (m) 채용 | sanctionner 처벌하다, 제재하다 | affolement (m) 불안 | contentieux (m) 소송, 분쟁 | tribunal (m) 법원, 법정 | être mal à l'aise 불편해 하다 | retoquer 기각하다 | indemnité (f) 보상금 | porte ouverte (f) 공개 박람회 | formation (f) 직업 교육

스크립트

Faut-il avoir peur du licenciement pour insuffisance professionnelle ?

Peut-on être licencié si on ne fait pas bien son travail ? Et si oui, dans quelles conditions ? Le licenciement pour insuffisance professionnelle sanctionne le salarié qui ne fait pas bien le travail pour lequel il a été engagé et qui correspond à ses qualifications. Pas d'affolement : ça n'est pas parce qu'on va faire des erreurs, se tromper, qu'on est menacé. Il faut que ça dure, que ça s'installe et que ça se confirme.

On connaît le licenciement pour faute : faute simple, grave ou même faute lourde. Mais il y a une autre manière de rompre le contrat pour l'employeur, c'est le licenciement pour « insuffisance professionnelle ». Ça n'est pas nouveau, mais il y a un contentieux régulier devant les tribunaux, même si les entreprises sont plutôt mal à l'aise avec cette notion : elles ont un peu peur de se faire retoquer par le juge.
Selon un expert, il ne suffit pas de commettre quelques erreurs pour être touché par ce type de mesure. La répétition et l'installation dans le temps sont essentielles.
En outre, l'employeur est obligé de vous former s'il vous donne un nouveau travail, une nouvelle machine ou un nouveau logiciel à utiliser. Enfin, contrairement à ce qu'il se passe dans le cas d'une faute grave ou lourde, le salarié conserve toutes ses indemnités.

Bonne nouvelle pour les demandeurs d'emplois
Aujourd'hui, c'est la journée portes ouvertes de l'AFPA : l'AFPA, c'est l'Agence pour la formation professionnelle des adultes. Le gouvernement veut former cent mille personnes aux métiers qui n'arrivent pas à recruter. Ces métiers, c'est par exemple l'industrie mécanique, le numérique, l'éco-construction. Une journée portes ouvertes aujourd'hui donc, pour découvrir les possibilités de formation.

France Info 26/09/2013

Étape 4

문제 3의 해설을 확인해 보세요.

해석

전문성 부족으로 인한 해고를 두려워해야 하는가?

만약 우리가 일을 잘 못하면 우리는 해고당할 수 있는가? 그리고 만약 그렇다면 어떤 조건에서인가? 전문성 부족으로 인한 해고는 그가 맡은 일, 혹은 그의 자질에 부합하는 일을 잘 하지 못한 직원을 벌하는 것이다. 불안해할 필요는 없다: 우리가 위협받는 것은, 우리가 실수하거나 잘못할 것이기 때문은 아니다. 이것(실수)이 지속되어야 하고, 습관처럼 반복되고, 확실해져야 한다.

우리는 실수로 인한 해고를 알고 있다: 간단한 실수, 심각한 실수, 심지어는 중대한 실수까지. 그러나 고용주들이 계약을 파기하는 또 다른 방법이 있는데, 그것이 바로 '전문성 부족'으로 인한 해고다. 이는 새롭지는 않지만, 꾸준한 법정 논쟁이 있다. 기업들이 이 개념에 대해 웬만큼 불편해 할지라도 말이다: 기업들은 판사에 의해 기각당하는 것을 약간은 두려워한다.
전문가에 따르면, 이런 종류의 조치를 당하려면 몇 가지 실수를 저지르는 것만으로는 충분치 않다. 시간에 따른 반복과 정착이 핵심이다.
게다가, 고용주는 만약 그가 당신에게 새로운 일거리, 새로운 기계 혹은 사용해야 할 새로운 소프트웨어를 주면, 당신에게 교육을 해야 한다. 마지막으로, 심각하고 중대한 실수를 저질렀을 경우에 일어나는 것과는 반대로, 직원은 그의 모든 보상금을 가진다.

구직자들에게 좋은 소식
오늘은 AFPA 박람회의 날이다: AFPA란, 성인 직업 교육 협회이다. 정부는 아직 채용되지 않은 직업들에 대해 10만 명을 교육시키길 원한다. 이 직업들은 예컨대 기계 공업, 디지털, 친환경 건설의 직업들이다. 따라서 오늘의 박람회는 직업 교육의 가능성을 발견하기 위한 하루다.

문제 분석	프랑스에서의 해고, 그 중에서도 특히 전문적 자질 부족으로 인한 해고를 주제로 한 르포이다. 해고가 이루어지기 위해서는 흔히 업무상 심각한 과오나 잘못이 있어야 한다고 생각하기 쉽지만, 실제로는 과오나 잘못 자체보다는 그것이 얼마나 지속적으로 반복되는지가 관건이라는 것이 이 르포의 요지이다. 또한 마지막 부분에서는 AFPA에 대해 언급하고 있는데, 이는 성인 직업 교육 협회로 프랑스의 대표적인 직업 훈련 기관이다.

해설	문항	풀이 요령
	1	기사의 주제를 묻는 문제로 주제는 제목에 드러나기 마련이다. 'Faut-il avoir peur du licenciement pour insuffisance professionnelle ? 전문성 부족으로 인한 해고를 두려워해야 하는가?'에 따라 정답은 **C**.
	2	고용주가 직원을 해고할 수 있는 경우가 언제인지 묻고 있다. 'ça n'est pas parce qu'on va faire des erreurs, se tromper, qu'on est menacé. Il faut que ça dure, que ça s'installe et que ça se confirme 우리가 위협받는 것은, 우리가 실수하거나 잘못할 것이기 때문이 아니다. 이것(실수)이 지속되어야 하고, 습관처럼 반복되고, 확실해져야 한다'라고 하였으므로 정답은 **C**.
	3	고용주가 직원을 해고할 수 있는 사유를 묻는 문제이다. 'le licenciement pour « insuffisance professionnelle » 전문성 부족으로 인한 해고'라고 언급하고 있다. 따라서 정답은 **B**.
	4	해고 사유가 될 수 있는 이유를 묻는 문제로, 두 군데에서 언급되었다. '**Il faut que ça dure, que ça s'installe et que ça se confirme** 이것(실수)이 지속되어야 하고, 습관처럼 반복되고, 확실해져야 한다'와 '**La répétition et l'installation dans le temps sont essentielles** 시간에 따른 반복과 정착이 핵심이다'가 그것이다. 둘 중 하나만 쓰면 정답. 첫 번째 문장은 ça를 des erreurs로 바꾸고, 동사도 주어에 맞게 수정해야 함에 유의하자.
	5	고용주의 의무를 묻는 문제이다. 'l'employeur est obligé de vous former s'il vous donne un nouveau travail, une nouvelle machine ou un nouveau logiciel à utiliser 만약 그가 당신에게 새로운 일거리, 새로운 기계 혹은 사용해야 할 새로운 소프트웨어를 주면, 당신에게 교육을 해야 한다'라는 문장이 있으므로 정답은 **B**.
	6	AFPA가 무엇인지 묻는 문제이다. '**l'Agence pour la formation professionnelle des adultes** 성인 직업 교육 협회'가 정답.
	7	정부가 AFPA에 기대하는 것이 무엇인지 묻는 문제이다. '**Le gouvernement veut former cent mille personnes aux métiers qui n'arrivent pas à recruter** 정부는 아직 채용되지 않은 직업들에 대해 10만 명을 교육시키길 원한다'라는 문장이 정답. 주어를 Il로 바꾸어도 무방하다.

문제 4 : **EXERCICE 2 (2) 실전 연습**

🎧 Track 2(2)-04

Étape 1 공략에 따라 EXERCICE 2 연습 문제를 풀어 보세요.

Lisez les questions, écoutez le document puis répondez.

❶ Quel est le site lancé par le ministère de la Santé ?

　　A ☐ C'est un site Internet qui donne des informations sur les médicaments.
　　B ☐ C'est un site Internet qui donne des informations sur les hôpitaux.
　　C ☐ C'est un site Internet qui donne des informations sur les pharmacies.

❷ Quelles réponses peut-on trouver précisément sur ce site ?

....

❸ Ce site est une base de données administratives et scientifiques sur _____

　　A ☐ les pharmacies ouvertes en cas d'urgence.
　　B ☐ les traitements et le bon usage des produits de santé.
　　C ☐ les établissements accessibles aux malades en cas d'urgence.

❹ Précisez le but de ce site.

....

❺ Quel genre d'informations peut-on obtenir sur ce site ?

　　A ☐ L'adresse de médecins spécialisés.
　　B ☐ Des informations de sécurité sanitaire.
　　C ☐ La qualité de service des hôpitaux.

❻ De quels produits traite-t-on sur ce site ?

....

❼ Quelle organisation gère ces informations de sécurité sanitaire ?

....

Étape 2 문제 4의 내용을 해석해 보세요.

문제를 읽으세요. 자료를 듣고 답하세요.

❶ 보건부에 의해 시작된 사이트는 무엇인가?

　　A ☐ 의약품들에 대한 정보를 제공하는 인터넷 사이트이다.
　　B ☐ 병원들에 대한 정보를 제공하는 인터넷 사이트이다.
　　C ☐ 약국들에 대한 정보를 제공하는 인터넷 사이트이다.

❷ 이 사이트에서 구체적으로 어떤 답변들을 찾을 수 있는가?

　　..

❸ 이 사이트는 _____ 에 관한 과학적이고 행정적인 데이터베이스이다.

　　A ☐ 응급 시에 열려 있는 약국들
　　B ☐ 건강 제품들의 올바른 사용법과 취급
　　C ☐ 응급 시에 환자들이 갈 수 있는 곳들

❹ 이 사이트의 목적을 구체적으로 쓰시오.

　　..

❺ 이 사이트에서 우리는 어떤 유형의 정보를 얻을 수 있는가?

　　A ☐ 전문의들의 주소
　　B ☐ 위생 안전에 대한 정보
　　C ☐ 병원들의 서비스 질

❻ 이 사이트에서는 어떤 제품들을 다루는가?

　　..

❼ 어떤 기관이 위생 안전에 대한 이 정보를 관리하는가?

　　..

Étape 3

문제 4의 필수 어휘를 익히고, 스크립트를 확인해 보세요.

필수 어휘

pharmacie (f) 약국 | administratif 행정에 관한, 관리의 | établissement (m) 시설, 건설 | sanitaire 보건의, 위생의 | gérer 경영하다, 관리하다 | lancement (m) 개시, 발표 | prescription (f) 처방 | décret (m) 법령 | ainsi que 그리고 | compétent 권한이 있는 | en matière de ~와 관련하여 | qualitatif 질적인 | quantitatif 양적인 | commercialiser 상품화하다, 판매하다 | délivrance (f) 판매, 해방, 발급 | remboursement (m) 환불 | pharmaceutique 제약의

스크립트

Lancement d'un site Internet officiel sur les médicaments

Le site lancé par le ministère de la Santé est une base de données publiques sur les médicaments. Il est accessible gratuitement depuis ce mardi et répond aux questions sur la qualité des substances.

Une question sur la composition d'un médicament ? Ou sur les conditions de prescription ? Désormais vous trouverez les réponses sur www.medicament.gouv.fr, un site lancé ce mardi par le ministère de la Santé. Selon le décret, publié au Journal officiel dimanche dernier, ce site est une base de « données administratives et scientifiques sur les traitements ainsi que sur le bon usage des produits de santé ». Il est « destiné à servir de référence pour l'information des professionnels de santé, des usagers et des administrations compétentes en matière de produits de santé ».

Quel type d'informations ?
Le site fournira des données sur la composition « qualitative et quantitative en substances actives », les différentes présentations commercialisées, les conditions de prescription et de délivrance ainsi que « des informations de sécurité sanitaire ». Vous pourrez également trouver le prix de vente au public ainsi que le taux de remboursement des différentes spécialités et la date de suspension ou d'arrêt de commercialisation.
Les informations ne concerneront que les produits pharmaceutiques bénéficiant d'une autorisation de mise en marché délivrée en France. Elles seront gérées par l'Agence nationale de sécurité du médicament et des produits de santé (ANSM).

France Info 01/10/2013

Étape 4

문제 4의 해설을 확인해 보세요.

해석

의약품에 대한 공식 인터넷 사이트 오픈

보건부에 의해 시작된 이 사이트는 의약품들에 대한 공식적인 데이터베이스입니다. 이번 주 화요일부터 무료로 접속 가능하고 의약품들의 질에 대한 질문에 답변해 줍니다.

의약품의 성분에 대한 질문이 있나요? 아니면 처방 조건에 대한 질문이 있나요? 이제부터 당신은 보건부에 의해 이번 화요일부터 오픈되는 사이트인 www.medicament.gouv.fr에서 답변들을 찾을 수 있습니다. 지난 일요일에 공영 신문에 발표된 법령에 따르면, 이 사이트는 '건강 제품들의 올바른 사용과 취급에 대한 과학적이고 행정적인' 데이터베이스입니다. 이것은 '건강 전문가들, 사용자들, 그리고 건강 제품들과 관련하여 권한이 있는 공무원들의 정보에 참고용으로 쓰일 것을 목적'으로 합니다.

어떤 유형의 정보들인가?
이 사이트는 '활성 물질들의 양적이거나 질적인' 구성, 시판되는 다양한 (상품들의) 소개들, '위생 안전 정보들'과 더불어 처방 및 판매 조건들에 대한 정보들을 제공할 것입니다. 당신은 또한 판매가와 다양한 특허 조제약들의 환불률, 판매 중지 날짜도 찾을 수 있습니다.
이 정보들은 프랑스에서 판매 허가를 받은 의약품들에 관해서만 다룹니다. 이 정보들은 국립 의약품 건강 제품 안전청(ANSM)에 의해 관리될 것입니다.

문제 분석

의약품과 관련한 인터넷 사이트에 관련된 르포이다. 르포의 내용은 크게 사이트에서 확인할 수 있는 의약품에 대한 기초 정보와 사이트를 만든 목표로 나눌 수 있다. 이 르포에서는 특히, 지문의 처음부터 끝까지 문제가 고루 출제되어 상당한 집중력을 요하고 있다. 마지막에 사이트를 운영하는 정부 기관의 이름을 구체적으로 묻는 상당히 까다로운 문제가 출제되었다.

해설

문항	풀이 요령
1	사이트에 대한 문제이다. 'une base de données publiques sur les médicaments 의약품들에 대한 공식적인 데이터베이스'라는 내용이 나온다. 따라서 정답은 **A**.
2	사이트에서 찾을 수 있는 답변들이 무엇인지 묻는 문제이다. 'répond aux questions sur la qualité des substances 의약품들의 질에 대한 질문에 답변해 준다'라는 내용과 'une question sur la composition d'un médicament ? Ou sur les conditions de prescription ? 의약품의 성분에 대한 질문이 있나요? 아니면 처방 조건에 대한 질문이 있나요?'라는 내용에 따라 정답은 **Des réponses aux questions sur la qualité des substances, la composition d'un médicament ou les conditions de prescription.**

3	사이트가 무엇에 관한 데이터베이스인지 묻는 문제이다. 'ce site est une base de « **données administratives et scientifiques sur les traitements ainsi que sur le bon usage des produits de santé »** 건강 제품들의 올바른 사용과 취급에 대한 과학적이고 행정적인 데이터베이스'라는 내용이 있으므로 정답은 **B**.
4	사이트의 목적을 묻는 문제로 'Il est « destiné à **servir de référence pour l'information des professionnels de santé, des usagers et des administrations compétentes en matière de produits de santé** » 이것은 건강 전문가들, 사용자들, 그리고 건강 제품들과 관련하여 권한이 있는 공무원들의 정보에 참고용으로 쓰일 것을 목적으로 한다'라는 내용에 따라 이것이 정답.
5	사이트에서 얻을 수 있는 정보에 관한 질문이다. 'des données sur la composition « qualitative et quantitative en substances actives », les différentes présentations commercialisées, les conditions de prescription et de délivrance ainsi que « des informations de sécurité sanitaire » '활성 물질들의 양적이거나 질적인' 구성, 시판되는 다양한 (상품들의) 소개들, '위생 안전 정보들'과 더불어 처방 및 판매 조건들에 대한 정보들'이라는 내용이 있다. 따라서 이 사항들에 부합하는 것은 **B**.
6	사이트에서 다루는 제품에 관한 문제이다. '**les produits pharmaceutiques bénéficiant d'une autorisation de mise en marché délivrée en France** 프랑스에서 판매 허가를 받은 의약품들'에 관해서만 다룬다고 하였으므로 이것이 정답.
7	사이트를 운영하는 기관에 대해 묻는 문제로 '**l'Agence nationale de sécurité du médicament et des produits de santé** 국립 의약품 건강 제품 안전청'에 의해 운영될 예정이라는 내용에 따라 이것이 정답. 약자 **ANSM**으로 적어도 무방하다.

EXERCICE 2 (2) 실전 연습

Track 2(2)-05

Étape 1 공략에 따라 EXERCICE 2 연습 문제를 풀어 보세요.

Lisez les questions, écoutez le document puis répondez.

1 Le reportage concerne _____

    A ☐ le problème de l'abus de médicaments pour la santé.
    B ☐ les précautions à prendre contre la maladie.
    C ☐ les avantages du sport pour garder la santé.

2 Selon ce reportage, _____

    A ☐ plus de la moitié des Français pratiquent suffisamment une activité physique.
    B ☐ moins de la moitié des Français pratiquent une activité physique suffisante.
    C ☐ la plupart des Français font du sport régulièrement.

3 Pourquoi le sport est-il si important ?

....

4 Que peut-on observer selon la première étude ?

    A ☐ L'état physique est étroitement lié à celui du cerveau.
    B ☐ L'état physique n'a rien à voir avec celui du cerveau.
    C ☐ L'état physique n'a aucune relation avec les résultats d'évaluation cognitive.

5 Citez les exemples de résultats cognitifs positifs chez les personnes âgées musclées et toniques.

....

6 Selon l'étude, quels sont les avantages de la pratique régulière d'un sport ?

....

❼ Pour les plus jeunes, _____

    A ☐ ceux qui font du sport régulièrement ont plus de mémoire.

    B ☐ ceux qui font du sport régulièrement ont peu de mémoire.

    C ☐ ceux qui font du sport régulièrement ont des problèmes de concentration.

Étape 2

문제 5의 내용을 해석해 보세요.

문제를 읽으세요. 자료를 듣고 대답하세요.

❶ 보도는 _____ 와(과) 관련이 있다.

    A ☐ 건강에 대한 약 남용 문제

    B ☐ 병에 대해 취해야 할 예방

    C ☐ 건강을 유지하기 위한 운동의 장점들

❷ 이 보도에 따르면, _____

    A ☐ 프랑스인들의 절반 이상이 육체적인 활동을 충분히 하고 있다.

    B ☐ 프랑스인들의 절반 이하가 충분한 육체적 활동을 하고 있다.

    C ☐ 대부분의 프랑스인들은 규칙적으로 운동을 한다.

❸ 왜 운동이 그렇게 중요한가?

....

❹ 첫 번째 연구에 따르면 무엇을 알 수 있는가?

    A ☐ 육체적 상태가 뇌의 상태와 밀접하게 연관되어 있다는 것

    B ☐ 육체적 상태가 뇌의 상태와는 아무런 관련이 없다는 것

    C ☐ 육체적 상태가 인지 평가 결과와 아무런 관련이 없다는 것

❺ 근육이 발달되고 탄력 있는 나이 든 사람들의 긍정적인 인지 평가 결과의 예를 인용하시오.

....

❻ 연구에 따르면 규칙적으로 운동하는 것의 장점들은 무엇인가?

....

❼ 젊은이들의 경우, _____

    A ☐ 운동을 규칙적으로 하는 이들은 기억력이 더 좋다.
    B ☐ 운동을 규칙적으로 하는 이들은 기억력이 나쁘다.
    C ☐ 운동을 규칙적으로 하는 이들은 집중력의 문제를 갖고 있다.

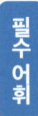

Étape 3   **문제 5의 필수 어휘를 익히고, 스크립트를 확인해 보세요.**

필수 어휘

abus (m) 남용 | pratiquer 실천하다, 수행하다 | cognitif 인지적인 | musclé 근육이 발달한, 힘센 | tonique 탄력이 있는 | surprenant 깜짝 놀라게 하는, 의외의 | bienfait (m) 효용, 이익 | doper 활성화하다 | démontrer 증명하다, 보여주다 | renforcer 보강하다, 견고히 하다 | rapidité (f) 빠름, 신속함 | au volant 운전 중인 | significatif 의미가 있는, 중요한 | danois 덴마크의 | afficher (모습을) 보이다, 과시하다 | conséquent 일관성 있는, 합리적인 | équivaloir à + qc (의미·결과 따위가) 마찬가지이다 | bricoler (간단한) 작업을 하다, 손질하다

Les bienfaits du sport : surtout de la marche à pied

Près de 60% des Français n'ont pas un niveau d'activité physique suffisant. Pourtant, faire du sport est déterminant pour rester en forme et même pour doper notre cerveau.

Selon une étude, les personnes musclées et toniques sont celles qui ont les meilleurs résultats aux différents tests d'évaluation cognitive.

Sur les personnes âgées, les résultats sont meilleurs pour différents tests d'évaluations cognitives : la concentration, la capacité à passer d'une tâche à une autre ou encore la mémorisation. Il a également été démontré que la pratique régulière d'un sport renforce l'attention, le contrôle et la rapidité de réaction au volant.

Pour les plus jeunes, les résultats sont surtout significatifs pour les capacités de mémorisation, qui semblent dopées par l'activité physique. Ceux qui font du sport plusieurs fois par semaine peuvent mémoriser un volume d'informations nettement plus important.

L'effet du sport

Les conclusions d'une deuxième étude sur les bienfaits du sport sont surprenantes : pour maigrir, il vaut mieux se limiter à une demi-heure de sport plutôt qu'une heure complète.

Selon une récente étude danoise, les personnes suivant un programme sportif de trente minutes par jour auraient plus de chances de perdre du poids sur le long terme que celles s'entraînant pendant une heure entière. Autrement dit, du sport oui, mais pas trop car, sur la durée, les « petits » sportifs feraient preuve d'une motivation plus poussée et afficheraient donc une perte de poids plus conséquente.

Un mode de vie actif équivaudrait à une activité sportive

À raison de trente minutes par jour, cinq jours par semaine, certaines activités du quotidien, comme marcher rapidement, bricoler, faire un grand ménage ou jardiner, peuvent suffire !

France Info 26/09/2013

Étape 4
문제 5의 해설을 확인해 보세요.

해석

운동, 특히 걷기의 효용

프랑스인들의 거의 60%가 충분한 수준의 육체적 운동을 하지 않는다. 그러나 운동을 하는 것은 건강을 유지하는 데, 그리고 심지어는 우리의 뇌를 활성화시키는 데 결정적이다.

한 연구에 따르면, 근육이 발달되고 탄력 있는 사람들이 여러 가지 인지 평가에서 가장 좋은 결과를 얻었다.
나이 든 사람들의 경우 여러 가지 인지 평가에서 결과가 더 좋았다: 집중력, 한 업무에서 다른 업무로 넘어가는 능력, 혹은 기억력. 또한 규칙적으로 운동하는 것이 주의력, 통제력, 그리고 운전할 때의 반응 속도를 강화시켜 준다는 것도 증명되었다.
더 젊은 사람들의 경우, 결과는 기억력에 있어서 특히 유의미했는데, 이는 신체적 능력에 의해 활성화되는 것으로 보였다. 1주일에 몇 번씩 운동을 한 사람들은 훨씬 더 많은 양의 정보들을 기억할 수 있었다.

운동의 효과
운동의 효용에 대한 두 번째 연구의 결론은 놀랍다: 살을 빼기 위해 1시간 내내 운동하는 것보다 오히려 30분으로 제한하는 것이 더 낫다는 것이다.
최근 덴마크의 한 연구에 따르면, 하루에 30분 스포츠 프로그램을 따라가는 사람들이 1시간 내내 운동하는 사람들보다 장기적으로 살이 빠질 확률이 더 높다고 한다. 다르게 말하면, 운동을 하되, 너무 많이는 하지 말라는 것이다. 왜냐하면 지속성에 있어서, '짧은 시간의' 운동이 더 큰 동기 부여를 보이며, 따라서 더 일관적으로 살이 빠지는 모습을 보일 것이기 때문이다.

활동적인 생활 방식은 운동과 마찬가지다
하루 30분, 일주일에 5일씩 빠르게 걷거나 뭔가를 만들거나 대청소를 하거나 정원을 가꾸는 것과 같은 일상적인 행동들로도 충분할 수 있다!

문제 분석

스포츠의 효용, 그 중에서도 특히 걷기의 효용에 대한 르포이다. 르포는 크게 두 가지 부분으로 나눌 수 있는데, 첫 번째는 운동의 효용에 대한 것이다. 운동이 신체적인 면과 인지적인 면에서 각각 어떤 효용이 있는지 파악해야 한다. 두 번째는 언제, 얼마나 운동을 하는 것이 이상적인지와 운동을 대체할 수 있는 활동에는 어떤 것들이 있는지이다. 이 르포에서는 여론 조사 결과와 연구 결과가 제시되고 있으므로, 각각의 연구 결과가 의미하는 것이 무엇인지 또한 꼼꼼히 살펴야 한다.

문항	풀이 요령
1	기사의 주제를 묻는 문제이다. 기사 제목에 'Les bienfaits du sport : surtout de la marche à pied 운동, 특히 걷기의 효용'이라는 구절이 있다. 따라서 이 기사는 건강과 운동에 관한 것임을 짐작할 수 있으며 정답은 **C**.
2	여론 조사의 결과를 묻는 문제이다. 'Près de 60% des Français n'ont pas un niveau d'activité physique suffisant 프랑스인들의 거의 60%가 충분한 수준의 육체적 운동을 하지 않는다'라는 문장이 있다. 이는 다시 말해 절반이 안 되는 프랑스인들은 운동을 하고 있다는 의미가 된다. 따라서 정답은 **B**.
3	운동의 중요성을 묻는 문제이다. '**faire du sport est déterminant pour rester en forme et même pour doper notre cerveau** 운동을 하는 것은 건강을 유지하는 데, 그리고 심지어는 우리의 뇌를 활성화시키는 데 결정적이다'라는 언급이 있다. 따라서 이것이 정답.
4	연구 결과를 묻는 문제이다. 'les personnes musclées et toniques sont celles qui ont les meilleurs résultats aux différents tests d'évaluation cognitive 근육이 발달되고 탄력 있는 사람들이 여러 가지 인지 평가에서 가장 좋은 결과를 얻었다'라는 문장이 있다. 이는 건강과 인지적 능력이 긴밀한 연관성이 있음을 의미하므로 정답은 **A**.
5	인지 평가에서 나이 든 사람들이 어떤 결과를 보였는지 묻는 문제이다. '**la concentration, la capacité à passer d'une tâche à une autre ou encore la mémorisation** 집중력, 한 업무에서 다른 업무로 넘어가는 능력, 혹은 기억력'에서의 인지 평가 결과가 좋았다고 언급하였다. 따라서 이것이 정답.
6	운동을 규칙적으로 할 때의 장점이 무엇인지 묻는 문제이다. '**la pratique régulière d'un sport renforce l'attention, le contrôle et la rapidité de réaction au volant** 규칙적으로 운동하는 것이 주의력, 통제력, 그리고 운전할 때의 반응 속도를 강화시켜 준다'는 내용이 나온다. 따라서 이것이 정답.
7	운동이 젊은이들에게 미치는 영향을 묻는 문제이다. 'les capacités de mémorisation, qui semblent dopées par l'activité physique 기억력은 신체적 능력에 의해 활성화되는 것으로 보였다'라는 내용에 따라 정답은 **A**.

듣기 평가 新 유형

新 유형 개정 GUIDE

EXERCICE 3 최신 유형 5 SET로 끝장내기

| 잠깐 | **2020년부터 DELF와 DALF 문제가 개정됩니다.**
다음은 어떤 부분에 변화가 생기는지에 대한 안내입니다.

DELF와 DALF 시험의 주관 기관인 CIEP에 따르면 2020년부터 2022년까지는 '유예 기간'으로 기존 유형과 새로운 유형이 공존하여 시험이 치러집니다. 따라서 본서에서는 응시자들이 기존 유형과 새로운 유형 모두에 대비할 수 있도록 두 유형을 모두 수록하였습니다. 시험 단계별로 살펴보면 아래와 같습니다.

A2
- 듣기, 독해 영역 주관식 문제 폐지
- 듣기 영역 문제 수 변경: 음성 자료 7개 → 짧은 음성 14개
- 독해 영역 Vrai / Faux 문제 형식 유지, 'Justification 입증하기' 폐지 [배점 낮아짐]

B1
- 듣기, 독해 영역 주관식 문제 폐지
- 독해 시험 시간 변경: 35분 → 45분
- 독해 영역 Vrai / Faux 문제 형식 유지, 'Justification 입증하기' 폐지 [배점 낮아짐]

B2
- 듣기, 독해 영역 주관식 문제 폐지
- 듣기 영역 문제 수 변경: 음성 자료 2개 → 짧은 음성 5개
- 독해 영역 Vrai / Faux 문제 형식 유지, 'Justification 입증하기' 폐지 [배점 낮아짐]

C1, C2
- 전문 분야 폐지

요약하자면, 듣기와 독해 평가에서 주관식 문제는 객관식 문제로 바뀝니다. 듣기 평가의 경우 음성 자료가 기존보다 배로 늘어나기 때문에, 평소 듣기 평가에 부담을 느끼는 수험생들이 많은 것을 고려하면 수험생들의 부담이 커질 것으로 보입니다. 독해 평가의 경우 주관식 문제가 사라지므로 난이도가 낮아진다고 볼 수 있겠습니다.

① 주관식 폐지	• A2, B1, B2 시험에서 듣기, 독해 영역의 주관식 문제 폐지
② A2, B1, B2 독해 유형	• Vrai / Faux 문제 형식은 유지, 'Justification 입증하기' 폐지 [배점 낮아짐]
③ 문제 수 변경	• A2 듣기 영역 문제 수: 음성 자료 7개 → 짧은 음성 14개 • B2 듣기 영역 문제 수: 음성 자료 2개 → 짧은 음성 5개 • EXERCICE별로 문항 수 감소
④ A2 듣기 EXERCICE 4 [현재 한 문제당 2점]	• 각 유형별 EXERCICE에 딸린 문항 수는 줄어드나 EXERCICE 자체가 7개에서 14개로 늘어나므로 문항별 배점이 낮아질 확률 높음
⑤ A2 독해 EXERCICE 3	• 객관식과 동일한 방식으로 간주하여 바뀌지 않을 가능성도 있음
⑥ 시험 시간 변경	• B1 독해의 경우 35분에서 45분으로 변경
⑦ C1, C2	• 문학, 과학 분야 폐지

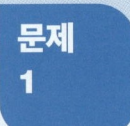

EXERCICE 3

Track N1-01

공략에 따라 EXERCICE 3 연습 문제를 풀어 보세요.

DOCUMENT 1

Vous allez écouter 1 fois 3 documents.

Lisez les questions, écoutez le document puis répondez.

❶ Qu'est-ce qu'on constate dans le salon du livre de Genève ?

    A ☐ Il y a plusieurs salons du livre en Suisse.

    B ☐ Les écrivains ne peuvent pas y participer.

    C ☐ Deux auteurs co-président ce salon de rencontres d'écrivains.

❷ Selon Sophie MORIN, l'une des missions du salon est _____

    A ☐ de vendre des livres à un prix modéré aux jeunes.

    B ☐ d'offrir l'accès à la lecture au jeune public des pays étrangers.

    C ☐ d'offrir l'accès aux livres et à la lecture au jeune public de la région.

문제 1의 내용을 해석해 보세요.

당신은 3개의 자료들을 1번 듣게 됩니다.

문제를 읽으세요. 자료를 듣고 답하세요.

❶ 제네바의 도서 박람회에서 무엇을 확인할 수 있는가?

    A ☐ 스위스에는 여러 개의 도서 박람회가 있다.

    B ☐ 작가들은 여기에 참여할 수 없다.

    C ☐ 두 명의 작가들이 작가들과의 만남을 위해 이 전시회를 공동으로 주재한다.

❷ Sophie MORIN에 따르면, 전시회의 임무들 중에 하나는 _____ 이다.

A □ 젊은이들에게 저렴한 가격으로 책들을 파는 것
B □ 외국의 젊은 대중들에게 독서에 대한 접근성을 제공하는 것
C □ 지역의 젊은 대중들에게 책과 독서에 대한 접근성을 제공하는 것

Étape 3 문제 1의 필수 어휘를 익히고, 스크립트를 확인해 보세요.

필수 어휘

co-présider 공동으로 주재하다 | modéré 싼, 절제 있는 | regrouper 결집하다, 통합하다 | exposant 신청자 | francophonie (f) 프랑스어권 | libraire 서적상 | convivial 친근한, 다정한 | régner en maîtres 독보적 위치를 차지하다, 지배자로 군림하다 | hebdomadaire 주간의 | ambassadeur (m) 대사, 사절 | incarner 구현하다 | pôle (m) 중심 | stand (m) 전시장 | dédicacer 헌정하다, 바치다 | s'impliquer 열중하다 | manifestation (f) 행사 | partenariat (m) 제휴 | instruction (f) 교육

스크립트

A: Le salon du livre de Genève aura lieu du 28 avril au 2 mai 2021 à Palexpo. Le salon du livre de Genève est le seul salon d'éditeurs de Suisse et il regroupe près de 350 exposants de toute la francophonie. Il accueille pendant cinq jours lecteurs, écrivains, éditeurs et libraires dans un esprit convivial où le plaisir, l'échange et la découverte règnent en maîtres. Écoutons Sophie MORIN. Elle est journaliste à Canal +, où elle a fondé il y a un an « L'histoire des Ados », une version hebdomadaire du quotidien consacrée aux adolescents.

M: Chaque année de nombreux auteurs, ambassadeurs de la littérature francophone mais aussi étrangère viennent incarner la diversité des genres littéraires à travers les espaces thématiques et les pôles d'animations interactives du salon ainsi que sur les stands des éditeurs et des libraires et l'espace dédicacé. Depuis 2019, le salon invite deux auteurs à co-présider chaque édition en s'impliquant dans la programmation et en montant sur différentes scènes tout au long de la manifestation pour des rencontres avec d'autres écrivains. L'une des missions du salon est d'offrir l'accès au livre et à la lecture au jeune public de la région. En partenariat avec le Département de l'instruction publique, le salon accueille chaque année les enseignants et leurs élèves, en leur proposant de multiples ateliers et expositions.

https://salondulivre.ch

해석

A: 제네바 도서 박람회가 2021년 4월 28일부터 5월 2일까지 Palexpo에서 개최됩니다. 제네바 도서 박람회는 스위스의 유일한 출판 박람회이며, 모든 프랑스어권 지역에서 350여 명의 출품자들을 모이게 합니다. 박람회는 5일간 독자들, 작가들, 출판사들, 그리고 서적상들을 즐거움, 교류, 발견이 가득한 친근한 분위기 속에서 맞이합니다. Sophie MORIN 씨의 말씀을 들어보겠습니다. 그녀는 Canal+의 기자이고, 그곳에서 1년 전에 청소년들을 위한 일간지의 주간지 판인 'L'histoire des Ados'를 창간했습니다.

M: 매년, 프랑스어권 문학뿐만 아니라 외국 문학의 수많은 작가들과 대사(大使)들이 주제의 공간과 박람회의 상호작용적인 생동감의 중심을 통해서, 그리고 출판사들과 서적상들의 전시장과 헌정 공간에서 문학적 장르의 다양성을 구현하기 위해 옵니다. 2019년부터, 박람회는 다른 작가들과의 만남을 위해 행사 내내 예정된 프로그램에 열중하고 여러 가지 무대에 나서면서 각 판을 공동 주재할 두 명의 작가들을 초대했습니다. 박람회의 임무들 중 하나는 지역의 젊은 대중들에게 책과 독서에 대한 접근성을 제공하는 것입니다. 교육부와 제휴하여 박람회는 매년 교사들과 학생들을 맞이하고, 그들에게 다양한 연구회와 전시회들을 제안합니다.

Étape 4

문제 1의 해설을 확인해 보세요.

문제 분석

제네바의 도서 박람회에 대한 내용이다. 도서 전시회와 같은 전시 혹은 행사가 소재인 경우, 전시 기간, 장소, 목적, 참가자, 행사 프로그램, 진행 순서, 특성 등의 정보에 주의를 기울여야 한다. 여기에서는 도서 박람회의 특성과 목적을 묻는 평이한 수준의 문제가 출제되었다.

해설

문항	풀이 요령
1	제네바 도서 박람회에 대한 설명으로 알맞은 것을 고르는 문제이다. 'Le salon du livre de Genève est le seul salon d'éditeurs de Suisse 제네바 도서 박람회는 스위스의 유일한 출판 박람회'라는 내용에 따라 A는 정답이 될 수 없다. 또한 'Il accueille pendant cinq jours lecteurs, écrivains 박람회는 5일간 독자들, 작가들을 맞이한다'라는 내용으로 보아 B 역시 정답이 될 수 없다. 'le salon invite deux auteurs à co-présider chaque édition en s'impliquant dans la programmation et en montant sur différentes scènes tout au long de la manifestation pour des rencontres avec d'autres écrivains 박람회는 다른 작가들과의 만남을 위해 행사 내내 예정된 프로그램에 열중하고 여러 가지 무대에 나서면서 각 판을 공동 주재할 두 명의 작가들을 초대했습니다'라는 내용에 따라 정답은 **C**.
2	박람회의 임무에 관한 문제이다. 'L'une des missions du salon est d'offrir l'accès au livre et à la lecture au jeune public de la région 박람회의 임무들 중 하나는 지역의 젊은 대중들에게 책과 독서에 대한 접근성을 제공하는 것입니다'라는 내용에 따라 정답은 **C**.

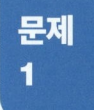

EXERCICE 3

🎧 Track N1-02

공략에 따라 EXERCICE 3 연습 문제를 풀어 보세요.

DOCUMENT 2

Lisez les questions, écoutez le document puis répondez.

❸ Qu'est-ce qu'on constate dans l'évolution de la lecture des jeunes ?

  A ☐ Les jeunes lisent de plus en plus.
  B ☐ Les jeunes lisent de moins en moins.
  C ☐ Les jeunes s'intéressent de plus en plus aux livres.

❹ Comment doit-on faire pour ne pas s'égarer dans le flot d'informations ?

  A ☐ Il ne faut pas faire le tri.
  B ☐ Il faut construire une séquence de lecture.
  C ☐ Il ne faut pas éviter la saturation informationnelle.

문제 1의 내용을 해석해 보세요.

문제를 읽으세요. 자료를 듣고 답하세요.

❸ 젊은이들의 독서의 변화에서 우리는 무엇을 확인할 수 있는가?

  A ☐ 젊은이들이 점점 더 많이 독서를 한다.
  B ☐ 젊은이들이 점점 덜 독서를 한다.
  C ☐ 젊은이들이 점점 더 책들에 대해 관심을 갖는다.

❹ 정보의 홍수에서 헤매지 않기 위해서는 어떻게 해야 하는가?

  A ☐ (정보를) 선별하지 말아야 한다.
  B ☐ 지속적으로 독서하는 습관을 길러야 한다.
  C ☐ 정보의 포화 상태를 피해서는 안 된다.

Étape 3

문제 1의 필수 어휘를 익히고, 스크립트를 확인해 보세요.

필수 어휘

s'égarer 헤매다 | flot (m) 홍수, 물결, 바다 | faire le tri 선별하다 | saturation (f) 포화 상태 | privilégié 특권이 있는 | savoir (m) 지식, 학문 | numérique (m) 디지털 | sociabilité (f) 사회성 | texto (m) 문자 메시지 | publicité (f) 광고, 선전 | additif 부가적인 | lien (m) 링크 | se superposer 서로 겹쳐지다, 포개지다 | tourner en rond 빙빙 돌다, 선회하다

스크립트

Les jeunes lisent moins de livres et, surtout, lisent moins pour le plaisir. La lecture n'est plus considérée comme la porte d'accès privilégiée au savoir et n'est plus synonyme de plaisir.

Le numérique aussi a changé notre façon de lire : les séquences de lecture des jeunes sont plus courtes, souvent liées à leurs échanges écrits sur Internet, et donc très liées à la sociabilité.

Les 15-29 ans lisent des textos, Wikipédia, des blogs... Il y a bien des façons de lire. En réalité, on n'a jamais tant lu : des textes, des publicités, des articles, etc. Mais le goût pour la lecture de littérature baisse. Ces deux types de lectures sont différents. La lecture HTML est « additive », les liens et les articles se superposent les uns aux autres. Pour ne pas se perdre dans le flot d'informations, il faut construire une séquence de lecture. Il faut faire le tri, ne pas se perdre pour éviter la saturation informationnelle dans le moment où l'on ne comprend plus rien à ce qu'on lit et où l'on tourne en rond. Ce sont des compétences très difficiles à acquérir.

Le Monde 24/09/2014

해석

젊은이들은 책을 점점 덜 읽는데, 특히 즐거움을 위해서는 더욱 그렇습니다. 독서는 더 이상 지식으로의 특권을 누리는 출입문으로 여겨지지 않으며, 더 이상 즐거움의 동의어가 아닙니다.
디지털이 우리의 읽는 방식 또한 바꾸었습니다: 젊은이들의 독서 시간은 더 짧아졌고, 흔히 인터넷으로 주고받는 문자에 연결되어 있으며, 따라서 사교성과도 큰 연관이 있습니다.
15세에서 29세들은 문자 메시지, 위키피디아, 블로그들을 읽습니다. 읽기 위한 많은 방법들이 있죠. 사실 우리는 이렇게 많이 읽었던 적이 없습니다: 문자들, 광고들, 기사들, 기타 등등이요. 그러나 문학을 읽는 것에 대한 취미는 줄어들었습니다. 이 두 가지 유형의 독서는 다릅니다. HTML을 읽는 것은 '부가적인' 것이고, 링크와 기사들은 서로 겹칩니다. 정보의 홍수 속에서 헤매지 않기 위해서는 지속적으로 독서하는 습관을 길러야 합니다. 정보들을 가려 보아야 하고, 우리가 읽는 것을 우리가 더 이상 전혀 이해하지 못할 때, 그리고 우리가 겉핥기만 할 때 정보의 포화 상태를 피하기 위해 헤매지 않아야 합니다. 이는 습득하기 어려운 능력들입니다.

문제 1의 해설을 확인해 보세요.

문제 분석

최근의 독서 경향에 관한 내용이다. 요즘 젊은이들의 독서 경향은 어떠한지, 독서의 유형을 어떻게 나눌 수 있는지 파악해야 한다. 요즘처럼 정보가 넘치는 시대에 어떻게 독서를 하는 것이 좋은지도 놓쳐서는 안 되는 부분이다.

해설

문항	풀이 요령
3	젊은이들의 독서 성향과 관련한 문제이다. 'Les jeunes lisent moins de livres et, surtout, lisent moins pour le plaisir 젊은이들은 책을 점점 덜 읽는데, 특히 즐거움을 위해서는 더욱 그렇습니다'라는 내용에 따라 정답은 **B**.
4	정보의 홍수 속에서 헤매지 않기 위한 방법에 대한 문제이다. 'Pour ne pas se perdre dans le flot d'informations, il faut construire une séquence de lecture. Il faut faire le tri, ne pas se perdre pour éviter la saturation informationnelle dans le moment où l'on ne comprend plus rien à ce qu'on lit et où l'on tourne en rond 정보의 홍수 속에서 헤매지 않기 위해서는 지속적으로 독서하는 습관을 길러야 합니다. 정보들을 가려 보아야 하고, 우리가 읽는 것을 우리가 더 이상 전혀 이해하지 못할 때, 그리고 우리가 겉핥기만 할 때 정보의 포화 상태를 피하기 위해 헤매지 않아야 합니다'라는 내용에 따라 정답은 **B**.

| 문제 1 | **EXERCICE 3** |

🎧 Track N1-03

| Étape 1 | 공략에 따라 EXERCICE 3 연습 문제를 풀어 보세요. |

DOCUMENT 3

Lisez les questions, écoutez le document puis répondez.

❺ Selon le reportage, qui dirige la leçon d'histoire dans la classe ?

  A ☐ Les élèves.

  B ☐ Les historiens.

  C ☐ Les enseignants.

❻ Que les élèves peuvent-ils développer en apprenant l'histoire ?

  A ☐ Leur pensée propre.

  B ☐ Leurs aptitudes physiques.

  C ☐ Leur compétence d'apprentissage.

| Étape 2 | 문제 1의 내용을 해석해 보세요. |

문제를 읽으세요. 자료를 듣고 답하세요.

❺ 보도에 따르면, 누가 교실에서 역사 수업을 주도하는가?

  A ☐ 학생들

  B ☐ 역사학자들

  C ☐ 교사들

❻ 학생들은 역사를 배우면서 무엇을 발전시킬 수 있는가?

  A ☐ 그들의 고유한 생각

  B ☐ 그들의 신체적 능력

  C ☐ 그들의 학습 능력

Étape 3 문제 1의 필수 어휘를 익히고, 스크립트를 확인해 보세요.

필수 어휘

diriger 주도하다, 지도하다 | historien 역사가 | aptitude (f) 능력, 소질 | apprentissage (m) 학습 | progression (f) 진행 | exposé (m) 설명 | éclairé 교양 있는 | doté de ~을 갖추고 있는 | envahisseur (m) 침입자 | ciment (m) 유대 | entité (f) 단체, 실체 | s'ériger 건립되다 | discipline (f) 훈련, 규율 | philosophie (f) 철학, 사상 | interprétation (f) 해석, 설명 | révolu 지나간 | assister 목격하다 | extrapolation (f) 일반화 | rationalisation (f) 합리화, 정당화

스크립트

A : Pourquoi apprendre l'histoire à l'école ? Sophie BESCHERELLE nous aide à répondre à cette question.

B : L'enseignement de l'histoire en France tend à suivre une progression commençant par l'exposé de l'enseignant dans les classes où les jeunes ne disposent pas encore des données minimum. L'histoire permet de faire des jeunes des citoyens éclairés, dotés de valeurs auxquelles ils croient, et qu'ils sont prêts à défendre. Cela se traduira aussi bien dans des oppositions nationales que face à un envahisseur physique ou culturel. L'histoire constitue le ciment d'une unité, d'une entité collective qui s'érige autour d'un passé commun, même si c'est une discipline reposée sur une philosophie d'interprétation, à partir d'événements révolus auxquels les chercheurs et historiens n'ont généralement pas assisté. L'histoire permet alors de dépasser hier pour se tourner vers la philosophie et l'avenir de la société, en développant sa pensée propre, à partir de faits, d'une extrapolation ou d'une rationalisation.

Thot Cursus 01/02/2016

A: 왜 학교에서 역사를 배워야 할까요? Sophie BESCHERELLE이 우리가 이 질문에 답하는 것을 도와줍니다.

B: 프랑스의 역사 교육은 아이들이 아직 최소한의 자료들을 가지고 있지 않은 교실에서 교사의 설명에 의해 시작되는 진행을 따르는 경향이 있습니다. 역사는 아이들을 그들이 믿는, 그리고 그들이 수호할 준비가 되어 있는 가치들을 갖춘 교양 있는 시민으로 만들어 줍니다. 이것은 또한 물리적, 혹은 문화적인 침략자에 대해서와 마찬가지로, 국가적 대립들 속에서도 표현될 수 있습니다. 역사는 공통된 과거 주위에 세워진 어떤 단체와 집합체들의 유대를 구성합니다. 설령 이것이 일반적으로 연구자들이나 역사가들이 살피지 않는 지나간 사건들에서 출발하여 해석의 철학에 근거를 둔 훈련이라고 할지라도 말입니다. 역사는 그래서 사실로부터 출발하여 일반화 혹은 합리화에 대한 사람들의 고유한 생각을 발전시키면서 철학과 사회의 미래로 향하기 위해 과거를 넘어설 수 있도록 합니다.

Étape 4

문제 1의 해설을 확인해 보세요.

역사 교육의 필요성에 대한 내용이다. 이 담화는 프랑스에서 역사 교육을 하는 주체 및 역사를 배우는 이유가 주된 내용이다. 역사 교육을 통해 청소년들이 어떠한 자질을 습득할 수 있는지에 초점을 맞춰야 한다. 역사 교육의 이유를 여러 가지 제시하고 있으므로, 마지막까지 집중해서 듣도록 한다.

문항	풀이 요령
5	교실에서 역사 수업을 주도하는 사람이 누구인지 묻는 문제이다. 'L'enseignement de l'histoire en France tend à suivre une progression commençant par l'exposé de l'enseignant dans les classes où les jeunes ne disposent pas encore des données minimum 프랑스의 역사 교육은 아이들이 아직 최소한의 자료들을 가지고 있지 않은 교실에서 교사의 설명에 의해 시작되는 진행을 따르는 경향이 있습니다'라는 내용에 따라 정답은 **C**.
6	역사를 통해 학생들이 배울 수 있는 것에 대한 문제이다. 'L'histoire permet alors de dépasser hier pour se tourner vers la philosophie et l'avenir de la société, en développant sa pensée propre, à partir de faits, d'une extrapolation ou d'une rationalisation 역사는 그래서 사실로부터 출발하여 일반화 혹은 합리화에 대한 사람들의 고유한 생각을 발전시키면서 철학과 사회의 미래로 향하기 위해 과거를 넘어설 수 있도록 합니다'라는 내용에 따라 정답은 **A**.

문제 2

EXERCICE 3

🎧 Track N2-01

Étape 1 공략에 따라 EXERCICE 3 연습 문제를 풀어 보세요.

DOCUMENT 1
Lisez les questions, écoutez le document puis répondez.

❶ Qu'est-ce qu'on constate dans l'exposition de l'espace jeu vidéo ?

    A ☐ Les handicapés peuvent faire des jeux vidéo.
    B ☐ On peut jouer aux jeux vidéo à bon prix.
    C ☐ Les jeux vidéo présentés dans cette exposition sont pour les jeunes normaux.

❷ Quel est le but de l'équipe du e-LAB ?

    A ☐ Acquérir des bénéfices par des jeux vidéo.
    B ☐ Faire comprendre aux invalides qu'ils peuvent faire des jeux vidéo.
    C ☐ Montrer le fait que les invalides ne sont pas capables de faire des jeux vidéo.

Étape 2 문제 2의 내용을 해석해 보세요.

문제를 읽으세요. 자료를 듣고 답하세요.

❶ 비디오 게임 공간 전시회에서 무엇을 확인할 수 있는가?

    A ☐ 장애인들이 비디오 게임을 할 수 있다.
    B ☐ 저렴한 가격으로 비디오 게임을 할 수 있다.
    C ☐ 이 전시회에서 선보인 비디오 게임은 젊은 비장애인을 위한 것이다.

❷ e-LAB 팀의 목적은 무엇인가?

    A ☐ 비디오 게임을 통해 혜택을 얻는 것
    B ☐ 장애인들에게 그들이 비디오 게임을 할 수 있다는 것을 이해시키는 것
    C ☐ 장애인들이 비디오 게임을 할 능력이 없다는 사실을 보여주는 것

Étape 3 문제 2의 필수 어휘를 익히고, 스크립트를 확인해 보세요.

필수 어휘

handicapé 장애가 있는, 장애인 | invalide 장애인 | fonder 설립하다, 근거를 두다 | infirme 장애를 가진, 장애인 | atteint de (병에) 걸린, 앓는 | adresse (f) 지략 | réflexion (f) 성찰(력) | réflexe (m) 반사적 행동 | déficience (f) 결함, 장애 | moteur 운동의, 추진하는 | auditif 청각의 | passionné 열렬한, 애호가 | vidéoludique 비디오 게임의 | exception (f) 예외, 제외 | évident 분명한, 확실한 | valide 건강한

스크립트

A : Mardi prochain s'ouvre à Paris, l'exposition de l'espace jeu vidéo. C'est une exposition spéciale car elle présente des jeux vidéo pour les handicapés. Écoutons Vanéssa PARADIE. Elle est journaliste à 60 Minutes, où elle a fondé il y a trois ans « Le Monde des handicapés », une version hebdomadaire du quotidien consacrée aux infirmes.

P : Le jeu vidéo peut sembler très difficilement accessible aux personnes atteintes d'un handicap. Effectivement, nombreux sont déjà ceux qui trouvent peu évident de maîtriser certains jeux nécessitant adresse, réflexion et réflexes… alors qu'en est-il lorsque l'on est touché par une déficience visuelle, motrice, auditive et/ou mentale… ? Des passionnés, des industriels et des chercheurs n'ont eu cesse de réfléchir et travailler à des moyens destinés à ouvrir la pratique vidéoludique à tous, sans exception. Même pour ceux pour qui cela peut sembler le moins évident. Faire découvrir aux valides et aux personnes en situation de handicap que le jeu vidéo leur est désormais accessible, c'est cette ambition que l'équipe du e-LAB souhaite à travers cet événement, développer chaque année pour en marquer les évolutions.

Cité des sciences et de l'industrie

해석

A: 다음 주 화요일에 파리에서 비디오 게임 공간 전시회가 열립니다. 이것은 특별한 전시회인데, 왜냐하면 장애인들을 위한 비디오 게임들을 선보이기 때문입니다. Vanéssa PARADIE 씨의 말씀을 들어보겠습니다. 그녀는 60 Minutes의 기자이고, 그곳에서 3년 전에 장애인들을 위한 일간지의 주간지 판인 'Le Monde des handicapés'를 창간했습니다.

P: 비디오 게임은 장애를 가지고 있는 사람들에게는 접근하기 매우 어려워 보일 수 있습니다. 실제로 많은 사람들이 이미 지략과 사고력, 반사적 행동을 필요로 하는 몇몇 비디오 게임들을 완전히 숙달하는 것은 거의 불가능하다고 생각합니다. 우리가 시각적, 운동적, 청각적, 그리고/혹은 정신적 장애에 의해 영향을 받는다면 어떨까요? 애호가들, 기업가들, 그리고 연구자들은 예외 없이 비디오 게임을 모두가 할 수 있도록 하는 방법들에 대해 숙고하고 연구하기를 멈추지 않습니다. 심지어 가장 불분명해 보일 수 있는 사람들을 위해서도 말입니다. 건강한 사람들과 장애의 상황에 있는 사람들에게 이제는 비디오 게임이 그들에게 접근 가능하다는 것을 발견하도록 하는 것, 그것이 e-LAB 팀이 이 행사를 통해 매년 그것의 변화가 두드러지게 발전하기를 바라는 것입니다.

Étape 4

문제 2의 해설을 확인해 보세요.

문제 분석

파리에서 열릴 비디오 게임 공간 전시회에 대한 내용이다. 이 전시회는 장애인을 위한 비디오 게임을 선보이는 것으로, 다소 생소하게 느껴질 수 있는 소재이다. 이 담화에서는 기업과 연구원들이 장애인을 포함한 모두가 비디오 게임을 즐길 수 있는 방법에 대해 끊임없이 고민해 왔다는 것, 그리고 e-LAB 팀이 목적으로 하는 바가 무엇인지에 초점을 맞추어 듣는다.

해설

문항	풀이 요령
1	비디오 게임 공간 전시회의 특성에 대한 문제이다. 'C'est une exposition spéciale car elle présente des jeux vidéo pour les handicapés 이것은 특별한 전시회인데 왜냐하면 장애인들을 위한 비디오 게임들을 선보이기 때문'이라는 내용에 따라 정답은 **A**.
2	e-LAB 팀의 목적을 묻는 문제로서 'Faire découvrir aux valides et aux personnes en situation de handicap que le jeu vidéo leur est désormais accessible 건강한 사람들과 장애의 상황에 있는 사람들에게 이제는 비디오 게임이 그들에게 접근 가능하다는 것을 발견하도록 하는 것'을 바란다는 내용에 따라 정답은 **B**.

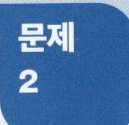

EXERCICE 3

🎧 Track N2-02

Étape 1

공략에 따라 EXERCICE 3 연습 문제를 풀어 보세요.

DOCUMENT 2

Lisez les questions, écoutez le document puis répondez.

❸ Les parents n'aiment pas les jeux vidéo car _____

　　A ☐ ils sont trop chers.

　　B ☐ ils sont bons pour le cerveau.

　　C ☐ leurs enfants passent trop de temps à en faire.

❹ Selon les neuro-scientifiques chinois et australiens, _____

　　A ☐ les jeux vidéo aident les enfants à avoir une bonne attention visuelle.

　　B ☐ les enfants qui font beaucoup de jeux vidéo ne sont pas très intellectuels.

　　C ☐ les enfants qui s'habituent aux jeux vidéo montrent une mauvaise coordination spatiale.

Étape 2

문제 2의 내용을 해석해 보세요.

문제를 읽으세요. 자료를 듣고 답하세요.

❸ 부모들은 비디오 게임들을 좋아하지 않는데 왜냐하면 _____

　　A ☐ 그것들이 너무 비싸기 때문이다.

　　B ☐ 그것들이 뇌에 좋기 때문이다.

　　C ☐ 그들의 아이들이 그것을 하는 데 너무 많은 시간을 보내기 때문이다.

❹ 중국과 호주의 신경 과학자들에 따르면, _____

　　A ☐ 비디오 게임들은 아이들이 좋은 시각적 주의력을 가질 수 있도록 도와준다.

　　B ☐ 비디오 게임들을 많이 하는 아이들은 그다지 영리하지 않다.

　　C ☐ 비디오 게임들에 익숙해진 아이들은 나쁜 공간 배열을 보인다.

Étape 3 문제 2의 필수 어휘를 익히고, 스크립트를 확인해 보세요.

필수 어휘

cerveau (m) 두뇌 | neuro-scientifique 신경 과학자 | s'habituer 익숙해지다, 길들다 | coordination (f) 배열, 연계력 | spatial 공간적인 | délicat 민감한 | ado (m) 청소년 | console (f) (게임) 콘솔 | porteur 전달인, 배달인 | éplucher 면밀히 조사하다 | gamin (m) 아이 | remporter 가져가다, 획득하다 | aguerri 익숙해진, 단련된 | camarade 동료, 친구 | matière grise (f) 회백질(뇌나 척수에서 신경 세포들이 밀집된 부분) | volumineux 부피가 큰 | plasticité (f) 가소성 | tas (m) 더미, 무더기 | valoriser 더 높이 평가하다

스크립트

Les jeux vidéo, c'est bon pour le cerveau ! Je me doute bien que c'est un peu délicat de présenter les choses comme cela, quand on sait que des millions de parents sont en guerre contre leurs ados pour cause de temps illimité passé devant leurs consoles. Mais désolé, il y a un peu de ça !

Les porteurs de la bonne nouvelle, ce sont des neuro-scientifiques chinois et australiens qui ont épluché les cerveaux d'une trentaine de joueurs accomplis, c'est-à-dire des gamins qui ont remporté des titres nationaux ou régionaux. Ils les ont comparés avec les cerveaux d'autres gamins, eux aussi joueurs mais débutants - ils jouaient depuis moins d'un an.

Ils ont découvert que les joueurs aguerris avaient une bonne attention visuelle et une bonne coordination spatiale. En tout cas meilleures que leurs petits camarades. Leur matière grise est plus volumineuse. Bref, la plasticité du cerveau (sa capacité à inventer de nouvelles connexions, à s'adapter à tout un tas de facteurs - qu'ils soient liés à l'environnement ou à l'expérience) semble valorisée chez les joueurs experts.

RTL 02/04/2018

| 해석 | 비디오 게임은 두뇌에 좋습니다! 우리는 수많은 부모들이 그들의 아이들이 게임기 앞에서 무한정 시간을 보내는 것 때문에 전쟁을 치르고 있다는 것을 알고 있기에, 저는 이런 식으로 이것들을 소개하는 것이 약간은 민감하지 않을까 생각합니다. 하지만 유감스럽게도, 이건 조금은 사실입니다!
좋은 소식을 전달한 사람들은 중국과 호주의 신경 과학자들입니다. 그들은 30여 명의 능숙한 게이머들, 다시 말해 국제 혹은 지역 타이틀을 딴 아이들의 뇌를 자세히 조사했습니다. 그들은 이것들을, 마찬가지로 게이머이지만 게임을 시작한 지 1년이 되지 않는 초급자인 다른 아이들의 뇌와 비교했습니다.
그들은 단련된 게이머들이 더 시각적 주의력이 좋고 공간 배열을 잘 한다는 것을 발견했습니다. 어쨌든 그들의 어린 동료들보다 우수했습니다. 그들의 회백질은 더 부피가 컸습니다. 간단히 말해서, 뇌의 가소성(새로운 연결을 만들어 내고 환경이나 경험과 관련된 수많은 요인들에 적응하는 능력)은 숙련된 게이머들에게서 더 높게 평가되는 것 같습니다. |

Étape 4

문제 2의 해설을 확인해 보세요.

| 문제 분석 | 비디오 게임이 아이들에게 좋은 영향을 끼칠 수 있다는 내용이다. 이 담화의 경우 앞부분에 화자가 말하고자 하는 바 ─ 비디오 게임은 두뇌에 좋다 ─ 를 밝히고 시작하기 때문에, 이를 토대로 문제를 쉽게 풀 수 있다. 담화는 우선 자신의 주장을 밝힌 뒤 뒤에서 그렇게 생각하는 근거를 연구 결과를 예로 들어 뒷받침하고 있으므로, 이러한 글의 구조를 숙지한 뒤 들으면 보다 전략적으로 들을 수 있다. |

문항	풀이 요령
3	부모들이 비디오 게임을 좋아하지 않는 이유를 묻는 문제이다. 'quand on sait que des millions de parents sont en guerre contre leurs ados pour cause de temps illimité passé devant leurs consoles 우리는 수많은 부모들이 그들의 아이들이 게임기 앞에서 무한정 시간을 보내는 것 때문에 전쟁을 치르고 있다는 것을 알고 있기에'라고 하였으므로 정답은 **C**.
4	신경 과학자들의 연구 결과에 대한 문제이다. 'les joueurs aguerris avaient une bonne attention visuelle 단련된 게이머들이 더 시각적 주의력이 좋고'라고 하였으므로 정답은 **A**. 'Les jeux vidéo, c'est bon pour le cerveau 비디오 게임은 두뇌에 좋습니다'라고 하였으므로 B는 오답. 단련된 게이머들이 'une bonne coordination spatiale 공간 배열을 잘 한다'고 하였으므로 C도 오답.

문제 2

EXERCICE 3

🎧 Track N2-03

Étape 1

공략에 따라 EXERCICE 3 연습 문제를 풀어 보세요.

DOCUMENT 3
Lisez les questions, écoutez le document puis répondez.

❺ Selon l'intervenante, _____

    A ☐ les êtres humains sont des êtres isolés.

    B ☐ le contact physique crée des relations sérieuses.

    C ☐ le contact physique peut se réaliser en faisant des activités individuelles.

❻ Quel est l'avantage du jeu ?

    A ☐ On peut découvrir les centres d'intérêt des enfants.

    B ☐ Il permet aux enfants d'améliorer leurs résultats scolaires.

    C ☐ On peut garder la distance avec les enfants en jouant au jeu avec eux.

Étape 2

문제 2의 내용을 해석해 보세요.

문제를 읽으세요. 자료를 듣고 답하세요.

❺ 발언자에 따르면, _____

    A ☐ 인간은 고립된 존재들이다.

    B ☐ 신체적 접촉은 진지한 관계를 만든다.

    C ☐ 신체적 접촉은 개인적 활동들을 하면서 실현될 수 있다.

❻ 놀이의 장점은 무엇인가?

    A ☐ 아이들의 주요 관심사를 발견할 수 있다.

    B ☐ 아이들로 하여금 학교 성적을 올리도록 해 준다.

    C ☐ 아이들과 게임을 하면서 아이들과 거리를 유지할 수 있다.

Étape 3 문제 2의 필수 어휘를 익히고, 스크립트를 확인해 보세요.

필수 어휘

intervenant 발언자 | isolé 고립된 | se réaliser 실현되다, 실행되다 | bienfait (m) 효용, 이익 | rapprocher 친밀하게 만들다 | amitié (f) 우정 | au coin du feu 편안한 곳에서 | renforcer 견고히 하다 | procurer 얻어 주다, 일으키다 | sensation (f) 감각, 느낌 | facette (f) 모습 | jouer à la poupée 인형 놀이를 하다

스크립트

A: On dit que jouer avec son enfant offre de nombreux bienfaits. Maëliss DOULA nous aide à répondre à cette question.

D: Les êtres humains sont des êtres sociaux. Ils aiment – et ont besoin – de contact physique. Ce contact nous rapproche, nous lie d'amitié et crée des relations profondes et sincères. Pour certaines personnes cela passe par discuter entre amis autour d'un verre, discuter avec son/sa chéri(e) au coin du feu ou faire des activités ensemble. Mais avec les enfants, on ne va pas discuter autour d'un verre ! Quoi que… si c'est un verre de jus ?

Jouer tous ensemble renforce la relation. Ces moments de joie et de partage autour du jeu sont précieux pour les enfants. Lorsque l'on joue on est heureux, cela nous procure du plaisir et renforce notre sensation d'être bien ensemble sans rien attendre en retour. Le jeu vous permettra de découvrir beaucoup de facettes de votre enfant : quelles compétences il a acquises, ses centres d'intérêt (préfère-t-il jouer à la poupée, faire des puzzles, dessiner…). Finalement, jouer avec votre enfant vous permettra de mieux le connaître et de mieux le comprendre.

https://eduquer-differemment.com/jouer-avec-son-enfant

DELF B2 · 듣기

해석

A: 우리는 아이와 함께 노는 것이 수많은 효용을 제공한다고 말합니다. Maëliss DOULA가 우리가 이 질문에 답하는 것을 도와줍니다.

D: 인간은 사회적 존재입니다. 그들은 신체적 접촉을 좋아하고 필요로 합니다. 이런 접촉은 우리를 친밀하게 만들고, 우리를 우정으로 연결시키고, 깊고 진정한 관계들을 만들어 냅니다. 몇몇 사람들에게 이것은 술 한잔하며 친구들과 이야기를 나누는 것, 편안한 곳에서 그의/그녀의 애인과 이야기를 나누는 것, 혹은 함께 어떤 활동들을 하는 것입니다. 하지만 아이들과는 우리가 술 한잔하며 이야기할 수 없겠죠! 주스 한 잔이라면 몰라도요.

모두 함께 노는 것은 관계를 더 단단하게 만듭니다. 놀이를 둘러싼 이런 기쁨과 공유의 순간들이 아이들에게는 소중합니다. 우리가 놀 때 우리는 행복하고, 이는 우리에게 즐거움을 가져다주며, 보답을 전혀 기대하지 않은 채 사이가 좋다는 우리의 감정을 강화해 줍니다. 놀이는 당신으로 하여금 당신 아이의 많은 모습들을 발견할 수 있도록 해 줄 것입니다: 그가 어떤 능력을 가지고 있는지, 그의 주요 관심사는 무엇인지 같은 것들이요. (그가 인형을 가지고 노는 것, 퍼즐을 맞추는 것, 그림 그리는 것 중 무엇을 좋아할지) 마지막으로, 당신의 아이와 함께 노는 것은 당신으로 하여금 아이를 더 잘 알고 더 잘 이해할 수 있도록 해 줄 것입니다.

Étape 4

문제 2의 해설을 확인해 보세요.

문제 분석

아이와 부모가 함께 노는 것을 제재로 한 인터뷰이다. 이 담화에서는 주제 — 아이와 부모가 함께 노는 것이 좋다 — 를 본격적으로 전개하기 전에, 인간이 사회적 존재라는 전제를 제시하고 있다. 아이와 부모가 함께 노는 것이 어떤 면에서 장점이 있는지 구체적으로 파악하는 것이 가장 중요하다 하겠다.

해설

문항	풀이 요령
5	인간의 본성에 관한 문제이다. 'Ce contact nous rapproche, nous lie d'amitié et crée des relations profondes et sincères 이런 접촉은 우리를 친밀하게 만들고, 우리를 우정으로 연결시키고, 깊고 진정한 관계들을 만들어 냅니다'라는 내용에 따라 **B**가 정답이다. 'Les êtres humains sont des êtres sociaux 인간은 사회적 존재이다'라는 내용에 따라 A는 정답이 될 수 없다. 신체적 접촉은 'faire des activités ensemble 함께 어떤 활동들을 하는 것'이라는 내용에 따라 C도 정답이 될 수 없다.
6	놀이의 장점에 대한 문제로서 'Le jeu vous permettra de découvrir beaucoup de facettes de votre enfant : ses centres d'intérêt 놀이는 당신으로 하여금 당신 아이의 많은 모습들을 발견할 수 있도록 해 줄 것입니다: 그의 주요 관심사'라는 내용에 따라 정답은 **A**. C의 경우 'jouer avec votre enfant vous permettra de mieux le connaître et de mieux le comprendre 당신의 아이와 함께 노는 것은 당신으로 하여금 아이를 더 잘 알고 더 잘 이해할 수 있도록 해 줄 것'이라는 내용과 일치하지 않으므로 C는 정답이 될 수 없다.

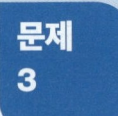

EXERCICE 3

Track N3-01

공략에 따라 EXERCICE 3 연습 문제를 풀어 보세요.

DOCUMENT 1

Lisez les questions, écoutez le document puis répondez.

❶ Selon l'animatrice, le Salon des Seniors est pour _____

　A ☐ les chômeurs qui cherchent du travail.
　B ☐ les gens âgés qui attrapent une maladie grave.
　C ☐ les gens âgés qui veulent bien préparer leur retraite.

❷ Sur le salon, on pourra découvrir les technologies innovantes qui _____

　A ☐ gardent les personnes en bonne santé.
　B ☐ facilitent la vie quotidienne.
　C ☐ améliorent les conditions de travail.

문제 3의 내용을 해석해 보세요.

문제를 읽으세요. 자료를 듣고 답하세요.

❶ 진행자에 따르면 노년층 박람회는 _____ 을 위한 것이다.

　A ☐ 일자리를 찾는 실업자들
　B ☐ 중병에 걸린 나이 든 사람들
　C ☐ 자신들의 은퇴를 잘 준비하고 싶어 하는 나이 든 사람들

❷ 박람회에서, 우리는 _____ 혁신적인 기술들을 발견할 수 있다.

　A ☐ 사람들을 건강하게 유지시켜 주는
　B ☐ 일상생활을 편리하게 하는
　C ☐ 근무 조건을 개선시키는

Étape 3

문제 3의 필수 어휘를 익히고, 스크립트를 확인해 보세요.

필수 어휘

attraper 걸리다, 잡다 | innovant 혁신적인 | débarquer 상륙하다 | déambuler 산책하다 | éphémère 임시의, 일시적인 | thématique (f) 주제 | reconstituer 복구하다, 재편성하다

스크립트

A: Pour les seniors qui veulent bien préparer leur retraite, le Salon des Seniors débarque Porte de Versailles ce jeudi. À cette occasion, les visiteurs pourront rencontrer experts et professionnels dans ce domaine et ils vont apprécier les nouvelles technologies.

B: Pour tous les plus de cinquante ans qui veulent « vivre une retraite heureuse », le Salon des Seniors débarque Porte de Versailles à Paris à partir de ce jeudi 7. À l'occasion de cette 18ème édition, les visiteurs pourront rencontrer à travers 70 conférences des experts dans divers domaines avec les nouvelles technologies et l'aménagement de l'habitat. Ils pourront également faire du sport, déambuler dans la librairie éphémère ou encore bénéficier des conseils de professionnels grâce aux 250 exposants rassemblés dans dix villages.

Sur le salon, ils pourront rencontrer des résidences services, des services à la personne et d'emploi à domicile mais aussi faire la découverte de technologies innovantes qui facilitent le quotidien et améliorent la sécurité. Pour aller plus loin dans cette thématique, le salon a reconstitué un véritable appartement de 125m², nommé « l'appartement du bien vieillir ».

France Soir 06/04/2016

해석	**A:** 은퇴를 잘 준비하고 싶어 하는 노년층들을 위해 노년층 박람회가 이번 주 목요일, Porte de Versailles에서 열립니다. 이번 기회에 방문객들은 이 분야의 전문가들을 만날 수 있을 것이고 새로운 기술들을 평가하게 될 것입니다. **B:** '은퇴 후 행복한 삶'을 살고 싶어 하는 모든 50세 이상의 사람들을 위해, 노년층 박람회가 Paris, Porte de Versailles에서 7일 이번 주 목요일부터 열립니다. 이번 18번째 박람회를 맞이하여 방문객들은 신기술, 그리고 주거 환경 정돈 등 다양한 분야 전문가들의 700여 개 강연을 마주하게 될 것입니다. 그들은 또한 운동을 하거나 임시 서점을 산책하거나 혹은 10개 도시에서 모인 250명의 출품자들 덕분에 전문적인 조언을 받을 수도 있습니다. 박람회에서 그들은 주거 서비스, 인적 서비스, 가정부 고용 등을 접할 수 있고, 일상을 편리하게 하고 보안을 강화하는 혁신적인 기술들을 발견할 수 있을 것입니다. 이러한 주제에서 한 걸음 더 나아가기 위해서, 박람회는 '잘 늙어갈 수 있는 아파트'라고 이름 붙여진 125제곱미터의 실제 아파트를 재건했습니다.

Étape 4 문제 3의 해설을 확인해 보세요.

문제 분석	노년층 박람회에 대한 문제이다. 이처럼 전시회나 박람회를 제재로 하는 지문의 경우에는 전시회나 박람회의 대상, 목적, 개최 시기 및 장소, 구체적인 행사(또는 내용) 등이 반드시 출제되므로 이러한 정보에 주목해야 한다. 이 지문에서는 전시회의 대상 및 구체적인 행사 내용이 출제되었다.

	문항	풀이 요령
해설	1	노년층 박람회의 대상이 누구인지 묻고 있다. 'Pour les seniors qui veulent bien préparer leur retraite 은퇴를 잘 준비하고 싶어 하는 노년층들을 위해'라고 하였으므로 정답은 **C**.
	2	박람회에서 발견할 수 있는 혁신적인 기술이 무엇인지 묻는 문제로, 'technologies innovantes qui facilitent le quotidien et améliorent la sécurité 일상을 편리하게 하고 보안을 강화하는 혁신적인 기술'이라고 하였으므로 정답은 **B**.

문제 3

EXERCICE 3

 Track N3-02

Étape 1

공략에 따라 **EXERCICE 3** 연습 문제를 풀어 보세요.

DOCUMENT 2
Lisez les questions, écoutez le document puis répondez.

3 On peut apprécier plus facilement les œuvres d'art _____

- A ☐ grâce à la réalité virtuelle.
- B ☐ grâce au guide très compétent.
- C ☐ grâce à un accès facile au musée.

4 Qu'est-ce qui permet de découvrir des environnements auparavant inaccessibles à des visiteurs bloqués dans des salles d'exposition ?

- A ☐ Les peintres.
- B ☐ Le casque HTC Cosmos.
- C ☐ La grande connaissance des arts.

Étape 2

문제 3의 내용을 해석해 보세요.

문제를 읽으세요. 자료를 듣고 답하세요.

3 우리는 _____ 예술 작품들을 쉽게 감상할 수 있다.

- A ☐ 가상 현실 덕분에
- B ☐ 매우 유능한 가이드 덕분에
- C ☐ 미술관에 대한 쉬운 접근 덕분에

4 전시실에 갇혀 있던 방문객들에게 이전에는 접근할 수 없었던 환경들을 발견할 수 있게 해 주는 것은 무엇인가?

- A ☐ 화가들
- B ☐ HTC Cosmos 헬멧
- C ☐ 예술에 대한 깊은 조예

문제 3의 필수 어휘를 익히고, 스크립트를 확인해 보세요.

casque (m) 헬멧, 모자 | **décevant** 실망시키는 | **une foule de** 다수의, 많은 | **plonger** 빠뜨리다 | **vitre (f)** (유리) 창 | **apport (m)** 기여, 도움

A: Les œuvres mondialement connues comme la Joconde sont fascinantes, mais lorsqu'on les a devant soi au musée, l'expérience est parfois décevante. Il n'est pas évident de découvrir les mystères d'un chef-d'œuvre, toute l'histoire cachée derrière la peinture en étant au milieu d'une foule de visiteurs. Grâce à la réalité virtuelle, les musées peuvent proposer une expérience extraordinaire pour plonger plus facilement dans les œuvres d'art.

B: C'est ce qu'a mis en place le musée du Louvre, dans le cadre de l'exposition consacrée à Léonard de Vinci, avec une expérience de réalité augmentée qui permet de découvrir l'univers associé à la Joconde.

Plusieurs salles ont été mises à disposition pour que les visiteurs, équipés d'un casque de réalité virtuelle HTC Cosmos, découvrent les mystères que cache la Joconde. L'expérience « Mona Lisa : beyond the glass » commence ainsi, face au tableau, derrière sa vitre de protection, dans sa pièce du musée, avec les autres tableaux autour, comme s'il s'agissait d'une visite guidée classique. Mais soudain, la Joconde sort du tableau pour se retrouver à taille humaine, face au visiteur. C'est un autre très bon exemple de l'apport de la réalité virtuelle au musée, qui à l'aide d'un simple casque, permet de découvrir des environnements auparavant inaccessibles à des visiteurs bloqués dans des salles d'exposition.

France Soir 25/10/2019

DELF B2 · 듣기

해석

A: 모나리자처럼 세계적으로 잘 알려진 작품들은 매혹적이지만, 미술관에서 우리가 그 앞에 섰을 때의 경험은 때때로 실망스럽습니다. 방문객들의 인파 속에서 걸작의 신비로움과 그림 뒤에 숨겨진 모든 이야기들을 발견하는 것은 어렵지요. 가상 현실(VR) 덕분에 미술관들은 더 쉽게 미술 작품에 빠지게 하기 위한 특별한 경험을 제안할 수 있습니다.

B: 그것이 바로 레오나르도 다 빈치를 기념하기 위한 전시회의 일환으로 루브르 박물관이 시행하고 있는 것입니다. 모나리자와 관련된 세계를 볼 수 있게 해 주는 증강 현실의 경험으로 말이죠.
가상 현실 헬멧인 HTC Cosmos를 장착한 방문객들이 모나리자가 숨기고 있는 신비로움을 발견할 수 있도록 여러 전시실들이 마련되어 있습니다. '모나리자: 유리 너머'의 경험은 이렇게 주변의 다른 그림들이 있는 미술관의 이 공간에서, 그것의 보호 유리 너머로 그림을 마주하고 시작됩니다. 마치 가이드를 동반한 전통적인 관람처럼 말이죠. 그러나 갑자기 모나리자가 그림에서 나와 방문객들 앞에 실제 사람의 크기로 존재합니다. 이것은 가상 현실이 미술관에 기여하는 아주 좋은 예시인데요, 그저 헬멧 하나로 전시실에 갇혀 있던 방문객들에게 이전에는 접근할 수 없었던 환경들을 발견할 수 있도록 해 줍니다.

Étape 4 문제 3의 해설을 확인해 보세요.

문제 분석

첨단 기술을 예술 작품에 접목시켜 예술 작품을 감상하는 방법에 대한 내용이다. 최근에는 전시를 비롯해 쇼핑, 교육 등에도 가상 현실 기술을 도입하고 있으므로, 가상 현실 혹은 증강 현실에 대한 내용에 주목하는 것이 좋다. 이 지문에서는 예술 작품의 감상을 보다 쉽게 해 주는 가상 현실 및 이를 가능하게 하는 구체적인 도구가 무엇인지 묻고 있다.

해설

문항	풀이 요령
3	예술 작품을 쉽게 감상할 수 있는 이유를 묻는 문제이다. 'Grâce à la réalité virtuelle, les musées peuvent proposer une expérience extraordinaire pour plonger plus facilement dans les œuvres d'art 가상 현실(VR) 덕분에 미술관들은 더 쉽게 미술 작품에 빠지게 하기 위한 특별한 경험을 제안할 수 있습니다'라고 하였으므로 정답은 **A**.
4	이전에는 접근할 수 없었던 예술 작품에 접근이 가능해진 이유를 묻는 문제로, 'à l'aide d'un simple casque, permet de découvrir des environnements auparavant inaccessibles à des visiteurs bloqués dans des salles d'exposition 그저 헬멧 하나로 전시실에 갇혀 있던 방문객들에게 이전에는 접근할 수 없었던 환경들을 발견할 수 있도록 해 줍니다'라는 내용과 이 헬멧이 un casque de réalité virtuelle HTC Cosmos 라는 점을 고려하여 정답은 **B**.

EXERCICE 3

🎧 Track N3-03

Étape 1

공략에 따라 EXERCICE 3 연습 문제를 풀어 보세요.

DOCUMENT 3

Lisez les questions, écoutez le document puis répondez.

❺ En ce qui concerne les Journées du patrimoine, _____

    A ☐ personne ne connaît leurs origines.

    B ☐ tout le monde connaît leurs origines.

    C ☐ de nombreux personnes les attendent impatiemment.

❻ Quel est le but des Journées du patrimoine ?

    A ☐ Attirer les touristes étrangers.

    B ☐ Susciter l'intérêt des Français.

    C ☐ Renforcer le lien entre les Français et leur patrimoine national.

Étape 2

문제 3의 내용을 해석해 보세요.

문제를 읽으세요. 자료를 듣고 답하세요.

❺ 문화유산의 날과 관련하여, _____

    A ☐ 누구도 그 기원을 알지 못한다.

    B ☐ 모든 사람이 그 기원을 안다.

    C ☐ 많은 사람들이 그 날을 학수고대한다.

❻ 문화유산의 날의 목적은 무엇인가?

    A ☐ 외국 관광객들을 끌어들이는 것

    B ☐ 프랑스인들의 흥미를 불러일으키는 것

    C ☐ 프랑스인들과 그들의 국가 문화유산 사이의 관계를 강화하는 것

Étape 3 문제 3의 필수 어휘를 익히고, 스크립트를 확인해 보세요.

필수 어휘

patrimoine (m) 유산 | impatiemment 애타게, 참을 수 없이 | susciter 불러일으키다 | millier (m) 천, 다수 | classé 권위 있는, 역사적 가치가 있는 | se focaliser 집중하다 | citoyenneté (f) 시민권

스크립트

A : Cette année en France, les Journées du patrimoine ont lieu le week-end des 16 et 17 septembre.

B : Chaque année en France ont lieu les Journées du patrimoine et nombreux sont ceux qui les attendent avec impatience. Certains, en revanche, n'en ont certainement jamais entendu parler, l'occasion de rappeler en quoi consiste cette manifestation et de revenir sur ses origines. Concrètement, pour celles et ceux qui se posent la question, ces journées permettent à des milliers de personnes de découvrir des lieux qu'ils n'ont pas l'habitude de voir. Car des milliers de bâtiments officiels (musées, hôtels de ville, monuments classés, etc.), dont la plupart sont habituellement inaccessibles au public, ouvrent leurs portes dans l'objectif de renforcer le lien entre les citoyens français et leur patrimoine national, public ou privé.
Cette fois-ci, la volonté a été de se focaliser sur le thème « Jeunesse et Patrimoine ». Pour rappel, plus de 12 millions de visiteurs, un chiffre comparable à ceux des trois années précédentes, avaient participé aux 33e Journées du patrimoine, en 2016, sur le thème « Patrimoine et Citoyenneté ».

France Soir 15/09/2017

A: 올해 프랑스에서, 문화유산의 날이 9월 16일, 17일 주말 동안 열립니다.

B: 매년 프랑스에서 문화유산의 날이 열리고, 많은 사람들이 이를 학수고대합니다. 반대로 어떤 사람들은 이에 대해, 이 행사를 구성하는 것이 무엇인지 상기시키고 그 기원을 되짚어 볼 기회에 대해 전혀 들어 본 적이 없습니다. 구체적으로, 의문을 제기하는 사람들에게 이 날은 그들이 일상적으로 잘 볼 수 없는 장소를 발견할 수 있도록 해 줍니다. 왜냐하면 대부분 보통 대중이 접근 불가능한 수천 개의 공공 건물들(박물관, 시청, 역사적으로 가치 있는 건축물들 등)이 프랑스 국민들과 그들의 공적이거나 사적인 국가 문화유산 사이의 관계를 견고히 하기 위해 개방되기 때문입니다.

이번에는 '청춘과 문화유산'이라는 주제에 초점을 맞추고자 했습니다. 상기시키자면, 천이백만 명이 넘는 방문객들이 2016년 '문화유산과 시민권'이라는 주제의 제33회 문화유산의 날에 참여했는데, 이는 지난 3년 간의 방문객들에 맞먹는 수치입니다.

Étape 4

문제 3의 해설을 확인해 보세요.

문화유산의 날 행사에 관한 지문이다. 이 지문에서는 문화유산의 날 행사가 개최되는 시기, 목적, 행사 내용에 관한 내용이 제시되었다. 여기에서는 특히, 문화유산의 날에 대해 사람들이 어떻게 생각하는지와 행사의 목적이 무엇인지 언급하는 내용에 초점을 맞추어 듣는다.

문항	풀이 요령
5	문화유산의 날에 대한 사람들의 인식을 묻는 문제이다. 'Chaque année en France ont lieu les Journées du patrimoine et nombreux sont ceux qui les attendent avec impatience 매년 프랑스에서 문화유산의 날이 열리고, 많은 사람들이 이를 학수고대합니다'라고 하였으므로 정답은 **C**.
6	문화유산의 날의 목적을 묻는 문제로서 'dans l'objectif de renforcer le lien entre les citoyens français et leur patrimoine national, public ou privé 프랑스 국민들과 그들의 공적이거나 사적인 국가 문화유산 사이의 관계를 견고히 하기 위해'라는 내용에 따라 정답은 **C**.

EXERCICE 3

🎧 Track N4-01

Étape 1

공략에 따라 EXERCICE 3 연습 문제를 풀어 보세요.

DOCUMENT 1

Lisez les questions, écoutez le document puis répondez.

❶ Qu'est-ce qu'on constate dans les formations à distance ?

　A ☐ Elles n'ont aucun lien avec le tutorat par Internet.
　B ☐ Les Campus Connectés sont des lieux d'études garantis par l'État.
　C ☐ On n'a pas besoin de passer les examens pour obtenir le diplôme de la formation à distance.

❷ En ce qui concerne les Campus Connectés, _____

　A ☐ il faut vérifier si une formation est adéquate à votre objectif.
　B ☐ les étudiants sont obligés d'aller à leur l'université pour suivre les cours.
　C ☐ il est difficile de poursuivre l'enseignement supérieur avec le Campus Connecté.

Étape 2

문제 4의 내용을 해석해 보세요.

문제를 읽으세요. 자료를 듣고 답하세요.

❶ 원격 교육에서 무엇을 확인할 수 있는가?

　A ☐ 이것은 온라인 교육과 아무 연관이 없다.
　B ☐ Campus Connecté는 국가에 의해 보장받는 공부 장소들이다.
　C ☐ 원격 교육 학위를 얻기 위해 시험을 볼 필요는 없다.

❷ Campus Connecté와 관련해서, _____

　A ☐ 교육이 당신의 목적에 적합한지 확인해야 한다.
　B ☐ 학생들은 수업을 듣기 위해 자기가 다니는 대학교에 가야 한다.
　C ☐ Campus Connecté에서 고등 교육을 따라가기는 어렵다.

Étape 3

문제 4의 필수 어휘를 익히고, 스크립트를 확인해 보세요.

필수어휘

formation à distance (f) 원격 교육(온라인 강의) | adéquat 적합한, 정확한 | avoir recours à ~의 수단을 동원하다 | assurer 단언하다, 보장하다 | valider 법적 유효성을 인정받다 | labelliser 인증하다 | cursus (m) 학업 과정 | viser à 목표하다 | élargir 확대하다 | poursuite (f) 계속, 추격 | éloigner 멀리 보내다 | territoire (m) 거주 지역, 영토, 관할 구역

스크립트

A: Les formations à distance ont bien souvent recours aux nouvelles technologies de l'information et de la communication, en particulier pour assurer un tutorat en ligne. Néanmoins, si la formation est validée par un diplôme, vous devrez vous déplacer pour passer les examens. Écoutons Caroline.

C: Les Campus Connectés sont des lieux d'études labellisés par l'État où les jeunes peuvent suivre, près de chez eux, des formations à distance auxquelles ils se sont inscrits auprès d'une université de proximité. Ces lieux mettent à disposition des salles de cours connectées où les étudiants peuvent travailler à partir de leur ordinateur personnel ou de ceux mis à disposition. À la fin du cursus, des diplômes de qualité sont proposés par les établissements d'enseignement supérieur. Le label Campus Connecté vise à élargir les possibilités de poursuite d'études. C'est une opportunité pour les jeunes habitant dans des villes éloignées des établissements d'enseignement supérieur de se reconnecter aux études. Ils ont la possibilité de poursuivre une formation diplômante sans s'éloigner de leur ville. Les lieux labellisés Campus Connecté répondent à un besoin et une forte demande de formation au cœur des territoires. Avant de vous engager dans une formation, assurez-vous qu'elle correspond bien à votre objectif (formation diplômante ou non). Si vous souhaitez préparer un diplôme reconnu, national ou international, renseignez-vous sur le taux de réussite aux examens correspondants.

https://www.etudiant.gouv.fr/fr

A : 원격 교육은 특히 온라인 교육을 보장하기 위해, 보통 정보 통신 신기술을 동원합니다. 그럼에도 불구하고, 교육이 법적으로 학위 유효성을 인정받으려면 당신은 시험을 보기 위해 이동해야 합니다. Caroline 씨의 말씀을 들어 보겠습니다.

C : Campus Connecté는 젊은이들이 그들의 집 근처, 가까운 대학에서 그들이 등록한 원격 교육을 들을 수 있도록 국가에 의해 인증된 공부 장소들입니다. 이 장소들은 학생들이 그들의 개인 컴퓨터로, 혹은 제공되는 컴퓨터들로 공부할 수 있도록 접속된 강의실들을 제공합니다. 학업 과정이 끝나면 고등 교육 기관에 의해 고급 학위가 수여됩니다. Campus Connecté 인증은 계속해서 공부할 수 있는 가능성을 확장시키는 것을 목표로 합니다. 이것은 고등 교육 기관과 멀리 떨어져 있는 도시에 사는 젊은이들에게는 학업을 다시 연결할 수 있는 기회입니다. 그들은 자신의 도시를 떠나지 않고도 학위 교육을 계속해서 받을 수 있는 가능성을 갖게 됩니다. Campus Connecté로 인증된 장소들은 거주 지역 내 교육에 대한 필요와 강한 요구에 부합합니다. 당신이 어떤 교육에 참여하기 전에, 그것이 당신의 목적에 잘 부합하는지(학위를 주는 교육 과정인지 아닌지) 확인하세요. 만약 당신이 잘 알려진 국내 혹은 국제 학위를 준비하고자 한다면, 해당 시험들의 합격률에 대해 문의하세요.

Étape 4

문제 4의 해설을 확인해 보세요.

원격 교육에 대한 내용이다. 먼저 Campus Connecté가 무엇인지, 목적은 무엇인지 설명하는 부분에 초점을 맞추어 듣는다. 그리고 Campus Connectés가 어떤 방식으로 운영되는지 언급하는 부분과 인터넷 강의의 장점을 설명하는 부분을 집중해서 들어야 한다. 마지막으로 등록 전 유의사항 또한 놓쳐서는 안 된다.

문항	풀이 요령
1	원격 교육에 관한 문제이다. 'Les Campus Connectés sont des lieux d'études labellisés par l'État Campus Connecté는 국가에 의해 인증된 공부 장소들'이라는 내용에 따라 정답은 **B**. 원격 교육은 'pour assurer un tutorat en ligne 온라인 교육을 보장하기 위해' 신기술을 동원한다고 하였으므로 A는 오답. 'si la formation est validée par un diplôme, vous devrez vous déplacer pour passer les examens 교육이 법적으로 학위 유효성을 인정받으려면 당신은 시험을 보기 위해 이동해야 합니다'라는 내용에 따라 C도 오답.
2	Campus Connecté에 대한 구체적인 내용에 관한 문제이다. 당신이 어떤 교육에 참여하기 전에 'assurez-vous qu'elle correspond bien à votre objectif 그것이 당신의 목적에 잘 부합하는지' 확인하라는 내용에 따라 정답은 **A**. 'où les jeunes peuvent suivre, près de chez eux, des formations à distance auxquelles ils se sont inscrits auprès d'une université de proximité 젊은이들이 그들의 집 근처, 가까운 대학에서 그들이 등록한 원격 교육을 들을 수 있도록' 인증된 장소라고 하였으므로 B는 오답. 'À la fin du cursus, des diplômes de qualité sont proposés par les établissements d'enseignement supérieur 학업 과정이 끝나면 고등 교육 기관에 의해 고급 학위가 수여됩니다'라는 내용에 따라 C도 오답.

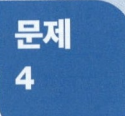

EXERCICE 3

🎧 Track N4-02

Étape 1

공략에 따라 EXERCICE 3 연습 문제를 풀어 보세요.

DOCUMENT 2

Lisez les questions, écoutez le document puis répondez.

❸ Qu'est-ce qu'on constate dans l'enseignement à distance ?

A ☐ On n'a pas besoin d'envoyer les exercices aux enseignants.

B ☐ C'est une méthode efficace pour les gens ayant une mobilité réduite.

C ☐ C'est une méthode traditionnelle dans le sens où l'on doit assister aux cours dans la salle de classe.

❹ Selon l'intervenante, _____

A ☐ Le nombre d'établissements diminue de moins en moins grâce aux cours à distance.

B ☐ Les établissements utilisent les outils numériques en raison de difficultés financières.

C ☐ La motivation des étudiants est la plus importante dans le cas de l'enseignement à distance.

Étape 2

문제 4의 내용을 해석해 보세요.

문제를 읽으세요. 자료를 듣고 답하세요.

❸ 원격 교육에서 무엇을 확인할 수 있는가?

A ☐ 교사들에게 연습 문제를 보낼 필요가 없다.

B ☐ 이동이 제한적인 사람들에게 효과적인 방법이다.

C ☐ 교실에서 수업을 들어야 한다는 의미에서 전통적인 방법이다.

❹ 발언자에 따르면, _____

A ☐ 원격 수업들 덕분에 학교의 수가 점점 줄어든다.

B ☐ 학교들이 재정적 어려움 때문에 디지털 기계들을 사용한다.

C ☐ 원격 교육에서는 학생들의 동기 부여가 가장 중요하다.

Étape 3

문제 4의 필수 어휘를 익히고, 스크립트를 확인해 보세요.

필수 어휘

numérique 디지털 방식의 | se former (기술, 직업) 교육을 받다 | intéressant 유익한, 이익이 되는 | mère au foyer (f) 전업 주부 | souris (f) 마우스 | interaction (f) 상호작용 | souplesse (f) 융통성 | formule (f) 방식

스크립트

Qu'est-ce que l'enseignement à distance ? L'enseignement à distance (ou e-learning) est un moyen de se former et de valider un diplôme à distance, c'est-à-dire sans avoir besoin de se rendre dans une école pour assister à des cours. Une solution particulièrement intéressante pour les personnes qui ont une activité en journée (salariés, mères au foyer...), sont à l'étranger ou ne peuvent pas se déplacer. Concrètement, l'étudiant reçoit les cours chez lui qu'il peut ainsi étudier à tout moment. Souvent les cours sont accompagnés d'exercices à réaliser et à renvoyer pour qu'ils soient corrigés par des enseignants. De plus en plus d'établissements sont passés ces dernières années, du papier à la souris, et utilisent désormais les outils numériques (mail, chat, vidéo...) pour faciliter l'apprentissage et l'interaction entre élève et enseignant. Si l'enseignement à distance a de nombreux avantages, et notamment sa souplesse, notez qu'il faut être particulièrement motivé pour réussir. Avant de vous lancer, faites le point sur les avantages et les inconvénients de cette formule.

https://www.studyrama.com

해석

원격 교육이란 무엇일까요? 원격 교육(혹은 이러닝)은 원격으로 교육을 받고 학위를 인정받는 방법입니다. 즉, 수업을 듣기 위해 학교에 갈 필요가 없다는 것이죠. 특히 낮에 일이 있는 사람(직장인들이나 주부들)이나 외국에 있는 사람들, 혹은 이동할 수 없는 사람들에게 유익한 해결책입니다. 구체적으로, 학생은 언제든지 공부할 수 있도록 자기 집에서 수업을 받습니다. 종종 수업들은 해야 할, 그리고 선생님께 첨삭 받기 위해 회신해야 할 연습 문제들을 수반합니다. 점점 더 많은 학교들이 최근 몇 년간 종이에서 마우스로 바꾸었고, 이제는 학생과 교사 간의 상호작용과 학습을 용이하게 하기 위해 디지털 기계들(메일, 채팅, 비디오 등)을 사용합니다. 원격 교육은 특히 그것의 융통성 등 많은 장점들이 있지만, 성공하기 위해서는 특별히 동기 부여가 필요하다는 점에 유의하세요. 시작하기 전에 이러한 방식의 장단점에 대해 정확히 판단하세요.

| Étape 4 | 문제 4의 해설을 확인해 보세요. |

문제 분석

원격 교육(이러닝)에 관한 내용이다. 이 인터뷰는 원격 교육의 정의, 대상, 진행 방식, 유의사항에 대한 내용으로 이루어져 있다. 이 인터뷰에서와 같이 어떠한 대상이나 개념에 대한 정의가 제시될 경우에는 문제로 출제될 확률이 높으므로, 집중해서 듣도록 하자.

해설

문항	풀이 요령
3	원격 교육에 관한 문제이다. 'Souvent les cours sont accompagnés d'exercices à réaliser et à renvoyer pour qu'ils soient corrigés par des enseignants 종종 수업들은 해야 할, 그리고 선생님들께 첨삭 받기 위해 회신해야 할 연습 문제들을 수반합니다'라는 내용에 따라 A는 정답이 될 수 없다. 원격 교육은 'ne peuvent pas se déplacer 이동할 수 없는' 사람들에게 유익한 해결책이라고 하였으므로 정답은 **B**. 'sans avoir besoin de se rendre dans une école pour assister à des cours 수업을 듣기 위해 학교에 갈 필요가 없다'라고 하였으므로 C 또한 정답이 될 수 없다.
4	발언자의 말과 일치하는 것을 고르는 문제이다. 'il faut être particulièrement motivé pour réussir 성공하기 위해서는 특별히 동기 부여가 필요하다'라고 하였으므로 정답은 **C**. 'De plus en plus d'établissements sont passés ces dernières années, du papier à la souris, et utilisent désormais les outils numériques (mail, chat, vidéo...) pour faciliter l'apprentissage et l'interaction entre élève et enseignant 점점 더 많은 학교들이 최근 몇 년간 종이에서 마우스로 바꾸었고, 이제는 학생과 교사 간의 상호작용과 학습을 용이하게 하기 위해 디지털 기계들(메일, 채팅, 비디오 등)을 사용합니다'라는 내용에서 교육 기관의 수가 줄어든다는 언급은 없기 때문에 A는 정답이 될 수 없다. 'pour faciliter l'apprentissage et l'interaction entre élève et enseignant 학생과 교사 간의 상호작용과 학습을 용이하게 하기 위해' 디지털 기계들을 사용한다는 내용에 따라 B 역시 오답.

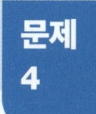

EXERCICE 3

🎧 Track N4-03

공략에 따라 EXERCICE 3 연습 문제를 풀어 보세요.

DOCUMENT 3

Lisez les questions, écoutez le document puis répondez.

❺ Quelle est la cause principale de l'apprentissage à distance des enfants ?

　　A ☐ L'épidémie.
　　B ☐ Le travail des parents.
　　C ☐ Les vacances scolaires.

❻ Selon ce document, _____

　　A ☐ la présence du maître est obligatoire.
　　B ☐ l'apprentissage à distance se déroule à l'école.
　　C ☐ on a besoin de livres pour suivre les cours en ligne.

문제 4의 내용을 해석해 보세요.

문제를 읽으세요. 자료를 듣고 답하세요.

❺ 아이들의 원격 학습의 주요 원인은 무엇인가?

　　A ☐ 전염병
　　B ☐ 부모들의 일
　　C ☐ 학교 방학

❻ 이 자료에 따르면, _____

　　A ☐ 교사의 존재는 필수적이다.
　　B ☐ 원격 학습은 학교에서 진행된다.
　　C ☐ 온라인 강의를 듣기 위해 책들이 필요하다.

Étape 3

문제 4의 필수 어휘를 익히고, 스크립트를 확인해 보세요.

필수 어휘

épidémie (f) 전염병 | se dérouler 일어나다, 전개되다 | cours en ligne (m) 온라인 강의 | challenge (m) 도전 | plus que jamais 그 어느 때보다도 더 | camarade 동료, 친구 | maître 교사, 주인 | différemment 다르게, 여러가지로 | s'effectuer 행해지다 | sous-titre (m) 자막 | ludique 유희적인 | discipline (f) 교과목 | confondu 혼합된

스크립트

A: Nous vous parlons des challenges de l'apprentissage à distance pour les étudiants dans cet article. Aujourd'hui avec le Covid-19, l'apprentissage à distance pour les enfants est plus que jamais d'actualité. Écoutons Véronique.

V: L'apprentissage à distance pour les enfants implique d'abord d'apprendre chez eux, à la maison. Sans leurs camarades de classe ni leur maître ou maîtresse. Ce qui peut être à la fois un avantage et un inconvénient. Néanmoins cela peut leur permettre d'autres possibilités, notamment d'adapter le programme à leur rythme, d'apprendre différemment, de varier les modes d'apprentissage… Souvent davantage qu'à l'école, où tous suivent le même cours.

À noter que la lecture peut s'effectuer sur un texte écrit, via un livre ou via des sous-titres. Comme pour les adultes ! Le but en cette période de crise c'est que les enfants continuent leurs apprentissages sans se rendre à l'école. En outre, de rendre l'apprentissage plus ludique. Et toutes les disciplines sont confondues : Français, Mathématiques, Histoire, Art, Sciences…

Authôt 04/02/2020

해석

A: 우리는 이 기사에서 학생들의 원격 학습에 대한 도전에 대해 말하려고 합니다. 오늘날 코로나 19로 인해 원격 학습이 아이들에게 그 어느 때보다 더 화젯거리입니다. Véronique 씨의 말씀을 들어 보겠습니다.

V: 아이들의 원격 학습은 먼저 그들의 집에서 학습한다는 것을 전제로 합니다. 그들의 학급 친구들도 선생님도 없이 말입니다. 이는 장점인 동시에 단점이 될 수 있습니다. 그럼에도 불구하고 이것은 그들에게 다른 가능성, 특히 수업을 그들의 속도에 맞추는 것, 다르게 배우는 것, 학습 방식을 변화시키는 것을 가능하게 합니다. 모두가 같은 수업을 듣는 학교에서보다 더 말이죠.

읽기는 책이나 혹은 자막을 통해 쓰여진 텍스트로 행해질 수 있다는 것에 유의하세요. 성인들과 마찬가지로요! 이 위기의 기간 동안의 목표는 아이들이 학교에 가지 않고도 그들의 학습을 계속하는 것입니다. 거기에, 학습을 더 유희적으로 하는 것이죠. 그리고 모든 과목들은 혼합됩니다: 프랑스어, 수학, 역사, 미술, 과학 등…

DELF B2 · 듣기

Étape 4 문제 4의 해설을 확인해 보세요.

문제 분석

아이들의 원격 학습에 관한 내용이다. 인터뷰에는 아이들의 원격 학습의 정의, 장점, 진행 방식, 목적이 제시되어 있다. 어떠한 대상이나 개념이 소재일 경우 그것의 정의, 현재 상황, 목적, 진행 방식, 유의 사항이 제시되는 경우가 많으므로, 이를 미리 숙지하고 듣는 것이 좋다. 원격 학습은 코로나 이후 광범위하게 시행되고 있으므로 주요 사항을 간단히 정리해 두는 것이 좋다.

해설

문항	풀이 요령
5	원격 학습이 왜 필요한지 묻는 문제이다. 'Aujourd'hui avec le Covid-19, l'apprentissage à distance pour les enfants est plus que jamais d'actualité 오늘날 코로나 19로 인해 원격 학습이 그 어느 때보다도 화젯거리입니다'라는 내용에 따라 정답은 **A**.
6	원격 학습의 전반적인 내용에 대한 문제이다. 'À noter que la lecture peut s'effectuer sur un texte écrit, via un livre ou via des sous-titres 읽기는 책이나 혹은 자막을 통해 쓰여진 텍스트로 행해질 수 있다는 것에 유의하세요'라는 내용에 따라 정답은 **C**. 'Sans leurs camarades de classe ni leur maître ou maîtresse. Ce qui peut être à la fois un avantage et un inconvénient 그들의 학급 친구들도 선생님도 없이 말입니다. 이는 장점인 동시에 단점이 될 수 있습니다'라는 내용에 따라 A는 오답. 'L'apprentissage à distance pour les enfants implique d'abord d'apprendre chez eux, à la maison 아이들의 원격 학습은 먼저 그들의 집에서 학습한다는 것을 전제로 합니다'라고 하였으므로 B 또한 오답.

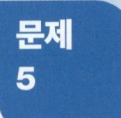

EXERCICE 3

🎧 Track N5-01

Étape 1

공략에 따라 EXERCICE 3 연습 문제를 풀어 보세요.

DOCUMENT 1

Lisez les questions, écoutez le document puis répondez.

❶ Qu'est-ce qu'on constate dans la Journée nationale du sport scolaire ?

　A ☐ Cet événement a lieu au printemps.

　B ☐ Cet événement se déroule seulement dans les régions restreintes.

　C ☐ L'un des buts est de promouvoir des activités sportives scolaires.

❷ Selon Nadine, _____

　A ☐ il n'y a que des compétitions dans cet événement.

　B ☐ les élèves peuvent participer à cet événement même s'ils n'ont pas de licence.

　C ☐ la Journée nationale du sport scolaire est une occasion de porter les valeurs de l'olympisme.

Étape 2

문제 5의 내용을 해석해 보세요.

문제를 읽으세요. 자료를 듣고 답하세요.

❶ 학교 스포츠의 날에서 무엇을 확인할 수 있는가?

　A ☐ 이 행사는 봄에 개최된다.

　B ☐ 이 행사는 단지 제한된 지역에서만 진행된다.

　C ☐ 목적들 중 하나는 학교 스포츠 활동을 장려하는 것이다.

❷ Nadine에 따르면 _____

　A ☐ 이 행사에는 오직 시합들만 있다.

　B ☐ 학생들은 선수 자격증이 없더라도 이 행사에 참여할 수 있다.

　C ☐ 학교 스포츠의 날은 올림픽 조직의 가치들을 홍보할 수 있는 기회이다.

Étape 3 문제 5의 필수 어휘를 익히고, 스크립트를 확인해 보세요.

필수 어휘

restreint 제한된 | promouvoir 장려하다 | licence (f) 선수 자격증 | olympisme (m) 올림픽 경기 조직 | manifestation (f) 행사, 대회 | démonstration (f) 시범, 시연 | cross (m) 크로스컨트리 | tournoi (m) 토너먼트 | athlétisme (m) 육상 | licencié 선수 자격증을 소지한 (사람) | attirer 유인하다, 끌어당기다 | recrue (f) 신입 회원 | paralympique 패럴림픽의 | persévérance (f) 인내, 투지 | mobilisation (f) 결집, 동원

스크립트

A: Promouvoir les activités des associations et des fédérations sportives scolaires auprès des élèves, des équipes éducatives, des parents d'élèves et du monde sportif local : telles sont les ambitions de la Journée nationale du sport scolaire, qui a lieu chaque année en septembre dans la France entière. En 2020, la Journée du Sport scolaire a lieu le mercredi 23 septembre. Écoutons Nadine.

N: La Journée nationale du sport scolaire a lieu chaque année en septembre. Dans les écoles, collèges et lycées de France, des manifestations sportives et ludiques (démonstrations, cross, tournois, compétitions d'athlétisme) réunissent les élèves, leurs professeurs, leurs parents. L'objectif de cette journée est de promouvoir le sport scolaire, de montrer le dynamisme de près de 2 millions d'élèves licenciés et d'attirer de nouvelles recrues. Par ailleurs, l'organisation des Jeux olympiques et paralympiques à Paris en 2024 est une occasion de porter les valeurs de l'olympisme : excellence, amitié, respect, et des valeurs du sport comme l'effort, la persévérance, la volonté de progresser, le respect des autres, de soi et des règles. Cette mobilisation pour le sport et pour les valeurs qu'il véhicule a pour objectif de favoriser la réussite de tous les élèves ainsi que des futurs champions français de 2024.

https://www.education.gouv.fr

해석	**A:** 학생들, 교육 팀들, 학부모들, 그리고 지역 스포츠 사회에 학교 스포츠 연맹과 협회의 활동들을 장려하는 것, 이것이 프랑스 전체에서 매년 9월에 열리는 '학교 스포츠의 날'의 열망입니다. 2020년에 학교 스포츠의 날은 9월 23일 수요일에 열립니다. Nadine 씨의 말씀을 들어 보겠습니다. **N:** 학교 스포츠의 날은 매년 9월에 열립니다. 프랑스의 초, 중, 고등학교들에서 스포츠 놀이 행사(시범, 크로스 컨트리 경주, 토너먼트 경기, 육상 경기)가 학생들과 교사들, 학부모들을 한 자리에 모이게 합니다. 이 날의 목적은 학교 스포츠를 장려하는 것과 2백만 명 가까이 되는, 선수 자격증을 소지한 학생들의 활기를 보여주는 것, 그리고 신입 회원들을 유치하는 것입니다. 게다가 2024년 파리에서의 올림픽과 패럴림픽 경기 개최는 올림픽 조직의 가치들을 홍보할 수 있는 기회입니다: 탁월함, 우정, 존중, 그리고 노력, 인내, 발전하려는 의지, 스스로와 타인에 대한 존중과 규칙 준수와 같은 스포츠의 가치들을요. 스포츠와 그것이 전달하는 가치들을 위한 이러한 동원은 2024년 프랑스의 미래 챔피언들뿐만 아니라 모든 학생들의 성공을 돕는 것을 목적으로 합니다.

Étape 4

문제 5의 해설을 확인해 보세요.

문제 분석	학교 스포츠의 날에 관한 내용이다. 행사가 언제, 어디에서 개최되는지, 참석자는 누구이며 구체적으로 어떠한 활동을 하는지는 기본적으로 파악해야 할 정보이다. 이 인터뷰에서는 특히 행사 목적을 구체적으로 설명하고 있으므로 여기에 주목해야 한다. 학교 스포츠의 날 외에 올림픽과 패럴림픽에 대한 내용도 제시되고 있는데, 여기에서는 올림픽과 패럴림픽의 목적이 무엇인지 정확히 파악해야 한다.

문항	풀이 요령
1	학교 스포츠의 날에 관한 문제이다. 'Promouvoir les activités des associations et des fédérations sportives scolaires auprès des élèves, des équipes éducatives, des parents d'élèves et du monde sportif local 학생들, 교육 팀들, 학부모들, 그리고 지역 스포츠 사회에 학교 스포츠 연맹과 협회의 활동들을 장려하는 것'이 학교 스포츠날의 열망이라고 하였으므로 정답은 **C**. 'la Journée nationale du sport scolaire, qui a lieu chaque année en septembre 학교 스포츠의 날은 매년 9월에 열린다'라는 내용으로 보아 A는 오답. 'dans la France entière 프랑스 전체에서' 열린다고 하였으므로 B 역시 오답.
2	행사의 구체적인 내용을 묻는 문제이다. 'd'attirer de nouvelles recrues 다른 신입 회원들을 유치하는 것'이 목적 중 하나라고 하였으므로 선수 자격증이 없어도 되어 정답은 **B**. 'démonstrations, cross, tournois, compétitions d'athlétisme 시범, 크로스컨트리 경주, 토너먼트 경기, 육상 경기'라는 내용으로 A는 오답. 'une occasion de porter les valeurs de l'olympisme 올림픽 조직의 가치들을 홍보할 수 있는 기회'는 학교 스포츠의 날이 아니라 파리 올림픽과 관련된 내용이므로 C도 오답.

문제 5

EXERCICE 3

 Track N5-02

Étape 1

공략에 따라 EXERCICE 3 연습 문제를 풀어 보세요.

DOCUMENT 2

Lisez les questions, écoutez le document puis répondez.

❸ Quel est l'avantage de la course à pied ?

　　A ☐ Elle fait grossir.

　　B ☐ Elle permet d'économiser de l'argent.

　　C ☐ Elle permet de contrôler l'évolution de certaines maladies.

❹ Quand on court dans le froid, _____

　　A ☐ il faut toujours couvrir sa tête.

　　B ☐ il faut courir à toute allure.

　　C ☐ il vaut mieux courir individuellement pour mieux se motiver.

Étape 2

문제 5의 내용을 해석해 보세요.

문제를 읽으세요. 자료를 듣고 답하세요.

❸ 달리기의 장점은 무엇인가?

　　A ☐ 이것은 살이 찌게 한다.

　　B ☐ 이것은 돈을 절약할 수 있게 해 준다.

　　C ☐ 이것은 어떤 병들의 진행을 억제할 수 있도록 해 준다.

❹ 추운 날씨에 달리기를 할 때, _____

　　A ☐ 항상 머리를 덮어야 한다.

　　B ☐ 전속력으로 달려야 한다.

　　C ☐ 동기를 더 잘 부여받기 위해서는 개별적으로 뛰는 것이 더 낫다.

문제 5의 필수 어휘를 익히고, 스크립트를 확인해 보세요.

couvrir 덮다 | allure (f) 속도 | doper 활성화하다 | moral (m) 사기(士氣) | perdition (f) 소진, 파멸 | couche (f) 층, 겹 | dégager 발산하다, 내뿜다 | manche (f) 소매 | braver 맞서다, 무릅쓰다 | échauffement (m) 가열, 발효, 흥분 | poumon (m) 폐 | s'étirer 기지개를 켜다, 늘어나다

A: Garder une activité physique continue, même en hiver, c'est primordial pour être en bonne santé. Alors comment bien s'équiper et préparer son organisme à la course quand il fait froid ?

B: Que ce soit pour améliorer sa condition physique, être en bonne santé, perdre du poids ou tout simplement pour se sentir bien, 5 millions de Français pratiquent la course à pied au moins une fois par semaine. C'est une excellente activité pour doper son moral et réduire le risque de développer certaines maladies. À condition de respecter quelques fondamentaux surtout quand il fait froid. Quand on court dans le froid, il faut toujours couvrir sa tête car la perdition de chaleur passe par la tête. Il n'est pas nécessaire de porter trois couches de vêtements car lorsque l'on court, le corps dégage de la chaleur qui sert justement à se réchauffer. Un vêtement qui protège de la pluie et un t-shirt à manches longues suffisent. Pour braver le froid, courez en groupe pour mieux vous motiver ! Commencer par 10-15 minutes d'échauffement à une allure tranquille, sans aller trop vite car plus la température extérieure est proche de zéro, plus les poumons ont du mal à suivre le rythme. Dernier conseil : ne pas s'étirer tout de suite après l'effort ! Attendez 20 minutes pour que la température du corps soit descendue.

France Info 14/12/2019

해석

A: 겨울에도 신체 활동을 계속하는 것은 건강을 유지하기 위해 가장 중요합니다. 그러면 추운 날씨에 달리기를 할 때 어떻게 필요한 장비를 잘 갖추고 몸을 준비시킬 수 있을까요?

B: 신체적 조건을 개선시키기 위해서든 건강을 유지하기 위해서든 살을 빼기 위해서든 혹은 그저 단순히 기분이 좋아지기 위해서든, 5백만 명의 프랑스인들이 적어도 일주일에 한 번 달리기를 합니다. 이것은 사기를 북돋고 몇몇 질환들이 진행될 위험을 낮추기에 훌륭한 활동입니다. 날씨가 추울 때 몇몇 기본적인 것들을 지킨다면 말이죠. 추운 날씨에 달리기를 할 때, 항상 머리를 덮어야 합니다. 왜냐하면 열의 손실이 머리를 통해 일어나기 때문이죠. 옷을 세 겹 입을 필요는 없는데, 왜냐하면 우리가 달릴 때 신체는 스스로 몸을 데울 수 있을 만큼의 열을 방출하기 때문입니다. 비로부터 보호하는 옷과 긴 소매의 티셔츠면 충분합니다. 추위에 맞서기 위해, 스스로에게 더 동기 부여를 하려면 단체로 뛰세요! 외부 온도가 0에 가까울수록 폐가 속도를 따라가기 어려워지기 때문에, 너무 빠르지 않게 여유 있는 속도의 10~15분간의 준비 운동으로 시작하세요. 마지막 조언: 운동 직후에 기지개를 켜지 마십시오! 체온이 떨어질 수 있게 20분간 기다리세요.

Étape 4

문제 5의 해설을 확인해 보세요.

문제 분석

겨울철 운동에 대한 내용이다. 이 지문에서는 달리기의 장점, 겨울에 운동할 때 필요한 장비, 주의 사항에 대한 내용이 제시되고 있으므로, 이들 정보를 주의 깊게 듣는다. 이외에도 얼마나 많은 사람들이 운동을 하는지, 준비 운동을 얼마나 해야 하는지, 운동 후 기지개를 펴기 전까지 얼마의 시간을 기다려야 하는지의 수치 또한 출제될 수 있다.

해설

문항	풀이 요령
3	달리기의 장점에 관한 문제로서 'C'est une excellente activité pour doper son moral et réduire le risque de développer certaines maladies 이것은 사기를 북돋고 몇몇 질환들이 진행될 위험을 낮추기에 훌륭한 활동입니다'라고 하였으므로 정답은 **C**.
4	추운 날씨에 달리기를 할 때의 유의사항에 관한 문제이다. 'Quand on court dans le froid, il faut toujours couvrir sa tête 추운 날씨에 달리기를 할 때, 항상 머리를 덮어야 합니다'라는 내용에 따라 정답은 **A**. 그 이유인 'car la perdition de chaleur passe par la tête 왜냐하면 열의 손실이 머리를 통해 일어나기 때문이죠' 역시 문제로 출제될 수 있다.

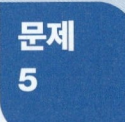

문제 5

EXERCICE 3

🎧 Track N5-03

Étape 1

공략에 따라 EXERCICE 3 연습 문제를 풀어 보세요.

DOCUMENT 3

Lisez les questions, écoutez le document puis répondez.

5 Selon ce document, _____

- A ☐ les salariés s'intéressent de plus en plus à la pratique du sport.
- B ☐ les salariés qui pratiquent du sport sont plus nombreux que ceux qui ne font pas de sport.
- C ☐ la pratique du sport en entreprise donne des avantages pour le chef d'entreprise.

6 Selon Jean PIERRE, _____

- A ☐ faire du sport durant la journée de travail permet aux salariés de se concentrer sur leurs missions.
- B ☐ le sport au travail permet de se détendre.
- C ☐ pratiquer le sport avec ses collègues provoque des désaccords entre eux.

Étape 2

문제 5의 내용을 해석해 보세요.

문제를 읽으세요. 자료를 듣고 답하세요.

5 이 자료에 따르면, _____

- A ☐ 직장인들은 스포츠 활동에 점점 더 관심을 갖는다.
- B ☐ 운동을 하는 직장인들은 운동을 하지 않는 직장인들보다 더 수가 많다.
- C ☐ 사내 스포츠 실시는 기업주에게 장점들을 제공한다.

6 Jean PIERRE에 따르면, _____

- A ☐ 업무 일과 동안 운동을 하는 것은 직장인들이 그들의 업무에 집중할 수 있도록 해 준다.
- B ☐ 직장에서의 운동은 긴장을 완화시켜 준다.
- C ☐ 동료들과 운동을 하는 것은 그들 사이에 불화를 조장한다.

Étape 3 문제 5의 필수 어휘를 익히고, 스크립트를 확인해 보세요.

필수 어휘

désaccord (m) 불화, 대립 | infographie (f) 인포그래픽 | préoccuper 걱정시키다, 몰두하게 하다 | décompresser 긴장을 풀다, 휴식을 취하다 | dépassement de soi (m) 자기 초월 | garder la ligne 몸매를 유지하다 | se rapprocher 친밀한 사이가 되다 | angle (m) 시점, 관점 | truc (m) (이름을 모르거나 밝히기 싫은 사물, 사람을 가리켜) 것 | renforcer 보강하다, 견고히 하다 | complicité (f) 가담, 결탁 | quota (m) 할당량

스크립트

A: Aujourd'hui, les salariés sont nombreux à vouloir pratiquer du sport. D'après l'infographie de Décathlon Pro sur le sport en entreprise, les salariés seraient 78% à vouloir pratiquer le sport en entreprise. Mais lorsque l'on observe ceux qui le pratiquent vraiment, ils sont peu nombreux. Écoutons Jean PIERRE.

P: Si la pratique du sport en entreprise est devenue un vrai sujet, c'est parce qu'il offre plusieurs avantages pour les salariés. En faisant du sport durant votre journée de travail, vous ne penserez plus aux missions qui vous préoccupent. Ainsi, le sport au travail permet de décompresser, d'être moins stressé et de favoriser son bien-être. Lorsque l'on pratique du sport, on essaie souvent de donner le meilleur de soi ce qui fait du sport une activité pour le dépassement de soi. Le sport a aussi des aspects bénéfiques pour le corps et la santé puisqu'il permet de garder la ligne. Enfin, pratiquer le sport avec ses collègues a pour avantage de se rapprocher de ses collègues et de les voir sous un nouvel angle. Peut-être que le sport n'est pas votre truc mais que vous avez très envie de connaître les bienfaits physiques du sport et de renforcer votre complicité avec vos collègues ! Et bien, il existe une solution : marcher avec ses collègues ! Cela vous permettra d'une part de remplir votre quota d'au moins 30 minutes de marche par jour et d'autre part vous pourrez faire des réunions plus productives.

CoWork.io 31/07/2018

해석

A: 오늘날, 운동을 하고 싶어 하는 직장인들이 많습니다. 사내 스포츠에 대한 Décathlon Pro의 인포그래픽에 따르면, 사내 스포츠를 하고 싶어 하는 직장인들이 78%였습니다. 그러나 우리가 이를 정말로 실천하는 직장인들을 관찰하면, 그 수는 별로 많지 않습니다. Jean PIERRE 씨의 말씀을 들어 보겠습니다.

P: 사내 스포츠 실시가 실제 화두가 되었다면, 이는 그것이 직장인들에게 여러 장점들을 제공하기 때문입니다. 당신의 업무 일과 동안 운동을 함으로써 당신은 걱정하는 업무에 대해 더 이상 생각하지 않게 될 것입니다. 이처럼 직장에서의 운동은 긴장을 풀어 주고, 스트레스를 덜 받도록 해 주며, 행복을 증진시킬 수 있도록 해 줍니다. 우리가 운동을 할 때 우리는 보통 최선을 다하는데, 이것이 스포츠를 자기 초월의 활동으로 만듭니다. 스포츠는 또한 몸매를 유지하도록 해 주기 때문에 신체와 건강에 이로운 측면이 있습니다. 마지막으로, 동료들과 운동을 하는 것은 동료들과 가까워지고, 그들을 새로운 시각으로 볼 수 있다는 장점이 있습니다. 어쩌면 스포츠가 당신 취향이 아닐 수도 있지만, 당신은 스포츠의 신체적 효용을 알고 싶고, 당신의 동료들과 결속력을 강화하고 싶어 할 수 있습니다! 그렇다면 하나의 해결책이 있습니다: 당신의 동료들과 함께 걷는 것입니다! 이것은 한편으로는 당신에게 하루에 최소 30분 이상 걷는 할당량을 채울 수 있도록 해 주고, 다른 한편으로 당신은 더 생산적인 모임을 가질 수 있을 것입니다.

Étape 4 문제 5의 해설을 확인해 보세요.

문제 분석

사내 스포츠 활동에 대한 내용이다. 이 인터뷰는 운동을 하면 좋은 점을 회사와 관련하여 이야기하고 있다는 점에 주의해야 한다. 운동을 하면 좋은 점을 신체적인 측면과 정신적인 측면에서 설명하고 있으므로 이를 구분해서 정리하는 것이 좋다. 마지막으로 회사에서 동료들과 운동하는 것의 장점에 대해 설명하고 있으므로 끝까지 집중해서 듣도록 한다.

문항	풀이 요령
5	회사에서의 스포츠 활동에 대한 문제이다. 'Aujourd'hui, les salariés sont nombreux à vouloir pratiquer du sport 오늘날, 운동을 하고 싶어 하는 직장인들이 많습니다'라는 내용에 따라 정답은 **A**. 'lorsque l'on observe ceux qui le pratiquent vraiment, ils sont peu nombreux 우리가 이를 실천하는 직장인들을 관찰하면, 그 수는 별로 많지 않습니다'라고 하였으므로 B는 오답. 'Si la pratique du sport en entreprise est devenue un vrai sujet, c'est parce qu'il offre plusieurs avantages pour les salariés 사내 스포츠 실시가 실제 화두가 되었다면, 이는 그것이 직장인들에게 여러 장점들을 제공하기 때문'이라는 내용에서 기업주 이야기는 없다. 따라서 C는 정답이 될 수 없다.

6 직장에서 운동하는 것의 장점에 관한 문제로서 'le sport au travail permet de décompresser, d'être moins stressé 직장에서의 운동은 긴장을 풀어 주고, 스트레스를 덜 받도록 해 주며'라는 내용에 따라 정답은 **B**. 'En faisant du sport durant votre journée de travail, vous ne penserez plus aux missions qui vous préoccupent 당신의 업무 일과 동안 운동을 함으로써 당신은 걱정하는 업무에 대해 더 이상 생각하지 않게 될 것입니다'라는 내용에 따라 A는 오답. 'pratiquer le sport avec ses collègues a pour avantage de se rapprocher de ses collègues et de les voir sous un nouvel angle 동료들과 운동을 하는 것은 동료들과 가까워지고, 그들을 새로운 시각으로 볼 수 있다는 장점이 있습니다'라는 내용에 따라 C는 오답.

Compréhension des écrits

1 독해 완전 분석

B2 독해 평가는 2가지 유형으로 구성되며 시험 시간은 1시간이다. 시행처의 공지를 보면 독해는 두 종류의 지문 – 프랑스 혹은 프랑스어권 국가에 관련된 정보 전달을 목적으로 하는 글과 논설문 – 을 읽고 문제에 답하는 것이라고 되어 있다. 그러나 실제 시험에서는 EXERCICE 1과 2가 정보 전달의 글, 논설문으로 구분되어 출제되지 않고, 일상생활, 과학 기술, 건강 등 다양한 주제의 글에 대한 문제가 고루 출제된다. 본서 또한 실제 출제 경향에 따라 다양한 주제의 글을 수록하였으며, 편의상 EXERCICE 1과 EXERCICE 2로 나누었다. 다만, 2023년부터 본격적으로 적용되는 新유형의 경우 기존 문제 유형과는 완전히 다르기 때문에, 구분하여 따로 수록하였다. 新유형은 지문을 읽고 각각의 사항(말이나 행동 등)에 해당하는 사람이 누구인지 고르는 문제인데, 기존 유형과 다르므로 문제를 풀어 보며 미리 익혀 두는 것이 좋다.

2 독해 유형 파악 [약 1시간, 25점]

*新유형 기준

EXERCICE	특징
❶ 정보 전달을 목적으로 하는 글 읽고 답하기	프랑스 혹은 프랑스어권 국가에 관련된 정보 전달을 목적으로 하는 글을 읽고 답하는 문제가 출제된다. 객관식과 주관식, vrai와 faux 중 하나를 고른 뒤, justification 하는 문제로 구성된다.
❷ 설득을 목적으로 하는 글 읽고 답하기	상대방을 설득하는 것을 목적으로 하는 논설문이 출제되는데, 문제 유형은 위의 정보 전달을 목적으로 하는 글과 동일하다.

3 독해 평가 이것만은 꼭!

❶ 新유형에 따른 시간 배분 연습이 필요하다.
기존 DELF B2의 독해 영역은 2가지 유형으로만 문제가 출제되었다. 그러나 변경된 시험에서는 독해 영역이 3가지 유형으로 출제될 확률이 매우 높기 때문에, 미리 新유형에 대한 대비를 하는 것이 좋다. 독해의 경우 글의 양이 많아서 시간 조절이 쉽지 않은데, 익숙하지 않은 새로운 유형의 문제까지 출제되면 당황하기 쉽다. 그러므로 평소 독해 공부를 할 때 기존 유형뿐만 아니라 新유형까지 함께 풀면서 시간 배분을 연습하는 것이 좋다.

❷ 지문이 아니라 문제부터 읽는다.
독해 영역의 경우 비교적 지문이 길기 때문에 지문을 읽은 다음 문제를 풀 경우 시간이 부족하다. 그러므로 문제를 먼저 읽은 다음, 문제에 해당하는 부분을 지문에서 찾아 읽는 것이 효율적이다.

❸ 아는 문제부터 푼다.
B2 독해 문제의 경우 지문에서 사용한 어휘나 표현이 문제에서 그대로 사용되지 않는 경우가 많다. 즉, 의미는 비슷하나 형태가 다른 어휘나 표현으로 문제를 출제하는 것이다. 따라서 지문이나 문제에 제시된 표현을 정확히 이해하지 못할 경우 문제 자체를 풀기 어려우며, 그래서 더욱 어렵게 느껴지는 것이다. 그러므로 문제를 풀 때 전략적으로 접근해야 하는데, 답을 정확히 모를 경우 바로 다음 문제로 넘어가는 것이다. 즉, 정확히 아는 문제부터 푼 뒤 모르는 문제를 다시 푸는 것이 전략이 될 수 있다.

❹ 답안 작성 요령을 숙지한다.
주관식 문제의 경우 지문에 있는 어휘나 문장을 그대로 사용하지 않아야 한다는 조건이 있지 않은 이상, 지문에 있는 구절이나 문장을 그대로 답으로 쓰면 된다. 그리고 vrai와 faux 중 하나를 고른 뒤 justification 하는 문제의 경우, 간혹 정답에 해당하는 문장이 두 개 이상일 경우도 있으므로 주의하자.

독해
평가

EXERCICE 1

Pour répondre aux questions, cochez (☒) la bonne réponse ou écrivez l'information demandée.

질문들에 답변하기 위해, 정답에 ☒를 하거나 요구되는 정보를 쓰세요.

Répondez aux questions.

질문에 답하세요.

완전 공략

DELF B2 독해

1 핵심 포인트

인문, 사회, 과학 등 전 분야에 걸친 다양한 주제의 글을 읽고 제대로 이해했는지 평가하는 유형의 문제이다. ① 객관식과 ② 주관식 그리고 ③ 지문과 일치하는지 여부를 vrai, faux로 표시한 뒤 그것을 입증하는 문장을 쓰는 3가지 유형의 문제가 출제된다. 3번째 유형의 문제는 vrai, faux에 체크하는 것뿐만 아니라, 그것을 입증하는 문장 또한 맞혀야 점수를 획득할 수 있다는 점에 유의하자.

2 빈출 주제

사회적으로 이슈가 되는 주제가 출제된다. 이중 언어, 외국어 조기 교육, 프랑스어 교육, 직장 내 낮잠 제도, 직장 동료들 간의 관계 개선을 위한 방법, 음식물 낭비 등은 자주 출제되는 주제이니만큼 반드시 정리해 두도록 하자.

3 고득점 전략

① 지문의 순서와 문제의 순서가 대부분 일치하므로, 최대한 이를 활용한다.

DELF의 경우, 지문의 순서와 문제의 순서가 대부분 일치한다. 즉, 1번 문제라면 이에 해당하는 지문은 맨 앞에, 마지막 문제라면 이에 해당하는 지문은 뒤에 있을 확률이 높다. 그러므로 어떤 문제의 답을 정확히 모를 경우, 지문 순서와 문제 순서가 대부분 일치한다는 것에 착안하여 지문의 위치에서 답을 찾는 전략을 활용하자.

② 제목과 소제목, 첫 문장과 마지막 문장을 주시한다.

글의 주제를 찾는 문제는 빈번하게 출제되는 문제 중 하나다. 글의 주제는 제목과 소제목, 첫 문장과 마지막 문장에 오기 마련이므로, 글의 주제를 정확히 모를 때에는 이를 활용하는 것이 좋다. 뿐만 아니라 제목이나 소제목을 통해 글의 주제를 대략 알고 글을 읽는 것은 배경지식으로 작용해 글의 의미를 파악하는 데 상당한 도움이 되므로, 주제를 파악해 가며 글을 읽도록 하자.

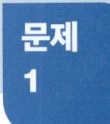

EXERCICE 1 실전 연습

공략에 따라 EXERCICE 1 연습 문제를 풀어 보세요.

Près d'un Français sur deux adepte de la consommation « collaborative »

Près de la moitié des Français (48%) pratiquent désormais la revente d'objets, le covoiturage, le troc ou encore la colocation, et à 63% pour une raison d'économie financière, selon un sondage TNS Sofres pour le groupe La Poste.
Selon cette étude publiée jeudi, qu'il s'agisse de revendre des objets, d'acheter en première main ou d'occasion, de pratiquer le covoiturage, l'autopartage, le troc, la colocation, la consommation dite « collaborative » n'est plus un microphénomène : désormais, 48% des Français la pratiquent régulièrement et 32% disent vouloir s'y mettre, quand 20% y semblent réfractaires. Au total, huit Français sur dix pratiquent ou ont l'intention de pratiquer cette nouvelle façon de consommer.
Le sondage pointe des considérations relatives au pouvoir d'achat : payer moins cher (63%) ou trouver des « bons plans » et bonnes affaires (55%), pousse les consommateurs vers cette nouvelle tendance.
Mais les personnes qui pratiquent régulièrement la consommation collaborative mentionnent également des motivations touchant au caractère alternatif de ce mode de consommation : la possibilité de faire durer les objets, de leur donner une seconde vie (38%), le fait que ce modèle de consommation soit meilleur pour la société (28%) ou même le seul attrait pour un modèle différent (18%).

Consommer mieux

Ce sondage montre une aspiration de plus en plus prononcée du consommateur à ne pas forcément consommer moins mais consommer mieux. 59% des Français interrogés disent avoir confiance dans les échanges entre particuliers. Ceux qui pratiquent la consommation collaborative sont confiants à 78%.
En outre, les Français qui pratiquent la consommation collaborative se montrent plus optimistes que les autres. Ils ont confiance dans l'avenir à 46% et confiance dans la reprise économique à 37%.
51% des adeptes de cette consommation comptent la pratiquer davantage, 41% autant, 8% seulement moins. Parmi les adeptes de ces modes de consommation alternatifs, 74% estiment que leurs changements de comportement seront durables, 59% qu'ils pourront représenter à l'avenir un poids important dans leurs achats et 66% un poids important dans l'économie en général.

Le Monde 14/11/2013

Répondez aux questions.

[❶~❸] Vrai ou faux ? Cochez (X) la bonne réponse et recopiez la phrase ou la partie de texte qui justifie votre réponse. 2 points si le choix V/F et la justification sont corrects, sinon aucun point ne sera attribué.

❶ Beaucoup de Français pratiquent la consommation collaborative pour économiser de l'argent.

☐ Vrai ☐ Faux

Justification : ....

❷ La consommation « collaborative » est un phénomène de faible ampleur.

☐ Vrai ☐ Faux

Justification : ....

❸ La consommation « collaborative » est motivée principalement par la capacité à faire des achats.

☐ Vrai ☐ Faux

Justification : ....

❹ Quelles sont les causes principales qui attirent les Français vers cette nouvelle tendance ?

....

⑤ Donnez des exemples de la motivation d'achat concernant le caractère alternatif.

....

⑥ Selon le sondage, quelle est la tendance des consommateurs par rapport à la qualité de consommation ?

....

⑦ Les Français qui pratiquent la consommation collaborative _____

  A ☐ ont une attitude positive.
  B ☐ montrent un point de vue négatif.
  C ☐ ne montrent d'intérêt pour rien.

⑧ Quel est l'avis de 74% des Français qui pratiquent la consommation collaborative ?

....

Étape 2

문제 1의 필수 어휘를 익히고, 해석을 참조하세요.

필수 어휘

adepte 애호가, 추종자 | consommation collaborative (f) 공유 경제 | troc (m) 물물교환 | colocation (f) 공동 세입 | d'occasion 중고의 | autopartage (m) 카 셰어링 | réfractaire 둔감한, 반항하는 | pouvoir d'achat (m) 구매력 | alternatif 대안적인, 대체의 | aspiration (f) 열망 | prononcé 두드러진, 뚜렷한 | reprise (f) 회복, 회수

해석

프랑스인 두 명 중 한 명은 공유 경제의 애호가이다.

La poste 그룹의 TNS Sofres의 한 여론 조사에 따르면, 이제 프랑스인들의 절반 가까이가(48%) 중고품 판매, 카풀, 물물교환, 혹은 공동 세입을 실천하고 있으며, 이들 중 63%는 재정 절약의 이유 때문인 것으로 밝혀졌다. 목요일에 발표된 이 연구에 따르면, 그것이 물건을 되파는 것이든, 새 것 또는 중고품을 사는 것이든, 카풀, 카 셰어링, 물물교환, 공동 세입을 하는 것이든, '공유'라 불리는 소비는 더 이상 소규모 현상이 아니다: 이제 프랑스인들의 48%가 규칙적으로 그것을 실천하고 있고, 32%는 그것을 시작하고 싶다고 말하며, 20%는 여기에 둔감한 것으로 보인다. 결국 프랑스인 10명 중 8명이 이 새로운 소비 방식을 하고 있거나 할 의향이 있다는 것이다.

여론 조사는 구매력과 관련된 의견들을 짚어 본다: 더 싼 비용을 내는 것(63%), 혹은 '싸게 파는 물건'과 수지 맞는 거래를 찾는 것(55%)이 이 새로운 경향 쪽으로 소비자들을 부추기고 있다.

하지만 정기적으로 공유 경제를 실천하는 사람들은 이 소비 방식의 대안적인 특성과 관련된 구매 동기에 대해서도 말한다: 물건을 오래 지속시키고 그것들에 제2의 삶을 부여할 수 있다는 가능성(38%), 이러한 소비 방식이 사회를 위해 더 좋다는 사실(28%), 심지어 단지 다른 모델에 대한 이끌림(18%) 때문이라는 것이다.

더 잘 소비하는 것

이 여론 조사는 반드시 적게 소비하려는 것이 아니라 더 잘 소비하려는 소비자들의 열망이 점점 더 두드러지고 있음을 보여준다. 조사에 응한 프랑스인들의 59%가 개인들 간의 교환을 신뢰한다고 말했다. 공유 경제를 실천하는 사람들은 78%가 신뢰감을 가지고 있었다.

게다가, 공유 경제를 실천하는 프랑스인들은 다른 사람들보다 더 낙관적인 모습을 보였다. 이들 46%가 미래에 대해, 37%가 경제 회복에 대해 신뢰감을 가지고 있었다.

이러한 소비 방식 애호가들의 51%는 이것을 더욱 더 실천하겠다고 생각했고, 41%는 지금과 동일하게, 그리고 8%만이 덜 실천하겠다는 생각을 가지고 있었다. 이러한 대안적 소비 방식 애호가들 중 74%는 그들의 행동 변화가 지속될 것이라고 생각했고, 59%는 향후 그들의 구매에 있어서 중요한 비중을 차지할 수 있을 것이라고 생각했으며, 66%는 전반적인 경제에 중요한 비중을 차지할 것이라고 생각했다.

질문에 답하세요.

[❶~❸] 참 또는 거짓? 정답에 (X)를 하고 당신의 답변을 입증하는 텍스트의 문장 또는 일부를 옮겨 쓰세요. 만일 V/F의 선택과 입증이 맞는다면 2점, 그렇지 않으면 어떠한 점수도 부여되지 않을 것입니다.

❶ 많은 프랑스인들은 돈을 절약하기 위해 공유 경제를 실천하고 있다.

☐ 참   ☐ 거짓

입증: ....

❷ 공유 경제는 소규모 현상이다.

☐ 참   ☐ 거짓

입증: ....

❸ 공유 경제는 주로 구매력에 의해 유발된다.

☐ 참   ☐ 거짓

입증: ....

❹ 이러한 새로운 경향으로 프랑스인들을 유도하는 주요 요인들은 무엇인가?

....

❺ 대안적 특성과 관련된 구매 동기의 예시를 쓰시오.

....

❻ 여론 조사에 따르면, 소비의 질과 관련한 소비자들의 성향은 무엇인가?

....

❼ 공유 경제를 실천하는 프랑스인들은 _____

    A ☐ 긍정적인 입장을 취한다.

    B ☐ 부정적인 견해를 보인다.

    C ☐ 아무것에도 관심을 보이지 않는다.

❽ 공유 경제를 실천하는 프랑스인들의 74%의 의견은 무엇인가?

....

Étape 3

해설에 따라 문제 분석 및 풀이 요령을 익히세요.

> **문제 분석**
>
> 'consommation collaborative'를 소재로 한 글이다. 요즘 이 '공유 경제'에 대한 관심이 높은데, '공유 경제'란 물건을 소유의 개념이 아니라 대여와 공유의 개념으로 보는 것을 말한다. 중고품 판매, 물물교환, 카풀 등이 그 예이다. 이 글에서는 'consommation collaborative'의 개념, 장점 및 이를 실천하는 사람들의 비율과 이들의 가치관을 중점적으로 파악해야 한다. 공유 경제는 환경 문제와도 관련이 있으므로, 정리해 두어야 할 중요한 개념이다.

문항	풀이 요령
1	'**Près de la moitié des Français (48%) pratiquent désormais la revente d'objets, le covoiturage, le troc ou encore la colocation, et à 63% pour une raison d'économie financière** 프랑스인들의 절반 가까이가(48%) 중고품 판매, 카풀, 물물교환, 혹은 공동 세입을 실천하고 있으며, 이들 중 63%는 재정 절약의 이유 때문'이라고 하였다. 따라서 지문의 내용과 일치하기 때문에 **Vrai**이며, 이를 입증하는 문장으로 위의 문장을 쓰면 된다.
2	'**la consommation dite « collaborative » n'est plus un microphénomène** '공유'라 불리는 소비는 더 이상 소규모 현상이 아니다'라고 하였다. 따라서 소규모 현상이라는 이 문장은 지문과 일치하지 않으므로 **Faux**.
3	'**Le sondage pointe des considérations relatives au pouvoir d'achat** 여론 조사는 구매력과 관련된 의견들을 짚어 본다'라고 하였으므로 이는 곧 공유 경제가 구매력과 관련되어 있음을 시사한다. 따라서 정답은 **Vrai**.
4	'**payer moins cher (63%) ou trouver des « bons plans » et bonnes affaires (55%), pousse les consommateurs vers cette nouvelle tendance** 더 싼 비용을 내는 것(63%), 혹은 '싸게 파는 물건'과 수지맞는 거래를 찾는 것(55%)이 이 새로운 경향 쪽으로 소비자들을 부추기고 있다'라고 하였으므로 이를 정답으로 쓰면 된다.
5	공유 경제의 대안적 특성과 관련된 구매 동기를 묻는 문제이다. '**la possibilité de faire durer les objets, de leur donner une seconde vie (38%), le fait que ce modèle de consommation soit meilleur pour la société (28%) ou même le seul attrait pour un modèle différent (18%)** 물건을 오래 지속시키고 그것들에 제2의 삶을 부여할 수 있다는 가능성(38%), 이러한 소비 방식이 사회를 위해 더 좋다는 사실(28%), 심지어 단지 다른 모델에 대한 이끌림(18%)'이라는 내용이 있다. 따라서 이를 정답으로 쓰면 된다.
6	사람들의 소비 경향을 묻는 문제이다. '**une aspiration de plus en plus prononcée du consommateur à ne pas forcément consommer moins mais consommer mieux** 반드시 적게 소비하려는 것이 아니라 더 잘 소비하려는 소비자들의 열망이 점점 더 두드러지고 있음'이라고 하였으므로 이것이 정답.
7	공유 경제를 실천하는 사람들의 반응을 묻는 문제이다. '**59% des Français interrogés disent avoir confiance dans les échanges entre particuliers. Ceux qui pratiquent la consommation collaborative sont confiants à 78%** 조사에 응한 프랑스인들의 59%가 개인들 간의 교환을 신뢰한다고 말했다. 공유 경제를 실천하는 사람들은 78%가 신뢰감을 가지고 있었다'라는 내용은 곧 공유 경제에 대해 긍정적으로 생각하고 있다는 의미이므로 정답은 **A**.
8	공유 경제를 실천하는 사람들 중 74%의 의견을 묻는 문제이다. '**74% estiment que leurs changements de comportement seront durables** 그들의 행동 변화가 지속될 것이라고 생각'했다는 내용이 있으므로 이것이 정답. 이때 주어를 Ils로 바꾸어도 무방하다.

EXERCICE 1 실전 연습

공략에 따라 EXERCICE 1 연습 문제를 풀어 보세요.

Entreprises, aidons les jeunes à se loger pour trouver un emploi !

Accéder à un emploi, sans logement, est aujourd'hui mission impossible pour un jeune en formation professionnelle ou en début de vie active. Chaque jour, les entreprises pâtissent de ne pas trouver de candidat à embaucher, car leur mobilité professionnelle est financièrement compliquée. Chaque jour, des jeunes renoncent à des postes correspondant à leurs compétences, en raison d'un problème de logement. Beaucoup de recrutements, de contrats d'apprentissage ou de professionnalisation tombent ainsi à l'eau.

C'est absurde, d'autant que des solutions de logement existent. Elles sont à portée de main, mais elles sont méconnues, tant des jeunes actifs que des entreprises cherchant à les attirer et à les fidéliser. Combien d'entreprises connaissent réellement les aides d'Action Logement ? Combien proposent les logements locatifs temporaires, l'avance gratuite du dépôt de garantie, les prêts pour changement de résidence ? Combien informent leurs candidats et leurs salariés qu'ils y ont droit ? Trop peu !

Et pourtant, ces aides, c'est nous – entreprises – qui les finançons, via le versement de la participation des employeurs à l'effort de construction(PEEC). C'est à nos salariés qu'elles s'adressent. Dans le cadre de l'ANI (accord national interprofessionnel) d'avril 2011, Action Logement s'est engagé devant les partenaires sociaux, représentant les syndicats de salariés et d'employeurs.

Coups de pouce décisifs

Nous constatons tous les jours que les jeunes actifs n'en connaissent pas l'existence. Ils sont persuadés qu'ils n'ont droit à rien en matière d'aide au logement, qu'ils doivent se débrouiller seuls et que, de toute façon, ce n'est pas le problème de leur employeur... Justement, ça le devient !

Les aides d'Action Logement nous fournissent des coups de pouce décisifs pour permettre à ces jeunes d'accepter un poste, une nouvelle affectation ou une formation en alternance. Être capable aujourd'hui de leur proposer des solutions de logement, de les conseiller, de les orienter vers les bons interlocuteurs et, le cas échéant, de les soutenir dans leurs démarches devient, dans le contexte actuel, un vrai différenciateur pour l'entreprise.

Le Monde 15/11/2013

Répondez aux questions.

[❶~❸] Vrai ou faux ? Cochez (X) la bonne réponse et recopiez la phrase ou la partie de texte qui justifie votre réponse. 2 points si le choix V/F et la justification sont corrects, sinon aucun point ne sera attribué.

❶ Ce texte insiste sur l'importance du rôle des entreprises pour résoudre le problème du logement des jeunes pour qu'ils puissent travailler.

☐ Vrai   ☐ Faux

Justification : ....

❷ Selon ce document, les jeunes doivent résoudre le problème du logement pour trouver un emploi.

☐ Vrai   ☐ Faux

Justification : ....

❸ Les entreprises n'ont pas de problème à trouver des candidats à embaucher.

☐ Vrai   ☐ Faux

Justification : ....

❹ Quelle est la conséquence du problème du logement ?

....

❺ D'après ce texte, _____

    A ☐ il n'existe pas de système qui peut résoudre le problème du logement.

    B ☐ il existe bien un moyen pour résoudre le problème du logement.

    C ☐ les entreprises ne peuvent rien faire pour résoudre le problème du logement.

❻ Précisez les solutions que les entreprises peuvent proposer grâce aux aides d'Action Logement.

....

❼ Avec qui Action Logement travaille-t-il ?

....

❽ Expliquez les points que les jeunes actifs comprennent mal concernant l'aide au logement.

....

❾ Quel est le rôle des aides d'Action Logement ?

....

❿ Selon ce texte, qu'est-ce qui fait réellement la différence pour l'entreprise ?

....

Étape 2

문제 2의 필수 어휘를 익히고, 해석을 참조하세요.

필수 어휘

pâtir 괴로움을 겪다, 손해를 보다 | embaucher 고용하다 | renoncer à ~을 포기하다 | apprentissage (m) 수습 | tomber à l'eau 수포로 돌아가다 | absurde 터무니 없는 | à portée de main 손이 미치는 곳에 | fidéliser 충성하게 만들다 | logement locatif (m) 임대 주택 | avance (f) 가불, 대부(금) | dépôt de garantie (m) 보증금 | prêt (m) 융자 | versement (m) 지급 | s'adresser 건네다, 주다 | partenaires sociaux 노사 쌍방의 대표 | coup de pouce (m) 지원 | en matière de ~에 관한 | se débrouiller 스스로 해결하다 | affectation (f) 직무, 직위 | formation en alternance (f) 교육과 실습 병행 | démarche (f) 교섭

해석

기업들이여, 젊은이들이 직업을 찾기 위해 거주할 수 있도록 도웁시다!

거주지 없이 취직하는 것은 오늘날 직업 교육을 받거나 사회생활을 시작하는 젊은이에게 불가능한 일이다. 기업들은 매일 채용할 후보를 찾지 못해 어려움을 겪는데, 이는 그들의 직업상의 이동성이 재정적으로 복잡하기 때문이다. 젊은이들은 매일 주거 문제로 인해 그들의 능력에 맞는 자리들을 포기한다. 많은 채용들, 수습 계약들, 직업 계약들이 이렇게 수포로 돌아간다.

주거 대책들이 존재하기 때문에, 이는 터무니없는 일이다. 그것들은 손 닿는 곳에 있지만, 경제 활동을 하는 젊은이들과 그들을 데려오고 회사에 충성하게 하려고 애쓰는 기업들에게 잘 알려져 있지는 않다. Action Logement의 지원을 실제로 알고 있는 기업들은 얼마나 되는가? 임시 임대 주택을 제공하고, 보증금을 무상

으로 가불해 주고, 거주지 변화에 대한 비용을 융자해 주는 기업들은 얼마나 되는가? 지원자들과 직원들에게 그들이 이러한 권리를 가지고 있다는 것을 알려주는 기업들은 얼마나 되는가? 매우 적다!

그럼에도 불구하고, 이러한 지원들, 그들에게 자금을 조달해 주는 것은 우리 — 기업들 — 이다. 기업의 주택 기여금(PEEC) 지급을 통해서 말이다. 기업들이 전달하는 것은 바로 우리 직원들에게이다. 2011년 4월 ANI(전 직종 국가 협약)의 일환으로, 노동자와 고용주들의 조합을 대표하는 노사 대표들 앞에서 Action Logement이 시작되었다.

결정적 도움

우리는 경제 활동을 하는 젊은이들이 이것의 존재에 대해 알지 못한다는 사실을 매일 확인한다. 그들은 그들이 주거 지원과 관련하여 아무 권리도 없으며, 그들 혼자 알아서 잘 해결해야 하고, 어쨌든 이것이 그들의 고용주의 문제는 아니라고 확신한다. 그러니까, 그렇게 되고 있다!

Action Logement의 지원은 이 젊은이들이 일자리를, 새로운 직무를, 혹은 교육과 실습 병행을 받을 수 있도록 우리에게 결정적인 도움을 준다. 오늘날, 그들에게 주거 대책을 제안하고, 조언을 해 주고, 괜찮은 거래 상대에게로 그들을 인도해 줄 수 있는 것, 그리고 필요한 경우 그들의 교섭을 지원해 줄 수 있는 것은, 현 상황에서 기업의 진정한 차별화 요소가 된다.

질문에 답하세요.

[❶~❸] 참 또는 거짓? 정답에 (X)를 하고 당신의 답변을 입증하는 텍스트의 문장 또는 일부를 옮겨 쓰세요. 만일 V/F의 선택과 입증이 맞는다면 2점, 그렇지 않으면 어떠한 점수도 부여되지 않을 것입니다.

❶ 이 텍스트는 젊은이들이 일할 수 있도록 하기 위해 주거 문제를 해결하는 데 있어 기업의 역할의 중요성을 강조하고 있다.

□ 참   □ 거짓

입증: ....

❷ 이 자료에 따르면, 젊은이들은 직업을 얻기 위해 주거 문제를 해결해야 한다.

□ 참   □ 거짓

입증: ....

❸ 기업들은 채용할 지원자들을 구하는 데 문제가 없다.

□ 참   □ 거짓

입증: ....

❹ 주거 문제의 결과는 무엇인가?

....

❺ 이 텍스트에 따르면, _____

    A ☐ 주거 문제를 해결할 수 있는 제도가 존재하지 않는다.

    B ☐ 주거 문제를 해결할 수 있는 방법이 분명 존재한다.

    C ☐ 기업들은 주거 문제를 해결하기 위해 아무것도 할 수 없다.

❻ Action Logement의 지원 덕분에 기업들이 제안할 수 있는 대책들을 구체적으로 쓰시오.

....

❼ Action Logement은 누구와 함께 일하는가?

....

❽ 경제 활동을 하는 젊은이들이 주거 지원과 관련하여 잘못 이해하고 있는 점들을 설명하시오.

....

❾ Action Logement 지원의 역할은 무엇인가?

....

❿ 이 텍스트에 따르면, 실제로 기업들을 차별화되게 하는 것은 무엇인가?

....

DELF B2 · 독해

Étape 3 해설에 따라 문제 분석 및 풀이 요령을 익히세요.

문제 분석

취업 준비생 또는 사회 초년생들의 주거 문제를 다루고 있는 글이다. 이 글에서는 젊은이들이 주거 때문에 겪고 있는 어려움이 무엇인지와 이에 대한 해결 방안으로서 기업의 역할이 무엇인지 파악해야 한다. 특히 이 글의 논조는 젊은이들의 주거 마련에 기업이 관심을 갖고 적극적인 역할을 해야 한다는 것이므로, 이 부분에 주목해야 한다. 한편, Action Logement의 기능 및 역할을 구체적으로 파악해야 한다. 마지막으로 주거 마련과 관련한 기업의 차별화 전략은 무엇인지 또한 놓쳐서는 안 된다.

해설

문항	풀이 요령
1	주제와 관련된 문제이다. 제목이 '**Entreprises, aidons les jeunes à se loger pour trouver un emploi !** 기업들이여, 젊은이들이 직업을 찾기 위해 거주할 수 있도록 도웁시다!'인데, 이는 젊은이들이 직장을 구할 때 주거 문제로 어려움을 겪고 있으며 이를 기업이 도와야 한다는 의미이다. 따라서 주어진 문장은 지문의 내용과 일치하므로 **Vrai**.
2	'**Accéder à un emploi, sans logement, est aujourd'hui mission impossible pour un jeune en formation professionnelle ou en début de vie active** 거주지 없이 취직하는 것은 오늘날 직업 교육을 받거나 사회생활을 시작하는 젊은이에게 불가능한 일이다'라고 하였다. 이는 곧 취업을 하기 위해 거주지를 찾는 것이 매우 중요하다는 의미이므로 지문 내용과 일치한다. 정답은 **Vrai**.
3	기업들이 채용할 지원자들을 구하는 데 있어서 어려움이 있는지 여부를 묻는 문제이다. 지문에서 **Chaque jour, les entreprises pâtissent de ne pas trouver de candidat à embaucher, car leur mobilité professionnelle est financièrement compliquée** 기업들은 매일 채용할 후보를 찾지 못해 어려움을 겪는데, 이는 그들의 직업상의 이동성이 재정적으로 복잡하기 때문'이라고 하였다. 따라서 지문과 일치하지 않으므로 **Faux**.
4	주거 문제의 결과를 묻고 있다. 젊은이들이 주거 문제로 인해 자신의 능력에 맞는 자리들을 포기하는데, '**Beaucoup de recrutements, de contrats d'apprentissage ou de professionnalisation tombent ainsi à l'eau** 많은 채용들, 수습 계약들, 직업 계약들이 이렇게 수포로 돌아간다'라고 하였으므로 이것이 정답.
5	주거 문제 해결 가능성에 대한 문제이다. 'd'autant que des solutions de logement existent. Elles sont à portée de main, mais elles sont méconnues 주거 대책들이 존재하기 때문에 ~, 그것들은 손 닿는 곳에 있지만, 잘 알려져 있지 않다'라고 하였다. 이는 주거 문제를 해결할 방법이 존재하지만 사람들이 잘 모르고 있다는 의미이다. 따라서 정답은 **B**.
6	Action Logement의 지원으로 기업들이 제안할 수 있는 대책들이 무엇인지 묻고 있다. '**les logements locatifs temporaires, l'avance gratuite du dépôt de garantie, les prêts pour changement de résidence** 임시 임대 주택을 제공하고, 보증금을 무상으로 가불해 주고, 거주지 변화에 대한 비용을 융자해 주는'이라고 하였으므로, 이것이 정답.

7	Action Logement이 함께 일하는 대상에 대한 질문이다. 'Action Logement s'est engagé devant **les partenaires sociaux, représentant les syndicats de salariés et d'employeurs** 노동자와 고용주들의 조합을 대표하는 노사 대표들 앞에서 Action Logement이 시작되었다'라고 하였으므로 이것이 정답.
8	젊은이들이 주거 지원과 관련하여 오해하고 있는 것이 무엇인지 묻고 있다. '**Ils sont persuadés qu'ils n'ont droit à rien en matière d'aide au logement, qu'ils doivent se débrouiller seuls et que, de toute façon, ce n'est pas le problème de leur employeur** 그들은 그들이 주거 지원과 관련하여 아무 권리도 없으며, 그들 혼자 알아서 잘 해결해야 하고, 어쨌든 이것이 그들의 고용주의 문제는 아니라고 확신한다'라는 내용이 있으므로 이것이 정답.
9	Action Logement 지원의 역할을 묻는 문제이다. '**Les aides d'Action Logement nous fournissent des coups de pouce décisifs pour permettre à ces jeunes d'accepter un poste, une nouvelle affectation ou une formation en alternance** Action Logement의 지원은 이 젊은이들이 일자리를, 새로운 직무를, 혹은 교육과 실습 병행을 받을 수 있도록 우리에게 결정적인 도움을 준다'라는 내용이 있다. 따라서 이것이 정답이며, 주어를 Elles로 바꾸거나 같은 내용을 다른 문장으로 써도 무방하다.
10	기업들의 차별화 전략이 될 수 있는 것이 무엇인지 묻고 있다. '**leur proposer des solutions de logement, de les conseiller, de les orienter vers les bons interlocuteurs et, le cas échéant, de les soutenir dans leurs démarches** 젊은이들에게 주거 대책을 제안하고, 조언을 해 주고, 괜찮은 거래 상대에게로 그들을 인도해 줄 수 있는 것, 그리고 필요한 경우 그들의 교섭을 지원해 줄 수 있는 것'이 현 상황에서 기업의 진정한 차별화 요소가 될 것이라고 하였으므로 이것이 정답.

EXERCICE 1 실전 연습

Étape 1 공략에 따라 EXERCICE 1 연습 문제를 풀어 보세요.

L'amitié à l'épreuve de Facebook

Mes cent amis sont-ils mes amis ? Quand on demande au philosophe André Comte-Sponville, qui a beaucoup écrit sur l'amitié, s'il possède un cercle d'amis en ligne, il répond vivement : « Mes enfants avaient créé, sans me consulter, une page Facebook à mon intention. Dans les heures qui ont suivi, j'ai reçu trois messages de gens que je ne connaissais pas me demandant si je voulais être leur ami. Cela m'a paru une invasion insupportable et un contresens sur l'amitié. J'ai supprimé ma page aussitôt ! ». « Une réelle amitié ne peut pas se répandre indéfiniment, poursuit-il. Aristote disait : « Ce n'est pas un ami celui qui est l'ami de tous », ni même, j'ajouterais, qui est l'ami d'une multitude. L'amitié suppose trop de confiance, de sincérité, d'intimité – et de temps ! – pour qu'elle soit partagée avec des dizaines de personnes. Un ami, ce n'est pas seulement quelqu'un avec qui je parle ou j'écris, mais une personne avec qui je pratique certaines activités communes, une promenade, un sport, un jeu, un repas. Comment imaginer qu'un écran puisse y suffire, ou en tenir lieu ? »

Des chercheurs et des intellectuels font cependant entendre une voix plus enthousiaste. La philosophe Anne Dalsuet, auteure de l'essai « T'es sur Facebook ? Qu'est-ce que les réseaux sociaux changent à l'amitié ? (Flammarion, 2013) », ne partage pas l'idée que l'amitié est obligatoirement rare ni que les relations virtuelles s'opposent au réel. « L'opinion selon laquelle une amitié en ligne serait factice semble dépassée à l'heure de l'Internet mobile. Aujourd'hui, des millions de gens vivent en proximité permanente avec leurs proches, échangent des textos, des images et des rendez-vous grâce à leur portable. C'est une forme d'intimité entretenue à distance. Ces relations prolongent et étoffent les amitiés fortes déjà existantes et les différentes formes de copinage. »

Pour la philosophe, une nouvelle « chronologie affective » fondée « sur l'immédiateté et le dialogue » s'est mise en place à travers les réseaux sociaux. « La sociabilité ne réside plus seulement dans le face-à-face physique : chacun se retrouve plongé au cœur d'une communauté virtuelle de proches, vivant avec eux dans une véritable « coprésence » numérique. » C'est une nouvelle manière d'être au monde, affirme Anne Dalsuet. « Prenez la page d'accueil de Facebook. Chaque usager la personnalise avec des photos, des vidéos, des musiques, comme on décore sa chambre. C'est un lieu convivial où nous invitons nos amis de cœur et nos complices, avec qui nous échangeons toute la journée sur un registre ludique et « cool ». C'est une façon de se comporter, une expérience spatio-temporelle tout à fait réelle et inédite. »

Le Monde 02/01/2014

Répondez aux questions.

[❶~❸] Vrai ou faux ? Cochez (X) la bonne réponse et recopiez la phrase ou la partie de texte qui justifie votre réponse. 2 points si le choix V / F et la justification sont corrects, sinon aucun point ne sera attribué.

❶ Cet article traite de la possibilité de l'amitié par Internet.

☐ Vrai ☐ Faux

Justification : ....

❷ André Comte-Sponville avait demandé à son fils de créer un compte Facebook pour lui.

☐ Vrai ☐ Faux

Justification : ....

❸ André Comte-Sponville apprécie la valeur des amitiés par Facebook.

☐ Vrai ☐ Faux

Justification : ....

❹ Selon Aristote, _____

A ☐ on peut être ami avec n'importe qui.

B ☐ on peut partager une amitié avec quelqu'un qu'on ne connaît pas.

C ☐ l'amitié n'est pas une relation qu'on partage avec tout le monde.

❺ D'après André Comte-Sponville, quels sont les éléments nécessaires pour partager une amitié ?

....

❻ Donnez des exemples d'activités entre amis qu'Internet ne permet pas de faire.

....

270 DELF B2

[❼] Vrai ou faux ? Cochez (X) la bonne réponse et recopiez la phrase ou la partie de texte qui justifie votre réponse. 2 points si le choix V/F et la justification sont corrects, sinon aucun point ne sera attribué.

❼ Anne Dalsuet est d'accord avec l'opinion d'André Comte-Sponville sur l'amitié.

☐ Vrai ☐ Faux

Justification : ....

❽ Selon Anne Dalsuet, quel est l'avantage d'Internet mobile par rapport à l'amitié ?

....

❾ Que peut-on utiliser pour personnaliser sa page Facebook ?

....

❿ Comment Anne Dalsuet définit-elle Facebook ?

....

Étape 2

문제 3의 필수 어휘를 익히고, 해석을 참조하세요.

필수 어휘

à l'épreuve de 고난 중인, ~을 견디는 | vivement 격한 어조로 | invasion (f) 침략 | contresens (m) 비상식, 오해 | se répandre 퍼지다, 확산되다 | indéfiniment 무한히 | écran (m) 화면 | tenir lieu de ~을 대신하다 | intellectuel 지식인 | enthousiaste 열광하는 | virtuel 가상의 | factice 부자연스러운, 꾸며낸 | entretenu 유지되는 | étoffer 내용을 풍부하게 하다 | copinage (m) 친구 관계 | immédiateté (f) 직접성 | page d'accueil (f) 홈페이지 | convivial 정겨운 | complice 동료, 공모자 | registre (m) 말투 | ludique 유희적인 | spatio-temporel 시공간적인 | inédit 전대미문의, 새로운

> **해석**
>
> **페이스북의 시험에 든 우정**
>
> 내 백 명의 친구들은 내 친구들일까? 우정에 대해 많은 글을 쓴 철학자 André Compte-Sponville에게 온라인 친구들이 있는지 묻자, 그가 격한 어조로 답했다: "내 아이들이 내게 상의도 없이 내 이름으로 페이스북 페이지를 만들었어요. 그 후 몇 시간 동안, 저는 모르는 사람들로부터 그들의 친구가 되고 싶지 않냐는 메시지를 세 통 받았습니다. 그건 저에게 아주 불쾌한 침범이고 비상식적인 우정처럼 보였습니다. 저는 제 페이지를 즉시 삭제했습니다!" "실제 우정은 무한히 확산될 수 없습니다." 그가 계속해서 말했다. "아리스토텔레스가 말했죠: '모든 이들의 친구인 사람은 친구가 아니다.'라고요. 저는 여기에, 심지어 많은 사람의 친구인 사람도 친구가 아니라고 덧붙입니다. 우정은 몇십 명의 사람들과 나누기에는 너무 많은 신뢰와 진실함과 친밀함을 — 그리고 시간을 — 전제로 합니다! 친구는 단지 제가 함께 말하거나 함께 글을 쓰는 누군가가 아니라, 저와 함께 산책, 스포츠, 놀이, 식사 등 어떤 공통된 활동들을 하는 사람입니다. 어떻게 화면이 이것을 충족시킬 수 있다고, 혹은 이를 대신할 수 있다고 생각하겠어요?" 그러나 연구자들과 지식인들은 더 열광적인 목소리를 낸다. '너 페이스북 하니? 소셜 네트워크가 우정의 무엇을 바꿀까?'라는 에세이의 저자인 철학자 Anne Dalsuet는 우정이 필연적으로 흔하지 않다는 생각이나, 가상의 관계들이 현실에 반한다는 생각에 동의하지 않는다. "온라인상에서의 우정이 부자연스러울 것이라는 생각은 모바일 인터넷 시대에 뒤처지는 것 같습니다. 오늘날, 수백만 명의 사람들이 휴대폰 덕분에 그들의 친구들과 계속해서 가까이 지내고, 문자 메시지와 사진과 약속들을 주고받습니다. 이것은 원격으로 유지되는 친밀함의 한 형태입니다. 이런 관계들은 이미 존재하고 있던 강한 우정들과, 다양한 형태의 친구 관계들을 더 오래 지속되게, 그리고 더 풍부해지게 합니다."
>
> 이 철학자에게 있어서, '직접성과 대화'에 기반한 새로운 '감정적 연대기'가 소셜 네트워크를 통해 정착되었다. "사회성은 더 이상 단지 물리적 면대면 상황에서만 있는 것이 아닙니다: 각자는 친구들과의 가상 커뮤니티의 중심에 빠진 상태에 놓여 있으면서 그들과 함께 진정한 디지털 '공현존감'을 경험합니다." 이것은 세상 속에 존재하는 새로운 방식이라고 Anne Dalsuet는 주장한다. "페이스북 홈페이지를 보세요. 각각의 사용자들은 사진, 비디오, 음악들로 그것을 개성화합니다. 마치 사람들이 자신의 방을 꾸미는 것처럼요. 이것은 우리가 우리의 친한 친구들과 동료들을 초대해서 그들과 하루 종일 재미있고 '쿨한' 말투를 주고받는 정겨운 공간입니다. 이것은 행동하는 방식이고, 완전히 현실적이고 새로운 시공간적 경험입니다."

질문에 답하세요.

[❶~❸] 참 또는 거짓? 정답에 (X)를 하고 당신의 답변을 입증하는 텍스트의 문장 또는 일부를 옮겨 쓰세요. 만일 V/F의 선택과 입증이 맞는다면 2점, 그렇지 않으면 어떠한 점수도 부여되지 않을 것입니다.

❶ 이 기사는 인터넷을 통한 우정의 가능성을 다루고 있다.

☐ 참   ☐ 거짓

입증: ....

❷ André Comte-Sponville는 아들에게 자신을 위해 페이스북 계정을 만들어 달라고 부탁했다.

☐ 참   ☐ 거짓

입증: ....

❸ André Comte-Sponville는 페이스북을 통한 우정의 가치를 높이 평가한다.

☐ 참   ☐ 거짓

입증: ....

❹ 아리스토텔레스에 따르면, _____

   A ☐ 누구와도 친구가 될 수 있다.
   B ☐ 알지 못하는 누군가와 우정을 나눌 수 있다.
   C ☐ 우정은 모든 사람과 나누는 관계가 아니다.

❺ André Comte-Sponville에 따르면, 우정을 나누기 위해 필요한 요소들은 무엇인가?

....

❻ 인터넷상에서는 할 수 없는 친구들 간의 활동들의 예시를 쓰시오.

....

[❼] 참 또는 거짓? 정답에 (X)를 하고 당신의 답변을 입증하는 텍스트의 문장 또는 일부를 옮겨 쓰세요. 만일 V/F의 선택과 입증이 맞는다면 2점, 그렇지 않으면 어떠한 점수도 부여되지 않을 것입니다.

❼ Anne Dalsuet는 우정에 대한 André Comte-Sponvillle의 의견에 동의한다.

☐ 참   ☐ 거짓

입증: ....

❽ Anne Dalsuet에 따르면, 우정과 관련된 모바일 인터넷의 장점은 무엇인가?

....

❾ 페이스북 페이지를 개성화하기 위해 무엇을 활용할 수 있는가?

....

❿ Anne Dalsuet는 페이스북을 어떻게 정의하는가?

....

Étape 3
해설에 따라 문제 분석 및 풀이 요령을 익히세요.

문제 분석

SNS상의 우정을 소재로 하는 글이다. 이 글에서는 SNS상의 우정을 긍정적으로 바라보는 입장과 부정적으로 바라보는 입장이 제시되고 있다. 그러므로 여기에서는 SNS에서 친구를 사귀는 것의 특성 및 장단점을 파악해야 한다. SNS, 특히 페이스북과 관련하여 Anne Dalsuet가 페이스북을 어떻게 정의했는지까지 집중해서 읽어야 한다.

해설

문항	풀이 요령
1	주제를 묻는 문제이다. 제목인 '**L'amitié à l'épreuve de Facebook** 페이스북의 시험에 든 우정'에서 이 기사가 인터넷을 통한 우정의 가능성에 대해 다루고 있음을 알 수 있으므로 **Vrai**.
2	**Mes enfants avaient créé, sans me consulter, une page Facebook à mon intention** 내 아이들이 내게 상의도 없이 내 이름으로 페이스북 페이지를 만들었어요'라고 했다. 따라서 주어진 문장은 지문과 일치하지 않아 **Faux**.
3	André Comte-Sponville은 '**Cela m'a paru une invasion insupportable et un contresens sur l'amitié** 그건 저에게 아주 불쾌한 침범이고 비상식적인 우정처럼 보였습니다'라고 했는데 이는 주어진 문장과 반대되므로 **Faux**.
4	우정에 관한 아리스토텔레스의 말의 의미를 묻는 문제이다. 본문에 따르면 아리스토텔레스는 'Ce n'est pas un ami celui qui est l'ami de tous 모든 이들의 친구인 사람은 친구가 아니다'라고 하였다. 이와 일치하는 것은 **C**.
5	André Comte-Sponville이 우정을 나누기 위한 요소를 무엇이라고 했는지 묻는 문제이다. 그는 우정은 'de confiance, de sincérité, d'intimité – et de temps – 신뢰와 진실함과 친밀함 – 그리고 시간 – '을 전제로 한다고 하였다. 따라서 정답은 **De la confiance, de la sincérité, de l'intimité et du temps.**
6	인터넷 상에서 친구들과 함께 할 수 없는 활동을 쓰는 문제이다. '**une promenade, un sport, un jeu, un repas** 산책, 스포츠, 놀이, 식사' 등 어떤 공통된 활동들을 하는 사람을 친구라고 하였으므로 이것이 정답.
7	Anne Dalsuet의 우정에 대한 견해를 묻는 문제이다. 그녀는 '**ne partage pas l'idée que l'amitié est obligatoirement rare ni que les relations virtuelles s'opposent au réel** 우정이 필연적으로 흔하지 않다는 생각이나 가상의 관계들이 현실에 반한다는 생각에 동의하지 않는다'라고 했다. 이는 인터넷상의 우정에 대해 우호적인 입장으로, André Comte-Sponvillle의 의견과는 대립된다고 볼 수 있다. 따라서 정답은 **Faux**.

8	우정에 있어서 모바일 인터넷의 장점을 묻고 있다. Anne Dalsuet는 오늘날 '**des millions de gens vivent en proximité permanente avec leurs proches, échangent des textos, des images et des rendez-vous grâce à leur portable** 수백만 명의 사람들이 휴대폰 덕분에 그들의 친구들과 계속해서 가까이 지내고, 문자 메시지와 사진과 약속들을 주고받습니다'라고 하였으므로 이것이 정답.
9	페이스북을 개성화하기 위해 활용할 수 있는 것을 묻는 문제로서 'Chaque usager la personnalise avec **des photos, des vidéos, des musiques**, comme on décore sa chambre 각각의 사용자들은 사진, 비디오, 음악들로 그것을 개성화합니다. 마치 사람들이 자신의 방을 꾸미는 것처럼요'라고 하였으므로 이것이 정답.
10	페이스북에 대한 Anne Dalsuet의 정의를 묻는 문제이다. '**C'est un lieu convivial où nous invitons nos amis de cœur et nos complices, avec qui nous échangeons toute la journée sur un registre ludique et « cool ». C'est une façon de se comporter, une expérience spatio-temporelle tout à fait réelle et inédite** 이것은 우리가 우리의 친한 친구들과 동료들을 초대해서 그들과 하루 종일 재미있고 '쿨한' 말투를 주고받는 정겨운 공간입니다. 이것은 행동하는 방식이고, 완전히 현실적이고 새로운 시공간적 경험입니다'라고 하였으므로 이것이 정답.

EXERCICE 1 실전 연습

Étape 1 공략에 따라 EXERCICE 1 연습 문제를 풀어 보세요.

Les Français dépensent trop en médicaments, juge la ministre de la santé

La dépense de médicaments est « anormalement importante » en France par rapport aux autres pays européens, a affirmé la ministre de la santé, Marisol Touraine, mercredi 9 octobre, justifiant les économies réalisées sur ce secteur dans le budget de la Sécurité sociale.

« Pourquoi mettre à contribution le médicament ? Parce que la dépense de médicaments en France reste très nettement supérieure à d'autres pays européens », a déclaré Mme Touraine. « À l'évidence, la dépense de médicaments sur l'ensemble des dépenses de santé est anormalement importante quand on voit ce qu'il se passe dans d'autres pays », a-t-elle ajouté.

Le projet de budget de la Sécurité sociale, examiné à l'Assemblée à partir du 22 octobre, prévoit un gros effort pour la branche maladie, la plus déficitaire, en particulier sur les médicaments, avec une économie d'un milliard d'euros (baisse de prix, développement des génériques).

Moins de génériques, plus de prescriptions

« Les Français consomment davantage de médicaments que [dans] les autres pays européens, et c'est une réalité que l'on ne peut pas écarter d'un revers de la main », a poursuivi la ministre. Or, « quand on regarde pourquoi les dépenses de médicaments sont plus importantes en France, plus importantes qu'ailleurs, on s'aperçoit qu'il y a plusieurs facteurs », selon elle.

D'abord, « il y a moins de médicaments génériques, il faut poursuivre sur cette voie-là [de développement des génériques] », a indiqué Mme Touraine. « Deuxième facteur d'explication de la surconsommation en France : il y a davantage de prescriptions, ce sont des enjeux de comportements ». Ainsi, « aux Pays-Bas, quand vous sortez de chez votre médecin, vous avez une ligne et demie en moyenne de prescription sur votre ordonnance, en France en moyenne cinq lignes », a-t-elle expliqué.

La ministre a par ailleurs souligné « la nécessité de former et d'informer les professionnels, mais aussi d'informer les patients ». Enfin, « nous avons en France une tendance à prescrire plus systématiquement la dernière molécule, même si elle ne représente pas une amélioration évidente dans le cas de la pathologie concernée », a-t-elle relevé.

Le PLFSS prévoit également d'expérimenter la vente de médicaments à l'unité, mais les modalités précises de cette expérimentation ne sont pas encore connues.

Le Monde 09/10/2013

Répondez aux questions.

① Le sujet de cet article est _____

    A ☐ le problème de l'usage abusif des médicaments en France.

    B ☐ les difficultés financières pour soutenir les frais d'hospitalisation en France.

    C ☐ la mauvaise qualité des hôpitaux en France.

② Selon ce document, _____

    A ☐ les Français négligent trop l'importance du médicament.

    B ☐ le nombre de médecins en France n'est pas suffisant pour soigner les malades.

    C ☐ les Français ont une tendance à consommer trop de médicaments.

[③] Vrai ou faux ? Cochez (X) la bonne réponse et recopiez la phrase ou la partie de texte qui justifie votre réponse. 2 points si le choix V/F et la justification sont corrects, sinon aucun point ne sera attribué.

③ D'après Marisol Touraine, les autres Européens dépensent autant d'argent que les Français en médicaments.

    ☐ Vrai   ☐ Faux

    Justification : ....

④ Quelle est la prévision pour le projet de budget de la Sécurité sociale ?

....

⑤ Que doit-on faire pour résoudre la première cause de dépenses de médicaments ?

....

6 Quel est le problème concernant les prescriptions en France ?

    A ☐ Les médecins font trop d'ordonnances de médicaments pour les patients.
    B ☐ Les pharmaciens conseillent aux clients de consommer beaucoup de médicaments.
    C ☐ Les médecins prescrivent des médicaments indispensables aux patients.

[**7**] Vrai ou faux ? Cochez (X) la bonne réponse et recopiez la phrase ou la partie de texte qui justifie votre réponse. 2 points si le choix V/F et la justification sont corrects, sinon aucun point ne sera attribué.

7 Les médecins français ne prescrivent que des médicaments qui ont été prouvés plus efficaces que les anciens.

    ☐ Vrai   ☐ Faux

    Justification : ....

8 Quelle est l'intention du PLFSS à propos de la vente de médicaments ?

....

Étape 2

문제 4의 필수 어휘를 익히고, 해석을 참조하세요.

필수 어휘

dépenser 소비하다 | anormalement 비정상적으로 | Sécurité sociale (f) 국민 건강 보험 | branche (f) 분야 | déficitaire 적자의 | générique (m) 일반 의약품 | prescription (f) 처방 | écarter d'un revers de la main 무시하다 | enjeu (m) 문제점 | ordonnance (f) 처방전 | molécule (f) 성분, 분자 | pathologie (f) 증상 | relever 지적하다 | à l'unité 낱개로 | modalité (f) 양식, 방법

해석

프랑스인들이 의약품에 너무 많이 지출한다고 보건부 장관은 판단한다.

Marisol Touraine 보건부 장관은 10월 9일 수요일 프랑스에서의 의약품 지출이 다른 유럽 국가들에 비해 '비정상적으로 많다'며, 국민 건강 보험 예산에서 이 분야에 대해 이루어진 예산 절감을 정당화했다.

"왜 의약품에 이렇게 신경을 쓸까요? 왜냐하면 여전히 프랑스에서의 의약품 지출이 다른 유럽 국가들보다 매우 높기 때문입니다." Touraine이 말했다. "다른 나라에서 일어나는 일을 볼 때, 분명히 전체 보건비에서 의약품의 지출이 비정상적으로 많습니다." 그녀가 덧붙였다.

10월 22일부터 국회에서 검토된 국민 건강 보험 예산안은 10억 유로의 (예산) 절감과 함께 (가격 인하와 일반 의약품 개발) 가장 적자인 질병 분야에서, 특히 의약품에 있어서 큰 노력이 필요할 것으로 예상한다.

더 적은 일반 의약품, 더 많은 처방

"프랑스인들은 다른 유럽국가들보다 의약품을 더 많이 소비하고 있으며, 이는 우리가 무시할 수 없는 현실입니다." 장관이 말했다. 그런데 그녀의 말에 따르면, "왜 프랑스에서의 의약품 지출이 더 많은지, 다른 곳보다 더 많은지를 볼 때, 우리는 여러 요인들이 있음을 알 수 있습니다."

먼저, "일반 의약품이 더 적습니다. (일반 의약품의 개발이라는) 이 길을 계속해서 추구해야 합니다."라고 Touraine이 말했다. "프랑스의 과소비를 설명할 수 있는 두 번째 요소는: 더 많은 처방이 있다는 것인데, 이는 반응의 문제입니다." 예를 들면, "네덜란드에서는 병원을 나설 때 당신의 처방전에 쓰여 있는 처방이 평균적으로 한 줄 반 정도인데, 프랑스에서는 평균 다섯 줄입니다." 그녀가 설명했다.

장관은 또한 "전문가를 양성하고 그들에게뿐만 아니라 환자들에게도 정보를 알려야 할 필요성"을 강조했다. 마지막으로, "프랑스에서 우리는 항상 가장 최신 성분을 처방하는 경향이 있습니다. 설령 그것이 해당 증상의 경우에 뚜렷한 호전을 보이지 않는다고 하더라도요."라고 그녀가 지적했다.

PLFSS(사회 보장 예산 법안)는 또한 의약품들을 낱개로 시험 판매할 예정이지만, 이러한 시험의 구체적인 방식은 아직 알려지지 않았다.

질문에 답하세요.

① 이 기사의 주제는 _____ 이다.

　　A ☐ 프랑스에서 의약품 남용에 대한 문제
　　B ☐ 프랑스에서 병원비를 지원하는 것에 있어서의 재정적 어려움
　　C ☐ 프랑스 병원들의 낙후된 질

② 이 자료에 따르면, _____

　　A ☐ 프랑스인들은 의약품의 중요성을 너무 간과한다.
　　B ☐ 프랑스에서 의사의 수는 환자들을 돌보기에 충분치 않다.
　　C ☐ 프랑스인들은 너무 많은 의약품을 소비하는 경향이 있다.

[❸] 참 또는 거짓? 정답에 (X)를 하고 당신의 답변을 입증하는 텍스트의 문장 또는 일부를 옮겨 쓰세요. 만일 V/F의 선택과 입증이 맞는다면 2점, 그렇지 않으면 어떠한 점수도 부여되지 않을 것입니다.

❸ Marisol Touraine에 따르면, 다른 유럽인들은 프랑스인들만큼이나 많은 돈을 의약품에 지출한다.

☐ 참　　　　　　　　　　☐ 거짓

입증: ....

❹ 국민 건강 보험 예산안의 예측은 무엇인가?

....

❺ 의약품 소비의 첫 번째 원인을 해결하기 위해 무엇을 해야 하는가?

....

❻ 프랑스에서 처방전과 관련된 문제는 무엇인가?

A ☐ 의사들이 환자에게 너무 많은 약들을 처방한다.
B ☐ 약사들이 고객들에게 많은 약을 소비할 것을 권한다.
C ☐ 의사들이 환자들에게 꼭 필요한 약들을 처방한다.

[❼] 참 또는 거짓? 정답에 (X)를 하고 당신의 답변을 입증하는 텍스트의 문장 또는 일부를 옮겨 쓰세요. 만일 V/F의 선택과 입증이 맞는다면 2점, 그렇지 않으면 어떠한 점수도 부여되지 않을 것입니다.

❼ 프랑스 의사들은 이전 것보다 더 효과가 있다고 입증된 약들만을 처방한다.

☐ 참　　　　　　　　　　☐ 거짓

입증: ....

❽ 의약품 판매에 관한 PLFSS의 계획은 무엇인가?

....

| Étape 3 | 해설에 따라 문제 분석 및 풀이 요령을 익히세요. |

문제 분석

프랑스가 다른 나라에 비해 의약품 지출이 많은 것을 소재로 한 글이다. 이 글은 보건부 장관의 말을 인용하면서 시작되고 있는데, 보건부 장관의 말을 통해 글의 주제를 예측할 수 있다. 대체로 주제는 글의 처음(두괄식) 혹은 끝(미괄식)에 제시되는 경우가 많으므로, 주제를 정확히 모를 때에는 글의 처음과 끝을 살펴보는 것이 좋다. 한편 이 글에서는 프랑스의 의약품에 대한 지나친 지출 실태에 대해 꽤 많은 분량을 할애하고 있으므로, 이에 집중해야 한다. 그다음으로 프랑스에서 의약품을 많이 소비하는 것의 원인 및 해결 방안은 무엇인지 구체적으로 파악하도록 한다.

해설

문항	풀이 요령
1	주제를 묻는 문제이다. 제목에 'Les Français dépensent trop en médicaments 프랑스인들이 의약품에 너무 많이 지출한다'라는 문장이 나온다. 이는 프랑스인들이 지나치게 의약품을 소비하고 있다는 것을 의미하므로 정답은 **A**.
2	프랑스의 의약품 및 의사 현황에 관한 문제이다. 지문에 'La dépense de médicaments est « anormalement importante » en France par rapport aux autres pays européens 프랑스에서의 의약품 지출이 다른 유럽 국가들에 비해 '비정상적으로 많다'라고 했는데 이는 다시 말해 의약품을 지나치게 많이 소비한다는 의미이므로 정답은 **C**.
3	Marisol Touraine의 의견과 관련한 문제이다. '**la dépense de médicaments en France reste très nettement supérieure à d'autres pays européens** 여전히 프랑스에서의 의약품 지출이 다른 유럽 국가들보다 매우 높'다고 하였다. 그런데 문제에서는 다른 유럽인들이 프랑스인들만큼이나 많은 돈을 지출한다고 했기 때문에 **Faux**.
4	국민 건강 보험 예산안과 관련된 문제로서 '**prévoit un gros effort pour la branche maladie, la plus déficitaire, en particulier sur les médicaments, avec une économie d'un milliard d'euros (baisse de prix, développement des génériques)** 10억 유로의 (예산) 절감과 함께 (가격 인하와 일반 의약품 개발) 가장 적자인 질병 분야에서, 특히 의약품에 있어서 큰 노력이 필요할 것으로 예상한다'라고 하였으므로 이것이 정답.
5	과다한 의약품 소비를 해결하기 위한 방법에 관한 문제이다. 첫 번째로 '**il faut poursuivre sur cette voie-là (de développement des génériques)** (일반 의약품의 개발이라는) 이 길을 계속해서 추구해야 합니다'라고 보건부 장관이 말하고 있다. 따라서 이것이 정답.
6	프랑스에서 의사들의 처방과 관련된 문제점을 묻고 있다. 'aux Pays-Bas, quand vous sortez de chez votre médecin, vous avez une ligne et demie en moyenne de prescription sur votre ordonnance, en France en moyenne cinq lignes 네덜란드에서는 병원을 나설 때 당신의 처방전에 쓰여 있는 처방이 평균적으로 한 줄 반 정도인데, 프랑스에서는 평균 다섯 줄입니다'라는 내용이 있다. 이는 다시 말해 프랑스 의사들이 많은 약들을 처방한다는 의미이므로 정답은 **A**.

7	프랑스 의사들이 약을 처방하는 경향을 묻는 문제이다. '**nous avons en France une tendance à prescrire plus systématiquement la dernière molécule, même si elle ne représente pas une amélioration évidente dans le cas de la pathologie concernée** 프랑스에서 우리는 항상 가장 최신 성분을 처방하는 경향이 있습니다. 설령 그것이 해당 증상의 경우에 뚜렷한 호전을 보이지 않는다고 하더라도요'라는 내용이 있다. 이는 약효가 이전 것보다 뛰어나다고 입증되지 않더라도 습관적으로 최신 의약품을 처방하는 경향이 있다는 의미이므로 정답은 **Faux**.
8	의약품 판매와 관련한 PLFSS의 계획을 묻고 있다. '**expérimenter la vente de médicaments à l'unité** 의약품들을 낱개로 시험 판매'할 예정이라고 하였으므로 이것이 정답.

EXERCICE 1 실전 연습

Étape 1 공략에 따라 EXERCICE 1 연습 문제를 풀어 보세요.

Les jeunes au volant accros aux SMS

61% des moins de 35 ans reconnaissent lire des textos ou des mails en conduisant. Pour lutter contre cette pratique dangereuse, la Sécurité routière lance une campagne de sensibilisation. Près d'un tiers (32%) des conducteurs de moins de 35 ans écrivent des SMS en conduisant, et 61% en lisent, révèle un sondage TNS-Sofrès, publié vendredi 12 octobre pour la Sécurité routière, qui lance une campagne contre les dangers du smartphone au volant. La campagne, baptisée « Au volant, quand vous regardez votre smartphone, qui regarde la route ? », est destinée à provoquer une « prise de conscience » des dangers liés à l'utilisation du téléphone au volant, explique la Sécurité routière.

Selon l'enquête TNS-Sofrès, réalisée du 10 au 13 septembre auprès de 950 personnes, représentatives de la population française de 18 ans et plus (méthode des quotas), 38% des conducteurs disent avoir le réflexe de regarder leur smartphone lorsqu'ils reçoivent une notification de « texto » (7% le regardent automatiquement, 12% la plupart du temps, et 19% parfois), tout comme 67% des moins de 35 ans. Plus précisément, 31% des conducteurs avouent lire des SMS, des mails, des notifications ou des alertes en conduisant, et 13% avouent écrire des SMS ou des mails, « liker » ou twitter en conduisant.

15% des conducteurs se sont « déjà fait une frayeur » en consultant leur smartphone tout en roulant. Tout comme 28% pour les moins de 35 ans.

Enfin, 71% des conducteurs affirment que si leur téléphone possédait une fonctionnalité permettant d'indiquer à leur interlocuteur qu'ils sont en ligne, ils l'utiliseraient (74% pour les moins de 35 ans). Ils sont moins nombreux à être partisans d'une fonctionnalité qui permettrait de désactiver le téléphone lorsque l'on conduit : 50% des conducteurs seraient prêts à l'utiliser (et seulement 40% des moins de 35 ans).

Une campagne nationale de prévention

Écrire un message en conduisant multiplie le risque d'accident : il oblige le conducteur à détourner les yeux pendant en moyenne cinq secondes, souligne la Sécurité routière, qui rappelle que près d'un accident sur dix est lié à l'utilisation d'un téléphone portable en conduisant.

L'Obs 12/10/2013

Répondez aux questions.

❶ Ce document porte sur le fait que _____

    A ☐ le smartphone prévient des dangers de la route.

    B ☐ le smartphone peut provoquer des accidents de voiture.

    C ☐ les jeunes ont conscience du danger de l'utilisation du smartphone au volant.

[❷] Vrai ou faux ? Cochez (X) la bonne réponse et recopiez la phrase ou la partie de texte qui justifie votre réponse. 2 points si le choix V/F et la justification sont corrects, sinon aucun point ne sera attribué.

❷ Selon le sondage, beaucoup de jeunes ont déjà utilisé le smartphone en conduisant.

    ☐ Vrai   ☐ Faux

    Justification : _____

❸ Quel est le but de la campagne de la Sécurité routière ?

_____

[❹~❺] Vrai ou faux ? Cochez (X) la bonne réponse et recopiez la phrase ou la partie de texte qui justifie votre réponse. 2 points si le choix V/F et la justification sont corrects, sinon aucun point ne sera attribué.

❹ D'après l'enquête TNS-Sofrès réalisée du 10 au 13 septembre auprès de 950 personnes, 38% des conducteurs se concentrent sur la conduite même s'ils reçoivent une notification de « texto ».

    ☐ Vrai   ☐ Faux

    Justification : _____

❺ D'après l'enquête TNS-Sofrès, parmi les conducteurs, ceux qui lisent automatiquement leurs textos sont les plus nombreux.

    ☐ Vrai   ☐ Faux

    Justification : _____

❻ Quelle émotion 15% des conducteurs ont-ils éprouvé en regardant leur smartphone au volant ?

A ☐ Ils ont pensé que le smartphone ne provoquait aucun danger.
B ☐ Ils se sont sentis à l'aise en utilisant leur smartphone.
C ☐ Ils ont ressenti un danger à cause du smartphone.

❼ Que veulent plus de la moitié des conducteurs pour leur smartphone ?

....

[❽] Vrai ou faux ? Cochez (X) la bonne réponse et recopiez la phrase ou la partie de texte qui justifie votre réponse. 2 points si le choix V/F et la justification sont corrects, sinon aucun point ne sera attribué.

❽ Même si on inventait un nouveau système qui désactive le téléphone lorsque l'on conduit, beaucoup de jeunes ne voudraient pas l'utiliser.

☐ Vrai ☐ Faux

Justification : ....

❾ D'après la Sécurité routière, quelle est l'activité qui augmente le nombre d'accidents de voiture lorsqu'on utilise un téléphone portable en conduisant ?

....

Étape 2

문제 5의 필수 어휘를 익히고, 해석을 참조하세요.

필수 어휘

au volant 운전 중인 | accro 중독된 | reconnaître 인정하다, 시인하다 | Sécurité routière (f) 도로 안전 공단 | sensibilisation (f) 의식화 | baptisé 명명된, 이름 붙여진 | quota (m) 할당 표본 | réflexe (m) 반사, 반사적 행동 | automatiquement 무의식적으로 | frayeur (f) 공포 | fonctionnalité (f) 기능성 | désactiver 비활성화하다, 기능을 정지시키다 | détourner 돌리다

> **[해석]**
>
> ### 운전 중 문자 메시지에 중독된 젊은이들
>
> 35세 미만의 61%가 운전 중에 문자 메시지나 메일을 읽는다고 시인한다. 이 위험한 행동을 저지하기 위해, 도로 안전 공단은 의식화 캠페인을 시작한다. 운전 중 스마트폰 위험 방지 캠페인을 시작한 도로 안전 공단을 위해, 10월 12일 금요일 TNS-Sofrès의 한 여론 조사가 35세 미만 운전자들 중 거의 3분의 1이 운전 중에 문자 메시지를 쓰고, 61%는 이것을 읽는다고 밝혔다. '운전 중에 당신이 스마트폰을 볼 때, 길은 누가 보나요?'라고 이름 붙여진 그 캠페인은 운전 중 휴대폰 사용과 관련된 위험에 대한 '각성'을 유도하기 위한 것이라고 도로 안전 공단은 설명한다.
>
> 9월 10일부터 13일까지 18세 이상의 프랑스인 인구 대표 950명(할당 표본 추출법)을 대상으로 실시된 TNS-Sofrès의 설문 조사에 따르면, 운전자들의 38%가 문자가 왔다는 알림을 받으면 그들의 스마트폰을 반사적으로 본다고 말했고(7%는 무의식적으로, 12%는 대부분의 경우, 그리고 19%는 가끔), 35세 미만은 67%가 그렇다고 말했다. 더 구체적으로, 운전자들의 31%는 운전 중에 문자 메시지, 메일, 알림, 혹은 경고를 읽는다고 고백했고, 13%는 운전 중에 문자 메시지나 메일을 쓰거나, '좋아요'를 누르거나, 트위터를 한다고 고백했다. 운전자들의 15%는 운전 중에 스마트폰을 보다가 '공포를 느낀 적이 있었다.' 35세 미만의 28%도 마찬가지였다.
>
> 마지막으로, 운전자들 중 71%는 그들의 휴대폰에 대화 상대에게 그들이 온라인 상태임을 표시할 수 있는 기능이 있다면 사용할 것이라고 말했다. (35세 미만은 74%가 그렇게 말했다) 운전할 때 휴대폰을 비활성화할 수 있는 기능에 찬성하는 사람들은 더 적다: 운전자들의 50%가 그것을 이용할 준비가 되어 있을 것이다. (그리고 35세 미만의 단지 40%가 그렇다)
>
> **전국적 예방 캠페인**
>
> 운전 중에 메시지를 작성하는 것은 사고 위험을 증가시킨다: 그것은 운전자들이 평균 5초 동안 한눈을 팔게 만든다고 도로 안전 공단이 강조했다. 이들은 사고 10건 중 1건 가까이가 운전 중 휴대폰 사용과 관련되어 있다는 점을 상기시킨다.

질문에 답하세요.

❶ 이 자료의 주제는 _____ 사실에 집중한다.

    A ☐ 스마트폰이 도로에서의 위험을 경고한다는

    B ☐ 스마트폰이 자동차 사고를 유발할 수 있다는

    C ☐ 젊은이들이 운전 중 스마트폰 사용에 대한 위험을 인지하고 있다는

[**❷**] 참 또는 거짓? 정답에 (X)를 하고 당신의 답변을 입증하는 텍스트의 문장 또는 일부를 옮겨 쓰세요. 만일 V/F의 선택과 입증이 맞는다면 2점, 그렇지 않으면 어떠한 점수도 부여되지 않을 것입니다.

❷ 여론 조사에 따르면, 많은 젊은이들이 이미 운전을 하면서 스마트폰을 사용했다.

    ☐ 참   ☐ 거짓

    입증: ....

❸ 도로 안전 공단 캠페인의 목적은 무엇인가?

....

[❹~❺] 참 또는 거짓? 정답에 (X)를 하고 당신의 답변을 입증하는 텍스트의 문장 또는 일부를 옮겨 쓰세요. 만일 V/F의 선택과 입증이 맞는다면 2점, 그렇지 않으면 어떠한 점수도 부여되지 않을 것입니다.

❹ 9월 10일부터 13일까지 950명을 대상으로 실시된 TNS-Sofrès의 설문 조사에 따르면, 운전자들의 38%가 문자가 왔다는 알림을 받을지라도 운전에 집중한다.

☐ 참 ☐ 거짓

입증: ....

❺ TNS-Sofrès 조사에 따르면, 운전자들 중 무의식적으로 문자 메시지를 읽는 사람들의 수가 가장 많다.

☐ 참 ☐ 거짓

입증: ....

❻ 운전자들의 15%는 운전 중 스마트폰을 보면서 어떤 감정을 느꼈는가?

A ☐ 그들은 스마트폰이 어떠한 위험도 유발하지 않는다고 생각했다.
B ☐ 그들은 스마트폰을 사용할 때 편안함을 느꼈다.
C ☐ 그들은 스마트폰 때문에 위험을 느꼈다.

❼ 운전자들의 절반 이상은 스마트폰에 무엇을 원하는가?

....

[❽] 참 또는 거짓? 정답에 (X)를 하고 당신의 답변을 입증하는 텍스트의 문장 또는 일부를 옮겨 쓰세요. 만일 V/F의 선택과 입증이 맞는다면 2점, 그렇지 않으면 어떠한 점수도 부여되지 않을 것입니다.

❽ 운전 시 휴대폰을 비활성화하는 새로운 시스템을 개발한다 해도 많은 젊은이들은 이것을 사용하기를 원하지 않는다.

☐ 참 ☐ 거짓

입증: ....

❾ 도로 안전 공단에 따르면, 운전 중에 휴대폰을 사용할 때 자동차 사고 횟수를 증가시키는 활동은 무엇인가?

....

Étape 3	해설에 따라 문제 분석 및 풀이 요령을 익히세요.

문제 분석

운전 중 휴대폰을 사용하는 것의 위험성에 대한 글이다. 글의 서두에서 도로 안전 공단에서 이와 관련한 캠페인을 한다는 것을 알리며 시작하고 있다. 이 글에서 유의해야 할 것은, 글의 일반적인 흐름상 운전 중 휴대폰 사용의 문제점 및 해결 방안이 제시될 것이라고 예상할 수 있으나, 실제로는 그렇지 않다는 것이다. 이 글에서 중점적으로 다뤄지고 있는 것은 통계 수치이다. 예를 들어 35세 미만의 61%가 시인한 것은 무엇인가를 묻는 문제가 출제된다. 이 글에서는 통계 수치가 계속 제시되고 있으므로, 각각이 의미하는 바가 무엇인지 정확히 파악하는 것이 관건이다.

해설

문항	풀이 요령
1	주제를 묻는 문제이다. 'Écrire un message en conduisant multiplie le risque d'accident 운전 중에 메시지를 작성하는 것은 사고 위험을 증가시킨다'라고 하였으므로 정답은 **B**.
2	여론 조사 내용에 대해 묻고 있다. '**Près d'un tiers (32%) des conducteurs de moins de 35 ans écrivent des SMS en conduisant, et 61% en lisent** 35세 미만 운전자들 중 거의 3분의 1이 운전 중에 문자 메시지를 쓰고, 61%는 이것을 읽는다'라는 문장이 나온다. 따라서 많은 젊은이들이 운전할 때 휴대폰을 사용한다는 것과 일치하므로 정답은 **Vrai**.
3	캠페인의 목적을 묻는 문제로 'La campagne, baptisée « Au volant, quand vous regardez votre smartphone, qui regarde la route ? », est destinée à provoquer une « prise de conscience » des dangers liés à l'utilisation du téléphone au volant '운전 중에 당신이 스마트폰을 볼 때, 길은 누가 보나요?'라고 이름 붙여진 그 캠페인은 운전 중 휴대폰 사용과 관련된 위험에 대한 '각성'을 유도하기 위한 것'이라고 하였으므로 **La campagne est destinée à provoquer une « prise de conscience » des dangers liés à l'utilisation du téléphone au volant.**이 정답.
4	운전자들이 운전 중 문자 메시지가 올 때 어떻게 행동하는지 묻는 문제이다. '38% des conducteurs disent avoir le réflexe de regarder leur smartphone lorsqu'ils reçoivent une notification de « texto » 운전자들의 38%가 문자가 왔다는 알림을 받으면 그들의 스마트폰을 반사적으로 본다고 답변했으므로 정답은 **Faux**.

5	운전 중 무의식적으로 문자 메시지를 읽는 운전자 수와 관련된 문제이다. '38% des conducteurs disent avoir le réflexe de regarder leur smartphone lorsqu'ils reçoivent une notification de « texto » **(7% le regardent automatiquement, 12% la plupart du temps, et 19% parfois)** 운전자들의 38%가 문자가 왔다는 알림을 받으면 그들의 스마트폰을 반사적으로 본다고 말했고(7%는 무의식적으로, 12%는 대부분의 경우, 그리고 19%는 가끔)'이라고 하였으므로 정답은 **Faux**.
6	운전할 때 휴대폰을 하는 경우 운전자들이 느끼는 감정에 대해 묻는 문제이다. '15% des conducteurs se sont « déjà fait une frayeur » en consultant leur smartphone tout en roulant 운전자들의 15%는 운전 중에 스마트폰을 보다가 공포를 느낀 적이 있었다'라고 하였으므로 정답은 **C**.
7	운전자들이 바라는 스마트폰의 기능에 관련된 문제이다. 'si leur téléphone possédait **une fonctionnalité permettant d'indiquer à leur interlocuteur qu'ils sont en ligne,** ils l'utiliseraient 그들의 휴대폰에 대화 상대에게 그들이 온라인 상태임을 표시할 수 있는 기능이 있다면 사용할 것'이라는 내용이 있으므로 이것이 정답.
8	스마트폰 기능 개선에 대한 여론 조사에 대해 묻고 있다. '**Ils sont moins nombreux à être partisans d'une fonctionnalité qui permettrait de désactiver le téléphone lorsque l'on conduit** : 50% des conducteurs seraient prêts à l'utiliser (et seulement 40% des moins de 35 ans) 운전할 때 휴대폰을 비활성화할 수 있는 기능에 찬성하는 사람들은 더 적다: 운전자들의 50%가 그것을 이용할 준비가 되어 있을 것이다. (그리고 35세 미만의 단지 40%가 그렇다)'라는 내용이 있다. 여기서 35세 미만이 40%인 것을 보면 젊은 층의 반응은 긍정적이라 볼 수 없으므로 정답은 **Vrai**.
9	운전 중 휴대폰 사용 시 사고를 증가시키는 것을 묻는 문제로, '**Écrire un message en conduisant multiplie le risque d'accident** 운전 중에 메시지를 작성하는 것은 사고 위험을 증가시킨다'라는 문장이 정답. 첫 문장에 나오는 '**lire des textos ou des mails en conduisant** 운전 중 문자 메시지나 이메일을 읽는 것'도 의미상 통하므로 정답으로 인정될 수 있다.

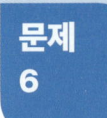

EXERCICE 1 실전 연습

공략에 따라 **EXERCICE 1** 연습 문제를 풀어 보세요.

Ventes sur Internet : des rabais en trompe-l'œil

L'association de consommateurs UFC-Que Choisir publie une étude sur les soldes sur Internet. Entre les annonces de rabais qui ne tiennent pas leurs promesses, les produits qui ne font pas partie des stocks habituels et ceux dont le prix a été augmenté avant les dates, seuls 120 produits sur 2 900 passés au crible ont réellement été soldés. Le procédé n'est pas nouveau. Et beaucoup d'entre nous pourraient citer des magasins, et non des moindres, qui se sont laissés aller à cette petite arnaque aux soldes : une augmentation avant la date, suivie d'un rabais plus ou moins équivalent au moment des soldes. Mais l'association de consommateurs UFC-Que Choisir s'inquiète de voir que, sur Internet, le phénomène prend une ampleur inégalée, révélée dans une enquête sur des produits d'équipements de la maison : informatique et électroménager tout particulièrement. 8% des articles étaient même moins chers avant les fêtes que pendant les soldes. L'association dénonce tout d'abord les soldes en trompe-l'œil. Des sites de vente en ligne comme Pixmania ou Cdiscount affichent des promotions exceptionnelles de 85 ou 90%. Mais lorsque le consommateur va chercher les produits qui bénéficient d'un tel rabais, il ne trouve... qu'un protecteur d'écran à un euro ici ou quatre produits à moins de 20 euros, là. Bien loin des soldes claironnés en gros caractères. En réalité, les rabais s'établissent en moyenne de 15 à 19% de la première à la deuxième démarque. Pire, sur les 2 900 produits étudiés sur douze sites marchands, 120 étaient réellement soldés.

Autre procédé quelque peu roublard, mais là encore, finalement assez classique, 13% des produits ne sont mis en vente sur le net qu'un mois avant la date légale des soldes. La loi est donc respectée formellement, mais ces produits ne font pas pour autant partie des stocks habituels, soupçonne l'UFC-Que Choisir. Des procédés assez simples à repérer pour les soldes classiques, mais l'UFC-Que Choisir note que les soldes flottantes, où les commerçants ont la maîtrise des dates, rendent ces procédés plus complexes à démasquer.

France Info 29/01/2014

Répondez aux questions.

❶ Le sujet de cet article est _____
   A ☐ le danger des achats sur Internet.
   B ☐ l'avantage de la vente par Internet.
   C ☐ les promotions à ne pas manquer sur Internet.

❷ Précisez le problème avec les publicités de rabais sur Internet.

....

[❸] Vrai ou faux ? Cochez (X) la bonne réponse et recopiez la phrase ou la partie de texte qui justifie votre réponse. 2 points si le choix V/F et la justification sont corrects, sinon aucun point ne sera attribué.

❸ Plus de la moitié des marchandises proposées sur Internet ont effectivement été soldées.

   ☐ Vrai   ☐ Faux

   Justification : ....

❹ Citez une escroquerie pratiquée par les magasins pour les soldes.

....

❺ De quoi l'association de consommateurs s'inquiète-t-elle ?

....

[❻] Vrai ou faux ? Cochez (X) la bonne réponse et recopiez la phrase ou la partie de texte qui justifie votre réponse. 2 points si le choix V/F et la justification sont corrects, sinon aucun point ne sera attribué.

❻ Certains produits étaient plus chers pendant les soldes en comparaison avec la période des fêtes.

   ☐ Vrai   ☐ Faux

   Justification : ....

❼ Que critique l'association de consommateurs au sujet des produits en soldes ?

....

❽ Quand le client va chercher les produits qui bénéficient des promotions exceptionnelles,

....

    A ☐ il y a seulement quelques produits à petit prix qui correspondent aux soldes annoncés.
    B ☐ il peut acheter toutes les marchandises avec un prix fortement réduit.
    C ☐ aucun produit n'est vendu avec le prix soldé.

❾ Quel élément rend ces procédés de vente sur Internet plus complexes à démasquer ?

....

Étape 2

문제 6의 필수 어휘를 익히고, 해석을 참조하세요.

필수 어휘

rabais (m) 할인 | trompe-l'œil (m) 눈속임 | passer au crible 엄격히 검토하다 | procédé (m) 방식, 방법 | arnaque (f) 사기 | équivalent 상응하는, 동등한 | ampleur (f) 큼, 넓음 | inégalé 비할 데 없는 | électroménager (m) 가전제품 | claironner 외쳐대다, 떠벌리다 | en gros caractère 큼직이 | démarque (f) 싸게 팔기 | roublard 교활한 | formellement 형식적으로 | soupçonner 의심하다 | repérer 알아보다 | flottant 유동적인, 가변적인 | escroquerie (f) 사기

해석

인터넷에서의 판매: 눈속임용 할인

소비자 단체 UFC Que Choisir는 인터넷에서의 할인 판매에 관한 조사를 발표했다. 약속을 지키지 않는 할인 광고, 정상 재고에 속하지 않는 제품들, 그리고 (세일) 날짜 이전에 가격이 오른 상품들, 엄격히 검토된 2,900개의 제품들 중 단지 120개 제품들만이 실제로 할인되고 있었다. 이 방식은 새로운 것이 아니다. 그리고 우리들 중 많은 사람들이 할인에 있어서 이런 잔꾀를 일삼는 상점들의 예를 적지 않게 찾을 수 있을 것이다: 날짜 이전에 가격을 인상하고, 세일 기간에 거의 비슷한 가격 인하로 이어지도록 하는 것이다.

그러나 소비자 단체 UFC-Que Choisir는 가전제품에 대한 설문 조사에서 밝혀진, 인터넷상의 전례 없는 대규모 현상을 보며 걱정하고 있다: 특히 컴퓨터와 가전제품에 대해서 그렇다. 8%의 제품들은 심지어 세일 기간보다 기념일 전에 더 저렴했다. 그 단체는 무엇보다도 눈속임용 세일을 규탄한다. Pixmania나 Cdiscount와 같은 온라인 판매 사이트는 85% 또는 90%의 파격적인 프로모션을 광고한다. 그러나 소비자가 이런 할인 혜택을

받는 제품들을 찾으러 갔을 때, 그는 1유로의 화면 보호기나 20유로 미만에 4개 제품들을 발견할 뿐이다. 큼직하게 세일이라고 떠벌린 것과는 거리가 멀다. 실제 할인율은 1차부터 2차 세일까지 평균 15~19%이다. 더 나쁜 것은 12개의 판매 사이트에서 조사된 2,900개의 제품들 중 120개가 실제로 할인되었다는 것이다.

꽤 고전적이지만 여전히 횡행하는 다소 교활한 다른 방법은, 제품들의 13%가 정해진 세일 날짜 한 달 전에만 넷상에서 판매된다는 것이다. 따라서 형식적으로는 법을 준수한 것이지만, 이러한 제품들은 정상 재고에 속하지 않는다고 UFC-Que Choisir는 의심하고 있다. 고전적인 세일에 있어서 알아보기에 충분히 단순한 방식들이지만, UFC-Que Choisir는 판매자들이 날짜를 조절하는 유동적 세일이 이러한 방식들을 밝혀내기에 더 복잡하게 만든다고 지적한다.

질문에 답하세요.

❶ 이 기사의 주제는 _____ 이다.

    A ☐ 인터넷에서의 구매의 위험
    B ☐ 인터넷을 통한 판매의 장점
    C ☐ 인터넷에서 놓치지 말아야 할 할인

❷ 인터넷에서의 할인 판매 광고들의 문제를 구체적으로 쓰시오.

....

[**❸**] 참 또는 거짓? 정답에 (X)를 하고 당신의 답변을 입증하는 텍스트의 문장 또는 일부를 옮겨 쓰세요. 만일 V/F의 선택과 입증이 맞는다면 2점, 그렇지 않으면 어떠한 점수도 부여되지 않을 것입니다.

❸ 인터넷에 올라오는 상품들의 절반 이상이 실제로 할인 판매되었다.

    ☐ 참   ☐ 거짓

    입증: ....

❹ 할인 판매에 대해 상점들에서 행하는 사기 행위를 인용하시오.

....

❺ 소비자 단체는 무엇에 대해 걱정하는가?

....

[❻] 참 또는 거짓? 정답에 (X)를 하고 당신의 답변을 입증하는 텍스트의 문장 또는 일부를 옮겨 쓰세요. 만일 V/F의 선택과 입증이 맞는다면 2점, 그렇지 않으면 어떠한 점수도 부여되지 않을 것입니다.

❻ 어떤 제품들은 기념일 기간과 비교하여 세일 기간 동안 더 비쌌다.

☐ 참 ☐ 거짓

입증: ....

❼ 소비자 단체는 할인 판매되는 제품들에 대해 무엇을 비판하는가?

....

❽ 고객이 파격적인 할인 혜택을 받는 제품들을 찾으러 갔을 때 _____

A ☐ 광고된 세일에 해당하는 싼 가격의 제품들은 몇 개밖에 없다.
B ☐ 매우 할인된 가격으로 모든 상품들을 살 수 있다.
C ☐ 어떠한 상품도 할인된 가격에 팔리지 않는다.

❾ 어떤 요소가 인터넷에서의 이러한 판매 방식들을 밝혀내기에 더 복잡하게 만드는가?

....

Étape 3

해설에 따라 문제 분석 및 풀이 요령을 익히세요.

> **문제 분석**
>
> 소비자 단체 UFC-Que Choisir가 인터넷에서의 할인 판매에 대해 조사한 내용에 대한 글이다. 인터넷 할인의 실체를 고발하는 내용이라고 볼 수 있는데 광고와 달리 실제 할인율이 낮다거나, 할인되는 제품이 적다는 것으로, 이에 대해 보다 구체적으로 인터넷 판매 사이트들의 눈속임 전략을 지적하고 있다. 즉, 실제 할인율과 할인되는 제품이 광고와 다르다거나, 하자가 있는 제품을 팔거나, 할인 전에 잠시 가격을 올렸다 정상 가격으로 내린 뒤 할인한다고 광고하는 식의 눈속임에 대해 서술하고 있다.

문항	풀이 요령
1	기사의 주제를 묻는 문제이다. 제목에서 'Ventes sur Internet : des rabais en trompe-l'œil 인터넷에서의 판매: 눈속임용 할인'이라고 하였다. 이로 보아 인터넷으로 물건을 구매할 때 발생할 수 있는 위험에 대한 것임을 알 수 있으므로 정답은 **A**.
2	인터넷 할인 판매 광고들의 문제를 묻고 있다. '**les annonces de rabais qui ne tiennent pas leurs promesses** 약속을 지키지 않는 할인 광고'라고 하였으므로 이것이 정답.
3	인터넷 할인 판매의 실체를 묻는 문제로서 '**seuls 120 produits sur 2 900 passés au crible ont réellement été soldés** 엄격히 검토된 2,900개의 제품들 중 단지 120개 제품들만이 실제로 할인되고 있었다'라는 내용이 있다. 따라서 주어진 문장은 기사 내용과 일치하지 않으므로 **Faux**.
4	인터넷 상점들의 사기 행위를 묻는 문제이다. '**une augmentation avant la date, suivie d'un rabais plus ou moins équivalent au moment des soldes** 날짜 이전에 가격을 인상하고, 세일 기간에 거의 비슷한 가격 인하로 이어지도록 하는 것'이라는 내용이 있다. 따라서 이것이 정답.
5	소비자 단체가 우려하는 것이 무엇인지 묻고 있다. '**de voir que, sur Internet, le phénomène prend une ampleur inégalée** 인터넷상의 전례 없는 대규모 현상을 보며' 걱정하고 있다는 내용에 따라 이것을 정답으로 적으면 된다.
6	기념일 기간의 판매 가격과 세일 기간의 판매 가격을 비교하는 문제이다. '**8% des articles étaient même moins chers avant les fêtes que pendant les soldes** 8%의 제품들은 심지어 세일 기간보다 기념일 전에 더 저렴했다'라고 하였으므로 정답은 **Vrai**.
7	할인 판매되는 물품에 대한 소비자 단체의 비판을 묻는 문제이다. '**L'association dénonce tout d'abord les soldes en trompe-l'œil** 그 단체는 무엇보다도 눈속임용 세일을 규탄한다'라는 내용이 있으므로 이것이 정답.
8	고객이 할인 제품을 찾으러 갈 때 발생하는 일이 무엇인지 묻는 문제이다. 'Mais lorsque le consommateur va chercher les produits qui bénéficient d'un tel rabais, il ne trouve… qu'un protecteur d'écran à un euro ici ou quatre produits à moins de 20 euros, là 그러나 소비자가 이런 할인 혜택을 받는 제품들을 찾으러 갔을 때, 그는 1유로의 화면 보호기나 20유로 미만에 4개 제품들을 발견할 뿐이다'라고 하였고, 'Pire, sur les 2 900 produits étudiés sur douze sites marchands, 120 étaient réellement soldés 더 나쁜 것은 12개의 판매 사이트에서 조사된 2,900개의 제품들 중 120개가 실제로 할인되었다는 것이다'라는 내용이 있으므로 정답은 **A**.
9	할인 판매 속임수를 찾아내는 것을 어렵게 만드는 것이 무엇인지 묻는 문제이다. '**les soldes flottantes, où les commerçants ont la maîtrise des dates** 판매자들이 날짜를 조절하는 유동적 세일'이 이러한 방식들을 밝혀내기에 더 복잡하게 만든다'는 내용이 있다. 따라서 이것이 정답.

EXERCICE 1 실전 연습

Étape 1 공략에 따라 EXERCICE 1 연습 문제를 풀어 보세요.

Nouvelle tendance : les dîners collaboratifs

Les dîners collectifs sont de plus en plus répandus. Une tendance qui nous vient d'Angleterre où les Anglais transforment leur maison en restaurant pour accueillir des inconnus, des étrangers de passage. Les Finlandais aussi ont lancé un Restaurant Day, un jour où les habitants peuvent transformer leur salon en restaurant. Le phénomène s'est aussi développé en Pologne, en Hollande, au Japon et dans de nombreux pays. L'idée est de se transformer en restaurateur d'un jour, de partager ses plats et sa passion pour la cuisine, mais surtout de faire des rencontres.

En France
La France n'est pas à l'abri et d'ailleurs des sites se créent pour mettre en relation les restaurateurs d'un soir et les invités/clients. C'est le concept de Cookening, un nouveau site qui joue les entremetteurs. Cette jeune startup fondée par trois copains permet à n'importe quel gastronome, amateur, professionnel ou semi professionnel, de devenir l'hôte d'un jour, en proposant un déjeuner, un dîner ou même un breakfast ou un goûter ! Tout le monde peut s'inscrire sur Cookening, quel que soit l'âge, le pays d'origine, que l'on soit sédentaire ou voyageur, que l'on veuille être hôte ou juste convive. C'est gratuit, il suffit juste de créer son profil. L'hôte remplit un calendrier avec ses dates de dispo, son menu et les participants prennent date. Aurélie transforme son studio en table d'hôte d'un soir. Elle est à l'origine du site Beyond Croissant, le nouveau repas chez l'habitant. Elle a rejoint Cookening, où elle propose un des repas les moins chers.

Côté hygiène
Le site demande à ses hôtes de fournir certaines informations avant la création de leur table et toutes les tables sont vérifiées par son équipe (cuisine mais aussi vaisselle et intérieur propre). Si un participant pense qu'un cuisinier ne fait pas assez attention à l'hygiène, il peut s'en remettre au site, qui prend alors contact avec l'hôte. S'il y a un véritable souci, les participants sont remboursés et les hôtes bannis de Cookening.

Côté légalité
Accueillir des participants chez soi moyennant une contribution qui couvrira les frais est parfaitement légal. Toutefois, selon son pays de résidence, il est possible qu'il soit obligatoire de déclarer cet argent.

France Info 23/01/2014

Répondez aux questions.

[❶~❸] Vrai ou faux ? Cochez (X) la bonne réponse et recopiez la phrase ou la partie de texte qui justifie votre réponse. 2 points si le choix V/F et la justification sont corrects, sinon aucun point ne sera attribué.

❶ Les Français qui aiment des dîners collectifs deviennent nombreux.

   ☐ Vrai   ☐ Faux

   Justification : ....

❷ Les dîners collectifs sont un phénomène qui trouve son origine en France.

   ☐ Vrai   ☐ Faux

   Justification : ....

❸ On transforme sa maison en restaurant pour inviter ses proches.

   ☐ Vrai   ☐ Faux

   Justification : ....

❹ Que font les Finlandais pour le Restaurant Day ?

   ....

❺ Qu'est-ce qu'on peut partager au Restaurant Day ?

   ....

❻ Quel est le but du Restaurant Day, au-delà de la cuisine ?

   ....

❼ À quoi servent les sites Internet destinés aux dîners collaboratifs ?

....

❽ Quel est le rôle de Cookening ?

    A ☐ Il aide les gens à gagner de l'argent en ouvrant leur restaurant.
    B ☐ Il donne aux gens l'occasion de devenir l'hôte d'un jour.
    C ☐ Il offre des repas aux gens mal logés.

❾ _____ pour devenir membre de Cookening.

    A ☐ Il faut avoir un diplôme universitaire
    B ☐ Il n'y a pas de conditions spéciales
    C ☐ Il faut avoir un emploi régulier

❿ Comment faire pour s'inscrire sur Cookening ?

....

⓫ Quelles sont les exigences du site avant les dîners collectifs ?

....

⓬ Que peut-on faire au cas où l'on n'est pas content du service d'un hôte de Cookening ?

....

⓭ Que faut-il vérifier pour participer dans le respect de la loi ?

....

Étape 2

문제 7의 필수 어휘를 익히고, 해석을 참조하세요.

필수 어휘

restaurateur 레스토랑 경영자 | **entremetteur** 중개인 | **gastronome** 미식가 | **sédentaire** 정착민 | **convive** 손님, 회식자 | **dispo** 사용할 수 있는 | **hygiène (f)** 위생 | **s'en remettre** 일임하다 | **banni** 추방 당한, 제외된 | **moyennant** ~으로 | **contribution (f)** 찬조금, 분담금 | **couvrir** 충당하다

새로운 경향: 단체 저녁 식사

단체 저녁 식사가 점점 더 널리 퍼지고 있다. 이는 영국에서 우리에게 건너온 경향인데, 영국인들은 모르는 사람들이나 잠시 체류하는 외국인들을 맞이하기 위해 그들의 집을 레스토랑으로 변화시킨다. 핀란드인들도 '레스토랑 데이'를 시작했다. 이는 주민들이 그들의 거실을 레스토랑으로 바꿀 수 있는 날이다. 이 현상은 폴란드, 네덜란드, 일본, 그리고 많은 나라들로도 확산되었다. 이 아이디어는 하루 동안 레스토랑 경영자로 변해서 음식과 요리에 대한 열정을 나누고, 무엇보다도 새로운 사람들을 만나는 것이다.

프랑스에서

프랑스도 예외는 아니며, 게다가 하룻밤의 식당 주인들과 초대 손님들/고객들을 이어주기 위한 사이트들이 만들어지고 있다. 이것이 바로 중개인 역할을 하는 새로운 사이트인 Cookening의 콘셉트이다. 3명의 친구들에 의해 창립된 이 신생 스타트업은 점심, 저녁, 심지어 아침이나 간식거리까지도 제안하면서 미식가든 아마추어든 프로든 세미 프로든 누구나 하루 동안 호스트가 되도록 해 준다! 모든 사람들이 나이나 출신 국가, 정착민인지 여행자인지, 호스트가 되고 싶은지 혹은 그냥 손님이 되고 싶은지에 상관없이 Cookening에 가입할 수 있다. 이것은 무료이며, 자신의 프로필을 만들기만 하면 된다. 호스트는 자신이 가능한 날짜들과 메뉴들로 달력을 채우고, 참여자들은 날짜를 정한다. Aurélie는 자신의 원룸을 하룻밤 호스트의 식탁으로 변모시킨다. 그녀는 원래 주민의 집에서 새로운 식사를 하는 Beyond Croissant이라는 사이트에 있었다. 그녀는 Cookening에 가입해서 가장 저렴한 식사들 중 하나를 제공하고 있다.

위생의 측면

사이트는 호스트들에게 그들의 식탁을 차리기 전에 어떤 정보들을 제공할 것을 요구하며, 모든 식탁들이 사이트의 팀에 의해 확인된다. (요리뿐만 아니라 식기류나 내부 청결 등) 만약 한 참가자가 요리사가 위생에 충분히 주의를 기울이지 않았다고 생각하면, 그는 (이 문제를) 사이트에 일임할 수 있고, 그러면 사이트에서 호스트와 연락을 취하게 된다. 만약 정말 걱정이 된다면, 참가자들은 환불받고 호스트는 Cookening에서 강퇴된다.

법적인 측면

찬조금으로 비용을 충당하여 자신의 집에서 참가자들을 환대하는 것은 완전히 합법적이다. 그러나 거주 국가에 따라 이 돈을 신고해야 하는 것이 의무적일 수 있다.

질문에 답하세요.

[❶~❸] 참 또는 거짓? 정답에 (X)를 하고 당신의 답변을 입증하는 텍스트의 문장 또는 일부를 옮겨 쓰세요. 만일 V/F의 선택과 입증이 맞는다면 2점, 그렇지 않으면 어떠한 점수도 부여되지 않을 것입니다.

❶ 단체 저녁 식사를 좋아하는 프랑스인들이 많아졌다.

☐ 참   ☐ 거짓

입증: ....

❷ 단체 저녁 식사는 그 유래를 프랑스에서 찾을 수 있는 현상이다.

☐ 참   ☐ 거짓

입증: ....

❸ 사람들은 가까운 이들을 초대하기 위해 집을 식당으로 변화시킨다.

☐ 참   ☐ 거짓

입증: ....

❹ 핀란드인들은 레스토랑 데이에 무엇을 하는가?

....

❺ 레스토랑 데이에 무엇을 나눌 수 있는가?

....

❻ 요리 이외에 레스토랑 데이의 목적은 무엇인가?

....

❼ 단체 저녁 식사를 위한 인터넷 사이트들은 무엇에 쓰이는가?

....

❽ Cookening의 역할은 무엇인가?

    A ☐ 사람들이 자신의 레스토랑을 오픈해서 돈을 벌도록 도와준다.

    B ☐ 사람들에게 하루 동안 호스트가 될 수 있는 기회를 준다.

    C ☐ 거주지가 없거나 비위생적인 거주지에 사는 사람들에게 식사를 제공한다.

❾ Cookening의 맴버가 되기 위해서는 _____

    A ☐ 대학교 학위를 가지고 있어야 한다.

    B ☐ 특별한 조건은 없다.

    C ☐ 정규직을 가지고 있어야 한다.

❿ Cookening에 가입하기 위해서는 어떻게 해야 하는가?

⓫ 단체 저녁 식사 이전에 사이트에서 요구하는 것들은 무엇인가?

⓬ Cookening 호스트의 서비스에 만족하지 않을 경우 무엇을 할 수 있는가?

⓭ 법을 준수하면서 참여하기 위해 무엇을 확인해야 하는가?

| Étape 3 | 해설에 따라 문제 분석 및 풀이 요령을 익히세요. |

문제 분석

'les dîners collaboratifs'에 대한 글이다. 'les dîners collaboratifs'는 우리 나라에서는 다소 생소한 개념으로, 글에 따르면 모르는 사람들끼리 집이나 식당에서 함께 식사를 하는 것인데 영국, 프랑스 등 많은 지역에 확산된 문화이다. 이 글에서는 'les dîners collaboratifs'란 무엇이며 목적은 무엇인지, 어떤 나라들에 이러한 문화가 확산되었는지, 프랑스의 Cookening은 어떤 사이트인지 파악해야 한다. 뿐만 아니라 'les dîners collaboratifs'를 할 때 위생적인 측면과 법적인 측면에 문제가 있을 경우, 어떤 조치를 취할 수 있는지까지 확인해야 한다.

해설

문항	풀이 요령
1	프랑스에서의 단체 저녁 식사 현황을 묻는 문제이다. '**Les dîners collectifs sont de plus en plus répandus** 단체 저녁 식사가 점점 더 널리 퍼지고 있다'고 하였고 **La France n'est pas à l'abri** 프랑스도 예외는 아니'라고 하였다. 그러므로 단체 저녁 식사를 좋아하는 프랑스인들이 많아졌다는 문제 내용과 일치해 **Vrai**.
2	단체 저녁 식사의 기원을 묻는 문제로 '**Une tendance qui nous vient d'Angleterre** 영국에서 우리에게 건너온 경향'이라는 문장에서 영국에서 시작되었음을 알 수 있다. 그러므로 정답은 **Faux**.
3	어떤 사람들이 단체 저녁 식사에 초대되는지 묻는 문제이다. '**les Anglais transforment leur maison en restaurant pour accueillir des inconnus, des étrangers de passage** 영국인들은 모르는 사람들이나 잠시 체류하는 외국인들을 맞이하기 위해 그들의 집을 레스토랑으로 변화시킨다'라는 문장이 있다. 가까운 사람들에 대한 언급은 없으므로 **Faux**.
4	핀란드인들이 레스토랑 데이에 무엇을 하는지 묻는 문제이다. '**les habitants peuvent transformer leur salon en restaurant** 주민들이 그들의 거실을 레스토랑으로 바꿀 수 있다'라는 문장이 있다. 따라서 이것이 정답.
5	사람들이 레스토랑 데이에 무엇을 나누는지 묻는 문제이다. '**partager ses plats et sa passion pour la cuisine** 음식과 요리에 대한 열정을 나누고'라는 내용이 있다. 따라서 이것이 정답.
6	요리 외의 행사의 목적이 무엇인지 묻는 문제이다. 'surtout de **faire des rencontres** 무엇보다도 새로운 사람들을 만나는 것'이라는 내용에 따라 이것이 정답.
7	Cookening과 같이 단체 저녁 식사를 위해 만들어진 인터넷 사이트의 역할을 묻는 문제이다. '**mettre en relation les restaurateurs d'un soir et les invités/clients** 하룻밤의 식당 주인들과 초대 손님들/고객들을 이어주기 위한'이라고 하였으므로 이것이 정답.
8	Cookening의 역할을 묻는 문제로, 'devenir l'hôte d'un jour, en proposant un déjeuner, un dîner ou même un breakfast ou un goûter 점심, 저녁, 심지어 아침이나 간식거리까지도 제안하면서 하루 동안 호스트가 되도록' 해 준다는 내용이 있다. 따라서 이와 의미가 일치하는 것은 **B**.

9	Cookening에 가입하기 위한 조건을 묻고 있다. 'Tout le monde peut s'inscrire sur Cookening, quel que soit l'âge, le pays d'origine, que l'on soit sédentaire ou voyageur, que l'on veuille être hôte ou juste convive 모든 사람들이 나이나 출신 국가, 정착민인지 여행자인지, 호스트가 되고 싶은지 혹은 그냥 손님이 되고 싶은지에 상관없이 Cookening에 가입할 수 있다'라고 하였으므로 가입에 관한 특별한 조건이 없다는 **B**가 정답.
10	Cookening의 가입 절차를 묻는 문제이다. 'C'est gratuit, **il suffit juste de créer son profil** 이것은 무료이며, 자신의 프로필을 만들기만 하면 된다'라는 내용이 있다. 따라서 이것이 정답.
11	단체 저녁 식사 이전에 사이트들에서 요구하는 것이 무엇인지 묻는 문제이다. '**Le site demande à ses hôtes de fournir certaines informations avant la création de leur table et toutes les tables sont vérifiées par son équipe (cuisine mais aussi vaisselle et intérieur propre)** 사이트는 호스트들에게 그들의 식탁을 차리기 전에 어떤 정보들을 제공할 것을 요구하며, 모든 식탁들이 사이트의 팀에 의해 확인된다 (요리뿐만 아니라 식기류나 내부 청결 등)'라는 내용이 있다. 따라서 이것이 정답.
12	서비스에 불만이 있을 경우 할 수 있는 행동에 대해 묻고 있다. '**il peut s'en remettre au site, qui prend alors contact avec l'hôte** (이 문제를) 사이트에 일임할 수 있고, 그러면 사이트에서 호스트와 연락을 취하게 된다'는 내용이 있는데 이것이 정답.
13	법과 관련하여 유의할 사항에 대한 문제로서 'selon son pays de résidence, il est possible qu'il soit obligatoire de déclarer cet argent 거주 국가에 따라 이 돈을 신고해야 하는 것이 의무적일 수 있다'라는 내용에 따라 **Il faut vérifier si on doit déclarer la contribution ou pas.** 가 정답.

EXERCICE 1 실전 연습

Étape 1 공략에 따라 EXERCICE 1 연습 문제를 풀어 보세요.

La « journée sans portable » : Une bonne occasion pour enfin décrocher

À l'occasion de la journée sans portable, 20 Minutes a interrogé des Français qui sont parvenus à s'en passer… Ce jeudi, jour de la Saint-Gaston, un écrivain organise sa traditionnelle journée sans portable.
« Attention, ce n'est pas une journée anti-téléphone. Plutôt une journée de réflexion pour tous. Les gens peuvent faire un test d'addiction et tenter de se passer de leur mobile vingt minutes, une heure ou plus… »
Michel est dans la minorité. « Je n'en ai jamais utilisé, explique cet agriculteur. J'avais l'occasion de l'utiliser mais je ne voulais pas. J'aime l'idée d'être en rébellion contre l'hégémonie des industriels. Si ma femme veut vraiment me joindre, elle y parvient toujours… »
À moins d'un réel problème comme une panne de voiture. « Trois ou quatre fois par an, je me dis que cela pourrait m'être utile… Mon drame, c'est qu'il n'y a plus de cabines téléphoniques dans les rues. Mais les gens prêtent facilement leur téléphone… »
Le cas de Pascale est plus surprenant. Cette Parisienne est secrétaire. « Au départ, je n'en ai pas voulu parce que je trouvais cela trop cher », confie-t-elle dans un grand éclat de rire. « Et quand les forfaits à deux euros sont arrivés, je me suis dit que je pouvais m'en passer… Mais j'ai quatre adresses emails ! ». À 50 ans, elle se souvient avec émotion des fois où, « petite », elle quittait le domicile parental pour « appeler [ses] amoureux depuis une cabine téléphonique ».
Julia est justement amoureuse d'un homme sans portable. Et maman de ses deux enfants aussi. « C'est tout de même contraignant, râle cette Marseillaise. Quand les enfants sont malades et qu'il faut aller les chercher à l'école. Et puis, on est obligé de tout anticiper et de tout gérer. »
Reste la question des enfants dont tous les copains sont équipés. « Notre fils a 14 ans et il prend le train seul, poursuit Michel. Ma femme lui a acheté un téléphone et je n'ai rien dit. Je trouve ça rassurant. » Les enfants de Sébastien sont encore trop petits. Mais il reconnaît s'être déjà posé la question. « Aujourd'hui je dirais « Non ». Quand je vois les jeunes, ils sont sur leur téléphone dès qu'ils ont deux minutes. Ils en oublient de regarder la vie autour d'eux… »

20 minutes 05/02/2014

Répondez aux questions.

[❶~❸] Vrai ou faux ? Cochez (X) la bonne réponse et recopiez la phrase ou la partie de texte qui justifie votre réponse. 2 points si le choix V/F et la justification sont corrects, sinon aucun point ne sera attribué.

❶ On peut bénéficier d'une réduction de prix si on achète un portable pendant la « journée sans portable ».

☐ Vrai ☐ Faux

Justification : ....

❷ La « journée sans portable » a pour but de convaincre les gens de vivre toute leur vie sans téléphone.

☐ Vrai ☐ Faux

Justification : ....

❸ L'organisateur de cet événement veut donner l'occasion aux gens de réfléchir sur l'utilisation du mobile.

☐ Vrai ☐ Faux

Justification : ....

❹ Que peuvent faire les gens pendant la « journée sans portable » ?

....

❺ Pour quelle raison Michel ne veut-il pas utiliser le portable ?

....

❻ Dans quel cas Michel a-t-il pensé qu'un mobile aurait été efficace ?

....

7 Comment Michel a-t-il résolu son problème lorsqu'il n'y avait pas de cabine téléphonique ?

    A ☐ Il a attendu que quelqu'un passe par hasard.
    B ☐ Il a demandé aux gens de lui prêter leur portable.
    C ☐ Il a essayé de résoudre le problème lui-même.

8 Pascale ne voulait pas utiliser de portable parce qu' _____

    A ☐ il aurait empiété sur sa vie privée.
    B ☐ elle pensait que ça lui coûterait beaucoup d'argent.
    C ☐ il était nuisible à la santé.

9 D'après l'histoire de Pascale, on peut suggérer _____

    A ☐ qu'elle a la nostalgie de l'époque où il n'y avait pas de portable.
    B ☐ qu'elle regrette beaucoup de ne pas avoir utilisé le portable plus tôt.
    C ☐ qu'elle a vécu un moment difficile quand elle n'avait pas de portable.

10 Précisez les inconvénients à ne pas avoir de portable selon Julia.

....

11 Pourquoi Michel est-il favorable à l'utilisation du mobile pour les enfants ?

....

12 Citez les phrases qui montrent la position de Sébastien à propos du portable chez les jeunes.

....

Étape 2   문제 8의 필수 어휘를 익히고, 해석을 참조하세요.

décrocher 중단하다, 벗어나다 | parvenir 성공하다 | se passer de ~없이 지내다 | tenter de ~을 시도하다 | agriculteur 농부 | rébellion (f) 반란 | hégémonie (f) 헤게모니 | cabine téléphonique (f) 공중전화 박스 | surprenant 놀라운 | éclat de rire (m) 박장대소 | forfait (m) 납입금 | contraignant 강제하는 | râler 불평하다 | anticiper 예견하다 | gérer 대처하다 | rassurant 안심이 되는 | empiéter 침해하다

> **해석**

'휴대폰 없는 날': 마침내 벗어날 수 있는 좋은 기회

휴대폰 없는 날을 맞이하여, '20 Minutes'에서 휴대폰 없이 지내는 데 성공한 프랑스인들을 인터뷰했다. 성 베다스토의 날인 이번 주 목요일, 한 작가는 휴대폰 없는 전통적인 하루를 준비한다.

"조심하십시오. 이것은 휴대폰에 반대하는 하루가 아닙니다. 오히려 모두를 위한 성찰의 하루지요. 사람들은 중독 테스트를 해 볼 수 있고, 20분, 한 시간, 혹은 그 이상 그들의 휴대폰 없이 지내는 시도를 해 볼 수 있습니다." Michel은 소수에 속한다. "저는 그것을 한 번도 사용한 적이 없습니다." 이 농부는 설명한다. "저는 그걸 사용할 기회가 있었지만 그러고 싶지 않았어요. 저는 기업가들의 헤게모니에 반항한다는 생각을 좋아합니다. 만약 내 아내가 정말로 저에게 연락하고 싶다면, 그녀는 언제든지 그럴 수 있습니다."

자동차 고장처럼 현실적인 문제가 없는 한은 말이다. "일 년에 서너 번 정도 저는 그것이 저에게 필요하다고 생각합니다... 제 비극은 더 이상 거리에 공중전화 박스가 없다는 것이죠. 하지만 사람들은 그들의 휴대폰을 쉽게 빌려줍니다."

Pascale의 경우는 더 놀랍다. 이 파리 여성은 비서이다. "처음에 저는 그게 너무 비싸다고 생각해서 원하지 않았어요." 그녀가 크게 웃으며 털어놓았다. "그리고 2유로의 요금이 도착했을 때, 저는 제가 그것 없이도 살 수 있을 거라고 생각했죠. 하지만 저는 이메일 주소가 4개예요!" 50세의 나이에 그녀는 감성에 젖어서 '어린' 그녀가 공중전화 박스에서 그녀의 연인들에게 전화하기 위해 부모님 집을 여러 번 나섰던 것을 회상한다.

두 아이들의 엄마이기도 한 Julia는 휴대폰이 없는 한 남자와 막 사랑에 빠졌다. "어쨌든 이건 강제적이에요." 이 마르세유 여인이 불평한다. "아이들이 아플 때, 그리고 아이들을 데리러 학교에 가야 할 때요. 그리고 우리는 모든 것들을 예상하고 모든 것들에 대처해야 해요."

그의 모든 친구들이 휴대폰을 가지고 있는 아이들의 문제가 남아 있다. "우리 아들은 14살이고 혼자서 기차를 탑니다." Michel이 계속 말한다. "아내가 아이에게 휴대폰을 사 줬고 저는 아무 말도 하지 않았어요. 저는 그게 안심이 된다고 생각해요." Sébastien의 아이들은 아직 너무 어리다. 그러나 그는 자신에게 이미 질문이 던져져 있음을 알고 있다. "오늘날 저는 '안돼'라고 말할 겁니다. 제가 젊은이들을 보면, 그들은 시간이 조금만 있으면 휴대폰을 합니다. 이들은 자기 주변의 삶을 보는 것을 잊어버립니다."

질문에 답하세요.

[❶~❸] 참 또는 거짓? 정답에 (X)를 하고 당신의 답변을 입증하는 텍스트의 문장 또는 일부를 옮겨 쓰세요. 만일 V/F의 선택과 입증이 맞는다면 2점, 그렇지 않으면 어떠한 점수도 부여되지 않을 것입니다.

❶ '휴대폰 없는 날'에 휴대폰을 사면 가격 할인을 받을 수 있다.

☐ 참 ☐ 거짓

입증: ....

❷ '휴대폰 없는 날'은 사람들에게 일생 동안 휴대폰 없이 살 것을 설득하는 것을 목적으로 한다.

☐ 참 ☐ 거짓

입증: ....

❸ 이 행사의 기획자는 휴대폰 사용에 대해 사람들이 심사숙고할 기회를 주고 싶어 한다.

☐ 참 ☐ 거짓

입증: ....

❹ '휴대폰 없는 날' 동안 사람들은 무엇을 할 수 있는가?

....

❺ 어떠한 이유로 Michel은 휴대폰을 사용하기를 원하지 않는가?

....

❻ 어떤 경우에 Michel은 휴대폰이 효율적일 수 있겠다고 생각했는가?

....

❼ Michel은 공중전화 박스가 없을 때 어떻게 문제를 해결했는가?

A ☐ 누군가 우연히 지나가기를 기다렸다.
B ☐ 사람들에게 그들의 휴대폰을 빌려줄 것을 부탁했다.
C ☐ 스스로 문제를 해결하려고 노력했다.

⑧ Pascale은 _____ 때문에 휴대폰을 사용하는 것을 원하지 않았다.

  A ☐ 그것이 사생활을 침해할 것이기
  B ☐ 그녀는 그것이 너무 비싸다고 생각했기
  C ☐ 그것이 건강에 나쁘기

⑨ Pascale의 이야기에 따르면, _____ 을 추측할 수 있다.

  A ☐ 그녀가 휴대폰이 없던 시절에 대한 향수를 가지고 있다는 것
  B ☐ 그녀는 좀 더 일찍 휴대폰을 사용하지 않은 것에 대해 많이 후회한다는 것
  C ☐ 그녀가 휴대폰이 없었을 때 어려운 순간을 겪었다는 것

⑩ Julia에 따른, 휴대폰을 갖고 있지 않을 때의 불편한 점들을 구체적으로 쓰시오.

....

⑪ 왜 Michel은 아이들의 휴대폰 사용에 찬성하는가?

....

⑫ 젊은이들의 휴대폰 (사용)에 대한 Sébastien의 입장을 보여주는 문장들을 인용하시오.

....

Étape 3

해설에 따라 문제 분석 및 풀이 요령을 익히세요.

문제 분석

'휴대폰 없는 날'에 대한 글이다. 이 글은 '휴대폰 없는 날'과 관련하여 여러 명과 진행한 인터뷰를 각각 제시하고 있다. 이 글에서는 '휴대폰 없는 날'이란 무엇이며 그 목적은 무엇인지, 구체적으로 어떤 방식으로 이루어지는지 파악해야 한다. 글 자체가 여러 명과의 인터뷰 내용을 담고 있으므로 각각의 사람들이 한 말을 정확히 파악하는 것이 필요하다.

해설

문항	풀이 요령
1	'휴대폰 없는 날' 휴대폰을 사면 가격 할인을 받을 수 있는지 묻는 문제로, 제목에서 이 날이 'Une bonne occasion pour enfin décrocher 마침내 벗어날 수 있는 좋은 기회'라고 하였지, 할인 받아 휴대폰을 살 수 있는 날이라는 언급은 어디에도 없다. 따라서 정답은 **Faux**.

2	'휴대폰 없는 날'의 의의와 관련된 문제이다. 'ce n'est pas une journée anti-téléphone 이것은 휴대폰에 반대하는 하루가 아닙니다'라는 내용이 있다. 문제에 기술된 것처럼 일생 동안 휴대폰 없이 사는 것을 설득하려는 목적이 아니므로 정답은 **Faux**.
3	'휴대폰 없는 날'의 목적이 무엇인지 묻는 문제이다. 지문에 'une journée de réflexion pour tous 모두를 위한 성찰의 하루'라고 하였으므로 본문의 내용과 일치해 **Vrai**.
4	'휴대폰 없는 날' 사람들이 하는 활동에 대해 묻고 있다. 지문에 **Les gens peuvent faire un test d'addiction et tenter de se passer de leur mobile vingt minutes, une heure ou plus** 사람들은 중독 테스트를 해 볼 수 있고, 20분, 한 시간, 혹은 그 이상 그들의 휴대폰 없이 지내는 시도를 해 볼 수 있습니다'라는 내용이 있다. 따라서 이것이 정답.
5	Michel이 휴대폰 사용을 거부하는 이유를 묻는 문제이다. **J'aime l'idée d'être en rébellion contre l'hégémonie des industriels** 저는 기업가들의 헤게모니에 반항한다는 생각을 좋아합니다'라는 내용에 따라 이것이 정답. 주어를 Il로 바꾸는 것에 유의한다.
6	Michel은 휴대폰이 언제 효율적일 것이라고 생각하는지 묻는 문제로, 'un réel problème comme **une panne de voiture** 자동차 고장처럼 현실적인 문제'가 없는 한 휴대폰은 쓸모 없다고 하였으므로 이것이 정답.
7	Michel이 공중전화 박스가 없었을 때 어떻게 문제를 어떻게 해결했는지 묻고 있다. 'les gens prêtent facilement leur téléphone 사람들은 그들의 휴대폰을 쉽게 빌려줍니다'라는 내용이 있다. 즉 지나가는 사람에게 휴대폰을 빌려 문제를 해결했다는 의미이므로 정답은 **B**.
8	Pascale이 휴대폰 사용에 대해 부정적인 입장을 취하는 이유를 묻고 있다. 'je trouvais cela trop cher 그게 너무 비싸다고 생각해서' 원하지 않았다는 내용이 있다. 따라서 정답은 **B**.
9	Pascale의 이야기에서 'elle se souvient avec émotion des fois où, « petite », elle quittait le domicile parental pour « appeler [ses] amoureux depuis une cabine téléphonique 그녀는 감성에 젖어서 '어린' 그녀가 공중전화 박스에서 그녀의 연인들에게 전화하기 위해 부모님 집을 여러 번 나섰던 것을 회상한다'라는 내용이 있다. 즉 그녀는 휴대폰이 없던 시절에 대한 아름다운 추억을 간직하고 있다고 볼 수 있으므로 정답은 **A**.
10	Julia가 휴대폰이 없을 때의 단점이라고 생각하는 것을 묻는 문제이다. '**Quand les enfants sont malades et qu'il faut aller les chercher à l'école. Et puis, on est obligé de tout anticiper et de tout gérer** 아이들이 아플 때, 그리고 아이들을 데리러 학교에 가야 할 때요. 그리고 우리는 모든 것들을 예상하고 모든 것들에 대처해야 해요'라고 하였으므로 이것이 정답.
11	Michel이 아이들의 휴대폰 사용에 찬성하는 이유를 묻는 문제이다. Michel이 인터뷰에서 'Notre fils a 14 ans et il prend le train seul, (...) Ma femme lui a acheté un téléphone et je n'ai rien dit. Je trouve ça rassurant 우리 아들은 14살이고 혼자서 기차를 탑니다. 아내가 아이에게 휴대폰을 사 줬고 저는 아무 말도 하지 않았어요. 저는 그게 안심이 된다고 생각해요'라고 말했으므로 **Parce que son enfant prend le train seul et il trouve le mobile rassurant.**이 정답.
12	젊은이들의 휴대폰 사용에 대한 Sébastien의 생각을 묻는 문제이다. '**Quand je vois les jeunes, ils sont sur leur téléphone dès qu'ils ont deux minutes. Ils en oublient de regarder la vie autour d'eux** 제가 젊은이들을 보면, 그들은 시간이 조금만 있으면 휴대폰을 합니다. 이들은 자기 주변의 삶을 보는 것을 잊어버립니다'라고 하였다. 이것이 정답.

EXERCICE 1 실전 연습

Étape 1 공략에 따라 EXERCICE 1 연습 문제를 풀어 보세요.

Les Français de plus en plus sensibles aux inégalités sociales

Selon les études, les Français perçoivent de plus en plus la montée des inégalités sociales : ainsi, neuf sur dix estiment que les inégalités ont augmenté ces cinq dernières années, contre sept sur dix en 2000. Si 42% des personnes consultées considèrent les inégalités de revenus comme les plus répandues, ce sont les inégalités d'accès aux soins qui arrivent en tête des plus inacceptables (22%), devant les revenus (19%) et le logement (16%).

Les Français sont plus critiques sur l'accès aux soins que sur leur qualité : huit sur dix sont satisfaits de la qualité des soins dispensés par les médecins et les dentistes, sept sur dix de celle des hôpitaux, six sur dix de celle des cliniques. Mais six Français sur dix estiment que cette qualité dépend des revenus, ainsi que du lieu d'habitation. La satisfaction quant à l'accès aux soins des médecins et des dentistes a chuté de dix points entre 2007 et 2013 (82% à 68% pour les médecins, 81% à 70% pour les dentistes).

Concernant le niveau de vie des retraités, 58% des Français estiment qu'il est moins bon que celui du reste de la population. Par ailleurs, plus de six sur dix ne considèrent pas envisageable de vivre dans une maison de retraite, après une hausse de six points depuis 2004.

Enfin, huit personnes interrogées sur dix s'estiment en bonne santé, mais elles sont plus nombreuses à penser que l'état de santé de leurs compatriotes se dégrade (42%, contre 38% qui pensent le contraire). Face à ces constats, une large majorité (64%) juge normal que la France consacre un tiers du revenu national au financement de la protection sociale, mais 60% pensent que les entreprises ne doivent cotiser « ni plus ni moins qu'actuellement », une évolution « notable » selon la Drees.

Les Français estiment aussi qu'une personne seule a besoin au minimum de 1 490 euros par mois pour vivre. Ce montant augmente davantage que les prix : il est supérieur de 75 euros par rapport à 2008, inflation déduite. Il varie en fonction des revenus, les cadres et professions libérales citant 1 560 euros en moyenne, contre 1 410 euros pour les ménages les moins riches. Les habitants de l'agglomération parisienne citent aussi un revenu supérieur (1 620 euros) à ceux des communes de moins de 20 000 habitants, qui évoquent 1 430 euros.

Le Monde 05/02/2014

Répondez aux questions.

[❶~❸] Vrai ou faux ? Cochez (X) la bonne réponse et recopiez la phrase ou la partie de texte qui justifie votre réponse. 2 points si le choix V/F et la justification sont corrects, sinon aucun point ne sera attribué.

❶ Les Français ne s'intéressent pas aux inégalités sociales.

☐ Vrai ☐ Faux

Justification : ....

❷ Les études montrent que la situation a empiré en ce qui concerne les inégalités en France.

☐ Vrai ☐ Faux

Justification : ....

❸ Les Français pensent que tout le monde touche un revenu équivalent.

☐ Vrai ☐ Faux

Justification : ....

❹ Selon le sondage, que pensent les Français de la qualité du traitement médical et de sa facilité d'accès ?

....

❺ D'après 60% des Français consultés, quels sont les éléments qui décident de la qualité des soins ?

....

❻ Les Français considèrent _____

  A ☐ qu'il est de plus en plus difficile de réussir à consulter un médecin.
  B ☐ que les conditions de travail des médecins sont plus mauvaises qu'auparavant.
  C ☐ que l'accès aux soins est plus facile depuis les dernières années.

7 Que pensent 60% des Français interrogés au sujet des maisons de retraite ?

....

8 Quel est l'avis des Français à propos de leur santé ?

....

9 Plus de 50% des Français _____

    A ☐ ne sont pas contents du fait que le gouvernement consacre un tiers du revenu national au financement de la protection sociale.

    B ☐ acceptent la politique du gouvernement pour le financement de la protection sociale.

    C ☐ sont indifférents à la politique qui consacre un tiers du revenu national au financement de la protection sociale.

10 Pour quelle raison le montant minimum pour vivre varie-t-il ?

....

Étape 2

문제 9의 필수 어휘를 익히고, 해석을 참조하세요.

필수 어휘

arriver en tête 선두에 서다 | dispenser 주다 | chuter 추락하다 | envisageable 생각할 수 있는 | maison de retraite (f) 양로원 | compatriote 자국민 | cotiser 분담금을 내다 | déduire 공제하다 | en fonction de ~에 따라 | agglomération (f) 주거 밀집 지역 | empirer 악화되다

해석

프랑스인들이 점점 더 사회적 불평등에 예민해지고 있다.

연구에 따르면, 프랑스인들은 사회적 불평등의 증가를 점점 더 인식하고 있다: 예를 들면 10명 중 9명이 최근 5년 간 불평등이 증가했다고 평가했다. 반면 2000년에는 10명 중 7명이 그랬다. 조사에 응한 사람들의 42%가 소득 불평등이 가장 만연하다고 생각하지만, 소득(19%)이나 주거(16%) 불평등보다도 더, 가장 받아들일 수 없는 불평등 중 최고는 의료 접근성의 불평등(22%)이었다.

프랑스인들은 의료의 질에 대해서보다 의료에 대한 접근성에 더 비판적이다: 10명 중 8명은 치과 의사와 의사들에 의해 제공되는 진료의 질에 만족하며, 10명 중 7명은 병원의 진료 질에, 10명 중 6명은 의원의 진료 질에

만족한다. 그러나 프랑스인 10명 중 6명은 이 질이 수입과 거주지에 달려 있다고 생각한다. 의사와 치과 의사에 대한 의료 접근성 만족도는 2007년에서 2013년 사이에 10포인트 감소했다. (의사들에 대해서는 82%에서 68%로, 치과 의사들에 대해서는 81%에서 70%로) 퇴직자들의 생활 수준에 관해서는 58%의 프랑스인들이 나머지 인구의 그것보다 못하다고 생각했다. 게다가 (이 비율이) 2004년 이래로 6포인트 증가한 이후 10명 중 6명 이상이 양로원에서 사는 것이 가능하다고 생각하지 않는다.

끝으로 조사에 응한 사람들 10명 중 8명은 스스로 건강하다고 생각하지만, 프랑스인들의 건강 상태가 악화되었다고 생각하는 사람들(42%)은 그 반대로 생각하는 사람들(38%)에 비해 더 많았다. 이러한 사실에 직면하여, 대다수(64%)는 프랑스가 국민 소득의 3분의 1을 사회 보장 자금 조달에 할애하고 있는 것이 정상이라고 생각하지만, 60%는 기업들이 '현재보다 많지도 적지도 않게' 분담금을 내야 한다고 생각한다. Drees(프랑스 보건부 연구 평가 통계국)에 따르면 이는 '주목할 만한' 변화이다.

프랑스인들은 또한 한 사람이 살기 위해 한 달에 최소한 1,490유로가 필요하다고 생각한다. 이 금액은 물가보다 더 많이 증가했다: 2008년에 비해서는 인플레이션을 감안하더라도 75유로가 증가했다. 이는 소득에 따라 변하는데, 간부들이나 자유로운 전문직들은 평균 1,560유로인 반면 저소득층의 경우에는 1,410유로였다. 파리의 주거 밀집 지역에 사는 사람들도 1,620유로라고 언급했는데, 이는 20,000명 미만인 시(市)에 사는 사람들이 응답한 1,430유로보다 더 높은 금액이다.

질문에 답하세요.

[❶~❸] 참 또는 거짓? 정답에 (X)를 하고 당신의 답변을 입증하는 텍스트의 문장 또는 일부를 옮겨 쓰세요. 만일 V/F의 선택과 입증이 맞는다면 2점, 그렇지 않으면 어떠한 점수도 부여되지 않을 것입니다.

❶ 프랑스인들은 사회적 불평등에 관심이 없다.

☐ 참 ☐ 거짓

입증: ....

❷ 연구들은 프랑스에서 불평등과 관련하여 상황이 악화되고 있음을 보여준다.

☐ 참 ☐ 거짓

입증: ....

❸ 프랑스인들은 모두가 비슷한 수입을 번다고 생각한다.

☐ 참 ☐ 거짓

입증: ....

❹ 여론 조사에 따르면, 프랑스인들은 의료의 질과 그것의 접근성에 대해 어떻게 생각하는가?

....

❺ 조사에 응한 프랑스인들의 60%에 따르면, 의료의 질을 결정하는 요소들은 무엇인가?

....

❻ 프랑스인들은 _____ 생각한다.

    A ☐ 의사에게 진료받기가 점점 더 어려워진다고

    B ☐ 의사들의 근무 조건이 이전보다 더 나쁘다고

    C ☐ 의료에 대한 접근이 몇 년 전부터 더 용이해졌다고

❼ 조사에 응한 프랑스인들의 60%는 양로원에 대해 어떻게 생각하는가?

....

❽ 그들의 건강에 대한 프랑스인들의 생각은 무엇인가?

....

❾ 50%가 넘는 프랑스인들은 _____

    A ☐ 정부가 국민 소득의 3분의 1을 사회 보장 자금 조달에 할애하는 사실에 대해 만족하지 않는다.

    B ☐ 사회 보장 자금 조달에 대한 정부의 정책을 수용한다.

    C ☐ 국민 소득의 3분의 1을 사회 보장 자금 조달에 할애하는 정책에 무관심하다.

❿ 어떠한 이유로 인해 최저 생계비가 달라지는가?

....

Étape 3

해설에 따라 문제 분석 및 풀이 요령을 익히세요.

문제 분석

프랑스인들의 사회적 불평등에 대한 인식을 조사한 결과에 대한 내용이다. 이 글에서는 사회적 불평등에 대한 프랑스인들의 인식이 어떠한지를 서두에서 밝힌 뒤, 의료 접근성에서의 불평등 문제, 정년 퇴직자들의 생활 수준 문제, 건강 문제를 다루고 있다. 다음으로는 프랑스 및 기업이 사회 보장 재정에 예산을 쓰는 것에 대한 프랑스인들의 인식을 설명하고 있다. 마지막으로 적절한 1인 최저 생계비는 얼마인지에 대한 인식이 소득에 따라 다르다는 것을 언급하고 있다.

문항	풀이 요령
1	사회적 불평등에 대한 프랑스인들의 생각을 묻는 문제이다. 제목에 '**Les Français de plus en plus sensibles aux inégalités sociales** 프랑스인들이 점점 더 사회적 불평등에 예민해지고 있다'라는 내용이 있다. 또한 '**les Français perçoivent de plus en plus la montée des inégalités sociales** 프랑스인들은 사회적 불평등의 증가를 점점 더 인식하고 있다'라는 문장이 있다. 그러므로 정답은 **Faux**.
2	불평등 현황에 대해 묻는 문제이다. 'neuf sur dix estiment que les inégalités ont augmenté ces cinq dernières années, contre sept sur dix en 2000 10명 중 9명이 최근 5년 간 불평등이 증가했다고 평가했다. 반면 2000년에는 10명 중 7명이 그랬다'라고 하였으므로 상황이 악화되었다고 볼 수 있어 정답은 **Vrai**.
3	소득과 관련한 프랑스인들의 생각에 관한 문제로 '42% des personnes consultées considèrent les inégalités de revenus comme les plus répandues 조사에 응한 사람들의 42%가 소득 불평등이 가장 만연하다고 생각한다'라고 하였으므로 주어진 문장과 일치하지 않아 정답은 **Faux**.
4	의료 및 의료 접근성에 대한 프랑스인들의 생각을 묻는 문제로 '**Les Français sont plus critiques sur l'accès aux soins que sur leur qualité** 프랑스인들은 의료의 질에 대해서보다 의료에 대한 접근성에 더 비판적이다'라고 하였으므로 이것이 정답.
5	무엇이 의료의 질을 결정하는지 묻고 있다. 'cette qualité dépend **des revenus, ainsi que du lieu d'habitation** 이 질이 수입과 거주지에 달려 있다'라고 하였으므로 이것이 정답.
6	치료를 받을 수 있는 가능성과 관련하여 'La satisfaction quant à l'accès aux soins des médecins et des dentistes a chuté 의사와 치과 의사에 대한 의료 접근성 만족도가 감소했다'는 내용이 있는데 이는 환자들이 의사에게 진료를 받으러 갈 수 있는 기회가 적다고 생각한다는 것이므로 정답은 **A**. B는 본문에서 전혀 언급되지 않았으며 C는 본문과 대치되는 내용이다.
7	양로원에 대한 프랑스인들의 생각을 묻고 있다. '**plus de six sur dix ne considèrent pas envisageable de vivre dans une maison de retraite** 10명 중 6명 이상이 양로원에서 사는 것이 가능하다고 생각하지 않는다'라고 하였으므로 이것이 정답.
8	건강에 관한 프랑스인들의 생각을 묻는 문제로서 '**huit personnes interrogées sur dix s'estiment en bonne santé, mais elles sont plus nombreuses à penser que l'état de santé de leurs compatriotes se dégrade (42%, contre 38% qui pensent le contraire)**. 조사에 응한 사람들 10명 중 8명은 스스로 건강하다고 생각하지만, 프랑스인들의 건강 상태가 악화되었다고 생각하는 사람들(42%)은 그 반대로 생각하는 사람들(38%)에 비해 더 많았다'라는 내용에 따라 이것이 정답.
9	정부의 지원 정책에 대한 50% 이상의 프랑스인들의 생각을 묻고 있다. 'une large majorité (64%) juge normal que la France consacre un tiers du revenu national au financement de la protection sociale 대다수(64%)는 프랑스가 국민 소득의 3분의 1을 사회 보장 자금 조달에 할애하고 있는 것이 정상이라고 생각한다'라는 내용이 있다. 이는 정부 지원 정책을 수용하는 입장이므로 정답은 **B**.
10	프랑스인들이 생각하는 최저 생계비와 관련한 문제로 'Il varie **en fonction des revenus** 이는 소득에 따라 변한다'라는 내용이 있다. 따라서 이것이 정답.

EXERCICE 1 실전 연습

Étape 1 공략에 따라 EXERCICE 1 연습 문제를 풀어 보세요.

Peut-on manger des produits périmés ?

Les dates de péremption n'ont pas la même signification selon la nature des produits. Si les industriels indiquent souvent des délais courts pour ne pas prendre de risques, consommer un aliment périmé n'est pas forcément dangereux.

Selon l'Ademe, nous jetons sept kilos de nourriture dont l'emballage est encore intact par personne et par an. Pour limiter ce gaspillage, la Grande-Bretagne planche sur l'idée de supprimer les dates de péremption sur les produits de longue conservation (pâtes, eaux, huiles, etc.). Une initiative pose la question de leur fiabilité et de leur utilité.

Si tous les produits ont obligatoirement une date limite de consommation, seules celles inscrites sur des produits frais sont importantes. Pour les autres aliments, il s'agit avant tout d'une date d'utilisation optimale (DLUO). Une fois dépassée, « la saveur, la couleur, la texture du produit peuvent s'altérer avec le temps ». Par exemple, une huile qui reste longtemps dans une bouteille en verre s'oxyde. Elle perd son goût et des vitamines, explique Caroline Séguy, nutritionniste. Mais au-delà d'un problème gastronomique, il n'y a pas de danger pour la santé.

En revanche, la date limite de consommation (DLC) des produits fragiles - yaourt, crème dessert, viande - est à surveiller de près... même si elle ne correspond pas forcément au moment où l'aliment est pourri. À l'exception des œufs et du lait cru qui sont soumis à une réglementation européenne très stricte, il revient aux industriels de décider de la date de péremption pour chaque produit. Pour ce faire, ils se basent sur un contrôle à la fois sanitaire et de qualité, effectué par des experts privés.

Pour ne prendre aucun risque, les producteurs sont en effet responsables des informations qu'ils indiquent sur la boîte et ils préfèrent généralement avancer les dates limites. Ainsi, en pratique, il n'y a pas de soucis hygiéniques lorsqu'on dépasse légèrement les dates des produits frais. Il y a moins de risques à consommer un produit dont la date est dépassée qu'un produit mal conservé.

Alors comment savoir ce qu'on peut manger ? Il faut observer les produits qu'on achète, conseille la spécialiste. Si une viande a une odeur prononcée, si un produit laitier a rejeté de l'eau ou encore si une boîte de conserve est bombée, n'hésitez pas à les jeter. En revanche, si un produit a conservé un bon aspect, vous pourrez le consommer car ses qualités nutritives n'auront pas totalement disparu avec la date limite. Alors avant de vous diriger illico vers la poubelle, laissez votre bon sens vous guider.

L'Express 03/06/2012

Répondez aux questions.

[❶~❸] Vrai ou faux ? Cochez (X) la bonne réponse et recopiez la phrase ou la partie de texte qui justifie votre réponse. 2 points si le choix V/F et la justification sont corrects, sinon aucun point ne sera attribué.

❶ Cet article parle d'un problème concernant la date limite de consommation des produits alimentaires.

☐ Vrai ☐ Faux

Justification : ....

❷ Les dates de péremption s'appliquent de la même façon à tous les produits.

☐ Vrai ☐ Faux

Justification : ....

❸ Il ne faut pas manger un aliment périmé parce que c'est toujours très dangereux.

☐ Vrai ☐ Faux

Justification : ....

❹ Pourquoi les industriels indiquent-ils souvent des délais courts ?

....

❺ D'après l'Ademe, ...

A ☐ on jette des aliments qu'on n'a même pas goûtés.
B ☐ on jette trop d'aliments à cause de leur mauvais goût.
C ☐ on gaspille des aliments car la production est excessive.

❻ Quelle mesure la Grande-Bretagne veut-elle prendre pour éviter le gaspillage alimentaire ?

....

❼ Quelle question cette mesure de la Grande-Bretagne soulève-t-elle ?

....

8 Selon ce document, _____

   A ☐ on doit manger tous les produits avant leur date limite de consommation.
   B ☐ il n'y a aucun danger même si on ne mange que des produits qui ont dépassé leur date limite de consommation.
   C ☐ seuls les produits frais doivent être concernés par l'indication obligatoire de la date limite de consommation.

9 Quelles sont les conséquences pour un produit qui dépasse la date d'utilisation optimale ?

....

10 Selon cet article, il faut surveiller attentivement les produits fragiles _____

   A ☐ pour des questions de goût.
   B ☐ bien qu'ils ne soient pas automatiquement périmés à la date annoncée.
   C ☐ à cause de l'augmentation des prix avant la date limite de consommation.

11 Quel est le rôle des experts privés auprès des entreprises qui produisent des aliments ?

....

12 Précisez les cas où on ne doit pas manger les produits alimentaires dépassés.

....

13 Quel est le dernier conseil de cet article ?

....

Étape 2

문제 10의 필수 어휘를 익히고, 해석을 참조하세요.

필수 어휘

périmé 기한이 지난 | date de péremption (f) 유통 기한 | délai (m) 기한 | emballage (m) 포장 | intact 손대지 않은 | supprimer 삭제하다 | huile (f) 기름 | initiative (f) 발의(권) | fiabilité (f) 안전도, 신뢰도 | s'altérer 변질되다, 상하다 | s'oxyder 산화되다 | nutritionniste 영양학자, 영양사 | pourri 상한, 부패한 | soumis 따르는, 복종하는 | réglementation (f) 규제 | laitier 우유의 | rejeter 내뱉다, 토해내다 | boîte de conserve (f) 통조림 | bomber 부풀다 | se diriger ~쪽을 향하다 | illico 즉시 | bon sens (m) 상식, 분별력

해석

유통 기한이 지난 제품들을 먹을 수 있을까?

유통 기한이 제품의 성질에 따라 같은 의미를 가지는 것은 아니다. 기업들은 위험을 감수하지 않기 위해 보통 짧은 기한을 표시하므로, 유통 기한이 지난 식품을 소비하는 것이 반드시 위험한 것은 아니다.

ADEME(프랑스 환경 에너지 관리청)에 따르면, 우리는 매년 1인당 아직 포장도 손대지 않은 채 7kg의 음식을 버린다. 이러한 낭비를 막기 위해, 영국은 오래 보존되는 제품들(파스타, 물, 기름 등)에 대한 유통 기한을 없애는 방안을 마련한다. 이 발의는 그것의 안전도와 효용에 대해 의문을 제기한다.

모든 제품들은 의무적으로 소비 기한이 있지만, 단지 신선 식품에 적힌 그것만이 중요하다. 다른 식품들의 경우, 무엇보다도 최적 소비 기한일(DLUO)에 관한 것이 그렇다. 일단 그 날짜가 지나면, '제품의 맛, 색, 질감이 시간이 지나면서 변질될 수 있다'. 예를 들어, 유리병에 오랫동안 담겨 있던 기름은 산화되고, 그것의 맛과 비타민을 잃는다고 영양학자인 Caroline Séguy가 설명한다. 하지만 맛의 문제를 제외하면 건강에는 위험하지 않다.

반면에, 상하기 쉬운 제품들(요거트, 푸딩, 고기)의 소비 기한은 그것이 음식이 상하는 시점과 꼭 일치하지 않더라도 주의 깊게 살펴야 한다. 아주 엄격한 유럽의 규제를 따르는 달걀과 생우유를 제외하면 각 제품들의 유통 기한을 결정하는 것은 기업들의 몫이다. 이를 위해 그들은 민간 전문가들에 의해 실시되는 위생과 품질 검사를 기반으로 한다.

어떤 위험도 감수하지 않기 위해, 생산자들은 그들이 상자에 표시하는 정보에 대해 정말로 책임이 있고, 그들은 일반적으로 유통 기한을 앞당기는 것을 선호한다. 따라서, 실제로 신선 식품의 기한이 약간 지나도 위생적인 우려는 없다. 잘 보존되지 않은 제품을 소비한 위험보다 유통 기한이 지난 제품을 소비할 위험이 더 적다. 그렇다면 우리가 먹을 수 있는지 어떻게 알 수 있을까? 우리가 산 제품들을 관찰해야 한다고 전문가는 조언한다. 만약 고기에서 심한 냄새가 나거나 유제품에서 물이 나오거나, 혹은 통조림이 부풀어 오른다면, 망설이지 말고 그것들을 버려라. 반면에 만약 어떤 제품이 여전히 외관이 괜찮다면, 영양적 특성들이 기한이 지나면서 완전히 사라진 것은 아니기 때문에 당신은 그것을 소비할 수 있다. 그러므로 당신이 곧바로 쓰레기통으로 향하기 전에, 당신의 분별력이 당신을 이끌도록 두어라.

질문에 답하세요.

[❶~❸] 참 또는 거짓? 정답에 (X)를 하고 당신의 답변을 입증하는 텍스트의 문장 또는 일부를 옮겨 쓰세요. 만일 V/F의 선택과 입증이 맞는다면 2점, 그렇지 않으면 어떠한 점수도 부여되지 않을 것입니다.

❶ 이 기사는 식품의 소비 기한에 대한 문제에 대해 말하고 있다.

☐ 참 ☐ 거짓

입증: ....

❷ 유통 기한은 모든 제품들에 같은 방식으로 적용된다.

☐ 참 ☐ 거짓

입증: ....

❸ 유통 기한이 지난 식품은 항상 매우 위험하기 때문에 먹어서는 안 된다.

　　□ 참　　　　　　　　　　　　□ 거짓

　　입증: ....

❹ 왜 기업들은 보통 짧은 기한을 표시하는가?

....

❺ Ademe에 따르면, _____

　　A □ 사람들은 심지어 맛보지 않은 식품들도 버린다.
　　B □ 사람들은 맛이 나쁘다는 이유로 너무 많은 식품들을 버린다.
　　C □ 사람들은 과다한 생산으로 인해 식품들을 낭비한다.

❻ 음식물 낭비를 피하기 위해 영국은 어떤 조치를 취하기를 원하는가?

....

❼ 영국의 이러한 조치는 어떤 의문을 제기하는가?

....

❽ 이 자료에 따르면 _____

　　A □ 우리는 소비 기한 이전에 모든 제품들을 먹어야 한다.
　　B □ 설사 소비 기한이 지난 제품들만 먹는다 해도 전혀 위험이 없다.
　　C □ 오직 신선 제품들만 소비 기한의 의무적인 기재에 관련되어야 한다.

❾ 최적 소비 기한일을 넘긴 제품들에 대한 결과들은 무엇인가?

....

❿ 이 기사에 따르면, _____ 상하기 쉬운 제품들을 주의 깊게 살펴야 한다.

　　A □ 맛 문제 때문에
　　B □ 표기된 날짜에 필연적으로 썩지 않음에도 불구하고
　　C □ 소비 기한 이전의 물가 상승 때문에

⓫ 식품을 생산하는 기업들에 전속된 민간 전문가들의 역할은 무엇인가?

....

⓬ 기한이 지난 식품들을 먹어서는 안 되는 경우들을 구체적으로 쓰시오.

....

⓭ 이 기사의 마지막 조언은 무엇인가?

....

Étape 3

해설에 따라 문제 분석 및 풀이 요령을 익히세요.

문제 분석

유통 기한이 지난 제품들을 먹어도 될지 여부를 논하는 글이다. 이 글에서는 유통 기한이 지난 식품을 소비하는 것이 반드시 위험한 것은 아니라는 것을 밝히고 있는데, 이는 기업이 위험을 감수하지 않기 위해 실제 소비 가능 기한보다 앞선 날짜를 표시하고 있기 때문이다. 이 글에서는 '소비 기한'과 '최적 소비 기한일'의 개념을 파악해야 한다. 글의 마지막 부분에서는 유통 기한 표시 외에 우리가 식품을 먹을 수 있을지 여부를 판단할 수 있는 몇 가지 방법에 대해 안내하고 있으므로, 마지막까지 집중해서 읽어야 한다.

해설

문항	풀이 요령
1	주제를 묻는 문제이다. 제목 '**Peut-on manger des produits périmés ?** 유통 기한이 지난 제품들을 먹을 수 있을까?'로 보아 정답은 **Vrai**.
2	유통 기한의 적용에 대한 문제로 'Les dates de péremption n'ont pas la même signification selon la nature des produits 유통 기한이 제품의 성질에 따라 같은 의미를 가지는 것은 아니다'라고 하였으므로, 모든 제품들에 같은 방식으로 적용되는 것이 아님을 알 수 있어 정답은 **Faux**.
3	유통 기한이 지난 음식의 유해성에 관한 문제이다. '**consommer un aliment périmé n'est pas forcément dangereux** 유통 기한이 지난 식품을 소비하는 것이 반드시 위험한 것은 아니다'라는 내용이 있다. 그러므로 정답은 **Faux**.
4	기업들이 유통 기한을 짧게 표시하는 이유를 묻고 있다. 'les industriels indiquent souvent des délais courts **pour ne pas prendre de risques** 기업들은 위험을 감수하지 않기 위해 보통 짧은 기한을 표시한다'라는 내용이 있으므로 이것이 정답.

5	Ademe에 따르면, 'nous jetons sept kilos de nourriture dont l'emballage est encore intact par personne et par an 우리는 매년 1인당 아직 포장도 손대지 않은 채 7kg의 음식을 버린다'라는 문장이 있다. 따라서 이와 의미가 유사한 **A**가 정답.
6	음식물 낭비를 막기 위한 영국의 조치에 관해 묻고 있다. 'la Grande-Bretagne planche sur l'idée de **supprimer les dates de péremption sur les produits de longue conservation** (pâtes, eaux, huiles, etc.) 영국은 오래 보존되는 제품들(파스타, 물, 기름 등)에 대한 유통 기한을 없애는 방안을 마련한다'라는 내용이 있다. 따라서 이것이 정답.
7	영국의 조치가 무엇에 대해 의문을 제기하는지 묻는 문제로서 'Une initiative pose **la question de leur fiabilité et de leur utilité** 이 발의는 그것(유통 기한)의 안전도와 효용에 대해 의문을 제기한다'라고 하였으므로 이것이 정답.
8	기사 내용을 이해하고 있는지 묻고 있다. 'tous les produits ont obligatoirement une date limite de consommation, seules celles inscrites sur des produits frais sont importantes 모든 제품들은 의무적으로 소비 기한이 있지만, 단지 신선 식품에 적힌 그것만이 중요하다'라는 내용이 있다. 따라서 정답은 **C**.
9	최적 소비 기한을 넘긴 제품들에 어떤 일이 생기는지 묻는 문제이다. '**la saveur, la couleur, la texture du produit peuvent s'altérer avec le temps** 제품의 맛, 색, 질감이 시간이 지나면서 변질될 수 있다'라고 하였으므로 이것이 정답.
10	상하기 쉬운 제품들에 대한 문제로 'la date limite de consommation (DLC) des produits fragiles - yaourt, crème dessert, viande - est à surveiller de près... même si elle ne correspond pas forcément au moment où l'aliment est pourri 상하기 쉬운 제품들(요거트, 푸딩, 고기)의 소비 기한은 그것이 음식 상하는 시점과 꼭 일치하지 않더라도 주의 깊게 살펴야 한다'라는 내용이 있다. 따라서 이 내용과 일치하는 **B**가 정답.
11	기업에서 민간 전문가들의 역할이 무엇인지 묻고 있다. 'ils se basent sur un contrôle à la fois sanitaire et de qualité, effectué par des experts privés 그들(기업들)은 민간 전문가들에 의해 실시되는 위생과 품질 검사를 기반으로 한다'라고 하였으므로 **Ils font un contrôle à la fois sanitaire et de qualité.**가 정답.
12	기한이 지난 식품들을 먹어서는 안 되는 경우를 쓰는 문제이다. '**Si une viande a une odeur prononcée, si un produit laitier a rejeté de l'eau ou encore si une boîte de conserve est bombée**, n'hésitez pas à les jeter 고기에서 심한 냄새가 나거나 유제품에서 물이 나오거나, 혹은 통조림이 부풀어 오른다면, 망설이지 말고 그것들을 버려라'라고 하였으므로 위의 문장이 정답.
13	기사에서 밝히고 있는 마지막 조언을 묻는 문제이다. '**avant de vous diriger illico vers la poubelle, laissez votre bon sens vous guider** 당신이 곧바로 쓰레기통으로 향하기 전에, 당신의 분별력이 당신을 이끌도록 두어라'라는 내용이 있으므로 이것이 정답.

독해 평가

EXERCICE 2

Pour répondre aux questions, cochez (☒) la bonne réponse ou écrivez l'information demandée.

Répondez aux questions.

질문들에 답변하기 위해, 정답에 ☒를 하거나 요구되는 정보를 쓰세요.

질문에 답하세요.

완전 공략

DELF B2 독해

1 핵심 포인트

앞서 EXERCICE 1에서 설명한 바와 같이, 시행처의 공지에는 EXERCICE 1과 EXERCICE 2의 글의 종류가 다르게 제시되었으나 최근의 시험에서는 이 둘의 구분 없이 문제가 출제되고 있다. 본서에서는 실제 시험 유형을 반영하여 임의로 EXERCICE 1과 2를 구분하였음을 밝혀 둔다.

2 빈출 주제

프랑스어를 가르쳐야 하는 이유, 음식물 낭비, TV 속 사람들의 복장, 학교에서의 예술 교육의 효용, 대중교통의 무료화 등이 출제된 바 있으므로 이에 관련된 내용은 반드시 숙지하는 것이 좋다.

3 고득점 전략

① 많은 지문을 훑어보는 것보다 하나의 지문을 완벽하게 이해하는 것이 좋다.

많은 지문을 읽기보다는, 하나의 지문을 완벽하게 이해하는 공부를 하는 것이 좋다. 다양한 주제의 글을 읽는 것은 배경지식을 쌓는다는 면에서는 도움이 되겠지만, 외국어 독해 영역을 공부할 때에는 하나의 글을 꼼꼼하게 분석해서 읽는 것이 좋다. 글의 주제를 파악하고, 지문에 등장한 단어나 주요 표현, 문장 구성 등을 익히는 것이 이해와 암기에 보다 효과적이기 때문이다.

② 시험에 자주 출제되는 주제의 주요 쟁점 및 단어, 표현을 미리 정리한다.

DELF 시험에 자주 출제되는 주제 — 지구 온난화와 환경 오염, 스마트폰과 인터넷의 발달, 근로자의 권리 및 의무, 유전자 조작 식품, 저출생, 음식물 낭비, 프랑스어 교육 — 의 경우, 이와 관련된 주요 쟁점과 자주 쓰이는 단어 및 표현 등은 미리 정리해 두는 것이 좋다. 주제별로 정리하는 것을 추천하는 이유는, 이러한 주제가 독해뿐만 아니라 전 영역에 걸쳐 문제로 출제되기 때문이다. 그러므로 독해 문제를 풀면서 그 글의 화제가 시험에 자주 출제되는 주제라면, 핵심 단어 및 표현을 따로 정리해 구술이나 작문 연습을 해 보는 것이 좋다.

EXERCICE 2 실전 연습

공략에 따라 **EXERCICE 2** 연습 문제를 풀어 보세요.

Les adeptes de la cuisine végétale se réunissent à Paris ce samedi

L'association Paris Vegan Day organise aujourd'hui aux Docks en Seine la quatrième édition d'un événement devenu incontournable pour les adeptes du bio-végétal. L'occasion d'en savoir plus sur un mode de vie sans produits d'origine animale.

Pourquoi devient-on Vegan ?

Pour Caroline Pivain, directrice de projet de l'association, trois grandes raisons expliquent le choix d'une alimentation végétalienne : l'éthique animale, la santé et l'écologie. « Se sustenter uniquement en aliments d'origine végétale est non seulement plus léger, moins riche en cholestérol, et la pollution engendrée par la consommation de céréales est moindre, puisque celles-ci ne sont pas utilisées pour nourrir le bétail » explique la jeune femme, également « restauratrice vegan » depuis mai 2012.

Les adeptes de cette alimentation partagent une véritable philosophie de vie. L'événement choisit donc la porte d'entrée de la cuisine, du plaisir et de l'alimentation pour sensibiliser à une démarche plus large simplement résumée dans la formule « Cook for life » : « il s'agit de cuisiner pour la vie, la nôtre, celle du vivant dans son ensemble, pour notre futur, notre santé et la planète », précise Caroline Pivain.

Est-ce raisonnable ?

Forcément, plusieurs questions se posent : ne manger ni viande ni lait de vache, quelles conséquences pour la santé ? Est-ce vraiment plus écologique de ne manger que des graines ou des végétaux, même quand ils viennent de loin ? Cette alimentation est-elle adaptée aux enfants ?

Anne-Marie Roy explique sur son site que par une alimentation centrée sur les végétaux, on arrive souvent à renverser plusieurs troubles de santé (diabète de type 2, hypercholestérolémie, obésité, hypertension, arthrite, etc.).

L'an dernier, l'événement a accueilli plus de huit mille visiteurs sur la journée. Aujourd'hui, plus de trois cent trente-sept cours de cuisine sont proposés par quatre mille participants. L'association attend plus de dix mille visiteurs cette année.

De quoi vous convaincre ? Pensez-vous que ce mode de vie soit la solution pour une alimentation plus écologique au 21ème siècle ?

Le Monde 12/10/2013

Répondez aux questions.

[❶~❸] Vrai ou faux ? Cochez (X) la bonne réponse et recopiez la phrase ou la partie de texte qui justifie votre réponse. 2 points si le choix V/F et la justification sont corrects, sinon aucun point ne sera attribué.

❶ L'événement organisé par l'association Paris Vegan Day est devenu très important pour les adeptes du bio-végétal.

☐ Vrai   ☐ Faux

Justification : ....

❷ C'est la première fois que l'association organise cet événement.

☐ Vrai   ☐ Faux

Justification : ....

❸ Cet événement donne la chance aux gens d'avoir plus d'informations sur les moyens de vivre sans produits d'origine animale.

☐ Vrai   ☐ Faux

Justification : ....

❹ Selon Caroline Pivain, pour quels motifs les gens deviennent-ils végétaliens ?

....

❺ Quels sont les avantages pour la santé d'une alimentation végétalienne ?

....

6 Pourquoi la pollution liée à la consommation de céréales est-elle réduite ?

....

7 Expliquez la formule « Cook for life ».

....

8 Sur le site d'Anne-Marie Roy, on peut constater que ....
   A ☐ une alimentation végétalienne n'est pas bonne pour les enfants.
   B ☐ une alimentation végétalienne peut aider les gens qui souffrent de certaines maladies.
   C ☐ la consommation de la viande n'affecte en rien la santé des gens.

9 Selon Anne-Marie Roy, quel problème de la santé peut-il être résolu par l'habitude alimentaire végétarienne ?

....

10 Le nombre de visiteurs de cet événement démontre que ....
   A ☐ beaucoup de gens ne veulent pas adopter le mode de vie végétalien.
   B ☐ les végétaliens sont de moins en moins nombreux.
   C ☐ les gens s'intéressent de plus en plus à l'alimentation végétalienne.

Étape 2

문제 1의 필수 어휘를 익히고, 해석을 참조하세요.

필수어휘

adepte 추종자 | végétal 식물의, 식물성의 | incontournable 매우 중요한, 고려하지 않을 수 없는 | se sustenter 식사를 하다, 영양을 취하다 | céréale (f) 곡식 | bétail (m) 가축 | démarche (f) 방식, 운동 | formule (f) 간결한 표현(문구) | renverser 뒤집다, 전복시키다 | diabète (m) 당뇨 | hypercholestérolémie (f) 콜레스테롤 과다 | hypertension (f) 고혈압 | arthrite (f) 관절염

DELF B2 · 독해

> **[해석]**
>
> ### 채식 애호가들이 이번 주 토요일 파리에서 모인다
>
> Paris Vegan Day 단체는 오늘 Docks en Seine에서 식물성 유기농 제품 애호가들에게 매우 중요해진 행사를 4회째 개최한다. 이는 동물성 제품 없이 살아가는 생활 방식에 대해 더 잘 알 수 있는 기회이다.
>
> ### 우리는 왜 채식주의자가 되는가?
>
> 이 단체의 기획 책임자인 Caroline Pivain에게 있어서 채식주의 식생활 선택을 설명할 수 있는 세 가지 큰 이유는: 동물 윤리, 건강, 그리고 환경 보호이다. "식물성 식품만을 먹는 것은 더 가벼울 뿐만 아니라 콜레스테롤이 더 적고, 곡류 소비에 의해 발생되는 오염도 덜합니다. 왜냐하면 곡식들이 가축을 먹이기 위해 사용되지 않기 때문입니다." 2012년 5월부터 채식 식당의 운영자이기도 한 이 젊은 여성이 설명한다.
>
> 이러한 식생활 애호가들은 진정한 삶의 철학을 공유한다. 따라서 이 행사는 'Cook for life'라는 문구로 간단히 요약되는 더 큰 방식에 관심을 갖게 하기 위해 식생활, 기쁨, 요리라는 입문을 선택한다: "이것은 삶, 우리의 삶과 살아 있는 모든 것들의 삶을 위해, 우리의 미래, 우리의 건강, 그리고 지구를 위해 요리하는 것입니다."라고 Caroline Pivain은 말한다.
>
> ### 이것은 합리적인가?
>
> 필연적으로 여러 질문들이 제기된다: 고기도 우유도 먹지 않는 것이 건강에는 어떤 결과를 가져오는가? 그것들이 멀리서 왔다고 해도(해외에서 왔다고 해도) 곡류나 채소들만 먹는 것이 정말로 더 친환경적인가? 이런 식생활이 아이들에게 적합한가?
>
> Anne-Marie Roy는 자신의 사이트에서 채식 중심의 식생활에 의해 우리는 여러 가지 건강 문제들(2형 당뇨병, 콜레스테롤 과다, 비만, 고혈압, 관절염 등)을 극복할 수 있게 된다고 설명한다.
>
> 작년에 이 행사는 하루 동안 8,000명이 넘는 방문자들을 맞이했다. 오늘 337개가 넘는 요리 수업이 4,000명의 참가자들에 의해 선보인다. 이 단체는 올해는 10,000명 이상의 사람들이 방문할 것을 기대하고 있다.
>
> 무엇이 당신을 설득하는가? 당신은 이러한 생활 방식이 21세기에 더 친환경적인 식습관을 위한 해결책이라고 생각하는가?

질문에 답하세요.

[❶~❸] 참 또는 거짓? 정답에 (X)를 하고 당신의 답변을 입증하는 텍스트의 문장 또는 일부를 옮겨 쓰세요. 만일 V/F의 선택과 입증이 맞는다면 2점, 그렇지 않으면 어떠한 점수도 부여되지 않을 것입니다.

❶ Paris Vegan Day 단체에 의해 개최되는 행사는 식물성 유기농 제품 애호가들에게 매우 중요해졌다.

☐ 참　　　　　　　　☐ 거짓

입증: ....

❷ 단체가 이 행사를 개최하는 것은 처음이다.

☐ 참　　　　　　　　☐ 거짓

입증: ....

❸ 이 행사는 사람들에게 동물성 제품 없이 살아가는 생활 방식에 대해 더 많은 정보를 얻을 수 있는 기회를 준다.

☐ 참   ☐ 거짓

입증: ....

❹ Caroline Pivain에 따르면, 사람들은 어떠한 동기들로 인해 채식주의자가 되는가?

....

❺ 채식 식습관이 건강에 좋은 점은 무엇인가?

....

❻ 왜 곡류의 소비와 관련된 오염이 줄어드는가?

....

❼ 'Cook for life'라는 문구에 대해 설명하시오.

....

❽ Anne-Marie Roy 사이트를 통해, 우리는 _____ 알 수 있다.

    A ☐ 채식 식생활이 아이들에게 좋지 않다는 것을
    B ☐ 채식 식생활이 특정 병을 앓고 있는 사람들에게 도움이 될 수 있다는 것을
    C ☐ 고기 소비가 사람들의 건강에 아무 영향도 미치지 않는다는 것을

❾ Anne-Marie Roy에 따르면 채식주의 식습관에 의해 어떤 건강 문제가 해결될 수 있는가?

....

❿ 이 행사의 방문객 수는 _____ 사실을 보여준다.

    A ☐ 많은 사람들이 채식주의적 삶의 방식을 선택하기를 원하지 않는다는
    B ☐ 채식주의자들의 수가 점점 줄어든다는
    C ☐ 사람들이 채식 식생활에 점점 더 관심을 갖는다는

DELF B2 · 독해

Étape 3 해설에 따라 문제 분석 및 풀이 요령을 익히세요.

문제 분석

Paris Vegan Day에 의해 개최되는 행사에 대한 글이다. 이 글에서는 우선 행사의 의미 및 의의를 파악해야 한다. 그다음으로는 사람들이 채식을 하는 이유 및 이들이 공유하는 삶에 대한 철학이 무엇인지 알아야 한다. 이와 관련하여 건강과 관련된 측면에서 채식을 하면 좋은 이유를 함께 살피는 것이 필요하다. 채식주의는 요즘의 주요한 화제일 뿐만 아니라 환경 오염의 대안이기도 한 만큼, 채식주의의 개념, 종류, 장점 및 단점, 의의 정도는 미리 정리해 두는 것이 좋다.

해설

문항	풀이 요령
1	Paris Vegan Day 단체가 개최하는 행사가 식물성 유기농 제품 애호가들에게 어떠한 의미인지에 관한 문제이다. Paris Vegan Day 단체의 행사가 '**d'un événement devenu incontournable pour les adeptes du bio-végétal** 식물성 유기농 제품 애호가들에게 매우 중요해진 행사'라고 하였으므로 정답은 **Vrai**.
2	행사가 처음 개최되는 것인지 묻는 문제이다. 'L'association Paris Vegan Day organise aujourd'hui aux Docks en Seine la quatrième édition ~ Paris Vegan Day 단체는 오늘 Docks en Seine에서 행사를 4회째 개최한다'라는 내용에 따라 처음 개최하는 행사가 아님을 알 수 있다. 따라서 정답은 **Faux**.
3	행사의 의의에 대한 문제이다. '**L'occasion d'en savoir plus sur un mode de vie sans produits d'origine animale** 동물성 제품 없이 살아가는 생활 방식에 대해 더 잘 알 수 있는 기회'라고 하였으므로 문제와 일치하여 **Vrai**.
4	사람들이 어떠한 계기로 채식주의자가 되는지 묻고 있다. 채식주의를 선택하는 세 가지 이유로 '**l'éthique animale, la santé et l'écologie** 동물 윤리, 건강 그리고 환경 보호'를 들었으므로 이것이 정답.
5	채식 식습관이 건강에 미치는 영향을 묻는 문제이다. '**Se sustenter uniquement en aliments d'origine végétale est non seulement plus léger et moins riche en cholestérol** 식물성 식품만을 먹는 것은 더 가벼울 뿐만 아니라 콜레스테롤이 더 적다'라고 하였으므로 이것이 정답.
6	곡류 소비와 관련된 오염이 줄어들 수 있는 이유를 묻고 있다. 'la pollution engendrée par la consommation de céréales est moindre, **puisque celles-ci ne sont pas utilisées pour nourrir le bétail** 곡류 소비에 의해 발생되는 오염도 덜합니다. 왜냐하면 곡식들이 가축을 먹이기 위해 사용되지 않기 때문입니다'라고 하였으므로 이것이 정답.

7	Cook for life의 의미를 묻는 문제이다. '**il s'agit de cuisiner pour la vie, la nôtre, celle du vivant dans son ensemble, pour notre futur, notre santé et la planète** 이것은 삶, 우리의 삶과 살아 있는 모든 것들의 삶을 위해, 우리의 미래, 우리의 건강, 그리고 지구를 위해 요리하는 것입니다'라는 내용이 있다. 따라서 이것이 정답.
8	Anne-Marie Roy가 사이트를 통해 전달하고자 하는 정보가 무엇인지 묻는 문제로 'par une alimentation centrée sur les végétaux, on arrive souvent à renverser plusieurs troubles de santé 채식 중심의 식생활에 의해 우리는 여러 가지 건강 문제들을 극복할 수 있게 된다'라는 내용이 있다. 따라서 정답은 **B**.
9	채식주의 식습관이 건강상 어떤 장점이 있는지 묻는 문제이다. 'on arrive souvent à **renverser plusieurs troubles de santé (diabète de type 2, hypercholestérolémie, obésité, hypertension, arthrite, etc.)** 우리는 여러 가지 건강 문제들(2형 당뇨병, 콜레스테롤 과다, 비만, 고혈압, 관절염) 등을 극복할 수 있게 된다'라고 하였으므로 이것이 정답.
10	방문객의 수가 늘어나는 것이 어떠한 의미인지 묻는 문제이다. 이 행사가 채식의 장점을 홍보하는 행사라는 관점에서 보면, 결국 사람들이 채식에 관심을 점점 더 많이 갖는다는 의미가 된다. 따라서 정답은 **C**.

EXERCICE 2 실전 연습

Étape 1 공략에 따라 EXERCICE 2 연습 문제를 풀어 보세요.

Michèle, bénévole à SOS Amitié : « Ce que les gens demandent, c'est d'être entendus »

La retraite venue, Michèle a postulé pour de bon à SOS Amitié. Voilà sept ans qu'elle écoute une demi-journée par semaine, et une nuit par mois, « la panoplie de toutes les souffrances humaines ». Comme elle, ils sont 1 600 en France, 260 en région parisienne, à répondre anonymement aux sept cent mille appels passés chaque année à SOS Amitié – sans compter les mails et demandes de chat sur le site web de l'association. On ne sait si ces appels au secours augmentent, les bénévoles ne parvenant à en saisir qu'un sur quatre. Le rôle de ces bénévoles que les associations de prévention du suicide peinent tant à recruter, puis à conserver en leur sein, sera mis en lumière lors de la 18ème journée nationale de prévention du suicide, mercredi 5 février.

Où trouver le courage de décrocher de nouveau le téléphone lorsqu'on vient à peine de vous confier un viol, un inceste ? Quand c'est parfois l'auteur même de ces viols qui était en ligne, et qu'il a été si difficile de l'écouter en demeurant neutre ? Pour supporter ce fardeau de détresse, les bénévoles sont soigneusement sélectionnés sur leur solidité psychologique, formés (durant trois ou quatre mois), épaulés (par des parrains), écoutés et conseillés (groupe de parole avec un psychologue tous les mois)… Ils apprennent l'art délicat d'entendre sans faire leur émotion de l'autre. L'écoute, comme le précise la charte maison, doit être neutre, bienveillante, et surtout totalement anonyme, ce qui a le don de libérer la parole.

« Ce que les gens demandent, c'est être entendus, ils savent bien qu'on ne fera rien. Simplement, on accueille et reconnaît cette souffrance ». Étonnamment, ce n'est pas péjoratif dans sa bouche : Michèle dit jouer un rôle de réceptacle. Dans son oreille, les appelants vident leur mal-être, hurlent des douleurs cachées aux proches de peur de les voir souffrir. « C'est parfois un père confronté au deuil d'un enfant, qui ne veut pas accabler davantage sa femme, ses parents, par son chagrin… Dans ce cas, je vous assure, on ne se sent vraiment pas poubelle ! »

Il lui faut se garder de donner des conseils, n'orienter en rien le propos, « ce n'est pas une thérapie ! ». Mais « en verbalisant les choses, les gens s'aident eux-mêmes, ils entrevoient les possibilités d'agir, ou réalisent l'absurdité de leurs intentions. » En fin de conversation, il leur arrive souvent de remercier pour tous les bons conseils reçus alors qu'ils ont quasiment été les seuls à parler.

Le Monde 05/02/2014

Répondez aux questions.

[❶] Vrai ou faux ? Cochez (X) la bonne réponse et recopiez la phrase ou la partie de texte qui justifie votre réponse. 2 points si le choix V/F et la justification sont corrects, sinon aucun point ne sera attribué.

❶ Michèle reçoit un salaire pour son travail à SOS Amitié.

☐ Vrai ☐ Faux

Justification : ....

❷ Quelle est l'activité de Michèle à SOS Amitié ?

....

❸ Avec le chiffre mentionné dans ce document, on comprend _____

A ☐ l'importance du rôle des bénévoles à SOS Amitié.
B ☐ qu'il y a trop d'appels malveillants à SOS Amitié.
C ☐ que les e-mails de cette association ne sont pas efficaces.

❹ Quel est le problème des associations de prévention du suicide ?

....

❺ Dans quel cas les bénévoles de SOS Amitié ont-ils des difficultés à garder une position objective ?

....

❻ Précisez les critères de sélection des bénévoles.

....

❼ Qu'apprennent les bénévoles pendant la période de formation ?

....

8 Qu'attend-on de l'écoute selon la charte maison ?

....

9 Les gens qui téléphonent à SOS Amitié _____

　　A ☐ veulent résoudre leurs problèmes tout de suite.
　　B ☐ veulent simplement que les bénévoles les écoutent.
　　C ☐ demandent l'intervention immédiate de cette association pour leurs problèmes.

10 À quoi les bénévoles doivent-ils faire attention ?

....

Étape 2

문제 2의 필수 어휘를 익히고, 해석을 참조하세요.

필수 어휘

bénévole 자원봉사자 | **postuler** 지원하다 | **pour de bon** 본격적으로 | **la panoplie de** 일련의 | **anonymement** 익명으로 | **secours (m)** 도움 | **peiner** 애쓰다 | **décrocher** (수화기를) 들다 | **inceste (m)** 근친상간 | **neutre** 중립의 | **fardeau (m)** 부담 | **détresse (f)** 고뇌 | **épauler** 지원하다, 돕다 | **parrain (m)** 후원자, 대부 | **charte (f)** 문서, 인정서 | **bienveillant** 너그러운 | **péjoratif** 경멸의 | **hurler** 울부짖다 | **deuil (m)** 죽음, 애도 | **accabler** 짓누르다 | **verbaliser** 언어로 표출하다 | **entrevoir** 언뜻 보다 | **absurdité (f)** 부조리함, 불합리성 | **quasiment** 거의 | **malveillant** 악의를 가진

해석

SOS Amitié의 자원봉사자 Michèle: "사람들이 바라는 것은 (그들의 말을) 들어주는 것입니다."

은퇴할 때가 다가오자, Michèle은 SOS Amitié에 본격적으로 지원했다. 이제 그녀가 일주일에 반나절, 그리고 한 달에 하룻밤 '일련의 모든 인간적 고통들'을 들어준 지 7년이 되었다. 그녀처럼 매년 SOS Amitié로 걸려 오는 70만 통의 전화들 — 이 단체의 웹사이트로 오는 채팅 요청과 메일을 제외하고 — 에 익명으로 응답하는 사람들이 프랑스에 1,600명, 파리 지역에는 260명이다. 도움을 청하는 이런 전화가 증가했는지는 알 수 없지만, 자원봉사자 4명 중 1명만이 이 상담에 응한다. 자살 예방 단체들이 모집하고 유지하기 위해 그토록 애쓰는 이러한 자원봉사자들의 역할은 2월 5일 수요일, 18번째 자살 예방의 날에 밝혀질 것이다.

누군가가 당신에게 막 강간이나 근친상간에 대해 털어놓았을 때, 다시 수화기를 들 용기를 어디서 찾을까? 통화 중인 상대가 강간한 바로 그 범인일 때는? 중립을 지키면서 그런 말을 듣고 있기가 그토록 힘들 때는? 이러한 고뇌의 부담을 받아들이기 위해, 자원봉사자들은 철저히 정신적 단단함에 의해 선발되고, (서너 달 동안) 교육받고, (후원자들에 의해) 지원을 받으며, (매달 심리학자와 집단 상담을 하며) 그들의 이야기를 하고 조언을

얻는다. 그들은 다른 사람의 감정에 영향을 받지 않고 경청하는 섬세한 기술을 배운다. 단체의 내규가 명시하고 있는 것처럼, 경청은 중립적이어야 하고, 너그러워야 하고, 무엇보다도 자유롭게 말할 수 있도록 완전히 익명으로 이루어져야 한다.

"사람들이 바라는 것은 들어주는 것입니다. 그들은 우리가 아무것도 할 수 없다는 것을 잘 알고 있습니다. 우리는 단지 이 고통을 받아주고 알아줄 뿐입니다." 놀랍게도 그녀의 입에서 나오는 이 말은 경멸적이지 않다: Michèle은 그녀가 감정받이의 역할을 한다고 말한다. 전화를 건 사람들은 그녀의 귀에 그들의 불만을 비워 내고, 그들이 고통받는 것을 보게 될까 두려워서 가까운 사람들에게는 숨겨 왔던 고통들을 울부짖는다. "때로 자녀 상을 당한 아버지는 그의 슬픔으로 그의 아내나 그의 부모님을 더 짓누르고 싶어 하지 않습니다. 이 경우에, 장담하건대 우리는 정말로 (감정의) 쓰레기통이라는 느낌을 받지 않습니다!"

그(지원봉사자)는 조언을 하지 않도록 조심해야 하고, 어떤 것에든 주제를 돌려서는 안 된다. "이것은 치료가 아닙니다!" 하지만 "어떤 것들을 언어로 표출하면서, 사람들은 스스로를 돕고 행동의 가능성을 언뜻 보거나 아니면 그들의 생각의 부조리함을 깨닫게 됩니다." 대화가 끝날 때면 그들은 거의 자신들 혼자 말을 했음에도 불구하고, 대개 그들이 받은 모든 좋은 충고들에 대해 감사를 표하게 된다.

질문에 답하세요.

[**1**] 참 또는 거짓? 정답에 (X)를 하고 당신의 답변을 입증하는 텍스트의 문장 또는 일부를 옮겨 쓰세요. 만일 V/F의 선택과 입증이 맞는다면 2점, 그렇지 않으면 어떠한 점수도 부여되지 않을 것입니다.

❶ Michèle은 SOS Amitié에서 그녀가 하는 일에 대해 월급을 받는다.

☐ 참   ☐ 거짓

입증: ....

❷ SOS Amitié에서 Michèle의 활동은 무엇인가?

....

❸ 이 자료에서 언급된 수치를 통해, _____을 알 수 있다.

    A ☐ SOS Amitié에서 자원봉사자들의 역할의 중요성

    B ☐ SOS Amitié에 악의를 가진 전화가 너무 많다는 것

    C ☐ 이 단체의 메일이 효과가 없다는 것

❹ 자살 예방 단체들의 문제는 무엇인가?

....

❺ 어떤 경우에 SOS Amitié 자원봉사자들은 객관적인 입장을 취하는 데 어려움을 겪는가?

....

❻ 자원봉사자들을 선발하는 기준들을 구체적으로 쓰시오.

....

❼ 자원봉사자들은 교육 기간 동안 무엇을 배우는가?

....

❽ 단체의 내규에 따르면 우리는 경청에 대해 무엇을 기대하는가?

....

❾ SOS Amitié에 전화를 하는 사람들은 _____

    A ☐ 즉시 자신들의 문제를 해결하기를 원한다.
    B ☐ 자원봉사자들이 그저 그들의 말을 들어주기를 원한다.
    C ☐ 자신들의 문제를 위해 이 단체가 즉각적으로 개입해 줄 것을 부탁한다.

❿ 자원봉사자들은 무엇을 주의해야 하는가?

....

| Étape 3 | 해설에 따라 문제 분석 및 풀이 요령을 익히세요. |

문제 분석

SOS Amitié라는 자살 예방 단체에서 활동하고 있는 사람과 인터뷰한 내용을 정리한 글이다. 여기에서 SOS Amitié는 어떤 일을 하는 단체인지, 자원봉사자들은 어떤 훈련을 받고, 어떤 역할을 하는지를 중점적으로 파악해야 한다. 마지막 부분에 제시된, 자원봉사자들이 상대방의 말을 들을 때 유의해야 할 사항도 주의 깊게 읽자.

해설

문항	풀이 요령
1	Michèle이 월급을 받으면서 근무하고 있는지를 묻는 문제로, 기사 제목에 '**Michèle, bénévole à SOS Amitié** SOS Amitié의 자원봉사자 Michèle'이라는 내용이 있으므로 월급을 받으면서 일하고 있다는 문제의 진술과 일치하지 않아 **Faux**.
2	SOS Amitié에서 Michèle이 하고 있는 업무가 무엇인지 묻고 있다. '**elle écoute une demi-journée par semaine, et une nuit par mois, « la panoplie de toutes les souffrances humaines »** 일주일에 반나절, 그리고 한 달에 하룻밤 일련의 모든 인간적 고통들을 들어준'다는 부분에서 확인할 수 있다.
3	자료에서 주어진 수치를 통해 파악할 수 있는 사실을 묻는 문제이다. 'ils sont 1 600 en France, 260 en région parisienne, à répondre anonymement aux sept cent mille appels passés chaque année à SOS Amitié – sans compter les mails et demandes de chat sur le site web de l'association 매년 SOS Amitié로 걸려 오는 70만 통의 전화들 — 이 단체의 웹사이트로 오는 채팅 요청과 메일을 제외하고 — 에 익명으로 응답하는 사람들이 프랑스에 1,600명, 파리 지역에는 260명이다'라는 내용이 있다. 따라서 자원봉사자들의 역할의 중요성을 통계 자료로 보여준다는 점에서 정답은 **A**.
4	자살 예방 단체가 겪고 있는 어려움을 묻는 문제로, 'ces bénévoles que les associations de prévention du suicide peinent tant à recruter, puis à conserver en leur sein 자살 예방 단체들이 모집하고 유지하기 위해 그토록 애쓰는 이러한 자원봉사자들'이라는 부분이 나오는데 이는 자원봉사자들을 모집하고 유지하는 것이 매우 어렵다는 것을 의미하므로 **Il est difficile de recruter et conserver les bénévoles.**이 정답.
5	자원봉사자들이 객관적인 태도를 유지하기 어려운 경우를 묻고 있다. '**Quand c'est parfois l'auteur même de ces viols qui était en ligne**, et qu'il a été si difficile de l'écouter en demeurant neutre ? 통화중인 상대가 강간한 바로 그 범인일 때는? 중립을 지키면서 그런 말을 듣고 있기가 그토록 힘들 때는?'이라고 하였으므로 이것이 정답.

6	자원봉사자를 선발하는 기준을 묻는 문제로, 'les bénévoles sont soigneusement sélectionnés **sur leur solidité psychologique**, formés (durant trois ou quatre mois), épaulés (par des parrains), écoutés et conseillés (groupe de parole avec un psychologue tous les mois) 자원봉사자들은 철저히 정신적 단단함에 의해 선발되고, (서너 달 동안) 교육받고, (후원자들에 의해) 지원을 받으며, (매달 심리학자와 집단 상담을 하며) 그들의 이야기를 하고 조언을 얻는다'라는 내용이 있다. 이것을 정답으로 쓰면 된다.
7	자원봉사자가 교육 기간 동안 배우는 내용에 대해 묻고 있다. '**Ils apprennent l'art délicat d'entendre sans faire leur émotion de l'autre** 그들은 다른 사람의 감정에 영향을 받지 않고 경청하는 섬세한 기술을 배운다'라는 내용이 있으므로 이것이 정답.
8	경청하는 과정에서 자원봉사자가 갖추어야 할 태도가 무엇인지 묻는 문제이다. 'L'écoute ~ doit être neutre, bienveillante, et surtout totalement anonyme, ce qui a le don de libérer la parole 경청은 ~ 중립적이어야 하고, 너그러워야 하고, 무엇보다도 자유롭게 말할 수 있도록 완전히 익명으로 이루어져야 한다'라는 내용에 따라 **L'écoute doit être neutre, bienveillante, et surtout totalement anonyme, ce qui a le don de libérer la parole.**이 정답.
9	SOS Amitié에 전화를 한 사람들이 원하는 것이 무엇인지 묻고 있다. 'Ce que les gens demandent, c'est être entendus 사람들이 바라는 것은 들어주는 것입니다'라는 내용이 있다. 따라서 정답은 **B**.
10	자원봉사자가 유의해야 할 것에 대해 묻고 있다. '**Il lui faut se garder de donner des conseils, n'orienter en rien le propos** 그(자원봉사자)는 조언을 하지 않도록 조심해야 하고, 어떤 것에든 주제를 돌려서는 안 된다'라는 내용이 있다. 이 문장을 정답으로 적으면 된다.

EXERCICE 2 실전 연습

공략에 따라 EXERCICE 2 연습 문제를 풀어 보세요.

Des idées de cadeaux pour Noël sans aller dans un magasin

Noël aura-t-il lieu ? Oui, promet le ministre de la santé Olivier Véran, mais ça « ne sera pas une fête normale ». À l'heure où nombre de Français s'interrogent sur la possibilité de célébrer Noël en famille, certains d'entre-vous veulent peut-être se rassurer pour avoir des cadeaux de dernière minute. Mais comment faire si le confinement (à cause de la Coronavirus 19) se prolonge ?

Un abonnement pour jouer aux jeux vidéo

Qu'on se le dise, Netflix et Disney Plus, c'est bien et on n'en voit jamais la fin. Ça ne demande pas beaucoup de réflexion, puisque les épisodes et les films s'enchaînent parfois sans même avoir besoin d'appuyer sur un bouton. Mais quand on doit rester chez soi, le besoin se fait parfois sentir de prendre les manettes. Difficile donc de zapper le loisir le plus populaire : le jeu vidéo. En effet, en 2020, selon le Syndicat des éditeurs de logiciels de loisirs, 71% des Français jouent aux jeux vidéo au moins occasionnellement. C'est donc un des cadeaux qui aura le plus de chances d'être apprécié, surtout par votre cousine gameuse.

Sans avoir à emballer une disquette, un CD-ROM ou un DVD, il est possible d'offrir un abonnement à une plateforme dématérialisée, comme Blacknut ou Origin Access. Les constructeurs de consoles Sony (PlayStation) et Microsoft (Xbox) proposent aussi des abonnements permettant parfois l'accès libre à plusieurs dizaines de jeux. Il y en a pour tous les goûts et tous les âges : de FIFA aux Sims, en passant par Hades et Hollow Knight, et on y trouve même des nouveautés.

Des cartes cadeaux électroniques pour faire plaisir

S'il y a bien un cadeau dont on ne se lasse jamais, c'est celui qui rappelle de bons et tendres souvenirs. L'album photo fera toujours plaisir. Mais comment faire si vous ne pouvez pas imprimer vos photos ou acheter un album pour les y coller ? C'est sur Internet que vous trouverez votre bonheur. Plusieurs sites, comme celui-ci ou celui-là, proposent de créer votre propre album avec des photos que vous avez rangées dans votre ordinateur. Laissez libre cours à votre inspiration pour créer des montages incongrus ou poétiques.

Certains sites proposent même d'insérer des vidéos dans votre album qu'il sera possible de voir en flashant un QR Code. Sur les pages, vous êtes libre d'écrire des titres, d'inscrire des commentaires et des messages personnels. Si vous avez la chance d'y avoir accès, profitez-en pour consulter d'anciennes photos de famille, pour les numériser et les intégrer dans des albums personnalisés pour chacun.

Du recyclage et du « fait maison »

Et si la perle rare était déjà chez vous ? Des vêtements que vous n'avez jamais ou peu portés et que votre sœur rêvait secrètement de vous subtiliser. Si vous maniez bien l'aiguille, vous pouvez customiser des coussins, couvertures ou chaussons qui seront très utiles pour rester à la maison. Ce livre que vous avez adoré et que vous aimeriez partager, ce projecteur que vous aviez oublié sur l'étagère et qui ravirait votre petit cousin, cette énorme réserve de cartes Pokémon que votre oncle collectionne…

Continuons avec un objet emblématique de ces confinements : le rouleau de papier toilette. Pas hyper glamour, mais il s'avère adapté à la création de décorations de Noël plutôt sympa. Et il est possible de fabriquer tout un tas d'objets décoratifs et pratiques qui peuvent être fabriqués avec presque rien.

Un petit mot bien tourné, et ça peut même remplacer un cadeau. D'ailleurs, avez-vous pensé à une carte très élaborée qui ravirait Mémé ? Pour ça, on vous laisse naviguer sur YouTube et trouver des tutos.

On a bien dit « sans aller dans un magasin » ! Ce n'est pas pour jouer sur les mots, mais pour préciser que de nombreuses enseignes, parfois même le magasin du coin, proposent des solutions pour venir chercher les jouets et autres réjouissances emballées, sans passer les portes. Alors, si vous n'êtes pas très manuel, vous pouvez vous rendre sur le site Internet de Carrefour et Auchan. Pour choisir donc, cette année, on touche avec les yeux.

France Inter 08/11/2020

Répondez aux questions.

1 Dans ce texte, le ministre de la santé présume que (qu') _____

    A ☐ ce Noël sera différent à cause de l'épidémie.

    B ☐ on fêtera ce Noël de la même manière qu'avant.

    C ☐ il n'y aura pas de fête de Noël à cause de l'épidémie.

2 Pourquoi on n'a pas besoin de réfléchir avec Netflix et Disney Plus ?

....

3 Pour qui les jeux vidéo sont-ils un cadeau idéal ? Reformulez avec vos propres mots.

....

[**4**] Vrai ou faux ? Cochez (X) la bonne réponse et recopiez la phrase ou la partie de texte qui justifie votre réponse. 2 points si le choix V / F et la justification sont corrects, sinon aucun point ne sera attribué.

4 L'un des avantages de l'abonnement proposé par Sony et Microsoft est le fait qu'on peut jouer à plusieurs jeux sans payer de suppléments.

    ☐ Vrai   ☐ Faux

    Justification : ....

5 Un cadeau idéal est un objet qui _____

    A ☐ coûte cher.

    B ☐ est très rare.

    C ☐ nous évoque de beaux souvenirs.

6 Que peut-on faire avec les albums en flashant un QR Code ?

....

7 Que pouvez-vous customiser pour recycler si vous savez bien coudre ? (Deux réponses)

....

[❽~❿] Vrai ou faux ? Cochez (X) la bonne réponse et recopiez la phrase ou la partie de texte qui justifie votre réponse. 2 points si le choix V/F et la justification sont corrects, sinon aucun point ne sera attribué.

❽ Il est nécessaire d'acheter des matériaux luxueux pour avoir une décoration de Noël plutôt joyeuse.

☐ Vrai ☐ Faux

Justification : ....

❾ Une simple carte faite avec amour peut être suffisante pour que les grands-mères puissent se sentir heureuses.

☐ Vrai ☐ Faux

Justification : ....

❿ On est obligé d'aller au magasin pour acheter des cadeaux de Noël même si on n'aime pas bouger.

☐ Vrai ☐ Faux

Justification : ....

Étape 2

문제 3의 필수 어휘를 익히고, 해석을 참조하세요.

필수 어휘

confinement (m) 록다운 | se prolonger 연장되다 | abonnement (m) 정기 구독, 가입 | s'enchaîner 연속되다 | appuyer 누르다 | manette (f) (게임기의) 조이스틱 | zapper 빼먹다, 건너뛰다 | occasionnellement 때때로 | dématérialisé 비물질화된, 실체가 없는 | se lasser 싫증나다 | incongru 엉뚱한 | numériser 디지털화하다 | subtiliser 몰래 가로채다 | manier 다루다 | chausson (m) 실내화, 운동화 | étagère (f) 선반 | ravir 황홀하게 하다 | réserve (f) 비축 | emblématique 상징적인 | rouleau (m) 두루마리, 롤러 | élaboré 공들여 만들어진 | tuto (m) '튜토리얼'의 줄임말 | réjouissance (f) 즐거움, 기쁨

> **해석**

상점에 가지 않고 크리스마스 선물을 마련할 아이디어들

크리스마스가 있을까? Olivier Véran 보건부 장관은 그럴 거라고 확언했지만, 그것은 '보통의 축제는 아닐 것'이다. 많은 프랑스인들이 가족 단위로 크리스마스를 맞이할 수 있는 가능성에 대해 의문을 가지고 있는 시기에, 당신들 중 일부는 어쩌면 최신 선물을 받고 싶어 할지도 모른다. 하지만 만약 (코로나 19로 인한) 록다운이 연장되면 어떻게 해야 할까?

비디오 게임 구독

누가 뭐라 하든 넷플릭스와 디즈니 플러스는 잘 나가고 있고, 끝이 보이지 않는다. 그것들은 많은 생각을 요구하지 않는데, 왜냐하면 에피소드와 영화들이 때때로 버튼을 누를 필요조차 없이 이어지기 때문이다. 하지만 집에 있어야 할 때, 때때로 게임을 하고 싶은 욕구가 느껴진다. 따라서 가장 인기 있는 취미인 비디오 게임을 빼먹기는 어렵다. 실제로 게임 프로그램 제작 협회에 따르면, 2020년에 프랑스인들의 71%가 적어도 가끔은 비디오 게임을 한다고 한다. 따라서 이는 특히 게임광인 당신의 사촌이 기쁘게 생각할 가능성이 큰 선물들 중 하나다.

디스크, CD-ROM 또는 DVD를 포장할 필요 없이, Blacknut이나 Origin Access와 같은 디지털 플랫폼의 구독권을 줄 수 있다. 소니(플레이 스테이션)와 마이크로소프트(엑스박스)의 콘솔 제작자들은 수십 개의 비디오 게임에 자유롭게 접근할 수 있도록 해 주는 구독권도 추천한다. 모든 취향과 모든 연령에 맞는 비디오 게임들이 있다: 피파에서 Hades와 Hollow Knight를 거쳐 심즈까지, 그리고 심지어 몇 가지 새로운 것들도 있다.

기쁘게 하기 위한 메일 카드 선물

우리가 결코 싫증나지 않는 선물이 있다면, 그것은 다정하고 좋은 추억들을 떠올릴 수 있게 해 주는 것이다. 사진 앨범은 항상 기쁨을 준다. 하지만 만약 당신이 사진들을 인화할 수 없거나 그것들을 붙일 앨범을 살 수 없다면 어떻게 할 것인가? 당신이 당신의 행복을 찾을 수 있는 곳은 인터넷이다. 이런 저런 여러 사이트들은 당신의 컴퓨터에 정리해 둔 사진들로 당신만의 앨범을 만들도록 권한다. 엉뚱하거나 시적인 몽타주들을 만들기 위해 당신의 영감이 자유롭게 흐르도록 내버려 두어라.

몇몇 사이트들은 당신의 앨범에 QR코드를 스캔하면 볼 수 있도록 영상을 삽입하는 기능도 제공한다. 당신은 웹페이지에서 자유롭게 제목을 쓰고 코멘트를 달고 개인적인 메시지를 쓸 수 있다. 만약 당신이 운 좋게 여기에 접속한다면 오래된 가족 사진들을 찾아보고, 그것들을 디지털화하고 각 개인에게 맞춤화된 앨범에 그것들을 넣기 위해 이를 이용하라.

재활용과 홈메이드

만약 희귀한 진주가 이미 당신 집에 있다면? 당신이 절대, 혹은 거의 입지 않는, 그리고 당신의 여동생이 당신 몰래 슬쩍 가져가려고 하는 옷들이 있다면? 만약 당신이 바느질을 잘 한다면, 당신은 집에 머무를 때 매우 유용할 쿠션, 이불, 실내화를 맞춤 제작할 수 있을 것이다. 당신이 매우 좋아했고 공유하고 싶어 하는 책, 선반 위에 두고 당신이 잊어버린, 당신의 어린 사촌을 황홀하게 만들 프로젝터, 당신의 삼촌이 모아둔 엄청난 양의 포켓몬 카드들...

이 록다운을 상징하는 물건을 계속 나열해 보자: 두루마리 휴지. 아주 매력적이지는 않지만, 꽤 마음에 드는 크리스마스 장식들을 만드는 데 적합한 것으로 확인된다. 그리고 거의 아무것도 아닌 것으로 만들어질 수 있는 장식용의, 실용적인 많은 물건들을 만들 수 있다.

잘 다듬어진 말 한 마디는 선물을 대신할 수도 있다. 게다가, 할머니를 기쁘게 해 드릴, 매우 공들여 만든 카드에 대해 생각해 보았는가? 이를 위해 당신은 유튜브를 서핑하며 튜토리얼들을 찾아볼 수 있다.

우리는 분명 "상점에 가지 않고"라고 말했다! 이는 말장난이 아니고, 많은 상점들이, 때로는 구멍가게들까지 문을 나서지 않고도 장난감들과 다른 포장된 즐거움들을 찾으러 갈 수 있는 방안들을 제시한다는 것을 명확히 하기 위한 것이다. 따라서 당신이 매우 수동적이지 않다면, Carrefour와 Auchan의 인터넷 사이트를 방문할 수 있다. 그러므로 올해 우리는, 고르기 위해 눈으로 만진다.

질문에 답하세요.

❶ 이 텍스트에서, 보건부 장관은 _____ 추측한다.

　A ☐ 이번 크리스마스는 전염병으로 인해 다를 것이라고

　B ☐ 이전과 같은 방식으로 이번 크리스마스를 축하할 것이라고

　C ☐ 전염병 때문에 크리스마스 파티는 없을 것이라고

❷ 왜 우리는 Netflix와 Disney Plus를 볼 때 심사숙고할 필요가 없는가?

....

❸ 비디오 게임들은 누구에게 이상적인 선물인가? 당신 자신만의 단어로 재구성하시오.

....

....

[**❹**] 참 또는 거짓? 정답에 (X)를 하고 당신의 답변을 입증하는 텍스트의 문장 또는 일부를 옮겨 쓰세요. 만일 V/F의 선택과 입증이 맞는다면 2점, 그렇지 않으면 어떠한 점수도 부여되지 않을 것입니다.

❹ Sony와 Microsoft에 의해 제시된 구독권의 장점들 중 하나는 우리가 추가 요금을 지불하지 않고 여러 게임들을 할 수 있다는 사실이다.

　☐ 참　　　　　　　　　　　　　　☐ 거짓

입증: ....

❺ 이상적인 선물은 _____ 물건이다.

　A ☐ 값이 비싼

　B ☐ 매우 희귀한

　C ☐ 우리에게 아름다운 추억들을 떠올리게 하는

❻ 앨범에서 QR 코드를 스캔함으로써 무엇을 할 수 있는가?

....

❼ 만일 당신이 바느질을 잘 한다면, 당신은 재활용을 위해 무엇을 맞춤 제작할 수 있는가? (두 가지 답변)

....

[❽~❿] 참 또는 거짓? 정답에 (X)를 하고 당신의 답변을 입증하는 텍스트의 문장 또는 일부를 옮겨 쓰세요. 만일 V/F의 선택과 입증이 맞는다면 2점, 그렇지 않으면 어떠한 점수도 부여되지 않을 것입니다.

❽ 아주 즐거운 크리스마스 장식을 위해서는 화려한 재료들을 사는 것이 필요하다.

☐ 참 ☐ 거짓

입증: ....

❾ 정성 들여 만든 카드 한 장이 할머니들이 행복함을 느끼기에 충분할 수 있다.

☐ 참 ☐ 거짓

입증: ....

❿ 움직이는 것을 좋아하지 않더라도 크리스마스 선물들을 사기 위해 상점에 가야만 한다.

☐ 참 ☐ 거짓

입증: ....

Étape 3		해설에 따라 문제 분석 및 풀이 요령을 익히세요.

문제 분석

코로나 19로 인해 올해 크리스마스에 어떤 변화들이 찾아올 것인지에 대한 글이다. 지문에서는 록다운으로 인해 외출이 어려워졌으므로, 밖에 나가지 않고 마련할 수 있는 선물들에 무엇이 있는지 이야기한다. 비디오 게임, 메일로 보내는 카드, 바느질 등이 바로 그것들 중 하나이다. 비교적 쉬운 단어와 표현들로 구성된 내용으로, 평이하게 풀 수 있는 문제들이 출제되었다.

해설

문항	풀이 요령
1	이번 크리스마스에 대한 보건부 장관의 생각을 묻는 문제이다. 보건부 장관은 크리스마스가 있을 것이지만 'mais ça « ne sera pas une fête normale » 보통의 축제는 아닐 것'이라고 하였으므로 정답은 **A**.
2	Netflix와 Disney Plus를 볼 때 왜 생각할 필요가 없는지에 대한 문제이다. 'Ça ne demande pas beaucoup de réflexion, **puisque les épisodes et les films s'enchaînent parfois sans même avoir besoin d'appuyer sur un bouton** 그것들은 많은 생각을 요구하지 않는데, 왜냐하면 에피소드와 영화들이 때때로 버튼을 누를 필요조차 없이 이어지기 때문이다'라고 하였으므로 이것이 정답.
3	비디오 게임을 선물로 받을 때 가장 좋아할 사람이 누군가를 묻고 있다. 'C'est donc un des cadeaux qui aura le plus de chances d'être apprécié, surtout par votre cousine gameuse 이는 특히 게임광인 당신의 사촌이 기쁘게 생각할 가능성이 큰 선물들 중 하나다'라고 하였으므로, **Pour la cousine qui est folle de jeu vidéo.**라고 쓰면 된다.
4	Sony와 Microsoft의 구독권의 장점에 대한 문제다. '**Les constructeurs de consoles Sony (PlayStation) et Microsoft (Xbox) proposent aussi des abonnements permettant parfois l'accès libre à plusieurs dizaines de jeux** 소니(플레이스테이션)와 마이크로소프트(엑스박스)의 콘솔 제작자들은 수십 개의 비디오 게임에 자유롭게 접근할 수 있도록 해 주는 구독권도 추천한다'라는 내용에 따라 정답은 **Vrai**이고 입증하는 문장으로 위의 문장을 쓰면 된다.
5	이상적인 선물에 관한 문제로서 'S'il y a bien un cadeau dont on ne se lasse jamais, c'est celui qui rappelle de bons et tendres souvenirs 우리가 결코 싫증나지 않는 선물이 있다면, 그것은 다정하고 좋은 추억들을 떠올릴 수 있게 해 주는 것이다'라는 내용에 따라 정답은 **C**.
6	앨범에서 QR 코드를 스캔하며 무엇을 할 수 있는지 묻는 문제이다. 'Certains sites proposent même d'insérer des vidéos dans votre album qu'il sera possible de voir en flashant un QR Code 몇몇 사이트들은 당신의 앨범에 QR코드를 스캔하면 볼 수 있도록 영상을 삽입하는 기능도 제공한다'라는 내용이 있으므로 **Voir des vidéos.**가 정답.

7	바느질을 재활용에 어떻게 활용할 수 있는지에 대한 문제이다. 'Si vous maniez bien l'aiguille, **vous pouvez customiser des coussins, couvertures ou chaussons qui seront très utiles pour rester à la maison** 만약 당신이 바느질을 잘 한다면, 당신은 집에 머무를 때 매우 유용할 쿠션, 이불, 실내화를 맞춤 제작할 수 있을 것이다'라고 하였으므로 이들 중 두 개를 정답으로 쓴다.
8	크리스마스 장식에 관한 문제로 '**il est possible de fabriquer tout un tas d'objets décoratifs et pratiques qui peuvent être fabriqués avec presque rien** 거의 아무 것도 아닌 것으로 만들어질 수 있는 장식용의, 실용적인 많은 물건들을 만들 수 있다'라는 내용에 따라 정답은 **Faux**이며 입증하는 문장으로 위 문장을 쓴다.
9	할머니를 위한 선물에 대한 문제로서 '**avez-vous pensé à une carte très élaborée qui ravirait Mémé ?** 할머니를 기쁘게 해 드릴, 매우 공들여 만든 카드에 대해 생각해 보았는가?'라는 내용에 따라 정답은 **Vrai**가 되고 입증하는 문장으로 위의 문장을 쓰면 된다.
10	크리스마스 선물을 사기 위해 상점에 가야만 하는지 묻는 문제로, '**si vous n'êtes pas très manuel, vous pouvez vous rendre sur le site Internet de Carrefour et Auchan** 당신이 매우 수동적이지 않다면, Carrefour와 Auchan의 인터넷 사이트를 방문할 수 있다'라는 내용이 있다. 이는 직접 상점에 방문하지 않아도 된다는 의미이므로 정답은 **Faux**가 되며 입증하는 문장으로 위의 문장을 쓴다.

EXERCICE 2 실전 연습

Étape 1 공략에 따라 EXERCICE 2 연습 문제를 풀어 보세요.

Langues étrangères et culture française, l'impossible relation ?

Les langues sont porteuses de culture. Alors que le salon ExpoLangues se tient du 5 au 8 février à la Porte de Versailles, Christian Lagarde, professeur d'espagnol à l'université, revient sur l'importance sociale de leur apprentissage.

En France, les débats autour de l'apprentissage ou de l'utilisation des langues étrangères laissent penser qu'apprendre une autre langue revient à affaiblir sa propre culture. Pourquoi ? La langue est un élément fondamental d'une culture, mais il ne s'agit que de l'un de ces éléments. On appréhende et on découvre le monde par sa langue. En fait, chaque langue porte en elle une vision du monde qu'elle nous imprime. Mais la culture va au-delà, elle n'est pas réduite à sa langue, et souvent elle lui survit.

Il y a deux approches de l'apprentissage des langues, la communicationnelle et la culturelle, que l'on a tort d'opposer. Le problème français est d'osciller d'un pôle à l'autre sans jamais chercher à concilier les deux. Ainsi, en espagnol, on a privilégié une approche très culturelle. Si bien que les élèves étaient capables d'exprimer des notions littéraires abstraites, mais avaient peu de vocabulaire pratique. À l'inverse, l'enseignement de l'anglais a plus souvent privilégié l'approche communicationnelle.

La langue est également un élément d'intégration des immigrés et de leurs descendants. Faut-il permettre à des enfants d'immigrés d'apprendre à l'école la langue de leurs ancêtres ? L'acculturation souhaitable ne doit pas s'accompagner d'une exigence trop élevée de déculturation, de perte de la langue et de la culture d'origine. La question primordiale est la suivante : quelle image de lui-même la société d'accueil renvoie-t-elle à l'immigrant si elle le traite comme un sac linguistique et culturel vide ? Une image de dénigrement de lui-même ou de valorisation ? Faute d'une approche d'accueil suffisamment compréhensive, le mal-être trouve à s'exprimer, hélas, de manière excessivement radicale et indésirable.

Selon sa langue maternelle, on peut être contraint ou non de devenir bilingue ou plurilingue. Ce n'est pas toujours un choix personnel. Quand, au sein d'un groupe d'interlocuteurs d'une langue donnée, on change de langue à l'arrivée d'une personne qui ne la parle pas, on mesure le poids des représentations hiérarchiques et d'autocensure qui s'attachent aux langues.

L'Express 07/02/2014

Répondez aux questions.

❶ Que suggèrent les débats sur l'apprentissage des langues étrangères en France ?

....

[**❷**] Vrai ou faux ? Cochez (X) la bonne réponse et recopiez la phrase ou la partie de texte qui justifie votre réponse. 2 points si le choix V/F et la justification sont corrects, sinon aucun point ne sera attribué.

❷ D'après cet article, la langue est la partie la plus importante de ce qui constitue la culture.

☐ Vrai   ☐ Faux

Justification : ....

❸ La langue a un rôle important parce _____

   A ☐ qu'elle nous permet de connaître le monde.
   B ☐ que c'est l'unique élément pour pouvoir apprendre le monde.
   C ☐ que la culture lui appartient.

❹ Quel est le problème français en ce qui concerne les deux approches de l'apprentissage des langues ?

....

❺ Précisez les caractères de l'apprentissage de l'espagnol.

....

[**❻**] Vrai ou faux ? Cochez (X) la bonne réponse et recopiez la phrase ou la partie de texte qui justifie votre réponse. 2 points si le choix V/F et la justification sont corrects, sinon aucun point ne sera attribué.

❻ Selon ce document, on accorde plus d'importance à la communication plutôt qu'aux éléments culturels dans l'enseignement de l'anglais.

☐ Vrai   ☐ Faux

Justification : ....

❼ Quel rôle la langue joue-t-elle pour les immigrés et leurs descendants ?

    A ☐ Elle leur permet de se comprendre l'un l'autre.
    B ☐ Elle provoque des malentendus entre eux.
    C ☐ Elle incite à la dispute entre ces deux générations.

❽ Quelles sont les conditions recommandées de l'acculturation ?

....

❾ Dans quel cas les immigrés risquent-ils de s'exprimer le mal-être de manière indésirable ?

....

[❿] Vrai ou faux ? Cochez (X) la bonne réponse et recopiez la phrase ou la partie de texte qui justifie votre réponse. 2 points si le choix V/F et la justification sont corrects, sinon aucun point ne sera attribué.

❿ C'est la volonté individuelle qui oblige les immigrants à devenir bilingues ou plurilingues.

    ☐ Vrai   ☐ Faux

    Justification : ....

Étape 2   문제 4의 필수 어휘를 익히고, 해석을 참조하세요.

필수 어휘

porteur 운반인, 전달인 | **revenir** 재론하다 | **affaiblir** 약화시키다 | **appréhender** 이해하다 | **imprimer** 각인시키다 | **tort (m)** 잘못, 틀림 | **osciller** 진동하다, 요동치다 | **pôle (m)** 극 | **concilier** 양립시키다 | **privilégier** 중시하다 | **descendant** 후손 | **ancêtre** 조상 | **acculturation (f)** 문화 동화 | **déculturation (f)** 전통 문화의 상실(포기) | **primordial** 가장 중요한 | **dénigrement (m)** 비방 | **valorisation (f)** 더 높은 가치를 부여함 | **mal-être (m)** 불만 | **plurilingue** 여러 언어를 구사하는 | **hiérarchique** 계급의 | **autocensure (f)** 자기 검열

> **해석**
>
> **외국어와 프랑스 문화, 불가능한 관계인가?**
>
> 언어는 문화의 매개체이다. 2월 5일에서 8일까지 Porte de Versailles에서 ExpoLangues 전시회가 열리고 있는 가운데, 대학의 스페인어 교수인 Christian Lagarde가 언어 학습의 사회적 중요성을 논한다.
>
> 프랑스에서 외국어의 사용이나 학습에 대한 논쟁은 다른 언어를 배우는 것이 자기 고유의 문화를 약화시키는 것과 같음을 암시한다. 왜 그럴까?
>
> 언어는 문화의 중요한 요소이지만, 그런 요소들 중 하나일 뿐이다. 우리는 언어를 통해 세상을 이해하고 발견한다. 사실, 각 언어는 그것이 우리에게 각인시키는 세계의 비전을 그 안에 가지고 있다. 하지만 문화는 그 이상이며, 그것의 언어에 국한되지 않고, 보통 언어보다 오래 살아남는다.
>
> 언어 학습에는 소통 중심적인 것과 문화적인 것, 두 가지 접근법이 있는데, 우리는 두 가지가 대립한다고 착각한다. 프랑스인의 문제는 그 두 가지를 양립시키려 애쓰지 않고, 한쪽 극에서 다른 쪽 극으로 왔다갔다 한다는 것이다. 예를 들어, 스페인어에서는 매우 문화적인 접근을 중시했다. 그 결과 학생들은 추상적인 문학적 개념들을 표현할 수 있었지만, 실용적인 어휘는 거의 습득하지 못했다. 반대로, 영어 교육은 보통 소통 중심적인 접근을 중시했다.
>
> 또한 언어는 이민자들과 그들의 후손들의 통합의 요소이다. 이민자 자녀들에게 학교에서 그들의 조상들의 언어를 배울 수 있도록 해야 하는가? 바람직한 문화 동화는 전통 문화 말살, 원래 언어와 원래 문화 상실에 대한 지나친 요구를 동반하지 않아야 한다. 가장 중요한 문제는 다음과 같다: 그 사회가 이민자를 언어적, 문화적으로 비어 있는 가방처럼 취급한다면, 수용하는 사회가 이민자에게 스스로 어떤 이미지를 돌려주는 것인가? 스스로를 비방하는 이미지인가, 아니면 더 높은 가치를 부여하는 이미지인가? 충분히 포용적으로 수용에 접근하지 않는다면, 유감스럽지만, 매우 급진적이고 좋지 않은 방식으로 불만이 표출될 것이다.
>
> 자신의 모국어에 따라 우리는 2개 언어, 혹은 여러 개 언어를 하게 되도록 강요받을 수도, 그렇지 않을 수도 있다. 그것은 항상 개인적인 선택은 아니다. 원어 대화자 그룹 내에서, 우리가 그것을 말할 줄 모르는 사람이 오면 언어를 바꿀 때 우리는 언어에 동반되는 계급적이고 자기 검열적인 표현의 영향력을 가늠한다.

질문에 답하세요.

❶ 프랑스에서 외국어 학습에 대한 논쟁이 암시하는 것은 무엇인가?

....

[❷] 참 또는 거짓? 정답에 (X)를 하고 당신의 답변을 입증하는 텍스트의 문장 또는 일부를 옮겨 쓰세요. 만일 V/F의 선택과 입증이 맞는다면 2점, 그렇지 않으면 어떠한 점수도 부여되지 않을 것입니다.

❷ 이 기사에 따르면, 언어는 문화를 구성하는 가장 중요한 부분이다.

☐ 참 ☐ 거짓

입증: ....

❸ 언어는 _____ 때문에 중요한 역할을 한다.

    A ☐ 우리에게 세상을 알게 해 주기
    B ☐ 세상을 배울 수 있기 위한 유일한 요소이기
    C ☐ 문화가 언어에 속하기

❹ 언어 학습의 두 가지 접근과 관련하여 프랑스인의 문제는 무엇인가?

....

❺ 스페인어 학습의 특징을 구체적으로 쓰시오.

....

[❻] 참 또는 거짓? 정답에 (X)를 하고 당신의 답변을 입증하는 텍스트의 문장 또는 일부를 옮겨 쓰세요. 만일 V/F의 선택과 입증이 맞는다면 2점, 그렇지 않으면 어떠한 점수도 부여되지 않을 것입니다.

❻ 이 자료에 따르면, 영어 교육에서는 문화적 요소보다 의사소통에 더 중점을 둔다.

    ☐ 참   ☐ 거짓

    입증: ....

❼ 이민자들과 그들의 후손들에게 있어서 언어는 어떤 역할을 하는가?

    A ☐ 서로를 이해할 수 있게 해 준다.
    B ☐ 그들 사이에 오해를 유발시킨다.
    C ☐ 이 두 세대 사이에 논쟁을 야기시킨다.

❽ 문화 동화의 바람직한 조건들은 무엇인가?

....

❾ 어떤 경우에 이민자들은 좋지 않은 방식으로 불만을 표출할 위험이 있는가?

....

[⑩] 참 또는 거짓? 정답에 (X)를 하고 당신의 답변을 입증하는 텍스트의 문장 또는 일부를 옮겨 쓰세요. 만일 V/F의 선택과 입증이 맞는다면 2점, 그렇지 않으면 어떠한 점수도 부여되지 않을 것입니다.

⑩ 이민자들이 2개 언어, 혹은 여러 개 언어를 구사하도록 하는 것은 개인적인 의지이다.

☐ 참 ☐ 거짓

입증: ....

Étape 3

해설에 따라 문제 분석 및 풀이 요령을 익히세요.

문제 분석

언어와 문화의 관계를 소재로 전개되는 글이다. 이 글은 프랑스인들이 다른 언어를 배우는 것이 자기 고유의 문화를 약화시킨다고 생각하는 경향을 들며 언어와 문화의 관계에 대해 화두를 던진다. 이 글에서는 언어와 문화의 관계, 언어에 대한 접근법, 바람직한 문화 동화가 주요 화제이므로 이를 주의 깊게 읽어야 한다.

해설

문항	풀이 요령
1	외국어 학습에 대한 논쟁이 암시하는 바를 묻고 있다. 'En France, les débats autour de l'apprentissage ou de l'utilisation des langues étrangères laissent penser qu'**apprendre une autre langue revient à affaiblir sa propre culture** 프랑스에서 외국어의 사용이나 학습에 대한 논쟁은 다른 언어를 배우는 것이 자기 고유의 문화를 약화시키는 것과 같음을 암시한다'라는 내용이 있으므로, 이것이 정답.
2	언어와 문화의 관계를 묻는 문제이다. '**La langue est un élément fondamental d'une culture, mais il ne s'agit que de l'un de ces éléments** 언어는 문화의 중요한 요소이지만, 그런 요소들 중 하나일 뿐이다'라는 문장이 있다. 이는 언어가 문화의 가장 중요한 요소라고 보기 어렵다는 의미이므로 기사의 내용과 일치하지 않아 **Faux**.
3	언어의 중요성에 관해 묻고 있다. 'On appréhende et on découvre le monde par sa langue 우리는 언어를 통해 세상을 이해하고 발견한다'라는 내용이 있다. 그러므로 정답은 **A**. 언어가 세상을 배울 수 있는 유일한 요소는 아니므로 B는 오답.
4	언어 학습 방법과 관련하여 프랑스인의 문제가 무엇인지 묻는 문제이다. '**Le problème français est d'osciller d'un pôle à l'autre sans jamais chercher à concilier les deux** 프랑스인의 문제는 그 두 가지를 양립시키려 애쓰지 않고, 한쪽 극에서 다른 쪽 극으로 왔다갔다 한다는 것'이라는 내용이 있으므로 이를 정답으로 적는다.
5	스페인어 학습의 특징을 묻고 있다. 'Ainsi, en espagnol, **on a privilégié une approche très culturelle** 예를 들어, 스페인어에서는 매우 문화적인 접근을 중시했다'라는 내용이 있으므로 이것이 정답.

6	영어 교육의 특성과 관련한 문제로서 '**l'enseignement de l'anglais a plus souvent privilégié l'approche communicationnelle** 영어 교육은 보통 소통 중심적인 접근을 중시했다'라는 내용이 있다. 따라서 문제와 일치하여 정답은 **Vrai**.
7	이민자들과 그 후손들에게 있어서 언어의 역할을 묻고 있다. '**La langue est également un élément d'intégration des immigrés et de leurs descendants** 언어는 이민자들과 그들의 후손들의 통합의 요소'라는 내용이 있다. 통합을 한다는 것은 두 세대 사이에 이해가 이루어진다는 의미이므로 정답은 **A**.
8	바람직한 문화 동화의 조건에 대해 묻고 있다. '**L'acculturation souhaitable ne doit pas s'accompagner d'une exigence trop élevée de déculturation, de perte de la langue et de la culture d'origine** 바람직한 문화 동화는 전통 문화 말살, 원래 언어와 원래 문화 상실에 대한 지나친 요구를 동반하지 않아야 한다'라는 내용에 따라 이것이 정답.
9	이민자들이 불만을 표출할 위험이 있는 경우가 언제인지 묻고 있다. '**Faute d'une approche d'accueil suffisamment compréhensive**, le mal-être trouve à s'exprimer, hélas, de manière excessivement radicale et indésirable 충분히 포용적으로 수용에 접근하지 않는다면, 유감스럽지만, 매우 급진적이고 좋지 않은 방식으로 불만이 표출될 것이다'라고 하였으므로 이것이 정답.
10	이중 언어 또는 다중 언어를 구사하는 것이 개인의 의지에 따른 문제인지 묻고 있다. 'on peut être contraint ou non de devenir bilingue ou plurilingue. **Ce n'est pas toujours un choix personnel** 우리는 2개 언어, 혹은 여러 개 언어를 하게 되도록 강요받을 수도, 그렇지 않을 수도 있다. 그것은 항상 개인적인 선택은 아니다'라는 문장에 따라 문제와 일치하지 않으므로 **Faux**.

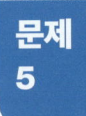

EXERCICE 2 실전 연습

공략에 따라 EXERCICE 2 연습 문제를 풀어 보세요.

Êtes-vous de plus en plus écolo ?

Pour faire des économies ou par souci de l'environnement, les Français consomment moins d'eau, roulent plus vert et mangent plus souvent bio, selon une étude du Crédoc. Quelles sont vos nouvelles manies écolo ?

Les Français se disent de plus en plus sensibles à la protection de la nature mais qu'en est-il de leur comportement au quotidien ? Eau, automobile, produits bio : des pratiques plus « écolo » semblent se répandre même si cette évolution reste cantonnée à quelques domaines. En matière de chauffage, de logement et de consommation d'énergie, « les progrès se font attendre », mais le Crédoc, organisme qui scrute les habitudes des Français, constate des « changements significatifs » dans les pratiques environnementales dans une « lettre » publiée cette semaine. Sur la consommation d'eau, par exemple, deux personnes sur trois cherchent aujourd'hui à économiser l'eau contre 52% en 1995, constate l'étude. Et, de fait, la consommation globale des ménages français est à la baisse depuis plusieurs années en dépit de l'augmentation de la population.

« Il y a quinze ans, c'était essentiellement pour des raisons de facture… Aujourd'hui, la première raison, c'est d'éviter le gaspillage de la ressource naturelle », souligne Mme Hoibian. « Bien sûr, la composante financière est toujours là, néanmoins la prise de conscience se traduit dans les gestes du quotidien », estime-t-elle.

Ainsi, « 52% des personnes disposant de moins de neuf cents euros par mois consomment aujourd'hui des produits issus de l'agriculture biologique, contre 20% en 1995 », relève l'organisme. Les acheteurs réguliers ou occasionnels de « bio » se recrutent néanmoins toujours en plus grand nombre dans les catégories les plus aisées.

Les Français privilégient aussi désormais largement le sac réutilisable pour leurs courses (huit sur dix aujourd'hui contre 43% en 2005) et sont de plus en plus attentifs à la quantité de déchets qu'occasionnent leurs achats.

Le Crédoc voit aussi une tendance au « verdissement » des comportements dans le fait que la voiture, si elle est globalement toujours plus présente chez les Français, semble avoir perdu un peu de son aura chez les 18-24 ans : ils étaient 59% à en utiliser une en 2010 contre 64% en 2000 et 74% en 1980.

Cette conclusion-là laisse toutefois la fédération écologiste France Nature Environnement assez dubitative. « Sur l'eau, oui, on a le sentiment d'une vraie prise de conscience, mais sur la voiture, en revanche, j'ai peur que la contrainte environnementale ne soit que très accessoire », estime son porte-parole, Benoît Hartmann.

L'Express 31/08/2011

Répondez aux questions.

[❶] Vrai ou faux ? Cochez (X) la bonne réponse et recopiez la phrase ou la partie de texte qui justifie votre réponse. 2 points si le choix V/F et la justification sont corrects, sinon aucun point ne sera attribué.

❶ La diminution de la consommation d'eau n'a rien à voir avec l'écologie.

☐ Vrai   ☐ Faux

Justification : ....

❷ Pourquoi les Français essaient-ils de conduire des voitures moins polluantes ?

....

[❸~❹] Vrai ou faux ? Cochez (X) la bonne réponse et recopiez la phrase ou la partie de texte qui justifie votre réponse. 2 points si le choix V/F et la justification sont corrects, sinon aucun point ne sera attribué.

❸ Les Français ont conscience de la gravité de la pollution de l'environnement.

☐ Vrai   ☐ Faux

Justification : ....

❹ Des pratiques plus écolo se répandent dans tous les domaines.

☐ Vrai   ☐ Faux

Justification : ....

❺ Précisez les domaines dans lesquels il n'y a pas de progrès satisfaisant dans la vie écologique.

....

6 Selon l'étude concernant la consommation d'eau, _____

    A ☐ la moitié des Français ne fait pas attention à la consommation d'eau.

    B ☐ un peu moins de 70% des Français font des efforts pour économiser l'eau.

    C ☐ la quantité d'eau est suffisante pour ne pas avoir besoin de l'économiser.

7 D'après cette étude, _____

    A ☐ les Français dépensent de plus en plus d'eau avec l'augmentation de la population.

    B ☐ les Français n'ont aucune intention de diminuer la consommation d'eau.

    C ☐ la famille française essaie de diminuer la consommation d'eau malgré l'augmentation de la population.

8 En quoi les raisons d'économiser ont-elles changé par rapport à autrefois ?

....

9 Mme Hoibian insiste sur le fait que _____

    A ☐ la mentalité des Français a changé.

    B ☐ la conscience des Français est toujours la même.

    C ☐ la conscience des Français n'a aucune influence sur le changement dans la consommation des ménages.

10 Quels produits ont été choisis par plus de la moitié des personnes qui gagnent moins de neuf cents euros par mois ?

....

Étape 2

문제 5의 필수 어휘를 익히고, 해석을 참조하세요.

필수 어휘

écolo 친환경론자, 친환경적인 | vert 환경 보호의 | manie (f) 버릇 | cantonner 한정시키다 | chauffage (m) 난방 | scruter 주의 깊게 조사하다 | significatif 중요한 | baisse (f) 하락 | en dépit de ~에도 불구하고 | facture (f) 청구서 | composante (f) 요소 | issu de ~에서 야기된 | aisé 유복한 | déchet (m) 쓰레기 | verdissement (m) 녹색으로 되기, 녹색화 | dubitatif 회의적인, 의심스러운 | accessoire 부수적인 | porte-parole (m) 대변인

해석

당신은 점점 더 친환경론자가 되고 있나요?

Crédoc의 한 조사에 따르면, 돈을 절약하기 위해 혹은 환경에 대한 걱정으로 인해 프랑스인들은 물을 덜 소비하고, 더 친환경적으로 운전하며 유기농 식품을 더 자주 먹는다. 당신의 새로운 친환경적 습관은 무엇인가? 프랑스인들은 스스로가 환경 보호에 점점 더 민감해지고 있다고 말하지만, 과연 그들의 일상적인 행동들은 그러한가? 물, 자동차, 유기농 제품들: 이러한 변화가 몇몇 분야에 국한되어 있다고 할지라도, 더 '친환경적인' 실천들은 확산되고 있는 것처럼 보인다. 난방, 주거, 그리고 에너지 소비와 관련해서는 '진전이 더디다'. 하지만 프랑스인들의 습관을 주의 깊게 조사하는 기관인 Crédoc은 이번 주에 발표된 한 '공문'의 환경적 실천들에서 '중요한 변화'를 확인한다. 예를 들어, 물 소비에 있어서 물을 절약하려고 노력하는 사람들이 1995년에는 52%였던 것에 비해 오늘날에는 3명 중 2명이 그렇다고 이 조사가 증명한다. 그리고 실제로 프랑스 가정에서의 전반적인 (물) 소비는 인구 증가에도 불구하고 몇 년 전부터 감소 추세이다.

"15년 전에는 주로 청구서 때문이었습니다. 오늘날 첫 번째 이유는 천연 자원의 낭비를 피하기 위해서입니다." Hoibian 씨가 강조한다. "물론 재정적 요소는 여전히 있지만, 그럼에도 각성이 일상적 행동들에서 나타납니다."라고 그녀가 평한다.

이처럼 "오늘날, 한 달에 900유로 이하를 버는 사람들의 52%는 유기농 농산물을 소비합니다. 1995년에는 20%였죠."라고 이 기관은 지적한다. 그럼에도 불구하고 유기농 제품들을 정기적으로, 혹은 우연히 구매하는 사람들은 여전히 부유층이 가장 많다.

또한 프랑스인들은 이제 장을 볼 때 재활용이 가능한 가방을 주로 선호하며, (2005년 43% 대비 오늘날에는 10명 중 8명), 그들의 구매로 발생하는 쓰레기의 양에 점점 더 신경을 쓰고 있다.

Crédoc은 또한 자동차가 여전히 프랑스인들에게 있어서 대체로 존재감이 있지만, 18~24세들에게 있어서 그것의 아우라를 약간은 잃어버린 것처럼 보인다는 점에서, 행동의 '녹색화' 경향이 있다고 본다: 자동차 한 대를 이용하는 18~24세들은 1980년에는 74%, 2000년에는 64%였던 것에 비해 2010년에는 59%였다.

그러나 이 결론은 환경보호론자 연합인 '프랑스자연환경(FNE)'을 꽤 회의적이게 한다. "물에 대해서는, 그렇습니다, 우리는 정말로 자각하고 있다는 느낌을 가지지만, 자동차에 대해서는 오히려 환경적인 제약이 아주 부차적인 것에 불과할까 우려됩니다." 그것(FNE)의 대변인인 Benoît Hartmann이 말한다.

질문에 답하세요.

[**1**] 참 또는 거짓? 정답에 (X)를 하고 당신의 답변을 입증하는 텍스트의 문장 또는 일부를 옮겨 쓰세요. 만일 V/F의 선택과 입증이 맞는다면 2점, 그렇지 않으면 어떠한 점수도 부여되지 않을 것입니다.

① 물 소비 감소는 친환경과 아무 관련이 없다.

☐ 참　　　　　　　　　　　☐ 거짓

입증: ....

② 왜 프랑스인들은 오염이 덜한 자동차를 운전하려고 하는가?

....

[❸~❹] 참 또는 거짓? 정답에 (X)를 하고 당신의 답변을 입증하는 텍스트의 문장 또는 일부를 옮겨 쓰세요. 만일 V/F의 선택과 입증이 맞는다면 2점, 그렇지 않으면 어떠한 점수도 부여되지 않을 것입니다.

❸ 프랑스인들은 환경 오염의 심각성에 대해 인식하고 있다.

☐ 참 ☐ 거짓

입증: ....

❹ 더 친환경적인 실천은 모든 영역에서 확산되고 있다.

☐ 참 ☐ 거짓

입증: ....

❺ 친환경적인 생활에서 만족스러운 진전이 없는 영역들을 구체적으로 쓰시오.

....

❻ 물 소비와 관련된 조사에 따르면, _____

A ☐ 프랑스인의 절반이 물 소비에 주의를 기울이지 않고 있다.
B ☐ 프랑스인들의 70%가 조금 안 되는 인구가 물을 절약하기 위해 노력한다.
C ☐ 물의 양이 절약할 필요가 없을 만큼 충분하다.

❼ 이 조사에 따르면, _____

A ☐ 프랑스인들은 인구가 증가하면서 점점 더 많은 물을 소비한다.
B ☐ 프랑스인들은 물 소비를 줄이려는 어떠한 의지도 없다.
C ☐ 프랑스 가정은 인구 증가에도 불구하고 물 소비를 줄이려고 노력한다.

❽ 이전에 비해 절약의 이유는 어떤 점에서 변화했는가?

....

❾ Hoibian은 _____ 사실을 주장한다.

A ☐ 프랑스인들의 의식이 변했다는
B ☐ 프랑스인들의 의식이 여전히 같다는
C ☐ 프랑스인들의 의식은 가계 소비의 변화에 아무런 영향도 미치지 않는다는

❿ 한 달에 900유로 이하를 버는 사람들의 절반 이상에 의해 선택되는 제품들은 무엇인가?

....

DELF B2 · 독해

Étape 3 해설에 따라 문제 분석 및 풀이 요령을 익히세요.

문제 분석

'친환경'을 소재로 한 글로, Crédoc의 연구 결과를 제시하며 글이 전개되고 있다. 즉, 프랑스인들은 예전보다 물을 더 적게 사용하고 오염이 덜한 자동차를 운전하며 친환경 음식을 더 자주 먹는다는 것이다. 이러한 변화가 모든 분야에서 동일하지는 않은데, 이 글에서는 프랑스인들이 실질적으로 친환경적인 행동을 하는 분야와 그렇지 않은 분야가 각각 무엇인지 파악하는 것이 중요하다. 이와 관련하여 프랑스인들의 소비가 줄어드는 이유가 자원 낭비를 줄이기 위함임도 파악할 수 있어야 한다.

해설

문항	풀이 요령
1	물의 소비와 친환경의 관련 여부에 대해 묻는 문제이다. '**Pour faire des économies ou par souci de l'environnement, les Français consomment moins d'eau** 돈을 절약하기 위해 혹은 환경에 대한 걱정으로 인해 프랑스인들은 물을 덜 소비한다'라는 내용이 나온다. 따라서 물 소비는 친환경과 관련이 있다고 볼 수 있으므로 문제와 일치하지 않아 **Faux**.
2	사람들이 오염이 덜한 자동차를 운전하는 이유를 묻고 있다. 'par souci de l'environnement, les Français roulent plus vert 환경에 대한 걱정으로 인해, 프랑스인들은 더 친환경적으로 운전한다'라는 내용에 따라 정답은 **Par souci de l'environnement.**이라고 적는다.
3	프랑스인들이 환경 오염의 심각성을 인식하고 있는지 묻는 문제이다. '**Les Français se disent de plus en plus sensibles à la protection de la nature** 프랑스인들은 스스로가 환경 보호에 점점 더 민감해지고 있다고 말한다'라고 했으므로 문제의 진술과 기사의 내용이 일치한다. 따라서 정답은 **Vrai**.
4	친환경적 실천에 관한 문제로서 '**même si cette évolution reste cantonnée à quelques domaines** 이러한 변화가 몇몇 분야에 국한되어 있다고 할지라도'라는 내용이 있다. 이는 친환경적 실천이 제한적으로 실시되고 있다는 의미이므로 문제와 일치하지 않아 **Faux**.
5	친환경적 실천이 아직도 미비한 분야가 무엇인지 쓰는 문제이다. '**En matière de chauffage, de logement et de consommation d'énergie** 난방, 주거, 그리고 에너지 소비와 관련해서는' 진전이 더디다는 내용이 있으므로 이를 정답으로 적는다.
6	물 소비와 관련된 조사 결과에 대한 문제이다. 'deux personnes sur trois cherchent aujourd'hui à économiser l'eau 오늘날에는 3명 중 2명이 물을 절약하려고 노력한다'라는 내용이 있으므로 정답은 **B**.
7	인구 증가와 물 소비의 관계를 묻는 문제이다. 'la consommation globale des ménages français est à la baisse depuis plusieurs années en dépit de l'augmentation de la population 프랑스 가정에서의 전반적인 (물) 소비는 인구 증가에도 불구하고 몇 년 전부터 감소 추세이다'라는 내용에 따라 정답은 **C**.

8	절약의 이유가 어떤 점에서 달라졌는지 묻는 문제이다. '**Il y a quinze ans, c'était essentiellement pour des raisons de facture... Aujourd'hui, la première raison, c'est d'éviter le gaspillage de la ressource naturelle** 15년 전에는 주로 청구서 때문이었습니다. 오늘날 첫 번째 이유는 천연 자원의 낭비를 피하기 위해서입니다'라는 내용이 있다. 따라서 이것이 정답.
9	Hoibian의 의견에 대해 묻는 문제이다. 'la composante financière est toujours là, néanmoins la prise de conscience se traduit dans les gestes du quotidien 물론 재정적 요소는 여전히 있지만, 그럼에도 각성이 일상적 행동들에서 나타납니다'라는 내용에 따라 의식의 변화가 있다고 주장하고 있다. 따라서 정답은 **A**.
10	환경과 관련하여 사람들이 소비하는 제품에 대해 묻는 문제이다. 지문에서 '« 52% des personnes disposant de moins de neuf cents euros par mois consomment aujourd'hui des produits issus de l'agriculture biologique, contre 20% en 1995 » 오늘날, 한 달에 900유로 이하를 버는 사람들의 52%는 유기농 농산물을 소비합니다. 1995년에는 20%였죠'라고 하였으므로, 정답은 **Des produits issus de l'agriculture biologique.**

EXERCICE 2 실전 연습

Étape 1 공략에 따라 EXERCICE 2 연습 문제를 풀어 보세요.

Fruits et légumes : bio ou pesticides, il faut choisir

Meilleure pour l'environnement, l'alimentation bio est-elle aussi préférable pour les consommateurs ? Éléments de réponse pour les fruits et légumes.

« Les fruits et légumes sont les produits pour lesquels il est prioritaire de manger bio, car ce sont ceux qui sont le plus susceptibles de contenir des résidus de pesticides en agriculture intensive », avance Claude Aubert, spécialiste du bio - le risque est moindre, par exemple, dans les céréales.

Les produits chimiques sont bannis de l'agriculture biologique. Outre le fumier et le compost, les agriculteurs bio qui se réfèrent à la réglementation européenne peuvent fertiliser leur champs avec de la farine de poisson, voire du sang séché ou de la poudre d'os.

Malgré ces précautions, les fruits et légumes bio peuvent contenir des résidus chimiques du fait de contaminations éventuelles. « C'est inévitable, mais cela demeure à des niveaux extrêmement bas. », indique Claude Aubert.

L'absence de pesticides est la principale raison de manger bio. En dehors de cet aspect, l'avantage nutritionnel des fruits et légumes bio par rapport au conventionnel n'est pas si net, selon les études publiées à ce jour. Ce qui fait dire au magazine Time qu'avec les prix en bio, mieux vaut manger des fruits et légumes traditionnels que pas du tout de produits frais...

« Bio » ne signifie pas non plus systématiquement « meilleur pour la planète »... Ainsi, l'huile de palme, connue pour son impact négatif en termes de déforestation et soupçonnée d'être moins bonne pour la santé que d'autres huiles, est présente dans beaucoup de produits bio transformés. Rien n'est précisé dans le cahier des charges quant à la provenance de cette huile.

« La principale critique que l'on peut faire aux plats préparés bio porte sur leur coût, note Hugues Toussaint. Et puis cela va à l'encontre d'une agriculture biologique locale de produits frais, sans compter l'impact environnemental... ».

Les normes bio européennes sont moins strictes que les françaises, mais les agriculteurs bio français placent la barre plus haut que l'Union européenne. Ils maintiennent pour la plupart les conditions strictes auparavant en vigueur en France.

L'Express 11/10/2010

Répondez aux questions.

[❶~❸] Vrai ou faux ? Cochez (X) la bonne réponse et recopiez la phrase ou la partie de texte qui justifie votre réponse. 2 points si le choix V/F et la justification sont corrects, sinon aucun point ne sera attribué.

❶ Il vaut mieux manger les fruits et légumes cultivés par l'agriculture biologique.

☐ Vrai ☐ Faux

Justification : ....

❷ Il est possible que les fruits et légumes contiennent des déchets d'insecticides en agriculture intensive.

☐ Vrai ☐ Faux

Justification : ....

❸ Les agriculteurs bio européens sont obligés de fertiliser leur champs avec de la farine de poisson, voire du sang séché ou de la poudre d'os.

☐ Vrai ☐ Faux

Justification : ....

❹ Que peut-on utiliser en remplacement des pesticides chimiques dans l'agriculture biologique ?

....

❺ D'après Claude Aubert, _____

　A ☐ il vaut mieux ne pas manger les fruits et légumes bio parce qu'ils contiennent des résidus chimiques.

　B ☐ on peut entièrement protéger les fruits et légumes bio contre les résidus chimiques.

　C ☐ on ne peut pas complètement empêcher que les fruits et légumes bio contiennent des résidus chimiques.

❻ Quelle est la raison essentielle de manger bio ?

....

❼ Selon ce document, _____

    A ☐ Les fruits et légumes bio n'ont pas de valeur nutritive plus élevée que ceux qui ne le sont pas.

    B ☐ Les fruits et légumes bio ont une valeur nutritive plus élevée que ceux qui ne le sont pas.

    C ☐ Les fruits et légumes bio ont la même valeur nutritive que ceux qui ne le sont pas.

❽ Le magazine Time conseille _____

    A ☐ de manger des fruits et légumes bio en raison de leur prix.

    B ☐ de manger des fruits et légumes traditionnels plutôt que pas de fruits et légumes du tout.

    C ☐ de manger des fruits et légumes bio qui ne sont pas frais plutôt que ceux traditionnels.

❾ Donnez un exemple qui montre que certains produits bio sont nuisibles à l'environnement.

....

❿ Comment les agriculteurs bio français agissent-ils par rapport aux normes bio ?

....

Étape 2

문제 6의 필수 어휘를 익히고, 해석을 참조하세요.

필수 어휘

pesticide (m) 살충제 | prioritaire 우선적인 | résidu (m) 찌꺼기 | intensif 집약적인 | avancer 주장하다 | chimique 화학의 | banni 제외된 | fumier (m) 퇴비 | compost (m) 퇴비 | se référer à ~을 참고하다, 따르다 | fertiliser 비옥하게 하다 | farine de poisson (f) 어분 | poudre d'os (f) 뼛가루 | contamination (f) 오염 | huile de palme 팜유 | déforestation (f) 산림 벌채 | soupçonner 의심하다 | provenance (f) 산지, 기원 | à l'encontre de ~에 반대로 | auparavant 전에 | en vigueur 시행 중인 | insecticide (m) 살충제

> **[해석]**
>
> **과일과 채소들: 유기농 또는 살충제, 선택해야 한다**
>
> 환경을 위해 더 나은 유기농 식품들은 소비자들에게도 더 나을까? 과일과 채소에 대한 해결의 요소이다.
>
> "과일과 채소들은 유기농으로 먹는 것이 가장 최우선적인 제품들인데, 왜냐하면 집약 농업에서 살충제의 잔여물들을 포함하기 가장 쉬운 것들이기 때문입니다."라고 유기농 전문가인 Claude Aubert가 주장한다. 예를 들어 곡식류에서는 그 위험이 덜하다.
>
> 화학 제품들은 유기 농업에서 배제된다. 퇴비 외에, 유럽 규정을 따르는 유기 농업자들은 어분, 그리고 마른 피나 뼛가루로 그들의 밭을 비옥하게 할 수 있다.
>
> 이러한 예방책에도 불구하고, 유기농 과일과 채소들은 잠재적 오염 때문에 화학적 잔여물을 함유할 수 있다. "그건 불가피합니다. 하지만 아주 낮은 수준을 유지할 수는 있죠." Claude Aubert가 지적한다.
>
> 살충제가 없다는 것이 유기농 식품을 먹는 주된 이유이다. 이러한 측면 이외에, 지금까지 발표된 연구에 따르면, 재래식과 비교했을 때 유기농 과일과 채소의 영양적 이점은 그다지 뚜렷하지 않다. 그래서 타임지는 유기농 가격으로 신선한 농산물을 전혀 먹지 않는 것보다는 재래식의 과일과 야채를 먹는 것이 더 낫다고 말한다.
>
> '유기농'은 항상 '지구에 더 낫다'는 것을 의미하지도 않는다. 예를 들어, 산림 벌채에 있어서 그것의 부정적인 영향력으로 잘 알려져 있는, 그리고 다른 기름들보다 건강에 좋지 않다고 의심받는 팜유는 많은 가공된 유기농 제품들에 들어가 있다. 이 기름의 원산지에 대해서는 거래 명세서에 아무것도 명시되어 있지 않다.
>
> "우리가 유기농으로 준비된 음식들에 대해 할 수 있는 주요한 비판은 그것의 가격에 근거합니다." Hugues Toussaint가 말한다. "그리고 이것은 환경적 영향을 고려하지 않더라도, 신선 제품들의 지역 유기농 농업에 반대되는 것입니다."
>
> 유기농에 대한 유럽의 규범은 프랑스보다 덜 엄격하지만, 프랑스의 유기 농업자들은 유럽연합보다 기준을 높게 잡는다. 그들은 이전에 프랑스에서 시행되었던 엄격한 조건들의 대부분을 유지하고 있다.

질문에 답하세요.

[❶~❸] 참 또는 거짓? 정답에 (X)를 하고 당신의 답변을 입증하는 텍스트의 문장 또는 일부를 옮겨 쓰세요. 만일 V/F의 선택과 입증이 맞는다면 2점, 그렇지 않으면 어떠한 점수도 부여되지 않을 것입니다.

❶ 유기 농업으로 재배된 과일들과 채소들을 먹는 편이 낫다.

☐ 참 ☐ 거짓

입증: ....

❷ 과일들과 야채들은 집약 농업에서 살충제의 찌꺼기를 포함할 가능성이 있다.

☐ 참 ☐ 거짓

입증: ....

❸ 유럽의 유기 농업자들은 어분, 그리고 마른 피나 뼛가루로 그들의 밭을 비옥하게 해야 한다.

☐ 참 ☐ 거짓

입증: ....

❹ 유기 농업에서 화학적 살충제 대신 무엇을 사용할 수 있는가?

....

❺ Claude Aubert에 따르면, _____

A ☐ 유기농 과일들과 채소들은 화학적 잔여물들을 포함하고 있기 때문에 먹지 않는 것이 낫다.
B ☐ 화학적 잔여물들로부터 유기농 과일들과 채소들을 완벽하게 보호할 수 있다.
C ☐ 유기농 과일들과 채소들이 화학적 잔여물들을 포함하는 것을 완전히 막을 수는 없다.

❻ 유기농을 먹는 주된 이유는 무엇인가?

....

❼ 이 자료에 따르면, _____

A ☐ 유기농 과일과 야채들은 그렇지 않은 것들보다 더 높은 영양 가치를 갖지 않는다.
B ☐ 유기농 과일과 야채들은 그렇지 않은 것들보다 더 높은 영양 가치를 갖는다.
C ☐ 유기농 과일과 야채들은 그렇지 않은 것들과 같은 영양 가치를 갖는다.

❽ 타임지는 _____ 조언한다.

A ☐ 가격의 이유로 유기농 과일들과 채소들을 먹을 것을
B ☐ 과일과 채소를 전혀 먹지 않는 것보다는 재래식의 과일과 채소를 먹을 것을
C ☐ 재래식의 것들보다는 신선하지 않은 유기농 과일들과 채소들을 먹을 것을

❾ 어떤 유기농 제품들은 환경에 해롭다는 사실을 보여주는 예시를 쓰시오.

....

❿ 유기농 규범들과 관련하여 프랑스 유기 농업자들은 어떻게 반응하는가?

....

| | Étape 3 | 해설에 따라 문제 분석 및 풀이 요령을 익히세요. |

문제 분석

유기농 식품이 과연 안전한가에 대해 의문을 제기하는 글이다. '유기농'은 식품뿐만 아니라 화장품, 옷 등 생활 전반에 걸쳐 확산되고 있으며, 일반적으로 고급화된 이미지를 가지고 있다. 유기농 식품의 경우 흔히 더 건강하고 안전한 먹을거리라고들 생각하는데, 과연 실제로 유기농 식품이 안전한지 의문을 제기하는 것이다. 이에 대한 근거로 최근의 연구 결과 — 건강과 환경에 대해 유기농 식품이 가지는 이점이 생각보다 크지 않다 — 를 제시하고 있다. 이 글에서는 이처럼 건강면에서뿐만 아니라 환경 오염 및 비용면에서의 유기농 식품과 전통적 방식으로 재배한 식품의 차이를 중점적으로 비교하고 있다.

해설

문항	풀이 요령
1	유기 농업으로 재배된 과일과 채소들을 먹는 것이 어떠한지에 대해 묻는 문제이다. 'Les fruits et légumes sont les produits pour lesquels il est prioritaire de manger bio 과일과 채소들은 유기농으로 먹는 것이 가장 최우선적인 제품들'이라고 했으므로 정답은 **Vrai**.
2	과일과 야채가 살충제의 잔여물을 포함할 가능성 여부에 대한 문제이다. 과일과 채소를 유기농으로 먹어야 하는 이유가 'ce sont ceux qui sont le plus susceptibles de contenir des résidus de pesticides en agriculture intensive 집약 농업에서 살충제의 잔여물들을 포함하기 가장 쉬운 것들이기 때문'이라고 하였으므 정답은 **Vrai**.
3	밭을 비옥하게 하기 위해 어분, 마른 피, 뼛가루를 써야 하는지 묻고 있다. 'Outre le fumier et le compost, les agriculteurs bio qui se réfèrent à la réglementation européenne peuvent fertiliser leur champs avec de la farine de poisson, voire du sang séché ou de la poudre d'os 퇴비 외에, 유럽 규정을 따르는 유기 농업자들은 어분, 그리고 마른 피나 뼛가루로 그들의 밭을 비옥하게 할 수 있다'라는 내용이 있다. 그런데 이는 퇴비 이외의 것들을 사용해야만 한다는 것이 아니라, 사용할 수 있다는 것이므로 정답은 **Faux**.
4	유기 농업에서 화학적 살충제 대신 사용할 수 있는 것을 묻는 문제다. 'Outre **le fumier et le compost**, les agriculteurs bio qui se réfèrent à la réglementation européenne peuvent fertiliser leur champs avec **de la farine de poisson**, voire **du sang séché** ou **de la poudre d'os** 퇴비 외에, 유럽 규정을 따르는 유기 농업자들은 어분, 그리고 마른 피나 뼛가루로 그들의 밭을 비옥하게 할 수 있다'라고 하였으므로 이를 정답으로 적으면 된다.
5	유기농 과일이나 채소들이 화학 성분으로부터 안전한지에 대한 전문가의 의견을 묻고 있다. 'les fruits et légumes bio peuvent contenir des résidus chimiques du fait de contaminations éventuelles. « C'est inévitable, mais cela demeure à des niveaux extrêmement bas. », indique Claude Aubert 유기농 과일과 채소들은 잠재적 오염 때문에 화학적 잔여물을 함유할 수 있다. "그건 불가피합니다. 하지만 아주 낮은 수준을 유지할 수는 있죠." Claude Aubert가 지적한다'라고 하였으므로 정답은 **C**.

6	'**L'absence de pesticides** est la principale raison de manger bio 살충제가 없다는 것이 유기농을 먹는 주된 이유이다'라는 내용에 따라 이것이 정답.
7	유기농 과일과 야채의 영양 가치를 묻는 문제이다. 'l'avantage nutritionnel des fruits et légumes bio par rapport au conventionnel n'est pas si net 재래식과 비교했을 때 유기농 과일과 채소의 영양적 이점은 그다지 뚜렷하지 않다'라는 내용에 따라 정답은 **A**.
8	타임지에서 조언하고 있는 것을 묻는 문제이다. 'avec les prix en bio, mieux vaut manger des fruits et légumes traditionnels que pas du tout de produits frais 유기농 가격으로 신선한 농산물을 전혀 먹지 않는 것보다는 재래식의 과일과 야채를 먹는 것이 더 낫다'라는 내용이 있으므로 정답은 **B**.
9	환경에 해가 될 수 있는 유기농 제품의 예를 묻는 문제이다. 'l'huile de palme, connue pour son impact négatif en termes de déforestation et soupçonnée d'être moins bonne pour la santé que d'autres huiles, est présente dans beaucoup de produits bio transformés 산림 벌채에 있어서 그것의 부정적인 영향력으로 잘 알려져 있는, 그리고 다른 기름들보다 건강에 좋지 않다고 의심받는 팜유는 많은 가공된 유기농 제품들에 들어가 있다'라는 내용이 있다. 따라서 이것이 정답.
10	프랑스 유기 농업자들이 유기농 규범에 어떻게 대응하는지 묻는 문제이다. '**les agriculteurs bio français placent la barre plus haut que l'Union européenne. Ils maintiennent pour la plupart les conditions strictes auparavant en vigueur en France** 프랑스의 유기 농업자들은 유럽연합보다 기준을 높게 잡는다. 그들은 이전에 프랑스에서 시행되었던 엄격한 조건들의 대부분을 유지하고 있다'라고 하였으므로 이것이 정답. 주어를 Ils로 바꾸어도 무방하다.

EXERCICE 2 실전 연습

Étape 1 공략에 따라 EXERCICE 2 연습 문제를 풀어 보세요.

La nue-propriété, qu'est-ce que c'est ?

Depuis quelques années, on parle beaucoup d'investissement en nue-propriété. Pour la plupart d'entre nous, ce type d'investissement est réservé à une catégorie d'investisseurs avertis. Est-ce exact et de quoi s'agit-il exactement ?

La propriété d'un bien peut se démembrer en plusieurs morceaux. Il y a d'abord l'usage, c'est le droit d'utiliser le bien pour ses propres besoins. En matière d'immobilier, c'est donc le droit d'habiter un logement. Ensuite, il y a les fruits, pour une habitation, c'est la possibilité de louer et de percevoir les loyers. Quand on réunit ces deux « morceaux », l'usage et les fruits, cela donne l'usufruit. Le dernier morceau, c'est ce qui reste quand on a enlevé l'usufruit, c'est ce que l'on appelle la nue-propriété.

Investir en nue-propriété, cela veut dire donc que l'on achète un bien qu'on ne pourra pas habiter et dont on ne peut pas percevoir les loyers ? Quel intérêt alors ? Il faut savoir que l'usufruit peut être viager, c'est-à-dire qu'il dure jusqu'au décès de l'usufruitier. C'est la configuration que l'on trouve dans beaucoup de successions. Un des parents, au décès du premier, hérite de l'usufruit, les enfants de la nue-propriété. Le parent survivant est donc tranquille jusqu'à sa mort. Les enfants n'en récupèrent la pleine propriété qu'au décès du dernier parent.

Mais l'usufruit peut être aussi pour un temps donné. Je peux céder l'usufruit d'un bien pour quinze ans, par exemple. Donc, je vais acheter la nue-propriété d'un bien pour 50 ou 60% de sa valeur, et un autre investisseur va acheter l'usufruit pour 40 ou 50% de la valeur du bien. Et au bout de quinze ans, je récupérerai la pleine propriété sans que cela me coûte un centime de plus.

Il y a des pièges à éviter lorsque l'on veut faire ce type d'investissement. Il faut tout d'abord s'assurer de la valeur du bien. Rien ne sert d'acheter la nue-propriété si vous l'achetez au prix de la pleine propriété ! Ensuite, il faut vérifier que le bailleur prend à sa charge tous les travaux, y compris les gros travaux, et qu'il paie aussi l'impôt foncier. Il faut aussi s'assurer qu'il vous rendra le bien en état impeccable. Enfin, il est bon de négocier des pénalités dans le cas où le bailleur vous rendrait votre bien avec retard. Si vous vous assurez de toutes ces précautions, il n'y a pas de piège et ce peut être une bonne affaire.

France Info 02/02/2014

Répondez aux questions.

[❶~❸] Vrai ou faux ? Cochez (X) la bonne réponse et recopiez la phrase ou la partie de texte qui justifie votre réponse. 2 points si le choix V/F et la justification sont corrects, sinon aucun point ne sera attribué.

❶ On s'intéresse de moins en moins à la nue-propriété depuis les dernières années.

☐ Vrai ☐ Faux

Justification : ....

❷ Beaucoup de gens pensent que n'importe qui peut investir en nue-propriété.

☐ Vrai ☐ Faux

Justification : ....

❸ L'usage du bien signifie qu'on peut utiliser le bien pour soi-même.

☐ Vrai ☐ Faux

Justification : ....

❹ Donnez un exemple d'usage en immobilier.

....

❺ La nue-propriété signifie la propriété _____

A ☐ qui contient le droit de l'usage et des fruits.

B ☐ incluse dans l'usufruit.

C ☐ dont on exclut l'usufruit.

❻ Le droit de l'usufruit _____

A ☐ est valable jusqu'à la mort de l'usufruitier.

B ☐ est valable en permanence, même si l'usufruitier est mort.

C ☐ n'a rien à voir avec la mort de l'usufruitier.

❼ Les enfants avec un bien en nue-propriété _____
   A ☐ peuvent récupérer l'usufruit de leurs parents grâce à un jugement du tribunal.
   B ☐ ne peuvent pas obtenir l'usufruit tant que leurs parents sont vivants.
   C ☐ peuvent obtenir en priorité l'usufruit même si l'un de leurs parents est encore vivant.

❽ D'après ce document, _____
   A ☐ il n'y a aucun moyen pour qu'une autre personne possède l'usufruit d'un bien.
   B ☐ les enfants ne peuvent pas obtenir la nue-propriété si l'un des parents est vivant.
   C ☐ on peut obtenir l'usufruit après une durée fixe même si on achète seulement la nue-propriété.

❾ Pourquoi doit-on s'assurer de la valeur du bien lors de l'achat de la nue-propriété ?

....

❿ Qu'est-ce que le bailleur doit s'assurer avant de rendre le bien qu'il avait en usufruit ?

....

Étape 2

문제 7의 필수 어휘를 익히고, 해석을 참조하세요.

필수 어휘

nue-propriété (f) 허유권 | averti 정통한, 잘 알고 있는 | bien (m) 재산 | se démembrer 세분화되다 | immobilier (m) 부동산 | usufruit (m) 용익권 | enlever 없애다 | viager 종신의 | décès (m) 사망, 죽음 | configuration (f) 외형, 형상 | succession (f) 상속 | céder 양도하다 | piège (m) 함정 | bailleur (m) 임대인 | impôt (m) 세금 | foncier 부동산의 | impeccable 완벽한

해석

허유권이란 무엇인가?

몇 년 전부터 허유권에 대한 투자에 대해 말이 많다. 우리들 대부분에게 있어서, 이러한 유형의 투자는 능통한 투자자 부류들의 전용이다. 이것은 정확한가? 그리고 정확히 무엇인가?
재산의 소유권은 여러 부분으로 세분화될 수 있다. 먼저 사용권이 있는데, 이는 자신의 필요에 따라 재산을 사용

하는 권리다. 따라서 부동산의 경우에는 거주지에 살 권리다. 그리고 이익권이 있는데, 거주지에 있어서 이는 임대해 주거나 임대료를 받을 가능성이다. 사용권과 이익권, 이 두 가지 '부분들'을 합치면 용익권이 된다. 마지막 부분은 용익권을 제외한 나머지 부분인데, 이것이 우리가 허유권이라고 부르는 것이다.

그렇다면 허유권에 투자하는 것은 우리가 거주할 수 없는, 그리고 우리가 임대료를 받을 수 없는 재산을 사는 것을 의미하는가? 그렇다면 어떤 이익이 있단 말인가? 용익권이 종신적이 될 수 있다는 것을 알아야 한다. 다시 말해 용익권은 용익권자의 사망 시까지 지속된다. 이것이 우리가 많은 상속들에서 볼 수 있는 양상이다. 부모들 중 한 사람이 먼저 사망했을 때, 다른 한 사람은 용익권을 상속받으며, 자녀들은 허유권을 상속받는다. 따라서 살아남은 부모는 그가 죽을 때까지 평탄하게 산다. 자녀들은 남은 부모가 사망하고 나서야 완전한 소유권을 되찾는다.

그러나 용익권은 일정 기간 동안 있을 수도 있다. 예를 들어 나는 15년 동안 어떤 재산의 용익권을 양도할 수 있다. 따라서 나는 그것의 가치의 50 또는 60%에 재산의 허유권을 사게 되며, 다른 투자자가 그 재산의 가치의 40 또는 50%에 용익권을 사게 된다. 그리고 15년이 지나면, 나는 한 푼도 더 들이지 않고 완전한 소유권을 되찾을 것이다.

이런 유형의 투자를 하려고 할 때 피해야 할 함정들이 있다. 무엇보다 해당 재산의 가치를 확인해 봐야 한다. 만약 당신이 완전한 소유권의 값에 그 재산을 산다면, 허유권을 사는 것은 아무 소용이 없다. 게다가, 대공사를 포함하여 모든 공사 비용을 임대인이 부담하는지, 그리고 토지세도 그가 납부하는지 확인해야 한다. 또한 그가 당신에게 흠잡을 데 없는 상태로 그 재산을 돌려줄 것을 확실히 해야 한다. 마지막으로, 임대인이 당신의 재산을 늦게 돌려줄 경우의 벌금에 대해서도 협상하는 것이 좋다. 이 모든 주의 사항들을 확실히 해 두면, 아무런 장애물이 없을 것이고 좋은 거래가 될 수 있다.

질문에 답하세요.

[❶~❸] 참 또는 거짓? 정답에 (X)를 하고 당신의 답변을 입증하는 텍스트의 문장 또는 일부를 옮겨 쓰세요. 만일 V/F의 선택과 입증이 맞는다면 2점, 그렇지 않으면 어떠한 점수도 부여되지 않을 것입니다.

❶ 사람들은 최근 몇 년 전부터 허유권에 대해 점점 관심이 덜하다.

☐ 참   ☐ 거짓

입증: ....

❷ 많은 사람들은 누구든지 허유권에 투자할 수 있다고 생각한다.

☐ 참   ☐ 거짓

입증: ....

❸ 재산의 사용권이란 스스로를 위해 재산을 사용할 수 있는 권리를 의미한다.

☐ 참   ☐ 거짓

입증: ....

❹ 부동산 사용권의 예시를 쓰시오.

....

❺ 허유권은 _____ 소유권을 의미한다.

    A ☐ 사용권과 이익권의 권리를 포함하는

    B ☐ 용익권 안에 포함되는

    C ☐ 용익권을 제외한

❻ 용익권의 권리는 _____

    A ☐ 용익권자가 죽을 때까지 유효하다.

    B ☐ 용익권자가 죽었다 할지라도 영원히 유효하다.

    C ☐ 용익권자의 죽음과는 아무 관계가 없다.

❼ 재산의 허유권을 가진 자녀들은 _____

    A ☐ 법정의 판결에 의해 부모의 용익권을 회수할 수 있다.

    B ☐ 그들의 부모가 살아 있는 한 용익권을 얻을 수 없다.

    C ☐ 부모들 중에 한 명이 아직 살아 있더라도 용익권을 우선적으로 얻을 수 있다.

❽ 이 자료에 따르면, _____

    A ☐ 타인이 재산의 용익권을 소유할 수 있는 어떤 방법도 없다.

    B ☐ 자녀들은 부모 중 한 명이 살아 있다면 허유권을 얻지 못한다.

    C ☐ 허유권만 사더라도 정해진 기간 이후에 용익권을 얻을 수 있다.

❾ 왜 허유권 구입 시에 재산의 가치를 확실히 해야 하는가?

....

❿ 임대인은 그가 용익권을 가지고 있는 재산을 돌려주기 전에 무엇을 확인해야 하는가?

....

| Étape 3 | 해설에 따라 문제 분석 및 풀이 요령을 익히세요. |

문제 분석

법적인 용어들이 많이 등장해 자칫 난이도가 높아 보이는 지문이긴 하나, 실제 문제는 용어의 정의를 묻는 것이 많아 어렵지 않게 풀 수 있다. 여기에서는 '사용권', '이익권', '용익권', '허유권'이 무엇을 의미하는지 정확히 파악하는 것이 관건이다. 재산의 소유권을 사용권과 이익권으로 나눌 수 있고 사용권과 이익권을 합쳐 용익권이라 하는데, 이 용익권을 제외한 나머지 부분을 허유권이라 한다. 이 글은 허유권에 대한 설명이 주를 이루므로, 특히 허유권에 투자할 때의 주의 사항이 무엇인지 명확히 알아두도록 한다.

해설

문항	풀이 요령
1	허유권에 대한 사람들의 관심을 묻고 있다. '**Depuis quelques années, on parle beaucoup d'investissement en nue-propriété** 몇 년 전부터 허유권에 대한 투자에 대해 말이 많다'라는 내용으로 보아 이에 대한 사람들의 관심이 높음을 알 수 있으므로 정답은 **Faux**.
2	허유권 투자에 대한 사람들의 생각을 묻는 문제이다. '**Pour la plupart d'entre nous, ce type d'investissement est réservé à une catégorie d'investisseurs avertis** 우리들 대부분에게 있어서, 이러한 유형의 투자는 능통한 투자자 부류들의 전용이다'라는 내용이 있다. 문제의 '누구든지'와는 반대되므로 정답은 **Faux**.
3	사용권의 정의가 무엇인지 묻고 있다. '**le droit d'utiliser le bien pour ses propres besoins** 자신의 필요에 따라 재산을 사용하는 권리'라고 하였으므로 문제와 일치해 **Vrai**.
4	부동산 사용권의 예를 드는 문제이다. '**le droit d'habiter un logement** 거주지에 살 권리'라고 하였으므로 이것이 정답.
5	허유권의 정의에 관한 문제로서 '**c'est ce qui reste quand on a enlevé l'usufruit, c'est ce que l'on appelle la nue-propriété** 용익권을 제외한 나머지 부분인데, 이것이 우리가 허유권이라고 부르는 것이다'라는 내용에 따라 정답은 **C**.
6	용익권의 특성에 대한 문제이다. '**il dure jusqu'au décès de l'usufruitier** 용익권은 용익권자의 사망 시까지 지속된다'라고 하였으므로 정답은 **A**.
7	자녀들의 허유권에 대한 문제로서 '**Un des parents, au décès du premier, hérite de l'usufruit, les enfants de la nue-propriété** 부모들 중 한 사람이 먼저 사망했을 때, 다른 한 사람은 용익권을 상속받으며, 자녀들은 허유권을 상속받는다'라는 내용이 있다. 이것은 부모 중 한 사람이 생존한 경우 자녀들은 용익권을 받을 수 없다는 의미이므로 정답은 **B**.

8	허유권과 용익권의 특성에 대한 문제이다. 'Je peux céder l'usufruit d'un bien pour quinze ans, par exemple. Donc, je vais acheter la nue-propriété d'un bien pour 50 ou 60% de sa valeur, et un autre investisseur va acheter l'usufruit pour 40 ou 50% de la valeur du bien. Et au bout de quinze ans, je récupérerai la pleine propriété sans que cela me coûte un centime de plus 예를 들어 나는 15년 동안 어떤 재산의 용익권을 양도할 수 있다. 따라서 나는 그것의 가치의 50 또는 60%에 재산의 허유권을 사게 되며, 다른 투자자가 그 재산의 가치의 40 또는 50%에 용익권을 사게 된다. 그리고 15년이 지나면, 나는 한 푼도 더 들이지 않고 완전한 소유권을 되찾을 것이다'라는 내용에 따라 정답은 **C**.
9	허유권 구입 시에 재산의 가치를 확실히 해야 하는 이유를 묻고 있다. 'Il faut tout d'abord s'assurer de la valeur du bien. **Rien ne sert d'acheter la nue-propriété si vous l'achetez au prix de la pleine propriété** 무엇보다 해당 재산의 가치를 확인해 봐야 한다. 만약 당신이 완전한 소유권의 값에 그 재산을 산다면, 허유권을 사는 것은 아무 소용이 없다'라는 내용에 따라서 이것이 정답.
10	임대인이 용익권을 가지고 있는 재산을 돌려주기 전에 무엇을 해야 하는지 묻는 문제이다. 'Il faut aussi s'assurer qu'il vous rendra le bien en état impeccable 또한 그가 당신에게 흠잡을 데 없는 상태로 그 재산을 돌려줄 것을 확실히 해야 한다'라는 내용에 따라 **Il doit s'assurer si le bien est en état impeccable.**이 정답.

EXERCICE 1 실전 연습

Étape 1 공략에 따라 EXERCICE 2 연습 문제를 풀어 보세요.

Dépression, perte de poids et prise de poids : quels liens ?

Parmi les symptômes de la dépression on retrouve : l'altération de l'appétit qui peut avoir un impact sur le poids de la personne malade.

Le plus souvent, l'appétit est diminué en cas de dépression. Les aliments semblent sans goût, l'assiette paraît trop remplie. La préparation des repas devient une corvée, leurs horaires se font irréguliers, leur composition déséquilibrée. Conséquence : les personnes dépressives perdent du poids. C'est d'ailleurs un signe important pour établir le diagnostic de dépression.

À l'inverse, certaines personnes dépressives peuvent parfois avoir un appétit plus important. Cela se traduit par une augmentation de la prise d'aliments (surtout sucrés), par des fringales voire par de la boulimie. Ces comportements peuvent conduire à une prise de poids.

Même s'il n'est pas évident de maintenir une alimentation équilibrée quand on souffre de dépression, il convient d'essayer de respecter les recommandations habituelles en matière de nutrition. Cela permet d'éviter les carences ou les déséquilibres alimentaires qui peuvent jouer un rôle négatif dans la dépression à plus ou moins long terme.

Surpoids et obésité : causes ou effets de la dépression ?

Depuis 10 ans, les habitants de deux villes du Nord de la France - Fleurbaix et Laventie - participent à une étude de santé publique associant médecins, chercheurs, élus et enseignants. Dans cette région particulièrement touchée par le surpoids et l'obésité, ce sont au total 6 666 habitants qui participent à ce projet découpé en trois étapes :

· Évaluer l'information nutritionnelle dans les écoles dans la modification des habitudes alimentaires des enfants mais aussi de leur famille (1992-1997);
· Comprendre les déterminants de la prise de poids (1998-2002);
· Étudier l'impact d'interventions environnementales afin de valider des démarches de prévention et de prise en charge de l'obésité au niveau de la population (2002-2006).

Dans le cadre de « Fleurbaix Laventie Ville Santé II », l'analyse de tous les facteurs influençant la prise de poids a inclus les comportements alimentaires, l'activité physique, les facteurs biologiques, hormonaux et génétiques, au niveau individuel et familial, y compris des facteurs moins évidents.

Ainsi, les relations entre surpoids, obésité et dépression ont été examinées. Le surpoids ou l'obésité ont été évalués en termes de tour de taille et d'Indice de Masse Corporelle (IMC =

Poids/Taille²).

243 hommes et 291 femmes âgés de 30 à 67 ans ont répondu à un questionnaire permettant de calculer un score de dépression. Véritable échelle de la déprime, ce score peut aller de 0 (pas déprimé du tout) à 60 (extrêmement déprimé). Selon ce test, les victimes d'une dépression vraie diagnostiquée par un médecin ont un score supérieur ou égal à 17 pour les hommes et 23 pour les femmes.

Résultats chez les femmes :
- 25% des femmes en surpoids ou obèses sont déprimées contre 14% des femmes de poids normal.
- Par ailleurs, le score de dépression augmente en fonction de l'IMC et du tour de taille.

Résultats chez les hommes :
- Les hommes en surpoids ou obèses ne sont pas plus déprimés que les autres : 16% contre 19%.
- Le tour de taille est corrélé négativement au score de dépression.

Doctissimo 08/11/2017

Répondez aux questions.

1 Dans ce texte, la journaliste traite _____

    A ☐ d'un lien entre la déprime et le poids du corps.

    B ☐ d'une relation entre les conditions de travail et le poids.

    C ☐ d'une influence psychologique sur la quantité de mouvement.

2 Quelle est la première réaction des gens en cas d'anxiété ?

....

3 Selon ce texte, la perte du poids peut être une critère pour _____

    A ☐ prévoir un état de santé.

    B ☐ présumer la situation financière.

    C ☐ supposer une tendance politique.

❹ D'après la journaliste, par quelles causes certaines personnes dépressives peuvent-elles grossir ?

....

❺ Pourquoi doit-on respecter les recommandations habituelles en matière de nutrition ?

   A ☐ Parce qu'on peut prévenir le gaspillage alimentaire.
   B ☐ Parce qu'on peut éviter les déséquilibres alimentaires.
   C ☐ Parce qu'on peut conserver des aliments plus longtemps.

❻ Quels problèmes ont les habitants de Fleurbaix et Laventie ?

....

❼ Pourquoi les chercheurs étudient-ils l'effet d'ingérence environnementale ?

....

[❽~❾] Vrai ou faux ? Cochez (X) la bonne réponse et recopiez la phrase ou la partie de texte qui justifie votre réponse. 2 points si le choix V/F et la justification sont corrects, sinon aucun point ne sera attribué.

❽ Les chercheurs ont examiné tous les facteurs concernant la prise de poids sauf des facteurs moins évidents.

   ☐ Vrai   ☐ Faux

   Justification : ....

❾ Selon le résultat de l'analyse, les grosses femmes sont plus déprimées que celles de poids normal.

   ☐ Vrai   ☐ Faux

   Justification : ....

❿ Qu'est-ce qui est corrélé négativement avec le score de dépression chez les hommes ?

....

Étape 2

문제 8의 필수 어휘를 익히고, 해석을 참조하세요.

필수 어휘

dépression (f) 우울증 | altération (f) 변화 | corvée (f) 고역 | diagnostic (m) 진단 | fringale (f) 심한 배고픔 | boulimie (f) 폭식증 | carence (f) 부족, 결핍 | Indice de Masse Corporelle (IMC) 체질량 지수 | échelle (f) 단계, 등급 | déprime (f) 우울증, 의기소침 | corréler 상관관계를 맺다 | ingérence (f) 간섭, 개입

해석

우울증, 체중 감소, 체중 증가: 어떤 관계인가?

우울증의 증상들 중에서 우리는 아픈 사람의 체중에 영향을 줄 수 있는 식욕의 변화를 찾을 수 있다.

가장 흔히, 우울증일 경우 식욕이 감소된다. 음식이 맛없어 보이고, 접시는 너무 꽉 차 보인다. 식사 준비는 고역이 되고, 식사 시간은 불규칙해지고, 식사 구성은 불균형적이 된다. 그 결과: 우울증이 있는 사람은 체중이 감소한다. 이는 우울증을 진단하는 데 있어 중요한 징후이기도 하다.

반대로, 우울증이 있는 몇몇 사람들은 때때로 더 큰 식욕을 가질 수 있다. 이는 (특히 달달한) 음식 섭취의 증가로, 심한 허기로, 심지어는 폭식증으로 나타난다. 이러한 행동들은 체중 증가로 이어질 수 있다.

우울증을 앓을 때 균형 잡힌 식단을 유지하는 것이 쉽지 않더라도, 일반적인 영양 권고 사항을 지키려고 노력하는 것이 좋다. 이것은 중장기적인 우울증에 부정적인 역할을 할 수 있는 영양 불균형이나 영양 부족을 피하도록 해 준다.

과체중과 비만: 우울증의 원인인가, 결과인가?

10년 전부터, 프랑스 북부의 두 마을 — Fleurbaix와 Laventie — 의 주민들은 의사들, 연구원들, (국회/하원) 의원들, 그리고 선생님들이 참여하는 공중 보건 연구에 참여해 왔다. 과체중과 비만의 영향을 특히 많이 받은 이 지역에서 총 6,666명의 주민들이 3단계로 나뉜 이 프로젝트에 참여하고 있다:

- 아이들뿐만 아니라 그들의 가족들의 식습관 변화에 있어서 학교의 영양 정보를 평가하기(1992~1997)
- 체중 증가의 결정적 요인들을 파악하기(1998~2002)
- 인구 차원의 비만 예방 및 관리에 대한 절차를 법적으로 유효하게 하기 위해 환경적 개입의 영향을 연구하기 (2002~2006)

'Fleurbaix Laventie Ville Santé II'의 일환인, 체중 증가에 영향을 미치는 모든 요인들의 분석은 덜 명백한 요인들을 비롯해 가족과 개인의 수준에서 섭식 행동, 신체 활동, 생물학적, 호르몬 그리고 유전적 요인을 포함했다. 이처럼 과체중, 비만, 우울증 사이의 관계가 조사되었다. 과체중이나 비만은 허리 둘레와 체질량 지수(IMC = 체중/키의 제곱)로 평가되었다.

30세에서 67세 사이의 남성 243명과 여성 291명이 우울증 지수를 계산할 수 있게 해 주는 설문지에 응답했다. 우울증의 실제 등급인 이 점수는 0점(전혀 우울하지 않음)에서 60점(매우 우울함)까지 분포할 수 있다. 이 테스트에 따르면, 의사가 진단한 진정한 우울증 환자들은 남자의 경우 17점, 여자의 경우 23점 이상이다.

여성들의 결과:
- 과체중이거나 비만인 여성의 25%가 우울증인 반면, 정상 체중의 여성은 14%가 그렇다.
- 게다가 체질량 지수와 허리 둘레에 따라 우울증 지수가 높아진다.

남성들의 결과:
- 과체중이거나 비만인 남성이 다른 사람들(정상 체중의 사람들)보다 더 우울한 것은 아니다: 16% 대 19%
- 허리 둘레는 우울증 지수와 음의 상관관계가 있다.

질문들에 답하세요.

❶ 이 텍스트에서 기자는 _____ 을(를) 다루고 있다.

    A ☐ 우울증과 체중 사이의 관계

    B ☐ 근무 조건들과 체중 사이의 관계

    C ☐ 운동량에 대한 심리적인 영향

❷ 불안의 경우 사람들의 첫 번째 반응은 무엇인가?

....

❸ 이 텍스트에 따르면 체중의 감소는 _____ 기준이 될 수 있다.

    A ☐ 건강 상태를 예측하는

    B ☐ 재정적 상황을 추측하는

    C ☐ 정치적 성향을 추측하는

❹ 기자에 따르면, 우울증이 있는 몇몇 사람들은 어떤 원인들로 인해 살이 찔 수 있는가?

....

❺ 왜 일반적인 영양 권고 사항을 지켜야 하는가?

    A ☐ 왜냐하면 음식물 낭비를 예방할 수 있기 때문이다.

    B ☐ 왜냐하면 영양 불균형을 피할 수 있기 때문이다.

    C ☐ 왜냐하면 음식물을 더 오래 보관할 수 있기 때문이다.

❻ Fleurbaix et Laventie 주민들은 어떤 문제를 가지고 있는가?

....

❼ 왜 연구자들은 환경적 개입의 결과를 연구하는가?

....

[❽~❾] 참 또는 거짓? 정답에 (X)를 하고 당신의 답변을 입증하는 텍스트의 문장 또는 일부를 옮겨 쓰세요. 만일 V/F의 선택과 입증이 맞는다면 2점, 그렇지 않으면 어떠한 점수도 부여되지 않을 것입니다.

❽ 연구자들은 덜 명백한 요인들을 제외하고 체중 증가에 관한 모든 요인들을 조사했다.

☐ 참   ☐ 거짓

입증: ....

❾ 분석 결과에 따르면, 뚱뚱한 여성들은 정상 체중의 여성들보다 더 우울하다.

☐ 참   ☐ 거짓

입증: ....

❿ 남성들에게 있어서 우울증 지수와 음의 상관관계가 있는 것은 무엇인가?

....

Étape 3

해설에 따라 문제 분석 및 풀이 요령을 익히세요.

문제 분석

우울증과 체중의 관계에 대한 문제이다. 글의 서두에서는 우울증이 있는 사람들은 흔히 체중이 감소하지만 어떤 사람들은 식욕이 증가해 체중이 증가하기도 한다며, 우울증과 체중의 관계에 대해 의문을 제기한다. 그다음으로 프랑스 북부의 두 마을에서 진행된 연구를 소개하고, 마지막 부분에서 연구 결과를 남녀로 나누어 제시하고 있으므로, 남녀 간에 어떤 차이가 있는지 정확히 파악하도록 한다.

해설

문항	풀이 요령
1	기사의 주제와 관련한 문제로 제목에서 'Dépression, perte de poids et prise de poids : quels liens ? 우울증, 체중 감소, 체중 증가: 어떤 관계인가?'라고 하였으므로 정답은 **A**.
2	불안을 겪는 사람들이 겪게 되는 반응 중 가장 흔한 것을 묻는 문제이다. 지문에서 'Le plus souvent, **l'appétit est diminué** en cas de depression 가장 흔히, 우울증일 경우 식욕이 감소된다'라고 하였으므로 이것이 정답.

3	체중 감소가 무엇의 기준이 되는지 묻는 문제이다. 'C'est d'ailleurs un signe important pour établir le diagnostic de dépression 이는 우울증을 진단하는 데 있어 중요한 징후이기도 하다'라는 내용이 있고 우울증은 곧 정신적인 건강과 관련되므로 정답은 **A**.
4	우울증이 있는 사람들의 과체중을 유발하는 원인이 무엇인지 묻는 문제이다. 'Cela se traduit par **une augmentation de la prise d'aliments (surtout sucrés), par des fringales voire par de la boulimie. Ces comportements peuvent conduire à une prise de poids** 이는 (특히 달달한) 음식 섭취의 증가로, 심한 허기로, 심지어는 폭식증으로 나타난다. 이러한 행동들은 체중 증가로 이어질 수 있다는 내용에 따라 이것이 정답.
5	일반적인 영양 권고 사항을 지켜야 하는 이유를 묻는 문제이다. 'Cela permet d'éviter les carences ou les déséquilibres alimentaires qui peuvent jouer un rôle négatif dans la dépression à plus ou moins long terme 이것은 중장기적인 우울증에 부정적인 역할을 할 수 있는 영양 불균형이나 영양 부족을 피하도록 해 준다'라는 내용이 있으므로 정답은 **B**.
6	Fleurbaix et Laventie 주민들에 대한 문제로서 'Dans cette région particulièrement touchée par le surpoids et l'obésité 과체중과 비만의 영향을 특히 많이 받은 이 지역'이라는 내용에 따라서 **Ils sont particulièrement touchés par le surpoids et l'obésité.**라고 쓴다.
7	환경적인 개입의 결과를 연구하는 이유에 관한 문제이다. '**afin de valider des démarches de prévention et de prise en charge de l'obésité au niveau de la population** 인구 차원의 비만 예방 및 관리에 대한 절차를 법적으로 유효하게 하기 위해'라고 하였으므로 이것이 정답.
8	연구자들의 검사 범위에 관한 문제로서 '**l'analyse de tous les facteurs influençant la prise de poids a inclus les comportements alimentaires, l'activité physique, les facteurs biologiques, hormonaux et génétiques, au niveau individuel et familial, y compris des facteurs moins évidents** 체중 증가에 영향을 미치는 모든 요인들의 분석은 덜 명백한 요인들을 비롯해 가족과 개인의 수준에서 섭식 행동, 신체 활동, 생물학적, 호르몬 그리고 유전적 요인을 포함했다'라는 내용이 있다. 따라서 정답은 **Faux**.
9	연구 결과에 대한 문제이다. '**25% des femmes en surpoids ou obèses sont déprimées contre 14% des femmes de poids normal** 과체중이거나 비만인 여성의 25%가 우울증인 반면, 정상 체중의 여성은 14%가 그렇다'라고 하였으므로 정답은 **Vrai**.
10	남성들에게 있어서 우울증 지수와 음의 상관관계가 있는 것은 무엇인지 묻고 있다. '**Le tour de taille est corrélé négativement au score de dépression** 허리 둘레는 우울증 지수와 음의 상관관계가 있다'라는 내용에 따라 정답은 **Le tour de taille.**

EXERCICE 2 실전 연습

공략에 따라 EXERCICE 2 연습 문제를 풀어 보세요.

La civilité et la politesse auraient-elles disparu ?

Dois-je plier ma serviette ou la laisser en tapon, une fois le repas terminé ? Ai-je mis la tenue conforme aux circonstances ? On peut se demander si ces préoccupations existent encore dans notre société qui supprime tabous, conventions et hiérarchies.
Chaque jour des habitants excédés dénoncent les incivilités qui rendent la vie impossible : les cyclistes qui roulent à toute vitesse sur les trottoirs, les chewing-gums qui collent au talon des passants. Un habitant de Montargis se plaint des mégots qui, par milliers, polluent les rues de la ville et tout particulièrement la sortie du lycée, en dépit de cendriers mis à disposition des lycéens. La politesse semble, elle aussi, mise à mal. Combien d'enfants manifestent brutalement leur désir en évitant de dire « merci » quand ils ont obtenu l'objet demandé. Or la politesse est un moyen de sortir de soi, de traiter l'autre comme une personne et de rendre possible un lien de confiance, fondé sur l'échange et la réciprocité.
Civilité et politesse existent-elles toujours ? Ont-elles changé de forme à travers les âges ? Durant la Renaissance, les bonnes manières existent, mais elles ne sont pas exactement les nôtres. On conseille aux gens de ne pas plonger les doigts dans la sauce lors d'un repas. Le trident, ancêtre de la fourchette, est encore peu utilisé. Dans le premier tiers du XVIIe siècle, ce ne sont pas les mégots qui envahissent la rue, mais une boue tenace. Pire, un magistrat venu de la capitale constate avec effarement qu'à Aix-en-Provence, il faut « faire ses affaires sur les toits des maisons, ce qui empuantit fort le logis et même toute la ville lorsqu'il pleut, entraînant dans la rue toute cette ordure ». Dans de telles conditions de vie, la tache de boue est la marque de la pire impolitesse, le cauchemar des élégants.
Sous Louis XIV, les rues sont toujours aussi malpropres, mais la politesse fait par ailleurs des progrès incontestables. Le roi soleil y contribue fortement. Sous son influence, la galanterie triomphe, car le souverain tient toujours à céder le passage à la plus humble de ses servantes. Les courtisans suivent son exemple. Faut-il déplorer la disparition de la galanterie, ou au contraire s'en réjouir au nom de l'égalité conquise ou à conquérir entre les hommes et les femmes ?

Bonnes manières et bon goût.
La politesse et la civilité concernent aussi le phénomène du « bon goût » et de la « distinction ». Pourquoi certaines expressions, comme « Au revoir, messieurs dames » ou « Au plaisir », lancées aujourd'hui dans un magasin, dans un restaurant ou sur le pas de

la porte après une fête entre amis, peuvent-elles être perçues comme des marques de « vulgarité », alors que le parleur s'efforce, en toute sincérité, d'être poli et attentif aux autres ? Ces prescriptions remontent loin dans le temps. Depuis le Moyen Âge, on conseille aux dames de la grande aristocratie d'user de paroles soigneusement choisies, d'avoir une intonation douce et des gestes discrets. Il ne faut pas parler trop fort, il ne faut jamais effleurer son voisin de table et encore moins accompagner un propos un peu vif d'une claque sur son épaule ou d'un coup de coude pour attirer son attention.

Huffpost 27/10/2014

Répondez aux questions.

❶ Dans ce texte, la journaliste traite de _____

　A ☐ l'hygiène publique.
　B ☐ les bonnes manières.
　C ☐ la consommation collective.

❷ Quelle est la plainte d'un habitant de Montargis sur les cigarettes ?

....

[❸] Vrai ou faux ? Cochez (X) la bonne réponse et recopiez la phrase ou la partie de texte qui justifie votre réponse. 2 points si le choix V/F et la justification sont corrects, sinon aucun point ne sera attribué.

❸ Les enfants parlent avec politesse pour obtenir ce qu'ils veulent.

　☐ Vrai　　　　　　　　　　　　　☐ Faux

　Justification : ....

❹ Quelle est la définition de la politesse ?

....

5 La journaliste affirme que la civilité et la gentillesse _____

    A ☐ n'ont pas existé durant la Renaissance.
    B ☐ n'étaient pas respectées durant la Renaissance.
    C ☐ ont existé sous des formes différentes de celles d'aujourd'hui.

6 Quelle était la situation sous Louis XIV ?

    A ☐ Les rues étaient nettoyées.
    B ☐ Il n'y avait plus de politesse.
    C ☐ Les gens respectaient l'étiquette.

7 Décrivez la conduite de Louis XIV.

....

[**8**~**9**] Vrai ou faux ? Cochez (X) la bonne réponse et recopiez la phrase ou la partie de texte qui justifie votre réponse. 2 points si le choix V/F et la justification sont corrects, sinon aucun point ne sera attribué.

8 Certaines expressions polies peuvent être considérées comme vulgaires selon la situation.

    ☐ Vrai   ☐ Faux

    Justification : ....

9 Les femmes aristocrates du Moyen Âge étaient obligées de parler subtilement.

    ☐ Vrai   ☐ Faux

    Justification : ....

10 Quelles actions étaient interdites aux femmes pour attirer l'attention de son voisin ?

....

Étape 2

문제 9의 필수 어휘를 익히고, 해석을 참조하세요.

필수 어휘

tapon (m) 조그만 뭉치 | tenue (f) 옷차림 | tabou (m) 금기 | excédé 넌덜머리가 나는 | incivilité (f) 몰상식함, 무례함 | talon (m) 뒤축, 굽 | mégot (m) 담배 꽁초 | en dépit de ~에도 불구하고 | cendrier (m) 재떨이 | brutalement 다짜고짜 | réciprocité (f) 호혜성, 상호성 | trident (m) 삼지창 | boue (f) 진흙 | tenace 끈적거리는 | magistrat (m) 행정관 | effarement (m) 질겁 | empuantir 악취를 풍기게 하다, 오염시키다 | cauchemar (m) 악몽 | incontestable 명백한 | galanterie (f) (여성에 대한) 정중함 | souverain 군주, 왕 | humble 비천한, 신분이 낮은 | courtisan (m) (궁궐의) 신하 | déplorer 애도하다, 한탄하다 | se réjouir 기뻐하다 | bon goût (m) 우아함 | vulgarité (f) 저속함 | s'efforcer 노력하다 | prescription (f) 규정 | aristocratie (f) 귀족 | effleurer 스치다 | vif 격렬한 | claque (f) 치기 | coude (m) 팔꿈치 | subtilement 섬세하게

해석

예의와 공손함은 사라졌는가?

식사가 끝난 후 냅킨을 접어야 할까 아니면 조그만 뭉치로 놔 두어야 할까? 나는 상황에 맞는 옷을 입었는가? 금기, 관습과 계급 제도를 없앤 우리 사회에 여전히 이러한 걱정이 존재하는지 자문할 수 있다.

넌덜머리가 난 주민들은 삶을 불가능하게 만드는 몰상식함을 매일 규탄한다: 자전거를 타는 사람들이 인도에서 전속력으로 달리는 것, 지나가는 사람들의 신발 굽에 붙는 껌 등. Montargis의 한 주민은 고등학생들을 위해 마련되어 있는 재떨이에도 불구하고 도시의 길, 특히 하굣길을 오염시키는 무수히 많은 담배 꽁초들에 대해 불평한다. 예의 역시 훼손된 것 같다. 그들이 바라던 물건을 얻었을 때 '감사합니다'라고 말하는 것은 피하면서 자신의 욕망을 다짜고짜 표현하는 아이들이 얼마나 많은가. 그러나 예의는 마음을 트고, 타인을 한 개인으로서 대하고, 그리고 교류와 호혜에 바탕을 둔 신뢰 관계를 가능하게 하는 방법이다.

예의와 공손함은 항상 존재해 왔는가? 그것들은 시간이 지나면서 형태가 변했는가? 르네상스 동안 예절이 있기는 했지만 그것들은 정확히 우리의 것이 아니었다. 사람들에게 식사할 때 소스에 손가락을 담그지 말라고 충고했지만, 포크의 조상인 삼지창은 여전히 거의 사용되지 않았다. 17세기 초반에 거리를 뒤덮은 것은 담배 꽁초들이 아니라 끈적거리는 진흙이었다. 심지어 수도에서 온 한 행정관은 경악하며 Aix-en-Provence에서는 "집 지붕에서 볼일을 봐야 했는데, 이것이 비가 오면 집에, 심지어는 도시 전체에 악취가 나게 하고, 이 모든 오물들이 거리에 나오도록 한다"는 것을 확인했다. 이러한 생활 조건 속에서 진흙 얼룩은 최악의 무례함의 증거이며, 고상한 사람들의 악몽이다.

루이 14세 치하에서 거리는 여전히 더러웠지만, 한편으로 예의는 뚜렷한 진전을 이루었다. 태양왕이 여기에 크게 기여했다. 그의 영향 아래에서는 (여성에 대한) 정중함이 지배적이었는데, 이는 왕이 항상 그의 시종들 중 가장 신분이 낮은 사람에게 길을 양보하기를 바랐기 때문이다. 궁궐의 신하들도 그의 예를 따랐다. 여성에 대한 정중함이 사라진 것을 애도해야 하는가, 아니면 반대로 남성과 여성 간에 쟁취된, 혹은 쟁취해야 할 평등이라는 이름으로 기뻐해야 하는가?

예절과 우아함

예의과 공손함은 '우아함'과 '구별짓기' 현상과도 관련이 있다. 왜 오늘날 상점에서, 레스토랑에서, 혹은 친구들과의 파티 후에 문을 나설 때 던져지는 '안녕히 계십시오, 신사 숙녀 여러분'이나 '안녕히 가세요'와 같은 몇

몇 표현들이 '저속한 말'로 여겨질 수 있는가? 화자는 진심으로 타인에게 친절하고 예의 바르게 대하기 위해 애쓰는 데도 불구하고 말이다. 이러한 규정들은 오랜 세월을 거슬러 올라간다. 중세 시대부터 대귀족의 부인들은 신중하게 고른 말과 부드러운 어조, 신중한 제스처를 사용하도록 권장되어 왔다. 너무 크게 말해서는 안 되고, 테이블에서 옆 사람을 스쳐서도 안 되며, 그의 주의를 끌기 위해 그의 어깨나 팔꿈치를 치면서 다소 격한 말을 해서는 더더욱 안 된다.

질문에 답하세요.

❶ 이 텍스트에서 기자는 _____ 을(를) 다루고 있다.

    A ☐ 공중 위생

    B ☐ 예절

    C ☐ 공유 경제

❷ 담배에 대한 Montargis의 한 주민의 불만은 무엇인가?

_____

[❸] 참 또는 거짓? 정답에 (X)를 하고 당신의 답변을 입증하는 텍스트의 문장 또는 일부를 옮겨 쓰세요. 만일 V/F의 선택과 입증이 맞는다면 2점, 그렇지 않으면 어떠한 점수도 부여되지 않을 것입니다.

❸ 아이들은 자신들이 원하는 것을 얻기 위해 예의 바르게 말한다.

    ☐ 참   ☐ 거짓

    입증: _____

❹ 예의의 정의는 무엇인가?

_____

❺ 기자는 예의와 친절함은 _____ 확신한다.

    A ☐ 르네상스 동안 존재하지 않았다고

    B ☐ 르네상스 동안 지켜지지 않았다고

    C ☐ 오늘날의 그것들과는 다른 형태로 존재했다고

❻ 루이 14세 치하의 상황은 어떠했는가?

    A ☐ 거리들이 청소되었다.

    B ☐ 예의는 더 이상 없었다.

    C ☐ 사람들은 에티켓을 지켰다.

❼ 루이 14세의 통치를 기술하시오.

....

[❽~❾] 참 또는 거짓? 정답에 (X)를 하고 당신의 답변을 입증하는 텍스트의 문장 또는 일부를 옮겨 쓰세요. 만일 V/F의 선택과 입증이 맞는다면 2점, 그렇지 않으면 어떠한 점수도 부여되지 않을 것입니다.

❽ 어떤 예의 바른 표현들은 상황에 따라 저속한 것으로 여겨질 수 있다.

☐ 참   ☐ 거짓

입증: ....

❾ 중세 시대의 귀족 여인들은 우아하게 말해야 했다.

☐ 참   ☐ 거짓

입증: ....

❿ 옆 자리에 앉은 사람의 관심을 끌기 위한 어떤 행동들이 여성들에게 금지되었는가?

....

Étape 3

해설에 따라 문제 분석 및 풀이 요령을 익히세요.

문제 분석

'예의'를 소재로 하는 글이다. 이 글에서는 오늘날 무례하거나 몰상식하게 여겨지는 여러 가지 예를 들며 이야기를 시작하고 있다. 요즘과 달리 이전 시대에는 과연 예의가 존재했는지에 대해 자문하며 예전에도 예의는 존재했으나 현대와 다른 모습이었다고 설명한다. 오늘날 예의 바르다고 여겨지는 행동이 이전 시대에는 무례한 행동일 수 있다는 것이다. 이 지문의 경우 내용을 이해하는 것이 꽤 까다로운 편으로, 높은 집중력을 요한다.

해설

문항	풀이 요령
1	이 글의 소재를 묻는 문제다. 제목에서 'La civilité et la politesse auraient-elles disparu ? 예의와 공손함은 사라졌는가?'라고 하였으므로 정답은 **B**.
2	담배에 대한 Montargis 주민들의 불만을 묻는 문제이다. '**Un habitant de Montargis se plaint des mégots qui, par milliers, polluent les rues de la ville et tout particulièrement la sortie du lycée, en dépit de cendriers mis à disposition**

		des lycéens Montargis의 한 주민은 고등학생들을 위해 마련되어 있는 재떨이에도 불구하고 도시의 길, 특히 하굣길을 오염시키는 무수히 많은 담배 꽁초들에 대해 불평한다'라는 내용에 따라 이것이 정답.
	3	아이들의 예절에 관한 문제로 '**Combien d'enfants manifestent brutalement leur désir en évitant de dire « merci » quand ils ont obtenu l'objet demandé** 그들이 바라던 물건을 얻었을 때 '감사합니다'라고 말하는 것은 피하면서 자신의 욕망을 다짜고짜 표현하는 아이들이 얼마나 많은가'라는 내용에 따라 정답은 **Faux**.
	4	예의의 정의를 묻는 문제로 '**la politesse est un moyen de sortir de soi, de traiter l'autre comme une personne et de rendre possible un lien de confiance, fondé sur l'échange et la réciprocité** 예의는 마음을 트고, 타인을 한 개인으로서 대하고, 그리고 교류와 호혜에 바탕을 둔 신뢰 관계를 가능하게 하는 방법이다'라고 하였으므로 이것이 정답.
	5	예의와 친절함이 과거에는 어떻게 존재했는지에 대한 문제이다. 'Durant la Renaissance, les bonnes manières existent, mais elles ne sont pas exactement les nôtres 르네상스 동안 예절이 있기는 했지만 그것들은 정확히 우리의 것은 아니었다'라는 내용에 따라 정답은 **C**.
	6	루이 14세 때의 상황을 묻고 있다. 'Sous Louis XIV, les rues sont toujours aussi malpropres, mais la politesse fait par ailleurs des progrès incontestables 루이 14세 치하에서 거리는 여전히 더러웠지만, 한편으로 예의는 뚜렷한 진전을 이루었다'라는 내용에 따라 정답은 **C**.
	7	루이 14세의 통치 방식이 어떠했는지에 대한 문제이다. '**le souverain tient toujours à céder le passage à la plus humble de ses servantes** 왕이 항상 그의 시종들 중 가장 신분이 낮은 사람에게 길을 양보하기를 바랐다'고 하였으므로 이것이 정답.
	8	예절이 상황에 따라 다르게 여겨질 수 있는지에 대한 문제로서 '**Pourquoi certaines expressions, comme « Au revoir, messieurs dames » ou « Au plaisir », lancées aujourd'hui dans un magasin, dans un restaurant ou sur le pas de la porte après une fête entre amis, peuvent-elles être perçues comme des marques de « vulgarité », alors que le parleur s'efforce, en toute sincérité, d'être poli et attentif aux autres ?** 왜 오늘날 상점에서, 레스토랑에서, 혹은 친구들과의 파티 후에 문을 나설 때 던져지는 '안녕히 계십시오, 신사 숙녀 여러분'이나 '안녕히 가세요'와 같은 몇몇 표현들이 '저속한 말'로 여겨질 수 있는가? 화자는 진심으로 타인에게 친절하고 예의 바르게 대하기 위해 애쓰는데도 불구하고 말이다'라는 내용으로 보아 정답은 **Vrai**.
	9	중세 시대 귀족 여인들에게 요구되었던 행동에 대한 문제이다. '**Depuis le Moyen Âge, on conseille aux dames de la grande aristocratie d'user de paroles soigneusement choisies, d'avoir une intonation douce et des gestes discrets** 중세 시대부터 대귀족의 부인들은 신중하게 고른 말과 부드러운 어조, 신중한 제스처를 사용하도록 권장되어 왔다'라는 문장에 따라 정답은 **Vrai**.
	10	중세 시대 여성들이 해서는 안 되는 행동들에 대한 문제이다. 'il ne faut jamais effleurer son voisin de table et encore moins **accompagner un propos un peu vif d'une claque sur son épaule pour attirer son attention** 테이블에서 옆 사람을 스쳐서도 안 되며, 그의 주의를 끌기 위해 그의 어깨를 치면서 다소 격한 말을 해서는 더더욱 안 된다'라고 하였으므로 이것이 정답.

EXERCICE 2 실전 연습

Étape 1 공략에 따라 EXERCICE 2 연습 문제를 풀어 보세요.

Forfait psy pour les enfants : « une vraie bonne nouvelle » d'après la Société française de pédiatrie

« C'est une vraie bonne nouvelle », a réagi sur franceinfo Christèle Gras-Le Guen, présidente de la Société française de pédiatrie, après qu'Emmanuel Macron a annoncé la prise en charge de 5 à 10 séances de psychologie pour les enfants de 3 à 17 ans en détresse. « C'est quelque chose qui faisait défaut jusqu'alors, le fait que les psychologues puissent être remboursés, explique Christèle Gras-Le Guen. Cela va être une vraie facilité pour un premier accès aux soins aux enfants. » Une aide nécessaire, certes, selon la cheffe du service des urgences pédiatriques du CHU de Nantes. « Mais ce ne sera pas suffisant, ajoute-t-elle cependant. On était en pédopsychiatrie dans un domaine où on était déjà très limité en termes de soins et de réponse aux besoins de la population. Donc là, on est totalement dépassé par les événements. Ces organisations de crise sont indispensables pour pouvoir faire face. »

La médecin remarque à l'hôpital une montée de la détresse due à la crise du Covid-19 chez les enfants et les adolescents : « J'étais de garde hier soir. On a reçu beaucoup d'enfants avec des idées noires, des idées suicidaires, qui ne font que renforcer ce qu'on observe depuis déjà des semaines. »

Un contexte qui provoque chez ces enfants « l'anxiété de l'isolement social, les incertitudes quant à l'avenir et les difficultés des familles et des parents », autant de facteurs qui « sont vécus par les enfants comme des choses particulièrement anxiogènes. » « La fermeture des écoles en inquiète beaucoup », poursuit Christèle Gras-Le Guen, « en particulier sur les examens qui étaient à passer, sur les performances, et puis le fait d'être séparés, isolés pour certains, ce qui constitue aussi un stress majeur. »

La présidente de la Société française de pédiatrie décrit ces enfants comme « tristes », « inquiets pour l'avenir ». « Ils vont mal » et « expriment des inquiétudes sur le moment présent qui n'est pas agréable et pour lequel on a du mal à les rassurer parfois. » Ces enfants sont aussi de plus en plus jeunes : « L'âge des enfants qu'on reçoit est beaucoup plus étendu que ce qu'on pouvait connaître jusqu'alors, puisqu'on a des enfants à partir de 7-8 ans, qui manifestent déjà des symptômes d'angoisse majeurs, et il y a aussi de très jeunes enfants, 2-4 ans, qui dorment mal, qui mangent moins bien, ce sont des symptômes de stress un peu différents mais qui expriment aussi, à leur manière, les inquiétudes du moment. »

Comment repérer les symptômes ? « Soit les enfants s'isolent, soit ils ne parlent plus, soit ils ne mangent, soit, au contraire, ils sont agités, en colère. »

Qu'est-ce qu'on peut faire ? « La réponse, je pense, est assez facile : consulter son médecin traitant et pouvoir bénéficier du soutien d'un psychologue. »

Ce dispositif est transitoire. Pour en bénéficier, les enfants devront bénéficier d'une ordonnance avant le 31 octobre 2021. Les séances devront, quant à elles, être réalisées avant le 31 janvier 2022. Le « forfait psy » sera donc mis en place dans le cadre d'un parcours de soins coordonné par le médecin. « Tout médecin, qu'il soit généraliste, pédiatre, hospitalier, médecin scolaire […] pourra prescrire des séances sur une ordonnance, permettant ainsi simplement d'adresser l'enfant ou l'adolescent au psychologue. »

France Info 14/04/2021
Les Echos 29/05/2021

Répondez aux questions.

❶ Selon Emmanuel Macron, _____

　　A ☐ les parents sont obligés de consulter des psychologues.

　　B ☐ tous les enfants doivent être suivis par un psychologue.

　　C ☐ les parents ayant des enfants en détresse peuvent faire des économies.

[❷~❹] Vrai ou faux ? Cochez (X) la bonne réponse et recopiez la phrase ou la partie de texte qui justifie votre réponse. 2 points si le choix V/F et la justification sont corrects, sinon aucun point ne sera attribué.

❷ La pédopsychiatrie est insuffisante pour répondre aux besoins des gens.

　　☐ Vrai　　　　　　　　　　　　　　☐ Faux

　　Justification : _____

❸ Le Covid-19 est une cause principale de la montée de la douleur psychologique chez les enfants.

　　☐ Vrai　　　　　　　　　　　　　　☐ Faux

　　Justification : _____

❹ Le problème avec leurs parents est une des causes de l'anxiété chez les enfants.

☐ Vrai ☐ Faux

Justification : ....

❺ Qu'est-ce qui constitue un stress majeur pour certains enfants ? (Deux réponses)

....

❻ D'après Christèle Gras-Le Guen, les enfants tristes _____

A ☐ ressentent du souci d'un moment présent désagréable.
B ☐ sont indifférents d'un moment présent désagréable.
C ☐ ne s'inquiètent pas trop d'un moment présent désagréable.

❼ Quelle est la tranche d'âge des enfants ayant la souffrance psychologique ? Reformulez avec vos propres mots.

....

❽ Donnez des exemples de symptômes d'angoisse ? (Deux réponses)

....

❾ Quelle est la solution pour guérir des symptômes d'angoisse ?

A ☐ Il faut recevoir l'aide du physicien.
B ☐ Les parents doivent discuter avec leurs enfants.
C ☐ Il ne faut pas hésiter à suivre les conseils du médecin traitant.

❿ En ce qui concerne le forfait psy pour les enfants, _____

A ☐ ce dispositif est permanent.
B ☐ les séances doivent se réaliser dans une durée limitée.
C ☐ on a besoin d'une ordonnance prescrite uniquement par les psychologues.

Étape 2

문제 10의 필수 어휘를 익히고, 해석을 참조하세요.

필수 어휘

forfait (m) 할인된 이용권 | **pédiatrie (f)** 소아과 | **réagir** 반응하다 | **détresse (f)** 비탄, 고뇌 | **certes** 물론 | **pédopsychiatrie (f)** 아동 정신의학 | **suicidaire** 자살의, 자살할 우려가 있는 | **anxiogène** 불안을 야기하는 | **étendu** 펼쳐진, 뻗은 | **angoisse (f)** 불안 | **repérer** 포착하다, 찾아내다 | **transitoire** 일시적인, 임시의 | **généraliste** 종합 의학의, 비전문의 | **hospitalier** 병원의 | **prescrire** 처방하다 | **douleur (f)** 고통, 고뇌 | **ressentir** 느끼다, 감동하다 | **tranche d'âge (f)** 연령대 | **permanent** 영구적인, 지속적인

해석

아이들을 위한 심리 상담 할인: 프랑스 소아학회에 따르면 '진짜 희소식'

"이것은 정말 좋은 소식입니다." 에마뉘엘 마크롱이 비탄에 잠긴 3~17세 아이들에게 5회에서 10회까지 심리 치료 비용을 부담하겠다고 밝힌 이후, 프랑스 소아학회 회장인 Christèle Gras-Le Guen이 franceinfo에서 반응했다. "이건 이제까지 부족했던 것입니다. 심리 상담원들이 환급받을 수 있다는 사실 말입니다." Christèle Gras-Le Guen이 설명한다. "이것은 아이들 치료의 초기 접근을 위한 진정한 편리함이 될 것입니다." 낭트 대학 병원의 소아 응급과 책임자에 따르면 이는 물론 필수적인 지원이지만 그녀는 이것만으로는 충분치 않을 것이라고 덧붙였다. "우리가 종사하는 아동 정신의학 분야는 국민의 수요에 대한 부응과 치료라는 면에서 이미 매우 제한적이었습니다. 그래서 그 점에서 우리는 이런 일들에 완전히 뒤처져 있습니다. 맞설 수 있기 위해 이러한 위기 관리 조직은 필수적입니다." 의사는 병원에서 소아들과 청소년들에게서 코로나 19 위기로 인한 고통이 증가하고 있음을 알아차렸다. "저는 어제 저녁 당직이었습니다. 우리는 비관적인 생각과 자포자기적인 생각들을 가진 많은 아이들을 받았습니다. 이는 우리가 이미 몇 주 전부터 관찰해 온 것들을 더 확실하게 할 뿐입니다."

이는 아이들에게 '사회적 고립으로 인한 불안, 미래에 대한 불확실성과 가족과 부모들과의 갈등'을 유발하는 상황인데, 이 모든 요소들은 '특히 불안을 야기하는 것으로 아이들이 경험하는' 것들이다. "학교 폐쇄는 많은 아이들을 불안하게 만듭니다." Christèle Gras-Le Guen이 말을 이었다. "특히 치러야 했던 시험들과 성적에 대해서요, 그리고 분리되어 있고 고립되어 있다는 사실은 누군가에게는 큰 스트레스이기도 합니다."

프랑스 소아학회장은 이 아이들을 '슬프고', '미래를 걱정한다'고 묘사한다. "그들은 잘 지내지 못하고, 좋지 않은 현재 시점에 대한 불안함을 표하는데, 때로는 이에 대해 그들을 안심시키기가 어렵습니다." 이런 아이들의 연령 역시 점점 더 낮아지고 있다: "우리가 접수한 아이들의 연령대는 이제까지 우리가 알고 있던 것보다 훨씬 폭넓습니다. 왜냐하면 이미 큰 불안 증상을 보이는 7~8세의 아이들부터, 잘 자지 못하고 잘 먹지 못하는 2~4세의 아주 어린아이들도 있기 때문입니다. 이는 약간 다르지만 그들의 방식으로 현재의 불안을 표현하는 스트레스 증상들입니다."

증상들을 어떻게 포착할까? "아이들이 틀어박히거나, 더 이상 말하지 않거나, 먹지 않거나, 반대로 불안해하거나, 분노하거나 하는 것이죠."

무엇을 할 수 있는가? "제 생각에 답은 아주 쉽습니다: 주치의에게 상담을 받고 심리 상담 지원의 혜택을 받는 겁니다."

이 조치는 일시적이다. 이 혜택을 받으려면 아이들은 2021년 10월 31일 이전에 처방전을 받아야 한다. 심리

상담에 관해서는, 그것들은 2022년 1월 31일 이전에 실시되어야 한다. 따라서 '심리 상담 할인'은 의사에 의해 조정되는 진료 코스의 일환으로 시행될 것이다. "일반의든, 소아과 의사든, 병원 근무 의사든, 학교 의사든 모든 의사들은 (...) 처방전에 심리 상담을 처방할 수 있을 것이며, 간단하게 소아나 청소년을 심리 상담가에게 보내도록 해 줄 것입니다."

질문에 답하세요.

❶ Emmanuel Macron에 따르면, _____

　　A ☐ 부모들은 심리 상담원들에게 상담을 해야 한다.
　　B ☐ 모든 아이들은 심리 상담원들에 의해 관찰되어야 한다.
　　C ☐ 비탄에 빠진 자녀들이 있는 부모들은 경제적인 혜택을 받을 수 있다.

[❷~❹] 참 또는 거짓? 정답에 (X)를 하고 당신의 답변을 입증하는 텍스트의 문장 또는 일부를 옮겨 쓰세요. 만일 V/F의 선택과 입증이 맞는다면 2점, 그렇지 않으면 어떠한 점수도 부여되지 않을 것입니다.

❷ 아동 정신의학과는 사람들의 수요에 부응하기에 불충분하다.
　　☐ 참　　　　　　　　　　　☐ 거짓

　　입증: _____

❸ 코로나 19는 아이들에게 있어서 심리적 고통이 증가한 주요 원인이다.
　　☐ 참　　　　　　　　　　　☐ 거짓

　　입증: _____

❹ 부모와의 문제는 아이들의 근심을 유발시키는 요인들 중 하나이다.
　　☐ 참　　　　　　　　　　　☐ 거짓

　　입증: _____

❺ 어떤 아이들에게 있어서 큰 스트레스를 구성하는 것은 무엇인가? (두 가지 답변)

　　_____

6 Christèle Gras-Le Guen에 따르면, 슬픈 아이들은 _____

    A ☐ 좋지 않은 현재 순간에 대한 걱정을 느낀다.

    B ☐ 좋지 않은 현재 순간에 무관심하다.

    C ☐ 좋지 않은 현재 순간에 대해 그다지 걱정하지 않는다.

7 심리적인 고통을 겪는 아이들의 연령대는 어떤가? 당신 자신만의 단어들로 재구성하시오.

....

8 불안 증상들의 예시를 쓰시오. (두 가지 답변)

....

9 불안 증상들을 낫게 하기 위한 방안은 무엇인가?

    A ☐ 물리학자의 도움을 받아야 한다.

    B ☐ 부모들은 자녀들과 대화를 해야 한다.

    C ☐ 주치의의 충고를 주저하지 말고 따라야 한다.

10 아이들을 위한 심리 상담 할인과 관련해서, _____

    A ☐ 이 조치는 영구적이다.

    B ☐ 심리 상담은 제한된 기간 안에 실시되어야 한다.

    C ☐ 오직 심리 상담원들이 처방한 처방전이 필요하다.

DELF B2 · 독해

Étape 3 해설에 따라 문제 분석 및 풀이 요령을 익히세요.

문제 분석

코로나 19로 인해 비탄에 빠진 13~17세 아이들을 위한 심리 상담 혜택에 대한 글이다. 이 글에서는 아이들의 감정이 구체적으로 어떠한지 — 불안, 사회적 고립, 불확실성, 부모와의 갈등 — 를 파악해야 한다. 프랑스 소아학회장에 따르면 심리적인 고통을 호소하는 아이들의 연령대가 낮아지고 있으므로 더욱 더 조치가 필요한 상황이다. 마지막 부분에는 심리 상담 혜택을 받으려면 어떻게 해야 하는지에 대한 방법이 제시되고 있다. 코로나 19로 인해 발생한 일련의 일들은 시의적인 주제인만큼 정리해 두는 것이 좋다.

해설

문항	풀이 요령
1	Emmanuel Macron의 발표에 관한 문제이다. 'la prise en charge de 5 à 10 séances de psychologie pour les enfants de 3 à 17 ans en détresse 비탄에 잠긴 3~17세 아이들에게 5회에서 10회까지 심리 치료 비용을 부담하겠다'라는 내용으로 보아, 경제적 혜택을 받을 수 있다는 것이므로 정답은 **C**.
2	아동 정신의학과의 현재 상황에 대한 문제로서 '**On était en pédopsychiatrie dans un domaine où on était déjà très limité en termes de soins et de réponse aux besoins de la population** 우리가 종사하는 아동 정신의학 분야는 국민의 수요에 대한 부응과 치료라는 면에서 이미 매우 제한적이었습니다'라는 내용에 따라 **Vrai**이며 입증하는 문장으로 위의 문장을 쓴다.
3	코로나 19가 아이들에게 끼친 영향을 묻는 문제로서 '**une montée de la détresse due à la crise du Covid-19 chez les enfants et les adolescents** 소아들과 청소년들에게서 코로나 19 위기로 인한 고통이 증가'라는 내용으로 보아 **Vrai**이며 입증하는 문장으로 위의 문장을 쓴다.
4	아이들의 근심을 야기시키는 요인과 관련된 문제이다. 아이들에게서 보이는 상황은 « **l'anxiété de l'isolement social, les incertitudes quant à l'avenir et les difficultés des familles et des parents** », autant de facteurs qui « **sont vécus par les enfants comme des choses particulièrement anxiogènes.** » '사회적 고립으로 인한 불안, 미래에 대한 불확실성과 가족과 부모들과의 갈등'을 유발하는 상황인데, 이 모든 요소들은 '특히 불안을 야기하는 것으로 아이들이 경험하는' 것들이다'라는 내용에 따라 **Vrai**. 입증하는 문장으로 위의 문장을 쓴다.
5	아이들에게 스트레스를 유발하는 요소들에 대한 문제로서 '« **en particulier sur les examens qui étaient à passer, sur les performances, et puis le fait d'être séparés, isolés pour certains, ce qui constitue aussi un stress majeur.** » 특히 치러야 했던 시험들과 성적에 대해서요, 그리고 분리되어 있고 고립되어 있다는 사실은 누군가에게는 큰 스트레스이기도 합니다'라는 내용에 따라 이들 중 두 가지를 정답으로 쓰면 된다.

6	'« Ils vont mal » et « expriment des inquiétudes sur le moment présent qui n'est pas agréable 그들은 잘 지내지 못하고, 좋지 않은 현재 시점에 대한 불안함을 표하는데'라고 하였으므로 이와 의미가 가장 비슷한 것은 **A**.
7	심리적 문제를 가진 아이들의 연령층에 대한 문제로서 'Ces enfants sont aussi de plus en plus jeunes : « L'âge des enfants qu'on reçoit est beaucoup plus étendu que ce qu'on pouvait connaître jusqu'alors » 이런 아이들의 연령 역시 점점 더 낮아지고 있다. 우리가 접수한 아이들의 연령대는 이제까지 우리가 알고 있던 것보다 훨씬 폭넓습니다'라는 내용에 따라 **L'âge des enfants qui manifestent des symptômes d'angoisse majeurs est de plus en plus bas et plus large.**라고 쓴다.
8	불안 증상들에 대한 문제이다. '**Soit les enfants s'isolent, soit ils ne parlent plus, soit ils ne mangent, soit, au contraire, ils sont agités, en colère** 아이들이 틀어박히거나, 더 이상 말하지 않거나, 먹지 않거나, 반대로 불안해하거나, 분노하거나'라는 내용에 따라 이들 중 두 개를 정답으로 적는다.
9	심리적 불안감을 해소하기 위한 방안에 관한 문제로서 'consulter son médecin traitant et pouvoir bénéficier du soutien d'un psychologue 주치의에게 상담을 받고 심리 상담 지원의 혜택을 받는 겁니다'라는 내용에 따라 정답은 **C**.
10	심리 상담 할인 조치에 대한 문제로서 'Ce dispositif est transitoire. Pour en bénéficier, les enfants devront bénéficier d'une ordonnance avant le 31 octobre 2021. Les séances devront, quant à elles, être réalisées avant le 31 janvier 2022 이 조치는 일시적이다. 이 혜택을 받으려면 아이들은 2021년 10월 31일 이전에 처방전을 받아야 한다. 심리 상담에 관해서는, 그것들은 2022년 1월 31일 이전에 실시되어야 한다'라는 내용에 따라 정답은 **B**. 'Tout médecin, qu'il soit généraliste, pédiatre, hospitalier, médecin scolaire […] pourra prescrire des séances sur une ordonnance 일반의든, 소아과 의사든, 병원 근무 의사든, 학교 의사든 모든 의사들은 (...) 처방전에 심리 상담을 처방할 수 있을 것이며'라는 내용에 따라 C는 정답이 될 수 없다.

독해 新유형의 특성

- 본서 독해 EXERCICE 3은 新유형으로서, 기존에는 없던 문제 유형이다. 구체적으로, 특정 주제에 3명이 자신의 입장을 표명(찬성, 반대 등)하는 글이 제시되고, 총 6문항이 출제된다.

- 이 유형에서 유의할 점은, 의견이 찬성과 반대처럼 명확하게 구분되지 않는 경우가 있을 수 있다는 것이다. 따라서 지문의 앞부분만 읽고 성급하게 문제를 풀어서는 안 된다.

- 또한 객관식 문제에 사용된 어휘나 표현이 지문에 있는 것과 동일하지 않을 수 있다는 점에도 유의한다.

독해 평가 新 유형

EXERCICE 3 최신 유형 5 SET로 끝장내기

EXERCICE 3 실전 연습

Étape 1 공략에 따라 EXERCICE 3 연습 문제를 풀어 보세요.

Lisez l'opinion de ces trois personnes sur un forum français dont le sujet est « Interdiction des portables à l'école et au collège : pour ou contre ? »

Daneshmand
Moi, je vous présente un argument de taille contre l'interdiction du téléphone portable. Premièrement, il s'agit de la sécurité. Supposons qu'un élève soit scolarisé dans un établissement difficile. S'il n'a pas son téléphone sur lui, lorsqu'il se fait agresser à la sortie de l'établissement, il ne pourra pas appeler la police ou même ses parents. Deuxième argument qui va vous choquer, la majorité des agressions sexuelles commises à l'école ont lieu dans les collèges ! Si votre fille se retrouve coincée par l'enseignant dans la classe, elle pourra demander de l'aide à la police grâce au portable.

Jeanne
Bonjour, je ne vois pas en quoi un téléphone portable peut être dérangeant au collège et la raison d'interdire les portables à l'école ne m'a pas du tout convaincue. En effet, les élèves sont dans leur coin sur leur portable donc ne gênent pas grand monde. Ensuite pour la triche avec son téléphone en cours, c'est au professeur d'être vigilant et de surveiller les élèves. Je ne pense pas réellement qu'interdire les téléphones portables arrête le cyber harcèlement. Les raisons sont beaucoup trop clichées à croire que si on utilise notre téléphone avant d'aller en cours, cela nous déconcentrera. Franchement, je ne valide vraiment pas cette loi !!

Marie
À mon avis c'est bien d'interdire l'utilisation des téléphones portables pendant les heures de cours mais pas pendant les récréations. Pendant les récrés les élèves doivent se reposer et pour beaucoup d'eux utiliser le portable est un très bon moyen pour faire ça. Une autre raison de pourquoi c'est bien pour les élèves d'avoir le droit de porter leurs portables avec eux est que les parents veulent souvent pouvoir appeler leurs enfants s'ils ont quelque chose d'important à leur dire. La troisième chose qui, à mon avis, devrait même donner aux élèves le droit d'utiliser leurs portables pendant quelques heures de cours est le fait qu'ils servent à chercher sur Internet certaines informations liées aux sujets des cours.

Mon Petit Forfait 02/08/2018
Marie Claire

À quelle personne associez-vous chaque point de vue ? Pour chaque affirmation, cochez la bonne réponse.

❶ Il faut permettre d'utiliser le téléphone portable pendant l'heure de repos à l'école.

　　A ☐ Marie.
　　B ☐ Jeanne.
　　C ☐ Daneshmand.

❷ Le téléphone portable peut être un outil utile pour sauver les enfants d'une situation dangereuse.

　　A ☐ Marie.
　　B ☐ Jeanne.
　　C ☐ Daneshmand.

❸ Le fait que le téléphone portable dérange les autres est un argument difficile à prouver.

　　A ☐ Marie.
　　B ☐ Jeanne.
　　C ☐ Daneshmand.

❹ L'école n'est pas un lieu sûr par rapport aux crimes sexuels.

　　A ☐ Marie.
　　B ☐ Jeanne.
　　C ☐ Daneshmand.

❺ L'interdiction des portables à l'école n'est pas une solution essentielle pour empêcher la cybercriminalité.

　　A ☐ Marie.
　　B ☐ Jeanne.
　　C ☐ Daneshmand.

❻ L'utilisation des téléphones portables à l'école permet d'augmenter l'efficacité des cours.

   A ☐ Marie.

   B ☐ Jeanne.

   C ☐ Daneshmand.

Étape 2

문제 1의 필수 어휘를 익히고, 해석을 참조하세요.

필수 어휘

de taille 중대한 | scolariser 취학시키다 | établissement (m) 시설, 기관, 학교 | agresser 공격하다 | convaincre 납득시키다 | triche (f) 컨닝, 속임수 | vigilant 경계를 게을리 하지 않는, 주의하는 | harcèlement (m) 괴롭히기 | cliché 진부한, 상투적인 | déconcentrer 주의력을 흐트러뜨리다 | valider 유효성을 인정하다 | récréation (f) 휴식 시간

'초, 중학교에서의 휴대폰 금지, 찬성하는가 반대하는가?'라는 주제로 진행된 프랑스 포럼에서의 세 사람의 의견을 읽으세요.

Daneshmand
저는 여러분에게 휴대폰 금지에 대한 중요한 논거를 제시합니다. 첫 번째로, 안전에 관한 것입니다. 한 학생이 어려운 시설에서 교육을 받고 있다고 가정해 봅시다. 그가 휴대폰이 없다면 하굣길에 괴롭힘을 당했을 때 경찰이나 심지어 부모님에게 전화할 수 없을 것입니다. 여러분을 놀라게 할 두 번째 논거는 학교에서 일어나는 성폭행의 대다수가 중학교에서 발생한다는 것입니다! 만약 당신의 딸이 교실에서 교사에 의해 궁지에 몰리게 되면, 그녀는 휴대폰 덕분에 경찰에 도움을 요청할 수 있을 것입니다.

Jeanne
안녕하세요, 저는 휴대폰이 중학교에서 무엇에 방해가 될 수 있다는 것인지 알 수가 없으며, 학교에서 휴대폰을 금지하는 이유를 전혀 납득하지 못하겠습니다. 사실, 학생들은 구석에서 휴대폰을 하느라 많은 사람들을 귀찮게 하지 않습니다. 게다가 수업 중에 그들의 휴대폰으로 컨닝을 하는 것에 있어서는, 그들의 학생들을 감시하고 경계를 게을리하지 않는 것은 선생님들의 몫입니다. 저는 휴대폰을 금지하는 것이 실제로 사이버 불링을 멈추게 할 것이라고 생각하지 않습니다. 수업에 가기 전에 우리의 휴대폰을 사용한다면 그것이 우리의 집중력을 흐트러뜨린다는 것을 믿기에는 이유들이 너무 진부합니다. 솔직히, 저는 이 법이 정말로 유효할 거라고 생각하지 않습니다!

Marie
제 생각에는, 수업 시간 동안에는 휴대폰 사용을 금지하되 쉬는 시간 동안은 금지하지 않는 것이 좋습니다. 쉬는 시간 동안 학생들은 쉬어야 하고, 그들 중 많은 이들에게 있어서 휴대폰을 사용하는 것은 쉴 수 있는 아주 좋은 수단입니다. 학생들이 그들의 휴대폰을 소지할 권리를 가지는 것이 좋은 또 다른 이유는, 부모들이 그들에게 말할 중요한 것이 있을 때 자주 그들의 아이들에게 전화할 수 있는 것을 원하기 때문입니다. 제 생각에 심지어 어떤 수업 시간 동안은 아이들이 그들의 휴대폰을 사용할 수 있는 권리를 줘야 하는 세 번째 이유는, 그것들이 수업 주제와 관련된 어떤 정보들을 인터넷에서 찾아보는 데 쓰인다는 사실 때문입니다.

당신은 어떤 사람에게 각 관점을 연결하겠습니까? 각각의 주장에 정답을 표기하세요.

❶ 학교에서 쉬는 시간 동안 휴대폰을 사용하는 것을 허락해야 한다.

   A ☐ Marie.

   B ☐ Jeanne.

   C ☐ Daneshmand.

❷ 휴대폰은 위험한 상황에 처한 아이들을 구할 수 있는 유용한 도구가 될 수 있다.

   A ☐ Marie.

   B ☐ Jeanne.

   C ☐ Daneshmand.

❸ 휴대폰이 다른 사람들에게 방해가 된다는 사실은 입증하기 어려운 논증이다.

   A ☐ Marie.

   B ☐ Jeanne.

   C ☐ Daneshmand.

❹ 학교는 성범죄와 관련해 안전한 장소가 아니다.

   A ☐ Marie.

   B ☐ Jeanne.

   C ☐ Daneshmand.

❺ 학교에서의 휴대폰 금지는 사이버 범죄를 막기 위한 근본적인 해결책이 아니다.

   A ☐ Marie.

   B ☐ Jeanne.

   C ☐ Daneshmand.

❻ 학교에서의 휴대폰 사용은 수업의 효율성을 높일 수 있게 해 준다.

   A ☐ Marie.

   B ☐ Jeanne.

   C ☐ Daneshmand.

| Étape 3 | **해설에 따라 문제 분석 및 풀이 요령을 익히세요.** |

문제 분석

학교에서의 휴대폰 사용에 대한 의견을 밝히고 있다. 우선 각각의 의견이 학교에서의 휴대폰 사용에 찬성인지 혹은 반대인지 파악한 뒤, 그 근거는 무엇인지 살펴야 한다. 문제에서는 세부적인 근거 각각을 제시한 뒤, 그러한 근거를 든 사람이 누구인지 묻기 때문이다. 독해 영역에서는 가능한 한 지문에 제시된 어휘나 표현을 문제에서 반복하지 않고 의미가 동일한 다른 어휘나 표현으로 제시한다는 점에 다시 한번 유의해야 한다.

풀이 요령

문항	풀이 요령
1	학교에서 쉬는 시간 동안에 휴대폰 사용을 허락해야 한다는 의견을 낸 사람을 찾는 문제이다. 여기에서 주의해야 할 것은 수업 시간이 아니라 쉬는 시간이라는 점이다. 'c'est bien d'interdire l'utilisation des téléphones portables pendant les heures de cours mais pas pendant les récréations 수업 시간 동안에는 휴대폰 사용을 금지하되 쉬는 시간 동안은 금지하지 않는 것이 좋습니다'라고 말한 사람은 Marie이므로 정답은 **A**.
2	휴대폰의 장점과 관련한 문제로서 휴대폰은 위험한 상황에서 아이들을 구할 수 있는 유용한 도구가 될 수 있다고 말한 사람을 찾는 문제이다. Daneshmand이 'S'il n'a pas son téléphone sur lui, lorsqu'il se fait agresser à la sortie de l'établissement, il ne pourra pas appeler la police ou même ses parents 그가 휴대폰이 없다면 하굣길에 괴롭힘을 당했을 때 경찰이나 심지어 부모님에게 전화할 수 없을 것입니다'라고 하였으므로 정답은 **C**.
3	휴대폰 사용이 다른 사람들에게 방해가 된다는 것이 입증하기 어려운 논증이라고 말한 사람을 찾는 문제이다. Jeanne이 'les élèves sont dans leur coin sur leur portable donc ne gênent pas grand monde 학생들은 구석에서 휴대폰을 하느라 많은 사람들을 귀찮게 하지 않습니다'라고 하였으므로 정답은 **B**.
4	성범죄와 관련하여 학교 또한 예외일 수 없다고 말한 사람을 찾는 문제이다. 'la majorité des agressions sexuelles commises à l'ecole ont lieu dans les collèges 학교에서 일어나는 성폭행의 대다수가 중학교에서 발생한다는 것입니다'라고 말한 사람은 Daneshmand이므로 정답은 **C**.
5	사이버 범죄와 휴대폰의 관계를 묻고 있다. Jeanne이 'je ne pense pas réellement qu'interdire les téléphones portables arrête le cyber harcèlement 저는 휴대폰을 금지하는 것이 실제로 사이버 불링을 멈추게 할 것이라고 생각하지 않습니다'라고 말한 내용이 있다. 따라서 정답은 **B**. 참고로, Daneshmand 또한 범죄와 관련된 의견을 제시하였다. 그러나 Daneshmand은 사이버 불링이 아니라 학교에서 괴롭힘이나 성폭행을 당할 위험이 있다고 하였으므로 사이버 불링과는 구별된다.

6 수업 효율성과 휴대폰의 관계를 묻는 문제이다. Marie의 의견 중에 'ils servent à chercher sur Internet certaines informations liées aux sujets des cours 그것들이 수업 주제와 관련된 어떤 정보들을 인터넷에서 찾아보는 데 쓰인다는 사실 때문입니다'라고 한 부분이 있다. 수업과 관련된 주제를 학생들이 찾아본다면 수업의 질이 향상될 수 있으므로 정답은 **A**.

참고로, Jeanne이 휴대폰 사용이 집중력에 미치는 영향에 대해 언급한 바 있다. 그러나 Jeanne은 초, 중학교에서의 휴대폰 금지에 반대하는, 다시 말해 학교에서의 휴대폰 사용에 찬성하는 입장이다. Jeanne이 논거로 제시한 것 중 하나가 수업 전에 휴대폰을 사용하는 것이 집중력을 흐트러뜨리지 않는다는 것이므로, Marie의 의견과 혼동하지 않도록 주의하자.

EXERCICE 3 실전 연습

Étape 1   공략에 따라 EXERCICE 3 연습 문제를 풀어 보세요.

Lisez l'opinion de ces trois personnes sur un forum français dont le sujet est « l'amitié virtuelle : pour ou contre ? »

Max

En ligne, j'ai tendance à m'ouvrir un peu plus, et baisser ma garde plus facilement. Jusqu'à maintenant, je n'ai jamais eu de réels problèmes, j'ai fait d'incroyables connaissances, même si au fond, des vrais amis virtuels, j'en ai à peine quatre. Je m'ouvre plus facilement aux gens que je ne connais pas, il y a quelques mois, j'ai eu de gros soucis personnels, et les premiers vers qui je me suis tourné ont été deux personnes que j'ai connues sur ce site et sur un jeu vidéo, mes vrais contacts ont été mis au courant bien plus tard, ma meilleure amie comprise. Je trouve que c'est plus facile de se laisser aller avec des gens qu'on ne connaît pas forcément.

Je ne vais pas dire que je suis pour, ni contre l'amitié virtuelle, il y a du mal partout, et bien entendu, il faut faire gaffe à qui on parle mais il n'est pas nécessaire d'être tout le temps sur la défense quand on dialogue sur Internet, la preuve, j'ai rencontré des personnes qui aujourd'hui sont comme des frères/sœurs pour moi (et c'est pour ça d'ailleurs qu'ils ne sont que quatre).

Isabelle

Je pense qu'il y a déjà moins de risques quand on n'accorde pas une confiance aveugle directement. Le problème c'est surtout si on a du mal à se rendre compte qu'on est en train de se faire avoir (pour n'importe quelle raison).

Dès qu'on voit quelque cloche et qu'on se sent mal à l'aise, il faut y mettre un terme. Mais je dirais que je suis pour. Quand on a du mal à être sociable, même si ce n'est pas vraiment une solution de se renfermer dans le virtuel, ça fait du bien d'avoir des gens avec qui discuter par Internet. J'ai fait de très, très belles rencontres sur Internet. Quand j'étais plus petite, j'ai connu quelqu'un pendant quatre ans et c'était une amitié très forte. Bon ça s'est mal terminé et depuis on ne se parle plus (ça n'avait rien à voir avec Internet, il m'est arrivé des choses similaires avec des amis IRL(In Real Life), comme quoi) mais pourtant j'en garde d'excellents souvenirs et je suis contente de l'avoir connue.

Hélène

Dans la vraie vie, on a plein de connaissances qu'on apprécie, avec qui on a des affinités… Mais seulement très peu sont de vrais amis. Pour ma part j'en compte 2. Alors l'amitié virtuelle pour moi c'est éphémère, ça ne sera jamais aussi fort qu'une vraie amitié à mon goût. Quand on rencontre quelqu'un sur Internet, il y a tellement de choses qui manquent pour en faire un vrai ami : la personne va raconter en général seulement les points positifs, par exemple, elle ne va pas vous dire qu'elle est raciste : dans la vraie vie ça se remarque. Aussi, c'est important de vraiment rigoler, je veux dire voir que l'autre est vraiment heureux quand il est avec nous. Derrière un écran, ce n'est pas les mêmes blagues spontanées, les mêmes réactions etc. Également, si un jour on a une galère, on n'a pas besoin de quelqu'un qui vous envoie des messages du type « ne t'inquiète pas, ça va aller. » : il doit y avoir une personne avec nous, vraiment.

Nautiljon 05/07/2017

À quelle personne associez-vous chaque point de vue ? Pour chaque affirmation, cochez la bonne réponse.

❶ L'amitié virtuelle n'est que passagère ou temporaire en comparaison avec la vraie amitié.

   A ☐ Max.
   B ☐ Hélène.
   C ☐ Isabelle.

❷ On peut ouvrir son cœur plus facilement à quelqu'un qu'on ne connaît pas bien.

   A ☐ Max.
   B ☐ Hélène.
   C ☐ Isabelle.

❸ La rencontre par Internet est un avantage pour la personne qui a des difficultés à fréquenter des amis dans la réalité.

   A ☐ Max.
   B ☐ Hélène.
   C ☐ Isabelle.

❹ Quand on rencontre quelqu'un par Internet, il est difficile d'identifier sa vraie nature.

   A ☐ Max.
   B ☐ Hélène.
   C ☐ Isabelle.

❺ On n'a pas forcément besoin d'adopter une attitude défensive quand on fait la conversation avec quelqu'un sur Internet.

    A ☐ Max.

    B ☐ Hélène.

    C ☐ Isabelle.

❻ Même si on rompt avec quelqu'un qu'on connaît par Internet, ce genre de situation peut aussi arriver aux amis que l'on rencontre physiquement.

    A ☐ Max.

    B ☐ Hélène.

    C ☐ Isabelle.

Étape 2 문제 2의 필수 어휘를 익히고, 해석을 참조하세요.

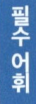

필수 어휘

virtuel 가상의 | **souci (m)** 근심, 걱정 | **mettre au courant** 귀띔하다, 알려주다 | **faire gaffe** 주의하다 | **aveugle** 맹목적인 | **se rendre compte** 깨닫다, 이해하다 | **se faire avoir** 속다 | **cloche (f)** 잘못됨 | **mettre un terme** 끝내다 | **sociable** 사교적인 | **se renfermer** 틀어박히다 | **affinité (f)** 공통점 | **éphémère** 덧없는, 일시적인 | **rigoler** 재미있게 웃다, 장난치다 | **blague (f)** 농담 | **spontané** 자연적인 | **galère (f)** 힘든 일 | **passager** 일시적인 | **rompre** (관계를) 끊다

'가상의 우정, 찬성하는가 반대하는가?'라는 주제로 진행된 프랑스 포럼에서의 세 사람의 의견을 읽으세요.

Max

온라인에서, 저는 조금 더 마음을 열고, 더 쉽게 경계심을 늦추는 경향이 있습니다. 지금까지, 저는 어떤 현실적인 문제도 겪어 본 적이 없습니다. 저는 엄청날 정도로 사람들을 사귀었습니다. 사실상 진정한 가상의 친구는 겨우 4명뿐이라고 해도 말입니다. 저는 제가 알지 못하는 사람들에게 더 쉽게 마음을 엽니다. 몇 달 전에 저는 개인적으로 큰 걱정거리들이 있었고, 제가 가장 처음으로 도움을 요청한 사람들은 제가 이 사이트에서 그리고 비디오 게임에서 알게 된 두 사람이었습니다. 제 가장 친한 친구를 포함하여 제 실제 지인들은 훨씬 나중에 알게 되었습니다. 저는 그렇게 잘 알지 못하는 사람들과 되는 대로 사는 것이 더 쉽다는 것을 알았습니다.

저는 제가 가상의 우정에 찬성한다고도 반대한다고도 말하지 않을 것입니다. 어디에나 나쁜 점은 있고, 물론 우리가 누구에게 말하는지 항상 주의해야 하지만, 우리가 인터넷에서 이야기할 때 항상 방어 태세를 갖출 필요는 없습니다. 그 증거로 저는 오늘날 저에게 있어 형제자매와 같은 사람들을 만났죠. (4명밖에 없는 이유가 바로 이 때문입니다.)

Isabelle

저는 맹목적인 신뢰를 직접적으로 주지 않을 때 이미 위험이 적다고 생각합니다. 문제는 무엇보다도 우리가 속고 있다는 것을 알아차리기 어려운지 아닌지입니다. (어떤 이유에서든 말이죠.)

우리가 무언가가 잘못되었다는 것을 알게 되자마자, 그리고 불편함을 느끼자마자 끝을 내야 합니다. 하지만 저는 (가상의 우정에) 찬성한다고 말하겠습니다. 우리가 사교적이기가 어려울 때, 심지어 가상에 틀어박히는 것이 정말로 해결책이 못 된다고 할지라도, 인터넷을 통해 이야기할 수 있는 사람들을 갖게 되는 것은 도움이 됩니다. 저는 인터넷에서 아주아주 좋은 만남들을 가졌습니다. 제가 더 어렸을 때, 저는 4년 동안 누군가를 알고 지냈고 그것은 매우 단단한 우정이었습니다. 뭐, 좋게 끝나지는 않았고 그 이후로 우리는 더 이상 서로 이야기하지 않지만요. (이건 인터넷과는 아무 상관이 없습니다, 저에게는 현실의 친구들과도 비슷한 일이 일어났으니까요.) 하지만 그럼에도 저는 좋은 기억들을 간직하고 있고, 그 사람을 알았던 것에 만족합니다.

Hélène

실제 삶에서, 우리에게는 우리가 좋아하고, 우리와 공통점을 가지는 많은 지인들이 있습니다. 그러나 진정한 친구는 매우 적습니다. 제 경우에는 2명이죠. 그래서 저에게 있어서 가상의 우정은 덧없습니다. 제가 보기에 이것은 절대 실제의 우정만큼 단단하지 않습니다. 우리가 인터넷에서 누군가를 만날 때, 진정한 친구가 되기에는 부족한 것들이 너무 많습니다: 보통 그 사람은 장점들만 이야기할 것인데, 예를 들어 그 사람은 자기가 인종 차별주의자라는 것을 당신에게 말하지 않을 것입니다: 현실 생활에서 그건 눈에 띄기 마련이죠. 또한, '정말로' 웃는 것이 중요합니다. 제 말은, 다른 사람이 우리와 함께 있을 때 정말로 행복한지 보라는 겁니다. 스크린 너머에서는 이와 같은 자연스러운 농담, 이와 같은 리액션 등이 없습니다. 마찬가지로, 우리가 힘든 시간을 보낸다면, "걱정하지 마, 잘 될 거야" 같은 류의 메시지를 당신에게 보내는 누군가가 필요한 것이 아닙니다: 우리와 실제로 함께 있어 줄 사람이 필요하겠죠.

당신은 어떤 사람에게 각 관점을 연결하겠습니까? 각각의 주장에 정답을 표기하세요.

❶ 가상의 우정은 현실의 우정에 비하면 덧없거나 일시적일 뿐이다.

   A ☐ Max.

   B ☐ Hélène.

   C ☐ Isabelle.

❷ 우리는 우리가 잘 모르는 누군가에게 더 쉽게 마음을 열 수 있다.

   A ☐ Max.

   B ☐ Hélène.

   C ☐ Isabelle.

❸ 인터넷을 통한 만남은 현실에서 친구들을 사귀는 데 어려움을 겪는 사람에게 유리한 조건이다.

   A ☐ Max.

   B ☐ Hélène.

   C ☐ Isabelle.

❹ 누군가를 인터넷을 통해 만날 때, 그의 진짜 성격을 확인하기는 어렵다.

   A ☐ Max.

   B ☐ Hélène.

   C ☐ Isabelle.

❺ 인터넷에서 누군가와 대화할 때, 반드시 방어적인 태도를 취할 필요는 없다.

   A ☐ Max.

   B ☐ Hélène.

   C ☐ Isabelle.

❻ 인터넷을 통해 알게 된 누군가와 절연하게 된다고 할지라도, 이런 종류의 상황은 우리가 물리적으로 만나는 친구들에게도 발생할 수 있다.

   A ☐ Max.

   B ☐ Hélène.

   C ☐ Isabelle.

Étape 3

해설에 따라 문제 분석 및 풀이 요령을 익히세요.

문제 분석

인터넷을 통한 우정에 대한 의견이다. 먼저 의견을 제시한 사람들마다 이에 대해 찬성하는지 아니면 반대하는지, 혹은 중립적인지를 파악하고 그 이유가 무엇인지 살펴야 한다. 특히, 각자 자신이 실제로 경험했던 이야기들을 기술하는 부분에 신경 써야 한다.

풀이 요령

문항	풀이 요령
1	가상의 우정이 현실의 우정에 비해 덧없고 일시적이라고 말한 사람을 찾는 문제이다. Hélène이 말한 내용들 중에 'l'amitié virtuelle pour moi c'est éphémère 저에게 있어서 가상의 우정은 덧없습니다'라는 내용이 있으므로 정답은 **B**. 지문에 있는 어휘를 그대로 사용하지 않고 비슷한 의미의 단어를 사용한 것에 유의한다.

2	우리는 잘 모르는 누군가에게 더 쉽게 마음을 열 수 있다고 말한 사람을 찾는 문제이다. 'Je m'ouvre plus facilement aux gens que je ne connais pas 저는 제가 알지 못하는 사람들에게 더 쉽게 마음을 엽니다'라고 Max가 말했으므로 정답은 **A**.
3	인터넷에서의 만남이 현실에서 친구들을 사귀는 데 어려움을 겪는 사람에게 좋다고 말한 사람을 찾는 문제이다. 'Quand on a du mal à être sociable, même si ce n'est pas vraiment une solution de se renfermer dans le virtuel, ça fait du bien d'avoir des gens avec qui discuter par Internet 우리가 사교적이기가 어려울 때, 심지어 가상에 틀어박히는 것이 정말로 해결책이 못 된다고 할지라도, 인터넷을 통해 이야기할 수 있는 사람들을 갖게 되는 것은 도움이 됩니다'라고 말한 사람이 Isabelle이므로 정답은 **C**.
4	인터넷을 통해 친구를 사귈 때 그 사람의 진짜 성격을 확인하기 어렵다고 말한 사람을 찾는 문제이다. Hélène의 의견 중 'la personne va raconter en général seulement les points positifs, par exemple, elle ne va pas vous dire qu'elle est raciste 보통 그 사람은 장점들만 이야기할 것인데, 예를 들어 그 사람은 자기가 인종 차별주의자라는 것을 당신에게 말하지 않을 것입니다'라는 내용이 있는데, 이는 직접 대면했을 때 알 수 있는 점들을 인터넷에서는 알 수 없어 상대방을 파악하기 어렵다는 뜻이므로 정답은 **B**.
5	인터넷에서 누군가와 말을 할 때 반드시 방어적인 태도를 취할 필요는 없다고 말한 사람을 찾는 문제이다. Max가 'il faut faire gaffe à qui on parle mais il n'est pas nécessaire d'être tout le temps sur la défense quand on dialogue sur Internet 우리가 누구에게 말하는지 항상 주의해야 하지만, 우리가 인터넷에서 이야기할 때 항상 방어 태세를 갖출 필요는 없습니다'라고 하였으므로 정답은 **A**.
6	인터넷을 통한 우정이나 실제 우정 간의 차이가 크지 않다고 말한 사람을 찾는 문제이다. Isabelle이 'ça n'avait rien à voir avec Internet, il m'est arrivé des choses similaires avec des amis IRL 이건 인터넷과는 아무 상관이 없습니다, 저에게는 현실의 친구들과도 비슷한 일이 일어났으니까요'라고 말했으므로 정답은 **C**.

EXERCICE 3 실전 연습

Étape 1 공략에 따라 EXERCICE 3 연습 문제를 풀어 보세요.

Lisez l'opinion de ces trois personnes sur un forum français dont le sujet est « vente de médicaments en ligne : pour ou contre ? »

Dominique
La pharmacie est un rare commerce qui permet encore d'avoir un vrai contact humain car même dans les supermarchés les caissières sont remplacées petit à petit par les caisses automatiques. Il faut vraiment être médecin pour commander les médicaments en ligne. Il y a de plus en plus de nouveautés, des génériques, il faut bien connaître la posologie, parfois la composition pour éviter certaines allergies, les contre-indications de certains médicaments... donc je préfère toujours demander conseil à mon pharmacien. Si j'ai mal aux dents samedi soir je ne peux pas attendre lundi ou mardi pour qu'ils me livrent ma commande de médocs. Je préfère largement aller l'acheter tout de suite à la pharmacie du coin.

Mathilda
Personnellement ma pharmacie est déjà en libre service sur Internet, elle est passée à la télé l'autre jour, c'est celle de Caen. Et je trouve ça beaucoup plus simple car parfois je sors du médecin après 19h 30 mais la pharmacie est fermée. Je vais donc sur Internet commander et le lendemain j'ai mes médicaments chez moi. Parfois on ne peut pas sortir de chez soi donc comment aller à la pharmacie ? Un simple clic et ce problème est résolu. Les médicaments en ligne sans ordonnance nous sont livrés, ceux avec ordonnance sont à venir chercher mais le temps d'attente n'est pas même 2 minutes suite à la création d'une nouvelle caisse faite pour ces clients d'Internet. Cela reste sécurisé car on ne nous livre pas des médicaments qui ne sont pas déjà en libre service dans la pharmacie.

Célia
Le seul avantage d'acheter les médicaments en ligne, c'est le fait qu'on pourra se les procurer le plus souvent moins cher que dans une pharmacie traditionnelle. Mais si le gros des clients se tourne vers les pharmacies en ligne pour acheter leurs médicaments non soumis à la prescription, les pharmacies du quartier fermeront l'une après l'autre. Ils ne pourront pas vivre que de la vente d'antibiotiques et médicaments remboursables par la Sécu dont le prix est très encadré. Donc je pense que la pharmacie en ligne représente tout de même un danger pour les officines en ville et en conséquence certains pharmaciens pourraient se trouver assez rapidement au chômage.

NEToo 20/11/2012

À quelle personne associez-vous chaque point de vue ? Pour chaque affirmation, cochez la bonne réponse.

❶ Acheter des médicaments par Internet ne doit être possible que pour les gens qui les connaissent vraiment bien.

A ☐ Célia.
B ☐ Mathilda.
C ☐ Dominique.

❷ La vente de médicaments en ligne a un avantage dans le sens où l'on n'est pas gêné par l'heure d'ouverture de la pharmacie.

A ☐ Célia.
B ☐ Mathilda.
C ☐ Dominique.

❸ Si on achète les médicaments en ligne, on peut bénéficier d'un prix.

A ☐ Célia.
B ☐ Mathilda.
C ☐ Dominique.

❹ On n'a pas besoin d'attendre longtemps pour avoir les médicaments avec ordonnance si on les commande en ligne.

A ☐ Célia.
B ☐ Mathilda.
C ☐ Dominique.

❺ La vente de médicaments en ligne est un problème lorsque l'on en a besoin pendant le week-end.

    A ☐ Célia.
    B ☐ Mathilda.
    C ☐ Dominique.

❻ Les moyens de subsistance des pharmaciens peuvent être menacés par la vente de médicaments en ligne.

    A ☐ Célia.
    B ☐ Mathilda.
    C ☐ Dominique.

Étape 2 문제 3의 필수 어휘를 익히고, 해석을 참조하세요.

필수 어휘

caissier 회계원, 계산원 | caisse (f) 계산대, 창구 | nouveauté (f) 신제품 | générique 일반 의약품 | posologie (f) 복용법 | contre-indication (f) 금기 징후 | médoc = médicament (m) 의약품 | libre-service (m) 셀프 서비스, 무인 판매 | ordonnance (f) 처방전 | se procurer 얻다 | prescription (f) 처방 | antibiotique (m) 항생제 | Sécu = Sécurité sociale (f) 국민 건강 보험 | encadré 제한된, 둘러싸인 | officine (f) 약국

'온라인 의약품 판매, 찬성하는가 반대하는가?'라는 주제로 진행된 프랑스 포럼에서의 세 사람의 의견을 읽으세요.

Dominique
약국은 여전히 사람과의 실제적인 접촉을 할 수 있게 해 주는 몇 안 되는 상점입니다. 왜냐하면 슈퍼마켓에서마저도 계산원들이 조금씩 자동 계산대로 대체되고 있기 때문입니다. 온라인으로 의약품들을 주문하기 위해서는 실제로 의사여야 합니다. 점점 더 많은 신제품들, 일반 의약품들이 나오고 있고, 복용법과 때때로 특정 알레르기를 피하기 위한 성분, 특정 의약품들의 금기 징후들을 잘 알아야 합니다. 그래서 저는 항상 제 약사에게 조언을 구하는 것을 선호합니다. 토요일 저녁에 이가 아프면, 저는 제가 주문한 의약품들이 배송될 월요일이나 화요일까지 기다릴 수 없습니다. 대개 저는 곧바로 동네 약국에 그것을 사러 가는 편을 선호합니다.

Mathilda
개인적으로, 제 약국은 이미 인터넷에서 무인 판매가 되고 있으며 이전에 TV에 방송되었고, Caen에 있는 약국

입니다. 그리고 저는 이것이 훨씬 간단하다고 생각하는데, 왜냐하면 때때로 제가 19시 30분 이후로 병원을 나서면 약국은 문이 닫혀 있기 때문입니다. 그래서 저는 인터넷으로 주문을 하고 그 다음날 저희 집에서 약을 받습니다. 때때로 우리가 집에서 나갈 수 없을 때, 약국은 어떻게 가야 하나요? 간단한 클릭 한 번이면 이 문제는 해결됩니다. 처방전이 없어도 되는 인터넷 의약품들은 우리에게 배달되고, 처방전이 필요한 것들은 찾으러 가야 하지만, 이러한 인터넷 고객들을 위해 만들어진 새로운 창구 덕분에 대기 시간은 2분도 안 됩니다. 아직 약국에서 무인 판매가 되지 않고 있는 약들은 배송되지 않기 때문에, 이는 안전합니다.

Célia
온라인으로 의약품을 구매하는 것의 유일한 장점은 우리가 대체로 전통적인 약국에서보다 싸게 그것들을 얻을 수 있다는 사실입니다. 만약 고객들의 대부분이 처방전이 필요 없는 의약품들을 사기 위해 온라인 약국으로 향하게 된다면, 동네 약국들은 차례로 문을 닫게 될 것입니다. 항생제와 건강 보험에 의해 환급될 수 있지만 그 금액이 매우 제한된 의약품들의 판매만으로는 살아남을 수 없습니다. 그래서 저는 온라인 약국이 어쨌든 도시의 약국들에 위험을 나타내며, 결과적으로 어떤 약사들은 아주 빠르게 실업자가 될 수도 있을 것이라고 생각합니다.

당신은 어떤 사람에게 각 관점을 연결하겠습니까? 각각의 주장에 정답을 표기하세요.

❶ 인터넷을 통해 의약품을 사는 것은 정말 의약품들을 잘 아는 사람들에게만 가능해야 한다.

A ☐ Célia.
B ☐ Mathilda.
C ☐ Dominique.

❷ 온라인상에서의 의약품 판매는 약국의 영업 시간에 의해 제약을 받지 않아도 된다는 점에서 장점을 가진다.

A ☐ Célia.
B ☐ Mathilda.
C ☐ Dominique.

❸ 만일 온라인상으로 의약품을 산다면, 우리는 가격의 혜택을 받을 수 있다.

A ☐ Célia.
B ☐ Mathilda.
C ☐ Dominique.

❹ 온라인상으로 처방전이 필요한 의약품들을 주문하면 그것들을 갖는 데 오래 기다릴 필요가 없다.

   A ☐ Célia.

   B ☐ Mathilda.

   C ☐ Dominique.

❺ 온라인상에서의 의약품 판매는 주말 동안 약이 필요할 경우 문제가 된다.

   A ☐ Célia.

   B ☐ Mathilda.

   C ☐ Dominique.

❻ 약사들의 생계 수단은 온라인상에서의 의약품 판매에 의해 위협받을 수 있다.

   A ☐ Célia.

   B ☐ Mathilda.

   C ☐ Dominique.

Étape 3 해설에 따라 문제 분석 및 풀이 요령을 익히세요.

문제 분석

온라인상으로 의약품을 판매하는 것에 대한 내용이다. 먼저 의견을 제시한 사람들마다 이에 대해 찬성하는지 아니면 반대하는지, 혹은 중립적인지를 파악하고 그 이유에 초점을 맞추어야 한다. 특히, 각각의 입장에서의 장점과 단점은 무엇인지에 주목하자. 예를 들어 의약품을 온라인으로 구입하는 것의 장점과 단점을 분명히 파악해야 한다.

풀이 요령

문항	풀이 요령
1	인터넷을 통해 의약품을 사는 사람들의 자격이나 능력과 관련된 문제이다. 'Il faut vraiment être médecin pour commander les médicament en ligne 온라인으로 의약품들을 주문하기 위해서는 실제로 의사여야 합니다'라고 말한 사람은 Dominique이므로 정답은 **C**.
2	온라인상에서의 의약품 판매가 가지고 있는 장점들 중 하나인 시간의 자유로움에 대해 말한 사람을 찾는 문제이다. Mathilda는 'parfois je sors du médecin après 19h 30 mais la pharmacie est fermée 때때로 제가 19시 30분 이후로 병원을 나서면 약국은 문이 닫혀 있'다고 하였다. 따라서 정답은 **B**.

3	온라인상으로 의약품을 싼 값에 구입할 수 있다는 내용이다. Célia가 'Le seul avantage d'acheter les médicaments en ligne, c'est le fait qu'on pourra se les procurer le plus souvent moins cher que dans une pharmacie traditionnelle 온라인으로 의약품을 구매하는 것의 유일한 장점은 우리가 대체로 전통적인 약국에서보다 싸게 그것들을 얻을 수 있다는 사실입니다'라고 하였으므로 정답은 **A**.
4	온라인상으로 처방전이 필요한 의약품들을 주문했을 때 오래 기다릴 필요가 없다는 내용이다. 'ceux avec ordonnance sont à venir chercher mais le temps d'attente n'est pas même 2 minutes 처방전이 필요한 것들은 찾으러 가야 하지만, 대기 시간은 2분도 안 됩니다'라고 말한 사람은 Mathilda이므로 정답은 **B**.
5	온라인상에서의 의약품 판매의 단점으로 주말 동안 약이 필요할 경우 문제가 된다는 내용이다. Dominique가 'Si j'ai mal aux dents samedi soir je ne peux pas attendre lundi ou mardi pour qu'ils me livrent ma commande de médocs 토요일 저녁에 이가 아프면, 저는 제가 주문한 의약품들이 배송될 월요일이나 화요일까지 기다릴 수 없습니다'라고 하였다. 따라서 정답은 **C**.
6	약사들의 생계가 온라인상에서의 의약품 판매에 의해 위협을 받는다는 내용이다. Célia가 'la pharmacie en ligne représente tout de même un danger pour les officines en ville et en conséquence certains pharmaciens pourraient se trouver assez rapidement au chômage 온라인 약국이 어쨌든 도시의 약국들에 위험을 나타내며, 결과적으로 어떤 약사들은 아주 빠르게 실업자가 될 수도 있을 것'이라고 생각한다고 하였으므로 정답은 **A**.

EXERCICE 3 실전 연습

Étape 1 공략에 따라 EXERCICE 3 연습 문제를 풀어 보세요.

Lisez l'opinion de ces trois personnes sur un forum français dont le sujet est « Faire du vélo en ville : pour ou contre ? »

Thierry

J'habite dans le top 10 des plus grandes villes de France. Je serais donc confronté aux dangers suivants sur mon trajet : trams, bus, scooters, motos, voitures, lycée, zone 30, camions de livraison, travaux, rond-points, pas de feux ni de stop sur le trajet, voie avec absence de piste cyclables à certain endroit. Je ne suis pas dans l'hypercentre mais il y a beaucoup de voitures aux heures d'affluence.

En tant qu'automobiliste, j'essaie de faire au maximum attention aux cyclistes et je n'ai pas encore vu de gros soucis de cohabitation sur mon trajet quotidien. Mais ça m'est déjà arrivé de ne pas en voir un qui arrivait en face à cause d'une autre voiture qui me le masquait parce qu'elle a tourné juste devant lui. J'ai eu peur (pour lui), même si j'étais finalement encore bien loin. À mon avis, ce qui est important, c'est de ne pas relâcher la surveillance quand on prend le volant.

Objectivement, je pense que c'est possible de faire du vélo. Mais j'ai l'impression que le risque n'en vaut pas la chandelle. Ce n'est peut-être qu'une réaction d'automobiliste.

Sophie

Parce que le top 10 des plus grandes villes de France, c'est bien. Mais toutes les villes ne se ressemblent pas. On ne conduit pas sa voiture de la même façon à Marseille qu'à Bordeaux. Et les pistes cyclables à Strasbourg ne ressemblent pas à celles de Paris. Peut être que vous avez des dizaines de participants qui habitent dans la même ville que vous, et qui pourront partager leur expérience, qui pourront vous confirmer que c'est réellement dangereux dans votre ville, dans votre quartier. À mon avis, ce n'est qu'une impression personnelle de votre part, et chacun peut avoir son avis différent sur le danger.

Il suffit d'une légère adaptation de la part du cycliste pour que ça se passe bien (c'est à lui de faire attention, et d'anticiper la réaction des automobilistes).

Alors j'ai l'impression que vous êtes réticent à faire du vélo pour aller bosser, et que le but de cette discussion est juste que l'on vous confirme que ça ne vaut pas le coup, histoire d'avoir la conscience tranquille. C'est votre choix, et personne ne peut vous faire changer d'avis.

Patrick

Pour que la ville soit vivable à vélo, il faut un tout petit peu de volonté des élus et alors tout y est beaucoup plus simple. Pour avoir été étudiant à vélo dans Paris je mesure les très grands progrès faits dans le sens du vélo dans la capitale. Cela n'est pas encore à la hauteur des villes allemandes : Hambourg; Koln; Frankfurt. Mais cela avance dans le bon sens. Il faut donc bien choisir ses élus pour que le vélo devienne possible dans les villes en France. Des mauvais choix municipaux peuvent détruire une tradition de déplacement à vélo en quelques années.

Personnellement je fais des milliers de km/an en vélo (en ville et à la campagne) et je ne trouve pas ça particulièrement dangereux, l'essentiel est de savoir conduire votre véhicule : être au courant de ce qui se passe autour et choisir un itinéraire et une trajectoire qui évite au maximum les situations accidentogènes.

Futura

À quelle personne associez-vous chaque point de vue ? Pour chaque affirmation, cochez la bonne réponse.

❶ Faire du vélo dans une grande ville n'est pas très sûr car on peut se trouver dans une situation dangereuse.

A ☐ Sophie.
B ☐ Thierry.
C ☐ Patrick.

❷ La situation du trafic est différente même entre les plus grandes villes.

A ☐ Sophie.
B ☐ Thierry.
C ☐ Patrick.

❸ C'est une bonne stratégie de l'autorité administrative qui est la plus importante pour faire du vélo en ville.

A ☐ Sophie.
B ☐ Thierry.
C ☐ Patrick.

❹ Le sentiment de danger en faisant du vélo en ville dépend des personnes.

   A ☐ Sophie.
   B ☐ Thierry.
   C ☐ Patrick.

❺ Quand on conduit une voiture dans une grande ville, il ne faut surtout pas relâcher la vigilance pour prévenir l'accident en vélo.

   A ☐ Sophie.
   B ☐ Thierry.
   C ☐ Patrick.

❻ Bien choisir un aménagement cyclable est l'une des meilleures façons d'éviter l'accident du vélo.

   A ☐ Sophie.
   B ☐ Thierry.
   C ☐ Patrick.

Étape 2

문제 4의 필수 어휘를 익히고, 해석을 참조하세요.

필수 어휘

rond-point (m) 원형 교차로 | piste cyclable (f) 자전거 전용 도로 | hypercentre (m) 도심 중심부 | heures d'affluence 러시아워 | cohabitation (f) 공존, 동거 | relâcher 늦추다 | objectivement 객관적으로 | le risque n'en vaut pas la chandelle 위험을 감수할 필요가 없다 | anticiper 예상하다 | réticent 주저하는 | bosser 일하다 | avoir la conscience tranquille 양심에 거리낌이 없다 | trajectoire (f) 경로 | accidentogène 사고가 날 수 있는

'도시에서 자전거 타기, 찬성하는가 반대하는가?'라는 주제로 진행된 프랑스 포럼에서의 세 사람의 의견을 읽으세요.

Thierry
저는 프랑스의 10대 대도시에 살고 있습니다. 그래서 저는 길을 갈 때 다음과 같은 위험들에 직면하게 됩니다: 트램, 버스, 스쿠터, 오토바이, 자동차, 고등학교, 시속 30km 제한 구역, 배달 트럭, 공사, 원형 교차로, 신호등도 우선멈춤 표시도 없는 길, 어떤 장소에 자전거 전용 도로가 없는 길. 저는 도심의 중심부에 있는 것이 아닌데도 러시아워에 자동차들이 많습니다.

저는 자동차 운전자로서 자전거 타는 사람들에게 최대한 주의를 기울이려고 노력하고, 아직은 제 출근길에서 자동차와 자전거가 같이 다니는 것의 큰 문제는 보지 못했습니다. 하지만 제게서 자전거 운전자를 가리는 또 다른 자동차 때문에 정면에서 오는 자전거 운전자를 보지 못하는 일은 저에게 이미 일어났는데, 자동차가 그의 바로 앞에서 돌았기 때문입니다. 결국 제가 꽤 멀리 떨어졌음에도 저는 그 자전거 운전자가 걱정되었습니다. 제 생각에, 중요한 것은 운전 중일 때 경계를 늦추지 않는 것입니다.

객관적으로 저는 자전거를 탈 수는 있다고 생각하지만 위험을 감수할 필요는 없다고 생각합니다. 이건 어쩌면 단지 자동차 운전자의 반응일 뿐일 수도 있겠지만요.

Sophie

프랑스의 10대 대도시이기 때문에 좋습니다. 하지만 모든 도시들이 비슷한 것은 아닙니다. 우리는 마르세유와 보르도에서 똑같은 방식으로 차를 운전하지 않습니다. 그리고 스트라스부르의 자전거 전용 도로는 파리의 그것과는 다릅니다. 아마도 당신과 같은 도시에 살고, 그들의 경험을 공유할 수 있고, 당신의 도시, 당신의 동네에서는 실제로 위험하다는 것을 당신에게 확인시켜 줄 수 있는 수십 명의 참가자들이 있을 것입니다. 제 생각에 이것은 당신의 개인적인 생각일 뿐이며, 각자는 위험에 대해 다른 생각을 가지고 있을 수 있습니다.

이것이 잘 진행되기 위해서는 자전거 운전자들의 가벼운 적응으로 충분합니다. (주의를 기울이는 것도, 자동차 운전자들의 반응을 예상하는 것도 그의 몫입니다.)

저는 여러분이 자전거를 타고 출근하는 것을 꺼려하며, 이 토론의 목적이 바로 여러분에게 그것이 그만한 가치가 없음을 확신시켜 주는 것이라고 생각합니다. 양심에 거리낄 것이 없도록 하기 위해서요. 그것은 당신의 선택이고, 아무도 당신의 생각을 바꾸게 할 수 없습니다.

Patrick

도시가 자전거를 타기에 좋은 곳이 되기 위해서는 의원들의 아주 작은 의지가 필요하며, 그러면 모든 것이 훨씬 간단해질 것입니다. 파리에서 자전거를 타는 학생이었던 저는, 수도에서 자전거에 있어서 아주 큰 발전이 이루어졌다고 생각합니다. 이는 아직 함부르크, 쾰른, 프랑크푸르트 등 독일 도시들의 수준에는 미치지 못하지만, 좋은 방향으로 발전하고 있습니다. 그러므로 프랑스의 도시들에서 자전거 타기가 가능해지도록 하기 위해서는 의원들을 잘 선출해야 합니다. 잘못된 시의원 선택은 몇 년 안에 자전거 타기의 전통을 파괴할 수도 있습니다. 개인적으로 저는 (도시와 시골에서) 매년 수천 킬로미터씩 자전거를 타는데, 그것이 특별히 위험하다고는 생각하지 않습니다. 중요한 것은 교통수단을 운전할 줄 아는가입니다: 주변에서 무슨 일이 일어나고 있는지 아는 것, 길과 사고가 날 수 있는 상황을 최대한 피하는 경로를 선택하는 것입니다.

당신은 어떤 사람에게 각 관점을 연결하겠습니까? 각각의 주장에 정답에 표기하세요.

❶ 대도시에서 자전거를 타는 것은 매우 안전하지는 않은데 왜냐하면 위험한 상황에 놓일 수 있기 때문이다.

　　A □ Sophie.

　　B □ Thierry.

　　C □ Patrick.

❷ 교통 상황은 가장 큰 도시들 사이에서조차 다르다.

　　A ☐ Sophie.

　　B ☐ Thierry.

　　C ☐ Patrick.

❸ 도시에서 자전거를 타기 위해 가장 중요한 것은 행정 당국의 좋은 전략이다.

　　A ☐ Sophie.

　　B ☐ Thierry.

　　C ☐ Patrick.

❹ 도시에서 자전거를 타면서 위험하다고 느끼는 감정은 사람들마다 다르다.

　　A ☐ Sophie.

　　B ☐ Thierry.

　　C ☐ Patrick.

❺ 대도시에서 자동차를 운전할 때, 자전거 사고를 예방하기 위해 특히 경계를 늦추지 말아야 한다.

　　A ☐ Sophie.

　　B ☐ Thierry.

　　C ☐ Patrick.

❻ 자전거 길을 잘 선택하는 것은 자전거 사고를 피하는 가장 좋은 방법들 중 하나이다.

　　A ☐ Sophie.

　　B ☐ Thierry.

　　C ☐ Patrick.

Étape 3　**해설에 따라 문제 분석 및 풀이 요령을 익히세요.**

문제 분석

도심에서 자전거를 타는 것에 관련한 문제이다. 먼저 의견을 제시한 사람들마다 이에 대해 찬성하는지 아니면 반대하는지를 파악하고 그 이유들에 대한 설명에 초점을 맞추어야 한다. 특히 이 주제와 관련하여 도심에서 자전거를 탈 때 어떤 위험들이 도사리고 있는지를 기술하는 부분에 신경을 써야 한다. 또한 지문에 있는 어휘나 표현이 문제에서는 의미가 동일한 다른 어휘나 표현으로 나타난다는 점에 특히 유의해야 한다.

문항	풀이 요령
1	대도시에서 자전거를 타는 것의 위험성을 언급하고 있다. 대도시에 살고 있다는 Thierry의 말 중에 'Je serais donc confronté aux dangers suivants sur mon trajet 그래서 저는 길을 갈 때 다음과 같은 위험들에 직면하게 됩니다'라는 내용이 있으므로 정답은 **B**.
2	도시들 간의 교통 상황에 차이가 있다는 내용이다. 'toutes les villes ne se ressemblent pas 모든 도시들이 비슷한 것은 아니다'라고 말한 사람은 Sophie이므로 정답은 **A**.
3	도시에서 자전거를 타기 위해서 행정 당국의 역할이 매우 중요하다고 말한 사람을 찾는 문제이다. 'Il faut donc bien choisir ses élus pour que le vélo devienne possible dans les villes en France 그러므로 프랑스의 도시들에서 자전거 타기가 가능해지도록 하기 위해서는 의원들을 잘 선출해야 합니다'라고 말한 사람은 Patrick이다. 또한 'Des mauvais choix municipaux peuvent détruire une tradition de déplacement à vélo en quelques années 잘못된 시의원 선택은 몇 년 안에 자전거 타기의 전통을 파괴할 수도 있습니다'라는 문장에서 행정을 담당하는 사람들이 의원이라는 점을 감안할 때 정답은 **C**.
4	도시에서 자전거를 탈 때 느끼는 감정에 대한 문제이다. 'ce n'est qu'une impression personnelle de votre part, et chacun peut avoir son avis différent sur le danger 이것은 당신의 개인적인 생각일 뿐이며, 각자는 위험에 대해 다른 생각을 가지고 있을 수 있습니다'라는 말을 한 사람은 Sophie이다. 따라서 정답은 **A**.
5	대도시에서 운전 시 자전거 사고를 예방하기 위한 경계에 대해 언급하고 있다. Thierry가 'ce qui est important, c'est de ne pas relâcher la surveillance quand on prend le volant 중요한 것은 운전 중일 때 경계를 늦추지 않는 것입니다'라는 말을 하였다. 따라서 정답은 **B**.
6	자전거 사고를 피하는 방법에 대해 말한 사람을 찾는 문제이다. Patrick은 'choisir un itinéraire et une trajectoire qui évite au maximum les situations accidentogènes 사고가 날 수 있는 상황을 최대한 피하는 경로를 선택하는 것'이 중요하다는 말을 하였다. 따라서 정답은 **C**.

EXERCICE 3 실전 연습

Étape 1 공략에 따라 EXERCICE 3 연습 문제를 풀어 보세요.

Lisez l'opinion de ces trois personnes sur un forum français dont le sujet est « les robots dans nos vies : pour ou contre ? »

Véronique
Il ne s'agit pas de remplacer les humains et les robots ont peut-être leur place dans notre monde. Les robots peuvent assister l'homme, accompagner surtout les personnes âgées qui retournent en enfance et qui recherchent une aide ménagère. Même avec les associations il n'est pas concevable de leur offrir un assistanat 24/24 alors les robots permettront peut-être de libérer des places dans les hospices, apporter ce dont ont besoin ces personnes pas forcément dépendantes mais isolées. Je suis sûre que la majorité des gens préféreront avoir un robot chez eux plutôt que de devoir partir en maison de retraite. Alors il s'agit simplement de l'offre face à la demande et le développement de la haute technologie. Une simple programmation pour des fonctions précises alors les aides ménagères existeront toujours comme les mariages d'ailleurs !!!

Gérard
Pour moi il est inconcevable qu'un robot remplace l'homme dans des soutiens auprès de personnes âgées, invalides. Les gens ont besoin de sociabilité sinon ils restent cloîtrés chez eux et ne sympathisent pas ensemble.
Je possède un aspirateur, des robots ménagers mais cela remplace un balai, un hachoir. L'homme les utilise pour accomplir sa tâche, mais il doit le porter, le mettre en route.
Les films en rapport avec les robots tels que « I robot », « Wall-E », « Terminator » sont des films futuristes qui nous dévoilent l'avenir. Mais vous pourrez constater dans ceux ci-dessus susnommés (Chacun d'entre eux je les ai déjà vus sur DVD ou à la télé) que les robots n'ont pas de sentiment, certains n'ont pas de conscience. En tout cas, j'ai bien peur que les robots détruisent les hommes car ils provoquent plus de chômage.

Laurent
Comme toute chose, il y a du pour et du contre. En effet, cela peut être utile dans certains cas : le robot ne prend pas de congés, ne juge pas, ne tombe pas malade mais cependant peut être en panne... Il peut rendre des services aux personnes malades, âgées ou handicapées. Par contre, il ne peut remplacer la chaleur humaine, le lien d'amitié qui unit 2 personnes. Il n'éprouve rien, ne pense rien mais il est seulement programmé pour effectuer des tâches programmées. C'est d'ailleurs étonnant de les voir accomplir leur travail dans

une usine, leur précision fait peur à voir. Mais la chaleur humaine n'est pas là et ne sera. Je l'espère jamais remplacée !

Marie Claire

À quelle personne associez-vous chaque point de vue ? Pour chaque affirmation, cochez la bonne réponse.

1 Les robots ne sont pas capables de soigner des gens handicapés comme aide-soignants.

A ☐ Gérard.

B ☐ Laurent.

C ☐ Véronique.

2 Les gens peuvent perdre leur emplois à cause des robots.

A ☐ Gérard.

B ☐ Laurent.

C ☐ Véronique.

3 On peut avoir des problèmes à cause des défauts mécaniques même si on utilise des robots.

A ☐ Gérard.

B ☐ Laurent.

C ☐ Véronique.

4 La robotisation a à la fois des avantages et des inconvénients pour les êtres humains.

A ☐ Gérard.

B ☐ Laurent.

C ☐ Véronique.

❺ Les associations ne peuvent pas fournir tout le temps un assistant aux personnes âgées dans une maison de retraite.

   A ☐ Gérard.
   B ☐ Laurent.
   C ☐ Véronique.

❻ Les robots jouent un rôle non seulement pour les malades mais aussi pour les gens solitaires.

   A ☐ Gérard.
   B ☐ Laurent.
   C ☐ Véronique.

Étape 2

문제 5의 필수 어휘를 익히고, 해석을 참조하세요.

필수 어휘

concevable 생각(상상)할 수 있는 | hospice (m) 양로원 | maison de retraite (f) 양로원 | invalide 불구의 | sociabilité (f) 사회성 | cloîtré 틀어박힌 | sympathiser 어울리다 | aspirateur (m) 청소기 | balai (m) 빗자루 | hachoir (m) 고기 다지는 기구, 식칼 | dévoiler 밝히다 | susnommé 위에 언급된 | éprouver 느끼다

'우리 삶의 로봇들, 찬성하는가 반대하는가?'라는 주제로 진행된 프랑스 포럼에서의 세 사람의 의견을 읽으세요.

Véronique
인간을 대체한다는 것이 아니며, 어쩌면 로봇들은 우리 세계에 자리잡았습니다. 로봇들은 인간을 도와줄 수 있고, 특히 어린 시절로 되돌아간, 가사 도우미를 찾는 노인들을 수행할 수 있습니다. 심지어 (사회) 단체들과 함께라도 24시간 내내 그들에게 도움을 제공하는 것은 상상할 수 없는 일이며, 로봇들은 아마도 양로원에 자리가 나게 해 줄 것이고, 그렇게 의존적이지는 않지만 고독한 사람들이 필요로 하는 것을 가져다줄 것입니다. 저는 대부분의 사람들이 양로원으로 떠나야 하는 것보다 그들의 집에 로봇을 두는 것을 더 좋아할 거라고 확신합니다. 그래서 이것은 그저 수요에 대한 공급과 하이테크의 발전의 문제일 뿐입니다. 정밀한 활동들을 위한 단순한 프로그래밍이라서 가사 도우미들은 결혼처럼 여전히 존재할 것입니다.

Gérard
저는 노인들과 장애인들을 부양하는 것에 있어서 로봇이 인간을 대체한다는 것을 상상할 수 없습니다. 사람들은 사교성이 필요합니다. 그렇지 않으면 그들은 자신의 집에 틀어박힌 채 함께 어울리지 못하게 됩니다. 저는 진공 청소기와 가정용 로봇을 가지고 있는데, 이것은 빗자루와 식칼을 대체합니다. 인간은 자신의 일을 완수하기 위해 그것들을 사용하지만, 그는 그것을 옮겨서 작동시켜야 합니다.

'아이로봇', '월-E', '터미네이터'와 같이 로봇과 관련된 영화들은 우리에게 미래를 보여주는 미래 지향적 영화들입니다. 그러나 당신은 위에 언급된 영화들에서(저는 그것들을 각각 DVD나 TV에서 이미 보았습니다) 로봇들이 감정이 없다는 것과 어떤 로봇들은 양심이 없다는 것을 확인할 수 있을 것입니다. 어쨌든, 저는 로봇들이 더 많은 실업을 유발해서 인간을 파괴할까 봐 두렵습니다.

Laurent
모든 것이 그런 것처럼 장단점이 있습니다. 실제로 이것은 어떤 경우에는 유용할 수 있습니다: 로봇은 휴가도 내지 않고, 판단하지 않으며, 병에 걸리지도 않습니다. 하지만 고장날 수는 있죠… 그것은 아픈 사람들, 나이 든 사람들, 장애가 있는 사람들에게 도움을 줄 수 있습니다. 반대로, 인간적인 온정, 두 사람을 연결해 주는 우정의 관계를 대체할 수는 없습니다. 그것은 아무것도 느끼지 못하고, 생각하지 못하며, 단지 프로그래밍 된 임무들을 수행하기 위해 짜여 있을 뿐입니다. 게다가 공장에서 그들의 일을 해내는 것을 보는 것은 놀랍습니다. 그들의 정확함은 보기 두려울 정도입니다. 하지만 인간적인 온정은 거기 없으며, 없을 것입니다. 저는 이것이 결코 대체되지 않기를 바랍니다!

당신은 어떤 사람에게 각 관점을 연결하겠습니까? 각각의 주장에 정답을 표기하세요.

❶ 로봇들은 간병인처럼 장애인들을 돌볼 수 없다.

  A ☐ Gérard.
  B ☐ Laurent.
  C ☐ Véronique.

❷ 사람들은 로봇들 때문에 그들의 직업을 잃을 수 있다.

  A ☐ Gérard.
  B ☐ Laurent.
  C ☐ Véronique.

❸ 로봇들을 이용한다고 해도 기계적 결함들 때문에 문제가 있을 수 있다.

  A ☐ Gérard.
  B ☐ Laurent.
  C ☐ Véronique.

❹ 로봇화는 인류에게 장점들과 단점들을 동시에 갖는다.

  A ☐ Gérard.
  B ☐ Laurent.
  C ☐ Véronique.

❺ (사회) 단체들이 양로원의 노인들에게 항상 도우미를 제공할 수 있는 것은 아니다.

  A ☐ Gérard.
  B ☐ Laurent.
  C ☐ Véronique.

❻ 로봇들은 환자들뿐 아니라 고독한 사람들을 위해서도 역할을 한다.

  A ☐ Gérard.
  B ☐ Laurent.
  C ☐ Véronique.

Étape 3

해설에 따라 문제 분석 및 풀이 요령을 익히세요.

문제 분석

로봇에 관련한 문제이다. 먼저 의견을 제시한 사람들마다 이에 대해 찬성하는지 아니면 반대하는지를 파악하고 그 이유들에 대한 설명에 초점을 맞추어야 한다. 이 문제와 같이 어떠한 개념이나 현상에 대한 찬성 혹은 반대 의견들이 번갈아 제시되는 글의 경우, 우선 각각이 찬성 혹은 반대 중 어떤 입장인지를 파악하는 것이 좋다. 그런 다음, 그 의견에 대한 근거를 살피는 방식으로 글을 읽어 나가는 것이 문제를 푸는 데 도움이 될 것이다.

풀이 요령

문항	풀이 요령
1	로봇이 간병인처럼 장애인을 돌볼 수 없다는 내용이다. Gérard는 'Pour moi il est inconcevable qu'un robot remplace l'homme dans des soutiens auprès de personnes âgées, invalides 저는 노인들과 장애인들을 부양하는 것에 있어서 로봇이 인간을 대체한다는 것을 상상할 수 없습니다'라고 하였다. 따라서 정답은 **A**.
2	로봇들로 인한 인간의 실업에 관한 문제로서 Gérard는 'j'ai bien peur que les robots détruisent les hommes car ils provoquent plus de chômage 저는 로봇들이 더 많은 실업을 유발해서 인간을 파괴할까 봐 두렵습니다'라고 하였다. 따라서 정답은 **A**.
3	로봇의 결함에 대한 문제로서, Laurent은 'le robot ne prend pas de congés, ne juge pas, ne tombe pas malade mais cependant peut être en panne 로봇은 휴가도 내지 않고, 판단하지 않으며, 병에 걸리지도 않습니다. 하지만 고장날 수는 있죠'라고 말하였다. 이는 곧 기계적 결함을 의미하므로 정답은 **B**.
4	로봇의 장단점에 대해 묻는 문제이다. 지문에서 Laurent은 'Comme toute chose, il y a du pour et du contre 모든 것이 그런 것처럼 장단점이 있습니다'라고 하며 로봇 또한 장단점이 있다고 하였다. 그러므로 정답은 **B**.

5	사회 단체가 양로원의 노인들에게 항상 도우미를 제공할 수 있는지 여부에 대해 말한 사람을 찾는 문제이다. Véronique가 'Même avec les associations il n'est pas concevable de leur offrir un assistanat 24/24 심지어 (사회) 단체들과 함께라도 24시간 내내 그들에게 도움을 제공하는 것을 상상할 수 없는 일이며'라고 하였으므로 정답은 **C**.
6	로봇의 역할에 관련된 문제이다. Véronique는 로봇이 'ces personnes pas forcément dépendantes mais isolées 그렇게 의존적이지 않더라도 고독한 사람들'이 필요로 하는 것을 가져다줄 것이라고 하였다. 따라서 정답은 **C**.

Production écrite

1 작문 완전 분석

토론이나 비평 기사, 공식적인 편지 등에 대한 자신의 주장이나 의견을 개진하는 문제 유형이다. 이러한 유형의 글을 쓸 때에는 자신의 주장이나 의견을 논리적이고 합리적으로 전개하는 것이 중요하다.

2 작문 평가 방식 [1시간, 25점]

- 문제에서 요구하는 지시 사항을 준수하였는가?
- 분량이 적절한가?
- 작문 상황 및 글을 쓰는 대상(수신자)을 고려하여 썼는가?
- 상황에 맞는 공식적인 표현을 사용하였는가?
- 사실, 사건 혹은 상황을 명확하고 구체적으로 언급하였는가?
- 중심 내용과 세부 내용을 적합한 방식으로 논증하였는가?
- 논리적이며, 일관성 있게 내용을 전개하였는가?
- 상황에 적합한 어휘를 사용하였는가?
- 정확한 철자 및 문장 부호를 사용하였는가?
- 글의 형식이 체계적이고, 각각의 문장이 적절하고 정확한가?
- 다양한 구문들을 적절하게 사용하였는가?

3 작문 평가 이것만은 꼭!

❶ 최소 단어 수를 준수한다.
DELF 작문에서 특히 유의해야 할 것은 바로 단어 수이다. 단어 수가 제시된 기준보다 적을 경우 감점되기 때문에 특히 신경 써야 한다. 일반적으로 DELF B2에서는 최소 250 단어 내외로 쓰도록 되어 있는데, 이 단어 수보다 적다고 해서 무조건 감점되는 것은 아니며 30% 이상 부족할 경우 감점한다. 그러나 기준 단어 수보다 적다는 것은 내용이 그만큼 충실하지 못하다는 의미이기 때문에 250 단어 이상 쓰지 않으면 높은 점수를 받기 어렵다.

❷ 글을 받는 대상을 명확히 설정한 후 쓴다.
지시 사항에는 글을 받는 대상(수신자)이 제시되는데, 이것 자체만으로 그다지 어려울 것은 없다. 간혹 시간 내에 작문해야 한다는 압박감에 수신자를 잘못 설정하는 경우가 있는데 이를 주의해야 한다. DELF B2의 경우 수신자는 직장 동료나 상사, (시청과 같은) 공공 기관장, (고객의 입장에서) 판매 회사, 이웃 주민이 주를 이룬다.

❸ 지시 사항의 내용을 충실히 반영한다.
작문에서 반드시 확인해야 하는 것은 지시 사항에 제시된 내용들을 빠짐없이 언급하는 것이다. 지시 사항에서 언급된 내용을 모두 제시하는 것만으로도 일단 기본 점수는 획득한 셈이다. 따라서 문제를 풀 때 지시 사항의 내용들에 번호를 매겨 빠진 것이 없는지 점검하는 것이 좋다.

❹ 논리적이고 합리적으로 내용을 전개한다.
DELF B2 작문에서 채점자가 가장 중요하게 여기는 것은 얼마나 타당하고 합리적인 근거를 가지고 글을 논리적으로 전개했는가 하는 것이다. 화려하고 멋들어진 글을 쓰라는 것이 아니다. 자신의 의견을 개진할 때 타당한 근거를 들어 얼마나 설득적인 글을 쓰느냐가 중요한 것이다.

❺ 어휘나 문장 유형에 유의한다.
DELF B2에서는 평범한 어휘나 문장 형식만 가지고 작문할 경우 높은 점수를 얻기 어렵다. 따라서 가급적 다양하고 수준 높은 어휘를 사용하고 시제나 통사적 구성에도 변화를 주는 것이 좋다.

작문 평가

EXERCICE 1

많은 수험생들이 작문 영역을 어려워한다. 제한된 시간 내에 일정한 분량으로 한 편의 완성된 글을 써야 하는데, 혼자 공부하는 수험생들의 경우 일단 글을 완성하더라도 어떤 부분이 잘못되었는지 자신의 오류나 실수를 발견하고 고치는 것이 쉽지 않기 때문이다. 이러한 점을 보완하기 위해서는 우선, 프랑스어로 된 모범적인 글을 많이 읽어 보는 것이 좋다. 작문 영역 대비를 위해 따로 시간을 내어 공부하기보다는 글을 읽을 때 글의 형식, 글에 쓰인 문구, 표현 등을 주의 깊게 보며 익혀 두면 작문할 때 도움이 되기 때문이다. 뿐만 아니라, 시험에 자주 출제되는 주제의 경우(인터넷이나 휴대폰과 같은 첨단 기술, 남녀평등, 환경오염, 재택근무 등) 이에 대한 자신의 주장과 근거, 근거를 뒷받침하는 예를 미리 생각해 두는 것이 좋다.

완전 공략

DELF B2 작문

1 핵심 포인트

작문은 어떤 문제 혹은 상황에 대한 자신의 의견을 근거를 들어 논리적으로 입증하는 영역이다. 이를 위해서는 주제에 대한 배경 지식을 갖추어야 할 뿐만 아니라 글의 형식에 맞춰 정확하면서도 일관성 있는 글을 써야 하기 때문에 많은 수험생들이 어려움을 느낀다. 그러나 글의 형식에 맞춰 지시 사항에서 제시한 조건들을 빠짐없이 언급하는 것만으로도 기본 점수는 획득한 셈이므로, 글쓰기에 대한 부담을 내려 놓자.

2 빈출 주제

DELF B2 작문에서는 문제가 되거나 불만족스러운 상황을 제시한 뒤, 이에 대해 항의하거나 제안을 하는 경우가 대부분이다. 인터넷이나 휴대폰과 같은 첨단 기술, 남녀평등, 환경오염, 재택근무는 자주 출제되는 주제이므로, 미리 정리해 두자.

3 고득점 전략

① 글의 형식에 맞춰 작문한다.

한 편의 완벽한 글을 쓰기 위해 글의 형식을 갖추는 것은 중요하다. 즉, 처음(서론), 가운데(본론), 끝(결론)으로 글을 구성하는 것이 좋다. 처음(서론)에는 자기 소개 및 글을 쓴 목적, 가운데(본론)에는 자신의 의견 및 근거, 끝(결론)에는 자신의 의견 강조 및 인사말을 쓰는 것이 일반적이다. 특히, 가운데(본론)에 자신의 의견에 대한 근거를 반드시 밝혀야 하며, 이때 구체적이고 다양한 예를 드는 것이 좋다.

② 정확한 문법에 맞춰 쓴다.

DELF B2에서는 특히 문법이 중요하다. DELF B2에서는 이전 단계들보다 복잡하고 어려운 구문과 어휘를 사용하기 마련이다. 그러므로 정확한 문법을 사용할 수 있도록 주의를 기울이자.

③ 같은 어휘를 반복하지 않는다.

DELF B2에서 중요한 것 중 하나는 같은 어휘를 반복해서 사용하지 않는 것이다. 이는 문제에서 나온 어휘를 반복하지 않는 것뿐만 아니라, 본인이 작문을 함에 있어서도 마찬가지이다. 여기서 더 나아가 가급적 고급 어휘와 표현을 사용하도록 하자.

EXERCICE 1 실전 연습

Étape 1 공략에 따라 작문해 보세요.

Vous avez voyagé en France avec votre famille pendant deux semaines. Vous avez logé dans un grand hôtel et on vous demande de remplir un questionnaire avec votre point de vue concernant cet hôtel (le service, le repas, le prix, les inconvénients auxquels remédier). Vous écrivez une lettre au lieu de remplir le questionnaire. (250 mots minimum)

Nombre de mots :

Étape 2

문제 1의 필수 어휘를 익히고, 해석을 참조하세요.

필수 어휘

questionnaire (m) 설문지 | inconvénient (m) 불편한 점 | remédier à 고치다 | commentaire (m) 코멘트, 설명 | ranger 정리하다 | occupant 거주자 | se dérouler 일어나다, 전개되다 | incident (m) (뜻밖의) 지장 | dans la mesure où ~을 고려한다면 | froisser 기분을 상하게 하다, 언짢게 하다

해석

당신은 가족과 함께 이 주 동안 프랑스를 여행했습니다. 당신은 큰 호텔에 묵었는데 호텔에서는 당신에게 설문지에 호텔에 관한 의견을 작성해 줄 것을 요청합니다 (서비스, 식사, 가격, 개선해야 할 불편한 점들 등등). 당신은 설문지를 채우는 대신 편지를 씁니다. (최소 250 단어)

Étape 3

해설에 따라 작문 구성을 익히고, 모범 답안을 확인해 보세요.

작문 구성

개요

호텔을 이용한 후 자신의 의견을 호텔측에 전달하는 편지이다. ❶ 처음 부분에서는 자신을 간략히 소개한 뒤, 편지를 쓰게 된 이유를 밝힌다. 가운데 부분에는 ❷ 호텔을 이용하며 좋았던 점과 ❸ 나빴던 점을 순서대로 쓴다. 마지막 부분에는 ❹ 자신이 편지를 쓴 이유가 불만을 토로하기 위함이 아니라 도움을 주기 위함임을 강조한다.

진행 방식

1. 처음
자신이 누구이고 설문지를 작성하는 대신 편지를 쓰게 된 이유를 간략하게 설명한다.

❶ 자신에 대한 소개 및 편지를 쓰게 된 이유
J'ai logé dans votre hôtel avec ma famille et on m'a demandé de remplir un questionnaire sur cet établissement, donc j'ai pensé qu'il vaudrait mieux écrire une lettre pour vous donner directement mon opinion à ce sujet.

2. 가운데
불편한 점이나 개선해야 할 점을 이야기하기에 앞서 좋았던 점을 기술하는 것이 바람직하다. 호텔이라는 점을 고려하여 직원의 서비스나 식사에 만족했던 점을 언급한다. 다음으로는 개선해야 할 사항들을 기술한다. 이때 개인적으로 겪은 불편한 점이나 난처한 상황에 있는 사람을 목격한 것에 대해 쓰면 글을 풀어 나가기 쉽다. 시설의 불편함이나 언어가 다름으로 인한 의사소통 문제 등을 언급할 수 있다. 호텔이나 식당 등에서 겪은 불편에 대해 하소

연하거나 항의하는 문제는 흔하게 출제되곤 하므로, 이러한 유형의 문제에 대한 개요 및 내용 전개 방식 등을 미리 정리해 두는 것이 좋다.

❷ 호텔을 이용하며 좋았던 점
Le service dans la chambre était de bonne qualité.

❸ 호텔을 이용하며 불편했던 점
Cependant, tout ne s'est pas déroulé sans incident. D'abord, nous avons eu des problèmes pour utiliser Internet dans la chambre. De plus, je pense que vous avez besoin d'employés capables de parler les langues étrangères.

3. 끝
편지를 쓴 이유가 불만을 표현하려 한 것이 아니라 호텔에 도움을 주기 위함임을 강조하며 마무리한다.

❹ 편지를 쓴 의도 강조
J'espère que ma lettre ne vous aura pas trop froissé : c'est pour le bien de votre hôtel que je l'ai écrite.

모범답안

Xavier DUPONT
15 avenue de Bretagne
59000 Lille

Hôtel Beauséjour
79 rue des Platanes
13200 Marseille

Lille, le 27 mars 2018

Objet : Commentaires concernant l'hôtel

Monsieur (Madame),

J'ai logé dans votre hôtel avec ma famille et on m'a demandé de remplir un questionnaire sur cet établissement, donc j'ai pensé qu'il vaudrait mieux écrire une lettre pour vous donner directement mon opinion à ce sujet.

Tout d'abord, je peux vous dire que ma famille était plutôt contente d'avoir choisi votre hôtel. Le service dans la chambre était de bonne qualité. Quand nous sommes entrés dans la chambre après avoir visité Paris, elle était très propre et bien rangée. Le repas était délicieux, surtout si on considère le prix. Par ailleurs, les employés de l'hôtel étaient sympathiques et gentils avec les occupants des chambres.

Cependant, tout ne s'est pas déroulé sans incident et maintenant, j'aimerais vous parler de quelques inconvénients que nous avons connus pendant que ma famille logeait dans votre hôtel. D'abord, nous avons eu des problèmes pour utiliser Internet dans la chambre. Je devais envoyer un courriel à mon entreprise pour régler une affaire urgente, mais Internet ne marchait pas et j'ai été obligé d'utiliser l'ordinateur qui se trouve dans le hall en pleine nuit. De plus, je pense que vous avez besoin d'employés capables de parler les langues étrangères. J'ai vu un Asiatique qui cherchait quelqu'un pour demander de l'aide, mais aucun de vos employés n'a pu l'aider parce que personne ne savait parler sa langue maternelle. Dans la mesure où votre hôtel n'est pas dans un petit village, mais est assez grand pour accueillir des clients du monde entier, je pense que vous devriez employer quelques personnes qui peuvent s'occuper des clients venant des pays asiatiques.

J'espère que ma lettre ne vous aura pas trop froissé : c'est pour le bien de votre hôtel que je l'ai écrite.

Veuillez agréer, Monsieur, mes sincères salutations.

Xavier DUPONT

해석

주제: 호텔에 관한 코멘트

안녕하세요,

저는 가족과 함께 당신의 호텔에서 묵었고, 이 호텔에 대한 설문지를 써 달라는 부탁을 받았습니다. 그래서 당신에게 이 주제에 대한 제 의견을 직접 전달하기 위해 편지를 쓰는 것이 낫겠다고 생각했습니다.

무엇보다도 제 가족들이 당신의 호텔을 선택한 것에 대해 비교적 만족했다는 것을 말할 수 있겠습니다. 룸서비스는 좋았습니다. 우리가 파리를 방문하고 난 후 방으로 돌아왔을 때, 방은 매우 청결했고 잘 정돈되어 있었습니다. 식사도 맛있었습니다. 특히 가격을 고려해 본다면 말이죠. 게다가 호텔 직원들이 투숙객들에게 상냥하고 친절했습니다.

그러나 모든 것이 탈 없이 진행되지는 않았으며, 그래서 지금 제 가족이 당신의 호텔에 묵는 동안 발견한 몇 가지 불편한 점들에 대해 말하려고 합니다. 우선, 방에서 인터넷을 사용하는 데 문제가 있었습니다. 저는 급한 일을 해결하기 위해 회사에 메일을 보냈어야 했지만 인터넷이 되지 않아서 한밤중에 홀에 있는 컴퓨터를 사용해야 했습니다. 그리고 저는 당신이 외국어를 할 줄 아는 직원들이 필요하다고 생각합니다. 저는 도움을 청하기 위해 누군가를 찾고 있던 한 아시아인을 보았습니다. 그러나 당신의 직원들 중 어느 누구도 그를 도울 수가 없었는데 왜냐하면 아무도 그의 모국어를 할 줄 몰랐기 때문이었습니다. 당신의 호텔이 작은 마을의 호텔이 아니라 전 세계 손님들을 받을 정도로 크다는 점을 고려할 때, 저는 당신이 아시아 국가들에서 오는 고객들을 담당할 수 있는 몇 사람을 고용해야 한다고 생각합니다.

제 편지가 당신에게 불쾌감을 주지 않기를 바랍니다. 제가 이 편지를 쓰는 것은 당신의 호텔을 위해서이기 때문입니다.

안녕히 계세요.

Xavier DUPONT

EXERCICE 1 실전 연습

Étape 1 공략에 따라 작문해 보세요.

Vous avez reçu un e-mail d'un magazine qui vous demande de donner votre avis sur la colocation. Vous pouvez gagner un billet d'avion si vous êtes sélectionné(e). Vous répondez en mentionnant votre point de vue (opinion favorable ou défavorable, avantages ou inconvénients). (250 mots minimum)

Nombre de mots :

Étape 2

문제 2의 필수 어휘를 익히고, 해석을 참조하세요.

필수 어휘

colocation (f) 공동 세입 | favorable 호의적인 | défavorable 호의적이지 않은, 반대하는 | rentrée (f) 개학, (활동의) 재개 | loyer (m) 임대료 | dépense (f) 지출 | plomberie (f) 배관 (공사) | dépannage (m) 수리 | commun 공동의 | colocataire 공동 세입자 | ménage (m) 청소 | tomber sur 만나다, 마주치다 | tandis que ~하는 반면에 | embarrassant 난처한 | convenablement 적절하게

해석

당신은 공동 세입에 대한 당신의 의견을 줄 것을 부탁하는 한 잡지의 이메일을 받았습니다. 만약 당신(의 의견)이 채택된다면, 비행기 표를 얻을 수 있습니다. 당신은 당신의 의견(호의적이거나 반대하는 의견, 장점과 단점)을 언급하면서 답변합니다. (최소 250 단어)

Étape 3

해설에 따라 작문 구성을 익히고, 모범 답안을 확인해 보세요.

작문 구성

개요

'공동 세입'에 대한 의견을 잡지에 게재하기 위한 글이다. ❶ 처음 부분에는 공동 세입에 관한 자신의 (찬성 혹은 반대) 입장을 표명하기 위해 글을 쓴다는 것을 밝힌다. ❷ 가운데 부분에는 학생들이 공동 세입을 할 수밖에 없는 상황을 언급한 뒤, 비용 절감으로 인한 경제적 이익과 같은 공동 세입의 장점, 공동 세입자와 함께 생활하면서 생길 수 있는 갈등과 같은 공동 세입의 단점을 쓴다. ❸ 마지막 부분에는 공동 세입에 대한 자신의 입장을 다시 한번 강조하며 마무리한다.

진행 방식

1. 처음
먼저 이메일을 잘 받았다는 말과 함께 공동 세입에 관한 찬반 입장을 표명하기 위해 이 글을 쓴다는 점을 밝힌다.

❶ 공동 세입에 관한 입장을 표명하기 위해 쓰는 글
J'ai bien reçu votre e-mail concernant la colocation et je vous réponds pour exprimer mon opinion sur ce sujet.

2. 가운데

자신의 의견을 표명할 때 먼저 써야 할 것은 작문 주제에 대한 객관적인 사실이다. 예를 들어 학생의 경우 대도시에서 집을 구하는 것이 현실적으로 매우 어려우며 이러한 이유로 공동 세입을 하고 있는 학생이 많다는 상황을 언급한다. 다음 단계에서는 주제와 관련한 장단점에 대해 언급한다. 이때 장점을 먼저 언급하고 단점을 언급하는 것이 좋다. 공동 세입의 경우 수리비나 식사 비용을 함께 나누어 내기 때문에 경제적으로 부담이 적다는 점을 강조한다. 그리고 다른 사람들과 함께 생활하면서 인간관계를 개선할 수 있다는 장점을 언급한다. 공동 세입의 단점으로는 어떤 사람을 공동 세입자로 만나게 될지 알 수 없다는 불확실성의 문제를 거론한다. 그리고 생활 습관의 차이로 인해 벌어질 수 있는 불편한 점들을 언급한 후 이러한 단점을 개선하기 위해서는 공동 세입을 시작하기 전 서로 합의하여 규칙을 세우는 것이 바람직하다는 점을 강조한다.

❷ 학생들이 공동 세입을 할 수밖에 없는 상황, 공동 세입의 장점, 공동 세입의 단점

Il faut admettre qu'il est de plus en plus difficile de trouver un logement dans les grandes villes.
On peut économiser de l'argent en partageant non seulement le loyer, mais aussi les dépenses exceptionnelles (plomberie, dépannage…).
D'abord, il est difficile de choisir le colocataire que l'on veut, c'est-à-dire, qu'on ne sait pas sur qui on va tomber, sauf si on se met en colocation avec des amis.

3. 끝

공동 세입에 대한 자신의 입장을 다시 한번 명확하게 밝힌 뒤, 공동 세입을 할 때 유의해야 할 사항에 대해 언급한 후 글을 끝맺는다.

❸ 자신의 입장을 다시 한번 강조

Pour conclure, j'estime que la colocation est très utile, notamment pour les étudiants, mais, afin qu'elle soit un succès, il faut s'y préparer convenablement.

모범답안

Madame, Monsieur,
J'ai bien reçu votre e-mail concernant la colocation et je vous réponds pour exprimer mon opinion sur ce sujet.
Il faut admettre qu'il est de plus en plus difficile de trouver un logement dans les grandes villes. Les étudiants en particulier ont beaucoup de difficultés à trouver un logement lors de la rentrée. C'est la raison pour laquelle les gens sont en colocation.
D'abord, j'aimerais parler des avantages de la colocation et l'un de ses avantages principaux concerne le montant du loyer. On peut économiser de l'argent en partageant non seulement le loyer, mais aussi les dépenses exceptionnelles (plomberie, dépannage…).

J'ai même des amis qui font des courses communes. L'autre avantage de la colocation, c'est qu'on peut améliorer les relations humaines avec son colocataire en faisant la vaisselle ou bien le ménage ensemble. Vivre avec d'autres personnes est une bonne occasion de découvrir d'autres cultures, façons de vivre ou de partager des expériences.

En revanche, il existe aussi des inconvénients quand on est en colocation. D'abord, il est difficile de choisir le colocataire que l'on veut, c'est-à-dire, qu'on ne sait pas sur qui on va tomber, sauf si on se met en colocation avec des amis. C'est pourquoi il est important de rencontrer le futur colocataire et de parler avec lui avant de prendre sa décision. De plus, il peut y avoir des difficultés selon les différences de caractère. Par exemple, cela pose problème si j'aime travailler en paix tandis que mon colocataire adore faire la fête avec ses amis. Pour éviter les situations embarrassantes, il vaut mieux fixer des règles strictes entre les colocataires.

Pour conclure, j'estime que la colocation est très utile, notamment pour les étudiants, mais, afin qu'elle soit un succès, il faut s'y préparer convenablement.

Cordialement,

François BRUSSE

해석

선생님,

공동 세입에 관한 당신의 이메일을 잘 받았습니다. 이 주제에 대한 제 의견을 표명하기 위해 당신에게 답장을 보냅니다.

대도시에서 집을 찾는 것이 점점 더 어려워지고 있다는 것을 인정해야 합니다. 특히 학생들은 새 학기가 시작될 때면 거주지를 찾는 데 많은 어려움을 겪습니다. 이러한 이유로 사람들은 공동 세입을 합니다.

우선, 공동 세입의 장점들에 대해 말하고 싶습니다. 공동 세입의 주된 장점들 중 하나는 집세에 관한 것입니다. 우리는 집세뿐 아니라 예외적인 지출(배관 공사, 수리…)을 공동 부담하면서 돈을 절약할 수 있습니다. 심지어 장을 공동으로 보는 친구들도 있습니다. 공동 세입의 또 다른 장점은 바로 설거지나 청소를 함께 하면서 공동 세입자와의 인간관계를 개선할 수 있다는 것입니다. 다른 사람들과 함께 산다는 것은 다른 문화, 다른 삶의 방식을 발견하거나 경험을 공유할 수 있는 좋은 기회입니다.

반면에, 공동 세입을 할 때 단점들도 있습니다. 우선, 우리가 원하는 공동 세입자를 선택하기가 힘든데, 다시 말해 우리는 친구들과 공동 세입을 하는 경우를 제외하고는 누구를 만나게 될지 알 수 없습니다. 그래서 결정을 내리기 전에 미래의 공동 세입자를 만나고 그와 이야기하는 것이 중요합니다. 게다가 성격 차이에 따른 어려움이 있을 수 있습니다. 예를 들어, 나는 조용히 일하는 것을 좋아하는 반면 공동 세입자가 친구들과 파티하는 것을 좋아한다면 문제가 발생합니다. 난처한 상황을 피하기 위해서는 세입자들 간에 엄격한 규칙을 정해 놓는 것이 좋습니다.

결론을 말씀드리면, 저는 공동 세입이 매우 유익하며, 특히 학생들에게 그렇다고 생각합니다. 그러나 이것이 성공적이기 위해서는 이에 대해 적절하게 준비해야 합니다.

François BRUSSE

EXERCICE 1 실전 연습

Étape 1 공략에 따라 작문해 보세요.

Vous suivez des cours de langue en France et il y a beaucoup d'étudiants étrangers. Vous voulez organiser une fête internationale avec le financement de l'école. Vous adressez une lettre au directeur de l'établissement pour lui demander à la fois l'autorisation d'organiser cette fête et le financement. Essayez de le convaincre en expliquant les avantages de cette fête pour l'école. (250 mots minimum)

Nombre de mots :

| Étape 2 | 문제 3의 필수 어휘를 익히고, 해석을 참조하세요. |

필수 어휘

suivre 강의를 듣다 | organiser 기획하다 | financement (m) 자금 조달, 융자, 출자 | adresser (우편물 따위를) 부치다, 보내다 | à la fois 동시에 | autorisation (f) 허가 | convaincre 설득하다 | au début 처음에 | s'inquiéter de ~에 대해 걱정하다 | débutant 초보자 | énormément 엄청나게 | inauguration (f) 설립, 시작, 개막식 | costume (m) (민속, 전통) 의상 | régional 지역적인 | folklorique 민속의 | fabriquer 만들다, 제조하다 | financièrement 재정적으로 | charge (f) 짐 | promotion (f) 선전, 판촉 | s'attacher à ~에 애착을 갖다

해석

당신은 프랑스에서 어학 수업을 받고 있고, 그 수업에는 외국인 학생들이 많이 있습니다. 당신은 학교의 자금으로 국제적 파티를 열기를 원합니다. 당신은 이 파티를 기획하는 것에 대한 허가와 자금을 동시에 요구하기 위해 교장 선생님께 편지를 씁니다. 학교를 위한 이 파티의 장점들을 설명하면서 그를 설득하세요. (최소 250단어)

| Étape 3 | 해설에 따라 작문 구성을 익히고, 모범 답안을 확인해 보세요. |

작문구성

개요   프랑스에서 어학 수업을 듣는 중에, 학교에 파티를 열어 줄 것을 요청하는 편지이다. 이 편지에서는 파티를 여는 것에 대한 허가와 동시에 학교측의 재정적인 도움을 이끌어 내야 하기 때문에 타당하고 합리적인 근거를 드는 것이 중요하다 하겠다. ❶ 처음 부분에서는 자신이 프랑스어를 배우고 있는 외국인 학생이라는 점을 간단히 밝힌다. ❷ 가운데 부분에서는 편지를 쓰게 된 이유를 밝히는데, 우선 파티가 필요한 이유를 제시한 뒤 이를 위해서는 학교의 재정적인 도움이 필요함을 언급한다. ❸ 마지막 부분에서는 글을 쓴 이유를 다시 한번 강조하며 학교측의 도움을 요청한다.

진행 방식   1. 처음
자신이 누구인지 밝힌다. 이때 프랑스어를 배우고 있는 외국인 학생이라는 점과 수업의 분위기나 선생님들에 대해 간략하게 언급하는 것이 좋다.

❶ 자기소개
Je suis étudiant et je prends des cours de langue de votre école depuis deux mois.

2. 가운데

편지를 쓰게 된 이유를 설명해야 한다. 편지를 쓰는 주된 목적이 파티를 하기 위해 학교장의 허가를 받는 것이므로, 파티에 관한 내용들을 상세히 설명해야 한다. 구체적으로, 개교 기념일을 맞이하여 친구들과 파티를 준비하려고 한다는 것과 어떤 행사를 기획하고 있는지를 언급한다. 예를 들어 외국인 학생들이라는 특성을 살려서 전통 음식이나 의상을 선보이는 이벤트를 준비하고 있다고 기술한다.

또한 행사를 준비하는 데 있어 어려운 점을 말해야 하는데, 의상이나 음식을 준비하는 데 필요한 경제적인 지원을 청하는 것이 가장 설득력 있다. 이 파티가 학교에 어떤 이익을 가져다줄 수 있는지 설명하는 것이 좋다. 설득력을 높이기 위해서는 최소 두 가지 이상의 장점을 예로 드는 것이 좋은데, 지인과 친지들을 초대함으로써 학교를 홍보할 수 있다는 점과 학생들이 파티를 준비하면서 학교에 애정을 가질 수 있다는 점을 들 수 있겠다.

❷ 편지를 쓰게 된 이유와 파티를 하면 좋은 점

L'un des professeurs nous a annoncé que c'était bientôt l'anniversaire de l'inauguration de l'école. Alors, nous avons décidé de préparer une petite fête internationale parce que les étudiants de ma classe viennent de plusieurs pays. Par conséquent, nous voudrions savoir si l'école pouvait nous aider financièrement. Nous avons tout à fait conscience que cette demande est une charge pour vous, mais nous sommes sûrs que cette fête a des avantages pour l'école.

3. 끝

학생들의 노력을 고려해서 도움을 주면 감사하겠다는 말로 마무리한다.

❸ 학교의 도움 요청을 다시 한번 강조

En espérant que vous prendrez en compte nos efforts et que vous accepterez notre demande, je vous prie d'agréer, Monsieur le Directeur, l'expression de mes sentiments distingués.

Il young JEONG
23 rue du Puits
31320 Toulouse

M. le Directeur
École Eurolangues
45 rue du Général de Gaulle
31320 Toulouse

Toulouse, le 8 juillet 2016

Objet : Organisation d'une fête internationale

Monsieur le Directeur,

Je suis étudiant et je prends des cours de langue de votre école depuis deux mois. Au début, je m'inquiétais des cours parce que j'étais un grand débutant. Heureusement, les professeurs ont énormément d'expérience et ils ont beaucoup appris aux étudiants étrangers comme moi.

L'un des professeurs nous a annoncé que c'était bientôt l'anniversaire de l'inauguration de l'école. Alors, nous avons décidé de préparer une petite fête internationale parce que les étudiants de ma classe viennent de plusieurs pays. Nous nous sommes divisés en deux groupes et l'un des groupes va préparer des plats traditionnels de nos pays, tandis que l'autre groupe va présenter nos costumes régionaux ainsi que des danses folkloriques. Quand nous avons parlé de notre projet au professeur, il nous a expliqué qu'il faudrait avoir l'autorisation de l'école et c'est la raison pour laquelle je vous écris cette lettre au nom de ma classe.

De plus, je voudrais vous demander encore un service très important concernant cette fête. Nous voulions tout préparer nous-mêmes sans aucune aide, mais nous ne savions pas que cela coûtait si cher de fabriquer des costumes. Par conséquent, nous voudrions savoir si l'école pouvait nous aider financièrement.

Nous avons tout à fait conscience que cette demande est une charge pour vous, mais nous sommes sûrs que cette fête a des avantages pour l'école. D'abord, ce sera une bonne occasion d'en faire la promotion auprès des jeunes étrangers parce que nous inviterons beaucoup d'amis à cette fête. Par ailleurs, les étudiants de l'école s'y attacheront davantage en faisant ce genre d'événement.

En espérant que vous prendrez en compte nos efforts et que vous accepterez notre demande, je vous prie d'agréer, Monsieur le Directeur, l'expression de mes sentiments distingués.

Il young JEONG

주제: 국제 파티의 개최

교장 선생님께,
저는 학생이고 2달 전부터 선생님의 학교에서 어학 수업을 듣고 있습니다. 처음에, 저는 수업에 대해 걱정을 많이 했는데 왜냐하면 제가 아주 초보자였기 때문입니다. 다행히도 선생님들이 경험이 많으셨고, 저와 같은 외국인 학생들을 많이 가르쳐 보셨습니다.
선생님들 중에 한 분이 우리에게 곧 개교 기념일이라고 알려 주셨습니다. 그래서 저희는 조그마한 국제적 파티를 준비하기로 결정했는데, 왜냐하면 제 학급의 학생들이 여러 나라에서 왔기 때문입니다. 저희는 두 그룹으로 나뉘어서 한 그룹은 우리 나라들의 전통 음식을 준비하는 한편 다른 그룹은 민속춤과 더불어 지역의 (전통) 의상을 선보이기로 했습니다. 저희의 계획을 선생님께 말씀드렸을 때 선생님은 학교의 허가를 받아야 한다고 설명해 주셨고 이것이 제가 제 학급을 대표하여 교장 선생님께 이 편지를 쓰는 이유입니다.

그리고 이 파티와 관련하여 아주 중요한 도움을 부탁드리려고 합니다. 저희는 어떠한 지원 없이 저희들 스스로 모든 것을 준비하고 싶었지만, 전통 의상을 만드는 데 이렇게 많은 비용이 들 줄은 몰랐습니다. 결과적으로, 저희는 학교가 저희를 재정적으로 도와줄 수 있는지 알고 싶습니다.

이 부탁이 교장 선생님께 부담이 된다는 것을 아주 잘 알지만, 저희는 이 파티가 학교에 몇 가지 이점을 가져다 줄 것이라고 확신합니다. 우선, 저희가 이 파티에 많은 친구들을 초대할 것이기 때문에, 이는 외국 젊은이들에게 학교를 알릴 수 있는 좋은 기회가 될 것입니다. 게다가 학생들은 이런 유형의 파티를 하면서 학교에 애착을 가지게 될 것입니다.

교장 선생님께서 저희의 노력을 생각하셔서 부탁을 수락해 주시기를 바라겠습니다.

안녕히 계세요.

Il young JEONG

EXERCICE 1 실전 연습

Étape 1 공략에 따라 작문해 보세요.

Vous cherchez des volontaires pour aider les enfants en Afrique pendant les vacances. Vous écrivez un courriel à vos amis pour leur demander de partir avec vous en expliquant les détails (le but de ce voyage, la durée du service, la destination). (250 mots minimum)

Nombre de mots :

Étape 2 문제 4의 필수 어휘를 익히고, 해석을 참조하세요.

필수 어휘

volontaire 자원봉사자 | but (m) 목적 | durée (f) 기간 | destination (f) 행선지 | inoubliable 잊을 수 없는 | bénévolat (m) 자원 무료 봉사 | délaissé 버림받은 | cause (f) 동기, 대의 | frontière (f) 국경 | creuser 파다 | puits (m) 우물 | pollué 오염된 | propre 깨끗한 | illustré 삽화가 있는 | fierté (f) 자부심, 자랑 | endémique 풍토성의

해석

당신은 방학 동안 아프리카 아이들을 돕는 자원봉사자들을 찾습니다. 당신은 세부적인 내용들(이 여행의 목적, 봉사 기간, 예정지 등등)을 설명하면서 당신과 함께 아프리카로 떠날 것을 친구들에게 부탁하기 위해 이메일을 씁니다. (최소 250 단어)

Étape 3 해설에 따라 작문 구성을 익히고, 모범 답안을 확인해 보세요.

작문 구성

개요

친구들에게 아프리카로 아이들을 돕는 봉사 활동을 떠나자고 제안하는 편지글이다. ❶ 처음 부분에서는 상대방의 안부를 물으면서, 방학 동안 특별한 계획이 있는지 묻는다. ❷ 가운데 부분에서는 함께 아프리카로 봉사 활동을 떠날 것을 제안한다. 이때 여행의 목적, 행선지, 봉사 기간, 활동이 반드시 포함되어야 한다. ❸ 마지막 부분에서는 편지를 쓴 목적을 다시 한번 상기시키면서 가급적 빨리 답장을 주기를 바란다고 요청하며 마무리한다.

진행 방식

1. 처음

먼저 친구들의 안부를 물으며 시작한다. 그리고 방학 동안 특별한 계획이 있는지 묻고, 없다면 방학 동안 함께 봉사 활동을 할 것을 제안한다. 참고로 방학이라는 점을 고려하여 기말 시험이 끝났다는 내용을 첨가하면 자연스럽다.

❶ 상대방의 안부 묻기

Comment allez-vous ?
Si vous n'en avez pas, j'aimerais vous proposer les vacances les plus inoubliables de votre vie.

2. 가운데

지시 사항에 따라 아프리카로 봉사 활동을 떠날 예정이라는 것을 밝힌다. 그리고 아프리카에서 활동할 자원봉사자를 찾는 것의 어려움을 언급하며, 봉사 활동에 지원해 줄 것을 부탁한다. 이 글에서 가장 핵심적인 부분은 봉사 활동 내용이다. 그러므로 행선지와 봉사 기간, 그

리고 그곳에서 하게 될 일에 대해 구체적으로 기술해야 한다. 이때 역할을 구분하여 설명하면 글을 풀어 나가기가 쉽다. 예를 들어 남학생들은 집이나 우물을 만드는 것과 같은 육체적인 활동을, 여학생들은 청소나 요리 같은 활동을 하게 될 것이라고 이야기할 수 있다.

❷ 함께 봉사 활동을 떠날 것을 제안, 구체적인 봉사 활동 내용

Cette année, elle a décidé d'aller en Afrique pour aider les enfants malades ou délaissés.
Alors j'aimerais bien que vous deveniez bénévoles pour une bonne cause.
Je vais vous parler du programme pour ceux d'entre vous qui veulent y participer. D'abord, on va tourner dans cinq pays d'Afrique pendant trois semaines avec Médecins sans frontières. Nous allons distribuer de la nourriture pendant que les médecins et les infirmiers soigneront les malades avec des médicaments.

3. 끝

봉사 활동은 어려운 사람들을 돕는다는 보람이 있고 아프리카에서의 체류가 잊지 못할 추억이 될 것이라는 점을 강조한다. 또한 아프리카로 떠나기 위해서는 준비가 많이 필요하므로 빨리 답장을 해 줄 것을 부탁하며 끝맺는다.

❸ 편지를 쓴 이유 거듭 강조, 빠른 답장 요청

On ne gagnera pas d'argent, mais je vous assure que vous aurez des souvenirs inoubliables de toute votre vie et vous allez tirer fierté de ce que vous avez fait en Afrique. Alors j'attends vos réponses le plus vite possible.

모범답안

Salut à tous,
Comment allez-vous ? J'espère que vos examens se sont bien passés. C'est bientôt les vacances d'été : est-ce que vous avez des projets ? Si vous n'en avez pas, j'aimerais vous proposer les vacances les plus inoubliables de votre vie.
Certains d'entre vous savent déjà que je travaille dans une association de bénévolat social. Cette année, elle a décidé d'aller en Afrique pour aider les enfants malades ou délaissés. Pourtant, elle rencontre de nombreuses difficultés dans son activité parce qu'il est de plus en plus compliqué de trouver des volontaires. Alors j'aimerais bien que vous deveniez bénévoles pour une bonne cause.
Je vais vous parler du programme pour ceux d'entre vous qui veulent y participer. D'abord, on va tourner dans cinq pays d'Afrique pendant trois semaines avec Médecins sans frontières. Nous allons distribuer de la nourriture pendant que les médecins et les infirmiers soigneront les malades avec des médicaments.

Puis, on va creuser des puits parce que beaucoup de gens de ces pays sont malades à cause de l'eau polluée et ils ont absolument besoin d'eau propre. On va aussi distribuer des livres illustrés pour les enfants qui ne savent pas lire. Les garçons vont construire des maisons avec l'aide de spécialistes, tandis que les filles feront le ménage pour garder la maison propre ou elles aideront à la cuisine.

On ne gagnera pas d'argent, mais je vous assure que vous aurez des souvenirs inoubliables de toute votre vie et vous allez tirer fierté de ce que vous avez fait en Afrique.

Alors j'attends vos réponses le plus vite possible parce qu'on a beaucoup de choses à préparer avant le départ, comme les vaccinations contre les maladies endémiques.

À bientôt, j'espère !

Stéphane

해석

모두 안녕,

어떻게들 지내고 있니? 너희 모두 시험을 잘 봤기를 바라. 이제 곧 여름방학이야. 너희들 계획들이 있니? 만일 없다면, 내가 너희들에게 인생에서 잊지 못할 방학을 제안하려고 해.

너희들 중에 몇몇은 내가 사회 봉사 단체에서 일하고 있다는 것을 이미 알고 있을 거야. 올해는 아프거나 버림받은 아이들을 돕기 위해 아프리카로 가기로 결정했어. 그런데 자원봉사자들을 찾기가 점점 어려워져서, 활동에 많은 어려움을 겪고 있어. 그래서 나는 너희들이 대의를 위해 자원봉사에 참여했으면 좋겠어.

너희들 중에 여기에 참여하고 싶은 친구들을 위해 일정을 말해 줄게. 우선 국경 없는 의사회와 함께 3주 동안 아프리카의 5개 나라를 순회할 거야. 의사들과 간호사들이 의약품을 가지고 환자들을 돌보는 동안 우리는 음식을 나눠 줄 거야.

그 후에 우리는 우물을 팔 거야. 왜냐하면 이 나라들의 많은 사람들이 오염된 물 때문에 아프고 그래서 깨끗한 물이 절대적으로 필요하거든. 우리는 또 읽지 못하는 아이들을 위해 그림책들을 나눠줄 거야. 남자애들이 전문가들의 도움을 받아 집을 짓는 동안 여자애들은 집을 청결하게 유지하기 위해 청소를 하거나 요리하는 것을 도울 거야.

돈을 벌지는 못하지만 일생 동안 잊지 못할 추억을 갖게 될 거라는 것과 아프리카에서 너희들이 한 일에 대해 자부심을 갖게 될 거라는 건 장담할 수 있어.

그러니까 너희들이 가능한 한 빨리 답장을 보내주길 기다릴게. 왜냐하면 출발하기 전에 준비해야 할 게 많거든. 풍토병 예방접종 같은 것 말이야.

곧 다시 보기를 바랄게!

Stéphane

EXERCICE 1 실전 연습

Étape 1 공략에 따라 작문해 보세요.

Vous venez d'apprendre qu'une grande entreprise va bientôt construire une usine tout près de votre quartier. Vous vous inquiétez beaucoup de cette installation parce que cette entreprise fabrique des produits qui polluent l'environnement. Vous écrivez au courrier des lecteurs d'un journal local en prenant position et en expliquant vos craintes. (250 mots minimum)

Nombre de mots :

Étape 2
문제 5의 필수 어휘를 익히고, 해석을 참조하세요.

필수 어휘

usine (f) 공장 | installation (f) 설치 | polluer 오염시키다 | courrier (m) 신문, (신문의) 통신란 | crainte (f) 걱정 | inquiétude (f) 걱정 | à propos de ~에 대한 | prendre des mesures 조치를 취하다 | diminuer 줄이다 | réfléchir 심사숙고하다 | nuisible 해로운 | chimique 화학의 | herbe (f) 풀 | redynamiser 재활성화하다 | dégradé 파손된 | joindre 합치다 | opposer à ~에 반대하다

해석

당신은 대기업이 곧 당신 동네에서 아주 가까운 곳에 공장을 세운다는 것을 알게 되었습니다. 이 기업은 환경을 오염시키는 제품들을 생산하기 때문에, 당신은 이 공장 설립에 대해 걱정이 많습니다. 당신은 지역 신문의 독자란에 당신의 입장을 표명하고 당신의 염려를 설명하면서 글을 씁니다. (최소 250 단어)

Étape 3
해설에 따라 작문 구성을 익히고, 모범 답안을 확인해 보세요.

작문 구성

개요

신문의 독자란에 대기업이 자신이 살고 있는 동네 근처에 공장을 세우기로 한 것에 대해 자신의 입장을 표명하는 글이다. ❶ 처음 부분에서는 자신이 누구인지와 글을 쓰게 된 이유를 간단히 밝힌다. ❷ 가운데 부분에서는 공장 설립에 대한 자신의 의견을 분명히 밝히되, 타당하고 합리적인 근거를 든다. ❸ 마지막 부분에서는 자신의 의견을 다시 한번 피력하면서 공장 설립 반대에 동참해 달라고 호소하며 글을 마무리한다.

진행 방식

1. 처음

자신이 누구인지 밝히고 글을 쓰는 이유 또는 목적을 설명한다. 지시 사항에 자신의 동네 근처에 대기업이 공장 설립을 검토하고 있는 것에 대해 걱정하고 있다는 내용이 있다. 따라서 동네에서 오랫동안 거주했기 때문에 동네에 대한 애착이 남다르다는 것을 강조하면서 시작하면 보다 설득적인 글이 될 것이다.

❶ 자기소개 및 글을 쓴 의도
Je m'appelle Gérard HAMON et j'habite dans ce village avec ma famille depuis vingt ans. Je vous écris pour exprimer mon inquiétude à propos de l'installation de l'usine près de notre village.

2. 가운데

공장 설립에 대한 자신의 입장을 기술한다. 이때 유의할 것은 어떤 주제에 대해 반대할 때 자신의 주장과 그 근거를 곧바로 기술하는 것은 직설적이거나 공격적인 느낌을 줄 수 있다

는 것이다. 따라서 상대방 의견의 장점이나 이점을 먼저 언급하는 것이 효과적이다. 여기에서는 공장이 설립되면 고용 문제를 해결할 수 있고 인구 감소를 막을 수 있다는 장점을 드는 것이 좋다. 그러고 나서 공장 설립에 대한 반대 입장을 본격적으로 표명해야 한다. 중요한 것은 근거의 타당성과 논리성이다. 지시 사항에서 공장이 환경을 오염시키는 제품을 생산한다고 하였으므로 이에 대해 집중적으로 쓴다. 설득력을 높이기 위해 실제 피해 사례를 가정하여 제시하는 것도 좋다. 강의 오염, 가축 폐사를 중점적으로 기술할 수 있겠다.

❷ 공장 설립에 대한 반대 의견 및 근거 제시
Cette ouverture d'usine peut nous aider parce que beaucoup d'habitants pourront y travailler.
Malgré ces avantages, je pense que nous devons réfléchir à l'installation de cette usine. Tout d'abord, elle fabrique des produits qui sont vraiment nuisibles à l'environnement et c'est un problème très grave.
De plus, les animaux domestiques ont été malades ou sont morts après avoir mangé de l'herbe près de cette usine.

3. 끝
공장이 들어서면 경제적으로 도움이 될 수는 있겠지만, 단기적인 이익보다는 환경 보호가 더 중요하다는 것을 강조하면서 공장 설립 반대에 동참해 달라는 말로 끝맺는다.

❸ 공장 설립 반대에 동참 호소
C'est la raison pour laquelle je vous demande de vous joindre à moi pour vous opposer à l'ouverture de l'usine.

모범 답안

Chers habitants,
Je m'appelle Gérard HAMON et j'habite dans ce village avec ma famille depuis vingt ans. Je vous écris pour exprimer mon inquiétude à propos de l'installation de l'usine près de notre village.
Certains d'entre vous sont déjà au courant qu'une grande entreprise va construire son usine à deux kilomètres de chez nous. Je sais bien que notre village a besoin de prendre des mesures pour résoudre nos problèmes économiques et cette ouverture d'usine peut nous aider parce que beaucoup d'habitants pourront y travailler. Par ailleurs, comme les jeunes n'auront plus besoin de quitter leur village et leur famille pour trouver un emploi dans une grande ville, la population du village ne diminuera plus.
Malgré ces avantages, je pense que nous devons réfléchir à l'installation de cette usine. Tout d'abord, elle fabrique des produits qui sont vraiment nuisibles à l'environnement et c'est un problème très grave. La même situation s'est produite dans un autre village il y a cinq ans. Selon le rapport de spécialistes, la rivière de ce village a été polluée après l'ouverture

d'une usine qui fabriquait des produits chimiques et on n'y a plus trouvé aucun poisson vivant. De plus, les animaux domestiques ont été malades ou sont morts après avoir mangé de l'herbe près de cette usine.

Je suis tout à fait d'accord avec la nécessité de redynamiser l'économie de notre village, mais je pense qu'il faut bien réfléchir avant de prendre une décision. Il est vraiment difficile de rendre l'environnement à son état d'origine une fois qu'il est dégradé. Nous devons penser à l'avenir de nos enfants et notre devoir est de faire de notre mieux pour qu'ils puissent vivre dans le village sans aucun danger. C'est la raison pour laquelle je vous demande de vous joindre à moi pour vous opposer à l'ouverture de l'usine.

Cordialement,

Gérard HAMON

해석

친애하는 주민 여러분,

제 이름은 Gérard HAMON이고 20년 전부터 가족과 함께 이 마을에 살고 있습니다. 저는 우리 마을 근처의 공장 설립과 관련하여 제 근심을 표현하기 위해 여러분께 글을 씁니다.

여러분들 중 몇몇은 대기업이 우리 동네에서 2km 떨어진 곳에 그들의 공장을 세우려고 한다는 사실을 이미 알고 계실 것입니다. 저는 우리 마을이 경제적인 문제를 해결하기 위해 조치를 취해야 한다는 것을 잘 알고 있습니다. 그리고 이 공장이 세워지면 많은 주민들이 거기서 일할 수 있기 때문에 우리에게 도움을 줄 수 있습니다. 게다가 젊은이들이 대도시에서 직업을 찾기 위해 마을과 가족을 떠날 필요가 없기 때문에 마을의 인구가 더 이상 줄어들지 않을 것입니다.

이러한 장점들에도 불구하고, 저는 우리가 이 공장 설립에 대해 심사숙고해야 한다고 생각합니다. 무엇보다도, 이 공장은 환경에 매우 해로운 제품들을 생산하는데 이는 매우 심각한 문제입니다. 같은 상황이 5년 전에 다른 마을에서 발생했습니다. 전문가들의 보고서에 따르면, 화학 제품을 생산했던 공장이 들어선 이후 이 마을의 시냇물이 오염되었고, 거기서는 더 이상 살아 있는 물고기들을 찾아볼 수 없었습니다. 게다가 가축들이 이 공장 근처의 풀들을 먹고 난 후 아프거나 죽었습니다.

저는 우리 마을의 경제를 재활성화시켜야 할 필요성에 전적으로 동의하지만, 결정을 내리기 전에 심사숙고해야 한다고 생각합니다. 환경이 한 번 훼손되면 원 상태로 회복하기가 정말 어렵습니다. 우리는 우리 아이들의 미래에 대해 생각해야 하며, 우리의 의무는 아이들이 아무런 위험 없이 마을에서 살 수 있도록 최선을 다하는 것입니다. 이러한 이유 때문에 공장 설립 반대에 저와 함께 동참해 주실 것을 부탁드립니다.

Gérard HAMON

EXERCICE 1 실전 연습

Étape 1 공략에 따라 작문해 보세요.

Vous habitez dans un petit village qui éprouve beaucoup de difficultés financières en hiver parce qu'il n'y a ni ressources touristiques suffisantes ni installations industrielles. Pour remédier à cela, la commission du village demande aux habitants des idées ou des propositions pour résoudre le problème économique du village. Vous écrivez une lettre pour exprimer votre position et proposer quelques idées. (250 mots minimum)

Nombre de mots :

Étape 2 : 문제 6의 필수 어휘를 익히고, 해석을 참조하세요.

필수 어휘

éprouver 겪다 | ressources (f) 자원 | installation industrielle (f) 산업 시설 | commission (f) 위원회 | résoudre 해결하다 | à l'attention de (편지나 메모에서) ~씨 앞 | front de mer (m) 해변 도로 | agricole 농업의 | mise en place (f) 배치, 설립, 실시 | surmonter 극복하다 | aménager 정비하다, 개조하다 | champ (m) 밭 | luge (f) 썰매 | immense 거대한

해석

당신은 충분한 관광 자원도 산업 시설도 없어서 겨울에 많은 재정적 어려움을 겪는 작은 마을에 살고 있습니다. 이것을 개선하기 위해 마을 위원회는 주민들에게 마을의 경제적인 문제를 해결하기 위한 생각이나 제안을 요청합니다. 당신은 당신의 입장을 표명하고 몇 가지 생각을 제안하기 위해 편지를 씁니다. (최소 250 단어)

Étape 3 : 해설에 따라 작문 구성을 익히고, 모범 답안을 확인해 보세요.

작문 구성		
개요		마을의 경제적인 문제를 해결하기 위해 마을 위원회에 몇 가지 제안 혹은 요청을 하는 글이다. 이 글에서 중요한 것은 구체적인 사례를 들며 제안을 해야 한다는 것이다. ❶ 처음 부분에서는 자신이 누구인지 밝히고 마을의 경제적인 어려움을 해결하기 위해 글을 쓴다는 목적을 제시한다. ❷ 가운데 부분에서는 마을의 현재 상황을 기술한 뒤, 마을이 왜 경제적인 어려움을 겪게 되었는지 그 이유를 설명한다. 그런 다음, 이러한 어려움을 해결하기 위한 방안을 구체적으로 제시한다. ❸ 마지막 부분에서는 자신이 글을 쓴 이유를 다시 한번 강조하며 마무리한다.
진행 방식	1. 처음	
	자신이 누구인지 신분을 밝힌다. 그리고 지시 사항에 따라 마을의 경제적 어려움을 해결하기 위해 제안을 하는 글임을 밝힌다.	
	❶ 자기 소개 및 글을 쓰는 목적	
	Je m'appelle Thomas MAILLOT. J'habite en face de l'église depuis quinze ans et je vous écris cette lettre pour vous proposer mes idées afin de résoudre les difficultés économiques de notre village.	
	2. 가운데	
	먼저, 마을이 현재 처한 객관적인 사실을 기술한다. 마을이 여름에는 큰 문제가 없지만 겨울에는 재정적인 어려움을 겪는다는 것을 간단히 기술한다. 그리고 마을이 겨울에 겪는	

경제적 어려움과 그 이유를 설명한다. 농업에 의존하기 때문에 날씨가 추워지면 농사를 지을 수 없고, 산업 시설이 없다 보니 일자리를 찾아 도시로 가야 하는 현실적 상황을 기술한다. 그럼에도 불구하고 환경오염을 고려하면 산업 시설을 설립하는 것에 대해서는 반대의 입장이라는 의견을 밝힌다. 그러면서 겨울의 경제적 어려움을 해결하기 위한 방안을 제시한다. 이 부분이 가장 중요한 만큼 최소 두 가지 이상의 방안을 언급하는 것이 좋다. 앞부분에서 마을의 중심 산업이 농업이라고 언급한 것과 연결지어, 넓은 논밭을 눈썰매장으로 만들면 좋은 관광 자원이 될 것이라는 것과, 전원 생활 체험 프로그램을 통해 도시 사람들에게 새롭고 특별한 경험을 제공할 수 있다는 것 등을 들 수 있다.

❷ 마을의 현재 상황 및 경제적인 문제를 해결하기 위한 제안들
Comme vous le savez, beaucoup de touristes viennent chez nous pendant les vacances d'été parce que nous avons un très beau front de mer.
En revanche, les habitants de notre village ont des difficultés à passer l'hiver à cause des problèmes d'argent.
Avant tout, nous avons besoin de développer nos ressources touristiques. Par exemple, nous pouvons aménager nos champs pour que les touristes puissent y faire de la luge pendant l'hiver.
Sinon, nous pouvons développer un programme pour faire l'expérience de la vie à la campagne.

3. 끝
자신의 제안이 문제를 해결하는 데 도움이 되길 바란다는 내용으로 글을 끝맺는다.

❸ 마을의 문제를 해결하는 데 자신의 제안이 도움이 되기를 바람
J'espère que mes idées pourront être utiles pour résoudre les problèmes de notre village.

Thomas MAILLOT
1 place de la Gourmette
01550 Collonges

À l'attention des membres de la commission
Mairie de Collonges
35 rue Marie Curie
01550 Collonges

Collonges, le 21 octobre 2017

Objet : Propositions de développement pour notre village

Mesdames, Messieurs,

Je m'appelle Thomas MAILLOT. J'habite en face de l'église depuis quinze ans et je vous écris cette lettre pour vous proposer mes idées afin de résoudre les difficultés économiques de notre village.

Comme vous le savez, beaucoup de touristes viennent chez nous pendant les vacances d'été parce que nous avons un très beau front de mer. Nous pouvons gagner de l'argent grâce à eux, car ils logent dans nos hôtels, achètent à manger dans notre supermarché ou prennent leur repas dans nos restaurants.

En revanche, les habitants de notre village ont des difficultés à passer l'hiver à cause des problèmes d'argent. Nous ne pouvons pas faire de travaux agricoles parce qu'il fait en moyenne moins vingt degrés. De plus, nous devons aller très loin pour trouver du travail, car nous n'habitons pas dans une ville industrielle.

Pourtant, je ne suis pas favorable à la mise en place d'installations industrielles dans notre village, car ceci provoquerait des problèmes, comme la pollution de l'environnement.

C'est pourquoi j'aimerais proposer quelques idées pour surmonter cette situation difficile. Avant tout, nous avons besoin de développer nos ressources touristiques. Par exemple, nous pouvons aménager nos champs pour que les touristes puissent y faire de la luge pendant l'hiver. Nous avons d'immenses champs partout, sans aucune montagne. Les enfants des grandes villes n'ont pas beaucoup d'occasions de faire de la luge et c'est un jeu idéal pour passer du temps en famille.

Sinon, nous pouvons développer un programme pour faire l'expérience de la vie à la campagne. Plus précisément, nous donnerions une chance aux gens de la ville de vivre pendant une semaine sans utiliser de téléphone portable, d'ordinateur et de voiture. Ce serait une expérience vraiment spéciale pour eux.

J'espère que mes idées pourront être utiles pour résoudre les problèmes de notre village.
Veuillez recevoir, Mesdames, Messieurs, l'assurance de ma considération distinguée.

Thomas MAILLOT

주제: 우리 마을을 위한 발전 제안들

여러분께,

제 이름은 Thomas MAILLOT입니다. 저는 15년 전부터 교회 맞은편에 살고 있는데 우리 마을의 경제적인 어려움을 해결하기 위한 제 생각들을 여러분께 제안하기 위해 이 편지를 씁니다.

여러분들이 알고 있는 것처럼, 우리 마을은 아주 아름다운 해변 도로가 있기 때문에 많은 관광객들이 여름 휴가 동안 우리 마을에 옵니다. 우리는 이들 덕분에 돈을 벌 수 있는데 왜냐하면 이들은 우리의 호텔에서 묵고 우리의 슈퍼마켓에서 먹을거리를 사거나 우리의 식당에서 식사를 하기 때문입니다.

반면에, 우리 마을 주민들은 돈 문제 때문에 겨울을 지내는 데 어려움을 겪습니다. 우리는 농사일을 할 수도 없는데 왜냐하면 평균 기온이 영하 20도이기 때문입니다. 게다가 우리는 산업 도시에 살고 있지 않기 때문에 일자리를 찾기 위해 매우 멀리 가야 합니다.

그렇지만 저는 우리 마을에 산업 시설을 설치하는 것에는 긍정적이지 않습니다. 왜냐하면 이것은 환경오염과 같은 문제들을 유발할 수 있기 때문입니다.

이것이 제가 이 어려운 상황을 극복하기 위해 몇 가지 생각들을 제안하려는 이유입니다. 무엇보다도, 우리는 우리의 관광 자원을 개발할 필요가 있습니다. 예를 들어, 관광객들이 겨울 동안 썰매를 탈 수 있도록 우리 밭을 개간할 수 있습니다. 우리는 그 어떤 산도 없는 거대한 밭을 사방에 가지고 있습니다. 대도시의 아이들은 썰매를 탈 기회가 많지 않고 썰매는 가족 단위로 시간을 보내기에 아주 좋은 놀이입니다.

아니면, 우리는 전원생활 체험 프로그램을 개발할 수도 있습니다. 보다 구체적으로, 우리는 도시 사람들에게 휴대폰, 컴퓨터 그리고 자동차를 사용하지 않고 일주일 동안 사는 기회를 줄 수 있을 것입니다. 이것은 그들에게 매우 특별한 경험일 것입니다.

제 생각들이 우리 마을의 문제를 해결하는 데 있어 유용했으면 하는 바람입니다.

안녕히 계세요.

Thomas MAILLOT

EXERCICE 1 실전 연습

공략에 따라 작문해 보세요.

Beaucoup d'entreprises mettent en place le télétravail, qui permet d'exercer une activité en dehors des locaux de son employeur ou de son client grâce aux technologies de l'information et de la communication. Cependant, votre entreprise n'est pas favorable à ce nouveau système. Vous écrivez au directeur pour demander à ce que chacun puisse travailler chez lui en expliquant les avantages de ce mode de travail et les bénéfices que l'entreprise pourrait en tirer. (250 mots minimum)

Nombre de mots :

Étape 2
문제 7의 필수 어휘를 익히고, 해석을 참조하세요.

필수 어휘

mettre en place 시행하다, 실시하다 | télétravail (m) 재택근무 | exercer 종사하다, 행하다 | en dehors de ~밖에서 | instauration (f) 설립, 확립 | témoin (m) 증인 | être en hausse 상승하다, 증가하다 | pour autant 그렇다고 해서 | mettre en pratique 시행하다, 실천하다 | exploiter 이용하다 | technique de pointe (m) 첨단 기술 | recruter 채용하다 | espace (m) 공간 | aller-retour 왕복 | rendement (m) 생산성, 효율 | au-delà de ~이외에 | chauffage (m) 난방 | articles de bureau (m.pl.) 사무용품 | requête (f) 간청, 청원

해석

많은 기업들이 재택근무를 시행하고 있는데, 이는 정보 통신 기술에 힘입어 고용주 또는 고객의 장소(회사) 밖에서 활동할 수 있도록 해 줍니다. 그러나 당신 회사는 이 새로운 체제에 호의적이지 않습니다. 당신은 대표에게 이런 방식의 근무의 장점들과 이로부터 기업이 얻을 수 있는 혜택들을 설명하면서 각자 집에서 일할 수 있도록 요구하기 위해 편지를 씁니다. (최소 250 단어)

Étape 3
해설에 따라 작문 구성을 익히고, 모범 답안을 확인해 보세요.

작문 구성

개요

회사에 재택근무를 요구하는 글이다. 많은 기업들이 코로나 19 이후 재택근무를 시행하고 있기는 하지만 재택근무는 아직 도입 단계이기 때문에 이에 대한 의견이 분분하다. 재택근무는 출제될 가능성이 높은 주제이므로 반드시 정리해 두도록 하자. ❶ 처음 부분에서는 자신이 누구인지 밝히고, 재택근무에 대한 자신의 의견을 개진하기 위해 글을 쓰게 되었다는 점을 밝힌다. ❷ 가운데 부분에서는 재택근무의 장점에 대해 구체적으로 언급해야 하는데, 재택근무를 하지 않음으로써 발생하는 불편한 점들부터 언급하면 자연스럽다. ❸ 마지막 부분에서는 재택근무의 장점을 다시 한번 언급하며, 회사에서 재택근무를 도입할 것을 촉구하며 마무리한다.

진행 방식

1. 처음
자신이 누구인지 밝힌다. 회사와 관련된 문제들은 작문 영역뿐만 아니라 구술에서도 출제되기 때문에 주요 부서의 이름, 업무 정도는 외워 두는 것이 좋다. 그리고 최근 작문 영역의 경우 주제를 앞부분에 언급하면서 시작하는 추세이므로 재택근무에 대해 의견을 제시하려고 한다는 내용을 쓴다.

❶ 자기소개 및 편지를 쓴 이유
Je suis l'un de vos employés et si je vous écris aujourd'hui, c'est pour vous proposer de mettre en place le télétravail pour les employés.

2. 가운데
회사의 전반적인 상황을 간략하게 언급한다. 문제점을 바로 지적하기보다는 긍정적인 점을 먼저 언급하는 것이 좋다. 예를 들어 자신이 회사에서 근무한 지 오래되었기 때문에 그동안 회사가 많은 발전을 해 왔다는 점을 알고 있다고 한 뒤 재택근무가 실시되지 않아 아쉽다는 점을 피력한다.
재택근무를 해야 하는 이유를 강조하기 위해서는 이 제도를 도입하지 않음으로써 발생할 문제점들을 밝히는 것이 효과적이다. 회사의 공간 부족 등을 예로 들 수 있겠다. 그런 다음 이 문제를 해결하기 위해 재택근무가 효과적이라는 말을 하면 설득적인 전개가 될 것이다. 가운데 부분에서는 재택근무의 장점들을 구체적이고 상세하게 적어야 한다. 이때 유의해야 할 것은 직원 입장에서만의 장점이 아니라 회사 입장에서의 장점도 밝혀야 한다는 것이다. 예를 들어 직원 입장에서는 부족한 공간 문제를 해결할 수 있고 출퇴근을 하지 않음으로써 시간적, 경제적 낭비를 줄일 수 있다는 점을 강조하며, 이는 결과적으로 능률 향상에 도움이 된다는 것을 언급한다. 그리고 회사의 입장에서는 전기, 난방비와 같은 시설비와 사무용품비를 줄일 수 있어 경제적으로 이득이 된다는 점을 기술한다.

❷ 재택근무의 장점
L'entreprise ne met pas en pratique les nouveaux systèmes qui exploitent les techniques de pointe, comme le télétravail.
Dans certains services, les employés partagent un bureau, car il n'y a pas assez de place.
Tout d'abord, nous pourrions résoudre le problème de l'espace de bureaux puisque les employés travaillent à la maison.
Vous pourriez économiser non seulement le prix de l'électricité ou du chauffage, mais aussi celui des articles de bureau nécessaires pour travailler, comme les stylos, le papier, etc.

3. 끝
재택근무의 적극적인 도입을 고려해 달라는 말로 마무리한다.

❸ 재택근무 제도 도입을 촉구
C'est pourquoi je vous demande de réfléchir à l'instauration du télétravail dans notre entreprise en prenant en considération tous les avantages de ce nouveau mode de travail.

Antoine GASPARIN
72 rue du Sacré-Cœur
59170 Roubaix

À l'attention de M. le Directeur
Société Exporaction
168 avenue du Dauphiné
59170 Roubaix

Roubaix, le 10 septembre 2018

Objet : Demande d'instauration du télétravail

Monsieur,

Je suis l'un de vos employés et si je vous écris aujourd'hui, c'est pour vous proposer de mettre en place le télétravail pour les employés.

En effet, je travaille dans cette entreprise depuis vingt ans et j'ai été témoin de nombreux changements. Le nombre d'employés a doublé et les ventes sont en hausse année après année. Pour autant, les conditions de travail ne se sont pas beaucoup améliorées.

Plus particulièrement, l'entreprise ne met pas en pratique les nouveaux systèmes qui exploitent les techniques de pointe, comme le télétravail. De nouveaux employés sont recrutés chaque année, tandis que l'espace de bureaux devient limité. Dans certains services, les employés partagent un bureau, car il n'y a pas assez de place. À mon avis, le télétravail est un moyen efficace de résoudre les problèmes qui existent dans notre entreprise.

Tout d'abord, nous pourrions résoudre le problème de l'espace de bureaux puisque les employés travaillent à la maison. De plus, dans la mesure où nous n'aurions pas besoin de faire d'allers-retours jusqu'au bureau, nous pourrions gagner du temps. Par ailleurs, cela aiderait à diminuer la pollution de l'environnement parce qu'il ne serait pas nécessaire de prendre sa voiture pour aller au travail. Nous pourrions également espérer un meilleur rendement du travail, car les employés se sentiraient libres et pourraient travailler n'importe quand et n'importe où.

Au-delà des avantages pour les salariés, le travail à distance apporterait aussi des bénéfices à notre entreprise en lui faisant économiser de l'argent. Par exemple, vous pourriez économiser non seulement le prix de l'électricité ou du chauffage, mais aussi celui des articles de bureau nécessaires pour travailler, comme les stylos, le papier, etc.

C'est pourquoi je vous demande de réfléchir à l'instauration du télétravail dans notre entreprise en prenant en considération tous les avantages de ce nouveau mode de travail. En espérant que cette requête retiendra votre attention, je vous prie d'agréer, Monsieur, l'expression de mes sentiments respectueux.

Antoine GASPARIN

주제: 재택근무 시행에 대한 요구

대표님,

저는 대표님의 직원들 중의 한 사람이고, 제가 오늘 대표님께 이 편지를 쓰는 것은 직원들을 위해 재택근무를 시행할 것을 제안하기 위해서입니다.

실제로 저는 20년 전부터 이 회사에서 일을 해 왔고, 많은 변화들의 증인이었습니다. 직원들의 수가 두 배로 증가했고 매출도 해마다 증가하고 있습니다. 그러나 근무 조건은 많이 개선되지 않았습니다.

특히 회사는 재택근무와 같이 최첨단 기술을 활용하는 새로운 체제를 시행하지 않고 있습니다. 매년 새 직원들이 채용되는 반면 사무실 공간은 협소해집니다. 어떤 부서에서는 직원들이 공간이 충분하지 않아 사무실을 공유합니다. 제 의견으로, 재택근무는 우리 회사에서 일어나고 있는 문제들을 해결하는 데 효과적인 방법입니다.

무엇보다도 직원들이 집에서 일하기 때문에 우리는 사무실 공간 문제를 해결할 수 있을 것입니다. 또한 우리가 사무실까지 왕복할 필요가 없어서 시간을 절약할 수 있을 것입니다. 게다가 직장에 오기 위해 차를 탈 필요가 없기 때문에, 이는 환경오염을 줄이는 데에도 도움이 될 것입니다. 우리는 또한 일의 능률이 오를 것이라고 기대할 수 있는데, 왜냐하면 직원들이 자유로움을 느끼고 언제 어디서나 일을 할 수 있기 때문입니다.

직원들을 위한 장점들 이외에, 재택근무는 또한 돈을 아낌으로써 우리 기업에 이익을 가져다줄 수 있을 것입니다. 예를 들어, 전기세 또는 난방비뿐 아니라 볼펜, 종이 등과 같이 일하기 위해 필요한 사무 용품비도 절약할 수 있을 것입니다.

이러한 이유로 해서 저는 대표님께 이 새로운 근무 방식의 모든 장점들을 고려하여 우리 회사에서 재택근무 시행에 대해 깊게 생각해 주시기를 부탁드리는 것입니다.

이 간청이 대표님의 관심을 끌기를 바라며, 안녕히 계세요.

Antoine GASPARIN

EXERCICE 1 실전 연습

Étape 1 공략에 따라 작문해 보세요.

Vous avez cinquante-neuf ans et vous travaillez dans une entreprise depuis trente ans. Vous avez appris qu'elle va prendre une mesure de réduction du personnel et que les employés âgés vont être licenciés en priorité, même s'ils sont encore capables de travailler. Vous écrivez une lettre au directeur du bureau du personnel pour le convaincre de l'importance des employés expérimentés dans l'entreprise. (250 mots minimum)

Nombre de mots :

Étape 2
문제 8의 필수 어휘를 익히고, 해석을 참조하세요.

필수 어휘

réduction (f) 감축 | licencier 해고하다 | en priorité 우선적으로 | convaincre 설득하다 | expérimenté 경험이 있는 | plaidoyer (m) 변론, 변호, 지지 | en faveur de ~에 찬성하여, ~에게 호의적으로 | conscient 자각이 있는 | carrière (f) 경력 | dépenser 지출하다 | en outre 게다가 | aîné 연장자, 선배 | équipement (m) 장비 | par cœur 구석구석, 속속들이 | rivaliser 경쟁하다 | concurrent 경쟁자 | remporter 쟁취하다 | maintenir 지탱하다 | lien (m) 유대 | comportement (m) 행동 | nuisible 해로운 | ambiance (f) 분위기, 환경 | fidèle 충실한 | attaché 애착을 갖는 | attente (f) 기다림

해석

당신은 59살이고 30년 전부터 한 회사에서 일을 합니다. 당신은 회사가 인원 감축 조치를 취할 것이고, 나이 많은 직원들이 아직 일할 능력이 있음에도 불구하고 그들을 우선적으로 해고할 것이라는 사실을 알게 되었습니다. 당신은 인사과 책임자에게 회사에서 경험 있는 직원들의 중요성을 설득하기 위해 편지를 씁니다. (최소 250 단어)

Étape 3
해설에 따라 작문 구성을 익히고, 모범 답안을 확인해 보세요.

작문 구성

개요
나이 많은 직원들을 해고하려고 하는 회사의 조치에 맞서, 이들이 회사에서 중요한 역할을 한다는 것을 피력하는 글이다. 우선 ❶ 처음 부분에서는 자신의 신분을 밝힌 뒤, 회사의 구조 조정에 대한 문제로 글을 쓰게 되었다는 점을 언급한다. ❷ 가운데 부분에서는 회사가 젊은 직원들을 선호하는 것을 이해하지 못하는 것은 아니나, 나이 많은 직원들 또한 회사에서 중요한 역할을 하고 있다는 것을 구체적으로 언급한다. ❸ 마지막 부분에서는 나이 많은 직원들을 구조 조정 하기로 한 회사의 결정에 대해 재고해 달라는 말로 끝맺는다.

진행 방식

1. 처음
자신이 어떤 부서에서 근무하고 있는 누구인지 밝히고 지시 사항에 있는 구조 조정 문제로 편지를 쓴다는 점을 언급하며 시작한다. 이때 유의해야 할 것은 지시 사항에 있는 문장을 동일하게 쓰면 안 된다는 것이다. 어휘나 문장을 똑같이 쓸 경우 채점관이 지시 사항을 베꼈다고 인식해서 좋은 평가를 받을 수 없다. 따라서 가능한 한 지시 사항에 있는 어휘와 문장을 뜻이 동일한 다른 어휘와 문장으로 바꿔 쓰는 것이 좋다.

❶ 자신의 신분과 편지를 쓴 이유

Je m'appelle Jean DUHAMEL et je travaille au service commercial de notre entreprise depuis trente ans. J'ai appris que vous alliez licencier en priorité les employés plus âgés et je vous écris cette lettre pour vous demander de revenir sur votre décision en ce qui concerne les mesures de réduction du personnel.

2. 가운데

나이 많은 직원들을 해고하는 것에 대해 문제를 제기하는 방식으로 글을 써야 하는데 지나치게 직접적인 문제 제기는 자칫 공격적으로 보일 수 있다. 따라서 곧바로 문제를 지적하기보다는, 젊은 사원들을 고용하려고 하는 회사의 입장을 어느 정도 이해할 수 있다는 점을 언급하는 것이 좋다. 예를 들어 젊은 직원들을 고용할 경우 월급을 적게 줄 수 있다는 점, 오래 근무할 수 있다는 점, 그리고 업무 습득 능력이 빠르다는 점을 들 수 있겠다.

가장 중요한 내용인 나이 많은 직원들의 장점을 충실히 기술해야 한다. 먼저 이들은 오랜 경험을 바탕으로 업무에 능숙하다. 이것은 이들의 가장 큰 장점이기 때문에 구체적으로 쓰는 것이 좋다. 예를 들어 동종 업계에 종사하는 사람들과의 인적 인프라, 회사 선배로서의 역할, 그리고 회사에 대한 애정 등을 들 수 있다.

❷ 나이 많은 직원의 장점

Je suis conscient que l'entreprise souhaite des gens plus jeunes. Puisque leur carrière est plus courte que celle des salariés plus âgés, l'entreprise peut bénéficier d'avantages d'un point de vue économique, car elle dépensera moins en salaire mensuel.

Je pense que les employés âgés peuvent aussi jouer un rôle important dans notre entreprise. Tout d'abord, ils ont beaucoup d'expérience dans leur domaine de travail. Les employés séniors sont très fidèles à leur entreprise parce qu'ils y ont travaillé depuis longtemps et qu'ils sont attachés à elle.

3. 끝

경험이 풍부한 나이 많은 직원들이 가지고 있는 장점을 고려하여 구조 조정에 대한 회사의 결정을 재고해 달라는 말로 끝맺는다.

❸ 구조 조정에 대한 재고 부탁

Par conséquent, je voudrais vous demander de revoir votre position en prenant en considération l'importance des employés expérimentés dans notre entreprise.

Jean DUHAMEL
154 rue Maupassant
33210 Bordeaux

À l'attention du directeur du bureau du personnel
Société Mentalo
294 route du Trésor
33210 Bordeaux

Bordeaux, le 2 novembre 2017

Objet : Plaidoyer en faveur des employés âgés

Monsieur,

Je m'appelle Jean DUHAMEL et je travaille au service commercial de notre entreprise depuis trente ans. J'ai appris que vous alliez licencier en priorité les employés plus âgés et je vous écris cette lettre pour vous demander de revenir sur votre décision en ce qui concerne les mesures de réduction du personnel.

Je suis conscient que l'entreprise souhaite des gens plus jeunes. Puisque leur carrière est plus courte que celle des salariés plus âgés, l'entreprise peut bénéficier d'avantages d'un point de vue économique, car elle dépensera moins en salaire mensuel. En outre, les jeunes employés sont capables de travailler plus longtemps que les personnes plus âgées. Ils travaillent également plus rapidement que leurs aînés, car ils apprennent vite à se servir des équipements technologiques comme les ordinateurs ou les téléphones portables.

Malgré les avantages mentionnés ci-dessus, je pense que les employés âgés peuvent aussi jouer un rôle important dans notre entreprise. Tout d'abord, ils ont beaucoup d'expérience dans leur domaine de travail. Reconnaissez qu'on ne peut pas acheter l'expérience avec de l'argent. Dans mon cas, je travaille au service commercial depuis longtemps et je connais mon travail par cœur. Je connais également beaucoup de gens d'autres entreprises dans mon domaine. Ces relations humaines peuvent nous servir quand notre entreprise doit rivaliser avec des concurrents pour remporter un contrat de vente. Par ailleurs, les salariés plus anciens sont très importants pour maintenir des liens de proximité entre les employés du même bureau. La plupart des jeunes d'aujourd'hui ne pensent qu'à eux-mêmes. Ils quittent le bureau quand ils ont terminé leur travail, même si leurs collègues travaillent tard. Ce genre de comportement est nuisible à l'ambiance du bureau. Enfin, les jeunes salariés quittent leur entreprise sans hésiter si une autre leur offre un salaire plus élevé. En revanche, les employés séniors sont très fidèles à leur entreprise parce qu'ils y ont travaillé depuis longtemps et qu'ils sont attachés à elle.

Par conséquent, je voudrais vous demander de revoir votre position en prenant en considération l'importance des employés expérimentés dans notre entreprise.

Dans l'attente d'une réponse favorable de votre part, je vous prie d'agréer, Monsieur, mes salutations distinguées.

Jean DUHAMEL

해석

주제: 고령의 직원들에 대한 변론

부장님께,
제 이름은 Jean DUHAMEL이고 30년 전부터 우리 회사 영업부에서 일을 하고 있습니다. 저는 회사가 나이 많은 직원들을 우선적으로 해고할 것이라는 것을 알게 되었고 인원 감축 조치와 관련한 회사의 결정을 재고해 주실 것을 부탁하기 위해 이 편지를 씁니다.
저는 회사가 더 젊은 사람들을 원한다는 것을 알고 있습니다. 이들의 경력이 나이 많은 직원들의 그것보다 더 짧기 때문에, 회사가 월급을 덜 지출하게 될 것이므로 경제적 관점에서 이점을 얻을 수 있기 때문입니다. 게다가 젊은 직원들은 나이 든 사람들보다 더 오래 일할 수 있죠. 이들은 또한, 컴퓨터 또는 휴대폰과 같은 첨단 장비를 사용하는 법을 빨리 배우기 때문에 연장자들보다 더 빨리 일합니다.
위에서 언급했던 장점들에도 불구하고, 저는 나이 많은 직원들 또한 우리 회사에서 중요한 역할을 할 수 있다고 생각합니다. 무엇보다도, 이들은 자신의 일 분야에서 많은 경험을 가지고 있습니다. 돈으로 경험을 살 수 없다는 것을 알고 있어야 합니다. 저의 경우에, 저는 오래전부터 영업부에서 일을 했고 제 일을 속속들이 알고 있습니다. 저는 또한 이 분야에 있는 다른 회사 사람들을 많이 알고 있죠. 이 인간관계가 우리 회사가 판매 계약을 따내기 위해 다른 회사들과 경쟁을 해야 할 때 우리에게 도움을 줄 수 있습니다. 게다가 오래된 직원들은 같은 사무실의 직원들 사이에 친밀한 관계를 유지하기 위해 매우 중요합니다. 오늘날의 대부분의 젊은이들은 자기들만 생각합니다. 이들은 동료들이 늦게까지 일하더라도 자신의 일이 끝나면 사무실에서 퇴근합니다. 이런 유형의 행동은 사무실 분위기에 해롭습니다. 마지막으로, 젊은 직원들은 다른 회사가 더 많은 급여를 제안하면 망설이지 않고 회사를 그만둡니다. 반면에 나이 많은 직원들은 회사에 매우 충실한데 왜냐하면 이곳에서 오래전부터 일을 했고 그래서 회사에 애정이 많기 때문입니다.
결과적으로, 저는 부장님께 회사에서 경험 많은 직원들의 중요성을 고려하여 당신의 입장을 재고해 주실 것을 부탁드리고 싶습니다.
긍정적인 답변을 기대하면서 이만 줄입니다. 안녕히 계세요.

Jean DUHAMEL

EXERCICE 1 실전 연습

공략에 따라 작문해 보세요.

Vous travaillez dans une grande entreprise et celle-ci a demandé aux employés d'écrire leurs souhaits ou leurs propositions. Vous en profitez pour demander d'améliorer les conditions de travail, surtout pour les femmes (ouverture d'une crèche, congé parental, etc.). (250 mots minimum)

Nombre de mots :

Étape 2
문제 9의 필수 어휘를 익히고, 해석을 참조하세요.

필수 어휘
souhait (m) 희망, 바람 | crèche (f) 탁아소 | congé parental (m) 육아 휴직 | diffusé 방송된, 보도된 | par rapport à ~와 관련하여 | banlieue (f) 교외 | convenir à qn ~의 상황에 맞다 | paraître ~처럼 보이다 | souci (m) 근심 | nounou (f) 보모 | à titre personnel 개인적으로 | rendement (m) 생산성, 효율 | promouvoir 장려하다 | branche (f) 분야 | assumer 안다, 맡다 | charge (f) 부담 | sur le long terme 장기적으로 보아

해석
당신은 대기업에서 근무하는데 회사에서 직원들에게 그들의 희망 사항 또는 제안들을 쓸 것을 요청했습니다. 당신은 회사 측에 특히 여성을 위한 근무 조건(탁아소 설립, 육아 휴직 등)을 개선해 줄 것을 요청하기 위해 이를 활용합니다. (최소 250 단어)

Étape 3
해설에 따라 작문 구성을 익히고, 모범 답안을 확인해 보세요.

작문 구성

개요
회사에 여성 직원들을 위한 근무 조건을 개선해 줄 것을 요구하는 글이다. 직원들을 대표하여 회사에 근무 조건의 개선을 요구하는 글은 시험에 자주 출제되는 주제이므로 미리 정리해 두는 것이 좋다. 이 글의 ❶ 처음 부분에서는 자신의 신분과 글을 쓰는 이유를 분명하게 밝힌다. 자신이 근무하는 회사, 직급, 업무와 관련된 정보는 작문뿐만 아니라 구술에서도 활용할 수 있으므로 외워 두자. ❷ 가운데 부분에서는 탁아소 및 육아 휴직의 필요성을 설명한다. 이 부분이 가장 중요하므로 구체적으로 열거한다. 이때, 탁아소 및 육아 휴직이 회사 직원들에게뿐만 아니라, 궁극적으로는 회사에도 도움이 된다고 서술하면 효과적이다. ❸ 마지막 부분에서는 탁아소를 설치하고 육아 휴직 제도를 도입하면 당장은 경제적 부담이 될 수 있지만, 장기적으로는 회사에 도움이 될 것이라는 점을 강조하며 마무리한다.

진행 방식
1. 처음
자신이 누구이며 어떤 일을 맡고 있는지 밝힌다. 그리고 글을 쓰게 된 동기나 목적에 대해 언급한다. 지시 사항에 있는 어휘나 문장을 의미가 동일한 어휘나 문장으로 바꿔 쓰는 것을 잊지 말자.

❶ 자기 소개 및 글을 쓴 이유
Je m'appelle Marie BÉDIER et je travaille à la production de la société Magijouet depuis cinq ans. J'ai entendu l'annonce diffusée dans l'entreprise pour demander aux employés de noter leurs propositions ou leurs souhaits.

2. 가운데
회사 측에 제안 또는 요구를 하기 위한 목적의 작문이지만 이에 대해 바로 언급하기보다는 회사가 직원들을 위해 많은 노력을 기울이고 있음을 알고 있다고 말한 뒤, 제안이나 바람에 대해 쓰는 것이 효과적이다. 예를 들어 출퇴근 버스의 운영이나 직원들의 복지를 위한 시설(체육 시설 등)의 편리함을 언급한 후 회사에 제안할 사항을 서술한다. 이때 이러한 조치들의 필요성과 효과에 대해 구체적으로 기술해야 한다. 예를 들어 아이를 돌보는 데 필요한 비용을 절감할 수 있을 뿐만 아니라, 안심하고 일에 집중함으로써 업무 능률을 향상시킬 수 있다는 점을 강조한다. 이때 직원들뿐만 아니라 회사에도 이러한 제도가 도움이 된다고 서술하면 보다 설득적인 글이 될 수 있다.

❷ 탁아소 설립 및 육아 휴직 제도의 장점
Les employés apprécient beaucoup les efforts de l'entreprise pour eux, mais j'aimerais vous proposer quelques mesures qui me paraissent nécessaires.
À mon avis, si notre entreprise ouvre une crèche, le rendement du travail augmentera, car elles pourront travailler sans s'inquiéter pour leurs enfants. Ainsi, ce sera une bonne chose pour l'entreprise.
Par ailleurs, je pense que nous devons promouvoir le système du congé parental. Par conséquent, il me semble que le congé parental est un moyen très efficace pour les couples avec enfants.

3. 끝
단기적으로는 회사에 경제적 부담이 되겠지만 장기적으로는 회사에 도움이 될 것이라는 점을 강조하며 글을 끝맺는다.

❸ 글을 쓴 이유 다시 한번 강조
Je sais bien que l'entreprise devra assumer une charge financière si elle accepte mes propositions. Mais je suis convaincue qu'elles lui apporteront des avantages sur le long terme.

Marie BÉDIER
73 rue des Bignons
67100 Strasbourg

Société Magijouet
5 place Saint-Germain
67100 Strasbourg

Strasbourg, le 15 février 2018

Objet : Propositions pour améliorer l'entreprise

Madame, Monsieur,

Je m'appelle Marie BÉDIER et je travaille à la production de la société Magijouet depuis cinq ans. J'ai entendu l'annonce diffusée dans l'entreprise pour demander aux employés de noter leurs propositions ou leurs souhaits.

Tout d'abord, j'aimerais vous dire que les conditions de travail se sont beaucoup améliorées par rapport à l'an dernier. Par exemple, les employés qui habitent loin avaient beaucoup de difficultés pour venir le matin jusqu'à l'année dernière, mais l'entreprise a mis en place un autobus pour les employés habitant en banlieue. De plus, notre entreprise a installé une salle de sports pour que nous puissions en faire à l'heure qui nous convient. Les employés apprécient beaucoup les efforts de l'entreprise pour eux, mais j'aimerais vous proposer quelques mesures qui me paraissent nécessaires.

D'abord, nous avons besoin d'une crèche. 40 % de nos employés sont des femmes qui ont des enfants. Comment faire garder les enfants pendant les heures de travail ? C'est l'un des soucis principaux de ces employées. Elles ont besoin de quelqu'un pour s'occuper de leurs enfants avant qu'elles ne finissent le travail, mais elles n'ont pas assez d'argent pour engager une nounou à titre personnel. À mon avis, si notre entreprise ouvre une crèche, le rendement du travail augmentera, car elles pourront travailler sans s'inquiéter pour leurs enfants. Ainsi, ce sera une bonne chose pour l'entreprise. Par ailleurs, je pense que nous devons promouvoir le système du congé parental. Autrefois, les femmes passaient la plupart de leur temps à s'occuper des enfants à la maison parce qu'elles ne pouvaient pas avoir de travail. Mais aujourd'hui, beaucoup de femmes travaillent dans les différentes branches de la société et le problème d'élever un enfant doit être l'intérêt commun d'un couple. Par conséquent, il me semble que le congé parental est un moyen très efficace pour les couples avec enfants.

Je sais bien que l'entreprise devra assumer une charge financière si elle accepte mes propositions. Mais je suis convaincue qu'elles lui apporteront des avantages sur le long terme. Veuillez croire, Madame, Monsieur, à l'assurance de ma considération distinguée.

Marie BÉDIER

해석

주제: 회사를 개선하기 위한 제안들

대표님께,

제 이름은 Marie BÉDIER이고 5년 전부터 Magijouet 회사에서 생산직으로 일하고 있습니다. 저는 회사가 사원들에게 제안이나 바람을 적어 낼 것을 부탁하는 사내 방송을 들었습니다.

무엇보다도, 근무 조건이 작년에 비해 많이 개선되었다는 것을 말하고 싶습니다. 예를 들어, 회사에서 멀리 떨어져 사는 직원들은 작년까지 아침마다 (회사에) 오는 데 많은 어려움이 있었는데, 회사가 교외에 거주하는 직원들을 위해 버스를 운행했습니다. 게다가 우리 회사는 우리가 편한 시간에 운동할 수 있도록 스포츠 실을 설치하였습니다. 직원들은 자신들을 위한 회사의 노력을 감사하게 생각하고 있지만 저는 몇 가지 필요하다고 보이는 조치들을 제안하고자 합니다.

우선, 우리는 탁아소가 필요합니다. 우리 직원들 중의 40퍼센트는 자녀가 있는 여성들입니다. 근무 시간 동안 아이를 어떻게 돌보겠습니까? 이것은 이 직원들의 주된 걱정거리들 중에 하나입니다. 그녀들은 퇴근 전에 아이들을 돌보아 줄 누군가가 필요하지만 개인적으로 보모를 고용하기에는 돈이 충분치 않습니다. 제 의견에, 만일 회사가 탁아소를 설치한다면 그녀들이 자신의 아이들을 걱정하지 않고 일할 수 있어 일의 능률이 오를 것이고 그래서 이는 회사를 위해 좋을 것입니다. 게다가 저는 육아 휴직 제도를 장려해야 한다고 생각합니다. 옛날에는 여성들이 일자리를 가질 수 없었기 때문에 대부분의 시간을 집에서 자녀들을 돌보며 보냈습니다. 그러나 오늘날, 많은 여성들이 사회의 다양한 분야에서 일하고 있고 아이를 양육하는 문제는 부부의 공통적인 관심사여야 합니다. 결과적으로, 저는 육아 휴직이 자녀가 있는 부부에게 매우 효과적인 방법이라고 생각합니다.

제 제안들을 받아들인다면 회사가 재정적인 부담을 안게 될 것이 틀림없음을 잘 알고 있습니다. 그렇지만 장기적인 관점에서 이 제안들이 회사에 이점을 가져다줄 것이라고 저는 확신합니다.

안녕히 계세요.

Marie BÉDIER

EXERCICE 1 실전 연습

Étape 1 공략에 따라 작문해 보세요.

Un débat sur le développement technologique de la société moderne est prévu dans une émission télévisée. Cette dernière demande aux gens d'envoyer leur opinion personnelle à ce sujet avant la diffusion de l'émission, donc laissez un message sur leur forum pour partager votre point de vue (pour ou contre ces changements et pourquoi). (250 mots minimum)

Nombre de mots :

Étape 2   문제 10의 필수 어휘를 익히고, 해석을 참조하세요.

필수 어휘

débat (m) 토론 | prévu 예정된 | émission (f) 방송 | diffusion (f) 방송 | forum (m) 포럼 | progresser 진보하다 | surfer 서핑하다, 검색하다 | technologie de pointe (f) 첨단 기술 | entraîner 이끌다, 초래하다 | empêcher 방해하다 | s'équilibrer 균형을 잡다 | ignorer 무시하다 | esclave 노예

해석

현대 사회의 기술 발전에 대한 토론이 텔레비전 방송에서 예정되어 있습니다. 방송국은 사람들에게 방송 전에 이 주제에 관한 개인적인 의견을 보내 줄 것을 부탁합니다. 그러니 그들의 포럼에 당신의 의견을 공유하기 위해 메시지를 남기세요.(이 변화에 대해 찬성하는지 혹은 반대하는지 그리고 그 이유) (최소 250 단어)

Étape 3   해설에 따라 작문 구성을 익히고, 모범 답안을 확인해 보세요.

작문 구성

개요

현대 사회의 기술 발전은 전형적인 주제 중 하나이므로 기술 발전의 장단점, 기술 발전과 환경 오염에 대해 미리 정리해 두는 것이 좋다. ❶ 처음 부분에서는 자신이 글을 쓴 이유와 첨단 기술의 발전에 대한 자신의 생각을 간단히 밝힌다. ❷ 가운데 부분에서는 첨단 기술의 발전에 대해 찬성 혹은 반대 입장 중 하나를 정한 뒤, 합리적이고 타당한 근거를 들어 주장을 뒷받침한다. 이때, 자신의 입장뿐만 아니라 자신의 입장에 반대되는 입장에 대해서도 함께 기술한다. ❸ 마지막 부분에서는 자신의 의견을 강조하며 마무리한다.

진행 방식

1. 처음

글을 쓰게 된 이유를 설명한다. 지시 사항에 따라 기술 발전에 대한 포럼과 관련하여 자신의 의견을 쓰려고 한다는 내용을 밝힌다.

❶ 글을 쓴 이유

Je regarde souvent votre émission et j'ai vu l'annonce à propos du débat que vous avez prévu. Voici donc mon opinion concernant le développement technologique de la société moderne.

2. 가운데

어떠한 화제에 대해 찬성 혹은 반대의 입장 중 하나를 택해 이에 대해 서술하는 글의 경우, 자신의 입장뿐만 아니라 상대방의 입장에 대해서도 말하는 것이 좋다. 즉, 기술 발전에 찬성한다면 부정적인 입장을, 반대한다면 긍정적인 입장을 함께 기술하는 것이 보다 설득력 있는 글로 보일 수 있다. 이를 위해서 우선 현대 사회의 눈부신 첨단 기술에 대해 언급한다.

그리고 기술 발전으로 인한 장점들을 서술한다. 이때 인터넷을 예로 들어 인터넷의 발달로 인한 편리한 점들을 서술하면 보다 쉽게 글을 전개할 수 있을 것이다. 그런 다음, 첨단 기술의 부정적인 면을 기술한다. 기술의 발전으로 인해 사람들이 대면할 일이 줄어들어, 인간 관계에서 어려움을 겪을 수 있다는 점이나 운동 부족 등을 예로 들 수 있겠다.

❷ 첨단 기술로 인한 장단점

Nous n'avons plus besoin d'aller à la bibliothèque pour chercher des informations.
Un autre point positif est la possibilité de réserver des billets d'avion ou de train en ligne, ce qui nous fait gagner un temps précieux.
Nous ne parlons plus beaucoup avec nos amis même quand nous nous voyons et nous ne faisons que jouer sur nos portables.
Beaucoup de jeunes passent trop de temps à jouer sur leur portable ou sur Internet et cela les empêche de se concentrer sur leurs études.

3. 끝

마지막 부분에서 다시 한번 자신의 입장을 밝히며 주장을 명확히 드러낸다. 즉 첨단 기술의 장점을 부정하는 것은 아니지만, 기술이 수단이 아닌 목적 자체가 되어서는 안 된다는 점을 강조한다.

❸ 자신의 의견 강조

Nous ne pouvons pas ignorer l'importance de la technologie dans la société moderne, mais cela ne signifie pas que nous soyons obligés de devenir esclaves de la technologie de pointe.

모범답안

Bonjour,
Je m'appelle Patrick BEUIER et je regarde souvent votre émission et j'ai vu l'annonce à propos du débat que vous avez prévu. Voici donc mon opinion concernant le développement technologique de la société moderne.
Il est vrai que la technologie a beaucoup progressé pendant les dix dernières années et il est de plus en plus difficile de vivre sans savoir utiliser les appareils technologiques. Je reconnais que le développement de la technologie nous apporte beaucoup d'avantages. Par exemple, nous n'avons plus besoin d'aller à la bibliothèque pour chercher des informations : il suffit de surfer sur Internet. Un autre point positif est la possibilité de réserver des billets d'avion ou de train en ligne, ce qui nous fait gagner un temps précieux. Le téléphone portable, surtout, nous permet de faire un grand nombre de choses que nous ne pouvions même pas imaginer il y a quelques années.
En revanche, nous devons également penser aux aspects négatifs que ces technologies de pointe entraînent. Tout d'abord, nous pouvons rencontrer des problèmes dans nos relations humaines. Nous ne parlons plus beaucoup avec nos amis même quand nous nous voyons

et nous ne faisons que jouer sur nos portables. D'ailleurs, beaucoup de jeunes passent trop de temps à jouer sur leur portable ou sur Internet et cela les empêche de se concentrer sur leurs études. Ils peuvent aussi avoir des problèmes sur le plan physique. Ils jouent aux jeux vidéo au lieu de faire du sport avec leurs amis à l'extérieur et manquent donc d'activité physique.

À mon avis, il faut toujours prendre en considération les deux côtés dans la vie et il est important que le bon et le mauvais côté s'équilibrent. Nous ne pouvons pas ignorer l'importance de la technologie dans la société moderne, mais cela ne signifie pas que nous soyons obligés de devenir esclaves de la technologie de pointe.

해석

안녕하세요.
저는 Patrick BEUIER이고, 당신의 방송을 자주 시청합니다. 그리고 저는 당신이 예고했던 토론에 대한 안내를 봤습니다. 그래서 여기에 현대 사회에서의 기술 발전에 관한 제 의견이 있습니다.

최근 십 년간 기술이 많은 진보를 했던 것은 사실이며 첨단 기기들을 사용하는 법을 모른 채 살아가는 것이 점점 더 어려워지고 있습니다. 저는 기술 발전이 우리에게 많은 장점을 가져다주는 것을 인정합니다. 예를 들어, 우리는 더 이상 정보들을 찾기 위해 도서관에 갈 필요가 없습니다: 인터넷을 검색하는 것으로 충분합니다. 또 다른 긍정적인 점은 온라인으로 비행기표나 기차표를 예매할 수 있다는 점인데, 이것은 우리에게 귀중한 시간을 절약할 수 있게 해 줍니다. 특히 휴대폰은 몇 년 전에는 우리가 상상조차 하지 못했던 많은 일들을 할 수 있게 해 줍니다.

반면에, 우리는 이러한 첨단 기술이 초래하는 부정적인 면들에 대해서도 생각해 봐야 합니다. 무엇보다도, 우리는 인간관계에 대한 문제에 직면할 수 있습니다. 우리는 심지어 우리의 친구들을 만났을 때에도 더 이상 많이 이야기하지 않으며, 휴대폰으로 게임만 합니다. 게다가 많은 젊은이들은 휴대폰이나 인터넷으로 게임을 하는 데 시간을 너무 많이 허비하고, 이는 그들이 공부에 집중하는 것을 방해합니다. 이들은 또한 신체적인 면에서 문제를 가질 수도 있습니다. 이들은 밖에서 친구들과 운동을 하는 대신에 비디오 게임을 하고 그래서 신체적 활동이 부족합니다.

제 생각에는 인생에는 항상 양면이 있다는 점을 고려해야 하며 좋은 면과 나쁜 면이 균형을 이루게 하는 것이 중요합니다. 우리는 현대 사회에서 기술의 중요성을 간과할 수는 없지만 그렇다고 이것이 우리가 첨단 기술의 노예가 되어야 한다는 것을 의미하지는 않습니다.

EXERCICE 1 실전 연습

Étape 1 공략에 따라 작문해 보세요.

Votre mairie vient de décider la fermeture de l'école primaire de votre village en raison d'un déficit financier et du manque d'élèves. Pourtant, les habitants éprouvent beaucoup d'affection pour cette école. Après la réunion du village, vous écrivez une lettre au maire au nom des habitants pour le convaincre en expliquant l'importance de cette école pour votre village. (250 mots minimum)

Nombre de mots :

Étape 2

문제 11의 필수 어휘를 익히고, 해석을 참조하세요.

필수 어휘

mairie (f) 시청 | fermeture (f) 폐쇄 | école primaire (f) 초등학교 | en raison de ~의 이유로 | déficit (m) 부족, 적자 | manque (m) 부족 | affection (f) 애정 | maire (m) 시장 | au nom de ~의 이름으로, ~를 대표해서 | maintien (m) 유지 | écolier 초등학생 | chute (f) 추락 | taux de natalité (m) 출생률 | se rendre 가다 | en commun 공동의 | renoncer à ~을 취소하다, 그만두다 | manifester 시위하다

해석

당신의 시청이 재정 적자와 학생들의 부족을 이유로 당신 마을의 초등학교를 폐교하기로 결정했습니다. 그러나 주민들은 이 학교에 많은 애정을 가지고 있습니다. 마을 회의 후에 당신은 시장에게 당신 마을에서 이 학교의 중요성을 설명하면서 그를 설득하기 위해 주민들을 대표하여 편지를 씁니다. (최소 250 단어)

Étape 3

해설에 따라 작문 구성을 익히고, 모범 답안을 확인해 보세요.

작문구성

개요

마을 주민 대표로서, 초등학교 폐교에 반대하는 글이다. 자신의 의견을 주장하는 글이므로, 자신의 입장을 타당한 근거를 들어 뒷받침하는 것이 가장 중요하다 하겠다. ❶ 처음 부분에서는 자신의 신분을 밝힌 뒤, 초등학교 폐교에 반대한다는 것을 밝히기 위해 글을 쓰게 되었다는 의도를 간략히 언급한다. ❷ 가운데 부분에서는 폐교에 반대하는 이유를 제시한다. 이때 여러 가지 측면에서 근거를 제시하는 것이 좋은데, 예를 들어 학생의 입장에서, 그리고 마을 주민의 입장에서 폐교에 반대하는 이유를 쓰면 보다 체계적인 글이 될 수 있다. ❸ 마지막 부분에서는 초등학교 폐교에 반대하는 자신의 입장을 다시 한번 강조한다.

진행 방식

1. 처음

자신이 누구인지 신분을 밝히면서 시작한다. 그리고 작문의 제재인 초등학교 폐교 결정에 반대한다는 입장을 언급한다. 자신을 소개할 때 지시 사항에 주민들이 학교에 대한 애정이 깊다는 내용이 있으므로 자신이 마을에 거주한 지 오래되었다는 내용을 강조하는 것이 좋다.

❶ 자기소개 및 초등학교 폐교에 반대하는 입장 제시

Je m'appelle Olivier BOCHARD. J'ai un magasin de sport en ville depuis quinze ans et j'ai deux enfants qui sont écoliers tous les deux. Avec les habitants, nous avons appris que vous aviez décidé de fermer l'école de notre village à cause des problèmes financiers et du manque d'élèves et nous nous y opposons.

2. 가운데

반대하는 이유를 밝히기 전에 이런 결정을 하게 된 시청의 입장을 어느 정도 이해할 수 있다는 점을 설명한다. 이를 위해 문제에서 제시된 학교를 폐교하게 된 원인인 학생 수 부족과 재정적 어려움을 알고 있다는 것을 언급한다. 다음으로, 학교를 폐교해서는 안 되는 이유를 밝혀야 하는데, 이 부분이 평가에서 가장 중요하다. 우선 아이들이 학교에 다니기 위해서는 다른 마을로 이동해야 한다는 점이 아이들에게 부담이 될 수 있다는 점을 강조한다. 또한 학교가 없어진다면 같은 학교 출신인 주민들 간의 연대감과 추억들 또한 사라질 것이라는 점을 덧붙인다.

❷ 초등학교 폐교에 반대하는 이유

Il est vrai que les enfants de notre école primaire sont de moins en moins nombreux à cause de la chute du taux de natalité de notre village.

D'abord, si on ferme l'école, nos enfants devront aller à celle du village voisin.

La fermeture de l'école primaire pose également un autre problème. Il s'agit de la réaction émotionnelle des habitants.

3. 끝

마을 회의의 결과를 전하며 시청 측에 초등학교 폐교 결정을 철회할 것을 요청하고, 그렇지 않을 경우 어떠한 조치를 취할 것인지 밝힌 뒤 글을 끝맺는다.

❸ 초등학교 폐교에 반대하는 자신의 의견 다시 한번 강조

Nous avons voté à propos de la décision de la mairie et avons conclu que nous devions garder l'école. C'est pourquoi je voudrais vous demander, au nom des habitants, de renoncer à votre décision, sinon nous allons manifester contre la fermeture de l'école primaire.

Olivier BOCHARD
7 chemin de l'Église
44230 Saint-Sébastien-sur-Loire

M. le Maire
25 route de Vertou
44230 Saint-Sébastien-sur-Loire

Saint-Sébastien, le 17 août 2015

Objet : Demande de maintien de l'école primaire

Monsieur le Maire,

Je m'appelle Olivier BOCHARD. J'ai un magasin de sport en ville depuis quinze ans et j'ai deux enfants qui sont écoliers tous les deux. Avec les habitants, nous avons appris que vous aviez décidé de fermer l'école de notre village à cause des problèmes financiers et du manque d'élèves et nous nous y opposons.

Il est vrai que les enfants de notre école primaire sont de moins en moins nombreux à cause de la chute du taux de natalité de notre village. À cela s'ajoute le fait que les jeunes couples déménagent pour envoyer leurs enfants à l'école dans les grandes villes. De plus, nous savons bien que les jeunes enseignants préfèrent travailler dans une grande ville plutôt que dans une école de petit village.

Pourtant, la fermeture de notre école pose problème pour plusieurs raisons. D'abord, si on ferme l'école, nos enfants devront aller à celle du village voisin. Mais ce sera très difficile pour eux de s'y rendre, car il n'y a pas beaucoup de bus qui y vont et les parents ne peuvent pas les accompagner tous les jours parce qu'ils doivent aussi travailler.

La fermeture de l'école primaire pose également un autre problème. Il s'agit de la réaction émotionnelle des habitants. La plupart des habitants sont d'anciens élèves de cette école et ils ont beaucoup d'affection pour elle. Grands-parents, parents, frères, sœurs, tous ont y passé de bons moments pendant leur jeunesse. Ils ont des souvenirs en commun grâce à cette école et c'est si précieux que rien n'est comparable à cela.

Nous avons voté à propos de la décision de la mairie et avons conclu que nous devions garder l'école. C'est pourquoi je voudrais vous demander, au nom des habitants, de renoncer à votre décision, sinon nous allons manifester contre la fermeture de l'école primaire.

En espérant une réponse positive de votre part, je vous prie d'agréer, Monsieur le Maire, mes sincères salutations.

Olivier BOCHARD

해석

주제: 초등학교 유지 요청

시장님께,

제 이름은 Olivier BOCHARD입니다. 저는 15년 전부터 시내에서 스포츠 상점을 운영하고 있고 아이가 둘 있는데 둘 다 초등학생입니다. 주민들과 함께 우리는 당신이 재정적 문제와 학생들의 부족으로 인해 우리 마을의 초등학교를 폐교하기로 결정했다는 소식을 알게 되었고 우리는 이에 반대합니다.

우리 초등학교의 아이들이 마을의 출생률 감소로 인해 그 수가 점점 줄어드는 것은 사실입니다. 여기에 젊은 부부들이 대도시에 있는 학교에 아이들을 보내기 위해 이사를 한다는 사실이 추가되죠. 게다가 우리는 젊은 교사들이 조그만 마을의 학교에서 일하기보다는 대도시의 학교에서 일하는 것을 선호한다는 것을 잘 알고 있습니다.

그러나 우리 학교의 폐교는 여러 가지 이유들로 인해 문제를 제기합니다. 우선, 학교를 닫으면 우리 아이들은 인근 마을의 학교에 가야 합니다. 그러나 이곳에 가는 것은 그들에게는 너무 힘들 것인데, 왜냐하면 그곳에 가는 버스가 많지 않으며 부모들도 일을 해야 해서 매일 아이들을 데려다 줄 수 없기 때문입니다.

또한 초등학교 폐교는 또 다른 문제를 제기합니다. 그것은 주민들의 감정적 반응에 대한 것입니다. 대부분의 주민들은 이 학교 졸업생들이고 학교에 대해 많은 애정을 가지고 있습니다. 조부모, 부모, 형제, 자매들이 모두 이곳에서 어릴 적 좋은 시간을 보냈습니다. 이들은 이 학교 덕분에 공통의 추억을 가지고 있으며 이는 그 어떤 것과도 비교될 수 없는 값진 것입니다.

우리는 시청의 결정에 대해 투표를 했고 학교를 지켜야 한다고 결론 내렸습니다. 이런 이유로 저는 주민 대표로 시장님께 결정을 철회할 것을 부탁드리며 그렇지 않으면 우리는 초등학교 폐교에 반대하는 시위를 할 것입니다. 당신의 긍정적인 답변을 기대하며, 안녕히 계세요.

Olivier BOCHARD

EXERCICE 1 실전 연습

Étape 1 공략에 따라 작문해 보세요.

Vous avez logé dans un hôtel et vous deviez prendre un avion samedi matin. Vous avez demandé un taxi pour aller à l'aéroport, vous l'avez attendu mais le taxi n'est pas venu. Finalement, il est arrivé en retard de trente minutes. Puis, il s'est trompé de route et vous avez raté votre avion. Malgré cela, il ne s'est pas excusé pour son comportement, donc vous écrivez une lettre pour vous plaindre du manque de responsabilité de la compagnie de taxi et leur demander des excuses. (250 mots minimum)

Nombre de mots :

Étape 2
문제 12의 필수 어휘를 익히고, 해석을 참조하세요.

필수 어휘

loger 묵다 | se tromper 틀리다, 착각하다 | rater 놓치다 | s'excuser 사과하다 | se plaindre 불평하다, 항의하다 | responsabilité (f) 책임 | compagnie (f) 회사 | réclamation (f) 요구, 항의 | chauffeur (m) 기사 | protester 항의하다 | sérieux (m) 성실함, 신중함 | affaires (p.l.) 사업 | indifférent 무관심한 | pneu (m) 타이어 | crever 터지다 | avoir du mal à + inf ~하기가 어렵다 | respirer 호흡하다 | glacial 혹한의 | étant donné que + ind ~이므로 | toutefois 그럼에도 불구하고, 그러나 | raccourci (m) 지름길 | embouteillage (m) 교통 체증 | faire demi-tour 되돌아가다, 유턴하다 | embarquement (m) 탑승 | pourboire (m) 팁 | au lieu de ~대신에 | intolérable 용납할 수 없는 | sanctionner 벌하다

해석

당신은 호텔에 묵었고 토요일 아침 비행기를 탔어야 했습니다. 당신은 공항에 가기 위해 택시를 부르고 기다렸지만 택시는 오지 않았습니다. 결국, 택시는 30분 늦게 도착했습니다. 그리고 난 후에, 택시가 길을 잘못 들어 당신은 비행기를 놓쳤습니다. 그럼에도 불구하고 택시(기사)는 자신의 행동에 대해 사과하지 않았고 그래서 당신은 택시 회사의 무책임함에 항의하고 사과를 요구하는 편지를 씁니다. (최소 250 단어)

Étape 3
해설에 따라 작문 구성을 익히고, 모범 답안을 확인해 보세요.

작문 구성

개요	택시 기사 때문에 비행기를 놓친 것에 대해 택시 회사에 항의하는 글이다. 이러한 글을 쓸 때에는 자신이 불쾌했던 이유를 명확하게 쓰되, 지나치게 감정적인 글이 되지 않도록 주의하는 것이 좋다. ❶ 처음 부분에서는 자신이 누구인지, 무엇 때문에 글을 쓰게 되었는지를 밝힌다. ❷ 가운데 부분에서는 택시 기사의 무례함과 부주의함으로 인해 어떤 불쾌한 상황들을 겪었는지 서술한다. ❸ 마지막 부분에서는 택시 회사에 사과를 요구하고 조치를 취해 줄 것을 요청하며 마무리한다.
진행 방식	1. 처음 자신이 누구인지와 편지를 쓰는 이유를 밝힌다. 지시 사항에 따르면 글을 쓰는 이유가 불만을 제기하는 것(항의)이므로 가까운 사람에게 하는 인사말이나 친근한 표현을 쓰는 것은 적절하지 않다. 따라서 존칭어를 사용하면서 택시 기사의 만행에 항의하기 위해 글을 쓴다는 정도로 서술한다.

❶ 자기 소개 및 편지를 쓰게 된 이유

Je m'appelle Géraldine PAGET et je vous écris cette lettre pour protester contre le manque de sérieux d'un chauffeur de votre compagnie.

2. 가운데

무슨 일이 있었는지를 구체적으로 기술해야 하는데 중요한 것은 택시 기사의 부적절한 행동을 하나하나 설명하는 것이다. 우선 비행기를 타야 했기 때문에 택시를 부를 수밖에 없었던 상황을 설명한다. 그리고 추운 날씨에 택시가 약속한 시간에 도착하지 않았을 뿐만 아니라 택시 기사의 태도 또한 무례했다는 점을 언급한다. 또한 공항 가는 길에 일어난 불쾌했던 사건들을 구체적으로 기술하는데, 예를 들어 택시 기사가 차 안에서 흡연을 했고 길을 착각하여 시간이 지체되었다는 말을 덧붙인다.

❷ 택시를 타며 겪었던 불쾌한 일들

Le taxi n'est pas venu, donc j'ai appelé votre compagnie pour savoir ce qui se passait. On m'a dit que le taxi était déjà parti et finalement, il est arrivé en retard de trente minutes. Le chauffeur m'a dit avec un ton indifférent que son pneu avait crevé. Quand je suis montée dans le taxi, j'ai eu du mal à respirer à cause de la fumée de cigarette.

Il a conduit le taxi vers le centre-ville, mais il y avait beaucoup de voitures à cause des embouteillages. Nous avons été obligés de faire demi-tour et nous avons fini par arriver à l'aéroport à neuf heures.

3. 끝

택시 기사의 잘못으로 비행기를 놓치고 시간을 낭비했음에도 불구하고 그는 뻔뻔하고 무례하게 행동했다는 점을 강조하면서 사과와 함께 조치를 취해 달라고 요구한다.

❸ 택시 회사에 사과를 요구하고 조치를 취할 것을 요청

Selon moi, le comportement de ce chauffeur est intolérable et je suis très déçue par votre compagnie. Je vous demande des excuses et j'estime que vous devriez prendre des mesures pour sanctionner ses actions.

Géraldine PAGET
94 boulevard de la Comédie
69007 Lyon

Rapide Taxi
52 rue Ménilmontant
75013 Paris

Lyon, le 6 janvier 2018

Objet : Réclamation contre un chauffeur

Madame, Monsieur,

Je m'appelle Géraldine PAGET et je vous écris cette lettre pour protester contre le manque de sérieux d'un chauffeur de votre compagnie.

J'ai logé à l'hôtel de Paris pendant une semaine pour mes affaires et j'ai appelé un taxi de votre compagnie hier matin pour aller à l'aéroport. Il neigeait et il faisait froid. L'hôtel n'était pas très loin de l'aéroport, mais j'ai demandé à votre chauffeur de venir pour sept heures parce que je devais prendre l'avion de neuf heures et je ne voulais pas le rater.

C'est pourquoi j'ai attendu le taxi devant l'entrée de l'hôtel avec mes bagages malgré le froid. Pourtant, le taxi n'est pas venu, donc j'ai appelé votre compagnie pour savoir ce qui se passait. On m'a dit que le taxi était déjà parti et finalement, il est arrivé en retard de trente minutes. Le chauffeur m'a dit avec un ton indifférent que son pneu avait crevé.

Quand je suis montée dans le taxi, j'ai eu du mal à respirer à cause de la fumée de cigarette. Pour cette raison, j'ai été obligée d'ouvrir la fenêtre malgré la température glaciale. Étant donné que je viens souvent à Paris, je connais bien le chemin pour aller à l'aéroport. Toutefois, le chauffeur ne m'a pas écoutée en disant qu'il y avait un raccourci. Il a conduit le taxi vers le centre-ville, mais il y avait beaucoup de voitures à cause des embouteillages. Nous avons été obligés de faire demi-tour et nous avons fini par arriver à l'aéroport à neuf heures.

Je n'ai pas pu prendre l'avion, car la porte d'embarquement était déjà fermée. J'ai dû attendre trois heures à l'aéroport pour prendre le vol suivant à cause des erreurs de votre chauffeur. Malgré cela, il m'a demandé un pourboire au lieu de s'excuser.

Selon moi, le comportement de ce chauffeur est intolérable et je suis très déçue par votre compagnie. Je vous demande des excuses et j'estime que vous devriez prendre des mesures pour sanctionner ses actions.

Veuillez recevoir, Madame, Monsieur, mes meilleures salutations.

Géraldine PAGET

해석

주제: 택시 기사에 대한 항의

안녕하세요.
제 이름은 Géraldine PAGET이고, 당신 회사의 택시 기사의 불성실한 태도에 항의하기 위해 이 편지를 씁니다. 저는 사업 때문에 일주일 동안 파리의 호텔에서 묵었고 공항에 가기 위해 어제 아침에 당신 회사 택시를 불렀습니다. 눈이 오고 있었고 날씨는 추웠습니다. 호텔은 공항에서 그리 멀지 않았지만 저는 9시 비행기를 타야 했고, 그것을 놓치고 싶지 않았기 때문에 저는 기사에게 7시에 와 달라고 부탁했습니다.

이런 이유로, 저는 추위에도 불구하고 짐들을 가지고 호텔 입구에서 택시를 기다렸습니다. 그러나 택시는 오지 않았고 저는 무슨 일이 있었는지 알아보기 위해 당신 회사에 전화를 걸었습니다. 회사 측에서는 택시가 이미 떠났다고 말했고 결국 택시는 30분 늦게 도착했습니다. 기사는 제게 타이어가 펑크 났었다고 무심한 말투로 말했습니다.

제가 택시에 탔을 때, 저는 담배 연기 때문에 숨을 쉬기가 힘들었습니다. 이런 이유 때문에, 저는 혹한에도 불구하고 창문을 열어야만 했습니다. 저는 파리에 자주 오기 때문에 공항에 가는 길을 잘 알고 있었습니다. 그렇지만 기사는 지름길이 있다면서 제 말을 듣지 않았습니다. 그는 시내 쪽으로 택시를 몰았지만 교통 체증 때문에 많은 차들이 있었습니다. 우리는 되돌아가야만 했고 결국 9시에 공항에 도착했습니다.

저는 탑승 게이트가 이미 닫혀서 비행기를 탈 수 없었습니다. 저는 당신 기사의 잘못으로 인해 다음 비행기를 타기 위해 공항에서 3시간을 기다려야 했어요. 그럼에도 불구하고 그는 사과하는 대신 제게 팁을 요구했습니다.

제 입장에서, 이 택시 기사의 행동은 용납될 수 없으며 당신 회사에 대해 크게 실망했습니다. 저는 당신의 사과를 요구하며 당신은 그의 행동을 벌하기 위한 조치를 취해야 할 것입니다.

안녕히 계십시오.

Géraldine PAGET

EXERCICE 1 실전 연습

Étape 1 공략에 따라 작문해 보세요.

Vous venez d'apprendre qu'un grand casino va s'installer juste en face du collège de votre ville, malgré l'opposition des habitants. Pour cette raison, vous écrivez au courrier des lecteurs d'un journal local pour demander aux habitants de manifester contre cette décision. (250 mots minimum)

Nombre de mots :

Étape 2

문제 13의 필수 어휘를 익히고, 해석을 참조하세요.

필수 어휘

s'installer 자리잡다 | au sujet de ~에 관해 | réexaminer 재검토하다 | définitif 결정적인 | par le biais de ~라는 간접적인 수단으로 | somme (f) 금액 | impôt (m) 세금, 조금 | égout (m) 하수구 | réfection (f) 보수 | embaucher 고용하다 | budgétaire 예산상의 | dans la mesure où ~하는 한 | néanmoins 그러나, 그럼에도 불구하고 | gravité (f) 심각성 | provoquer 유발시키다 | succomber 패하다, 굴복하다 | tentation (f) 유혹 | céder à ~에 굴하다 | appât du gain (m) 탐욕(물욕)

해석

당신은 주민들의 반대에도 불구하고 큰 카지노가 당신 도시에 있는 중학교 바로 맞은편에 들어선다는 소식을 알게 되었습니다. 이러한 이유로, 이 결정에 반대하는 시위를 할 것을 주민들에게 부탁하기 위해 지역 신문의 독자란에 글을 씁니다. (최소 250 단어)

Étape 3

해설에 따라 작문 구성을 익히고, 모범 답안을 확인해 보세요.

작문 구성

개요

지역 주민들에게 중학교 근처 카지노 설립 반대 시위에 동참할 것을 요구하는 글로, 지역 신문에 게재되는 글이다. 이 글은 지역 주민들에게 시위를 하자고 설득하는 글이므로, 카지노 설립이 부당하다는 것을 구체적인 예를 들어 제시하는 것이 중요하다. ❶ 처음 부분에서는 자신의 신분과 글을 쓰게 된 이유를 밝힌다. ❷ 가운데 부분에서는 카지노를 설립할 경우 발생할 수 있는 문제점들을 여러 가지 측면에서 설명한다. ❸ 마지막 부분에서는 카지노 설립에 반대하는 시위에 동참할 것을 다시 한번 요청하며 글을 마무리한다.

진행 방식

1. 처음

자신이 누구이며 왜 글을 쓰게 되었는지 이유를 밝힌다. 카지노 건설에 반대 입장이라는 것을 밝힌 뒤, 뒷부분에서 그 이유를 설명하는 것이 좋다. 작문을 구성하는 요소 중 하나가 글을 쓰는 대상(수신자)인데, 이 글의 목적은 주민들에게 시위에 동참해 달라는 것임에 유의해야 한다. 이를 착각할 경우 큰 감점을 당하게 되므로 특히 주의가 필요하다.

❶ 자기소개 및 글을 쓴 이유

Je m'appelle Laurent PICARD et cela fait dix ans que j'habite ici. Je vous écris pour partager mon opinion au sujet de l'ouverture d'un casino dans notre village et vous demander de participer à la manifestation contre ce projet.

2. 가운데

카지노 건설과 관련하여 무슨 일이 일어나고 있는지 구체적으로 상황을 설명한다. 주민들을 대상으로 쓰는 글이므로 그동안의 경과를 상세히 설명하는 것이 좋다. 특히 시청이 카지노 설립을 결정하게 된 배경을 자세히 설명한다. 즉, 마을의 경제적 이익을 위해 시청이 카지노 설립을 허가했으며 여기에서 발생한 수익으로 마을의 다양한 보수 공사를 할 수 있다는 점, 마을 사람들의 고용을 창출할 수 있다는 점을 언급한다. 마을 발전을 위한 시청의 이러한 결정을 이해하지만 그럼에도 불구하고 카지노 건설에 반대하는 더 중요한 이유가 있음을 밝힌다. 즉 청소년들이 타락할 가능성이 크고 성인들 또한 도박에 빠질 수 있다는 것이다.

❷ **카지노 설립에 반대하는 이유(카지노 설립 시 우려되는 문제점)**
Comme vous le savez, un grand casino va s'installer juste en face du collège de notre village dans deux mois.
Selon l'article, elle a accepté la proposition du casino pour améliorer l'activité économique de notre village.
Nos enfants risquent de succomber à la tentation. Il sera également difficile pour les adultes de résister à la tentation des jeux d'argent.

3. 끝

아이들의 미래를 걱정해야 한다는 점을 강조하면서 카지노 건설 반대 시위에 참여할 것을 부탁하는 말로써 끝을 맺는다.

❸ **자신의 주장 강조**
C'est la raison pour laquelle je vous demande de participer à la manifestation contre l'ouverture du casino. J'espère que nous serons nombreux à nous faire entendre.

모범답안

Chers habitants,

Je m'appelle Laurent PICARD et cela fait dix ans que j'habite ici. Je vous écris pour partager mon opinion au sujet de l'ouverture d'un casino dans notre village et vous demander de participer à la manifestation contre ce projet.

Comme vous le savez, un grand casino va s'installer juste en face du collège de notre village dans deux mois. Quand nous avons appris cette nouvelle par la mairie, nous sommes allés rencontrer le maire pour nous opposer à ce projet. Il nous a promis de réexaminer sa décision, mais nous n'avons reçu aucune nouvelle de la mairie par la suite. Nous venons d'apprendre la décision définitive de la mairie par le biais de leur site Internet.

Selon l'article, elle a accepté la proposition du casino pour améliorer l'activité économique de notre village. Plus précisément, si ce casino ouvre chez nous, il va payer à la mairie de grosses sommes d'argent comme impôt. Grâce à cela, la mairie pourra faire beaucoup de travaux pour notre village, comme des travaux d'égout et des réfections diverses. Par ailleurs, le casino doit embaucher les habitants du village et cela nous aiderait à résoudre nos difficultés budgétaires locales.

Je suis d'accord avec la mairie dans la mesure où l'ouverture du casino apporte certains avantages à notre village. Néanmoins, nous ne devons pas ignorer la gravité des problèmes provoqués par ce casino. Tout d'abord, la plupart des étudiants rentrent tard à la maison après avoir travaillé à la bibliothèque et le casino ouvrira ses portes à cette heure-là. À cause de cela, nos enfants risquent de succomber à la tentation. Il sera également difficile pour les adultes de résister à la tentation des jeux d'argent.

Nous ne devons pas céder à l'appât du gain sous notre nez et il faut penser à l'avenir de nos enfants. C'est la raison pour laquelle je vous demande de participer à la manifestation contre l'ouverture du casino. J'espère que nous serons nombreux à nous faire entendre.
Cordialement,

Laurent PICARD

해석

친애하는 주민 여러분,
제 이름은 Laurent PICARD이고 여기에 산 지 10년이 되었습니다. 저는 우리 마을의 카지노 개장에 대한 제 의견을 공유하고 이 계획에 반대하는 시위에 참여할 것을 부탁드리기 위해 여러분께 글을 씁니다.

여러분이 알고 계신 것처럼 큰 카지노가 2달 후에 우리 마을에 있는 중학교 바로 맞은편에 들어설 것입니다. 우리가 시청을 통해 이 소식을 알게 되었을 때, 우리는 이 계획에 반대하기 위해 시장을 만나러 갔습니다. 시장은 결정을 다시 한번 생각해 보겠다고 우리에게 약속했지만 이후 시청으로부터 그 어떤 소식도 받지 못했습니다. 우리는 시청 인터넷 사이트라는 간접적인 수단으로 시청의 최종 결정에 대한 소식을 알게 되었습니다.

기사에 따르면, 시청은 우리 마을의 경제 활동을 개선시키기 위해 카지노의 제안을 수락했습니다. 보다 구체적으로, 만일 이 카지노가 우리 마을에 문을 연다면 세금으로 거액의 돈을 시청에 지불할 것입니다. 이 덕분에, 시청은 하수도 공사, 다양한 보수 공사와 같이 우리 마을을 위한 많은 공사를 할 수 있을 것입니다. 게다가 카지노는 마을 주민들을 채용할 것이고 이것은 우리 지역 예산의 어려움을 해결하는 데 도움을 줄 것입니다.

카지노 개장이 우리 마을에 몇 가지 장점들을 가져다주는 한 시청의 주장에 동의합니다. 그럼에도 불구하고, 우리는 이 카지노로 인해 유발되는 문제들의 심각성을 무시해서는 안 됩니다. 무엇보다도, 대부분의 학생들은 도서관에서 공부를 한 후 늦게 귀가하는데, 카지노는 그 시간에 문을 엽니다. 이로 인해 우리 아이들은 유혹에 빠질 위험이 있습니다. 그리고 성인들 역시 도박의 유혹을 뿌리치기 어려울 것입니다.

우리는 눈앞의 이익에 급급해서는 안 되며 우리 아이들의 미래를 생각해야 합니다. 바로 이러한 이유 때문에 저는 주민 여러분들께 카지노 개장에 반대하는 시위에 참여해 줄 것을 부탁드리는 것입니다. 우리의 목소리가 들리게 하기 위해 많은 분들이 참여하실 것을 기대합니다.

Laurent PICARD

EXERCICE 1 실전 연습

Étape 1 공략에 따라 작문해 보세요.

Vous venez de rentrer chez vous après avoir passé trois ans en France. Vous avez confié tout votre déménagement à une compagnie de transport, mais vous avez remarqué que certains objets avaient été endommagés. Vous décidez d'écrire une lettre de réclamation et demandez à être dédommagé(e). (250 mots minimum)

Nombre de mots :

Étape 2

문제 14의 필수 어휘를 익히고, 해석을 참조하세요.

필수 어휘

confier 맡기다 | déménagement (m) 이삿짐, 이사 | remarquer 알아차리다 | endommager 훼손하다 | dédommager 배상하다 | pays d'origine (m) 출신지 | prendre soin de + inf 신경쓰다, 돌보다 | avouer 고백하다, 털어놓다 | objet (m) 물건 | état (m) 상태 | armoire (f) 옷장 | à peine 겨우, 고작 | érafler 흠집을 내다 | statue (f) 조각상 | emballer 포장하다 | assiette (f) 접시 | se fêler 금가다 | fâché 화난 | chandelier (m) 촛대 | cloche (f) 종 | fortune (f) 행운 | carton (m) 두꺼운 종이, 마분지, 판지 | dénoncer 고발하다

해석

당신은 프랑스에서 3년을 보낸 후 고국으로 돌아왔습니다. 당신은 모든 이사를 한 운송 회사에 일임했지만 몇몇 물건들이 손상을 입었다는 것을 알게 되었습니다. 당신은 항의 편지를 쓰고 손해배상을 요구하기로 결심합니다. (최소 250 단어)

Étape 3

해설에 따라 작문 구성을 익히고, 모범 답안을 확인해 보세요.

작문 구성

개요

이사를 하며 물건이 파손된 것에 대해 이사 업체에 항의하며 손해배상을 요구하는 글이다. 이러한 종류의 글에서는 자신이 입은 피해와 회사에 요구하는 손해보상을 구체적으로 써야 한다. ❶ 처음 부분에서는 자신의 신분을 밝히고, 이사를 하며 물건이 파손되었고 이에 대해 항의하기 위해 글을 썼다는 목적을 언급한다. ❷ 가운데 부분에서는 파손되거나 없어진 물건들은 무엇이며, 파손된 물건들은 얼만큼 훼손되었는지 피해 정도를 구체적으로 제시하는 것이 좋다. ❸ 마지막 부분에서는 이러한 피해에 대해 보상해 줄 것을 강력하게 요청한다.

진행 방식

1. 처음

자신이 누구인지 밝히고 편지를 쓰게 된 이유나 목적에 대해 언급한다. 지시 사항에서 이삿짐 파손과 관련한 문제라고 하였으므로 이사 후 물건이 파손되었음을 밝힌다.

❶ 자기소개 및 글을 쓴 목적

Je m'appelle NamHee KIM et je vous écris pour parler des problèmes avec mon déménagement que j'avais confié à votre entreprise.

2. 가운데

이사를 맡기게 된 경위를 자세하게 설명한다. 물건이 파손된 것에 대해 실망이 크다는 점을 부각시키기 위해 해당 회사에 이사를 맡길 때 신뢰를 가지고 있었다는 점을 언급하는 것이 효과적이다. 어떤 문제들이 발생했는지를 언급하되 물건이 훼손되거나 분실되었다는 내용

을 중심으로 기술한다. 이사 과정에서 흔히 발생하는 문제점들을 언급하면 글을 쓰기가 보다 수월한데, 예를 들어 가구에 흠집이 났다거나 접시에 금이 갔다는 내용을 쓸 수 있다. 또한 특정 물품이 없어졌다는 것도 쓸 수 있는데, 이때 물건의 가격이 비싸다고 하는 것보다는 돈으로 살 수 없는 소중한 추억이 담겼다고 말하는 것이 훨씬 더 효과적이다.

❷ 훼손되거나 분실된 물건들의 피해 정도

Je suis restée à Paris pendant trois ans pour mon travail et je vous ai contacté il y a un mois pour faire envoyer mon déménagement dans mon pays d'origine.
Mais quand je l'ai reçue, elle était éraflée de partout. Par ailleurs, l'état d'une de mes petites statues était pire que celui de l'armoire.
Elle ne coûtait pas cher, mais c'était un objet précieux pour moi, car son grand-père la lui avait donnée comme cadeau de naissance.

3. 끝

이사를 하며 입은 피해에 대해 보상해 줄 것을 요구하는 동시에 그렇지 않으면 강경하게 대응하겠다는 의지를 보이면서 글을 마무리한다.

❸ 피해 보상 요청

Par conséquent, je vous demande de prendre les mesures nécessaires pour me dédommager des dégâts subis.

NamHee KIM
43-12 Seosomun-ro, Seodaemun-gu
Séoul 03741

Société Move It
31 rue du Faubourg Saint-Honoré
75017 Paris

Séoul, le 26 décembre 2017

Objet : Réclamation

Madame, Monsieur,

Je m'appelle NamHee KIM et je vous écris pour parler des problèmes avec mon déménagement que j'avais confié à votre entreprise.

Je suis restée à Paris pendant trois ans pour mon travail et je vous ai contacté il y a un mois pour faire envoyer mon déménagement dans mon pays d'origine. Quand je vous ai confié mes affaires, vous m'avez promis d'en prendre soin et j'avais confiance en vous. J'ai reçu mes affaires hier et je vous avoue que j'ai été surprise.

D'abord, beaucoup d'objets n'étaient pas en bon état. Par exemple, mon armoire était presque neuve, car cela faisait à peine une semaine que je l'avais achetée. C'était la raison pour laquelle je vous avais demandé de la traiter avec précaution. Mais quand je l'ai reçue, elle était éraflée de partout. Par ailleurs, l'état d'une de mes petites statues était pire que celui de l'armoire : son oreille a été cassée. Je l'aimais beaucoup parce que mon ami français me l'avait offerte comme cadeau. Elle ne coûtait pas cher, mais c'était un objet précieux pour moi, car son grand-père la lui avait donnée comme cadeau de naissance. Ce n'est pas tout. Vous avez mal emballé les assiettes et certaines se sont fêlées. C'était celles que mon mari avait achetées en Angleterre et il était très fâché contre votre société.

De plus, certains objets ont disparu. Je collectionne les chandeliers et les petites cloches parce qu'ils sont considérés comme des symboles de bonne fortune. Je les avais mis dans une boîte en carton après les avoir emballés avec prudence, mais celle-ci ne se trouvait plus dans les affaires que j'ai reçues.

Par conséquent, je vous demande de prendre les mesures nécessaires pour me dédommager des dégâts subis. Dans le cas contraire, je dénoncerai votre entreprise à une association de défense des consommateurs.

Veuillez recevoir, Madame, Monsieur, mes meilleures salutations.

NamHee KIM

해석

목적: 항의

대표님께,

제 이름은 김남희이고 당신 회사에 일임했던 제 이사의 문제에 대해 말하고자 글을 씁니다.

저는 제 일 때문에 3년 동안 파리에 머물렀고 한 달 전에 제 고국으로 이삿짐들을 보내기 위해 당신과 연락했습니다. 제가 당신에게 이삿짐을 의뢰했을 때, 당신은 제게 짐들을 신경쓸 것을 약속했고 저는 당신을 믿었습니다. 이삿짐을 어제 받았는데 놀랐었다는 것을 밝힙니다.

우선, 많은 이삿짐들이 좋은 상태가 아니었습니다. 예를 들어, 제 옷장은 제가 그것을 산 지 겨우 일주일밖에 되지 않았기 때문에 거의 새것이었어요. 이것이 제가 당신에게 옷장을 조심스럽게 다뤄 달라고 부탁드린 이유입니다. 그러나 제가 옷장을 받았을 때, 사방에 흠집이 나 있었습니다. 게다가 제 작은 조각상들 중 하나의 상태는 옷장의 그것보다 더 심각했어요: 조각상의 귀가 깨졌습니다. 저는 그것을 매우 좋아했는데 왜냐하면 제 프랑스 친구가 제게 선물로 준 것이기 때문이었습니다. 값이 비싸지는 않았지만 그의 할아버지가 그에게 출생 선물로 준 것이기 때문에 제게는 매우 의미 있는 물건이었습니다. 이게 다가 아닙니다. 당신이 접시들을 잘못 포장해서 몇몇 개는 금이 가 있었어요. 이것들은 제 남편이 영국에서 산 것이었는데 남편은 당신 회사에 대해 매우 화를 냈습니다.

게다가 어떤 물건들은 없어졌더군요. 저는 촛대와 작은 종들을 수집했는데 왜냐하면 이것들이 행운의 상징으로 여겨지기 때문입니다. 저는 이것들을 조심스럽게 포장한 후에 종이 상자에 넣었는데 그 상자는 제가 받은 이삿짐 속에 없었습니다.

결론적으로, 저는 제가 입은 피해를 보상하는 데 필요한 조치를 취해 줄 것을 당신에게 요구하는 바입니다. 만일 그렇게 하지 않는다면, 저는 소비자 보호 단체에 당신 회사를 고발할 것입니다.

안녕히 계십시오.

NamHee KIM

EXERCICE 1 실전 연습

Étape 1 공략에 따라 작문해 보세요.

Vous êtes allé(e) au parc d'attractions avec vos enfants et vous avez été surpris(e) par la gestion du parc (mauvais état des attractions, insuffisance de la sûreté, manque d'amabilité des employés, problèmes sanitaires du restaurant). Vous écrivez une lettre au responsable de ce parc d'attractions pour exprimer votre mécontentement et lui demander de résoudre les problèmes. (250 mots minimum)

Nombre de mots :

Étape 2

문제 15의 필수 어휘를 익히고, 해석을 참조하세요.

필수 어휘

parc d'attractions (m) 놀이공원 | gestion (f) 관리 | insuffisance (f) 불충분함 | sûreté (f) 안전, 안전장치 | amabilité (f) 친절함 | sanitaire 위생상의 | mécontentement (m) 불만족 | insister 조르다, 끈질기게 요구하다 | choquer 충격을 주다 | faire la queue 줄을 서다 | tout à coup 갑자기 | paniqué 공포에 사로잡힌 | hurler 울부짖다 | appareil (m) 기구 | se remettre 다시 시작하다 | fonctionner 작동하다 | réparation (f) 수리 | panne (f) 고장 | mécanicien 정비사 | hâtivement 서둘러서 | faible 적은 | refroidir 식다, 차가워지다 | mangeable 먹을 수 있는 | soutenir 주장하다 | furieux 화가 난 | scandaliser 화나게 하다 | avoir lieu 일어나다 | exiger 요구하다 | manières (f.pl.) 태도, 예의범절

해석

당신은 아이들과 함께 놀이공원에 갔는데 공원 관리 상태에 대해 놀랐습니다(놀이 기구의 나쁜 상태, 부족한 안전장치, 직원들의 불친절, 식당 위생 문제). 당신은 당신의 불쾌감을 표현하고 문제들을 해결할 것을 요구하기 위해 이 놀이공원 책임자에게 편지를 씁니다. (최소 250 단어)

Étape 3

해설에 따라 작문 구성을 익히고, 모범 답안을 확인해 보세요.

작문 구성

개요
놀이공원을 이용하면서 불편했던 점들에 관해 항의하고 문제 해결을 요구하는 글이다. 앞선 문제와 마찬가지로 불쾌하거나 불편했던 상황에 대해 항의하고 조치를 취할 것을 요구하는 글로, 이러한 글에서 공통적으로 사용할 수 있는 표현들을 미리 외워 두면 좋다. ❶ 처음 부분에서는 자신의 신분을 밝힌 뒤 놀이공원에서 겪었던 불편한 점들에 대해 항의하기 위해 편지를 씀을 언급한다. ❷ 가운데 부분에서는 놀이공원에서 불편했던 상황을 구체적으로 제시해야 한다. 예를 들어 놀이 기구가 안전하지 않았다든가, 직원들이 불친절했다든가 하는 점을 상황과 함께 상세히 설명한다. ❸ 마지막 부분에서는 놀이공원 측에 사과를 요구하고, 이러한 문제를 해결해 줄 것을 요청하며 마무리한다.

진행 방식

1. 처음
자신이 누구인지 밝히고 글을 쓴 목적을 언급한다. 지시 사항에 따라 가족과 함께 놀이공원에 간 상황을 가정해야 하는데, 가족에게 소중한 의미가 있던 나들이라고 하면서 놀이공원에서 발생한 문제점을 부각시키는 것이 효과적이다. 예를 들어 회사 일로 바쁜 중에 간신히 시간을 내어 놀이공원을 찾았다고 쓸 수 있겠다.

❶ 자기소개 및 글을 쓴 목적
Je vous écris pour vous parler des problèmes de votre parc d'attractions. J'y suis allé avec ma famille il y a trois jours.

2. 가운데
놀이공원에서 무슨 일이 있었는지를 구체적으로 기술하는데 이 부분이 가장 중요하므로 상세하게 언급해야 한다. 예를 들어 놀이 기구가 안전하지 않았을 뿐만 아니라, 이에 대한 직원들의 대처 또한 미숙했음을 적는다. 이처럼 상황이나 사고에 대한 느낌이나 감정을 덧붙이면 글이 더 풍부해질 수 있다. 또한 음식에 문제가 있었고 직원들이 불친절해서 몹시 화가 났다는 내용을 쓸 수 있다.

❷ 놀이공원에서 불편하거나 불쾌했던 상황들
Mais quand nous sommes arrivés, j'ai été quelque peu choqué. Tout d'abord, la plupart des attractions étaient en mauvais état.
Il y avait beaucoup de monde dans cette attraction et elle s'est arrêtée tout à coup dans les airs.
La pizza avait tellement refroidi qu'elle n'était pas mangeable.
J'étais furieux de sa réaction et nous sommes sortis de ce restaurant sans rien manger.

3. 끝
가족에게 놀이공원 나들이가 매우 중요했다는 것을 다시 한번 강조하면서 자신의 느낌이나 기분이 어떠했는지를 말하고, 사과와 함께 이러한 일이 더 이상 발생하지 않도록 주의해 줄 것을 요구한다.

❸ 놀이공원 측의 사과와 문제 해결 요구
Je voulais passer des moments précieux avec ma famille, mais j'ai été scandalisé par les problèmes qui ont eu lieu dans votre parc d'attractions. J'exige de recevoir des excuses et je vous demande de faire plus attention à apprendre les bonnes manières à vos employés.

Marco LACACHE
84 rue Haute
95710 Ambleville

À l'attention du responsable du Parc Aventure Land
27 route du Théâtre
95420 Magny-en-Vexin

Ambleville, le 9 mai 2016

Objet : La demande d'amélioration de la mauvaise qualité du parc d'attractions

Monsieur,

Je vous écris pour vous parler des problèmes de votre parc d'attractions. J'y suis allé avec ma famille il y a trois jours. Mes enfants insistaient pour y aller depuis six mois, mais ce n'était pas possible, car j'étais à l'étranger pour mes affaires. C'est la raison pour laquelle, quand je suis rentré à la maison, j'ai promis à mes enfants que nous irions au parc d'attractions. Étant donné que le vôtre n'est pas loin de chez moi, nous y sommes allés en famille le week-end dernier.

Mais quand nous sommes arrivés, j'ai été quelque peu choqué. Tout d'abord, la plupart des attractions étaient en mauvais état. Ma famille a fait la queue pour monter dans l'une d'entre elles. Il y avait beaucoup de monde dans cette attraction et elle s'est arrêtée tout à coup dans les airs. Les gens à l'intérieur étaient tous paniqués et certains hurlaient de peur. Heureusement, l'appareil s'est remis à fonctionner après une réparation rapide du problème technique. Malgré cela, mes enfants n'ont plus voulu y monter. Les gens protestaient en demandant des explications sur la raison de la panne, mais le mécanicien est parti hâtivement sans s'expliquer ni s'excuser.

Puis, nous sommes allés au restaurant pour déjeuner. Nous avons commandé une pizza parce que mes enfants adorent cela. Nous avons attendu une heure malgré le faible nombre de personnes dans ce restaurant. La pizza avait tellement refroidi qu'elle n'était pas mangeable. Par ailleurs, j'y ai trouvé un cheveu, donc j'ai appelé le cuisinier pour lui parler des différents problèmes. Il a soutenu que le cheveu en question n'était pas le sien. J'étais furieux de sa réaction et nous sommes sortis de ce restaurant sans rien manger.

Je pense qu'un parc d'attractions est un endroit idéal où les familles peuvent passer un bon moment et s'amuser. Je voulais passer des moments précieux avec ma famille, mais j'ai été scandalisé par les problèmes qui ont eu lieu dans votre parc d'attractions. J'exige de recevoir des excuses et je vous demande de faire plus attention à apprendre les bonnes manières à vos employés.

Veuillez recevoir, Monsieur, mes meilleures salutations.

Marco LACACHE

목적: 놀이공원 불량에 대한 개선 요구

책임자님께

저는 당신의 놀이공원의 문제에 대해 말하기 위해 글을 씁니다. 저는 3일 전에 가족과 함께 그곳에 갔습니다. 아이들이 6개월 전부터 놀이공원에 가자고 졸랐지만 제가 사업차 외국에 있었기 때문에 불가능했었습니다. 이러한 이유 때문에, 집으로 돌아왔을 때 저는 아이들에게 놀이공원에 가자고 약속했습니다. 당신의 놀이공원이 집에서 멀지 않았기 때문에, 우리는 지난 주말에 가족끼리 그곳에 갔습니다.

그렇지만 공원에 도착했을 때, 저는 약간 충격을 받았습니다. 무엇보다도, 대부분의 놀이 기구들이 상태가 나빴습니다. 우리 가족은 그 기구들 중 하나를 타기 위해 줄을 섰습니다. 이 기구에는 사람들이 많았는데 갑자기 공중에서 멈췄습니다. 안에 있던 사람들은 모두 공포에 질렸고 어떤 이들은 공포에 사로잡혀 울부짖었습니다. 다행히도 이 기구는 기술적 결함을 빨리 고친 후에 재가동되었습니다. 그러나 제 아이들은 더 이상 그것을 타기를 원하지 않았습니다. 사람들은 고장 원인에 대한 설명을 요구하면서 항의했지만 정비사는 설명도 사과도 없이 급히 떠났습니다.

그리고 난 후, 우리는 점심을 먹으러 식당에 갔습니다. 제 아이들이 그것을 매우 좋아하기 때문에 우리는 피자를 주문했습니다. 우리는 식당에 사람이 많이 없었음에도 불구하고 한 시간을 기다렸습니다. 피자는 너무 식어서 먹을 수 없을 정도였습니다. 게다가 저는 피자 안에서 머리카락을 발견했고 요리사를 불러서 여러 가지 문제들에 대해 말했습니다. 그는 문제의 머리카락이 자신의 것이 아니라고 주장했습니다. 저는 그의 반응에 화가 났고 우리는 아무것도 먹지 않고 그 식당을 나왔습니다.

저는 놀이공원이 가족이 좋은 시간을 보내고 즐길 수 있는 완벽한 장소라고 생각합니다. 저는 가족과 소중한 시간을 보내기를 원했지만 당신의 놀이공원에서 일어났던 문제들로 인해 화가 났습니다. 저는 사과 받을 것을 요구하며 당신 직원들의 예절 교육에 더 신경쓸 것을 요구합니다.

안녕히 계십시오.

Marco LACACHE

EXERCICE 1 실전 연습

Étape 1

공략에 따라 작문해 보세요.

Vous êtes étudiant(e) et vous aviez besoin d'un logement pour la rentrée. Vous avez trouvé un studio qui vous plaît parce qu'il est tout près de l'université et que le loyer n'est pas cher. Vous avez fait remarquer certains problèmes (mauvais état de la porte, des toilettes, du lit, du chauffage, du climatiseur, etc.) et la propriétaire vous a promis de tout réparer avant que vous emménagiez. Mais quand vous vous êtes installé(e) dans le studio, vous avez remarqué que rien n'avait été fait. Vous écrivez une lettre à la propriétaire pour lui demander de tenir sa parole. (250 mots minimum)

Nombre de mots :

Étape 2

문제 16의 필수 어휘를 익히고, 해석을 참조하세요.

필수 어휘

studio (m) 원룸 | faire remarquer ~을 지적하다 | climatiseur (m) 에어컨 | propriétaire 집주인 | réparer 고치다 | emménager 이사하다 | tenir (sa) parole 약속을 지키다 | rénovation (f) 정비, 개조 | locataire 세입자 | foyer d'étudiants (m) 기숙사 | immeuble (m) 건물 | verrouillage (m) 잠금 장치 | bouché 막힌 | grincer 삐걱거리다 | tache (f) 얼룩 | papier peint (m) 벽지 | sale 더러운 | cafard (m) 바퀴벌레 | placard (m) 벽장 | parka (f) (m) 파카 | en panne 고장난 | franc 솔직한

해석

당신은 학생이고 개강을 맞이하여 숙소가 필요했습니다. 당신은 마음에 드는 원룸을 찾았는데, 왜냐하면 그것이 대학교에서 아주 가까웠고 집세가 비싸지 않았기 때문이었습니다. 당신은 몇 가지 문제들을 지적했고(문, 화장실, 침대, 난방, 에어컨의 불량 상태 등등) 집주인은 당신에게 이사 오기 전에 모든 것을 고쳐주겠다고 약속했습니다. 그러나 당신이 이 원룸에 입주했을 때, 당신은 아무것도 되어 있지 않다는 것을 알게 되었습니다. 당신은 집주인에게 약속을 지킬 것을 요구하기 위해 편지를 씁니다. (최소 250 단어)

Étape 3

해설에 따라 작문 구성을 익히고, 모범 답안을 확인해 보세요.

작문 구성

개요

원룸을 계약했는데 막상 이사하고 보니 집주인의 약속과 달리 문, 화장실 등이 고쳐지지 않아, 집주인에게 이를 고쳐 줄 것을 요구하는 글이다. ❶ 처음 부분에서는 자신의 신분을 밝히고, 편지를 쓰게 된 이유를 쓴다. ❷ 가운데 부분에서는 원룸에 어떠한 문제들이 있는지를 구체적으로 나열해야 하는데, 이때 원인과 결과 구조로 글을 쓰면 자신의 의도를 드러내는 데 효과적이다. ❸ 마지막 부분에서는 집주인에게 약속을 지킬 것을 다시 한번 요구한다.

진행 방식

1. 처음

먼저 자신이 누구인지 밝혀야 한다. 지시 사항에 따라 자신은 세입자인데, 집에 문제가 있어서 편지를 쓰게 되었다고 쓴다.

❶ 자기소개 및 편지를 쓴 이유

Je suis votre locataire depuis un mois et je vous écris concernant les problèmes de l'appartement dont nous avions parlé.

2. 가운데

집의 문제들을 구체적으로 기술하기 전에 급박하게 집을 구해야 했던 상황을 설명한다. 지시 사항에 '대학생'과 '개강'이라는 조건이 주어졌으므로, 지방에서 대학 입학 때문에 이사를 해야 했다는 내용을 쓰는 것이 이야기를 풀어내기 수월하다. 그리고 이사하기 전에 집주인이 집에 관련된 문제들을 해결해 주겠다고 약속했었는데 집의 상태가 약속과 달리 매우 불량했다는 것을 강하게 표현한다.

집과 관련된 문제가 출제될 경우 어떤 방식으로 내용을 전개하는 것이 좋을지 보여주기 위해 이 문제에서는 구체적인 사례들을 제시했다. 일반적으로 전기와 난방 문제, 화장실이나 욕실 문제, 부엌의 청결 상태 등이 가장 많이 거론된다. 이때 이 문제로 인해 겪은 불편을 원인과 결과의 구조로 전개하면 효과적이다.

❷ 집의 문제점

Je suis entré à l'université cette année et j'avais besoin d'un logement en ville, car je viens de la campagne.

J'avais confiance en vous, mais quand je me suis installé, je me suis aperçu que rien n'avait été fait et cela me rend la vie difficile.

D'abord, le système de verrouillage de la porte ne fonctionne pas bien et cela me prend au moins vingt minutes pour arriver à la fermer. De plus, les toilettes sont souvent bouchées et le lit grince parce qu'il est trop vieux.

3. 끝

이런 환경에서는 살 수 없다는 것을 명확히 밝히면서 문제를 조속히 해결해 줄 것을 촉구하며 글을 마무리한다.

❸ 문제 해결 요청

Pour être franc, je ne peux plus vivre dans ces conditions et je vous demande de régler tous les problèmes, comme vous me l'aviez promis.

Daniel PENNAC
81 rue Jean-Paul Sartre
35700 Rennes

Mme Yvette Maisonneuve
26 rue de la Victoire
35700 Rennes

Rennes, le 28 janvier 2018

Objet : Demande de rénovations

Madame,

Je suis votre locataire depuis un mois et je vous écris concernant les problèmes de l'appartement dont nous avions parlé.

Je suis entré à l'université cette année et j'avais besoin d'un logement en ville, car je viens de la campagne. Au début, je voulais loger dans un foyer d'étudiants, mais il n'y avait plus de chambres libres. Puis, j'ai trouvé votre studio dans une petite annonce et j'étais très content parce qu'il était tout près de l'université. Par ailleurs, le loyer n'était pas cher par rapport aux autres logements de ce quartier. Toutefois, il avait quelques problèmes, car il se trouvait dans un immeuble ancien. Vous m'aviez promis de régler tout cela avant que j'emménage et j'avais confiance en vous, mais quand je me suis installé, je me suis aperçu que rien n'avait été fait et cela me rend la vie difficile.

D'abord, le système de verrouillage de la porte ne fonctionne pas bien et cela me prend au moins vingt minutes pour arriver à la fermer. De plus, les toilettes sont souvent bouchées et le lit grince parce qu'il est trop vieux. Il y a des taches partout sur le papier peint. La cuisine est tellement sale que je vois souvent des cafards quand j'ouvre les placards. Le problème le plus urgent pour moi est le chauffage. Il faisait moins dix degrés toute la semaine dernière et j'ai dû porter une parka dans la chambre à cause du chauffage en panne.

Pour être franc, je ne peux plus vivre dans ces conditions et je vous demande de régler tous les problèmes, comme vous me l'aviez promis. Je pense que vous n'auriez pas laissé votre studio dans cet état si votre fils y habitait. Par conséquent, j'espère que vous comprendrez à quel point cette situation est difficile pour moi et j'attends de vous que vous preniez les mesures nécessaires dès que possible.

Veuillez agréer, Madame, mes sincères salutations.

Daniel PENNAC

해석

주제: 보수 요구

안녕하세요, 부인.

저는 한 달 전부터 당신의 세입자이고 우리가 이야기했던 아파트의 문제들에 관해 당신에게 글을 씁니다.

저는 올해 대학에 입학했고 시골에서 왔기 때문에 도시에서 살 곳이 필요했습니다. 처음에, 저는 기숙사에 살고 싶었지만 빈 방이 없었습니다. 그러다가 저는 신문 광고에서 당신의 원룸을 발견했고 그것이 학교와 아주 가까이 있어서 매우 만족했습니다. 게다가 집세도 이 동네 다른 원룸들에 비해 비싸지 않았습니다. 그러나 몇 가지 문제가 있었는데 그것(원룸)이 오래된 건물에 있었기 때문이었습니다. 당신은 제가 이사 오기 전에 모든 문제들을 해결하겠다고 제게 약속했고 저는 당신을 믿었습니다. 하지만 제가 이곳에 들어오면서, 아무것도 되어 있지 않다는 것을 알게 되었고 이로 인해 많은 어려움을 겪고 있습니다.

우선, 문 잠금 장치가 제대로 작동되지 않아서 문을 잠그기까지 적어도 20분이 걸립니다. 게다가 화장실 변기가 자주 막히고 침대는 너무 오래되어 삐걱거립니다. 벽지 사방에 얼룩이 있습니다. 부엌은 너무 더러워서 찬장을 열 때 바퀴벌레들을 자주 봅니다. 제게 가장 긴급한 문제는 난방입니다. 지난주 내내 영하 10도였고 저는 고장 난 난방 때문에 방에서 파카를 입고 있어야 했습니다.

솔직히 말하자면, 저는 이 조건에서는 더 이상 살 수가 없으며 당신이 제게 약속했던 것처럼 모든 것을 해결해 주기를 요구합니다. 만일 당신 아들이 이곳에 살았다면 당신이 원룸을 이 상태로 놔두지는 않았을 것이라고 생각합니다. 결론적으로, 이 상황이 제게 있어 얼마나 힘든지 당신이 이해하길 바라며, 가능한 한 빨리 필요한 조치들을 취해 주실 것을 기다리겠습니다.

안녕히 계세요.

Daniel PENNAC

EXERCICE 1 실전 연습

Étape 1 공략에 따라 작문해 보세요.

Vous travaillez sur la plage comme maître-nageur pendant les vacances d'été. Dès le premier jour de travail, vous remarquez qu'il y a beaucoup de problèmes avec les équipements de sécurité et l'état de propreté de la plage. Vous écrivez un courriel au responsable afin de résoudre ces problèmes le plus vite possible. (250 mots minimum)

Nombre de mots :

Étape 2

문제 17의 필수 어휘를 익히고, 해석을 참조하세요.

필수 어휘

maître-nageur (m) 수영 코치 | équipement (m) 장비 | propreté (f) 청결 | adresser 보내다 | aborder 논의하다 | faculté (f) 단과 대학 | faire un stage 실습을 하다, 연수를 받다 | diplôme (m) 학위 | en tant que ~로서 | en premier lieu 첫째로 | gilet de sauvetage (m) 구명조끼 | usé 닳아 떨어진 | corde (f) 줄 | surveiller 감시하다 | éclat de verre (m) 유리 조각 | courir (le) risque de ~의 위험을 무릅쓰다 | se blesser 상처를 입다 | mégot de cigarette (m) 담배꽁초 | avaler 삼키다 | avertir 경고하다 | avertissement (m) 경고 | volonté (f) 의지

해석

당신은 여름 방학 동안 수영 코치로 해변에서 일을 합니다. 근무 첫날부터, 당신은 안전 장비와 해변의 청결 상태에 많은 문제가 있음을 발견합니다. 당신은 이 문제들을 최대한 빨리 해결할 수 있도록 책임자에게 이메일을 씁니다. (최소 250 단어)

Étape 3

해설에 따라 작문 구성을 익히고, 모범 답안을 확인해 보세요.

작문 구성

개요
여름 방학 동안 수상 코치로 일을 하는데, 안전 장비 및 해변의 청결 상태에 문제가 있음을 발견해서 이를 조속히 해결하도록 책임자에게 이메일을 쓰는 상황이다. ❶ 처음 부분에서는 자신의 신분을 밝힌 뒤, 여기에서 일하게 된 경위를 밝힌다. ❷ 가운데 부분에서는 안전과 청결 문제에 대해 구체적으로 서술한다. ❸ 마지막 부분에서는 문제 해결을 위해 가능한 한 빨리 조치를 취할 것을 촉구하며 마무리한다.

진행 방식

1. 처음
자신이 누구이고 왜 이메일을 쓰는지 밝힌다. 먼저, 방학 동안 수영 코치로 일하게 된 경위를 기술한다.

❶ **자기소개 및 이메일을 쓴 이유**
Je vous adresse ce courriel afin d'aborder le sujet des problèmes de sécurité sur la plage.
Je suis étudiant en faculté d'éducation physique et je dois faire un stage pour obtenir mon diplôme.

2. 가운데

해변에서 발견하게 된 문제들에 대해 구체적으로 기술한다. 이 부분이 평가에서 가장 중요하므로 구체적일수록 좋다. 예를 들어 안전 장비들의 노후화로 인한 위험, 안전 요원 부족 등에 대해 언급한다. 모래사장의 청결과 안전 문제, 위험이나 경고를 알리는 안내 표지판의 부재 등도 상세히 적는다. 이처럼 원인을 열거할 경우에는 그로 인해 초래될 수 있는 결과도 함께 적는 것이 효과적이다.

❷ 해변의 문제들

En premier lieu, les équipements de sécurité sont trop vieux.
De plus, quand j'ai tiré avec force sur la corde de sauvetage, elle s'est cassée très facilement.
En second lieu, les maîtres-nageurs ne sont pas assez nombreux pour surveiller la quantité importante de vacanciers présente à cette période de l'année.
À cause de la présence d'éclats de verre dans le sable, les gens couraient le risque de se blesser. En outre, la plage n'était pas propre, car il y avait des mégots de cigarettes partout.

3. 끝

안전에 대한 중요성을 다시 한번 강조하면서 문제 해결을 위한 조치를 취해 줄 것을 부탁하며 끝맺는다.

❸ 문제 해결 촉구

Il ne faut pas ignorer l'importance de ces équipements parce que nous pouvons sauver la vie de nombreuses personnes grâce à eux.
Je me dois d'insister pour que vous preniez les mesures nécessaires pour résoudre ces problèmes le plus vite possible.

모범답안

Madame, Monsieur,
Je vous adresse ce courriel afin d'aborder le sujet des problèmes de sécurité sur la plage. Je suis étudiant en faculté d'éducation physique et je dois faire un stage pour obtenir mon diplôme. Par conséquent, j'ai décidé de travailler sur la plage en tant que maître-nageur. Quand j'y suis arrivé, j'ai été très surpris par les problèmes de sécurité. En premier lieu, les équipements de sécurité sont trop vieux. Par exemple, les gilets de sauvetage sont trop usés pour fonctionner correctement. De plus, quand j'ai tiré avec force sur la corde de sauvetage, elle s'est cassée très facilement. En second lieu, les maîtres-nageurs ne sont pas assez nombreux pour surveiller la quantité importante de vacanciers présente à cette période de l'année. Il y avait également d'autres problèmes sur la plage. À cause de la présence d'éclats de verre dans le sable, les gens couraient le risque de se blesser. En outre, la plage n'était pas propre, car il y avait des mégots de cigarettes partout. Ceux-ci sont très dangereux pour les poissons et les oiseaux parce qu'ils les avalent. Enfin, on

trouve peu de panneaux d'information avertissant des dangers potentiels. J'ai vu des personnes entrer dans la mer sans préparation ou juste après le repas. S'ils avaient vu des avertissements sur un panneau, ils auraient sûrement fait plus attention à leurs actions.

Je pense qu'il n'est pas très difficile de vérifier l'état des équipements de sécurité si on a de la volonté. Il ne faut pas ignorer l'importance de ces équipements parce que nous pouvons sauver la vie de nombreuses personnes grâce à eux. Je sais que vous êtes très occupé, particulièrement pendant la saison des vacances d'été, mais je me dois d'insister pour que vous preniez les mesures nécessaires pour résoudre ces problèmes le plus vite possible.

Dans l'attente d'une réponse que j'espère positive, je vous prie de bien vouloir croire, Madame, Monsieur, à l'assurance de ma considération distinguée.

Alexis GAGNEUR

해석

책임자님께,
저는 해변 안전 문제에 대해 논의하고자 이 이메일을 보냅니다.
저는 체육교육학과 학생이고 학위를 따기 위해서는 실습을 해야 합니다. 그래서 저는 수영 코치로 해변에서 일하기로 결심했습니다.
제가 이곳에 도착했을 때, 안전 문제 때문에 많이 놀랐습니다. 첫 번째로, 안전 장비들이 너무 낡았습니다. 예를 들어, 안전 조끼는 제대로 기능하기에는 너무 닳았습니다. 그리고 제가 힘을 줘서 구명줄을 잡아당겼을 때, 너무 쉽게 끊어졌습니다. 두 번째로, 이맘때쯤 있는 많은 피서객들을 감시하기에는 안전 요원들의 수가 충분히 많지 않았습니다. 해변에는 다른 문제들도 있었습니다. 모래 속에 유리 조각들이 있었기 때문에, 사람들이 다칠 위험이 있었습니다. 게다가 해변은 사방에 있는 담배꽁초들 때문에 청결하지 않았습니다. 이것(담배꽁초)들은 새들이나 물고기들한테 매우 위험한데 왜냐하면 그들이 이것들을 삼키기 때문입니다. 마지막으로, 우리는 잠재적인 위험들을 경고하는 안내문들을 거의 찾을 수 없었습니다. 저는 사람들이 준비운동 없이 바다에 들어가거나 식사 직후에 바로 바닷물에 들어가는 것을 보았습니다. 만일 이들이 안내판의 경고문을 보았더라면, 틀림없이 그들의 행동에 더 주의를 기울였을 것입니다.

저는 의지가 있다면 안전 장비의 상태를 점검하는 것은 그다지 어렵지 않다고 생각합니다. 우리는 이것들 덕분에 많은 사람들의 목숨을 구할 수 있기 때문에, 이 장비들의 중요성을 간과해서는 안 됩니다. 특히 여름 휴가철 동안 책임자님께서 매우 바쁘시다는 것을 알고 있습니다만, 저는 이 문제들을 최대한 빨리 해결할 수 있도록 필요한 조치를 취할 것을 요청드릴 의무가 있습니다.

긍정적인 답변을 기다리며, 안녕히 계세요.

Alexis GAGNEUR

EXERCICE 1 실전 연습

Étape 1 공략에 따라 작문해 보세요.

Vous étudiez la gestion des entreprises à l'université et vous faites un stage dans une entreprise pendant deux mois. Mais les conditions de travail sont trop pénibles pour vous (vous devez travailler douze heures par jour et vous travaillez même le week-end). De plus, on vous fait faire des tâches insignifiantes et vous ne pouvez rien apprendre d'utile. Par conséquent, vous écrivez une lettre au directeur du bureau du personnel pour demander à diminuer votre temps de travail et à avoir l'occasion d'apprendre des compétences plus spécialisées. (250 mots minimum)

Nombre de mots :

Étape 2

문제 18의 필수 어휘를 익히고, 해석을 참조하세요.

필수 어휘

gestion (f) 경영, 관리 | faire un stage (m) 실습을 하다, 연수를 받다 | pénible 고통스러운 | insignifiant 의미 없는 | bureau du personnel (m) 인사부 | solliciter 청원하다 | bienveillance (f) 호의 | avouer 고백하다 | stagiaire 실습자, 연수자 | photocopie (f) 복사 | distribuer 배달하다, 분류하다 | franc 솔직한 | à condition que ~한다는 조건으로, 만약 ~이라면 | confier 맡기다 | en rapport avec ~와 연관된

해석

당신은 대학교에서 경영학을 공부하고 있고, 두 달 동안 기업에서 실습을 합니다. 그러나 근무 조건이 당신에게는 너무 힘듭니다(하루에 12시간을 일해야 하고 주말에도 일해야 합니다). 게다가 이들은 당신에게 하찮은 일들을 시키고, 당신은 유용한 무언가를 전혀 배울 수 없습니다. 그래서 당신은 근무 시간을 줄이고 더 전문적인 역량을 배울 수 있는 기회를 달라고 인사과 책임자에게 편지를 씁니다. (최소 250 단어)

Étape 3

해설에 따라 작문 구성을 익히고, 모범 답안을 확인해 보세요.

작문 구성

개요

인턴으로 일하면서, 인사과 책임자에게 근무 시간 및 업무 변경을 요청하는 글이다. ❶ 처음에는 자신의 신분과 글을 쓴 이유를 밝힌다. ❷ 가운데 부분에서는 자신이 불만을 가지게 된 근무 조건에 대해 설명한다. 근무 조건에 왜 불만을 가지게 되었는지 그 원인을 자세히 서술하면 보다 설득적인 글이 될 것이다. ❸ 마지막 부분에서는 인사과 책임자에게 자신의 요청을 수락해 줄 것을 다시 한번 부탁하며 마무리한다.

진행 방식

1. 처음

자신이 누구인지와 편지를 쓰는 이유를 밝힌다. 지시 사항에서 대학생으로 기업에서 연수를 받고 있다고 했으므로 회사에서 실습을 하는 중임을 밝힌다. 그리고 다른 회사를 선택할 수 있었음에도 불구하고 이 회사를 선택한 이유와 근무 조건에 대한 실망감을 언급한다.

❶ 자기소개 및 편지를 쓴 이유

Je travaille dans votre entreprise depuis peu et je vous écris cette lettre pour solliciter votre bienveillance en ce qui concerne mon travail.

2. 가운데

근무 조건의 열악함에 대해 구체적이고 상세하게 써야 한다. 근무 시간이 너무 길 뿐만 아니라 주말에도 근무해야 한다는 점, 단순 노동만을 하고 있다는 점을 언급해야 한다. 그리고 다른 회사가 아닌 이 회사에서 근무하겠다고 결심한 이유를 밝힌다. 전문적인 일을 배우고자 하는 자신의 강한 의지를 쓰면 더욱 설득적으로 보일 수 있다.

❷ 근무 조건의 열악함과 회사 연수에 대한 기대

D'abord, je pense que les heures de bureau sont trop longues pour un stagiaire.
Par ailleurs, on ne me donne que du travail sans importance, comme faire des photocopies, acheter des articles de bureau ou distribuer le courrier.
J'avais l'occasion de faire un stage dans une grande entreprise et j'ai choisi la vôtre, car on m'a dit que vous étiez l'une des meilleures entreprises dans ce domaine.

3. 끝

필요한 일을 하기 위해서라면 근무 시간에 구애받지 않고 열심히 할 자신이 있다는 점을 명확하게 밝히고, 문제점을 개선해 줄 것을 요청하면서 글을 마무리한다.

❸ 문제점 개선 요구

C'est pourquoi je voudrais vous demander qu'on me confie du travail en rapport avec la gestion. Je vous assure que je ne vous décevrai pas.

모범답안

Aurélie HENRY
68 rue de l'Abattoir
38100 Grenoble

À l'attention du directeur du bureau du personnel
Société Rodéro
312 avenue du Trocadéro
38100 Grenoble

Grenoble, le 30 septembre 2018

Objet : Demande d'amélioration des conditions de stage

Monsieur,
Je travaille dans votre entreprise depuis peu et je vous écris cette lettre pour solliciter votre bienveillance en ce qui concerne mon travail. En réalité, je ne suis pas un CDI. J'étudie la gestion des entreprises à l'université et cela fait deux semaines que je fais un stage ici. J'ai décidé de faire mon stage dans votre entreprise parce que je croyais que je pourrais apprendre beaucoup sur la gestion mais j'avoue être très déçue de ce que je fais.

D'abord, je pense que les heures de bureau sont trop longues pour un stagiaire. Je commence le travail à huit heures en faisant le ménage du bureau et je finis souvent à vingt heures. Il arrive que je n'aie pas le temps de dîner. On m'a même demandé de venir au bureau le week-end dernier, mais il n'y avait personne quand je suis arrivée. Par ailleurs, on ne me donne que du travail sans importance, comme faire des photocopies, acheter des articles de bureau ou distribuer le courrier.

Pour être franche, je ne suis pas venue ici pour faire ce genre de travail, mais pour apprendre des compétences professionnelles. J'avais l'occasion de faire un stage dans une grande entreprise et j'ai choisi la vôtre, car on m'a dit que vous étiez l'une des meilleures entreprises dans ce domaine. J'ai même pensé que je pourrais travailler dans votre société après avoir obtenu mon diplôme.

Travailler le week-end ne me pose pas de problème, si c'est nécessaire, à condition que cela me donne la chance d'apprendre le véritable travail pour lequel je suis venue. C'est pourquoi je voudrais vous demander qu'on me confie du travail en rapport avec la gestion. Je vous assure que je ne vous décevrai pas.

En vous remerciant par avance, je vous prie d'agréer, Monsieur, l'expression de mes sentiments les meilleurs.

Aurélie HENRY

해석

주제: 실습 조건 개선에 대한 요구

부장님께,

저는 얼마 전부터 당신 회사에서 일하고 있고, 제 일에 관한 당신의 호의를 부탁드리고자 이 편지를 씁니다. 사실, 저는 당신의 정규직 사원이 아닙니다. 저는 대학에서 경영학을 전공하고 있고 여기서 실습을 한 지 2주가 되었습니다. 저는 경영에 대해 많은 것을 배울 수 있으리라고 생각해서 당신의 회사에서 실습을 하기로 결정했지만, 제가 하고 있는 것들에 대해 많이 실망스럽다는 것을 밝힙니다.

우선, 저는 실습생에게 근무 시간이 너무 길다고 생각합니다. 저는 사무실을 청소하면서 8시에 일을 시작하고 대개 20시에 일이 끝납니다. 때때로 저녁 먹을 시간이 없는 경우도 생깁니다. 지난주에는 저에게 주말에조차 사무실에 나오라고 했는데 제가 도착했을 때에는 아무도 없었습니다. 게다가 사람들은 저에게 복사, 사무용품 구매 또는 우편물 분류와 같이 자질구레한 일만 시킵니다.

솔직히 말해서, 저는 여기에 이런 종류의 일을 배우려고 온 것이 아니라 전문적인 역량을 배우러 온 것입니다. 저는 대기업에서 연수를 할 기회도 있었지만 사람들이 당신 회사가 이 분야에서 최고의 회사들 중에 하나라고 말했기 때문에 당신 회사를 선택한 것입니다. 저는 심지어 졸업 후 당신 회사에서 일할 수 있을 것이라고까지 생각했습니다.

제가 (이곳에) 온 이유인, 진짜 일을 배울 기회가 주어진다면, 필요하다면 주말에 일하는 것은 제게 문제가 되지 않습니다. 이러한 이유 때문에 경영과 관련한 업무를 제게 맡겨 주실 것을 부탁드립니다. 당신을 결코 실망시키지 않을 것이라고 자신합니다.

미리 감사의 말씀을 드리며, 안녕히 계세요.

Aurélie HENRY

EXERCICE 1 실전 연습

Étape 1 공략에 따라 작문해 보세요.

Vous êtes représentant(e) des parents d'élèves et vous avez appris que le lycée de votre enfant a décidé d'aller en voyage scolaire à l'étranger sans consulter l'association des parents. Vous écrivez une lettre au directeur de l'école pour exprimer l'opposition des parents à cette décision en donnant des raisons précises. (250 mots minimum)

Nombre de mots :

Étape 2

문제 19의 필수 어휘를 익히고, 해석을 참조하세요.

필수 어휘

représentant(e) 대표 | voyage scolaire (m) 수학여행 | consulter 상의하다 | exprimer 표현하다 | en tant que ~로서 | prévoir 계획하다 | se détendre 긴장을 풀다 | baccalauréat (m) 대학 입학 시험 | sûrement 확실하게 | moyens (m.pl.) 자금력, 재력 | frais (m. pl.) 비용 | totalité (f) 전체 | camarade 친구, 동료 | garantir 보증하다 | survenir 돌발하다 | prévenir 예고하다, 알리다 | imprévisible 예측할 수 없는 | tenir compte de ~을 고려하다 | préoccupation (f) 염려 | retenir 끌다

해석

당신은 학부모 대표이고 당신 아이의 고등학교가 학부형 단체와 상의도 없이 외국으로 수학여행을 갈 것을 결정했다는 것을 알게 되었습니다. 당신은 구체적인 이유를 들어 이 결정에 반대하는 학부모들의 입장을 밝히기 위해 교장 선생님에게 편지를 씁니다. (최소 250 단어)

Étape 3

해설에 따라 작문 구성을 익히고, 모범 답안을 확인해 보세요.

작문 구성

개요
자녀의 학교에서 외국으로 수학여행 가는 것을 독단적으로 결정한 것에 대해 반대하는 글로, 교장 선생님에게 쓰는 편지이다. ❶ 처음에는 자신이 누구인지와 글을 쓰게 된 이유를 간략히 쓴다. ❷ 가운데 부분에서는 수학여행의 장점을 모르는 것은 아니지만, 비용과 안전상의 이유로 외국으로 수학여행을 가는 것에 반대한다는 것임을 상세히 기술한다. ❸ 마지막 부분에서는 외국으로 수학여행을 가기로 한 결정에 대해 재고해 달라고 부탁하며 글을 마무리한다.

진행 방식

1. 처음
자신이 누구이고 어떤 이유로 글을 쓰게 되었는지를 밝힌다. 지시 사항에 따라 학부모 대표로서 외국으로 수학여행을 가는 것에 대해 부모들이 걱정하고 있음을 알리기 위해 글을 쓴다고 기술한다.

❶ 자기소개 및 글을 쓴 목적
Je vous écris cette lettre en tant que représentante des parents d'élèves pour exprimer notre inquiétude au sujet du voyage scolaire que vous avez prévu.

2. 가운데

수학여행 자체를 반대하는 것이 아니라, 외국으로 수학여행을 가는 것을 반대하는 것이라는 부모의 입장을 명확하게 밝힌다. 이를 뒷받침하기 위해 수학여행을 통해 좋은 추억을 만들 수 있을 뿐만 아니라 학업으로 지친 학생들이 휴식을 취할 수 있다는 장점을 언급한다. 다음으로는 외국으로 수학여행을 가는 것에 대해 우려하는 이유를 상세하게 기술해야 한다. 우선 비용에 대한 부담을 언급하는 것이 좋은데 경제적인 어려움에 처한 학생들이 수학여행을 가지 못해 소외될 수 있다는 점을 든다. 그리고 학생들의 안전 문제 또한 강하게 피력해야 한다.

❷ 외국으로 수학여행을 가는 것에 반대하는 이유

Il y aura sûrement des lycéens qui ne pourront pas y participer parce que leurs parents n'ont pas les moyens de payer leurs frais de voyage.
En outre, nous ne pouvons pas ignorer le problème de la sécurité de nos enfants.

3. 끝

여행 자체에 대해 반대하는 것이 아니라 수학여행의 본질, 즉 모든 학생이 함께 추억을 쌓는 것이 중요하다는 점을 강조하면서 재고해 줄 것을 부탁한다.

❸ 외국으로 수학여행을 가기로 한 학교의 결정에 대한 재고 요청

C'est pourquoi je voudrais vous demander de bien réfléchir encore une fois à votre décision au sujet de ce voyage, en tenant compte des préoccupations des parents.

모범답안

Anna DURAND
9 place Balzac
34080 Montpellier

M. le Directeur
Lycée du Marais
137 route de Saint-Pierre
34080 Montpellier

Montpellier, le 20 septembre 2017

Objet : Opposition au voyage scolaire à l'étranger

Monsieur le Directeur,

Je vous écris cette lettre en tant que représentante des parents d'élèves pour exprimer notre inquiétude au sujet du voyage scolaire que vous avez prévu.

Nous avons appris que vous aviez décidé d'aller à l'étranger pour un voyage scolaire. Nous sommes d'accord avec vous sur l'importance de ces voyages parce qu'ils permettent aux lycéens de garder certains des meilleurs souvenirs de leur vie scolaire. Par ailleurs, ils ont besoin de temps pour se détendre, car ils sont très stressés à cause du baccalauréat.

Cependant, les parents s'inquiètent de la destination de ce voyage. Tout d'abord, nous devons prendre en considération le problème financier. Il y aura sûrement des lycéens qui ne pourront pas y participer parce que leurs parents n'ont pas les moyens de payer leurs frais de voyage. Je pense que les voyages scolaires n'ont d'intérêt que si la totalité des élèves en font l'expérience ensemble.

En outre, nous ne pouvons pas ignorer le problème de la sécurité de nos enfants. L'année dernière, un élève du lycée voisin s'est perdu pendant un voyage scolaire à l'étranger et ses professeurs et camarades se sont fait énormément de souci pour lui. Personne ne peut garantir que ce genre de problème n'arrivera pas à nos enfants, car les accidents surviennent toujours sans prévenir. À cela s'ajoute le fait qu'ils sont jeunes et imprévisibles et que les professeurs ne sont pas assez nombreux pour les surveiller.

Pour cette raison, nous avons organisé une réunion des parents d'élèves hier soir et nous avons conclu que nous ne pouvions pas accepter la décision du lycée au sujet du voyage scolaire à l'étranger. Je ne pense pas que nos enfants soient obligés d'aller si loin pour garder des souvenirs inoubliables de leur vie scolaire. Le plus important est qu'ils soient ensemble. C'est pourquoi je voudrais vous demander de bien réfléchir encore une fois à votre décision au sujet de ce voyage, en tenant compte des préoccupations des parents.

En espérant que cette requête retiendra votre attention, je vous prie de bien vouloir croire, Monsieur le Directeur, à l'assurance de ma considération distinguée.

Anna DURAND

해석

주제: 외국으로의 수학여행에 대한 반대

교장 선생님께,

저는 학부모 대표로 선생님께서 계획하신 수학여행에 대한 우리의 걱정을 표명하기 위해 이 편지를 씁니다.

우리는 선생님께서 수학여행을 외국으로 가기로 결정했다는 소식을 알게 되었습니다. 우리는 수학여행의 중요성에 대해서는 선생님과 의견이 같은데, 왜냐하면 고등학생들에게 학창 시절에서 가장 좋은 추억들 중 일부를 간직할 수 있게 해 주기 때문입니다. 게다가 이들은 대학 입학 시험 때문에 스트레스를 많이 받아서 긴장을 풀 시간이 필요합니다.

그렇기는 하지만, 부모들은 이 수학여행의 예정지에 대해 걱정하고 있습니다. 무엇보다도, 우리는 재정적인 문제를 고려해야 합니다. 부모들이 여행 경비를 지불할 자금(력)이 없어서 이 여행에 참여하지 못하는 고등학생들이 분명 있을 것입니다. 저는 수학여행은 모든 학생들이 함께 그것을 경험할 때 가치가 있다고 생각합니다.

게다가 우리는 아이들의 안전에 대한 문제를 무시할 수 없습니다. 작년에 이웃 고등학교의 한 학생이 외국에서의 수학여행 도중 길을 잃어 선생님들과 친구들이 굉장히 걱정을 했었습니다. 사고는 항상 예고 없이 일어나기 때문에 이런 문제가 우리 아이들에게 일어나지 않는다고 그 누구도 장담할 수 없습니다. 여기에 이들은 젊고 예측 불가능하기 때문에 이들을 통제하기에는 선생님들의 수가 충분히 많지 않다는 점도 추가됩니다.

이러한 이유로, 우리는 어제 저녁에 학부모 회의를 열었고 우리는 외국으로의 수학여행에 대한 학교의 결정을 받아들일 수 없다고 결론 내렸습니다. 저는 우리 아이들이 학창 시절에 잊지 못할 추억들을 간직하기 위해 그렇게 멀리 갈 필요는 없다고 생각합니다. 가장 중요한 것은, 그들이 함께 있는 것이죠. 이러한 이유로 저는 학부모들의 염려를 고려하여 수학여행에 관한 결정을 다시 한번 심사숙고해 주시기를 부탁드립니다.

이 요청이 선생님의 주의를 끌기를 바라며, 안녕히 계세요.

Anna DURAND

EXERCICE 1 실전 연습

Étape 1 공략에 따라 작문해 보세요.

Vous avez commandé une machine à laver par Internet, mais vous l'avez reçue après la date de livraison annoncée. De plus, elle ne marche pas bien qu'elle soit toute neuve. Vous avez téléphoné au service après-vente, mais vous n'avez reçu aucune nouvelle de l'entreprise. Vous écrivez une lettre à une association de défense des consommateurs pour dénoncer la mauvaise foi de cette entreprise. (250 mots minimum)

Nombre de mots :

Étape 2
문제 20의 필수 어휘를 익히고, 해석을 참조하세요.

필수 어휘

commander 주문하다 | machine à laver (f) 세탁기 | livraison (f) 배송 | marcher 작동하다 | bien que ~ 임에도 불구하고 | service après-vente (m) 애프터 서비스 | dénoncer 고발하다 | mauvaise foi (f) 불성실 | mensonger 기만적인 | confronter 부딪히다 | laverie automatique (f) 빨래방 | protester 항의하다 | achat (m) 구매 | tache (f) 얼룩 | essorage (m) 탈수 | réparer 수리하다 | ci-joint 동봉한, 첨부한 | prendre des dispositions 조치하다 | professionnalisme (m) 직업 의식, 프로 정신

해석

당신은 인터넷을 통해 세탁기를 주문했지만 안내된 배송 날짜가 지난 후에 세탁기를 받았습니다. 게다가 세탁기는 아주 새것임에도 불구하고 작동이 되지 않습니다. 당신은 AS 센터에 전화를 했지만 회사 측으로부터 아무런 소식도 받지 못했습니다. 당신은 이 회사의 성의 없는 태도를 고발하기 위해 소비자 보호 단체에 편지를 씁니다. (최소 250 단어)

Étape 3
해설에 따라 작문 구성을 익히고, 모범 답안을 확인해 보세요.

작문 구성

개요
세탁기 불량을 고발하기 위해 소비자 보호 단체에 보내는 글이다. ❶ 처음 부분에서는 자신이 누구인지와 글을 쓰게 된 이유를 밝힌다. ❷ 가운데 부분에서는 세탁기를 주문했지만, 약속된 배송 날짜에 도착하지 않았을 뿐더러 제대로 작동하지 않았다는 점을 쓴다. 그럼에도 불구하고 무책임한 회사 측의 태도에 화가 났다는 것을 밝힌다. ❸ 마지막 부분에서는 소비자 보호 단체에서 적절한 조치를 취해 줄 것을 요청하며 마무리한다.

진행 방식

1. 처음
자신이 누구인지와 편지를 쓴 목적에 대해 간략히 쓴다. 글의 주제를 서두에서 밝히면서 시작하는 방식이 효과적이므로 지시 사항에 따라 회사의 성의 없는 태도를 신고한다고 기술한다.

❶ 자기소개 및 편지를 쓴 이유
Je vous écris cette lettre pour dénoncer la mauvaise foi d'une entreprise.

2. 가운데

세탁기와 관련한 문제점들을 구체적으로 써야 한다. 먼저 구매와 관련한 문제로, 시간과 돈을 절약하기 위해 인터넷으로 구매를 했는데 배송 날짜가 지연되었다는 사실을 쓴다. 그리고 이로 인해 발생한 피해를 덧붙인다. 또한 설치 비용 문제와 관련하여 부당함을 호소한다. 세탁기가 제대로 작동하지 않는다는 것과 광고와는 달리 원하는 기능이 포함되어 있지 않다는 문제점을 명확하게 기술한다. 그리고 이에 대한 회사의 반응이 너무 무책임하다는 점을 강하게 피력한다.

❷ 세탁기와 관련한 문제

Tout d'abord, je l'ai reçue trois jours après la date de livraison prévue.
Par ailleurs, le technicien m'a demandé de l'argent pour installer cet appareil.
Quand j'ai voulu laver mes vêtements avec cette machine, je me suis aperçu qu'elle ne fonctionnait pas normalement.
Je lui ai donc téléphoné pour demander à échanger avec une autre machine, mais elle a refusé ma demande en disant que j'aurais dû vérifier avant l'installation.

3. 끝

회사의 무책임한 행동으로 인한 피해를 언급하면서 적절한 조치를 취해 줄 것을 부탁하며 마무리한다.

❸ 회사에 대한 적절한 조치를 취할 것을 요청

Je souhaiterais que vous preniez des dispositions contre son manque de professionnalisme en votre qualité d'association de défense des consommateurs.

Yannick PARADIS
50 rue Châteauneuf
17000 La Rochelle

Association de défense des consommateurs
239 boulevard Haussmann
75009 Paris

La Rochelle, le 18 avril 2017

Objet : Réclamation pour publicité mensongère

Madame, Monsieur,

Je vous écris cette lettre pour dénoncer la mauvaise foi d'une entreprise.

J'ai commandé une machine à laver par Internet il y a deux semaines. Je voulais aller directement au magasin, mais j'ai pensé que je pourrais gagner du temps si je l'achetais sur Internet. De plus, cela me permettait aussi d'économiser de l'argent, car les prix sont moins chers quand on achète en ligne. Cependant, j'ai été confronté à plusieurs problèmes.

Tout d'abord, je l'ai reçue trois jours après la date de livraison prévue. À cause de cela, j'ai été obligé d'aller à la laverie automatique avec tous mes vêtements pendant ce temps-là. Par ailleurs, le technicien m'a demandé de l'argent pour installer cet appareil. J'ai protesté, mais il m'a dit que les frais d'installation n'étaient pas compris dans le prix d'achat de la machine. J'ai fini par payer les frais et il est parti après l'avoir installée.

Mes problèmes ne s'arrêtent pas là. Quand j'ai voulu laver mes vêtements avec cette machine, je me suis aperçu qu'elle ne fonctionnait pas normalement. Les taches sur les vêtements ne bougeaient pas. En outre, il n'y a pas de fonction d'essorage, contrairement à ce qui était annoncé sur le catalogue de cette entreprise. Je lui ai donc téléphoné pour demander à échanger avec une autre machine, mais elle a refusé ma demande en disant que j'aurais dû vérifier avant l'installation. Je lui ai demandé d'au moins la réparer, mais je n'ai eu aucune nouvelle jusqu'à aujourd'hui.

Par conséquent, j'ai décidé de vous écrire cette lettre de réclamation. Vous trouverez ci-joint le nom et l'adresse de l'entreprise. Je souhaiterais que vous preniez des dispositions contre son manque de professionnalisme en votre qualité d'association de défense des consommateurs.

Dans l'attente de votre réponse, je vous prie d'agréer, Madame, Monsieur, mes sincères salutations.

Yannick PARADIS

주제: 기만성 광고에 대한 신고

담당자님께,

저는 한 회사의 불성실함을 고발하기 위해 당신에게 이 편지를 씁니다.

저는 2주 전에 인터넷을 통해 세탁기를 주문했습니다. 상점에 직접 가서 사고 싶었지만 인터넷으로 사면 시간을 절약할 수 있을 것이라고 생각했습니다. 게다가 인터넷으로 구입하면 덜 비싸므로 돈도 절약할 수 있을 것이니까요. 그러나 저는 여러 문제에 부딪히게 되었습니다.

무엇보다도, 예정된 배송 날짜보다 3일 지나 세탁기를 받았습니다. 그래서 저는 그 기간 동안 제 모든 옷들을 들고 빨래방에 가야 했습니다. 게다가 기사는 이 기계에 대한 설치비를 저에게 요구했습니다. 저는 항의했지만 그는 설치비는 기계 구입비에 포함되어 있지 않다고 말했습니다. 결국, 저는 비용을 지불했고 그는 기계를 설치하고 난 후 떠났습니다.

제 문제들은 여기에 그치지 않습니다. 제가 이 세탁기로 제 옷들을 세탁하려고 했을 때, 저는 기계가 제대로 작동하지 않는다는 것을 알게 되었습니다. 옷의 얼룩이 그대로 남아 있었습니다. 게다가 회사 카탈로그에서 광고했던 것과는 반대로, 이 기계에는 탈수 기능이 없었습니다. 저는 다른 기계로 교환해 달라고 요구하기 위해 회사에 전화를 했지만 회사는 설치 전에 제가 확인을 했어야 했다고 말하면서 제 요구를 거절했습니다. 그래서 저는 적어도 그것을 고쳐 달라고 요구했지만 오늘까지 회사로부터 아무 연락도 받지 못하고 있습니다.

그래서 저는 당신에게 항의 편지를 쓰기로 결심했습니다. 당신은 동봉된 회사 이름과 주소를 발견할 수 있을 것입니다. 저는 당신이 소비자 보호 단체로서 이 회사의 직업 의식 부재에 대해 조치를 취해 주시기를 바랍니다.

당신의 답변을 기다리겠습니다. 안녕히 계십시오.

Yannick PARADIS

| 구술 평가 | **Production orale** |

❶ 구술 완전 분석

B2 구술은 중고급 수준에 해당하는 단계로서, 다양한 주제에 대한 표현 능력을 갖춰야 한다. B2 구술 평가는 B1이 3가지 유형의 문제로 구성된 것과 달리 1가지 유형으로만 구성되는데, 기사를 읽고 자신의 의견을 발표한 뒤 감독관의 질문에 답변하는 방식으로 이루어진다.

❷ 구술 유형 파악 [약 15~20분 (준비 시간 30분), 25점]

B2 구술은 간략한 자료를 읽고 요약한 뒤 이에 대한 자신의 의견을 표명하고, 감독관의 질문에 답변하는 순서로 이루어진다. 자료를 읽고 준비하는 시간으로 30분이 주어지며, 약 15~20분 동안 기사를 요약하고 자신의 의견을 개진한 뒤, 감독관과 질의응답을 하게 된다. B2 구술은 B1 구술의 세 번째 유형, 즉 Monologue suivi와 비슷한데, 다음의 세 가지 면에서 차이가 있다.

❶ B1 구술보다 기사의 길이가 길다.

❷ B1 구술보다 감독관과의 질의응답 시간이 길다.

❸ B1 구술보다 논리성에 대한 평가 비중이 높다.

②, ③과 관련하여, 감독관과 질의응답을 하는 시간이 최근에는 늘어난 추세이다. 이는 곧 감독관이 응시자에게 주제와 관련하여 보다 많은 질문을 한다는 것으로, 응시자가 자신의 입장을 얼마나 잘 방어하는지에 평가의 초점을 둠을 보여주는 지표라 할 수 있겠다.

3 구술 평가 이것만은 꼭!

❶ 범용적으로 쓸 수 있는 문구나 표현을 외워 둔다.
어떤 주제의 기사가 출제되더라도, 범용적으로 쓸 수 있는 표현이 있기 마련이다. 즉, '이 기사는 ~에 대한 내용으로서', '~의 장점(단점)으로는', '~의 문제(해결책)는 ~이라 할 수 있다' 등 범용적으로 쓸 수 있는 문구나 표현을 외워 두면 시간을 효율적으로 활용할 수 있다.

❷ 구조적으로 짜임새 있게 말한다.
구술 시험에서 가장 중요한 것은 자신의 논지를 얼마나 설득적, 논리적으로 전개하느냐이다. 따라서 논리적으로 의견을 개진하는 데 효과적인 구조로 답변하는 것이 좋다. 어떤 문제의 '장점, 단점, 절충안'의 구성이나 어떤 일의 '문제, 원인, 해결 방안'의 구성으로 말하면, 보다 짜임새 있으며 논리적으로 자신의 의견을 피력할 수 있다.

❸ 자신의 논지를 일관적으로 말한다.
최근 B2 구술 시험에서는 감독관과의 질의응답 시간이 길어졌기 때문에 자신의 의견을 방어하는 것이 중요해졌다고 할 수 있다. 자신의 입장을 방어할 때는 논지를 일관적으로 말하는 것이 핵심이다. 감독관은 응시자의 주장이나 근거의 허점이나 내용이 미진한 부분을 중심으로 질문할 것이며, 응시자의 주장이 타당하지 않다고 할 수 있다. 그렇다고 해서 감독관의 말에 따라 갑자기 자신의 입장을 바꿔서는 안 된다. 합리적이고 타당한 근거를 들어 자신의 입장을 일관적으로 말하는 데 집중해야 한다.

구술 평가

EXERCICE 1

Vous tirez au sort deux sujets. Vous en choisissez un. Ensuite, vous disposez de 30 minutes de préparation. Lors de la passation, les deux parties s'enchaînent.

1. Monologue suivi avec préparation 5 à 7 minutes
   Défense d'un point de vue argumenté
   Vous dégagerez le problème soulevé par le document que vous avez choisi puis vous présenterez votre opinion sur le sujet de manière claire et argumentée.

2. Exercice en interaction sans préparation 10 à 13 minutes
   Débat
   Vous défendrez votre point de vue au cours du débat avec l'examinateur.

당신은 두 개의 주제들을 뽑고, 그 중 하나를 선택합니다. 그리고 난 후 당신은 30분의 준비 시간을 갖습니다. 시험을 치를 때, 두 부분이 연속으로 이어집니다.

1. 준비 후 5~7분 간의 발표

　논리적 관점의 방어

　당신은 당신이 선택한 자료가 제기하는 문제점을 찾아내고 명확하고 논리적인 방식으로 주제에 대한 당신의 의견을 표명합니다.

2. 준비 시간 없이 10~13분간의 상호 작용

　토론

　당신은 감독관과 함께 토론이 진행되는 동안 당신의 의견을 방어합니다.

완전 공략

> DELF B2 구술

1 핵심 포인트

구술 평가에서는 자신의 의견을 명확하고 논리적으로 말하는 것이 무엇보다 중요하다. 자신감 있는 태도로 말하고자 하는 바를 일관성 있고 논리적으로 말할 수 있도록 연습하자.

2 빈출 주제

사생활과 직장 생활 간의 균형, 세대 갈등, 환경, 남녀 평등, 미디어, 건강, 재택근무는 자주 출제되는 주제이다. 자주 출제되는 주제는 간단히 개요를 짜서 주요 내용을 눈에 익혀 둔다.

3 고득점 전략

① 주제를 정확히 이해해야 한다.

당연한 이야기이지만, 주제를 정확히 파악해야 한다. 주제를 잘못 이해했을 경우 말을 아무리 유창하게 하더라도 좋은 점수를 받을 수 없다. 응시자들 중에 간혹 주제를 잘못 이해하는 경우가 있는데, 이럴 경우 감독관은 응시자에게 주제를 잘못 이해했다고 말해 주기도 하지만, 응시자의 말이 끝난 후에 주제를 잘못 이해했다고 지적하는 감독관도 있다. 이럴 경우에는 결코 좋은 점수를 기대하기 어렵다. 따라서 응시자는 준비실에서 자신이 선택한 주제를 정확히 파악하는 데 집중해야 한다.

② 자료를 요약한 뒤 자신의 의견을 말한다.

B2 구술 평가는 특정한 주제와 관련된 기사에 대해 응시자가 발표하는 방식으로 진행된다. 그런데 주제와 관련된 자신의 의견부터 말하기 시작하는 응시자들이 있는데, 이는 좋은 방법이 아니다. 기사를 반드시 요약해야 한다. 뿐만 아니라 기사를 요약하지 않았을 경우 정해진 시간을 채우지 못해 좋은 점수를 받기 어렵다. 요약할 때에는 기사에 나온 어휘나 표현을 그대로 반복하지 않도록 주의하자. 이럴 경우 감독관은 요약이 아니라 기사를 그대로 읽는다는 느낌을 받기 때문이다.

③ 근거를 말할 때에는 구체적인 예를 든다.

자신의 의견을 표명할 때 응시자는 가능한 한 그 주제와 관련하여 개인적으로 경험한 이야기나 객관적인 예를 드는 것이 좋다. 자신의 의견을 뒷받침하는 좋은 근거가 되어 설득력이 높아질 뿐만 아니라, 내용이 풍부해져 구술 시간을 최대한 채울 수 있기 때문이다.

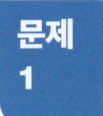

EXERCICE 1 실전 연습

🎧 Track 4-01

Étape 1

지문 내용을 간단히 소개한 후 이에 대한 자신의 의견을 이야기해 보세요.
감독관의 질문에 추가로 답변해 보세요.

Les droits et obligations des salariés du particulier employeur

Le particulier employeur est un particulier qui emploie un salarié pour ses besoins personnels ou ceux de sa famille, notamment pour des tâches à caractère familial ou domestique. En France, il y a 3,6 millions de particuliers employeurs pour plus de 1,7 millions de salariés. Dans 87 % des cas, il s'agit du secteur des services à la personne.
Mais attention, employer un salarié à son domicile entraîne des obligations légales (déclarations et cotisations sociales notamment). Dans certains cas, cela permet d'obtenir des avantages fiscaux. Que pensez-vous de ce système ?

France Info 22/11/2013

Étape 2

문제 1의 필수 어휘를 익히고, 해석을 참조하세요.

필수 어휘

entraîner 불러오다, 이끌다 | déclaration (f) 신고 | cotisation sociale (f) 사회 보장 분담금 | fiscal 세무적인, 세무의 | bricolage (m) 목공일, 간단한 작업 | esthétique 미적인 | livraison (f) 배달 | linge (m) 세탁물 | repasser 다림질하다 | prestation (f) 용역, (서비스 등의) 제공 | insertion (f) (사회, 집단에의) 동화, 끼어들기 | habillage (m) 옷 입기 | ludique 유희적인 | éveil (m) (감각, 능력 따위의) 자각 | fermeté (f) 단호함, 단단함 | instaurer 설립하다, 창설하다

문제 해석

가정의 고용인들의 권리와 의무

민간(개인) 고용주는 자신의 개인적인 필요나 자기 가족들의 필요를 위해, 특히 가정적인 성격의 일들을 위해 근로자를 고용하는 한 개인이다. 프랑스에는 170만 명 이상의 근로자들에 대해 360만 명의 민간 고용주들이 있다. 이들 중 87%는 사람을 돌보는 분야와 관련된다.
하지만 유의해야 할 것은, 자신의 집에서 근로자를 고용하는 것은 법적인 의무 사항들(특히 신고와 사회 보장 분담금)을 불러온다는 것이다. 어떤 경우에는, 이것은 세무적인 장점들을 얻게 해 주기도 한다. 당신은 이 제도에 대해 어떻게 생각하는가?

Étape 3

모범 답변을 확인하고 실전 훈련하세요.

구술 전개 요령

1. 기사 요약
❶ 민간 고용주 제도에 대한 기사임을 밝힌다.
❷ 프랑스에서 민간 고용주와 관련된 현황을 통계를 들어 제시한다.
❸ 집에 근로자를 고용하기 위해 필요한 법적 의무 사항이 존재한다는 것을 언급한다.

2. 의견 표명
❶ 민간 고용주 제도는 일상생활에서 어려움을 겪는 사람들에게 좋은 체제라고 생각한다는 자신의 의견을 밝힌다. 이때 구체적인 예를 들며 장점을 부각시킨다.
❷ 앞서 언급한 일상생활에서 어려움을 겪는 사람들에게 이 제도가 어떻게 도움이 될 수 있는지 구체적으로 설명한다.
❸ 민간 고용주 제도를 활용할 때 유의해야 할 사항을 언급한다. 가족을 돌봐 줄 사람인 만큼 신뢰성이 있어야 한다는 것과 가계에 부담이 될 정도로 고 비용인 경우가 많아 경제적인 문제가 발생할 수 있다는 것을 설명한다.

모범 답변

Il s'agit d'un reportage sur le système du particulier employeur. Dans la première partie, l'auteur donne la définition du particulier employeur. Puis, il nous présente la situation actuelle en France concernant ce phénomène avec des statistiques. En dernière partie, il nous informe des obligations nécessaires pour employer un salarié à son domicile.

En fait, c'est un métier qui consiste à aider les personnes qui ont des difficultés dans la vie quotidienne selon les situations :

- Entretien de la maison, petits travaux de jardinage et travaux de petit bricolage
- Garde d'enfants à domicile ou accompagnement dans leurs déplacements (y compris pour les enfants de moins de 3 ans et de moins de 18 ans handicapés)
- Soutien scolaire ou cours à domicile
- Soins esthétiques à domicile pour les personnes dépendantes
- Préparation de repas à domicile (y compris temps passé pour les courses)
- Livraison de repas et de courses à domicile et livraison à domicile de linge repassé
- Assistance informatique et administrative à domicile
- Soins et promenades d'animaux de compagnie pour des personnes dépendantes
- Prestation de conduite du véhicule personnel de toute personne qui présente une invalidité temporaire ainsi que des personnes âgées, handicapées
- Accompagnement de toute personne présentant une invalidité temporaire ou d'une personnes âgée, handicapée dans ses déplacements en dehors de son domicile
- Assistance dans des actes quotidiens de la vie ou l'aide à l'insertion sociale aux personnes âgées, handicapées

En fait, il y a des choses importantes qu'on ne peut pas ignorer. D'abord, il faut être prudent quand on choisit quelqu'un comme salarié à son domicile parce qu'il va passer beaucoup de temps avec un membre bien-aimé de votre famille.

Et puis, il faut aussi penser à l'argent. Si vous payez la personne qui travaille chez vous plus que ce que vous gagnez, vous aurez des difficultés financières.

https://www.servicesalapersonne.gouv.fr

해석

이것은 민간 고용주 제도에 대한 기사입니다. 첫 번째 부분에서 글쓴이는 민간 고용주의 정의를 제시합니다. 그리고 통계와 함께 이 현상에 관한 프랑스의 현재 상황을 우리에게 제시합니다. 마지막 부분에서는 우리에게 집에서 근로자를 고용하는 데 필요한 의무 사항들을 알려 주고 있습니다.

사실, 이것은 상황에 따른 일상생활에서의 어려움들을 겪는 사람들을 돕는 직업입니다:
- 집안일, 정원일과 사소한 목공일
- 집에서 아이들을 돌보거나 그들이 이동할 때 동행하는 것(3세 미만의 아이들과 장애가 있는 18세 미만의 아이들 포함)
- 학업 지원 또는 홈스쿨링
- 부양이 필요한 사람들을 위한 집에서의 미용
- 집에서의 식사 준비(장보는 시간 포함)
- 다림질된 세탁물들, 구매한 물건들과 식사를 집으로 배달해 주는 것
- 집에서의 행정 처리 보조 및 컴퓨터 설치 및 교육
- 부양이 필요한 사람들을 위해 반려동물들을 돌보고 산책시키는 것
- 노인, 장애인 및 (질병, 사고 등으로 인해) 일시적으로 직업 활동을 할 수 없는 모든 사람들을 위한 자가용 운전 서비스 제공
- 노인, 장애인 및 (질병, 사고 등으로 인해) 일시적으로 직업 활동을 할 수 없는 모든 사람들이 집 밖으로 이동하는 것에 동행하기
- 노인, 장애인들의 일상생활 지원 및 사회 통합 지원

사실, 우리가 무시할 수 없는 중요한 것들이 있습니다. 먼저, 우리가 집에서 근로할 누군가를 뽑을 때 신중해야 한다는 것입니다. 왜냐하면 그는 사랑하는 당신의 가족 구성원과 많은 시간을 보낼 것이기 때문입니다.

그리고 돈에 대해서도 생각해야 합니다. 만약 당신의 집에서 일하는 사람에게 당신이 버는 것보다 많이 지불한다면, 당신은 재정적 어려움을 겪게 될 것입니다.

질의 및 응답

기사 내용과 관련하여 감독관은 한국의 상황은 어떤지 질문할 수 있는데, 이는 구술 영역 전반에 걸쳐 감독관들이 가장 자주 하는 질문이기도 하다.

E Quelles sont les conditions que le particulier employeur peut demander si l'employé de maison s'occupe de ses enfants ?

가정의 고용인이 자신의 아이를 돌보게 된다면 민간 고용주는 어떤 조건들을 요구할 수 있을까요?

C Je pense qu'il faut faire attention lors de l'embauche de l'employé de maison pour garder ses enfants car rien n'est plus précieux qu'eux. Les conditions souhaitables sont les suivantes :

- Surveiller les enfants et garantir leur sécurité au domicile
- Être attentif au bien-être des enfants et signaler tout comportement anormal
- Assister les enfants dans la réalisation des tâches de la vie quotidienne comme les repas, l'habillage, la toilette mais également l'aide aux devoirs pour les plus grands
- Réaliser des activités ludiques (jeux, peinture, etc.) afin de stimuler l'éveil des enfants

Mais ce qui est le plus important, c'est d'aimer travailler au contact des enfants. Un employé de maison doit adopter une attitude calme mais aussi faire preuve de fermeté lorsque cela est nécessaire. Et puis, il doit également respecter les principes éducatifs instaurés par les parents.

저는 아이들을 돌보기 위해 집에 사람을 고용할 때 주의해야 한다고 생각합니다. 왜냐하면 아무것도 아이들보다 가치 있는 것은 없기 때문입니다. 바람직한 조건들은 다음과 같습니다:
- 아이들을 감시하고 집에서 아이들의 안전을 보장할 것
- 아이들의 행복에 신경을 쓰고 모든 비정상적인 행동을 알릴 것
- 식사, 옷 입기, 화장실과 같이 일상생활의 일들을 할 때 아이들을 도와줄 것, 뿐만 아니라 더 큰 아이들을 위해서 숙제를 도와줄 것
- 아이들의 감각을 자극하기 위해 유희적 활동들(놀이, 그림 등)을 할 것

그렇지만 제일 중요한 것은, 아이들과 접촉하는 일을 좋아해야 한다는 것입니다. 가정의 고용인은 침착한 태도를 가져야 할 뿐만 아니라, 필요할 때 단호함을 보여줘야 합니다. 그리고 또한 부모들이 정해 놓은 교육적 원칙들을 존중해야 합니다.

https://www.pole-emploi.fr

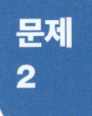

EXERCICE 1 실전 연습

🎧 Track 4-02

Étape 1

지문 내용을 간단히 소개한 후 이에 대한 자신의 의견을 이야기해 보세요.
감독관의 질문에 추가로 답변해 보세요.

Pourquoi gâchons-nous autant de nourriture ?

Chaque Français jette environ 20 kg de nourriture par an, dont 7 kg encore emballés, soit l'équivalent de 400 euros pour une famille de quatre personnes ! Alors que chacun dénonce le gaspillage alimentaire en France, celui-ci ne cesse de s'accroître. À qui la faute ? Comment l'enrayer ?
Quels sont les aliments les plus gaspillés ? Quels sont les aliments qu'on jette trop vite et qui pourraient « tenir » un peu dans nos frigos ? Que peut-on faire à notre niveau au quotidien ?

France Info 02/12/2013

Étape 2

문제 2의 필수 어휘를 익히고, 해석을 참조하세요.

필수 어휘

gâcher 낭비하다 | emballé 포장된 | équivalent (m) 동등한 것 | gaspillage alimentaire (m) 음식물 낭비 | s'accroître 증가하다 | enrayer 막다, 저지하다 | s'interroger 자문하다 | planifier 계획하다 | conserve (f) 통조림 | fraîcheur (f) 신선함, 시원함 | congeler 냉동시키다 | moule (m) 틀 | glaçon (m) 얼음 | apprêter 요리하다, 준비하다 | mûr 익은 | compote (f) 잼, 과일의 설탕 절임 | appétissant 먹음직한 | potage (m) 포타주(고기, 야채 따위를 넣어서 진하게 끓인 수프) | réutiliser 재사용하다 | allonger 늘이다, 연장하다 | arroser 물을 주다 | discrètement 이목을 끌지 않게 | illégal 불법의 | plat d'accompagnement (m) 반찬

문제 해석

왜 이만큼의 음식물들을 낭비하는가?

프랑스인 1명당 1년에 약 20kg의 음식물들을 버리고, 그 중 7kg은 여전히 포장된 상태이다. 이는 4인 가족으로 따지면 400유로에 해당한다! 개인이 프랑스에서의 음식물 낭비를 규탄하고 있을 때, 그것은 계속해서 증가하고 있다. 잘못은 누구에게 있는가? 이를 어떻게 막을 것인가?
가장 많이 낭비되는 음식물은 무엇인가? 너무 빨리 버려지는 음식물들은, 그리고 우리의 냉장고에 잠깐 '놔둘' 수 있는 음식물들은 무엇인가? 우리의 일상적 수준에서 무엇을 할 수 있는가?

Étape 3 모범 답변을 확인하고 실전 훈련하세요.

구술 전개 요령

1. 기사 요약
- ❶ 기사 주제는 음식물 낭비에 대한 것임을 밝힌다.
- ❷ 통계를 제시하며 음식물 낭비의 심각성을 강조한다.
- ❸ 음식물 낭비의 책임 소재, 음식물 낭비의 해결 방안에 대해 질문하며 글을 맺는다.

2. 의견 표명
- ❶ 음식물 낭비 문제의 심각성에 대해 이야기한다. 통계 자료나 근거를 제시하면 설득력이 높아지므로 이를 적극적으로 활용하는 것이 좋다.
- ❷ 음식물 낭비 문제를 해결하기 위한 방안을 구체적으로 제시한다. 첫째, 장을 보기 전에 사야 할 음식 목록을 작성하여 불필요한 음식을 사지 않는다. 둘째, 냉장고에 음식을 정리할 때 덜 신선한 식품을 앞쪽에 배치하는 식으로 보관 기간을 고려하면서 정리한다. 이때 음식에 따라 소비할 수 있는 기간이 다름을 인식한다. 즉, 유통 기한이 반드시 그 날까지 음식을 먹어야 한다는 것을 의미하는 것은 아니기 때문에 식품에 따라 융통성 있게 음식을 소비해야 한다. 셋째, 음식을 냉동하는 것도 오래 보관할 수 있는 좋은 방법이 될 수 있다. 넷째, 음식을 오래 보관할 수 있는 방법을 활용하거나 개발해야 한다. 마지막으로 음식물 낭비가 심각하다는 것을 강조하며 마무리한다.

모범 답변

Le sujet de cet article est le problème du gaspillage de nourriture. L'auteur nous montre d'abord la gravité de ce problème avec des statistiques. Ensuite, il conclut en posant des questions concernant le gaspillage de nourriture, c'est-à-dire, en s'interrogeant sur la responsabilité du gaspillage des aliments en question.

Aujourd'hui, le gaspillage de nourriture est devenu l'un des graves problèmes qui entraînent la pollution de l'environnement dans le monde entier.

Je pense qu'il y a des moyens efficaces pour résoudre ce problème. Tout d'abord, on peut planifier nos repas. Par exemple, on prépare des menus pour la semaine selon les aliments que nous avons dans le frigo. Et puis, il faut faire une liste avant de faire les courses, sinon nous risquons d'acheter des aliments superflus. Surtout, il faut acheter la bonne quantité pour faire la cuisine.

Deuxièmement, il est nécessaire de ranger les aliments en considérant leur durée de conservation. Plus précisément, nous devons placer les aliments moins frais à l'avant pour les consommer rapidement. Il arrive souvent qu'on jette des aliments, car ils sont restés trop longtemps dans un coin du frigo. Pour cela, nous avons besoin d'écrire la date d'ouverture sur nos conserves.

En ce qui concerne la date limite de consommation des aliments, il faut bien la comprendre. Malgré la date « à consommer de préférence avant » indiquée sur les aliments, certains peuvent être consommés sans risque, tandis que les autres sont plus dangereux. Même si les aliments ne sont pas de la première fraîcheur, cela ne signifie pas qu'on ne doit pas les manger.

Troisièmement, congeler des restes peut être un bon moyen pour garder plus longtemps des aliments. Si nous avons des restes de pesto, de sauce tomate ou de yaourt, nous pouvons les congeler dans nos moules à glaçons. De nombreux aliments peuvent être congelés pour être utilisés plus tard. Par exemple, le café et le vin se congèlent très bien et on peut utiliser le vin pour faire nos sauces.

Et puis, si on peut mieux apprêter, on a plus de chance de ne pas jeter d'aliments. Plus précisément, quand nos fruits sont trop mûrs, nous pouvons faire un smoothie, une tarte ou une compote. Ou bien, si nos vieux légumes semblent moins appétissants, un potage est une solution sensée. Nous pouvons trouver beaucoup de conseils pour savoir comment sauver nos aliments sur Internet. Beaucoup de spécialistes nous conseillent de réutiliser les aliments. Par exemple, nous pouvons réutiliser de l'eau de cuisson dans nos bases de soupe ou pour allonger nos sauces. Nous pouvons aussi l'utiliser pour arroser nos plantes.

Je pense que jeter des aliments à la poubelle est un vrai crime parce que beaucoup de gens meurent de faim dans certains pays comme en Afrique. On peut souvent voir des gens qui jettent discrètement des aliments dans des endroits illégaux. Ce sont des gens qui n'ont pas de conscience ou morale et il faut bien les surveiller.

해석

이 기사의 주제는 음식물 낭비 문제입니다. 글쓴이는 먼저 우리에게 통계와 함께 이 문제의 심각성을 보여줍니다. 그러고 나서 그는 음식물 낭비와 관련된 의문들을 제기하며, 다시 말해 문제의 음식물 낭비의 책임에 대해 자문하며 결론을 냅니다.

오늘날, 음식물 낭비는 전 세계적으로 환경 오염을 초래하는 심각한 문제들 중 하나가 되었습니다.

저는 이 문제를 해결하기 위한 효과적인 방법이 있다고 생각합니다. 가장 먼저, 우리는 식사를 계획할 수 있습니다. 예를 들어 우리가 냉장고에 가지고 있는 음식들에 따라 일주일의 메뉴를 짜는 것입니다. 그리고 장을 보기 전에 목록을 작성해야 하는데, 그렇지 않으면 우리는 필요 이상의 음식물들을 사게 될 위험이 있습니다. 무엇보다도 요리를 하기 위한 정량을 사야 합니다.

두 번째로, 그것들의 보관 기간을 고려하여 식품들을 정리하는 것이 필요합니다. 더 구체적으로, 우리는 빨리 소비하기 위해 덜 신선한 식품들을 앞에 두어야 합니다. 냉장고 한 구석에 너무 오랫동안 있었기 때문에 음식물들을 버리게 되는 일이 자주 발생합니다. 이를 위해 우리는 통조림 위에 개봉 날짜를 적어 둘 필요가 있습니다. 음식물의 소비 제한 날짜와 관련해서, 이를 잘 이해해야 합니다. '되도록이면 전에 소비하는 것이 좋다'고 음식물에 날짜가 표시되어 있음에도 불구하고, 어떤 것들은 위험 없이 소비될 수 있는 반면, 다른 것들은 더 위험합니다. 식품들이 신선도가 떨어진다고 하더라도, 그것이 그 식품들을 먹지 말아야 한다는 것을 의미하지는 않습니다.

세 번째로, 남은 음식물들을 냉동하는 것도 음식물을 더 오래 보관하는 좋은 방법이 될 수 있습니다. 만약 페스토, 토마토 소스, 혹은 요거트가 남았다면 우리는 얼음 틀에다 그것들을 얼릴 수 있습니다. 많은 식품들이 나중에 쓰일 수 있도록 냉동될 수 있습니다. 예를 들어, 커피와 와인은 아주 잘 얼고, 우리는 소스를 만드는 데 와인을 이용할 수 있습니다.

그리고 만약 더 잘 요리할 수 있다면, 우리가 음식물을 버리지 않을 수 있는 가능성이 더 높아집니다. 더 구체적으로, 과일들이 너무 많이 익었을 때, 우리는 스무디, 타르트, 혹은 잼을 만들 수 있습니다. 혹은, 오래된 야채들이 덜 먹음직스러워 보인다면, 포타주는 적합한 해결책입니다. 우리는 인터넷에서 식품을 어떻게 구할지 알기 위해 많은 조언들을 발견할 수 있습니다. 많은 전문가들이 우리에게 음식물들을 재사용하라고 조언합니다. 예를 들어, 우리는 수프 베이스에, 혹은 소스를 묽게 만들 때 끓인 물을 재사용할 수 있습니다. 또한 식물들에게 물을 줄 때 이를 사용할 수도 있습니다.

저는 쓰레기통에 음식물을 버리는 것이 정말로 범죄라고 생각하는데, 왜냐하면 아프리카에서와 같이 어떤 나라들에서는 많은 사람들이 굶어 죽어 가고 있기 때문입니다. 우리는 불법적인 장소에 몰래 음식물을 버리는 사람들을 흔히 볼 수 있습니다. 이들은 양심이나 도덕심이 없는 사람들이며, 이들을 잘 감시해야 합니다.

질의 및 응답

감독관은 음식물 낭비와 관련하여 한국에서의 상황은 어떠한지 물어볼 확률이 높다. 응시자는 음식물을 낭비하는 경우가 많다는 것이 사실이라는 점을 밝힌 뒤, 식당에서 음식물 낭비를 줄일 수 있는 방안을 제안한다.

E Quelle est la situation en Corée par rapport à ce sujet ?
이 주제에 대한 한국의 상황은 어떠한가요?

C La plupart des Coréens essaient de réduire le gaspillage de nourriture, mais il faut dire que ce n'est pas encore satisfaisant. Je pense que ce problème concerne surtout leurs habitudes alimentaires. Quand ils prennent leur repas, ils mettent tous les plats d'accompagnement en même temps sur la table. Quelquefois, on ne touche même pas à certains plats ou bien on ne mange qu'une petite quantité de nourriture. Alors, je pense qu'il faudrait changer d'habitudes alimentaires pour réduire le gaspillage de nourriture.

Ce qui est le plus important, c'est de préparer la bonne quantité de nourritures. Et on ne peut pas ignorer non plus le gaspillage de nourriture dans les restaurants populaires. Beaucoup de restaurants demandent maintenant aux clients de se servir eux-mêmes la quantité qui leur convient pour les plats d'accompagnement et je pense que c'est un bon moyen de réduire le gaspillage alimentaire.

대부분의 한국인들은 음식물 낭비를 줄이기 위해 노력하지만, 그것만으로는 아직 만족스럽지 않다는 것을 말해야 합니다. 저는 이러한 문제가 무엇보다도 그들의 식습관과 관련이 있다고 생각합니다. 식사를 할 때, 그들은 모든 반찬들을 한꺼번에 테이블에 둡니다. 때때로, 우리는 어떤 반찬들에는 손도 대지 않거나 혹은 적은 양만 먹습니다. 그래서 저는 음식물 낭비를 줄이기 위해서는 식습관을 바꿔야 한다고 생각합니다.

가장 중요한 것은, 적당한 양의 음식을 준비하는 것입니다. 그리고 우리는 더 이상 대중 식당에서의 음식물 낭비를 모른 척할 수 없습니다. 많은 식당들이 이제 손님들에게 그들에게 적당한 양만큼의 반찬을 스스로 가져오도록 요구하고, 저는 이것이 음식물 낭비를 줄일 수 있는 좋은 방법이라고 생각합니다.

EXERCICE 1 실전 연습

🎧 Track 4-03

 지문 내용을 간단히 소개한 후 이에 대한 자신의 의견을 이야기해 보세요.
감독관의 질문에 추가로 답변해 보세요.

Pollution de l'air : quelle politique adopter ?

Le nouveau bonus écologique vient d'arriver. Il est beaucoup plus sévère. Mais résout-il réellement les problèmes de pollution, même s'il a été fortement durci ? Se pose la question des mesures qui tentent de limiter la pollution; et de la cohérence de ces mesures. Faudrait-il revoir complètement le système ? Pas facile ! Si l'on avait voulu mettre en place un système qui tienne compte du climat et des impératifs de santé, il aurait été très compliqué et peu efficace. Ne croyez pas que « rouler à l'essence » est complètement neutre, pour notre santé – alors que le gazole nous tuerait !
C'est faux ! Et puis, l'automobile n'est pas responsable de toute la pollution atmosphérique. Le reste provient des industries, du chauffage – en fait : de toute notre vie moderne !

France Info 08/11/2013

 문제 3의 필수 어휘를 익히고, 해석을 참조하세요.

sévère 엄격한 | durcir 강화되다 | cohérence (f) 일관성, 합리성 | mettre en place 전개, 시행하다 | tenir compte de 고려하다 | impératif (m) 절대적인 필요성 | rouler (차가) 달리다 | gazole (m) 경유 | interprétation (f) 설명, 해설 | nocivité (f) 해로움, 유해성 | innocuité (f) 무해성 | prétendu 부당하게 ~라고 생각되는 | décès (m) 사망 | prématuré 너무 이른 | réviser 점검하다 | gaz d'échappement (m) 배기가스 | covoiturage (m) 카풀 | carburant (m) 발동기용 연료 | incinération (f) 소각 | poussière (f) 먼지, 가루 | rigoureusement 엄격하게, 정확하게

문제 해석

대기오염: 어떤 정책을 채택해야 하는가?

새로운 환경 인센티브가 만들어졌다. 훨씬 더 엄격하다. 하지만 그것이 매우 강화되었다고 하더라도, 실제로 오염 문제를 해결할 수 있을 것인가? 오염을 제한하려고 시도하는 조치들에 대해, 그리고 이러한 조치들의 일관성에 대해 의문이 제기된다. 시스템을 완전히 재검토해야 할까? 쉽지 않다! 만약 기후와 건강의 절대적 필요성을 고려한 시스템을 시행하고 싶었다면, 그것은 매우 복잡하고 효과는 거의 없었을 것이다. 경유는 우리를 죽일 테지만 '휘발유로 자동차를 움직이는 것'은 우리의 건강에 완전히 중립적일 거라고 믿지 말라.
이것은 틀렸다! 그리고 자동차가 모든 대기오염의 원인이 되는 것은 아니다. 나머지는 산업과 난방에서, 사실 우리의 모든 현대적 생활에서 비롯된다!

Étape 3

모범 답변을 확인하고 실전 훈련하세요.

구술 전개 요령

1. 기사 요약
❶ 대기오염에 관한 기사임을 밝힌다.
❷ 대기오염에 대한 조치의 효과에 대해 문제를 제기하고 있음을 언급한다.
❸ 대기오염을 해결하기 위한 조치 적용의 어려움과 경유 및 휘발유에 대한 오해를 언급한다.
❹ 자동차 외에 대기오염을 유발하는 다른 요인들이 있다는 것을 강조한다.

2. 의견 표명
❶ 환경 오염 실태를 언급한다. 산업이 발전하면서 환경 오염이 전 세계적으로 심각한 문제가 되었고, 많은 나라들이 환경 파괴를 막기 위해 최선을 다하고 있다는 점을 기술한다.
❷ 환경 오염의 심각성과 관련한 구체적인 예를 든다. 예를 들어 대기오염으로 인한 사망자 수가 늘고 있는데, 이는 사람들의 조기 사망 원인 중 4번째가 될 정도로 심각한 상황이라는 것을 밝힌다.
❸ 대기오염의 주요 원인을 설명한다. 산업과 교통의 발달, 난방과 전기 사용 등을 예로 든다.
❹ 특히 자동차에 의한 오염을 줄이기 위한 방안을 제시한다. 첫째, 자동차 관리와 관련하여 정비 강화를 통해 비용을 절감하고 대기오염 물질의 배출을 줄일 수 있다는 점을 강조한다. 둘째, 자동차 운행 횟수를 최소한으로 줄이기 위해 재택근무와 카풀을 권유한다. 셋째, 짧은 시간 동안 정차하는 경우 시동을 끄고 공회전을 줄여 배기가스 배출을 줄인다. 넷째, 재활용 제품의 사용을 권장해 에너지를 절약하고 쓰레기를 줄인다. 그리고 마지막으로 대기오염이 우리의 생명과 직결되는 매우 중요한 문제라는 것을 우려하며 끝맺는다.

Le sujet de cet article est le problème de la pollution de l'air. Dans la première partie, l'auteur pose des questions sur l'efficacité d'une mesure contre la pollution de l'air. Ensuite, il précise les difficultés pour appliquer ce système et certaines mauvaises interprétations, c'est-à-dire, le malentendu sur la nocivité du gazole et l'innocuité prétendue de l'essence. Dans la dernière partie, il met l'accent sur le fait qu'il existe d'autres causes importantes provoquant la pollution de l'air. En fait, on ne saurait trop souligner l'importance de la protection de l'environnement.

Depuis le développement de l'industrie, la pollution de l'environnement est devenue un problème considérable dans le monde entier et beaucoup de pays font de leur mieux pour empêcher la destruction de l'environnement.

Selon les experts, beaucoup de personnes sont mortes à cause de la pollution atmosphérique, qui est devenu le quatrième facteur de décès prématuré sur Terre. Cela signifie qu'on ne peut pas ignorer le danger de la pollution de l'air. Ce n'est pas la peine de poser la question de qui est responsable de cette catastrophe.

Évidemment, la cause est l'homme et son activité, par les industries, le trafic routier, le chauffage individuel et les centrales électriques. On peut facilement observer que la pollution dans les villes provoque souvent un brouillard de polluants qu'on appelle smog. Surtout, on a besoin de prendre des mesures efficaces pour réduire la pollution provoquée par les voitures ou le chauffage parce qu'on peut le faire individuellement.

Nous pouvons imaginer plusieurs mesures pour empêcher la pollution de l'air causée par les véhicules. Premièrement, il faut prendre soin de notre voiture. Quand une voiture n'est pas en bon état, elle pollue beaucoup plus qu'une voiture bien réglée. Donc, si on fait réviser notre véhicule, on économise non seulement de l'argent mais on diminue aussi le gaz d'échappement polluant.

Deuxièmement, on peut essayer de minimiser l'utilisation de la voiture. Par exemple, en allant faire des courses avec notre voisin. Dans ce sens, le télétravail peut être un bon moyen, car on n'a pas besoin de prendre la voiture pour aller au travail si on travaille à la maison. En plus de cela, on peut penser au covoiturage. Quand nous prenons notre voiture, nous pouvons offrir les places disponibles à ceux qui font le même trajet que nous. Dans ce cas-là, nous pouvons faire des économies en partageant les frais de carburant. Par ailleurs, nous contribuons à la réduction du nombre de voitures en circulation.

Troisièmement, nous devons apprendre à utiliser efficacement la voiture. Il y a des cas où on arrête la voiture pendant une minute (livraisons, courses, tourisme, conversation téléphonique…). Dans ces cas-là, il faut couper le contact et nous pouvons ainsi réduire le bruit et la pollution.

Enfin, il vaut mieux utiliser des produits recyclables, car ils permettent d'économiser de l'énergie et de réduire la quantité de déchets destinés à l'incinération, source de pollution atmosphérique.

À mon avis, on ne saurait trop souligner le danger de la pollution de l'air, car c'est notre vie qui est en jeu.

해석

이 기사의 주제는 대기오염 문제입니다. 첫 번째 부분에서 글쓴이는 대기오염을 막으려는 조치의 효율성에 대해 의문을 제기합니다. 그러고 나서 그는 이 시스템을 적용하는 것에 있어서의 어려움들과, 몇몇 잘못된 해석들, 다시 말해 경유의 유해성에 대한 오해와 잘못 알려진 휘발유의 무해성에 대한 오해를 구체화합니다. 마지막 부분에서 그는 대기오염을 유발하는 다른 중요한 원인들이 존재한다는 사실을 강조합니다. 사실, 우리는 환경 보호의 중요성을 아무리 강조해도 지나치지 않습니다.

산업의 발달 이후, 환경 오염은 전 세계적으로 중대한 문제가 되었고, 많은 나라들이 환경 파괴를 막기 위해 최선을 다하고 있습니다.

전문가들에 따르면, 많은 사람들이 대기오염으로 인해 사망했으며, 이것은 조기 사망의 4번째 요소가 되었습니다. 이것은 우리가 대기오염의 위험성을 무시할 수 없다는 것을 의미합니다. 이 재앙의 책임이 누구에게 있는지 질문할 필요도 없습니다.

명백하게, 원인은 인간과 산업, 도로 교통, 개별 난방, 전기 발전소들을 통한 그의 활동입니다. 우리는 도시에서의 오염이 자주 우리가 스모그라고 부르는 오염 물질의 안개를 유발하는 것을 쉽게 관찰할 수 있습니다. 무엇보다도, 자동차나 난방에 의해 유발되는 오염을 줄이기 위해 효과적인 조치를 취할 필요가 있습니다. 그것은 우리가 개인적으로 할 수 있기 때문입니다.

우리는 자동차에 의해 유발되는 대기오염을 막기 위해 몇몇 조치를 고안할 수 있습니다. 첫 번째로, 우리의 자동차를 관리해야 합니다. 자동차가 좋은 상태가 아닐 때, 그것은 잘 관리된 자동차보다 훨씬 많이 (환경을) 오염시킵니다. 따라서 우리의 자동차를 점검하면 우리는 돈을 절약할 수 있을 뿐만 아니라 (대기를) 오염시키는 배기가스(의 배출)도 줄일 수 있습니다.

두 번째로, 우리는 자동차 이용을 최소화하기 위해 노력할 수 있습니다. 예를 들어, 우리의 이웃과 함께 장을 보러 가면서 말이죠. 이런 의미에서 재택 근무는 좋은 수단이 될 수 있는데, 왜냐하면 우리가 집에서 일한다면 출근하기 위해 자동차를 타지 않아도 되기 때문입니다. 이에 더해, 우리는 카풀에 대해서도 생각할 수 있습니다. 우리가 자가용을 탈 때, 우리와 가는 길이 같은 사람들에게 여유분의 자리들을 제공할 수 있습니다. 이 경우에, 우리는 연료비를 나누면서 절약할 수 있습니다. 게다가 우리는 운행 중인 자동차의 수를 줄이는 데에도 기여합니다.

세 번째로, 우리는 자동차를 효율적으로 사용하는 법을 배워야 합니다. 잠깐 자동차를 멈추는 경우가 있습니다 (배달, 장보기, 관광, 전화 통화 등). 이런 경우에는 시동을 꺼야 하고, 이렇게 우리는 소음과 오염을 줄일 수 있습니다.

마지막으로 재활용이 가능한 제품들을 사용하는 편이 나은데, 왜냐하면 그것들이 에너지를 절약하게 해 주고, 대기오염의 원인인 소각할 쓰레기들의 양을 줄여 주기 때문입니다.

제 생각에 대기오염의 위험은 우리의 생명이 달렸기 때문에 아무리 강조해도 지나치지 않습니다.

질의 및 응답	환경 오염의 심각성과 관련하여 한국의 상황은 어떠한지 물어보는 동시에 해결 방안에 대해 질문할 수 있다. 응시자는 한국 역시 산업 국가로 환경 오염이 심각하며 특히 대기오염을 최소한으로 줄이기 위해 대중교통의 적극적인 활용이 중요하다고 답변한다.

E Est-ce que vous pensez que la pollution de l'air est grave chez vous ?
당신의 나라에서 대기오염이 심각하다고 생각하나요?

C Bien sûr que oui. Beaucoup de gens mettent des masques pour se protéger de la poussière dans l'air. Cela prouve que les gens prennent le problème de la pollution de l'air très au sérieux. Surtout, il est très difficile de respirer en été à cause de l'air conditionné des immeubles ou des voitures. Le gouvernement lance des campagnes pour prévenir les gens de la gravité de la pollution de l'air, mais j'ai l'impression que cela n'est pas très efficace.
물론 그렇습니다. 많은 사람들이 공기 중의 먼지로부터 스스로를 보호하기 위해 마스크를 씁니다. 이는 사람들이 대기오염의 문제를 매우 심각하게 여기고 있다는 것을 증명합니다. 특히 건물이나 자동차의 에어컨 때문에 여름에는 숨을 쉬기가 매우 힘듭니다. 정부는 사람들에게 대기오염의 심각성을 경고하기 위해 캠페인을 시작했지만, 그렇게 효과적인 것 같지 않습니다.

E À votre avis, qu'est-ce qu'on doit faire pour réduire la pollution de l'air ?
당신이 생각하기에 대기오염을 줄이기 위해 무엇을 해야 합니까?

C Tout d'abord, il faut utiliser les transports en commun autant que possible. C'est un moyen efficace de réduire la pollution provoquée par les véhicules. Et il faut appliquer la loi rigoureusement contre la pollution par les gaz d'échappement. En ce qui concerne le problème de la pollution causée par les industries, le gouvernement et les associations de défense de l'environnement doivent surveiller sans cesse quelles entreprises fabriquent du matériel causant de la pollution atmosphérique.
무엇보다도, 가능한 한 대중 교통을 이용해야 합니다. 이는 자동차에 의해 유발되는 오염을 줄이는 효과적인 방법입니다. 그리고 배기가스에 의한 오염에 대해 법을 엄격하게 적용해야 합니다. 기업들에 의해 유발되는 오염 문제에 관련해서는, 정부나 환경 보호 단체들이 어떤 기업들이 대기오염 유발 물질을 만들어 내는지 끊임없이 감시해야 합니다.

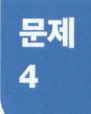

EXERCICE 1 실전 연습

Track 4-04

Étape 1 지문 내용을 간단히 소개한 후 이에 대한 자신의 의견을 이야기해 보세요.
감독관의 질문에 추가로 답변해 보세요.

La contrefaçon des médicaments

Que risque-t-on avec les médicaments contrefaits ? Quels sont les médicaments les plus touchés ? Peut-on trouver des médicaments contrefaits en pharmacie ? Sur Internet, comment faire le tri entre les « bons » médicaments et les contrefaçons ?
C'est un véritable fléau de santé publique et il a trouvé un nouveau relais sans frontière sur Internet. Les médicaments contrefaits peuvent entraîner des graves conséquences pour les malades ou les femmes enceintes.

France Info 13/11/2013

Étape 2 문제 4의 필수 어휘를 익히고, 해석을 참조하세요.

필수 어휘

contrefaçon (f) 모조(품) | contrefait 위조된 | tri (m) 선별 | fléau (m) 재앙, 참화 | relais (m) 중계, 릴레이 | enceinte 임신한 | se diviser 나뉘다 | diffusion (f) 확산 | falsifié 위조된 | antimicrobien (m) 항생제 | principe actif (m) 유효 성분 | fraction (f) 부분, 일부 | agent pathogène (m) 병원체 | péril (m) 위험 | écarter 떼어 놓다, 배제하다 | irréversible 돌이킬 수 없는 | déclencher 일으키다 | nuisible 해로운 | vicieux 악질적인 | déficit (m) 적자 | se tromper 속다 | discussion (f) 논쟁, 의논 | embarrassant 난처한, 어려운 | intervenir 개입하다 | infliger (벌, 형을) 적용하다

문제 해석

모조 의약품들

모조 의약품들은 어떤 위험성이 있는가? 가장 영향을 받는 의약품들은 무엇인가? 약국에서 모조 의약품들을 구분할 수 있는가? 인터넷에서, '좋은' 의약품들과 모조품들을 어떻게 가려내야 하는가?
이것은 공중 보건의 진정한 재앙이며, 인터넷이 국경 없는 새로운 중계소가 되었다. 모조 의약품들은 환자들과 임산부들에게 심각한 결과를 초래할 수 있다.

Étape 3 모범 답변을 확인하고 실전 훈련하세요.

구술 전개 요령

1. 기사 요약
- ❶ 기사가 모조 의약품의 위험에 대한 것임을 밝힌다.
- ❷ 모조 의약품의 위험, 어떤 의약품들이 영향을 받는지, 약국에서의 모조 의약품 구매 가능성에 의문을 제기한다.
- ❸ 모조 의약품이 인터넷에서 횡행하고 있으며 심각한 결과를 초래할 수 있음을 경고한다.

2. 의견 표명
- ❶ 모조 의약품이 계속해서 증가하고 있으며, 이러한 확산에는 인터넷이 큰 영향을 주었음을 밝힌다.
- ❷ 모조 의약품의 문제점에 대해 구체적으로 언급한다. 항생제에 대한 내성, 합병증, 부작용 등으로 건강을 해칠 수 있으며 의약 개발과 관련한 직업군이 사라질 위험에 처할 수 있다는 것이다.
- ❸ 모조 의약품을 선별하는 방안을 제시한다. 첫째, 약사에게 상담해야 한다. 둘째, 인터넷에서 의약품을 구매하기 전 스스로 자문해 보고 심사숙고한다. 약에 대해 의심이 드는 경우에는 약사에게 문의하여 정확하고 개별적인 조언을 얻는다.

모범 답변

Cet article parle du danger des médicaments contrefaits. Il se divise en deux parties. D'une part, il commence par des questions essentielles concernant ce problème :
- le risque des médicaments contrefaits
- quels médicaments sont influencés
- la possibilité d'achat de médicaments contrefaits en pharmacie
- comment distinguer efficacement les bons médicaments des contrefaçons

D'autre part, il explique la situation actuelle de la contrefaçon des médicaments sur Internet et le danger potentiel des médicaments contrefaits.

Le problème le plus grave, c'est que le nombre de médicaments contrefaits augmente de plus en plus chaque année, non seulement en Europe mais aussi dans le monde entier. À mon avis, c'est la diffusion d'Internet qui provoque l'expansion de ce phénomène. En effet, je pense que l'achat de médicaments en ligne est le plus touché par la contrefaçon.

Non seulement les médicaments de qualité inférieure ou falsifiés ont un impact tragique pour les malades et leur famille, mais ils représentent aussi une menace en termes de résistance aux antimicrobiens. Une résistance peut apparaître lorsque la concentration en principe actif est assez élevée pour détruire une fraction des agents pathogènes sensibles mais tout en étant insuffisante pour détruire ces derniers.

Et dans tous les cas, ces médicaments peuvent provoquer chez le patient des complications, des effets indésirables et parfois même la mort. Ils mettent en péril la vie du patient en l'écartant d'un soin thérapeutique approprié et en aggravant son état de santé.

L'absence ou le faible dosage du principe actif entraîne des dégâts sanitaires importants parfois même irréversibles. Surtout, dans le second cas, l'organisme pourrait déclencher une pharmaco-résistance rendant la personne encore plus vulnérable face à la maladie.

Dans tous les cas, il y a un danger de mort.

Malheureusement, cette contrefaçon de produits médicaux est nuisible non seulement à la santé mais aussi à l'emploi. Précisément, la contrefaçon de produits médicaux aurait d'autres effets plus vicieux puisque l'énorme déficit qu'elle crée auprès des laboratoires pharmaceutiques causerait la disparition de plusieurs milliers d'emplois par an.

Alors, comment faire pour acheter des médicaments sans se tromper et acheter une contrefaçon ? Tout d'abord, il faut consulter le pharmacien, car rien ne remplace un conseil personnalisé de votre pharmacien. Et puis, il faut réfléchir avant de vous lancer dans ce type d'achats en donnant la priorité à la santé. On sait bien que l'achat des médicaments sur Internet est moins coûteux. Pourtant, il y a lieu de bien réfléchir pour éviter d'avoir de mauvaises surprises mais également de mettre en danger votre santé et celle de vos proches. En effet, on estime que plus de la moitié des médicaments achetés sur Internet sont des médicaments contrefaits.

Certaines personnes préfèrent acheter des médicaments sur Internet pour des raisons personnelles. Par exemple, si la pharmacie est trop loin de chez eux ou que le pharmacien n'est pas poli, etc. Il arrive également de devoir avoir une discussion embarrassante dans une pharmacie. Pourtant, il faut bien saisir notre droit. Nous sommes clients et nous avons le droit d'acheter les médicaments nécessaires.

En ce qui concerne l'achat des médicaments sur Internet, nous devons être prudents. D'abord, il faut réfléchir avant d'acheter : est-ce que j'ai vraiment besoin de ce médicament ou pas ? Ensuite, il est nécessaire de poser les bonnes questions et de toujours vérifier la source de l'offre que l'on nous fait sur Internet.

En cas de doute, il ne faut pas payer et il vaut mieux consulter le pharmacien, car il est une personne de confiance dans ce domaine. Nous pouvons toujours avoir avec lui une conversation privée et il suffit de lui demander ! Il pourra aussi nous donner des conseils personnalisés et nous mettre en garde contre d'éventuelles interactions avec nos médicaments habituels.

Unifab.com
Le Figaro 23/04/2019
Passeport santé

해석

이 기사는 모조 의약품들의 위험에 대해 말하고 있습니다. 이 기사는 두 부분으로 나뉩니다. 한편으로는 이 문제와 관련된 근본적인 의문들로 시작합니다: 모조 의약품들의 위험성, 어떤 의약품들이 영향을 받는가, 약국에서 모조 의약품 구매의 가능성, 좋은 의약품들과 모조품들을 어떻게 효과적으로 구별하는가.

다른 한편으로 그것은 인터넷에서의 모조 의약품들의 현황과 모조 의약품들의 잠재적인 위험에 대해 설명합니다.

가장 심각한 문제는 모조 의약품의 수가 유럽에서뿐만 아니라 전 세계적으로도 매년 점점 더 증가하고 있다는 것입니다. 제 생각에는, 이러한 현상이 확산되도록 하는 것은 인터넷의 보급입니다. 사실 저는 온라인에서의 의약품 구매가 모조품에 가장 영향을 많이 받는다고 생각합니다.

품질이 떨어지는 의약품 또는 모조 의약품들은 환자들과 그들의 가족들에게 비극적인 결과를 가져올 뿐만 아니라, 항생제에 대한 내성 측면에서도 위협이 됩니다. 유효 성분의 농도가 약한 병원체들의 일부를 파괴할 만큼 충분히 높아야 하는데, 이것들을 파괴하기에 충분하지 않을 때 내성이 나타날 수 있습니다.

그리고 모든 경우에서 이러한 의약품들은 환자에게 합병증, 부작용을 일으킬 수 있고, 심지어 때로는 사망에 이르게 할 수도 있습니다. 그것들은 적절한 치료를 배제시키고 건강 상태를 악화시키면서 환자의 생명을 위험에 빠뜨립니다.

유효 성분이 없거나 적은 양만 있다면 건강에 심각한 피해를 초래할 수 있으며, 심지어 때로는 되돌릴 수조차 없습니다. 특히 두 번째 경우(유효 성분이 적은 양만 있는 경우)에 신체 조직은 약에 대한 내성을 유발하여 그 사람을 질병에 더욱 취약하게 만들 수 있습니다. 어쨌든 사망의 위험이 있는 것이죠.

불행히도 이러한 모조 의약품들은 건강에뿐만 아니라 일자리에도 해롭습니다. 구체적으로, 모조 의약품들은 다른 악영향을 끼칠 수 있는데, 왜냐하면 그것이 제약 연구실들에 초래하는 거대한 적자가 일 년에 수천 개의 일자리들을 사라지게 하기 때문입니다.

그렇다면, 속아서 모조품을 사지 않고 의약품을 구매하기 위해서는 어떻게 해야 할까요? 무엇보다도 약사에게 상담을 해야 합니다. 왜냐하면 아무것도 당신의 약사의 개별화된 조언을 대체할 수 없기 때문입니다. 그리고 이런 종류의 구매를 하기 전에 건강을 우선시하면서 심사숙고해야 합니다. 우리는 인터넷에서의 의약품 구매가 덜 비싸다는 것을 잘 알고 있습니다. 하지만 뜻밖의 난관을 피하기 위해, 뿐만 아니라 당신과 당신의 가까운 사람들의 건강을 위험에 빠뜨리지 않기 위해 심사숙고해야 하는 것은 당연합니다. 사실 우리는 인터넷에서 구입되는 의약품들의 절반 이상이 모조 의약품이라고 평가합니다.

몇몇 사람들은 개인적인 이유들로 인터넷에서 의약품을 구매하는 것을 선호합니다. 예를 들어, 그들의 집에서 약국이 너무 멀거나 약사가 무례할 경우 등등에 말입니다. 약국에서 곤란한 논쟁을 해야 할 때도 있습니다. 그러나 우리의 권리를 잘 알고 있어야 합니다. 우리는 고객이고, 필요한 의약품을 살 권리가 있습니다.

인터넷에서의 의약품 구매와 관련해서, 우리는 신중해야 합니다. 먼저 사기 전에 심사숙고해야 합니다: 내가 정말로 이 약이 필요한지, 아닌지. 그리고 적절한 질문을 하는 것과 항상 인터넷에서 우리에게 제공하는 것들의 출처를 확인하는 것이 필요합니다.

의심스러울 경우 돈을 지불하지 않아야 하고 약사와 상담하는 것이 낫습니다. 그가 이 분야에서 신용할 수 있는 사람이기 때문입니다. 우리는 항상 그와 개인적인 대화를 할 수 있으며, 그에게 물어보는 것으로 충분합니다! 그는 우리에게 개별적인 충고를 해 줄 수 있고, 우리가 평소에 복용하는 의약품들과의 가능한 상호작용에 대해 경고해 줄 수 있습니다.

DELF B2 · 구술

> 질의 및 응답

감독관은 모조 의약품과 관련하여 한국의 상황이 어떠한지 묻고 이를 해결하기 위한 방안에 대해 질문할 것이다. 응시자는 우리나라의 상황이 심각하다는 점을 구체적인 예를 들어 설명한다. 그리고 해결 방안에 대해 말할 때에는 정부의 적극적인 개입이 필요하다는 식으로 답변하는 것이 좋다.

E Est-ce qu'il existe beaucoup de médicaments contrefaits chez vous ?
당신의 나라에 많은 모조 의약품들이 있나요?

C Malheureusement oui. Il est vrai que beaucoup de gens s'intéressent à leur santé dans la société moderne. En particulier, les personnes plus âgées n'hésitent pas à acheter des médicaments pour rester en bonne santé, même si ça coûte cher. En Corée, il arrive souvent que certaines personnes vendent des médicaments contrefaits aux personnes plus âgées qui habitent à la campagne.
불행하게도 그렇습니다. 많은 사람들이 현대 사회에서 자신의 건강에 관심을 가지고 있는 것이 사실입니다. 특히 나이 든 사람들은 비용이 비싸더라도 좋은 건강 상태를 유지하기 위해 의약품 사는 것을 주저하지 않습니다. 한국에서는 어떤 사람들이 시골에 사는 노인들에게 모조 의약품들을 파는 일이 종종 일어납니다.

E Comment peut-on faire pour résoudre le problème de ces médicaments contrefaits ?
이러한 모조 의약품 문제를 해결하기 위해서 어떻게 할 수 있을까요?

C À vrai dire, il est très difficile de prendre des mesures efficaces pour empêcher la vente des médicaments contrefaits parce qu'on ne peut pas surveiller tous les gens qui les fabriquent. C'est la raison pour laquelle le gouvernement doit intervenir avec la force publique. Il faut infliger une peine très lourde aux gens qui fabriquent ou vendent ces médicaments contrefaits.
사실대로 말하면, 모조 의약품의 판매를 막기 위해서 효과적인 조치를 취하는 것은 매우 어려운데, 왜냐하면 그것을 만드는 모든 사람들을 감시할 수 없기 때문입니다. 바로 이것이 정부가 공권력을 가지고 개입해야 하는 이유입니다. 이러한 모조 의약품들을 만들거나 판매하는 사람들에게 아주 무거운 벌을 적용해야 합니다.

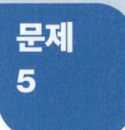

EXERCICE 1 실전 연습

Track 4-05

Étape 1 지문 내용을 간단히 소개한 후 이에 대한 자신의 의견을 이야기해 보세요.
감독관의 질문에 추가로 답변해 보세요.

L'autopartage : une alternative au véhicule particulier

Vous ne possédez pas de voiture ou vous ne l'utilisez pas souvent ? L'autopartage est un système dans lequel une agence publique, une coopérative, une association, ou même un groupe d'individus de manière informelle, met à la disposition de « clients » ou membres du service un ou plusieurs véhicules.
Plutôt que de disposer d'une voiture personnelle qui reste l'essentiel de son temps au garage ou sur une place de stationnement, l'utilisateur d'un service d'autopartage dispose d'une voiture qu'il ne finance que pour la durée de son besoin. Le reste du temps, la voiture est utilisée par d'autres membres. La diversité d'utilisation, donc de besoins sur des créneaux horaires différents selon les membres, est la clé du succès d'un tel système.
L'autopartage est une alternative à la propriété individuelle d'un véhicule. Quels sont les avantages et les inconvénients de l'autopartage ? Que se passe-t-il si on ne rend pas la voiture à temps ?

France Info 21/11/2013

Étape 2 문제 5의 필수 어휘를 익히고, 해석을 참조하세요.

autopartage (m) 카 셰어링 | coopérative (f) 협동조합 | stationnement (m) 주차 | financer (자금을) 조달하다 | créneau (m) 시간대, 빈 시간 | engendrer 낳다, 야기하다 | essence (f) 휘발유 | circuler 돌다, 유통하다 | emprunter 빌리다 | enclin 경향이 있는, 경사진 | panne (f) 고장 | nouer 맺다, 매다 | partenariat (m) 제휴, 협력 | assurantiel 보험의 | prime (f) 보험료 | se renseigner 문의하다

문제 해석

카 셰어링: 자가용에 대한 대안

당신은 자동차를 소유하고 있지 않거나 그것을 자주 이용하지 않는가? 카 셰어링은 관청, 협동조합, 단체, 혹은 심지어 비공식적인 개인들의 집단이 '고객들'이나 서비스의 회원들에게 한 대 혹은 여러 대의 자동차를 제공하는 시스템이다.

카 셰어링 서비스 이용자는 대부분의 시간을 차고에, 혹은 주차 공간에 있는 자가용을 소유하는 것보다는 자기가 필요한 기간 동안만 돈을 치르면 되는 자동차를 소유한다. 나머지 시간 동안 그 자동차는 다른 회원들에 의해 이용된다. 이용의 다양성, 그러니까 회원에 따라 다른 시간대에 대한 수요의 다양성이 이러한 시스템의 성공의 열쇠다.

카 셰어링은 자동차의 개인적 소유에 대한 대안이다. 카 셰어링의 장단점은 무엇인가? 자동차를 제때 반납하지 않으면 무슨 일이 일어나는가?

Étape 3

모범 답변을 확인하고 실전 훈련하세요.

구술 전개 요령

1. 기사 요약

❶ 카 셰어링에 대한 내용임을 밝힌다.
❷ 카 셰어링이란 무엇인지 구체적으로 설명한다.
❸ 카 셰어링이 일상생활에서 어떻게 기능하는지 설명한 뒤, 카 셰어링의 장점 및 차량을 이용할 때 무엇에 주의해야 하는지 구술한다.

2. 의견 표명

❶ 유럽인들은 카 셰어링에 대해 호의적이며, 대부분의 도시들에서 운용되고 있다는 점을 밝힌다.
❷ 카 셰어링의 장점을 구체적으로 설명한다. 세차 비용 등 차량 관리에 필요한 비용을 이용자들이 나눠서 부담할 수 있다. 또한 카 셰어링을 통해 차량 이용의 빈도가 줄어 대기오염을 줄여 환경을 보호할 수 있고 걷기를 생활화함으로써 보다 건강해질 수 있으며, 교통사고로 인한 인명 피해 또한 줄일 수 있다.
❸ 카 셰어링 이용 시 유의 사항을 구체적으로 설명한다. 즉, 이용 전에 차량의 상태 및 자동차 보험을 반드시 확인해야 한다는 것이다.

Il s'agit d'un reportage sur l'autopartage. Dans la première partie, l'auteur en donne la définition : c'est un système où plusieurs personnes partagent une voiture. Dans la deuxième partie, il nous explique comment cela fonctionne dans la vie quotidienne. Plus précisément, chacun peut économiser de l'argent en n'utilisant la voiture qu'en cas de besoin. Dans la dernière partie, il pose des questions sur les avantages et sur les situations qui peuvent se produire.

En fait, selon les articles que j'ai lus sur des sites Internet, les Européens sont favorables à l'autopartage. L'autopartage a connu ces dernières années une croissance très forte et dispose d'un potentiel de développement important. La plupart des grandes villes françaises disposent aussi de ce type de service. C'est pourquoi nous devons en comprendre les raisons en détail avant de parler de ce sujet.

Tout d'abord, je pense que l'autopartage a un avantage économique. Plus précisément, si nous partageons une voiture avec d'autres gens, ceux-ci vont participer aux frais engendrés par la voiture. Par exemple, quand nous avons besoin de nettoyer la voiture, nous pouvons partager les frais avec eux, car ils l'utilisent aussi.

L'autopartage est aussi utile pour protéger l'environnement. Il faut reconnaître que la pollution de l'air est devenue un problème très grave dans la société moderne et les véhicules sont l'une des causes principales de ce problème. Et ce n'est pas tout. Comme il y a trop de voitures dans la rue, on perd beaucoup de temps à cause des embouteillages.

Et puis, on ne peut pas ignorer non plus l'augmentation du prix de l'essence. Mais si on fait de l'autopartage, moins de voitures circuleront dans la rue et on pourra non seulement gagner du temps mais aussi économiser de l'argent, sans parler de l'amélioration du problème de l'environnement.

Un autre avantage de l'autopartage concerne la santé. Plus précisément, il apparaît que les gens qui empruntent une voiture réfléchissent à deux fois avant de l'utiliser et sont plus enclins à faire des petits trajets à vélo, à pied. Et tout ça contribue à une meilleure santé.

Il faut aussi ajouter que beaucoup de gens meurent à cause des accidents de voiture. Il est évident que moins de voitures sur les routes signifient également moins d'accidents.

En revanche, il y a des points importants auxquels on doit faire attention lorsqu'on fait de l'autopartage. D'abord, il faut bien vérifier l'état du véhicule. On ne peut pas prendre une voiture sans savoir si elle est en bon ou en mauvais état.

À mon avis, ce qui est le plus important dans l'autopartage, c'est l'assurance. Louer son auto à un inconnu, c'est tout de même risqué. Qu'en est-il en cas d'accident, panne ou vol de véhicules ? Les plateformes de location de voitures entre particuliers ont très rapidement pris conscience de ces enjeux. Et ils ont donc noué des partenariats avec des grands groupes d'assurance.

해석

이것은 카 셰어링에 대한 기사입니다. 첫 번째 부분에서 글쓴이는 이것의 정의를 제시합니다: 이것은 몇몇 사람들이 자동차 한 대를 공유하는 시스템입니다. 두 번째 부분에서는 우리에게 이것이 일상생활에서 어떻게 기능하는지를 설명합니다. 더 구체적으로, (사람들은) 각자 필요할 때만 자동차를 이용함으로써 돈을 절약할 수 있습니다. 마지막 부분에서는 장점들과 발생할 수 있는 상황들에 대한 의문을 제기합니다.

사실, 제가 인터넷 사이트들에서 읽은 기사들에 따르면, 유럽인들은 카 셰어링에 호의적입니다. 최근 몇 년간 카 셰어링은 크게 성장했으며 큰 발전 가능성을 가지고 있습니다. 대부분의 프랑스 대도시들에서도 역시 이러한 종류의 서비스가 마련되어 있습니다. 이것이 우리가 이 주제에 대해 이야기하기 전에 구체적으로 그 근거들을 이해해야 하는 이유입니다.

먼저, 저는 카 셰어링이 경제적 이점이 있다고 생각합니다. 더 구체적으로, 만약 우리가 다른 사람들과 차량을 공유한다면 그들은 차량에서 발생하는 비용들을 나누어 내게 될 것입니다. 예를 들어 세차해야 할 때 우리는 그들과 비용을 나눌 수 있습니다. 그들도 그것을 이용하기 때문이죠.

카 셰어링은 또한 환경을 보호하는 데에도 유익합니다. 대기오염이 현대 사회에서 매우 심각한 문제가 되었다는 것과 자동차들이 이 문제의 주요한 원인 중 하나라는 것을 인정해야 합니다. 그리고 이것이 다가 아닙니다. 거리에 차가 너무 많기 때문에 우리는 교통체증으로 많은 시간을 낭비합니다.

그리고 우리는 기름 값의 상승도 간과할 수 없습니다. 그러나 만약 카 셰어링을 한다면, 거리에 차들이 덜 다닐 것이고 우리는 시간을 벌 수 있을 뿐만 아니라 돈도 절약할 수 있을 것입니다. 환경 문제의 개선은 말할 것도 없고요.

카 셰어링의 또 다른 장점은 건강과 관련됩니다. 더 구체적으로, 자동차를 빌리는 사람들은 그것을 이용하기 전에 신중하게 심사숙고하며, 짧은 거리는 자전거를 타거나 도보로 가는 경향이 있는 것으로 나타납니다. 그리고 이 모든 것이 건강이 더 좋아지는 데 기여합니다.

많은 사람들이 자동차 사고로 인해 사망한다는 것도 덧붙여야 합니다. 도로에 차가 덜 다닌다는 것이 또한 사고가 덜하다는 것을 의미한다는 것은 명백합니다.

단, 우리가 카 셰어링을 할 때 주의를 기울여야 할 중요한 점들이 있습니다. 먼저 차량의 상태를 확인해야 합니다. 차가 좋은 상태인지 나쁜 상태인지 알지 못한 채로 차를 탈 수는 없습니다.

제 생각에 카 셰어링에서 가장 중요한 것은 보험입니다. 그래도 낯선 사람에게 자신의 차를 빌려주는 것은 위험합니다. 사고가 났을 때나, 자동차가 고장나거나 도난당했을 경우에는 어떻게 될까요? 개인들 간의 차량 임대 플랫폼들은 이러한 문제들을 매우 빠르게 인식했고, 그래서 대규모 보험 기업 그룹들과 파트너십을 맺었습니다.

질의 및 응답

감독관은 카 셰어링 제도와 관련하여 한국의 상황은 어떠한지 물을 수 있다. 응시자는 카 셰어링의 개념에 대한 사람들의 인식이나 차량에 대한 생각이 유럽과는 다르다는 것을 설명한다. 그리고 감독관이 응시자에게 카 셰어링을 이용할 의사가 있는지 물을 수 있는데 그렇다고 답변하면서 이용 전에 보험에 관한 내용을 살펴볼 것이라고 답변한다.

E Est-ce qu'on utilise souvent le système de l'autopartage chez vous ?
당신의 나라에서는 사람들이 카 셰어링 시스템을 자주 이용하나요?

C Je ne pense pas qu'il existe ce genre de système en Corée. Je me souviens que le gouvernement a lancé une campagne pour encourager les gens à faire du covoiturage avec leurs collègues de bureau il y a une dizaine d'années. C'était une période difficile du point de vue économique et beaucoup de gens ont accepté d'aller au travail avec leurs collègues en partageant une voiture. Mais ce n'est pas comme l'autopartage parce qu'on ne partage pas la prime d'assurance auto. De plus, en covoiturage, il n'est pas obligatoire de partager le prix de l'essence, mais il s'agit plutôt d'une volonté personnelle.
저는 한국에는 이런 종류의 시스템이 존재하지 않는다고 생각합니다. 저는 10여 년 전에 정부가 사람들로 하여금 사무실 동료들과 카풀을 하도록 장려하는 캠페인을 벌였던 것을 기억합니다. 이때는 경제적으로 어려운 시기였고 많은 사람들이 차량 한 대를 그들의 동료들과 공유하면서 출근하는 것을 받아들였습니다. 하지만 이것은 카 셰어링은 아닙니다. 자동차 보험료를 나누어 내지는 않기 때문이죠. 또한 카풀에서는 기름 값을 나누어 내는 것이 의무는 아니며, 개인의 의지입니다.

E Que feriez-vous si votre ami vous demandait de faire de l'autopartage ?
당신의 친구가 당신에게 카 셰어링을 하자고 한다면 당신은 어떻게 하시겠습니까?

C Il faut se renseigner d'abord auprès de la compagnie d'assurance automobile. À mon avis, elle n'acceptera pas l'autopartage parce qu'elle ne veut pas d'ennuis ou de situations compliquées à cause de ce système. À mon avis, le gouvernement doit négocier avec les compagnies d'assurance automobile pour faire adopter ce système.
우선 자동차 보험 회사에 문의해야 합니다. 저는 보험 회사가 이 시스템으로 인한 복잡한 상황들이나 골치 아픈 일들을 원하지 않기 때문에 카 셰어링에 동의하지 않을 거라고 생각합니다. 제 생각에는 정부가 자동차 보험 회사들과 이 시스템을 채택하도록 협상해야 합니다.

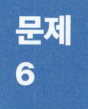

EXERCICE 1 실전 연습

🎧 Track 4-06

Étape 1

지문 내용을 간단히 소개한 후 이에 대한 자신의 의견을 이야기해 보세요.
감독관의 질문에 추가로 답변해 보세요.

Une trop grande consommation de sucre pourrait-elle mener au diabète ?

Consommer trop de sucre peut-il mener au diabète ? Les Français consomment de plus en plus de sucre. Douze kilos par personne et par an en 1900 contre 40 kilos par personne et par an aujourd'hui ! Parallèlement le nombre de diabétiques ne cesse d'augmenter depuis le début du 20ème siècle. Simple coïncidence ? Ou relation de cause à effet ?
Selon l'expert, notre grande consommation de sucre est due aux « sucres cachés dans l'industrie agro-alimentaire, à la promotion et la publicité pour les produits sucrés et aux rayons de supermarchés consacrés à ces produits. »

France Info 28/10/2013

Étape 2

문제 6의 필수 어휘를 익히고, 해석을 참조하세요.

필수 어휘

diabète (m) 당뇨(병) | parallèlement 동시에 | diabétique 당뇨병 환자 | coïncidence (f) 일치, (우연히) 동시에 일어난 사건들 | caché 숨겨진, 보이지 않는 | se diviser 분할되다, 나뉘다 | surconsommation (f) 과소비 | graisse (f) 지방, 기름 | humeur (f) 기분 | crudités (f) 생야채, 생야채 샐러드 | guerir 고치다, 치료하다 | héréditaire 유전의 | périodique 정기적인 | attraper 걸리다, 잡다

문제 해석

너무 많은 설탕 섭취가 당뇨병을 유발할 수 있을 것인가?

설탕을 너무 많이 섭취하는 것이 당뇨병을 유발할 수 있을까? 프랑스인들은 설탕을 점점 더 많이 섭취하고 있다. 1900년에는 1년에 1인당 12kg의 설탕을 섭취했던 반면, 오늘날에는 1년에 1인당 40kg의 설탕을 섭취한다! 동시에 당뇨병 환자의 수는 20세기 초부터 계속해서 증가하고 있다. 단순한 우연의 일치일까? 아니면 인과 관계일까?
전문가에 따르면, 우리의 설탕 다량 섭취는 '농산물 가공 산업에 숨어 있는 설탕들, 설탕이 들어간 상품들의 광고와 판매 촉진, 그리고 이런 식품들만 판매하는 슈퍼마켓 코너들 때문'이다.

Étape 3

모범 답변을 확인하고 실전 훈련하세요.

구술 전개 요령

1. 기사 요약

❶ 기사가 당뇨병과 설탕의 관계를 다루고 있음을 밝힌다.
❷ 프랑스인들이 너무 많은 설탕을 소비하고 있으며 당뇨 환자의 수 또한 계속해서 증가하고 있다는 사실을 통계 자료를 들어 제시한다.
❸ 설탕을 지나치게 소비하는 이유 중 하나가 기업들의 광고 또는 슈퍼마켓 판매라는 사실을 밝힌다.

2. 의견 표명

❶ 현대인들은 농산물 가공 기업들에 의해 생산되는 제품들로 인해 설탕을 지나치게 많이 소비하고 있는데, 이러한 설탕의 과다 섭취가 건강을 위협하고 있음을 언급한다.
❷ 설탕의 과다 섭취가 신체적 건강에 심각한 영향을 끼칠 뿐만 아니라 정신적 건강에도 부정적인 영향을 끼친다는 점을 강조한다(기억력 감퇴와 학습 능력 저하, 아동들의 인지적 유연성 저하).
❸ 설탕의 과다 섭취를 피하기 위한 방법들을 제시한다. 첫째, 설탕이 적게 들어간 식품을 먹고 야채, 통곡물 섭취량을 두 배로 늘리며 반드시 과일을 먹는다. 둘째, 아이들에게 소다수나 과일 주스를 주지 말고, 시간 나는 대로 운동을 하며, 먹는 시간을 조절한다. 마지막으로 부모가 아이들에게 올바른 식생활 본보기를 보여주는 것이 중요하다는 점을 강조한다. 구술 평가에서는 주제와 관련하여 문제점을 지적하고 해결 방안을 제시하는 것이 중요하므로, 구체적이고 논리적인 흐름이 되도록 유의한다.

모범 답변

Le sujet de cet article est le lien entre le diabète et la consommation de sucre. Ce reportage se divise en deux parties. D'une part, il nous présente deux effets de la consommation de sucre. Plus précisément, il nous explique avec des statistiques que les Français consomment trop de sucre et que le nombre de diabétiques continue à augmenter. D'autre part, il révèle que l'une des raisons de la forte consommation de sucre est liée à la promotion et à la publicité des industries ou à la vente dans les supermarchés.

Aujourd'hui, beaucoup de gens s'intéressent à la santé et la surconsommation de sucre est considérée comme une menace sérieuse pour la santé. Cette surconsommation de sucre est principalement due aux produits fabriqués aujourd'hui par l'industrie agroalimentaire qui contiennent des quantités souvent énormes de sucres.

Nous savons qu'une consommation excessive de sucres simples a des conséquences défavorables sur l'équilibre nutritionnel et sur la santé. Plus précisément, quand on consomme trop de sucres, on peut avoir des problèmes de surpoids, ou on risque de développer une maladie, comme l'obésité ou le diabète. Il y a des produits alimentaires qui sont riches en sucres simples (ou sucre blanc) mais ils sont souvent associés à des graisses, comme par exemple les biscuits, les barres chocolatées ou les glaces.

Beaucoup de chercheurs affirment aujourd'hui que la menace du sucre pèse gravement sur notre santé et que les mesures à prendre sont comparables à celles prises contre le tabac et l'alcool. Il est vrai que le sucre est contenu dans des aliments qu'on mange souvent dans notre vie quotidienne (gâteaux, céréales, boissons, soupes industrielles, conserves de légumes…).

Mais le vrai problème du sucre, c'est que ses effets ne se limitent pas seulement à notre santé. Plus précisément, quand on consomme trop de sucres, on a des problèmes d'humeur, c'est-à-dire qu'on ne se sent pas bien sans raison précise ou on se sent triste. Par ailleurs, selon les experts, la surconsommation de sucre réduit la mémoire et les compétences d'apprentissage.

Surtout, elle est très dangereuse pour les enfants, car elle nuit gravement à leur flexibilité cognitive, dont le développement est capital pour « fonctionner » correctement dans la vie de tous les jours.

Comment faire pour ne pas consommer trop de sucres ? D'abord, il faut choisir des aliments qui contiennent moins de sucre. On peut vérifier la quantité de sucre dans ce qu'on achète, car il est obligatoire de marquer la composition sur les produits. Et puis, nous devons doubler nos quantités journalières de crudités, de légumes, céréales complètes. Il n'est pas facile de prendre son petit-déjeuner parce qu'on est trop pressés tous les matins. Pourtant, selon les experts, ne pas prendre de petit-déjeuner est vraiment nuisible à la santé. Donc je pense qu'on peut manger des céréales complètes avec du lait. Et il ne faut pas oublier de manger des fruits : on dit souvent « chaque jour une pomme conserve son homme » et cela signifie que les fruits sont très importants pour rester en pleine forme.

Il est surtout très important de ne pas autoriser les enfants à consommer des sodas ou jus de fruits du commerce. On peut facilement observer que beaucoup d'enfants boivent du coca en mangeant de la pizza. Les parents doivent comprendre qu'en faisant cela, ils laissent leurs enfants manger du poison.

Et puis, on ne saurait trop souligner que le sport est indispensable pour une bonne santé. Il est vrai que nous n'avons pas beaucoup de temps pour faire du sport dans la vie quotidienne. Pourtant, je pense que des activités comme se promener dans un parc ou marcher à pied ne prennent pas beaucoup de temps et il s'agit d'une question de volonté.

À mon avis, il faut aussi contrôler les horaires des repas. La plupart des gens passent trop de temps devant des écrans (télévision, ordinateur, téléphone portable) et ils mangent n'importe quand en faisant des activités avant de se coucher.

Tout le monde admet que la santé est la chose la plus importante dans la vie mais on ne fait pas assez d'efforts pour elle. Les adultes en particulier doivent montrer de bonnes habitudes alimentaires aux enfants.

RFI 23/05/2017

> **해석**
>
> 이 기사의 주제는 당뇨병과 설탕 섭취 사이의 관계입니다. 이 기사는 두 부분으로 나뉩니다. 한편으로 기사는 설탕 섭취의 두 가지 결과를 우리에게 보여줍니다. 더 구체적으로, 그것은 통계와 함께 프랑스인들이 너무 많은 설탕을 섭취한다는 것과 당뇨병 환자의 수가 계속해서 증가하고 있다는 것을 우리에게 설명하고 있습니다. 다른 한편으로 그것은 설탕의 다량 섭취의 원인들 중 하나가 기업들의 판매 촉진과 광고, 혹은 슈퍼마켓에서의 판매와 연관이 있다고 지적합니다.
>
> 오늘날, 많은 사람들이 건강에 관심을 가지고 있고, 설탕의 과다 섭취는 건강에 대한 심각한 위협으로 간주됩니다. 이러한 설탕 과다 섭취는 대체로 오늘날 농산물 가공 기업에 의해 만들어지며 엄청난 양의 설탕을 포함하는 제품들 때문입니다.
>
> 우리는 단당류를 과도하게 섭취하는 것이 영양 균형과 건강에 좋지 않은 결과를 가져온다는 것을 알고 있습니다. 더 구체적으로, 우리가 너무 많은 설탕을 섭취할 때 우리는 과체중이 되거나 혹은 비만이나 당뇨병과 같은 질병을 악화시킬 위험이 있습니다. 단당(혹은 백설탕)을 많이 함유한 식품들이 있는데, 이것들은 대체로 지방과 결합되어 있습니다. 예를 들면 비스킷, 초콜릿 바, 혹은 아이스크림처럼 말이죠.
>
> 오늘날 많은 연구자들은 설탕이 우리의 건강을 심각하게 위협하고 있으며, 취해야 할 조치들이 담배나 술에 대한 그것과 비슷하다고 주장합니다. 설탕이 우리가 일상생활에서 자주 먹는 식품들(케이크, 시리얼, 음료, 레토르트 수프, 야채 통조림 등)에 함유되어 있는 것은 사실입니다.
>
> 하지만 설탕의 진짜 문제는, 그것의 영향이 우리의 건강에만 국한되어 있지 않다는 것입니다. 더 구체적으로, 우리가 너무 많은 설탕을 섭취하면 기분의 문제가 생기는데, 다시 말해 우리가 명확한 이유 없이 기분이 좋지 않거나 우울하다는 것입니다. 게다가 전문가들에 따르면, 설탕의 과다 섭취는 기억력과 학습 능력을 저하시킵니다.
>
> 특히 이것은 아이들에게 매우 위험합니다. 왜냐하면 그것이 그들의 인지적 유연성을 심각하게 훼손하기 때문인데, 그것(인지적 유연성)의 발달은 일상생활에서 올바르게 '기능하기' 위해 중요합니다.
>
> 설탕을 지나치게 많이 섭취하지 않기 위해서는 어떻게 해야 할까요? 먼저 설탕을 덜 함유하고 있는 식품들을 골라야 합니다. 제품의 구성 성분을 표시하는 것이 의무이기 때문에 우리는 우리가 구매하는 것 안에 함유된 설탕의 양을 확인할 수 있습니다. 그리고 우리는 생야채, 채소, 통곡물의 하루 섭취량을 두 배로 늘려야 합니다. 우리는 매일 아침 너무 바쁘기 때문에 아침을 먹는 것이 쉽지 않습니다. 하지만 전문가들에 따르면, 아침을 먹지 않는 것은 건강에 아주 해롭습니다. 그러므로 저는 우리가 통곡물을 우유와 함께 먹을 수 있다고 생각합니다. 그리고 과일을 먹는 것도 잊어서는 안 됩니다: 우리는 흔히 "하루에 사과 한 알씩 먹으면 건강을 유지할 수 있다"라고 말하며, 이것은 과일이 활기 넘치는 상태를 유지하는 데 매우 중요하다는 것을 의미합니다.
>
> 특히 아이들에게 가게의 소다수나 오렌지 주스를 먹는 것을 허락하지 않는 것이 아주 중요합니다. 우리는 많은 아이들이 피자를 먹으면서 콜라를 마시는 것을 쉽게 볼 수 있습니다. 부모들은 이렇게 함으로써 아이들이 독을 마시도록 내버려 두는 것임을 깨달아야 합니다.
>
> 그리고 운동이 좋은 건강에 필수적이라는 것은 아무리 강조해도 지나치지 않습니다. 우리가 일상생활에서 운동을 할 시간이 많이 없는 것은 사실이지만, 저는 걷거나 공원에서 산책하는 것과 같은 활동들은 시간이 많이 들지 않으며 의지의 문제라고 생각합니다.
>
> 제 생각에는 식사 시간도 조절해야 합니다. 대부분의 사람들이 화면(TV, 노트북, 휴대폰) 앞에서 너무 많은 시간을 보내며, 자기 전에 이런 활동들을 하면서 아무 때나 먹습니다.
>
> 모든 사람들이 건강이 삶에서 가장 중요하다는 것을 인정하지만, 그것을 위해 충분한 노력을 하지는 않습니다. 특히 성인들은 아이들에게 좋은 식습관을 보여줘야 합니다.

DELF B2 · 구술

질의 및 응답

감독관은 지나친 설탕 섭취로 인해 건강이 악화된 적이 있는지 물어볼 수 있다. 또한 과도한 설탕 섭취 때문에 발생할 수 있는 병을 예방하는 방법에 대해 질문할 수 있다. 응시자는 이 분야의 전문가가 아니므로, 운동을 비롯하여 평소에 건강 관리에 힘써야 한다는 정도로 답하면 충분할 것이다.

E Est-ce que vous connaissez quelqu'un qui souffre de diabète ?
당신은 당뇨병을 앓고 있는 누군가를 알고 있습니까?

C Oui. Mon oncle est malade à cause du diabète depuis dix ans. Il ne peut pas manger ce qu'il veut et il doit prendre des médicaments toute sa vie. Je pense que c'est une maladie dont il est impossible de guérir.
네, 저희 삼촌이 10년 전부터 당뇨병으로 편찮으십니다. 먹고 싶은 것을 먹을 수 없고 평생 동안 약을 복용해야 합니다. 저는 이것이 치유 불가능한 병이라고 생각합니다.

E Comment peut-on résoudre le problème du diabète?
어떻게 하면 당뇨병 문제를 해결할 수 있을까요?

C D'après la recherche médicale, le diabète est une maladie héréditaire. Donc, si l'un des membres de votre famille a du diabète, vous devez faire plus attention aux aliments qui contiennent du sucre. Et puis, il est nécessaire de faire du sport régulièrement ainsi que des examens médicaux périodiques. Une fois qu'on attrape cette maladie, il faut prendre des médicaments sur ordonnance du médecin.
의학 연구에 따르면 당뇨병은 유전병입니다. 따라서 만약 당신의 가족들 중 한 명이 당뇨병을 가지고 있다면 당신은 설탕을 함유한 음식을 더욱 조심해야 합니다. 그리고 정기 검진과 더불어 규칙적으로 운동을 하는 것이 필요합니다. 일단 이 병에 걸리고 나면, 의사의 처방에 따라 약을 복용해야 합니다.

EXERCICE 1 실전 연습

Track 4-07

Étape 1 지문 내용을 간단히 소개한 후 이에 대한 자신의 의견을 이야기해 보세요.
감독관의 질문에 추가로 답변해 보세요.

Vie personnelle / Vie professionnelle : les Français gardent la frontière

Confondre l'activité professionnelle et la vie personnelle, ça s'appelle aussi le « blurring ». Répondre à un SMS du boulot en plein repas, partir en vacances avec l'ordinateur portable du boulot, garder son smartphone à portée de main durant son sommeil jusqu'à même se relever la nuit pour le consulter. Avec l'avènement du numérique, la frontière entre « vie privée » et « vie professionnelle » s'amenuise, s'affaiblit.

Une étude datant de 2011 notait qu'ordinateurs portables, smartphones et tablettes faisaient voler en éclats les frontières du temps de travail. Ainsi, quand les salariés sont équipés de smartphones par leurs entreprises, plus de 90% d'entre eux avouent le consulter sur leur temps libre. 30% y jettent même un œil toutes les 6 à 12 minutes.

Conclusion : un salarié équipé d'une connexion nomade travaille 240 heures de plus par an que ceux qui s'en tiennent aux horaires de bureaux.

France Info 10/10/2013

Étape 2 문제 7의 필수 어휘를 익히고, 해석을 참조하세요.

frontière (f) 경계 | confondre 혼동하다, 섞다 | avènement (m) 도래, 출현 | s'amenuiser 작아지다, 감소하다 | s'affaiblir 약해지다, 줄어들다 | voler en éclats 산산조각으로 터지다 | nomade 유랑의, 방랑하는 | déséquilibre (m) 불균형, 부조화 | s'épanouir 밝아지다, 꽃피다 | quitte à + inf ~할 것을 무릅쓰고 | valorisant 가치 있는 | épanouissement (m) 밝아짐, 명랑해짐 | conscient 의식적인, 자각하는 | bienveillant 친절한, 호의적인 | souple 유연한, 융통성이 있는 | levier (m) 수단, 힘 | crèche (f) 탁아소

> **문제 해석**
>
> **사생활/직장 생활: 프랑스인들은 선을 지킨다.**
>
> 직장 일과 사생활을 혼동하는 것을 '블러링'이라고도 한다. 한창 식사 중에 업무 문자 메시지에 답장하고, 업무용 노트북을 들고 휴가를 떠나고, 자는 동안 손이 닿는 곳에 스마트폰을 두고 심지어 그것을 확인하기 위해 밤에 일어나는 것이다. 디지털의 등장으로 '사생활'과 '직장 생활'의 경계가 옅어지고 약해지고 있다.
>
> 2011년의 한 연구는 노트북, 스마트폰, 태블릿이 근무 시간의 경계를 완전히 허물고 있다고 평가한다. 예를 들어, 직원들이 회사에서 주는 스마트폰을 소지할 때 그들 중 90% 이상이 여가 시간에 그것을 확인한다고 고백한다. 심지어 30%는 6분에서 12분마다 그것에 눈길을 돌린다.
>
> 결론: 노마드적 연결을 갖춘 직장인은 사무실 근무 시간에만 일하는 직장인들보다 1년에 240시간을 더 일한다.

Étape 3 모범 답변을 확인하고 실전 훈련하세요.

구술 전개 요령

1. 기사 요약
❶ 주제가 사생활과 직장 생활의 경계에 대한 것임을 밝힌다.
❷ 사생활과 직장 생활 간 경계의 모호함을 유발하는 요인(디지털 기기)을 언급한다.
❸ 디지털 기기를 소유한 직장인들이 그렇지 않은 사람들보다 더 오랜 시간 일함을 언급한다.

2. 의견 표명
❶ 사생활과 직장 생활의 경계를 지키기가 어려움을 언급한다. 많은 직장인들이 직장보다는 사생활에 더 가치를 두고 있지만, 둘 사이의 균형을 이루기가 쉽지 않다는 것을 설명한다.
❷ 사생활과 직장 생활 간 경계를 모호하게 만드는 요인들을 구체적으로 밝힌다. 첫째, 인터넷과 휴대폰과 같은 첨단 기술의 발달로 인해 근무 시간 외에도 업무로부터 자유로워질 수 없다는 점, 둘째, 직장에서 원하지 않는 업무를 하게 되는 경우 스트레스를 받게 되어 사생활에 영향을 끼친다는 점이 바로 그것이다.
❸ 두 생활 사이의 균형을 맞추기 위해 중요한 사항들에 대해 언급한다. 첫째, 가족과 함께 시간을 보내거나 자신이 좋아하는 취미 생활을 하고 사적인 시간들을 가지면서 업무로 인해 받은 스트레스를 풀 수 있다. 둘째, 기업들이 직장 내 탁아소와 구내식당을 설치하면 직원들의 시간을 절약하고 업무 효율을 높여 사생활과 직장 생활의 균형을 지키는 데 도움이 될 수 있다.

Le sujet de cet article est le problème de la confusion entre la vie personnelle et la vie professionnelle. Dans la première partie, l'auteur nous montre des exemples de cette confusion des frontières entre ces deux vies. Dans la deuxième partie, il indique que les ordinateurs portables, smartphones ou tablettes permettent aux gens de travailler n'importe quand. En dernière partie, il nous explique que le salarié qui utilise ces appareils travaille beaucoup plus que celui qui ne les utilise pas.

Ces temps-ci, on parle beaucoup de la frontière entre vie professionnelle et vie personnelle. En effet, un déséquilibre entre vie professionnelle et vie personnelle peut entraîner du stress. Donc, il est nécessaire de trouver le bon équilibre entre vie professionnelle et vie personnelle. J'ai lu un article sur Internet concernant ce sujet. Selon cet article, la plupart des salariés considèrent que la vie personnelle est plus importante que la vie professionnelle. Plus précisément, 75 % des salariés souhaitent travailler suffisamment pour avoir un train de vie leur permettant de s'épanouir dans leur vie personnelle. Ainsi, seuls 20 % des interrogés souhaitent privilégier leur carrière, quitte à sacrifier leur vie privée. Pourtant, malgré ce résultat, cet équilibre n'est pas toujours simple à mettre en pratique, car il y a plusieurs facteurs de déséquilibre entre vie professionnelle et vie personnelle.

D'abord, ce problème se pose de plus en plus avec le développement de la technologie de pointe comme Internet et le téléphone portable. Plus précisément, même après être sorti du bureau ou en restant à la maison, on n'arrête pas de travailler avec Internet. Quand on part en vacances en famille, il arrive que l'entreprise nous demande quelque chose en disant que c'est urgent. Autrefois, ce genre de problème ne se produisait pas, car il n'y avait pas de moyen de contacter les employés partis en vacances.

De plus, la qualité du travail est aussi importante. Supposons qu'un salarié passe beaucoup de temps à faire un travail qu'il ne considère pas comme étant important ou ayant de la valeur : il ressentira de l'ennui et de la fatigue. Ce genre de sentiment peut influencer négativement la vie privée.

Ainsi, il est indispensable d'avoir un emploi proposant des tâches variées et valorisantes. De même, il est important de trouver d'autres sources d'épanouissement, dans les loisirs ou le sport, par exemple. Enfin, préserver un espace privé est très important pour se sentir épanoui au quotidien ! Consacrer du temps à sa famille et ses enfants, prendre soin de soi, tout ceci est indispensable à l'équilibre. Dans ce sens-là, on ne peut pas ignorer le rôle des entreprises.

En effet, il est vrai que la plupart des entreprises sont de plus en plus conscientes du rôle qu'elles ont à jouer dans le bien-être de leurs salariés. Ces entreprises peuvent prendre des mesures favorables pour que les salariés puissent se sentir bien au travail. Une bonne ambiance de travail, un management bienveillant et des horaires souples sont autant de leviers sur lesquels les entreprises peuvent jouer pour favoriser un équilibre entre vie professionnelle et vie personnelle. À mon avis, il y a au moins deux mesures nécessaires à prendre, c'est la mise en place de restaurants d'entreprise et de crèches. S'il y a un restaurant dans l'entreprise, les salariés n'auront pas besoin de sortir pour manger et ils pourront gagner du temps pour se reposer. Et puis, si les employés peuvent faire garder leurs enfants dans la crèche de l'entreprise, ils pourront se concentrer sur leur travail sans s'inquiéter. À mon avis, l'entreprise a un rôle primordial à jouer pour que les salariés aient plus de chances de garder un équilibre entre leur vie personnelle et leur vie professionnelle.

https://www.capenfants.com

해석

이 기사의 주제는 사생활과 직장 생활 간의 혼동 문제입니다. 첫 번째 부분에서 글쓴이는 우리에게 이 두 가지 생활 간의 경계가 뒤섞이는 것의 예시를 보여줍니다. 두 번째 부분에서 그는 노트북, 스마트폰, 혹은 태블릿이 사람들이 언제든지 일할 수 있도록 해 주었다고 말합니다. 마지막 부분에서 그는 우리에게 이러한 기기를 사용하는 직장인이 그것을 사용하지 않는 사람보다 훨씬 많이 일한다는 것을 설명합니다.

최근 우리는 사생활과 직장 생활 간의 경계에 대해 많이 이야기합니다. 사실 직장 생활과 사생활 간의 불균형은 스트레스를 유발할 수 있습니다. 따라서 직장 생활과 사생활 간에 적절한 균형을 찾는 것이 필요합니다. 저는 인터넷에서 이 주제에 관한 기사를 읽은 적이 있습니다. 이 기사에 따르면, 대부분의 직장인들은 사생활이 직장 생활보다 더 중요하다고 여깁니다. 더 구체적으로, 직장인들의 75%가 그들의 사생활을 풍요롭게 할 수 있는 라이프 스타일을 가질 수 있을 만큼 충분히 일하기를 원합니다. 따라서 응답자의 20%만이 사생활을 희생하더라도 그들의 커리어를 우선시하고 싶어 한다는 것입니다. 그러나 이러한 결과에도 불구하고, 이러한 균형은 실천에 옮기기에 항상 간단한 것은 아닌데, 왜냐하면 직장 생활과 사생활 간의 불균형 요인들이 몇 가지 있기 때문입니다.

먼저 이 문제는 인터넷이나 휴대폰과 같은 첨단 기술의 발전에 따라 점점 더 제기되고 있습니다. 더 구체적으로, 심지어 퇴근 후에나 집에 있을 때에도 우리는 인터넷으로 끊임없이 일합니다. 가족 휴가를 떠났을 때 회사가 급한 일이라고 말하면서 우리에게 뭔가를 부탁하는 일이 생깁니다. 이전에는 휴가를 떠난 직원에게 연락할 방법이 없었기 때문에 이런 종류의 문제가 발생하지 않았습니다.

게다가 업무의 질 또한 중요합니다. 한 직장인이 그가 중요하다고, 혹은 가치 있다고 생각하지 않는 일을 하는 데 많은 시간을 보낸다고 가정해 봅시다: 그는 지루함과 피곤함을 느낄 것입니다. 이러한 종류의 감정은 사생활에 부정적인 영향을 미칠 수 있습니다.

따라서 다양하고 가치 있는 일을 하는 직업을 가지는 것이 필수적입니다. 마찬가지로 여가 활동이나 운동과 같이 즐거움의 다른 근원들을 찾는 것이 중요합니다. 마지막으로, 사적인 공간을 갖는 것은 일상에서 즐거움을 느끼는 데 매우 중요합니다! 가족과 아이들과 함께 시간을 보내고 스스로를 돌보는 이 모든 것들이 균형을 위해 필수적입니다. 이런 의미에서 우리는 기업의 역할을 무시할 수 없습니다.

사실 대부분의 기업들이 점점 더 그들이 직원들의 행복을 위해 해야 할 역할이 무엇인지 인식하고 있는 것이 사실입니다. 이러한 기업들은 직원들이 직장에서 편안함을 느낄 수 있도록 하기 위해 적절한 조치들을 취할 수 있습니다. 직장의 좋은 분위기, 자비로운 경영, 그리고 유연한 근무 시간들은 기업들이 직장 생활과 사생활 간의 균형을 도와줄 수 있도록 사용할 수 있는 수단들입니다. 제 생각에 최소한 두 가지 조치들이 반드시 취해져야 하는데, 사내 식당과 탁아소 설치입니다. 만약 사내에 식당이 있다면 직원들은 밥을 먹기 위해 나가지 않아도 되고 쉴 수 있는 시간을 벌 수 있을 것입니다. 또한 만약 직원들이 그들의 자녀들을 사내 탁아소에 맡길 수 있다면 그들은 걱정 없이 업무에 집중할 수 있을 것입니다. 제 생각에는 직장인들이 더욱 더 그들의 직장 생활과 사생활 간의 균형을 지킬 수 있도록 하는 데 기업이 가장 중요한 역할을 합니다.

> **질의 및 응답**
>
> 감독관은 한국에서의 상황은 어떠한지 질문할 것이다. 그리고 이 문제를 어떻게 해결하는 것이 좋을지 질문할 확률이 높다. 응시자는 첨단 기술이 특히 발달한 한국 사회에서 이 둘을 구분하는 것이 결코 쉽지 않음을 이야기한다. 그리고 문제 해결 방법과 관련해서는 앞에서 이미 여러 가지 제안을 한 상태이므로, 가장 중요한 것은 개인의 가치 있는 삶을 존중해야 한다는 것임을 강조하면서 마무리한다.

E Quelle est la situation en Corée concernant ce sujet?
이 주제에 대한 한국의 상황은 어떠한가요?

C Je pense que la situation est plus grave en Corée qu'en France parce que la plupart des Coréens possèdent un smartphone ou un portable. On voit régulièrement des gens parler du travail par téléphone portable dans le bus ou le métro. À mon avis, ce n'est pas juste de travailler sans cesse en recevant le même salaire.
저는 프랑스보다 한국에서 상황이 더 심각하다고 생각합니다. 왜냐하면 대부분의 한국인들이 스마트폰이나 노트북을 가지고 있기 때문입니다. 우리는 버스나 지하철에서 사람들이 휴대폰으로 업무에 대해 이야기하는 것을 심심찮게 볼 수 있습니다. 제 생각에 같은 월급을 받으면서 끊임없이 일하는 것은 공정하지 않습니다.

E À votre avis, comment peut-on faire pour résoudre le problème de la confusion entre vie personnelle et vie professionnelle ?
당신이 생각하기에 사생활과 직장 생활이 뒤섞이는 문제를 해결하려면 어떻게 할 수 있을까요?

C À vrai dire, je ne pense pas qu'on puisse résoudre facilement ce problème parce que c'est un phénomène de la société moderne. Malgré tout, on doit essayer de trouver les vraies valeurs de la vie. Il ne faut pas oublier que le travail n'est pas le but de la vie, mais un moyen pour améliorer sa qualité de vie.
솔직히 말하자면 저는 이 문제를 쉽게 해결할 수 있으리라고 생각하지 않습니다. 이는 현대 사회의 하나의 현상이기 때문입니다. 어떤 일이 있더라도 우리는 삶의 진정한 가치들을 찾기 위해 노력해야 합니다. 일은 삶의 목적이 아니라 삶의 질을 개선하기 위한 한 방법이라는 것을 잊지 말아야 합니다.

EXERCICE 1 실전 연습

Track 4-08

Étape 1 지문 내용을 간단히 소개한 후 이에 대한 자신의 의견을 이야기해 보세요.
감독관의 질문에 추가로 답변해 보세요.

La marche à pied, une pratique idéale pour notre bien-être

Les experts recommandent une pratique régulière de la marche pendant 30 minutes, cinq fois par semaine.
La marche à pied, c'est l'activité la plus proche de l'exercice physique idéal. Le simple fait de marcher dans un parc, une forêt, ou un bel endroit nous procure une sensation de bien-être qui nourrit nos sens.
On éprouve souvent le besoin de bouger quand on est préoccupé. Lorsque l'on marche, notre esprit se détend, le mental est plus libre. C'est pour cette raison que l'on fait également appel à la marche pour traiter la dépression. La marche est donc un tranquillisant naturel et actif...

France Info 03/10/2013

Étape 2 문제 8의 필수 어휘를 익히고, 해석을 참조하세요.

필수 어휘

procurer 야기하다, 일으키다 | sensation (f) 감정 | préoccupé 걱정하는 | tranquillisant (m) 신경 안정제 | paisible 평화스러운, 조용한 | désagrément (m) 근심거리, 불쾌한 일 | subir 겪다, 감내하다 | dépressif 우울증의, 우울증 환자 | brûler 불태우다 | heurter 해치다 | articulation (f) 관절 | cardiaque 심장의 | artériel 동맥의 | porte-monnaie (m) 돈(동전) 지갑 | blessure (f) 상처, 부상 | inattendu 뜻밖의 | vif 선명한, 강렬한 | s'échauffer 몸을 풀다, 준비 운동을 하다

문제 해석

걷기, 우리들의 행복을 위한 이상적인 실천

전문가들은 일주일에 5번, 30분 동안 규칙적으로 걷기를 권한다.
걷기는 이상적인 신체 운동에 가장 가까운 활동이다. 공원에서, 숲에서, 혹은 어떤 아름다운 장소에서 걷는다는 간단한 사실이 우리의 존재 가치를 느끼게 해 주는 행복감을 불러일으킨다.
우리는 흔히 근심이 있을 때 움직일 필요를 느낀다. 걸을 때 우리의 마음은 편안해지고 정신은 더 자유로워진다. 바로 이러한 이유로 우리는 우울증을 치료하기 위해 걷기의 힘을 빌리기도 한다. 따라서 걷기는 강력하고 자연적인 신경 안정제이다.

| Étape 3 | 모범 답변을 확인하고 실전 훈련하세요. |

구술 전개 요령

1. 기사 요약
❶ 걷기와 건강의 관계에 관한 기사임을 밝힌다.
❷ 규칙적으로 걷는 것의 중요성을 강조한다.
❸ 걷기의 장점을 구체적으로 설명한다.

2. 의견 표명
❶ 시간에 쫓기다 보면 운동을 하기가 쉽지는 않지만, 걷기는 많은 장점을 가지고 있음을 설명한다. 예를 들어 스트레스를 풀고 긴장을 완화시키는 데 도움이 되며 숙면을 취할 수 있다는 점, 체중을 조절할 수 있고 근육이나 관절에 무리를 주지 않으면서 칼로리를 소비할 수 있다는 점, 심장과 폐의 기능을 강화시키며 혈압을 낮춰 준다는 점 등이다. 이러한 건강상의 이유 이외에도 걷기가 다른 운동에 비해 경제적으로 유리하다는 것을 강조한다.
❷ 걷기를 시작하기 전에 유의해야 할 사항을 구체적으로 언급한다. 첫째, 부상을 막기 위해 충분한 준비 시간을 가질 것, 둘째, 편안한 걷기용 신발과 옷을 착용할 것, 셋째, 몸을 예열할 시간을 가질 것이 바로 그것이다.

모범 답변

C'est un reportage sur la relation entre la marche à pied et la santé. Dans la première partie, l'auteur dit qu'il est important de marcher régulièrement en citant l'avis d'experts. Ensuite, il nous parle des avantages de la marche à pied : cette simple activité dans les endroits calmes et paisibles nous fait ressentir du bonheur. Dans la deuxième partie, il mentionne la nécessité de la marche à pied pour la santé mentale, c'est-à-dire que plus on marche, plus on se sent libre et on peut se détendre. Et il conclut avec l'efficacité de la marche.

En effet, personne ne remet en question le fait que faire du sport est indispensable pour être en pleine forme, mais le problème est qu'on n'a pas assez de temps pour en faire, car on mène une vie trop pressée dans la société moderne. Alors, depuis peu, on parle beaucoup de la marche à pied. Quels sont les avantages de cette activité ?

D'abord, elle est utile pour résoudre le problème du stress. Le stress est un désagrément mais il est souvent inévitable dans la vie quotidienne. Quand une personne subit beaucoup de stress, elle peut devenir dépressive. Selon les chercheurs, faire de la marche à pied aide à surmonter le stress et à se détendre. De plus, on peut mieux dormir en faisant cette activité.

Ensuite, la marche à pied est un atout pour garder un physique idéal. On sait déjà qu'elle est un très bon exercice pour rester en bonne santé, mais cette activité est aussi l'un des meilleurs exercices pour contrôler votre poids ou pour obtenir une perte de poids. Beaucoup de gens font du sport pour perdre du poids et certains doutent de l'efficacité de la marche à pied sur ce point, c'est-à-dire qu'on peut penser que la marche à pied ne brûle pas autant de calories que d'autres formes d'exercice. Pourtant, cela dépend de la vitesse et de la durée. Marcher peut très bien brûler autant de calories que faire du jogging, sans heurter les muscles et les articulations de votre corps.

Quand une personne fait de la marche à pied, elle fait aussi travailler son cœur et ses poumons. Marcher peut améliorer la capacité du corps à utiliser l'oxygène plus efficacement et des études montrent que vous réduisez votre risque d'attaque cardiaque de 35 % si vous marchez au moins trois heures par semaine. De plus, se déplacer à pied aide à une meilleure digestion et diminue la tension artérielle.

Enfin, la marche à pied aide à économiser de l'argent. Quand on s'inscrit dans un club de sport, on constate souvent que le prix de l'inscription est cher. Par ailleurs, on n'utilise pas toujours tous les équipements, donc cela peut sembler être beaucoup d'argent gaspillé. Faire de la marche constitue un exercice qui non seulement ne fait pas mal à votre porte-monnaie, mais qui peut aussi être effectué n'importe où et n'importe quand.

Maintenant, je voudrais aborder les précautions à prendre avant de faire de la marche à pied. En premier lieu, il faut faire attention aux blessures inattendues. On doit prendre son temps pour se préparer afin de prévenir les blessures ou les douleurs musculaires.

En deuxième lieu, on a besoin de porter des chaussures de marche et des vêtements confortables. Par exemple, si nous marchons dehors, nous devons choisir des vêtements adaptés au temps. Et il ne faut pas oublier de porter des couleurs vives quand on marche en pleine nuit pour que les conducteurs puissent nous voir.

En dernier lieu, il est nécessaire de prendre le temps de s'échauffer pour éviter les blessures. Pour faire cela, un bon moyen est de passer environ cinq minutes à marcher lentement pour échauffer nos muscles.

https://www.on-running.com

해석

이것은 걷기와 건강 간의 관계에 관한 기사입니다. 첫 번째 부분에서 글쓴이는 전문가들의 의견을 인용하면서 규칙적으로 걷는 것이 중요하다고 말합니다. 그러고 나서 우리에게 걷기의 장점들에 대해 말합니다: 조용하고 평화로운 장소에서의 이 간단한 활동이 우리에게 행복을 느끼게 해 준다고 말이죠. 두 번째 부분에서 그는 정신 건강을 위한 걷기의 필요성을 언급하는데, 다시 말해 우리가 더 많이 걸을수록 더 많이 자유로움을 느끼고 더 긴장을 풀 수 있다는 것입니다. 그리고 걷기의 효능으로 결론을 맺습니다.

사실 운동을 하는 것이 최상의 컨디션을 유지하는 데 필수적이라는 사실을 문제 삼는 사람은 아무도 없지만, 문제는 우리가 현대 사회에서 너무 바쁜 삶을 살고 있기 때문에 그것을 할 충분할 시간이 없다는 것입니다. 그런데 요즘에 우리는 걷기에 대해 많이들 이야기합니다. 이 활동의 장점은 무엇일까요?

먼저, 그것은 스트레스 문제를 해소하는 데 유익합니다. 스트레스는 근심거리이지만 대개 일상생활에서 피할 수 없습니다. 어떤 사람이 스트레스를 많이 받을 때, 그 사람은 우울증에 걸릴 수 있습니다. 연구자들에 따르면 걷는 것은 스트레스를 극복하고 긴장을 풀도록 도와줍니다. 게다가 우리는 이 활동을 함으로써 더 잘 잠들 수 있습니다.

그리고 걷기는 이상적인 신체를 유지하는 데 좋은 방법입니다. 우리는 그것이 좋은 건강 상태를 유지하는 데 아주 좋은 운동이라는 것을 이미 알고 있지만, 이 활동은 또한 당신의 체중을 조절하거나 체중 감량에 가장 좋은 운동들 중 하나이기도 합니다. 많은 사람들이 살을 빼기 위해 운동을 하고, 몇몇 사람들은 이 점에서 걷기의 효능을 믿지 않습니다. 다시 말해, 걷기가 다른 형태의 운동들만큼의 칼로리를 태우지 못한다고 생각할 수 있습니다. 그러나 이것은 속도와 시간에 달려 있습니다. 걷기는 당신의 신체의 근육과 관절들에 무리를 주지 않고 조깅을 하는 것만큼의 칼로리를 태울 수 있습니다.

어떤 사람이 걷기를 할 때, 걷기는 그 사람의 심장과 폐를 기능하게 합니다. 걷기는 산소를 더 효율적으로 이용하도록 신체 능력을 향상시킬 수 있으며, 연구들은 당신이 일주일에 최소 3시간씩 걷는다면 심장마비의 위험을 35% 낮출 수 있음을 보여줍니다. 게다가 걸어서 이동하는 것은 소화가 잘 되도록 도와주며 혈압을 낮춰줍니다.

마지막으로, 걷기는 돈을 절약하는 데 도움을 줍니다. 스포츠 클럽에 등록할 때 우리는 흔히 등록비가 비싼 것을 볼 수 있습니다. 게다가 우리가 항상 모든 기구들을 이용하는 것도 아니니 이는 많은 돈이 낭비되는 것처럼 보일 수 있습니다. 걷기는 당신의 지갑에 해가 되지 않을 뿐만 아니라 언제 어디서든 할 수 있는 운동입니다.

이제 저는 걷기 전에 조심해야 할 사항들에 대해 말하려고 합니다. 첫 번째로, 예상치 못한 부상들에 주의해야 합니다. 우리는 부상이나 근육통을 예방하기 위해 준비 시간을 가져야 합니다.

두 번째로, 걷기용 신발과 편안한 옷을 착용할 필요가 있습니다. 예를 들어 우리가 밖에서 걸을 때, 우리는 날씨에 맞는 옷을 골라야 합니다. 그리고 한밤중에 걸을 때는 운전자들이 우리를 볼 수 있도록 선명한 색의 옷을 입어야 합니다.

마지막으로, 부상을 피하기 위해 준비 운동 시간이 필요합니다. 이를 위해 좋은 방법은 우리의 근육을 풀어 주기 위해 5분 정도 천천히 걷는 것입니다.

질의 및 응답

감독관은 걷기 운동 시 안전에 관해 질문할 수 있다. 이때 앞서 대답한 것을 토대로 하되 노인을 예로 들면 설명하기가 보다 수월할 것이다.

E À votre avis, n'y a-t-il aucun danger à pratiquer la marche à pied ?
당신이 생각하기에 걷기를 하는 데 어떤 위험도 없나요?

C Si. Les personnes plus âgées ou les gens malades doivent faire très attention, même si la marche à pied est un sport plutôt simple. Par exemple, ils ne doivent pas marcher à pied longtemps quand il fait trop chaud ou froid. Et puis, il faut faire attention aux véhicules ou aux vélos. Le parc est un endroit idéal pour pratiquer la marche à pied parce qu'on peut respirer un air frais en sécurité.
있습니다. 나이 든 사람들이나 환자들은 걷기가 비교적 간단한 운동이라 하더라도 매우 조심해야 합니다. 예를 들어 너무 덥거나 추울 때 이들은 오래 걸으면 안 됩니다. 그리고 차량들이나 자전거들을 조심해야 합니다. 공원은 안전하게 맑은 공기를 마실 수 있기 때문에 걷기에 이상적인 장소입니다.

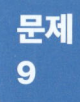

EXERCICE 1 실전 연습

🎧 Track 4-09

Étape 1 지문 내용을 간단히 소개한 후 이에 대한 자신의 의견을 이야기해 보세요.
감독관의 질문에 추가로 답변해 보세요.

Alimentation : donner de bonnes habitudes aux enfants

C'est la rentrée, les enfants ont repris le chemin de la cantine. Soyons honnêtes, rarement avec joie et entrain. Sans mettre toutes les cantines dans le même sac, il faut reconnaître que de plus en plus de cantines travaillent des produits frais pour initier nos enfants au goût, même si les produits congelés et en conserve sont encore légion.
La « malbouffe » s'attrape tôt avec de mauvaises habitudes alimentaires. En revanche, la « bonne bouffe », c'est aussi contagieux et cela s'attrape avec une éducation au goût dès le plus jeune âge. C'est à ce moment-là que l'école, en dehors des cantines, a un rôle à jouer en introduisant des ateliers de cuisine.
L'idéal serait d'apprendre aux enfants à faire un plat une fois par semaine, à faire le marché, à goûter...

France Info 20/09/2013

Étape 2 문제 9의 필수 어휘를 익히고, 해석을 참조하세요.

entrain (m) 활기 | initier 입문시키다, 가입시키다 | congelé 냉동의 | légion (f) 다수, 무리 | malbouffe (f) 정크 푸드 | s'attraper 옮다, 전염되다 | contagieux 영향을 미치는, 전염성의 | contenu (m) 내용(물), 알맹이 | scruter 주의깊게 조사하다, 탐색하다 | éduquer 교육하다, 훈련시키다 | sel (m) 소금 | intervenant 관여자, 발언자 | devinette (f) 수수께끼 | gustatif 미각의

> 음식: 아이들에게 좋은 습관을 들이게 하기
>
> 개학이고 아이들은 다시 급식을 먹는다. 솔직해지자. 즐겁게, 활기 넘치게 식사한 경우는 드물다. 모든 구내식당들이 그렇지는 않지만, 점점 더 많은 구내식당들이 우리 아이들에게 맛을 알려 주기 위해 신선한 식품들을 만들고 있다는 것을 인정해야 한다. 비록 냉동 식품과 통조림이 여전히 다수기는 하지만 말이다.
> '정크 푸드'는 나쁜 식습관과 함께 빠르게 전염된다. 반면에 '좋은 음식'은, 이 역시 전염적이며, 아주 어린 나이부터 맛에 대한 교육을 통해 잡힐 수 있다. 지금이 바로 학교가 급식 외에 요리 실습실을 도입함으로써 해야 할 역할이 있는 때다.
> 최선의 방법은 아이들에게 일주일에 한 번 요리하는 법, 장 보는 법, 맛보는 법을 가르치는 것이다.

| Étape 3 | 모범 답변을 확인하고 실전 훈련하세요. |

구술 전개 요령

1. 기사 요약
❶ 아이들의 식습관의 중요성에 관한 기사임을 밝힌다.
❷ 구내식당의 현황을 설명한다.
❸ 가능한 한 빨리 바람직한 식습관을 배우는 것이 좋다는 것을 구술한다.
❹ 좋은 식습관을 배우기 위한 다양한 경험의 중요성을 강조한다.

2. 의견 표명
❶ 구내식당은 다양하며 균형 잡히고 저렴한 식사를 제공할 뿐만 아니라 사회적 역할 또한 수행하고 있다는 것을 언급하며 학교 급식의 중요성을 강조한다. 요즘 많은 학교들이 구내식당에서의 식사에 대해 신경을 쓰고 있긴 하지만, 여전히 부족한 점이 많다는 것을 언급한다.
❷ 아이들에게 식습관의 중요성을 강조해야 하는 이유를 언급한다. 음식에 대한 아이들의 호기심을 유발하는 것이 중요한데, 이것은 교사 또는 관계자를 통해 교실에서 학습할 수 있음을 강조한다.
❸ 아이들이 음식을 좀 더 잘 알 수 있도록 하는 교육에 대해 구체적으로 이야기한다. 예를 들어 아이들이 음식에 관심을 갖게 하는 프로그램이나 음식과 관련된 퀴즈와 같이 흥미로운 방식의 교육이 중요하다고 언급한다.
❹ 개선해야 할 사항들을 구체적으로 언급하는데, 제도적인 측면에서는 구내식당 환경을 개선해야 한다는 점, 교육적 측면에서는 아이들의 식습관을 개선하기 위한 구체적인 방안 — 아이들이 야채를 여러 번에 걸쳐 먹게 함으로써 서서히 적응할 수 있도록 한다거나 야채에 얽힌 다양한 이야기를 들려주는 것 — 을 말할 수 있을 것이다.

모범 답변

Il s'agit d'un reportage sur l'importance de bonnes habitudes alimentaires pour les enfants. Dans la première partie, l'auteur explique la réalité des cantines en ce qui concerne les repas des enfants. Plus précisément, beaucoup de cantines essaient de faire apprendre le goût des aliments aux enfants malgré le fait que la qualité des produits alimentaires ne soit pas encore parfaite.

Dans la deuxième partie, il parle des effets de la malbouffe et il nous conseille de commencer à apprendre aux enfants de bonnes habitudes alimentaires le plus tôt possible. En dernière partie, il insiste sur diverses expériences pour prendre de bonnes habitudes alimentaires.

On peut souvent trouver des articles sur Internet concernant le problème des repas à la cantine. En effet, le repas à la cantine est très important, car la plupart des enfants scolarisés prennent leur repas à l'école. Cela signifie qu'une énorme quantité de repas est servie chaque année. La cantine joue également un rôle social important en offrant aux enfants un repas varié, équilibré et abordable. Beaucoup de cantines font des efforts pour que le contenu de l'assiette des enfants s'améliore et acceptent qu'il soit scruté, étudié, réglementé et souvent de plus en plus soigné.

Le problème, c'est qu'un repas équilibré et varié (d'ailleurs souvent plus diversifié à la cantine qu'à la maison) ne suffit pas à régler le sujet du bien manger à la cantine.

Un repas de bonne qualité est bien sûr très important mais au-delà de l'assiette elle-même, de nombreux éléments peuvent inciter les enfants à consommer leur repas. À mon avis, l'une des choses les plus essentielles est d'éduquer les enfants sur l'importance de la nutrition. Par exemple, la plupart des enfants ne savent pas exactement pourquoi on ne doit pas manger trop de sucre ou de sel.

On doit aussi éduquer les enfants pour qu'ils puissent connaître les aliments. Beaucoup d'enfants ne savent pas que les frites sont faites avec des pommes de terre. Ce genre d'éducation peut provoquer la curiosité des enfants sur les aliments. Montrer d'où vient l'aliment, quel est son goût, comment le préparer, ce qu'il apporte au corps... Tout cela peut être appris en classe avec les enseignants ou grâce à des intervenants.

J'ai vu un article sur Internet sur une association qui organise de nombreux ateliers, notamment dans les établissements scolaires sous les titres « à la découverte du goût : les 5 sens » et « les secrets des légumes ». À mon avis, c'est un très bon programme pour que les enfants s'intéressent aux aliments. Certaines associations essaient de rendre l'éducation nutritionnelle attractive. Par exemple, elles choisissent des activités intéressantes pour les enfants, comme des devinettes sur les aliments.

De plus, je pense qu'il est important d'améliorer l'environnement de la cantine pour modifier le comportement alimentaire des enfants. Tout le monde sait que l'ambiance de la cantine doit être agréable mais il n'est pas facile de trouver un moyen efficace de le faire. Par exemple, le bruit stresse les enfants. Quand il y a trop de bruit, c'est très désagréable et ils n'ont plus envie de goûter ce qu'il y a dans leur assiette. Un environnement calme permet une consommation plus importante et une meilleure perception gustative. Il est donc nécessaire que les experts éduquent les employés qui s'occupent de la cantine grâce à un soutien de l'institution et du gouvernement.

Et comment faire pour des enfants qui ne veulent pas de légumes ? Comme les légumes sont très importants pour la santé, il faut trouver un moyen efficace. Je pense qu'on doit en donner aux enfants à plusieurs reprises. Plus précisément, on peut présenter le nouvel aliment à plusieurs reprises à l'enfant, en lui proposant d'en goûter de petites quantités. L'important, c'est aussi de raconter une histoire : expliquer d'où vient tel ou tel légume, qui l'a produit... Cela ne veut pas dire que l'enfant va l'aimer, mais cela contribue à une certaine curiosité.

À mon avis, ce qui est le plus important concernant ce sujet, c'est la conscience des employés qui travaillent à la cantine. On sait qu'il n'est pas facile de contrôler les enfants à la cantine et c'est un travail très fatigant. Pourtant, si on pense qu'il s'agit de nos propres enfants, on ne négligera pas le moindre détail.

https://www.slate.fr

해석

이것은 아이들에게 있어서 좋은 식습관의 중요성에 관한 기사입니다. 첫 번째 부분에서, 저자는 아이들의 식사와 관련된 구내식당의 현실을 설명하고 있습니다. 더 구체적으로, 많은 구내식당들이 아직 식품의 질이 완벽하지는 않다는 사실에도 불구하고 아이들에게 음식의 맛을 알려 주려고 애쓰고 있습니다.

두 번째 부분에서 그는 정크 푸드의 영향에 대해 말하며, 우리에게 최대한 빠르게 아이들에게 좋은 식습관을 가르치기 시작할 것을 조언합니다. 마지막 부분에서 그는 좋은 식습관을 갖기 위한 다양한 경험들에 대해 역설하고 있습니다.

우리는 인터넷에서 학교 급식 문제와 관련된 기사들을 흔히 찾아볼 수 있습니다. 사실 학교 급식은 매우 중요한데, 왜냐하면 학교를 다니는 아이들 대부분이 학교에서 식사를 하기 때문입니다. 이것은 매년 엄청난 양의 식사가 준비된다는 것을 의미합니다. 급식은 또한 아이들에게 다양하고 균형 잡히고 저렴한 식사를 제공함으로써 중요한 사회적 역할을 합니다. 많은 구내식당들이 아이들의 식사가 개선될 수 있도록 노력하며, 그것이 면밀히 조사되고, 연구되고, 규제되고, 많은 경우 점점 더 신경 써서 만들어지는 것에 동의합니다.

문제는, 균형 잡히고 다양한 식사가 (게다가 보통 집에서보다 구내식당의 메뉴가 더 다양합니다) 구내식당에서 잘 먹는 것의 문제를 해결하는 데에는 충분치 않다는 것입니다.

양질의 식사는 물론 중요하고, 정말 식사 자체 그 이상이며, 많은 요소들이 아이들이 그들의 식사를 먹도록 독려할 수 있습니다. 제 생각에 가장 중요한 것들 중 하나는 아이들에게 영양의 중요성을 가르치는 것입니다. 예를 들어 대부분의 아이들이 왜 설탕이나 소금을 너무 많이 먹으면 안 되는지를 정확히 알지 못합니다.

우리는 또한 아이들이 음식을 알 수 있도록 교육해야 합니다. 많은 아이들이 감자튀김이 감자로 만들어진다는 것을 모릅니다. 이런 종류의 교육은 음식에 대한 아이들의 호기심을 자극할 수 있습니다. 음식이 어디에서 왔는지, 맛은 어떤지, 어떻게 준비하는지, 몸에 무엇을 가져다주는지를 보여주는 것, 이 모든 것들이 교사 또는 관계자들을 통해 교실에서 학습될 수 있습니다.

저는 인터넷에서 많은 워크숍들을 운영하고 있는, 특히 교내에서 '맛의 발견, 오감'과 '채소의 비밀'이라는 이름의 워크숍을 운영하는 한 단체에 관한 기사를 읽었습니다. 제 생각에 이것은 아이들이 음식에 관심을 갖도록 하는 데 좋은 프로그램입니다. 어떤 단체들은 매력적인 영양 교육을 하기 위해 애씁니다. 예를 들어 이들은 아이들에게 음식에 대한 수수께끼 놀이와 같이 아이들의 흥미를 끌 수 있는 활동들을 선택합니다.

게다가 저는 아이들의 섭식 행동을 고치기 위해서는 구내식당 환경을 개선하는 것이 중요하다고 생각합니다. 모든 사람들이 구내식당의 분위기가 쾌적해야 한다는 것을 알고 있지만, 이를 위한 효과적인 방법을 찾는 것은 쉽지 않습니다. 예를 들어 소음은 아이들에게 스트레스를 줍니다. 너무 시끄러우면 매우 불쾌하며, 그들은 더 이상 그들의 식판에 있는 것을 먹고 싶어 하지 않습니다. 조용한 환경은 (음식을) 더 많이 섭취할 수 있도록 해주며, 맛을 더 잘 느낄 수 있도록 해 줍니다. 따라서 전문가들이 학교와 정부의 지원에 힘입어 구내식당 담당 직원들을 교육하는 것이 필수적입니다.

채소를 먹고 싶어 하지 않는 아이들에 대해서는 어떻게 해야 할까요? 채소는 건강에 매우 중요하므로 효과적인 방법을 찾아야 합니다. 저는 우리가 아이들에게 그것을 여러 번 반복해서 주어야 한다고 생각합니다. 더 구체적으로, 우리는 아이들에게 새로운 음식을 조금만 맛볼 것을 제안하면서 여러 번 권할 수 있습니다. 중요한 것은 역시 이야기를 들려주는 것입니다: 이런저런 채소가 어디서 왔는지, 누가 그것을 생산했는지를 설명해 주는 것이죠. 이걸로 아이가 그것을 좋아하게 된다는 것을 의미하지는 않겠지만 어떤 호기심에 기여합니다.

제 생각에 이 주제에 관해 가장 중요한 것은 구내식당에서 일하는 직원들의 의식입니다. 우리는 구내식당에서 아이들을 통제하는 것이 쉽지 않다는 것과, 그것이 아주 피곤한 일이라는 것을 알고 있습니다. 그러나 만약 우리 자신의 자녀에 관한 것이라고 생각한다면, 아주 사소한 것도 무시할 수 없을 것입니다.

> 감독관은 한국 아이들의 식습관이나 구내식당의 상태 등에 대해 물어볼 수 있다. 이에 대해 응시자는 아이들이 패스트푸드에 길들여져 있다는 이야기를 하면서, 부모가 식습관의 중요성을 인식해야 한다고 답변할 수 있겠다.

E Comment est la qualité des aliments à la cantine dans votre pays ?
당신의 나라에서 구내식당 음식의 질은 어떻습니까?

C La qualité des aliments à la cantine est bien meilleure depuis ces dernières années, grâce à l'amélioration du niveau de vie. Pourtant, il existe encore beaucoup de différences sur la qualité des aliments selon la région. Je pense que c'est un gros problème parce que les enfants peuvent se décourager quelquefois à cause de ça.
구내식당 음식의 질은 최근 생활 수준의 개선 덕분에 많이 나아졌습니다. 그러나 여전히 지역에 따라 음식 질에 많은 차이가 있습니다. 저는 이것이 큰 문제라고 생각합니다. 왜냐하면 아이들이 때때로 이로 인해 의기소침해질 수 있기 때문입니다.

E À votre avis, les enfants de votre pays ont-ils de bonnes ou de mauvaises habitudes alimentaires ?
당신이 생각하기에 당신 나라의 아이들은 좋은 식습관을 가지고 있나요, 아니면 나쁜 식습관을 가지고 있나요?

C Je pense que la plupart des enfants coréens ont de mauvaises habitudes alimentaires. Ils mangent trop souvent de la nourriture de fast-food, comme les hamburgers. Et comme les parents sont très occupés, ils donnent de l'argent à leurs enfants et ils mangent ce qu'ils veulent, comme des pizzas. De bonnes habitudes alimentaires chez les enfants sont très importantes parce qu'il est vraiment difficile de changer ces habitudes une fois adulte. Alors les parents doivent prendre conscience de l'importance des habitudes alimentaires de leurs enfants.
저는 대부분의 한국 아이들이 나쁜 식습관을 가지고 있다고 생각합니다. 그들은 햄버거와 같은 패스트푸드를 너무 자주 먹습니다. 그리고 부모들이 너무 바쁘기 때문에 자녀들에게 돈을 주고, 그들은 피자와 같이 자기가 원하는 것을 먹습니다. 아이들에게 좋은 식습관은 매우 중요합니다. 왜냐하면 일단 성인이 되면 이 습관을 바꾸기가 매우 어렵기 때문입니다. 따라서 부모들이 자녀들의 식습관의 중요성에 대해 인식해야 합니다.

 문제 10

EXERCICE 1 실전 연습

🎧 Track 4-10

 Étape 1

지문 내용을 간단히 소개한 후 이에 대한 자신의 의견을 이야기해 보세요.
감독관의 질문에 추가로 답변해 보세요.

La colocation, mode d'emploi

Vous venez juste d'achever vos études et vous êtes à la recherche d'un logement, ou vous êtes salarié mais vos moyens financiers sont relativement limités... Peut-être êtes-vous tenté de la colocation, c'est-à-dire vivre avec d'autres personnes en partageant les charges liées à l'hébergement.
Avantages et inconvénients de la colocation... Comment choisir correctement ses colocataires ? Que faire si un colocataire ne paye pas ? Les règles de colocation sont-elles les mêmes lorsqu'il s'agit d'un couple marié ? Et en cas de concubinage ou de PACS ?

France Info 11/10/2013

Étape 2

문제 10의 필수 어휘를 익히고, 해석을 참조하세요.

 필수 어휘

colocation (f) 공동 세입 | achever 끝마치다 | colocataire 공동 세입자 | concubinage (m) 동거, 사실혼 | dossier (m) 관계 서류 | cambriolage (m) 불법 침입, 강도 | optique (f) 시점, 관점 | enrichir 부유하게 하다 | cohabitation (f) 동거, 공동 생활 | répartition (f) 분담, 분배 | cauchemar (m) 악몽 | spécifier 명확히 하다

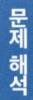 문제 해석

공동 세입 매뉴얼
당신은 막 학업을 마치고 집을 찾고 있다. 아니면 당신은 직장인이지만 재원이 비교적 한정적이다. 당신은 아마도 공동 세입, 즉 다른 사람들과 집에 관련되는 비용들을 나누면서 살고 싶을 것이다.
공동 세입의 장단점들... 어떻게 공동 세입자를 제대로 고를 수 있는가? 만약 공동 세입자 한 명이 돈을 내지 않으면 어떻게 해야 하는가? 공동 세입의 규칙들은 결혼한 부부, 그리고 동거나 PACS의 경우와 같을까?

Étape 3

모범 답변을 확인하고 실전 훈련하세요.

구술 전개 요령

1. 기사 요약
❶ 기사의 주제가 공동 세입임을 밝힌다.
❷ 공동 세입의 정의에 대해 설명한다.
❸ 기사에서 던지고 있는 질문들(공동 세입의 장단점 및 집세 문제 해결 방안, 동거 유형에 따른 법의 적용)을 제시한다.

2. 의견 표명
❶ 대도시에서는 집을 구하는 것이 매우 어려운데, 이에 대한 해결 방안으로 '공동 세입' 제도가 있다는 것과 그 장점을 설명한다. 첫째, 집세, 전기세 및 난방비를 나누어 내므로 돈을 절약할 수 있을 뿐만 아니라, 여럿이 함께 있으므로 보다 안전하다. 둘째, 공동 세입자와 여러 가지 활동을 함께 하며 건강을 유지할 수 있고, 공동 세입자가 외국인일 경우 외국어 및 다른 문화를 배울 수 있다.
❷ 공동 세입의 단점 및 공동 세입 시 유의할 사항들에 대해서도 구체적으로 언급한다. 첫째, 다른 사람들과 함께 생활하다 보면 생활 습관의 차이나 소음 문제 등이 발생할 수 있다. 둘째, 처음에 규칙을 세우는 것이 중요하며(청소, 빨래 등), 공동 세입자를 선택할 때에는 심사숙고해야 한다는 점을 든다.

모범 답변

Cet article parle de la colocation. D'abord, l'auteur définit la colocation en imaginant des situations possibles, puis en expliquant que la colocation est un moyen de vivre avec d'autres personnes en partageant les charges liées à l'hébergement.

La deuxième partie prend la forme de questions sur :
- les effets positifs et négatifs de la colocation
- l'importance du choix des colocataires
- la résolution des problèmes du loyer
- la question de l'application de la loi selon les colocataires

En effet, il faut admettre que trouver un logement dans une grande ville n'est jamais simple. Il y a beaucoup d'offres mais aussi beaucoup de demandes. Il ne suffit pas d'avoir la volonté de trouver un appartement, il faut aussi avoir un bon dossier pour que le propriétaire vous choisisse ! Avoir un dossier idéal, c'est loin d'être évident quand on est étudiant ou jeune diplômé ! Alors quelle est la solution ? À mon avis, c'est la colocation. Je vais expliquer les avantages de ce type de contrat.

L'avantage principal de la colocation concerne évidemment le montant du loyer. On peut économiser de l'argent en partageant le loyer, le prix de l'électricité et du chauffage. Et puis, cela apporte une solution au problème de la sécurité. Il y a beaucoup de vols ou de cambriolages. Les femmes en particulier peuvent se sentir plus en danger pendant la nuit si elles vivent toutes seules dans un appartement. Dans cette optique, la colocation peut être une mesure efficace.

De plus, ce type de style de vie contribue à aider à garder une bonne santé. Quand on habite seul dans un appartement, il est rare de faire du sport, car on passe beaucoup de temps devant l'écran. En revanche, si on partage un appartement avec quelqu'un, on a plus de chances de faire une activité sportive avec lui.

Par ailleurs, vivre en colocation permet d'avoir de réels moments d'échange, que ce soit pendant les repas ou les autres moments partagés. Vivre avec d'autres personnes permet d'ouvrir son esprit, de découvrir d'autres cultures, façons de vivre, de créer des liens uniques, de partager des expériences, de se rendre des services l'un et l'autre.

La colocation est aussi un bon moyen pour que les étudiants puissent s'améliorer en langues étrangères. Beaucoup d'universités organisent des programmes d'échange, donc de nombreux étudiants étrangers ont besoin d'un logement. Habiter avec un étudiant international reste le meilleur moyen de progresser dans une langue et d'enrichir ses connaissances !

En plus de ces avantages, je voudrais également parler des inconvénients de la colocation. D'abord, il faut savoir s'adapter aux autres, ce qui n'est pas évident pour tout le monde. Il faut donc bien choisir ses colocataires afin de rendre la cohabitation agréable pour tout le monde. On ne peut pas négliger non plus le problème du bruit. Imaginons que vous avez des examens très importants. Vous devez travailler tard mais votre colocataire fait une petite fête en invitant ses amis. Vous ne pouvez pas supporter cette situation.

Donc, pour que tout se passe au mieux, il est important d'instaurer des règles dès le début de la colocation (répartition des tâches, ménage, etc.). Il est clair que la colocation est une mesure intéressante pour régler le problème du logement. Pourtant, il faut bien réfléchir quand on choisit un colocataire, sinon on peut vivre un cauchemar.

https://www.axa.com

해석

이 기사는 공동 세입에 대해 말하고 있습니다. 먼저 글쓴이는 가능한 상황들을 가정하고 그 후 공동 세입이 다른 사람들과 집에 관련된 비용들을 나누면서 사는 방식이라고 설명하면서 공동 세입의 정의를 내리고 있습니다.

두 번째 부분에서는 다음에 대한 질문의 형태를 취하고 있습니다:
- 공동 세입의 긍정적/부정적인 효과
- 공동 세입자 선택의 중요성
- 집세 문제의 해결
- 공동 세입자에 따른 법의 적용에 대한 문제

사실, 대도시에서 집을 구하는 것이 결코 간단하지 않다는 것을 인정해야 합니다. 공급이 많지만 수요도 많죠. 집을 찾겠다는 의지만 가지고서는 충분하지 않으며, 집주인이 당신을 선택하도록 하기 위해서는 좋은 서류를 가지고 있어야 합니다. 우리가 학생이거나 학위를 갓 취득한 사람이라면 완벽한 서류를 지니고 있기 어렵습니다. 그렇다면 해결책은 무엇일까요? 제 생각에 그것은 공동 세입입니다. 이러한 유형의 계약이 가지는 장점들에 대해 설명 드리겠습니다.

공동 세입의 가장 중요한 장점은 당연히 집세에 관한 것입니다. 우리는 집세, 전기세, 난방비를 나누어 냄으로써 돈을 절약할 수 있습니다. 그리고 이것은 안전 문제를 해결합니다. 도둑이나 불법 침입이 많습니다. 특히 여성들은 집에 혼자 산다면 밤에 더 위험을 느낄 수 있습니다. 이런 관점에서 공동 세입은 효과적인 대책이 될 수 있습니다.

게다가 이런 유형의 라이프 스타일은 좋은 건강을 유지하는 데 도움이 됩니다. 우리가 혼자 살 때, 우리는 스크린 앞에서 많은 시간을 보내기 때문에 운동을 하는 일이 드뭅니다. 반대로 우리가 누군가와 함께 산다면, 그와 함께 스포츠 활동을 할 수 있는 기회가 더 많습니다.

게다가 공동 세입으로 사는 것은 식사 시간이든, 함께하는 다른 시간이든 간에 실제로 교류할 기회를 갖도록 합니다. 다른 사람과 함께 사는 것은 마음을 열고, 다른 문화와 삶의 방식을 발견할 수 있게 해 주며, 독특한 유대감을 만들고 경험을 공유하고 서로 도울 수 있게 해 줍니다.

공동 세입은 또한 학생들이 외국어가 늘 수 있도록 하는 데 좋은 방법입니다. 많은 대학들이 교환 학생 프로그램을 운영하고 있고, 그래서 많은 외국인 학생들이 집을 필요로 합니다. 외국 학생과 사는 것은 여전히 언어 실력을 향상시키고 지식을 풍부하게 하는 데 가장 좋은 수단입니다!

이 장점들 이외에, 저는 공동 세입의 단점들에 대해서도 말하고 싶습니다. 먼저 다른 사람들에게 적응하는 법을 알아야 하는데, 이는 모든 사람들에게 쉽지 않습니다. 따라서 모두에게 쾌적한 공동 생활을 만들기 위해서는 공동 세입자들을 잘 골라야 합니다. 우리는 소음 문제도 무시할 수 없습니다. 당신이 매우 중요한 시험이 있다고 생각해 봅시다. 당신은 늦게까지 공부해야 하는데 당신의 동거인이 그의 친구들을 초대해서 작은 파티를 엽니다. 당신은 이 상황을 견디지 못합니다.

그래서 모든 것들이 잘 되기 위해서는 공동 세입 초기부터 규칙을 세우는 것이 중요합니다(일의 분담, 청소 등). 공동 세입이 주거 문제를 해결하기에 유용한 대책이라는 것은 명백합니다. 그러나 우리가 공동 세입자를 고를 때는 잘 생각해 봐야 합니다. 그렇지 않으면 악몽을 경험하게 될 수도 있습니다.

질의 및 응답

감독관은 공동 세입에 대한 한국의 상황에 대해 묻고, 응시자가 이에 찬성하는지 혹은 반대하는지 물어볼 수 있다. 응시자는 도시에서 집을 구하는 것이 매우 어렵기 때문에 이 제도에 찬성하지만 여러 가지 유의 사항이 있다고 답변하면 무난하다.

E Est-ce que vous avez déjà fait l'expérience de la colocation ? Sinon, comment la colocation se passe-t-elle dans votre pays ?
당신은 공동 세입에 대한 경험이 있나요? 그렇지 않으면, 공동 세입이 당신 나라에서는 어떻게 되어 가고 있나요?

C J'habite avec mon ami dans un petit appartement depuis deux ans parce que l'université est trop loin de chez moi. C'était un peu difficile au début parce que c'était la première fois que je partageais le même espace avec quelqu'un qui n'était pas de ma famille. Mais je suis très content maintenant parce qu'on s'entend très bien. D'ailleurs, c'est un excellent cuisinier et il prépare le repas le dimanche.
저는 학교가 집에서 너무 멀어서 2년 전부터 작은 아파트에서 제 친구와 함께 살고 있습니다. 처음에는 제 가족이 아닌 누군가와 같은 공간을 공유하는 게 처음이어서 조금 힘들었습니다. 하지만 지금은 우리가 아주 사이좋게 잘 지내고 있어서 매우 만족합니다. 게다가 그는 훌륭한 요리사이고 일요일마다 식사를 준비해 줍니다.

E Alors vous êtes pour la colocation ?
그러면 당신은 공동 세입에 찬성하나요?

C Personnellement, oui. Il y a bien sûr des choses importantes à prendre en compte dans ce mode de vie. Il faut surtout spécifier comment partager les frais parce que les problèmes d'argent sont toujours un souci délicat. Et puis, il vaut mieux partager un logement avec quelqu'un qu'on connaît bien, si c'est possible.
개인적으로는 그렇습니다. 물론 이러한 삶의 방식에서는 고려해야 할 중요한 것들이 있습니다. 특히 돈 문제는 항상 예민한 문제이므로 비용을 어떻게 나눌지 명확히 해야 합니다. 그리고 가능하다면 잘 알고 있는 사람과 함께 사는 것이 좋습니다.

EXERCICE 1 실전 연습

🎧 Track 4-11

Étape 1 지문 내용을 간단히 소개한 후 이에 대한 자신의 의견을 이야기해 보세요.
감독관의 질문에 추가로 답변해 보세요.

Un concierge d'entreprise pour bichonner les meilleurs cadres

C'est un cadeau qu'une grande entreprise fait aux plus précieux de ses cadres. Elle offre aux directeurs du marketing international un abonnement annuel à un service de conciergerie 24 heures sur 24. Objectif : leur procurer une assistance permanente dans la gestion de leur vie, professionnelle ou privée. « Ces personnes sont très engagées professionnellement, voyagent beaucoup et ont un agenda très serré. C'est un service qui leur facilite le quotidien. Il leur permet de mieux concilier vie professionnelle et vie personnelle » explique Céline Beaudisson, responsable des ressources humaines.

Le Point 15/12/2011

Étape 2 문제 11의 필수 어휘를 익히고, 해석을 참조하세요.

bichonner 돌보다 | abonnement (m) 가입 | faciliter 촉진시키다, 조장하다 | uniquement 오로지, 단지 | attentif 신경쓰는 | capitalisme (m) 자본주의 | délester 부담을 줄이다 | tracasserie (f) 걱정, 근심 | periphérie (f) 외곽, 교외 | fidéliser 충성하게 만들다 | absentéisme (m) 결근 | découler 유래하다, 생기다 | conciliation (f) 양립시키기, 타협 | générer 발생시키다, 산출하다 | sensibiliser 의식화하다, 민감하게 하다 | dépouillement (m) 박탈 | morne 삭막한, 활기 없는

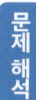

최고위 간부들을 수행하기 위한 기업 컨시어지

이는 한 대기업이 가장 높은 임원들에게 준 선물이다. 그 기업은 국제 마케팅 담당 임원들에게 24시간 컨시어지 서비스 연간 이용권을 제공한다. 목적은 직장 생활 또는 사생활 관리에 있어서 그들에게 지속적인 지원을 제공하는 것이다. "이 사람들은 일적으로 책임이 막중하고 여행을 많이 하며 매우 빡빡한 스케줄을 가지고 있습니다. 이것은 그들의 일상을 편리하게 해 주는 서비스입니다. 이 서비스는 그들이 직장 생활과 사생활을 더 잘 양립시킬 수 있도록 합니다."라고 인사 담당자인 Céline Beaudisson이 설명한다.

Étape 3 모범 답변을 확인하고 실전 훈련하세요.

구술 전개 요령

1. 기사 요약
❶ 주제가 회사 간부들에게 편의성을 제공하는 기업 컨시어지 시스템임을 언급한다.
❷ 이 제도의 목적을 설명한다.

2. 의견 표명
❶ 회사 간부에 대한 기업 컨시어지 시스템의 목적 — 회사에서 실적이 좋은 간부에게 개인 생활에 대한 편의를 제공함으로써 회사 업무에 집중하고 이를 통해 이윤을 극대화하는 것 — 을 보다 구체적으로 설명한다.
❷ 이 제도는 직원들이 업무에 집중할 수 있도록 해 줄 뿐만 아니라, 동기 부여와 사생활과 직장 생활 사이의 균형 유지에도 매우 효율적인 방법이 될 수 있다는 것을 설명한다. 그리고 이 시스템이 실질적으로 어떻게 운영되고 있는지 구체적인 예를 든다(예약, 생일 선물 등).
❸ 기업 컨시어지 시스템을 통해 기업의 이윤 창출이 어떻게 가능한지뿐만 아니라, 이러한 시스템의 효율성에도 불구하고 발생할 수 있는 문제점들이나 단점 — 차별 대우로 인한 상대적 박탈감, 동료들간의 좋은 인간관계를 유지하기가 어렵다는 점 — 에 대해 언급한다.

모범 답변

Cet article a pour but de montrer le système de concierge d'entreprise qui se charge de faciliter la vie des meilleurs cadres. Dans la première partie, nous pouvons observer le but de ce système : offrir toutes les commodités aux cadres d'entreprise. Puis, il nous explique les avantages de ce service, c'est-à-dire, comment les cadres peuvent mener leur vie professionnelle et personnelle dans de meilleures conditions grâce à ce service.

Dans la deuxième partie, on peut remarquer comment ce service fonctionne. Le concierge d'entreprise s'occupe des affaires personnelles des cadres pour qu'ils se concentrent uniquement sur leur travail sans être trop attentifs aux petits soucis de la vie quotidienne.

Je pense que ce genre de service est l'un des résultats du capitalisme. Le but principal des entreprises est le profit économique et elles évaluent les compétences des salariés par leur performance. Dans ce sens-là, il est normal que l'entreprise offre des commodités aux cadres qui obtiennent de bon résultat pour elle-même.

La mission d'une conciergerie d'entreprise est de délester les salariés de leurs tracasseries quotidiennes pour leur permettre de se concentrer sur leur travail. Sa création vient souvent en compensation des désagréments causés lors du déménagement d'une entreprise, d'un centre-ville vers la périphérie. Dans d'autres cas, c'est aussi une manière d'attirer et de fidéliser de jeunes salariés.

Au final, c'est d'abord une réponse aux problèmes de stress et d'absentéisme qui découlent de la difficile conciliation entre la vie professionnelle et les contraintes personnelles quotidiennes. Des problèmes qui peuvent générer des coûts non négligeables. À ce titre, les efforts des pouvoirs publics contre le stress au travail pour sensibiliser les entreprises à l'amélioration de la qualité de vie au travail ne sont pas étrangers au développement des conciergeries.

À mon avis, l'efficacité de ce système est évident : où qu'ils soient dans le monde, les heureux bénéficiaires peuvent contacter par mail ou téléphone la plate-forme, qui se chargera de réserver une table, de trouver une place pour la pièce qu'il faut avoir vue, ou de faire envoyer des fleurs à madame pour un anniversaire que monsieur a bien failli oublier !

Il est vrai que l'entreprise dépense beaucoup d'argent pour soutenir ce système mais c'est un bénéfice pour l'entreprise dans la vision à long terme. Par exemple, les cadres très compétents n'ont aucune raison de se déplacer vers une autre entreprise car l'entreprise leur fournit toutes les facilités. Alors, ils se consacrent au travail et ils apportent beaucoup de bénéfices économiques à l'entreprise.

Pourtant, malgré ces avantages, il ne faut pas ignorer les problèmes qui sont causés par ce système. Tout d'abord, on doit considérer l'ambiance entre les collègues. Supposons qu'un cadre est beaucoup plus jeune que l'autre cadre et celui-là est plus compétent que celui-ci. Dans ce cas-là, l'entreprise offre des commodités au jeune cadre et le cadre plus âgé sentira le dépouillement plus relatif.

D'ailleurs, le bureau peut être considéré comme la seconde famille parce qu'on y passe au moins 9 heures par jour. Donc, il est important de garder la bonne relation humaine entre les salariés. Mais si l'entreprise offre seulement ces facilités aux cadres, les employés ne penseront qu'à eux-mêmes pour obtenir le bon résultat. Finalement, la relation entre les salariés sera morne.

https://tel.archives-ouvertes.fr

해석

이 기사는 최고위 간부들의 삶을 편리하게 만들어 주는 기업 컨시어지 시스템을 보여주는 것을 목적으로 합니다. 첫 번째 부분에서 우리는 이 시스템의 목적을 확인할 수 있습니다. 기업 간부들에게 모든 편의를 제공하는 것이죠. 그리고 기사는 우리에게 이 서비스의 장점들, 즉 간부들이 어떻게 이 서비스 덕분에 더 좋은 컨디션으로 그들의 직장 생활과 사생활을 영위할 수 있는지에 대해서 설명합니다.

두 번째 부분에서 우리는 이 서비스가 어떻게 기능하는지 알 수 있습니다. 기업 컨시어지는 간부들이 일상 생활의 작은 문제들에 지나치게 신경 쓰지 않고 그들의 업무에만 집중할 수 있도록 하기 위해 그들의 개인적인 일들을 처리합니다.

저는 이러한 유형의 서비스가 자본주의의 결과들 중 하나라고 생각합니다. 기업들의 가장 중요한 목표는 경제적 이윤이고, 기업들은 직원들의 성과로 그들의 능력을 평가합니다. 이런 의미에서 기업이 자신을 위해 좋은 성과를 거둔 간부들에게 편의를 제공하는 것은 당연합니다.

기업 컨시어지의 임무는 직원들이 그들의 일에 집중할 수 있도록 하기 위해 일상적인 번거로운 일들에 있어서 부담을 줄이는 것입니다. 이런 서비스는 대개 기업이 도심에서 변두리로 이전할 때 야기되는 귀찮은 일들에 대한 보상으로 만들어집니다. 다른 경우에 이는 젊은 직원들을 끌어들이고 기업에 충성하게 하는 방법이기도 합니다.

마지막으로 이것은 무엇보다도 직장 생활과 일상 생활의 개인적인 제약들 간의 양립이 어렵다는 점에서 비롯되는 스트레스와 결근 문제에 대한 해결책입니다. 무시할 수 없는 비용을 발생시킬 수 있는 문제들이죠. 이런 이유로, 업무 스트레스 해소 문제에 있어서 기업들에게 직장에서의 삶의 질 향상을 의식화하기 위한 당국의 노력들은 컨시어지 서비스의 발전과 무관하지 않습니다.

제 생각에 이 시스템의 실효성은 명백합니다: 그들이 세상 어디에 있든, 운 좋은 수혜자들(서비스 이용자들)은 이메일이나 전화로 플랫폼에 연락할 수 있습니다. 이 플랫폼은 식당을 예약하고, 꼭 봐야 할 연극의 좌석을 찾고, 남편이 잊어버릴 뻔한 기념일 선물로 부인에게 꽃을 보내는 일을 담당합니다!

기업이 이 시스템을 유지하기 위해 많은 돈을 지출하는 것은 사실이지만, 이는 장기적인 관점에서 기업에게 이익입니다. 예를 들어 기업이 그들에게 모든 편의를 제공하므로 매우 유능한 간부들은 다른 기업으로 이직할 이유가 없습니다. 그래서 이들은 업무에 집중하게 되고 기업에 많은 경제적 이익을 가져다줍니다.

그러나 이러한 장점들에도 불구하고, 이 시스템에 의해 야기될 수 있는 문제들을 간과해서는 안 됩니다. 먼저, 우리는 동료들 간의 분위기를 고려해야 합니다. 한 간부가 다른 간부보다 훨씬 젊고 유능하다고 가정해 봅시다. 이러한 경우에 기업은 젊은 간부에게 편의를 제공하고, 더 나이가 많은 간부는 상대적 박탈감을 느끼게 될 것입니다.

게다가 직장은 제2의 가족으로 여겨질 수 있습니다. 우리가 거기서 적어도 하루에 9시간은 보내기 때문이죠. 그래서 직원들 간에 좋은 인간관계를 유지하는 것이 중요합니다. 하지만 만약 기업이 이러한 편의를 간부들에게만 제공한다면, 직원들은 좋은 성과를 내기 위해 자기 생각만 하게 될 것입니다. 결국 직원들 간의 관계는 삭막해지겠죠.

질의 및 응답

감독관은 기업 컨시어지 시스템이 응시자의 나라에서 어떻게 시행되고 있는지 질문할 것이다. 우리나라의 경우 특정 간부들에게 개인적인 편리함을 제공하고 있긴 하지만, 많은 간부들이 과중한 업무에 시달리고 있으며 실제로는 사생활과 관련된 일보다는 업무와 관련된 일에 더 많이 활용되고 있다고 하면 무난한 답변이 될 것이다.

E Qu'est-ce qui se passe chez vous ? Les entreprises coréennes adaptent ce système ?
당신의 나라에서는 어떻습니까? 한국의 기업들은 이 시스템을 적용합니까?

C Je ne pense pas. Je sais que beaucoup de cadres bénéficient de pas mal d'avantages. Par exemple, ils peuvent utiliser des véhicules avec chauffeur pour venir à leur entreprise. Cela leur permet d'éviter le stress causé par les embouteillages. Pourtant, il est vrai que la plupart des cadres sont obligés d'aller au bureau très tôt car beaucoup de travail les attend. Même si on applique ce système aux cadres, ce sera uniquement limité à la vie professionnelle.

저는 그렇게 생각하지 않습니다. 저는 많은 간부들이 적지 않은 혜택을 누리고 있다는 것을 알고 있습니다. 예를 들어 그들은 출근하기 위해 운전기사가 딸린 차를 이용할 수 있습니다. 이것은 그들에게 교통 체증으로 인한 스트레스를 피할 수 있게 해 줍니다. 그러나 대부분의 간부들은 많은 업무가 그들을 기다리고 있는 까닭에 매우 일찍 출근해야 하는 것이 사실입니다. 설령 우리가 이 시스템을 간부들에게 적용한다고 하더라도, 이는 오로지 직장 생활에만 국한될 것입니다.

EXERCICE 1 실전 연습

Track 4-12

Étape 1 지문 내용을 간단히 소개한 후 이에 대한 자신의 의견을 이야기해 보세요.
감독관의 질문에 추가로 답변해 보세요.

Internet, téléphonie : jusqu'où les parents peuvent-ils aller ?

La Commission européenne se consacre à la sensibilisation des jeunes à l'usage d'Internet. L'occasion de revenir sur le rôle des parents.
Faut-il surveiller les accès à Internet, aux mails et SMS ? Faut-il interdire certains usages ? Concrètement, les parents disposent de différents moyens techniques de contrôle : l'installation et le paramétrage des logiciels de « contrôle parental » qui permettent de bloquer l'accès à certains sites.
Les opérateurs mobiles proposent également des petits logiciels permettant aussi de lire les messages à distance et même d'écouter à distance les conversations téléphoniques. Une grande marque souhaite d'ailleurs ajouter à ce dispositif, qu'elle juge insuffisant, la possibilité de filtrer les messages échangés entre adolescents, permettant aux parents de bloquer certains mots. Les parents peuvent enfin géolocaliser le téléphone de leur enfant en utilisant des applications prévues à cet effet.
Concernant les réseaux sociaux, ce n'est pas gagné... La solution pour surveiller son enfant sur les réseaux sociaux serait de se faire admettre comme « ami »...
Ces parents vont-ils trop loin pour surveiller leurs enfants ?

Le Point 17/02/2011

Étape 2 문제 12의 필수 어휘를 익히고, 해석을 참조하세요.

Commission européenne 유럽 위원회 | sensibilisation (f) 관심을 끌기, 의식화 | paramétrage (m) 설정 | bloquer 저지하다 | dispositif (m) 장치, 조처 | géolocaliser 위치 추적하다 | remarquable 주목할 만한, 놀라운, 뛰어난 | renforcer 보강하다, 견고히 하다 | fichier (m) 파일 | blague (f) 농담, 실수 | envers ~에 대한 | clavardage (m) 대화방 | vis-à-vis ~에 대하여 | aux dépens de qn/qc ~을 희생시켜 | encyclopédique 모든 분야에 걸친, 해박한 | compte tenu de qc ~을 고려해서 | choquant 충격적인 | télécharger 다운 받다 | utilitaire (m) 유틸리티 프로그램 | malin 꾀바른 사람, 영리한 사람 | parade (f) 타개책, 대응책 | faire des bêtises 바보 같은 짓을 하다 | explicatif 설명적인 | mettre en garde 경고하다 | diaboliser 악마로 변모시키다 | veiller 주의하다 | erroné 틀린

문제 해석

인터넷과 휴대폰: 부모들이 어디까지 갈 수 있을까?

유럽 위원회는 청소년들의 인터넷 사용에 대한 관심을 높이는 데 몰두한다. 부모들의 역할로 되돌아갈 시기다. 인터넷, 이메일, SMS에 대한 접근을 감시해야 하는가? 특정 용도를 금지해야 하는가? 구체적으로 부모들은 다양한 기술적 통제 수단 — 특정 사이트에 대한 접근을 차단할 수 있게 해 주는 '자녀 보호' 소프트웨어의 설치 및 설정 — 을 가지고 있다.

이동 통신사들 또한 원격으로 메시지를 읽을 수 있게 해 주고, 심지어 전화상의 대화도 원격으로 들을 수 있게 해 주는 소프트웨어를 제안한다. 게다가 한 유명 브랜드는 이 장치로는 불충분하다고 판단하고 청소년들 간에 주고받는 메시지들을 필터링할 수 있는 기능을 추가하고자 한다. 이 기능은 부모들로 하여금 특정 단어들을 차단할 수 있도록 해 준다. 부모들은 이러한 목적으로 미리 마련해 둔 어플리케이션을 사용하여 그들 자녀의 휴대폰을 위치 추적할 수 있다.

소셜 네트워크에 관해서는, 아직 노력이 더 필요하다. 소셜 네트워크에서 자녀를 감시하기 위한 해결책은 '친구(신청)'을 수락받는 것이다.

이 부모들은 자녀를 감시하는 데 있어서 도가 지나친 걸까?

Étape 3 모범 답변을 확인하고 실전 훈련하세요.

구술 전개 요령

1. 기사 요약
❶ 자녀들의 인터넷을 비롯한 메일, SNS 사용 통제에 대한 기사임을 밝힌다.
❷ 부모들이 아이들의 인터넷 사용에 대해 어떤 조치를 취할 수 있는지 구체적인 예를 든다.
❸ 부모들의 이러한 통제가 과한 조치인지에 대해 의문을 제기한다.

2. 의견 표명
❶ 휴대폰과 인터넷은 우리 생활에 없어서는 안 될 필수불가결한 요소다.
❷ 젊은이들은 인터넷을 통해 우정을 쌓는다. 비밀번호를 교환하고 대화방을 활용하거나 공동 작업 시 인터넷을 적극 활용한다.
❸ 청소년들의 인터넷 사용에 대한 부모들의 근심을 언급하면서, 인터넷이 학교 과제나 수업 자료를 찾을 때에도 쓰이지만, 비디오 게임이나 대화를 할 때에도 사용되기 때문에 전적인 금지 또는 허용이 어렵다는 것을 밝힌다.
❹ 인터넷의 부작용을 막기 위한 부모들의 노력을 구체적으로 언급한다. 아이들이 인터넷을 할 때 옆에 있다거나 특정 어플을 다운받지 못 하도록 하는 소프트웨어를 사용한다는 것을 들 수 있다.
❺ 이런 노력에도 불구하고 이것은 완벽한 해결 방안이 될 수 없다. 아이들은 현실 세계와 가상 세계를 명확히 구분하지 못하기 때문에 부모의 역할이 한층 더 중요하다.

Cet article a pour but de montrer le problème sur les limites de la surveillance des parents à propos de l'usage d'Internet, de téléphone ou des mails et SMS de leurs enfants.

Dans la première partie, il mentionne l'importance du rôle des parents sur l'usage d'Internet de leurs enfants en posant des questions sur la surveillance ou l'interdiction concernant l'accès à Internet. Ensuite, il nous montre des mesures avec des exemples précis comme l'installation et le paramétrage de logiciels de « contrôle parental » qui permettent de bloquer l'accès à certains sites ainsi qu'un petit logiciel permettant aussi de lire les messages à distance et même d'écouter à distance les conversations téléphoniques. En dernière partie, il finit par poser une question sur la limite de la surveillance des enfants.

Le téléphone portable et Internet sont des inventions remarquables à l'époque contemporaine et ils ont complètement changé le mode de vie des gens. Il faut admettre qu'il est très difficile de vivre sans eux dans la vie quotidienne.

Internet prend une part de plus en plus importante dans la vie sociale des jeunes. Par exemple, Internet joue un rôle faible pour se faire de nouveaux amis, mais il permet de renforcer une amitié ou de la faire vivre au quotidien, par exemple, en se fixant facilement des rendez-vous ou en s'échangeant de nombreux fichiers (musiques, blagues,…).

Le fait de partager avec certains amis privilégiés ses mots de passe est un facteur très spécifique aux jeunes, en tout cas à une partie d'entre eux. Il représente un vrai signe de confiance de leur part envers leurs amis.

Les jeunes exploitent pleinement les possibilités de communication d'Internet en menant par exemple de multiples clavardages simultanés et en l'utilisant comme un véritable outil de travail collaboratif pour fixer des rendez-vous, organiser des activités en groupe de façon bien plus commode qu'avec d'autres moyens de communication.

Les parents ont par contre de nombreuses craintes vis-à-vis d'Internet pour leurs enfants. Ils ont de plus de difficultés à se positionner car Internet signifie aussi ordinateur, et donc un objet mal identifié qui va servir à la fois à chercher des informations pour un exposé, à jouer à des jeux vidéos, à discuter avec des amis. Dans bien des cas, ils imposent donc des limitations dans l'utilisation de l'ordinateur (jeux vidéos, discussions sans fin avec les camarades) en essaiant que cela ne soit pas aux dépens des bénéfices potentiels du web (ouverture sur le monde, source d'informations encyclopédique…). Dans de nombreux cas, les parents essaient de passer un peu de temps à côté de leurs enfants quand ils surfent, compte tenu de la nature potentiellement dangereuse de certains contenus.

En ce qui concerne le téléphone portable, le contrôle parental sur les smartphones consistait essentiellement à empêcher les enfants de rencontrer des contenus choquants. Certaines entreprises ont créé un compte enfant sur un téléphone. Il laisse les parents choisir quelle application peut être téléchargée et utilisée en proposant une liste d'utilitaires sécurisés et destinés aux enfants (jeux, vidéos, livres audio). Il y a aussi un smartphone réservé aux plus jeunes et entièrement surveillé par les parents. Ceux-ci peuvent aller jusqu'à choisir la liste des contacts auxquels l'enfant peut envoyer des messages.

Ce genre d'applications et d'outils ne règle pas tout. Je ne crois pas qu'une application soit meilleure qu'une bonne autorité parentale quand il s'agit de traiter une dépendance à Internet. Des petits malins trouveront la parade à toutes ces applications.

Pour les enfants, le monde réel et le monde virtuel sont très proches. Si un petit fait des bêtises dans la réalité, il aura tendance à se mettre en danger sur le Net, en allant sur des chats ou en parlant à des inconnus.

Pour éviter cela, les parents doivent adopter un comportement explicatif et mettre en garde leur enfant. Ils doivent aussi mettre en place des contrôles parentaux efficaces pour bloquer l'accès à certains sites.

https://www.childfocus.be
etopie.com

해석

이 기사는 자녀들의 인터넷, 휴대폰, 혹은 메일과 문자 메시지 사용에 있어서 부모들의 감시의 한계에 대한 문제점을 보여주는 것을 목적으로 합니다.

첫 번째 부분에서, 기사는 인터넷 접근에 관련된 감시나 금지에 의문을 제기하면서 그들 자녀의 인터넷 사용에 대한 부모들의 역할의 중요성을 언급합니다. 그러고 나서 기사는 우리에게 대책들을 보여줍니다. 특정 사이트에 대한 접근을 차단하게 해 주는 '자녀 보호' 소프트웨어의 설치와 설정, 원격으로 메시지를 읽을 수 있게 해 주고 심지어 전화상의 대화를 원격으로 들을 수 있게 해 주는 소프트웨어와 같은 구체적인 예와 함께 말이죠. 마지막 부분에서는, 그는 자녀에 대한 감시의 한계에 의문을 제기하면서 끝맺습니다.

휴대폰과 인터넷은 현 시대의 놀라운 발명품들이고, 사람들의 삶의 방식을 완전히 바꿔 놓았습니다. 일상생활에서 그것들 없이 살기는 매우 어렵다는 것을 인정해야 합니다.

인터넷은 젊은이들의 사회 생활에서 점점 더 중요한 부분을 차지하고 있습니다. 예를 들어 인터넷은 새로운 친구를 사귀는 데에는 미약한 역할을 하지만, 쉽게 약속을 잡거나 새로운 파일들(음악, 장난 등)을 교환하면서 우정을 강화하거나 일상생활에서 우정을 유지하도록 해 줍니다.

친한 친구들 몇몇과 비밀번호를 공유한다는 사실은 청소년들, 어쨌든 그들 중 일부에게는 매우 특징적인 요소입니다. 이 사실은 그들의 입장에서는 친구들에 대한 진정한 신뢰의 표시입니다.

청소년들은 인터넷의 소통 수단들을 전적으로 활용합니다. 예를 들자면 동시에 여러 개의 채팅을 하거나, 약속을 잡거나 다른 의사소통 수단들보다 훨씬 편리한 방식으로 그룹 활동을 기획하기 위해 인터넷을 공동 업무의 진정한 도구로서 사용하면서 말입니다.

반대로 부모들은 자녀들에 대해 인터넷에 관한 많은 걱정들을 가지고 있습니다. 인터넷이 곧 컴퓨터, 그러니까 발표를 위한 정보를 찾는 동시에 비디오 게임을 하고, 친구들과 이야기하게 해 주는 정의하기 힘든 물건을 의미하기 때문에 부모들은 갈피를 잡기가 더 어렵습니다. 그래서 많은 경우 그들(부모들)은 컴퓨터 사용(비디오 게임, 친구들과 계속해서 나누는 대화들)에 제한을 둡니다. 그것(제한)이 웹에서 얻을 수 있는 이득(세상에 대한 이해, 모든 분야에 걸친 정보원)을 희생시키지는 않도록 애쓰면서 말이죠. 많은 경우, 부모들은 몇몇 콘텐츠들이 잠재적으로 위험한 특성을 가지고 있다는 점을 고려하여 그들의 자녀들이 인터넷 서핑을 할 때 그들 곁에서 약간의 시간을 보내려고 노력합니다.

휴대폰과 관련하여 스마트폰에서의 자녀 보호는 본질적으로 자녀들이 충격적인 콘텐츠들을 접하지 못하도록 막는 것입니다. 어떤 기업들은 휴대폰에 자녀 계정을 만들었습니다. 그 계정은 아이들을 대상으로 하고 안전한 유틸리티 프로그램(게임, 비디오, 오디오북) 목록을 제시하면서 부모들이 어떤 어플리케이션이 다운로드 되고 이용될 수 있는지 고르도록 합니다. 또한 부모들에 의해 완전히 감시받는, 어린 청소년들만을 위한 스마트폰도 있습니다. 부모들은 아이들이 메시지를 보낼 수 있는 연락처의 목록을 고르는 데까지 이를 수 있습니다.

이러한 종류의 어플리케이션들과 도구들이 모든 것을 해결하는 것은 아닙니다. 저는 인터넷 중독을 다루는 것에 있어서 어플리케이션 하나가 부모들의 큰 권위보다 좋다고 생각하지 않습니다. 영악한 어린아이들은 이 모든 어플리케이션들에 대한 타개책을 찾아낼 것입니다.

아이들에게 있어서, 현실 세계와 가상 세계는 매우 유사합니다. 만약 한 아이가 현실에서 바보 같은 짓을 한다면, 그는 인터넷에서도 모르는 사람들과 얘기하며 위험에 처하기 마련입니다.

이를 피하기 위해 부모들은 설명적인 행동을 해야 하고 아이들에게 경고해야 합니다. 그들은 또한 특정 사이트들에 대한 접근을 차단하기 위해 효과적인 자녀 보호를 실시해야 합니다.

질의 및 응답

아이가 유해 사이트에 접속한 것을 발견했을 때, 응시자가 만약 부모라면 어떻게 행동할 것인지 감독관이 질문할 수 있다. 응시자는 부모가 패닉에 빠져서는 안 되며, 차분한 분위기에서 자녀에게 성에 대한 올바른 인식을 심어 줄 수 있도록 설명해야 한다고 답변한다.

E Comment réagir si votre enfant tombe sur un site pornographique ?
만약 당신의 아이가 포르노 사이트를 접한다면 어떻게 반응하시겠습니까?

C Si en surfant dans l'ordinateur de mon enfant, on découvre qu'il est tombé sur des sites pornographiques, il est inutile d'être paniqué. Il est vrai que les parents sont les moins bien placés pour parler pornographie car ils sont gênés à l'idée que leur enfant découvre le sexe. Pour autant, ce n'est pas la peine d'interdire ou de diaboliser le sexe en lui disant des choses comme « c'est sale ». Les parents doivent se faire confiance et tenter d'expliquer la sexualité calmement. Ils sont surtout là pour veiller à ce que leur enfant ne se fasse pas une idée erronée du sexe.

내 자녀의 컴퓨터를 서핑하다가 아이가 포르노 사이트를 접했다는 것을 알게 된다면 당황하는 것은 도움이 되지 않습니다. 부모들이 포르노에 대해 말하기에 좋은 위치에 있지 않다는 것은 사실입니다. 그들은 그들의 자녀가 성(性)을 알게 되었다는 생각에 난처해하기 때문입니다. 그렇다고 해서 "이건 더러운 거야"와 같이 아이에게 말하면서 성을 금지하거나 악한 것으로 변모시킬 필요는 없습니다. 부모들은 신뢰를 주어야 하고 차분히 성에 대해 설명하려고 해야 합니다. 그들은 무엇보다도 자녀들이 성에 대해 잘못된 인식을 가지지 않도록 주의해야 합니다.

EXERCICE 1 실전 연습

🎧 Track 4-13

Étape 1 지문 내용을 간단히 소개한 후 이에 대한 자신의 의견을 이야기해 보세요.
감독관의 질문에 추가로 답변해 보세요.

L'enfant unique

Les enfants uniques ont parfois la réputation d'être égoïstes et capricieux, mais ce n'est pas nécessairement justifié. Cela dépend du tempérament et de l'éducation qu'ils reçoivent. Les enfants uniques ont l'avantage d'avoir toute l'attention de leurs parents, mais comme tous les tout-petits, ils doivent apprendre à partager, à faire des compromis et à bien s'entendre avec les autres.

Être un enfant unique comporte ses avantages. Les parents ont notamment plus de temps, d'énergie et de ressources financières à consacrer à leur enfant et à leur couple. Un enfant unique grandit généralement dans un environnement plus calme, car un tout-petit seul joue souvent plus paisiblement et n'a personne avec qui se disputer. Certaines études rapportent que les enfants uniques ont en général une bonne estime de soi et une bonne confiance en eux, notamment parce qu'ils reçoivent beaucoup d'attention positive de leurs parents. Ils seraient aussi plus motivés à l'école, auraient un vocabulaire plus élaboré et feraient preuve d'une plus grande maturité parce qu'ils sont souvent seuls avec des adultes.

Naître et grandir

Étape 2 문제 13의 필수 어휘를 익히고, 해석을 참조하세요.

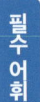

capricieux 변덕스러운 | tempérament (m) 성질 | compromis (m) 화해 | comporter 포함하다 | paisiblement 평화스럽게 | estime de soi (f) 자아 존중감 | élaboré 정교한 | maturité (f) 성숙 | préjugé (m) 편견 | conciliation (f) 화해 | énumérer 열거하다 | dévouer 바치다 | mûrir 성숙하다 | décalage (m) 차이 | s'investir 중시하다 | arrogance (f) 거만 | insupportable 참을 수 없는 | accaparant 독차지하려는 | extraverti 외향적인 | immature 미숙한 | tyran (m) 폭군 | irréductible 축소할 수 없는 | régner 지배하다 | vaciller 흔들리다 | fratrie (f) 한 가족의 형제, 자매 | privation (f) 결핍 | gâté 제멋대로의 | concurrence (f) 경쟁 | stigmatiser 오명을 씌우다, 비난하다 | se frotter 교제하다 | épargner 너그럽게 봐주다 | entraver 방해하다 | fragile 잘 깨지는 | décevoir 실망시키다 | barre (f) 경계 | divergence (f) 불일치, 대립

문제 해석

외동아이

외동아이들은 때때로 이기적이고 변덕스럽다는 평을 듣지만, 이것이 반드시 근거가 있는 것은 아니다. 이는 그들이 받는 교육과 그들의 기질에 달려 있다. 외동아이들은 그들의 부모의 모든 관심을 받는다는 장점을 가지지만, 모든 어린아이들과 마찬가지로 그들은 다른 사람들과 나누고, 화해하고, 잘 지내는 법을 배워야 한다.

외동아이라는 것은 장점들을 가진다. 부모들은 특히 그들의 아이와 그들 부부에게 바칠 더 많은 시간과 에너지, 그리고 재정적 지원이 있다. 외동아이는 보통 더 평온한 환경에서 자라는데, 왜냐하면 외동아이는 대개 더 조용하게 놀고 다툴 사람이 없기 때문이다. 어떤 연구들은 특히 외동아이들이 부모로부터 긍정적인 관심을 많이 받기 때문에 보통 자아 존중감이 높고 자신감이 있다고 보고한다. 그들은 대체로 어른들과 혼자 있기 때문에 학교에서도 더 의욕적이고, 더 정교한 어휘들을 사용하며, 더 성숙한 모습을 보여준다.

Étape 3

모범 답변을 확인하고 실전 훈련하세요.

구술 전개 요령

1. 기사 요약

❶ 외동아이에 대한 부정적인 편견 — 예를 들어, 이기적이고 변덕이 심하다 — 이 있지만, 사실 이는 교육과 아이의 기질에 달려 있는 것이라고 언급한다.

❷ 외동아이는 부모로부터 많은 시간과 에너지, 경제적 지원을 받을 수 있을 뿐만 아니라, 정서적인 측면에서도 자아 존중감이 높고 자신감이 높으며 성숙하다.

2. 의견 표명

❶ 외동아이가 다른 사람을 배려하지 않고 또래 친구들과 잘 어울리지 못한다는 편견이 있지만, 이를 일반화해서는 안 된다는 점을 밝힌다.

❷ 외동아이는 어린 나이부터 성인들과 접촉하기 때문에 어휘력이 풍부하며 논증에도 익숙하다는 장점을 언급한다.

❸ 외동아이의 성격이나 특성은 일반화할 수 없음을 설명한다.

❹ 외동아이의 장단점을 간단히 요약한 뒤, 외동아이에 대한 부정적인 편견을 거두어야 한다고 강조하며 마무리한다.

모범 답변

Le sujet de cet article concerne le nombre d'enfants parmi les membres de la famille. Il commence par mentionner les préjugés sur les enfants uniques. Plus précisément, il souligne le fait qu'il n'y a aucune preuve qu'ils aient un caractère égoïste et capricieux. L'auteur de cet article suggère aussi que cela dépend à la fois du tempérament et de l'éducation.

Ensuite, il mentionne les points importants que l'enfant unique doit saisir, c'est-à-dire, le concept de partage et de conciliation avec les autres. Et puis, il énumère les avantages de l'enfant unique : les parents peuvent lui consacrer plus de temps et ont de plus de ressources économiques disponibles à lui dévouer. Il indique également qu'un enfant unique peut grandir dans une ambiance familiale plus tranquille.

L'auteur de cet article finit par souligner le fait qu'être un enfant unique a beaucoup d'avantages. Par exemple, il peut avoir une bonne connaissance de lui-même grâce à l'attention de ses parents et il peut non seulement améliorer sa capacité d'apprentissage à l'école mais aussi mûrir plus vite.

En fait, être enfant unique ne signifie pas qu'on soit forcément incapable de tenir compte de l'autre ni de partager. Certes, il existe des enfants uniques qui se sentent en décalage avec les camarades de leur âge et n'arrivent pas à faire partie d'une bande. Mais, là encore, impossible de généraliser. À chacun son histoire, sa personnalité, ses aptitudes particulières.

Toutefois, l'ouverture de la famille sur l'extérieur, sa capacité à établir des échanges, a une grande importance. Ainsi, un enfant habitué à passer ses vacances avec ses cousins et cousines (ou fils et filles d'amis), à inviter des copains à la maison, aura moins de difficultés à nouer des contacts qu'un autre toujours entouré d'adultes.

Aucune étude n'a pu réellement apporter la preuve que les enfants uniques avaient de meilleurs résultats scolaires que les autres. Si l'on en croit certaines d'entre elles, ils réussiront mieux que les enfants qui sont membres d'une famille de trois enfants ou plus, mais pas mieux que ceux qui ont un frère ou une sœur. On peut néanmoins supposer qu'une grande partie des enfants uniques sont bons élèves. Normal, au fond, puisqu'ils bénéficient de l'attention exclusive de leurs parents et que ceux-ci s'investissent souvent à fond dans leur rôle d'éducateurs. Sans compter qu'à grandir dans un monde d'adultes, les enfants uniques acquièrent vite un vocabulaire élaboré. Ils tiennent des conversations de grands, ont l'habitude d'analyser, d'argumenter et d'être pris au sérieux.

En ce qui concerne l'égoïsme ou l'arrogance d'un enfant unique, comme s'il n'était pas un enfant comme les autres et que grandir sans frère ni sœur modifie forcément la construction de la personnalité, on entend couramment que les enfants uniques sont insupportables, égocentriques, accaparant toute l'attention de leurs parents. Pourtant, il n'existe pas de profil psychologique type. Ils peuvent être extravertis ou très timides, généreux ou égoïstes, mûrs pour leur âge ou immatures, tyrans ou victimes... Tout dépend de leur histoire et de celle de leurs parents.

Il y a effectivement entre l'enfant unique et les autres une différence irréductible : contrairement à eux, il règne sans partage sur le cœur de ses parents. Mais cette différence constitue à la fois un atout et un handicap.

D'un côté, l'enfant en tire la certitude absolue d'être aimé - une certitude qui parfois vacille chez les enfants élevés au sein d'une grande fratrie - et une solide estime de lui-même, puisque ses parents n'ont pas éprouvé le besoin d'avoir d'autres enfants ! Il y a aussi des enfants uniques qui ne reçoivent pas tant d'amour que ça et dont les parents ne s'occupent pas beaucoup.

Certains parents considèrent qu'ils pourront donner de meilleures chances à un seul enfant qu'à plusieurs. D'autres encore invoquent qu'une famille plus nombreuse est synonyme de trop de contraintes et de privations matérielles. Enfin, certains n'ont tout simplement pas envie de sacrifier leur vie de couple à celle de parents et souhaitent continuer à vivre aussi pour eux. Ce qui peut parfaitement se comprendre... Contrairement aux enfants ayant des frères et sœurs, les enfants uniques reçoivent toute l'attention, l'amour et les ressources matérielles de leurs parents tout au long de leur vie. On a toujours supposé que cela avait des conséquences négatives pour ces enfants qui deviennent ainsi trop gâtés et mal adaptés. Mais il se peut que l'absence de concurrence pour les ressources parentales soit un avantage.

Étant donné que le nombre de familles n'ayant qu'un seul enfant augmente à travers le monde, le moment est peut-être venu de cesser de stigmatiser ces enfants et leur famille. Les enfants uniques semblent s'en sortir fort bien, sinon mieux, que ceux d'entre nous qui ont des frères et sœurs.

해석

이 기사의 주제는 가족 구성원들 중 자녀의 수와 관련됩니다. 기사는 외동아이들에 대한 편견을 언급하는 것으로 시작합니다. 더 구체적으로, 기사는 그들이 이기적이고 변덕스럽다는 어떤 증거도 없다는 사실을 강조합니다. 이 기사의 글쓴이는 이것은 기질과 교육 두 가지에 달렸다는 것을 암시하기도 합니다.

그러고 나서 그는 외동아이가 이해해야 하는 중요한 점들, 다시 말해 나눔과 다른 사람들과의 화해라는 개념을 언급합니다. 그 후에, 그는 외동아이의 장점들을 열거합니다: 부모들이 그에게 더 많은 시간을 할애할 수 있다는 것과 그에게 쏟을 수 있는 재정적 지원이 더 많다는 것입니다. 그는 또한 외동아이는 더 평온한 집안 분위기에서 자랄 수 있다는 점도 지적합니다.

이 기사의 글쓴이는 외동아이라는 것이 많은 장점들을 가진다는 사실을 강조하면서 끝맺습니다. 예를 들어, 부모의 관심 덕분에 자기 자신에 대해 더 잘 알 수 있고, 학교에서의 학습 능력을 개선시킬 수 있을 뿐만 아니라, 더 빨리 성숙해질 수 있습니다.

사실, 외동아이라는 것이 반드시 타인을 생각할 줄 모르거나 나눌 줄 모른다는 것을 의미하지는 않습니다. 물론, 그 나이 또래의 다른 친구들과 거리감을 느끼고 무리의 일부가 되지 못하는 외동아이들도 있습니다. 그러나 여기서도 일반화시키는 것은 불가능합니다. 각자 자신의 사정, 성격, 개별적인 역량이 있습니다.

그러나 가족을 외부로 개방하는 것, 교류를 맺는 능력은 매우 중요합니다. 예를 들면 그의 사촌들(혹은 친구들의 아들, 딸)과 방학을 보내는 것, 집에 친구들을 초대하는 것에 익숙해져 있는 아이는 항상 어른들로 둘러싸여 있는 다른 아이보다 관계를 맺는 데 어려움이 덜 할 것입니다.

어떤 연구도 외동아이들이 다른 아이들보다 학업 성적이 더 좋다는 것을 실제로 증명하지는 못했습니다. 만약 이 연구들 중 몇몇을 믿자면, 외동아이들은 자녀가 셋 이상인 가족의 아이들보다는 좋은 결과를 얻을 수 있겠지만, 한 명의 형제자매가 있는 아이들보다는 아닐 것입니다. 그럼에도 불구하고 우리는 외동아이들의 대부분이 좋은 학생들이라고 추측할 수 있습니다. 보통 기본적으로 이들은 그들의 부모의 독점적인 관심을 받기 때문이며 부모들이 대개 그들의 교육자로서의 역할을 매우 중시하기 때문입니다. 어른들의 세계에서 자란다는 점을 차치하고서라도, 외동아이들은 정교한 어휘를 빠르게 습득합니다. 이들은 성인들의 대화를 이해하며, 분석하고, 논리적으로 말하고, 진지하게 받아들여지는 데 익숙합니다.

외동아이의 이기심이나 건방짐과 관련해서는, 마치 그들이 다른 아이들과 같은 아이가 아닌 것처럼, 그리고 형제자매가 없이 자라는 것이 필연적으로 인격 형성을 변화시키기라도 하는 것처럼, 우리는 흔히 외동아이들이 밉살맞고, 자기중심적이며, 부모의 모든 관심을 독차지한다는 말을 듣습니다. 그러나 전형적인 심리적 인간상은 존재하지 않습니다. 그들은 외향적일 수도, 아주 소심할 수도 있고, 관대할 수도 이기적일 수도 있으며, 그들 나이에 비해 성숙할 수도, 미숙할 수도 있고, 폭군일수도 희생자일 수도 있습니다. 모든 것은 그들과 그들 부모님의 내력에 달려 있습니다.

실제로 외동아이와 다른 아이들 간에는 확실한 차이점이 있습니다: 그들(다른 아이들)과 다르게, 외동아이는 그들의 부모의 사랑을 전적으로 독차지합니다. 하지만 이러한 차이점은 장점인 동시에 단점입니다.

한편 아이는 여기서 사랑받고 있다는 절대적인 확신 — 많은 형제자매들 사이에서 자란 아이들에게서는 때때로 흔들리는 — 과 단단한 자아 존중감을 이끌어 내는데, 왜냐하면 그들의 부모님이 다른 자녀를 가질 필요를 느끼지 않았기 때문입니다. 그렇게 많은 사랑을 받지 못하고 부모들이 그들을 많이 돌보지 않는 외동아이들도 있습니다.

어떤 부모들은 그들이 여러 명의 자녀들보다 외동아이에게 더 좋은 기회들을 줄 수 있을 거라고 생각합니다. 다른 부모들은 여전히 대가족이 너무 많은 제약과 물질적 결핍의 동의어라고 주장합니다. 결국, 어떤 사람들은 단순히 부모의 삶을 위해 부부 생활을 희생하고 싶지 않고, 그들을 위해 계속 살기를 원하기도 합니다. 전적으로 이해될 수 있는 점이죠. 형제자매가 있는 아이들과는 반대로, 외동아이들은 그들의 삶 내내 부모로부터 모든 관심과 사랑과 물질적인 지원을 받습니다. 우리는 늘 이것이 아이들을 너무 버릇없게 만들고 적응을 잘 못 하게 만들어서 부정적인 결과를 가져올 것이라고 추측했습니다. 그러나 부모의 재력에 대해 경쟁하지 않아도 되는 것은 장점이 될 수 있습니다.

전 세계적으로 자녀를 한 명만 가진 가족의 수가 늘어나고 있는 것으로 보아, 이러한 아이들과 그들의 가족들에게 오명을 씌우는 것을 그만두어야 할 때가 온 것 같습니다. 외동아이들은 어려움을 잘 헤쳐 나가는 것 같으며 심지어 형제자매가 있는 우리들 중의 아이들보다도 더 잘 헤쳐 나가는 것 같습니다.

질의 및 응답

감독관은 외동아이들이 조금 더 편한 삶을 꾸리기 위해 무엇이 필요한지 질문할 수 있다. 부모는 아이를 과보호하거나 아이에게 강요하지 않아야 하며, 다른 사람과 균형 있는 관계를 맺을 수 있도록 도와주어야 한다는 식으로 말하면 무난한 답변이 될 것이다.

E À votre avis, comment faire pour que les enfants uniques puissent mener une vie plus facile ?
당신이 생각하기에, 외동아이들이 더 안락한 삶을 영위할 수 있으려면 어떻게 해야 할까요?

C À mon avis, il est important de les encourager à fréquenter d'autres enfants. Ils ont besoin de se frotter aux autres et de se faire des amis pour mûrir affectivement. Alors, inviter des copains à la maison ou s'inscrire à une activité de loisirs dans le quartier peuvent être des moyens efficaces.

Et puis, il ne faut pas trop les protéger. Je pense que les parents d'un enfant unique ont tendance à vouloir épargner la sensibilité de leur petit et cela peut entraver une croissance affective solide. Plus on le traitera avec précaution, plus on renforcera l'idée qu'il est fragile sur le plan émotionnel et puis il le vivra comme tel. Plus tard, il risque d'avoir du mal à supporter les sentiments négatifs ou trop intenses.

Ce qui est le plus important, c'est de ne pas contraindre les enfants uniques à réaliser le désir de leurs parents. Pour son enfant, on rêve de ce qu'il y a de mieux. Surtout quand on n'en a qu'un ! Mais il ne faut pas projeter les rêves des parents sur lui. Il aurait le sentiment qu'il doit accomplir ce que leurs parents n'ont pas réussi et pourrait se retrouver terrifié à l'idée de les décevoir. Il ne faut pas mettre non plus la barre trop haut. Par exemple, les parents auraient adoré qu'il devienne médecin. Mais s'il n'a aucun goût pour les études, il vaut peut-être mieux l'aider à trouver une autre voie.

En dernier, tenir compte des autres et apprendre à instaurer des relations équilibrées n'est pas facile pour un enfant unique. Les parents peuvent l'aider en lui montrant que chacun a besoin de donner et de recevoir. L'échange est nécessaire pour des relations satisfaisantes. Et quand il y a divergence, chacun doit céder un peu pour trouver un accord qui satisfasse partiellement les autres. Savoir faire des compromis, c'est le point essentiel des relations sociales ! Plus tôt l'enfant l'aura compris, plus il aura de facilités à se faire des amis.

제 생각에는 그들이 다른 아이들과 어울리도록 독려하는 것이 중요합니다. 이들은 정서적으로 성숙해지기 위해서 다른 아이들과 관계를 트고 친구를 만들 필요가 있습니다. 따라서 친구들을 집에 초대하거나 동네 취미 활동에 가입하는 것이 효과적인 방법이 될 수 있습니다.

또한 그들을 과보호해서는 안 됩니다. 저는 외동아이의 부모님들이 그들의 아이들의 감수성을 너그럽게 봐주고 싶어 하는 경향이 있으며, 이것이 단단한 정서적 성장을 방해할 수 있다고 생각합니다. 우리가 아이를 조심스럽게 대할수록 아이가 정서적인 부분에서 무너지기 쉽다는 생각을 더욱 더 가지게 될 것이고, 아이는 그렇게 살게 될 것입니다. 나중에는 아이가 부정적이거나 지나치게 격한 감정들을 견디기 힘들어 할 위험이 있습니다.

가장 중요한 것은 외동아이들에게 그들의 부모의 욕망을 실현시켜 줄 것을 강요하지 않는 것입니다. 아이들을 위해 우리는 가장 좋은 것을 꿈꿉니다. 특히 자녀가 한 명밖에 없을 때는 말이죠! 그러나 부모들의 바람을 아이에게 투영해서는 안 됩니다. 아이는 그들의 부모들이 성공하지 못했던 것을 완성해야 한다는 느낌을 가질 수 있으며, 부모를 실망시킨다는 생각에 두려워할 수도 있습니다. 기대치를 너무 높게 잡아서도 안 됩니다. 예를 들어 부모는 아이가 의사가 되기를 바라지만, 아이가 공부에 아무런 취미가 없다면 아이가 다른 길을 찾도록 도와주는 것이 더 좋을 수 있습니다.

마지막으로, 다른 사람들을 고려하고 균형 잡힌 관계를 세우는 것은 외동아이들에게 쉽지 않은 일입니다. 부모들은 아이에게 누구나 주고받는 것이 필요하다는 것을 보여주면서 그를 도울 수 있습니다. 교환은 만족스러운 관계를 위해 필요합니다. 그리고 대립이 있을 경우 다른 사람들을 부분적으로 만족시키는 합의점을 찾기 위해 각자는 조금씩 양보해야 합니다. 타협할 줄 아는 것은 사회적 관계의 핵심 포인트입니다! 아이가 이것을 일찍 깨달을수록, 아이는 더 쉽게 친구를 사귈 수 있을 것입니다.

Magicmaman
Slate 02/12/2019

EXERCICE 1 실전 연습

Track 4-14

Étape 1 지문 내용을 간단히 소개한 후 이에 대한 자신의 의견을 이야기해 보세요.
감독관의 질문에 추가로 답변해 보세요.

Faut-il interdire Internet dans les entreprises ?

66 minutes par jour. C'est le temps que passeraient en moyenne les salariés français à surfer sur le Web à des fins personnelles pendant leurs horaires de travail. Pour enrayer le problème, certaines entreprises ont totalement coupé ou fortement limité l'accès des sites à caractères personnels à leurs salariés. Principal argument : la baisse de concentration de leurs salariés lorsqu'ils sont sur Internet. Cependant, pour la nouvelle génération, Internet est aujourd'hui perçu comme un outil de travail à part entière, aussi naturel que le téléphone. Interdire le surf sur les réseaux sociaux pourrait donc avoir un impact négatif sur le travail. « Lorsqu'ils sont confrontés à un problème professionnel, ces salariés font souvent appel à leur réseau pour résoudre un problème. » Certaines entreprises encouragent même l'utilisation de ces réseaux qui est un moyen efficace de communiquer par leur manière en plus de faciliter les liens entre ses salariés.
De plus en plus d'entreprises se dotent de chartes de bonnes conduites sur le Net. En cas d'effraction de ces règles, les entreprises peuvent définir des sanctions allant jusqu'au licenciement. Le développement de grands bureaux à partager permettra-t-il d'autoréguler la situation ?

L'express 19/08/2010

Étape 2 문제 14의 필수 어휘를 익히고, 해석을 참조하세요.

필수 어휘

enrayer 막다 | se doter 갖추다 | effraction (f) 무단 침입 | sanction (f) 처벌, 제재 | licenciement (m) 해고 | autoréguler 자율 규제하다 | se baser sur qc ~에 근거를 두다 | perturber 방해하다 | se divertir 기분 전환하다, 즐기다 | éventuellement 경우에 따라서는 | se distraire 기분 전환하다 | impérativement 반드시 | concertation (f) 협의, 협조 | bande-passante (f) 대역폭 | à la clé 결국 | filtrage (m) 검열, 필터링 | malware (m) 악성 소프트웨어 | tableau d'affichage (m) 게시판

문제 해석

사내에서 인터넷을 금지시켜야 하는가?

하루 66분. 이것은 프랑스 직장인들이 근무 시간 동안 개인적인 목적으로 웹 서핑을 하는 데 보내는 평균 시간이다. 이러한 문제를 막기 위해 일부 기업은 직원들에게 개인적인 성격의 사이트에 대한 접근을 완전히 차단하거나 심각하게 제한했다. 주된 근거는 인터넷 접속 시 직원들의 집중력 저하이다. 그러나 젊은 세대들에게 인터넷은 오늘날 휴대폰만큼이나 당연하게, 완전히 업무를 위한 도구로 인식된다. 따라서 소셜 네트워크에서의 서핑을 금지하는 것은 업무에 부정적인 영향을 미칠 수 있다. "일적인 문제에 직면하면, 이 직원들은 대개 문제를 해결하기 위해 그들의 (소셜) 네트워크를 이용합니다." 몇몇 기업들은 심지어 이러한 네트워크 사용을 권장한다. 이는 직원들 간의 관계를 돕는 것 이외에도, 그들의 방식으로 소통하는 효과적인 수단이다.

점점 더 많은 기업들이 인터넷 이용에 있어서 적절한 행동 강령을 갖추고 있다. 이러한 규정을 무단으로 위반할 경우 회사는 해고까지도 갈 수 있는 처벌을 결정할 수 있다. 대규모 공유 오피스가 발전하면 이러한 상황을 자율적으로 규제할 수 있을까?

Étape 3 모범 답변을 확인하고 실전 훈련하세요.

구술 전개 요령

1. 기사 요약
❶ 주제는 회사에서의 인터넷 사용에 관한 것으로, 직원들이 개인적인 용무로 회사에서 인터넷을 많이 한다는 실태를 제시한다.
❷ 직원들이 개인적인 용무로 인터넷 하는 것을 제한하기 위해 회사에서 어떤 조치를 취하고 있는지 설명한다.
❸ 회사의 조치로 인해 야기될 수 있는 문제점을 언급하면서 이러한 방식에 의문을 제기한다.

2. 의견 표명
❶ 회사에서 직원들이 인터넷을 개인적으로 사용하는 경우 업무 효율성이 떨어져 회사에 경제적인 손해를 입힐 수 있으므로, 인터넷 사용은 회사 업무를 보기 위한 것으로 제한되어야 한다.
❷ 그러나 인터넷의 전면적인 금지에 대해서는 반대한다는 입장을 밝힌다. 왜냐하면 직원들이 스트레스나 긴장을 풀기 위해 인터넷을 사용하는 경우도 있기 때문이다.
❸ 최근에는 직원들의 인터넷 사용에 대해 회사들이 나름대로 유연한 방식을 취하고 있음을 설명한다. 인터넷 사용의 전면적인 통제는 직원들의 사기 진작에 도움이 되지 않을 뿐만 아니라, 직원들 또한 스스로 인터넷 사용을 어느 정도 조절하고 있기 때문이다.
❹ 기업들이 인터넷 사용에 대한 규칙을 정할 때 개인적인 용도의 인터넷 사용에 대한 기준을 정하는 것이 중요하다.

Cet article a pour but de montrer le problème de l'utilisation d'Internet au bureau. Dans la première partie, il nous indique le chiffre statistique de l'utilisation d'Internet pour des raisons personnelles dans les entreprises en se basant sur le résultat du sondage. Ensuite, il montre les mesures nécessaires des entreprises et leur but pour empêcher que les salariés français utilisent Internet pour des affaires personnelles. Après, il nous montre le problème potentiel de cette mesure sur le travail. C'est-à-dire, l'interdiction d'Internet qui risque de perturber les activités professionnelles dans le bureau. Et puis, dans la partie suivante, on peut comprendre pourquoi certaines entreprises autorisent volontairement l'utilisation d'Internet des salariés; elle peut être outil de communication entre salariés. Il finit par poser des questions sur l'efficacité des mesures des entreprises.

Je pense que les employés ne se rendent pas compte pour la plupart d'entre eux que le temps passé sur Internet pour se divertir ou regarder les photos des amis sur Facebook est un acte assez grave qui peut nuire lourdement à la compétitivité de leur entreprise et à terme mettre en danger leur propre emploi !

On ne vient pas au travail pour regarder les photos des amis sur Facebook. Je pense que l'usage d'Internet au travail devrait être restreint aux sites utiles au travail. Éventuellement, il y a quelques postes de travail qui permettent d'accéder à Internet. Mais si chaque employé passe statistiquement 1 heure par jour sur Internet, à la fin, ça coûte très cher à l'entreprise et peut nuire considérablement à sa compétitivité !

Pourtant, je suis contre une interdiction totale. Dans la société dans laquelle nous vivons, certaines personnes passent plus de temps au travail qu'elles ne le devraient. Pourquoi ? Et bien, parce qu'elles ont une vie sociable et qu'au travail, elles ne travaillent pas seulement et entre autres elles vont sur Internet.

Les employés peuvent se communiquer des renseignements sur Internet et les informations obtenues par ce moyen peuvent être utiles aux employés. En revanche, si on interdit l'usage privé d'Internet au travail, les employés sont obligés de travailler sans avoir la possibilité de se distraire à leur bureau. Dans ce cas-là, ils n'ont aucune raison de rester plus longtemps au bureau. Je rajouterais juste qu'en interdisant l'usage privé d'Internet au bureau, les employés seront plus stressés, et cela entraînera des médicaments, entraînera des congés et à mon avis, finalement, entraînera une baisse de productivité dans l'entreprise.

D'ailleurs, l'interdiction totale est de moins en moins appliquée dans les grandes sociétés. La tendance actuelle est de rouvrir totalement ou partiellement les réseaux d'entreprise. Ce n'est pas en restreignant l'utilisation d'Internet qu'on va augmenter la productivité. En effet, on a rarement vu des gens en confiance, bien dans leur entreprise passer des heures sur Facebook ou des sites de commerce en ligne.

Mais autoriser l'accès à Internet ne signifie pas ne pas le contrôler. L'objectif est de définir ce qu'on considère comme une utilisation raisonnable du Web. Les chartes varient en fonction des entreprises mais on y définit par exemple le temps qu'on peut y passer, et les sites que l'on a le droit de fréquenter.

DELF B2 · 구술

해석

이 기사는 사무실에서의 인터넷 사용 문제를 보여주는 것을 목적으로 합니다. 첫 번째 부분에서, 기사는 설문 조사 결과에 근거하여 개인적인 이유로 인한 사내 인터넷 사용의 통계적 수치를 우리에게 보여줍니다. 그리고 나서 기사는 기업의 필요한 조치들과 프랑스의 직장인들이 개인적인 일로 인터넷을 사용하는 것을 막으려는 그것의 목적을 보여줍니다. 그 후에 기사는 우리에게 이러한 조치가 업무에 미칠 수 있는 문제를 보여줍니다. 다시 말해서, 인터넷을 금지하는 것이 직장에서 업무 활동을 방해할 우려가 있다는 것이죠. 그리고 이어지는 부분에서 우리는 왜 몇몇 기업들이 자발적으로 직원들의 인터넷 사용을 허용하는지 알 수 있습니다: 그것이 직원들 간의 소통의 도구가 될 수 있기 때문이죠. 기사는 기업의 조치들의 실효성에 대해 의문을 제기하며 끝납니다.

저는 직원들이, 그들 중 대부분이 기분 전환을 하거나 페이스북에서 친구들의 사진을 보기 위해 인터넷에서 보내는 시간이 기업 경쟁력에 크게 해를 끼칠 수 있고, 그리고 언젠가는 그들 자신의 일자리를 위험에 빠뜨릴 수 있는 매우 심각한 행동이라는 것을 깨닫지 못하고 있다고 생각합니다.

우리는 페이스북의 친구들 사진을 보려고 출근하는 게 아닙니다. 저는 직장에서의 인터넷 사용은 업무에 유용한 사이트로만 제한되어야 한다고 생각합니다. 경우에 따라서는, 인터넷에 접속할 수 있는 몇몇 직위가 있습니다. 그러나 만약 각 직원들이 통계적으로 하루에 1시간을 인터넷에서 보낸다면, 이는 결국 기업에게 많은 대가를 치르게 할 것이고, 기업 경쟁력에 엄청난 해를 끼칠 수 있습니다!

그렇지만 저는 (인터넷 사용의) 전면 금지는 반대합니다. 우리가 살고 있는 사회에서는, 어떤 사람들은 그들이 그래야 하는 것보다 더 많은 시간을 직장에서 보냅니다. 왜 그럴까요? 왜냐하면 그들이 사교적인 생활을 하고 있고, 직장에서 일만 하는 것이 아니고 다른 사람들과 인터넷을 하기 때문입니다.

직원들은 인터넷에서 서로 자료를 전달할 수 있고, 이런 방식으로 얻은 정보들은 직원들에게 유용할 수 있습니다. 반대로, 만약 직장에서 인터넷의 사적인 사용을 금지한다면 직원들은 사무실에서 기분 전환할 기회도 갖지 못하고 일해야만 합니다. 이런 경우 그들은 사무실에 더 오래 머물 어떤 이유도 없습니다. 직장에서 사적인 인터넷 사용을 금지하면 직원들은 더 스트레스를 받을 것이고, 이로 인해 약을 먹게 될 것이고, 휴가를 쓸 것이고, 제 생각에 결국은 기업의 생산성 저하로 이어지게 될 것임을 덧붙입니다.

게다가 전면 금지는 대기업들에서 점점 덜 적용되고 있습니다. 요즘의 추세는 완전히 혹은 부분적으로 사내 네트워크를 다시 열어주는 것입니다. 인터넷 사용을 제한하면서 생산성을 높이는 것이 아닙니다. 실제로 우리는 회사에서 안심하고 페이스북이나 온라인 쇼핑 사이트에서 몇 시간을 보내는 사람들을 거의 보지 못했습니다. 하지만 인터넷에 대한 접근을 허용하는 것이 그것을 통제하지 않겠다는 의미는 아닙니다. 목표는 무엇을 합리적인 인터넷 사용으로 여길지 정의하는 것입니다. 강령은 기업에 따라 다르지만, 예를 들어 우리가 웹에서 보낼 수 있는 시간, 방문할 수 있는 사이트 등으로 정해집니다.

질의 및 응답

감독관은 직원들의 개인적 용무로 인한 인터넷 사용 제한에 대한 응시자의 의견을 물을 것인데, 다음과 같이 구체적인 예를 들며 답변하면 좋다.

E Quelles sont les mesures nécessaires pour que les employés ne puissent pas utiliser personnellement Internet ?

직원들이 개인적으로 인터넷을 사용할 수 없도록 하기 위해 필요한 조치들은 무엇인가요?

C Je pense qu'il y a des moyens efficaces pour le faire. Limiter le temps d'utilisation quotidien d'internet permet tout d'abord d'augmenter la productivité de l'entreprise. Selon une étude américaine, 48 % des employés américains estiment que leur source de distraction principale au travail est Internet. Plusieurs moyens permettent de limiter l'accès à internet. Certains logiciels comme « track » enregistrent tout ce que les employés font : c'est une solution radicale, donc il faut impérativement informer les employés. On peut aussi fixer une limite d'utilisation d'Internet à des fins non-professionnelles, après concertation avec les employés. Ces limites auront également pour effet d'alléger la bande-passante de l'entreprise, avec, à la clé, une connexion plus fluide.

Il existe un autre moyen d'empêcher les employés de surfer au lieu de travailler : le filtrage. Il permet de filtrer l'accès à Internet par trois méthodes différentes : on peut bannir certains sites Internet, définir une liste de mots-clés interdits, ou empêcher le téléchargement de certains fichiers. Le filtrage permet lui aussi d'augmenter la productivité, en interdisant les réseaux sociaux, mais il va plus loin : il protège mieux l'entreprise contre les attaques informatiques en empêchant les collaborateurs de se connecter à des sites dangereux et de télécharger des fichiers susceptibles de contenir des malwares.

La meilleure façon de cultiver une utilisation raisonnable et professionnelle du web est de mettre en place une charte de bonne conduite après concertation avec les employés. Ce document doit définir les bons réflexes à adopter, interdire certaines pratiques comme les téléchargements, les réseaux sociaux ou le surf sur les sites de streaming, et indiquer le nombre maximum d'heures de surf par mois ou par semaine. Cette charte doit impérativement être validée par le comité d'entreprise, être intégrée dans le règlement intérieur, et être diffusée par email ou tableau d'affichage.

저는 이를 위해 효과적인 방법들이 있다고 생각합니다. 무엇보다도, 일일 인터넷 사용 시간을 제한하는 것은 기업의 생산성을 높여 줍니다. 미국의 한 연구에 따르면, 미국 직원의 48%가 직장에서 그들의 주의를 산만하게 하는 주요 원인이 인터넷이라고 생각합니다. 인터넷 접속을 제한하는 몇 가지 방법들이 있습니다. '트랙'과 같은 일부 소프트웨어는 직원들이 하는 모든 것을 기록합니다: 이는 급진적인 해결책이므로 반드시 직원들에게 알려야 합니다. 또한 직원들과의 협의 후에 업무 외 목적의 인터넷 사용 제한을 정하는 것도 가능합니다. 이러한 제한은 기업의 대역폭에 부담을 줄여 결국 연결이 더 원활해지도록 할 것입니다.

직원들이 일하는 대신 (인터넷) 서핑을 하는 것을 막는 또 다른 방법이 있습니다: 필터링이죠. 세 가지 다른 방식으로 인터넷 접속을 검열할 수 있습니다: 특정 인터넷 사이트를 금지하거나, 금지 키워드 목록을 정하거나, 혹은 특정 파일들을 다운로드하지 못하도록 하는 것입니다. 필터링은 또한 소셜 네트워크를 금지하여 생산성을 높일 뿐만 아니라: 직원들이 위험한 사이트에 접속하지 못하도록, 그리고 악성 소프트웨어를 포함할 위험이 있는 파일들을 다운로드하지 못하도록 하면서 컴퓨터 공격으로부터 회사를 더 잘 보호합니다.

합리적이고 업무적인 웹 사용을 유지하는 가장 좋은 방법은 직원들과 협의 후 올바른 행동 강령을 확립하는 것입니다. 이 문서는 취해야 할 바람직한 행동들을 규정하고, 다운로드, 소셜 미디어, 혹은 스트리밍 사이트 서핑과 같은 특정 행위들을 금지하며, 한 달 혹은 일주일 단위로 서핑 가능한 최대 시간을 명시해야 합니다. 이 강령은 기업 위원회에 의해 반드시 법적 효력을 인정받아야 하고, 내부 규정에 합쳐져야 하며, 이메일이나 게시판을 통해 배포되어야 합니다.

IPE 26/03/2019

EXERCICE 1 실전 연습

🎧 Track 4-15

Étape 1

지문 내용을 간단히 소개한 후 이에 대한 자신의 의견을 이야기해 보세요.
감독관의 질문에 추가로 답변해 보세요.

Bientôt du sport sur ordonnance ?

Les Français gagneraient à augmenter leur dose d'activité physique. Pour les inciter à essayer autre chose que les petites pilules ou les cuillères de sirop, l'Académie de médecine ouvre le débat en proposant de faire rembourser le sport par la Sécurité sociale.
Une révolution ? Pas vraiment. Plusieurs médecins nous ont laissé entendre qu'ils n'étaient pas défavorables à une telle mesure, ce qui paraît logique puisqu'ils conseillent déjà le sport à leurs patients, même si cela ne figure pas pour autant sur l'ordonnance.
À l'autre bout de la chaîne qui relie sport et santé, les clubs et associations sportives sont aussi concernés par la proposition des scientifiques.
Claudine Debled enseigne le yoga (association Vivre Bien yoga), réputé pour ses effets apaisants et sur la souplesse du corps. « Les médecins m'envoient très souvent des personnes qui viennent pour lutter contre le stress, l'angoisse. »
Alors, évidemment, la proposition de l'Académie de médecine paraît judicieuse. Elle devrait faciliter l'accès à la pratique sportive.

L'union 23/12/2012

Étape 2

문제 15의 필수 어휘를 익히고, 해석을 참조하세요.

dose (f) 양 | pilule (f) 환약 | cuillère (f) 스푼, 한 숟가락의 분량 | sirop (m) 시럽 | apaisant 진정시키는 | souplesse (f) 유연성 | judicieux 타당한 | diagnostic (m) 진단 | rechute (f) 재발 | guérison (f) 치유, 회복 | contrebalancer 상쇄하다 | toxicité (f) 독성 | accroître 증가시키다 | espérance (f) 기대, 희망 | prescrit 처방된 | bilan (m) 결산 | absorber 먹다, 흡수하다 | amendement (m) 개정, 수정 | rattraper 따라잡다, 다시 잡다 | essor (m) 비약적 발전 | décret (m) 법령

문제 해석

운동 처방이 머지 않았는가?

프랑스인들은 신체 활동량을 늘림으로써 이득을 볼 수 있다. 그들이 작은 환약이나 시럽 몇 숟가락 외에 다른 것을 시도하도록 격려하기 위해, 프랑스 국립 의학 아카데미는 국민 건강 보험이 스포츠를 환급하도록 해 줄 것을 제안하면서 토의를 시작한다.

혁명인가? 딱히 그렇지는 않다. 여러 의사들이 그들은 이러한 조치에 반대하지 않는다는 의사를 비췄는데, 이는 논리적으로 보인다. 왜냐하면 그들은 처방전에 나와 있지는 않더라도 이미 환자들에게 운동할 것을 조언했기 때문이다.

스포츠와 건강의 연관성의 다른 한 편에서는, 과학자들의 주장에 의해 스포츠 협회들과 클럽들 또한 연관된다. Claudine Debled는 마음을 진정시키고 신체를 유연하게 하는 데 효과적인 것으로 유명한 요가를 가르친다 (Vivre Bien yoga 협회). "의사들은 스트레스와 불안에 맞서 싸우려고 오는 사람들을 자주 저에게 보냅니다."

그러니 의학 아카데미의 제안은 분명 타당해 보인다. 그 제안은 운동에 대한 접근을 용이하게 할 것이다.

Étape 3

모범 답변을 확인하고 실전 훈련하세요.

구술 전개 요령

1. 기사 요약

❶ 주제가 운동과 이에 대한 비용을 정부가 지불하는 것임을 언급한다.

❷ 이러한 제도가 스포츠를 활성화하는 데 도움이 된다는 것을 설명하면서, 사실 이것은 의사들이 오래전부터 권고했던 것임을 밝힌다.

❸ 의학 아카데미의 제안은 운동에 대한 접근을 용이하게 할 것임을 언급하면서 끝맺는다.

2. 의견 표명

❶ 아픈 사람들뿐만 아니라 일반인들에게도 운동이 매우 중요하다는 것을 강조하는데, 특히 병을 치유하는 과정에서 운동의 효율성을 부각시킨다.

❷ 체계적인 계획에 따른 운동과 개별화된 운동 방식이 효과적이라는 것을 강조한다.

❸ 운동의 효율성을 극대화하기 위해 유의해야 할 사항들을 언급한다. 첫째, 운동은 의사가 권장하고 의학적으로 무리하지 않는 범위 내에서 시행되어야 한다. 둘째, 운동은 '건강 스포츠'라는 체계화된 방식에 따라 행해져야 한다는 점을 강조한다.

Le sujet de cet article est le problème de la relation entre l'activité sportive et son remboursement par le gouvernement. Il commence par mentionner la possibilité que les Français pourraient faire plus d'activités sportives grâce au remboursement par la Sécurité sociale.

Ensuite, il nous indique que cette mesure n'est pas nouvelle du point de vue des médecins car ça fait déjà longtemps qu'ils conseillent aux patients de faire du sport pour rester en bonne santé. Et puis, il souligne le fait que les clubs et associations sportives peuvent aussi jouer un rôle important pour que les gens puissent être en pleine forme.

Dans la dernière partie, il finit par souligner le fait que la proposition de l'Académie de médecine à propos du remboursement par la Sécurité sociale peut être une mesure raisonnable en prenant en exemple l'efficacité du Yoga contre le stress et l'angoisse.

Je ne pense pas que la pratique régulière d'activités physiques ou sportives soit seulement bénéfique pour les personnes qui veulent garder une bonne santé. Elle a aussi un impact très favorable pour les patients souffrant de certaines maladies graves ou d'affections chroniques en cours de traitement.

Elle peut également aider les personnes qui ont une situation de handicap et je suis certain qu'elle joue un rôle essentiel pour améliorer, maintenir ou restaurer leur capital santé. Une pratique physique régulière et encadrée permet ainsi de réduire la mortalité pour les gens atteints de maladies très sérieuses comme le cancer, après son diagnostic, et de compenser une partie des effets secondaires des traitements lourds. Elle permet de réduire le risque de rechute après guérison, de contrebalancer la toxicité du traitement principal et la fatigue, d'améliorer la résistance à la maladie et d'accroître l'espérance de survie.

Une pratique sportive personnalisée a également montré par de nombreux travaux son efficacité pour les patients souffrant du diabète ou pour de nombreuses maladies chroniques. Et puis, elle permet de limiter d'autant le traitement médicamenteux tout en améliorant le bien-être des patients.

Mais il s'agit ici d'activités qui sont prescrites par un médecin, et menées sous contrôle médical régulier. Il s'agira soit d'activités sportives spécifiques encadrées par des structures spécialisées, soit d'activités plus classiques (natation, marche…) avec un suivi médical régulier.

Le développement de programmes « sport santé » constitue une voie d'avenir essentielle dans le développement de notre politique de santé, non seulement pour les patients mais aussi pour l'assurance maladie. Le bilan coût-avantages est en effet très favorable en permettant d'éviter ou de retarder des prises en charge lourdes et en diminuant le coût des soins et la quantité de médicaments à absorber.

Avec cet amendement, nous saisissons une opportunité unique de permettre de rattraper notre retard dans le domaine du sport santé, c'est-à-dire, « le sport c'est la santé ».

해석

이 기사의 주제는 운동과 정부에 의한 그것의 환급 간의 관계에 대한 문제입니다. 기사는 프랑스인들이 국민 건강 보험에 의한 환급 덕분에 운동을 더 많이 할 수 있으리라는 가능성을 언급하면서 시작합니다.

그리고 나서, 기사는 이러한 조치가 의사들의 관점에서는 새로운 것이 아님을 지적합니다. 왜냐하면 그들이 환자들에게 좋은 건강 상태를 유지하려면 운동을 하라고 조언한 지는 이미 오래되었기 때문입니다. 그리고 기사는 스포츠 클럽과 협회들도 사람들이 좋은 건강을 유지할 수 있도록 하는 데 중요한 역할을 할 수 있다는 사실을 강조합니다.

마지막 부분에서 기사는 스트레스와 불안에 대한 요가의 효능을 예로 들면서, 국민 건강 보험의 환급에 대한 의학 아카데미의 제안이 합리적인 대책이 될 수 있다는 사실을 강조하면서 끝납니다.

저는 신체적 활동 또는 운동을 규칙적으로 하는 것이 단지 좋은 건강을 유지하고 싶어 하는 사람들에게만 좋다고 생각하지 않습니다. 그것은 어떤 중병이나 치료 중인 만성질환을 앓고 있는 환자들에게도 매우 긍정적인 효과가 있습니다.

그것은 또한 장애를 가진 사람들도 도와줄 수 있으며, 저는 그것이 그들의 건강을 개선시키고, 유지하고, 혹은 회복시키는 데 중요한 역할을 한다고 확신합니다. 예를 들어 규칙적이고 짜여진 운동은 암과 같이 매우 심각한 병에 걸린 사람들의 진단 이후 사망률을 낮춰 주며, 힘든 치료의 부작용들을 일부 상쇄시켜 줍니다. 그것(운동)은 회복 후 재발 위험을 줄여 주고, 주요 치료의 독성과 피로를 상쇄해 주고, 병에 대한 저항력을 길러 주며, 기대 수명을 늘려 줍니다.

개인의 기호에 맞춘 운동은 많은 연구를 통해 당뇨병이나 수많은 만성 질병을 앓고 있는 환자들에 대한 그것의 효과를 보여주었습니다. 그리고 그것은 환자들의 건강을 개선시켜 주면서, 그만큼 약에 의한 치료를 축소할 수 있게 해 줍니다.

그러나 여기서는 의사에 의해 처방되고, 정기적인 신체 검사 하에 추진되는 활동들에 관한 것입니다. 특수 구조물로 둘러싸인 특정 스포츠 활동이든, 정기적인 의료 검사가 동반되는 더 고전적인 운동(수영, 걷기 등)이든 말입니다.

'건강 스포츠' 프로그램의 발전은 환자들뿐만 아니라 의료보험을 위해 우리의 보건 정책의 발전에서 중요한 미래의 길을 이룹니다. 비용 편익을 따져보면 (이 조치는) 사실 부담스러운 비용을 늦춰 주거나 피하게 해 주고, 먹어야 할 의약품의 양과 진료비를 줄여 주므로 매우 좋습니다.

이번 개정으로 우리는 건강 스포츠의 영역에서 뒤처짐을 따라잡을 수 있도록 해 주는 유일한 기회를 잡게 되었습니다. "스포츠는 건강이다"라는 것이죠.

DELF B2 · 구술

질의 및 응답

감독관은 우리나라의 '건강 스포츠 시스템' 실정에 대해 질문할 것이다. 우리나라의 경우 '건강 스포츠'에 대한 인식이 부족할 뿐만 아니라, 전문가 양성 및 지속적인 교육 과정에서 어려움이 있다는 식으로 답변하면 무난하다.

E Est-ce que ce système existe chez vous ? À votre avis, quels seront les problèmes de ce système ?
당신의 나라에는 이러한 시스템이 존재하나요? 당신이 생각하기에 이 시스템의 문제는 무엇인가요?

C Je ne pense pas que ce genre de mesure existe chez nous. En ce qui concerne les problèmes éventuels, j'ai lu un article sur ce sujet. Selon lui, un grand nombre de médecins n'est pas suffisamment formé aux enjeux du sport-santé, ni même informés du dispositif. Les principales avancées de la recherche en matière de l'impact du sport sur les maladies sont toutes récentes, et tous les médecins ne sont pas encore à jour.
Un autre blocage à l'essor du dispositif : la difficulté de trouver, et évaluer, des éducateurs sportifs adaptés à chaque maladie. Le décret impose en effet des certifications professionnelles et des formations complémentaires aux éducateurs qui n'ont pas de diplôme d'État, alors même que ces derniers travaillent parfois avec des malades depuis longtemps. Résultat : certains éducateurs sportifs se découragent ou n'ont pas toujours le temps de suivre ces formations.
저는 우리나라에 이런 종류의 조치가 존재한다고 생각하지 않습니다. 일어날 수 있는 문제들과 관련해서, 저는 이 주제에 관한 기사를 읽었습니다. 그에 따르면, 많은 의사들이 건강 스포츠의 문제점들에 대해 충분히 교육을 받지 않았고, 심지어 대책에 관한 정보도 없습니다. 병에 대한 스포츠의 효과에 관련된 연구의 중요한 진척은 최근에 이루어졌고, 모든 의사들이 이런 새로운 소식을 알고 있는 것은 아닙니다.
대책의 발전에 대한 또 다른 장애물이 있습니다: 각 병에 적합한 스포츠 교육자들을 찾아내고 평가하는 것의 어려움입니다. 실제로 법은 국가 자격증이 없는 교육자들에게 전문 자격증과 추가 교육을 요구합니다. 심지어 이들은 때때로 환자들과 오래 전부터 함께 일해 온 사람들인데도 말입니다. 그 결과: 어떤 스포츠 교육자들은 낙담하거나 항상 이러한 교육을 받을 시간이 있는 것은 아닙니다.

https://www.europe1.fr

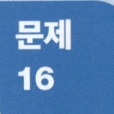

EXERCICE 1 실전 연습

🎧 Track 4-16

Étape 1
지문 내용을 간단히 소개한 후 이에 대한 자신의 의견을 이야기해 보세요.
감독관의 질문에 추가로 답변해 보세요.

Seriez-vous prêts à partager votre taxi ?

Une société de taxi propose aux usagers de partager leur taxi en direction des aéroports, en échange d'une facture diminuée de 40%. Cette initiative vous enthousiasme-t-elle ?

Avant, quand on n'avait plus d'argent, et qu'on voulait rentrer chez soi après l'heure de fermeture du métro, on pouvait, avec vraiment beaucoup de chance, tomber sur quelqu'un allant dans la même direction, et disponible pour partager la course de taxi. Mais c'était rare, et, reconnaissons-le, compliqué.

Alors, pourrait-on se demander pourquoi n'avait-on pas pensé plus tôt à créer un service de partage de taxi ? C'est la brillante - mais tardive - idée de la société parisienne, qui vient de lancer un service de partage taxi, permettant de réduire de 40% sa facture en faisant son trajet avec quelqu'un d'autre. Un concept d'abord exclusivement dédié aux courses vers les aéroports parisiens, et pour lequel il faudra réserver en ligne.

Et vous ? Seriez-vous prêt à réduire votre facture, quitte à faire un petit détour pour récupérer d'autres passagers ?

Huffpost 13/05/2012

Étape 2
문제 16의 필수 어휘를 익히고, 해석을 참조하세요.

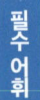

enthousiasmer 열광시키다 | course (f) (택시의) 주행거리(요금) | tardif 늦은 | exclusivement 배타적으로 | détour (m) 우회(로) | récupérer 데리러 가다, 되찾다 | regrouper 통합하다, 결집하다 | diviser 나누다, 분류하다 | porte à porte 문간에서 문간까지 | éventualité (f) 가능성 | circonstance (f) 사정, 상황 | rassurant 안심이 되는

당신의 택시를 공유할 준비가 되어 있는가?
한 택시 회사가 승객들에게 40% 할인된 요금을 내는 대신 공항으로 가는 택시를 나눠 탈 것을 제안한다. 당신은 이러한 제안에 열광하는가?
이전에, 더 이상 돈이 없을 때, 그리고 지하철이 끊긴 시간에 집에 가고 싶을 때, 정말로 운이 좋은 경우 같은 방

향으로 가는, 그리고 기꺼이 택시 요금을 나눠 내려는 누군가를 우연히 마주칠 수 있었다. 하지만 이런 경우는 드물었고 복잡했다는 것을 인정하자.
그러면 왜 진작에 택시 공유 서비스를 만들 생각을 하지 않았는지 의아하게 생각할 수도 있을 것이다. 이는 다른 사람과 동승하면서 요금의 40%를 절감할 수 있도록 해 주는 택시 공유 서비스를 막 런칭한 파리 회사의 기발하지만 뒤늦은 아이디어다. 우선 이 개념은 파리의 공항들로 향하는 택시 전용이고 온라인으로 예약해야 한다.
당신은 어떤가? 다른 승객을 태우기 위해 약간 돌아가더라도 당신의 요금을 줄일 준비가 되어 있는가?

Étape 3
모범 답변을 확인하고 실전 훈련하세요.

구술 전개 요령

1. 기사 요약
❶ 주제가 택시 공유 서비스라는 것을 밝힌다.
❷ 한 회사가 택시 공유 서비스를 런칭했음을 언급한다.
❸ 택시 공유 서비스를 이용할 의향이 있는지 묻는다.

2. 의견 표명
❶ 교통 수단으로서의 택시의 장점을 설명하면서, 특정 장소에 갈 때 같은 방향의 사람들끼리 택시를 함께 이용하는 것이 택시 공유 서비스라는 것을 설명한다.
❷ 택시 공유 서비스의 장점을 나열한다. 택시 공유 서비스는 공항이나 기차역과 같은 장소를 오갈 때 비용 및 시간을 절약할 수 있으며, 출퇴근을 하는 직장인들에게 매우 유리한 교통 수단이다.
❸ 택시 공유 시스템의 단점을 설명한다. 타인과 동승할 때 불편할 수 있고, 상대방의 신원을 제대로 파악하기 어렵기 때문에 안전상의 문제가 있을 수 있다. 또한 이용 절차가 복잡하다. 따라서 택시 공유 서비스가 효율성이 높은 것은 사실이지만, 발생할 수 있는 문제점을 해결해야 한다는 말로 끝맺는다.

모범 답변

Cet article mentionne une nouvelle manière d'utiliser les taxis. Tout d'abord, il nous indique la proposition de la société de taxi concernant les courses en direction de l'aéroport : partager le taxi pour économiser de l'argent. Ensuite, il nous explique les cas où ce moyen est utile : le problème d'argent et l'heure tardive. Puis, il nous explique la raison pour laquelle on n'applique pas encore ce système malgré son efficacité. Plus précisément, ce système n'est pas très pratique bien qu'on puisse économiser de l'argent parce qu'il s'applique seulement dans le cas où on va à l'aéroport. D'ailleurs on doit organiser son emploi du temps pour partager le taxi avec quelqu'un d'autre. Il finit par demander l'avis des lecteurs de cet article à propos du service de partage de taxi.

À mon avis, pour se déplacer, le taxi reste le moyen de transport le plus confortable, surtout avec des bagages, et bien souvent le plus rapide. Mais le problème, c'est que le taxi ça coûte cher !

Un service de partage de taxi signifie le système de regrouper plusieurs passagers qui vont au même endroit afin de diviser le prix de la course. Le but du service de taxi partagé est de proposer un moyen de transport moins cher et confortable pour se rendre aux aéroports et aux gares de Paris ou en revenir. D'ailleurs, le taxi partagé garantit un trajet porte à porte avec tout le confort du taxi traditionnel. Le taxi partagé est aussi bien adapté aux déplacements des professionnels que des particuliers souhaitant trouver une alternative aux transports en commun et aux voitures de location.

Malgré les avantages de ce système, on doit aussi considérer des inconvénients. Tout d'abord, on doit utiliser le taxi avec d'autres passagers inconnus. Supposons qu'un passager ne cesse de s'adresser à vous tout au long du trajet tandis que vous voulez vous reposer. Dans ce cas-là, on ne peut pas dire que c'est un trajet agréable.

D'ailleurs, on ne peut pas ignorer le problème de la sécurité. Il est vrai que la compagnie de taxi prend bien des mesures nécessaires contre ce genre d'éventualité mais ce qui est le plus important, c'est la sécurité et il est presque impossible de vérifier la personnalité du passager dans cette circonstance.

Et puis, beaucoup de gens pensent qu'il est trop compliqué d'attendre un taxi et d'accompagner un autre passager. Et ils préfèrent prendre un taxi pour aller à l'aéroport tout seul même si c'est plus cher.

À mon avis, partager un taxi peut être un système efficace et nécessaire dans la vie quotidienne pressée mais la compagnie de taxi doit prendre des précautions pour empêcher les problèmes éventuels.

해석

이 기사는 택시를 이용하는 새로운 방법을 언급합니다. 가장 먼저 기사는 우리에게 공항으로 가는 운행과 관련된 택시 회사의 제안을 보여줍니다: 돈을 절약하기 위해 택시를 공유하는 것입니다. 그러고 나서 기사는 우리에게 이 방식이 유용한 경우들을 설명해 줍니다: 돈 문제와 늦은 시간입니다. 그리고 기사는 그것의 효율성에도 불구하고 이 시스템을 아직 적용하지 않은 이유를 우리에게 설명하고 있습니다. 더 구체적으로, 이 시스템은 우리가 돈을 절약할 수 있음에도 그다지 실용적이지는 않습니다. 왜냐하면 그것이 우리가 공항에 갈 경우에만 적용되기 때문이죠. 게다가 우리는 다른 사람과 택시를 나눠 타려면 시간 계획을 짜야 합니다. 기사는 택시 공유 서비스에 대한 독자들의 생각을 물으며 끝납니다.

제 생각에 택시는 이동하기 위해 가장 편리한, 그리고 대개는 가장 빠른 교통수단으로 남아 있습니다. 특히 짐이 있을 때 말이죠. 하지만 문제는 택시 요금이 비싸다는 것입니다!

택시 공유 서비스는 요금을 나누기 위해 같은 장소로 가는 여러 명의 승객들을 모으는 시스템을 의미합니다. 공유 택시 서비스의 목적은 공항이나 파리 기차역으로 가거나, 혹은 거기서 돌아올 때 더 저렴하고 편한 교통수단을 제시하는 것입니다. 게다가, 공유 택시는 전통적인 택시의 편안함은 유지한 채 출발지에서 목적지까지의 여정을 보장합니다. 공유 택시는 대중교통과 렌터카에 대한 대안을 찾고 싶어 하는 개인에게만큼이나 직업인들의 이동에도 적합합니다.

이 시스템의 이러한 장점들에도 불구하고, 우리는 단점들도 고려해야 합니다. 무엇보다도, 우리는 알지 못하는 다른 승객과 함께 택시를 이용해야 합니다. 당신은 쉬고 싶은데, 승객이 택시를 타고 가는 내내 당신에게 계속해서 말을 건다고 가정해 봅시다. 이런 경우에 우리는 그것이 유쾌한 여정이라고 말할 수 없습니다.

게다가 우리는 안전 문제도 무시할 수 없습니다. 택시 회사가 이런 종류의 문제가 일어날 것을 대비해 필요한 조치를 잘 취하고 있는 것은 사실이지만, 가장 중요한 것은 안전이고 이런 상황에서 승객의 인성을 확인하는 것은 불가능합니다.
그리고 많은 사람들이 택시를 기다리고 다른 승객과 동승하는 것이 너무 복잡하다고 생각합니다. 그리고 그들은 더 비싸더라도 공항까지 혼자서 택시를 타고 가는 것을 선호합니다.
제 생각에 택시를 공유하는 것은 바쁜 일상생활 속에서 효과적이고 필요한 시스템이 될 수 있습니다. 하지만 택시 회사는 일어날 수 있는 문제들을 막기 위해 미리 대비해야 합니다.

질의 및 응답

감독관은 응시자의 나라에 택시 공유 서비스가 있는지 물을 것이다. 한국의 경우 법적으로 이러한 서비스가 불가능하다는 것과 많은 사람들이 버스나 지하철과 같은 대중교통을 이용한다고 답변하면 무난하다.

E Est-ce qu'il existe ce genre de service chez vous ?
이런 종류의 서비스가 당신의 나라에도 존재하나요?

C Je ne le pense pas. Tout d'abord, il est interdit de partager le taxi en Corée selon la loi. Je pense que les femmes peuvent avoir peur quand elles partagent un taxi avec un inconnu. Et puis, la plupart des Coréens vont à l'aéroport en bus car c'est plus rassurant et on peut économiser de l'argent. Sinon, on accompagne sa famille jusqu'à l'aéroport avec sa voiture.
제 생각에는 아닙니다. 무엇보다도, 한국에서는 법에 따라 택시를 같이 타는 것이 금지되어 있습니다. 저는 여성들이 모르는 사람과 택시를 같이 탄다면 두려움을 느낄 수 있다고 생각합니다. 그리고 대부분의 한국인들은 버스를 타고 공항에 가는데, 그것이 더 안심되고 돈을 아낄 수 있기 때문입니다. 그렇지 않으면 우리는 차를 타고 공항까지 가족과 동행합니다.

EXERCICE 1 실전 연습

🎧 Track 4-17

Étape 1 지문 내용을 간단히 소개한 후 이에 대한 자신의 의견을 이야기해 보세요.
감독관의 질문에 추가로 답변해 보세요.

Ces maternelles qui jouent aux prépas

Marceau n'a pas réussi le test d'entrée à l'école où sa mère souhaitait l'inscrire. Cette école est une référence, un établissement d'élite. On y dispense les cours en français, en anglais, et les élèves découvrent le chinois dès le CE2. Ici, les conditions d'apprentissage sont dignes d'un cinq-étoiles : profs triés sur le volet, activités parascolaires (danse, cuisine, théâtre...) bilans semestriels d'évaluation... Évidemment aussi, les résultats sont excellents. Et évidemment, un tel niveau d'exigence implique une sélection stricte, tant sur le plan intellectuel que psychique. Marceau a ainsi été jugé « immature » par le comité de recrutement. Quatre ans, c'est jeune. Pourtant, comme Jeanne, de plus en plus de couples font des pieds et des mains pour inscrire leurs enfants dans une maternelle sélective privée.
Bientôt des classes préparatoires dès 3 ans ?

L'express 17/11/2012

Étape 2 문제 17의 필수 어휘를 익히고, 해석을 참조하세요.

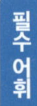

prépa (f) 그랑제꼴 입시 준비반 | référence (f) 기준, 보증 | digne ~할 만한 | trier sur le volet 엄선하다 | parascolaire 학교 외 교육의 | semestriel 6개월마다의, 6개월 간의 | recrutement (m) 모집, 채용 | faire des pieds et des mains 갖은 애를 쓰다 | préparatoire 준비의, 예비의 | performant 고성능의, 경쟁력이 있는 | zélé 열성적인 | chérubin (m) 귀엽고 예쁜 아이 | fictif 거짓의 | socialisation (f) 사회화 | se dérouler 펼쳐지다, 전개되다 | relationnel 인간 관계의 | débuter 시작하다 | assumer 받아들이다 | structurer 구성하다, 조직화하다 | respectueusement 공손히, 정중히 | continuité (f) 연속(성), 계속(성) | préinscription (f) 사전 등록 | rédiger 작성하다 | soumettre 받게 하다, 복종시키다 | dégoûter 싫증나게 하다 | admissibilité (f) 1차 시험 합격

문제 해석

입시를 준비하는 유치원들

Marceau는 그녀의 어머니가 등록하려 했던 학교의 입학 시험을 통과하지 못했다. 이 학교는 보증된 엘리트 학교다. 수업은 영어와 프랑스어로 진행되고, 학생들은 초등학교 3학년 때부터 중국어를 배운다. 이곳의 학습 환경은 별 다섯 개를 받을 만하다: 엄선된 선생님들, 교과 외 활동들(춤, 요리, 연극 등), 분기별 평가... 물론 성적도 훌륭하다. 그리고 당연히, 요구되는 수준은 지적, 정신적 측면에서 엄격한 선발을 전제로 한다. 그래서 Marceau는 신입생 모집 위원회에 의해 '시기상조'라고 평가받았다. 4살, 어린 나이다. 그러나 Jeanne처럼 점점 더 많은 부부들이 그들의 자녀를 우수한 사립 유치원에 보내기 위해 온갖 수단을 동원한다.
머지않아 3살부터 입시 준비반이 생길까?

Étape 3
모범 답변을 확인하고 실전 훈련하세요.

구술 전개 요령

1. 기사 요약
❶ 엘리트 사립 유치원 입학과 관련된 기사임을 밝힌다.
❷ 우수한 유치원이라고 여겨지는 곳들의 교육 방식에 대해 설명한다.
❸ 많은 부모들이 이러한 사립 유치원에 자녀들을 입학시키려고 하는데, 점점 어린 아이들이 사립 유치원에 입학하기 위해 준비하고 있다는 점을 밝힌다.

2. 의견 표명
❶ 자녀들을 좋은 대학에 보내기 위해 유치원 선택부터 심혈을 기울이는 부모들이 많다.
❷ 부모들은 자녀를 좋은 유치원에 입학시키기 위해 해당 유치원이 있는 곳으로 이사를 하거나 거주지를 조작하는 일조차 서슴지 않는다.
❸ 유치원의 본래 목적을 설명한다. 유치원은 아이들이 다른 사람과 관계를 맺는 첫 번째 사회화 기관으로 다른 사람과의 의사소통 방법 및 책임감을 배우는 곳이며, 본격적으로 자아 정체감을 형성해 가는 곳이다. 뿐만 아니라 기본적인 학습 능력을 습득하는 공간이기도 하다.
❹ 사립 유치원의 단점을 설명한다. 첫째, 입학 절차가 까다롭고, 둘째, 과도한 학습량으로 인해 아이들이 일찍부터 학습 의욕을 잃을 수 있으며, 셋째, 교육 불평등 문제를 야기할 수 있다.

Cet article souligne le problème des maternelles à propos de l'admission. Il commence par mentionner le fait que certaines écoles maternelles se prennent pour de grandes écoles en prenant l'exemple du cas d'un garçon. Ensuite, il nous explique le processus des cours de cette école en détail, c'est-à-dire, les conditions d'apprentissage.

Après, il indique que les conditions d'entrées sévères portent non seulement sur les capacités intellectuelles mais aussi sur la force psychique. Et il finit par nous informer que les parents veulent de plus en plus faire entrer leurs enfants dans une école très performante dès leur plus jeune âge.

Beaucoup de parents pensent qu'il devra obtenir un diplôme prestigieux et cela commence à la maternelle, où ces parents zélés vont tout faire pour que leur chérubin saute une classe. Pour la plupart des parents, la maternelle est conçue comme un espace d'apprentissage.

Le temps de l'école primaire est aussi celui d'une éducation bien remplie. Le but, c'est évidemment d'intégrer le « bon lycée », ou le bon établissement privé qui garantit 100 % de réussite au baccalauréat. Les parents adoptent des stratégies à la seule fin de placer leurs enfants dans les maternelles de centre-ville, réputées les meilleures. Beaucoup n'hésitent pas à déménager, voire à se trouver une « boîte aux lettres », autrement dit une adresse fictive - celle d'un ami ou d'un parent - qui leur garantit l'accès à l'établissement de leur choix.

Je pense que l'un des rôles de l'école maternelle est l'apprentissage sur la socialisation. Les jeunes sont accueillis à l'école maternelle dès 2 ans, et jusqu'à l'âge de 6 ans. C'est souvent le lieu où se déroulent leurs premiers processus de socialisation, et où l'enfant fait ses premières expériences relationnelles avec des petits de son âge.

Cette période est donc très importante pour l'enfant; il y développe les compétences de base, celles qui garantiront plus tard, une bonne acquisition de la lecture et de l'écriture. C'est à l'école maternelle qu'une partie importante de la vie de l'enfant va débuter.

Les premiers jeux de l'enfant à l'école visent à développer ses aptitudes à vivre en commun, à communiquer pour établir sa propre identité en découvrant les autres. Par exemple, les enfants partagent avec d'autres des activités et des lieux.

Et puis, ils entretiennent des relations avec les adultes de l'école et avant tout avec leur maîtresse. Et ce n'est pas tout. Ils deviennent des acteurs dans la communauté scolaire en assumant des responsabilités, en expliquant des actions ou en écoutant le point de vue de l'autre.

L'école maternelle est un lieu de vie sociale. Comprendre les rôles qui structurent le monde de l'école, c'est avoir déjà les clefs de la vie en société.

Qu'est-ce que le jeune enfant doit apprendre lorsqu'il est accueilli à l'école maternelle ? À mon avis, il apprend à devenir membre d'une société. Plus précisément, il agit respectueusement vis-à-vis des autres.

L'enfant peut garder en mémoire les éléments de sa vie à l'école, en continuité pendant les 3 années qu'il va passer à l'école maternelle. Un des rôles que peut jouer l'école maternelle est de lui donner les principes qui réussissent la vie collective qu'il mène à l'école.

Il existe des écoles maternelles dites élites. Les parents doivent la plupart du temps remplir un dossier de préinscription un an avant la rentrée, rédiger une lettre de motivation, obtenir une recommandation. Certains établissements vont jusqu'à soumettre les jeunes candidats à des tests de sélection. Et puis l'éducation de ces écoles est très sévère. Dans ce cas-là, il risque de dégoûter des études dès le plus jeune âge un bon nombre d'enfants. Avant toute chose, l'existence de ces écoles maternelles privées provoque l'inégalité de l'éducation. Dans la plupart des cas, les enfants de la famille riche ont plus de chance d'entrer dans ces écoles. Mais tout le monde a le droit de recevoir une éducation au même niveau et il n'est pas juste de donner une chance d'avoir une éducation excellente aux enfants privilégiés.

Keepschool

해석

이 기사는 입학과 관련된 유치원의 문제점을 강조하고 있습니다. 기사는 한 소년의 경우를 예로 들면서 몇몇 유치원들이 스스로를 일류 학교라고 여긴다는 사실을 언급하면서 시작합니다. 그러고 나서 기사는 우리에게 이 학교의 수업 과정, 즉 학습 환경을 자세하게 설명합니다.

그 후에 기사는 우리에게 엄격한 입학 조건이 지적 능력뿐만 아니라 정신력에도 적용된다는 것을 보여줍니다. 그리고 그것은 우리에게 부모들이 점점 더 자녀들을 아주 어린 나이일 때부터 아주 우수한 학교에 입학시키고 싶어 한다는 것을 알려 주면서 끝맺습니다.

많은 부모들이 좋은 학벌을 가져야 한다고 생각하고 그것이 유치원 때부터 시작됩니다. 이 열성적인 부모들은 그들의 사랑스러운 아이가 월반하기 위해서라면 모든 것을 할 것입니다. 대부분의 학부모들에게 있어서 유치원은 학습의 장소로 여겨집니다.

초등학교 시기 역시 알찬 교육의 시기입니다. 목표는 물론 대학 입학 시험에서 100%의 성공을 보장하는 '좋은 고등학교'에, 혹은 좋은 사립 학교에 입학하는 것입니다. 부모들은 오로지, 최고라고 알려진 도심의 유치원에 아이들을 보내기 위한 목적 하나로 전략을 짭니다. 많은 이들이 이사 가기를 주저하지 않으며, 더 나아가 그들이 고른 학교에 대한 접근을 보장해 주는 '우편함', 즉 거짓 주소 — 친구나 부모님의 주소 — 를 스스로 찾아내는 것도 주저하지 않습니다.

저는 유치원의 역할들 중 하나가 사회화에 대한 학습이라고 생각합니다. 아이들은 2살부터 6살까지 유치원에 다닙니다. 이곳은 대체로 사회화의 첫 번째 과정이 일어나는 장소이며 아이가 자기 또래의 다른 아이들과 처음으로 인간관계 경험을 하는 장소입니다.

따라서 이러한 기간은 아이들에게 매우 중요합니다; 아이는 이곳에서 기본적인 역량을 발전시키는데, 이 능력들은 나중에 독서와 글쓰기 능력을 잘 습득할 수 있도록 보장해 줍니다. 아이들의 삶에서 중요한 부분이 시작되는 곳은 바로 유치원입니다.

유치원에서 아이들의 첫 번째 놀이는 함께 살아가는 능력을 발전시키는 것, 다른 사람들을 알아가면서 그들 자신의 고유한 정체성을 확립하기 위해 소통하는 것을 목표로 합니다. 예를 들어, 아이들은 다른 아이들과 함께 활동들과 장소들을 공유합니다.

그리고 아이들은 유치원의 어른들, 특히 선생님과도 관계를 유지합니다. 이것이 다가 아닙니다. 그들은 책임들을 받아들이고, 행동을 설명하거나 다른 사람의 관점을 들으면서 학교 공동체의 당사자가 됩니다.

유치원은 사회생활의 장소입니다. 학교라는 세상을 구성하는 역할들을 이해하는 것, 이는 사회생활의 열쇠를 이미 가진 것입니다.

어린아이가 유치원에 들어갔을 때 무엇을 배워야 할까요? 제 생각에 아이는 사회의 일원이 되는 것을 배웁니다. 더 구체적으로, 다른 사람들을 대할 때 정중하게 행동하는 것이죠.

아이는 그가 유치원에서 보낼 3년 동안 계속해서 삶의 요소들을 각인시킬 수 있습니다. 유치원이 할 수 있는 역할들 중 하나는 그가 학교에서 하게 될 집단 생활을 성공적으로 해낼 수 있는 원칙들을 아이에게 알려 주는 것입니다.

'엘리트'라고 불리는 유치원이 있습니다. 부모들은 대개 입학 1년 전부터 사전 등록 서류를 작성하고 자기소개서를 쓰고 추천서를 받아야 합니다. 몇몇 유치원들은 어린 지원자들에게 선발 시험까지 치르게 합니다. 그리고 이 유치원들의 교육은 매우 혹독합니다. 이런 경우 상당수의 아이들이 아주 어린 나이부터 공부에 싫증을 내게 될 위험이 있습니다. 무엇보다도, 이러한 사립 유치원의 존재는 교육의 불평등을 야기합니다. 대부분의 경우 부유한 가정의 아이가 이러한 유치원에 입학할 가능성이 더 높습니다. 하지만 모든 사람들은 같은 수준의 교육을 받을 권리가 있고, 특권층의 아이들에게만 우수한 교육을 받을 기회를 주는 것은 공평하지 않습니다.

질의 및 응답

감독관은 한국의 유치원에 대해 질문할 것이다. 우리나라의 경우 프랑스와 비슷한데, 입학하기가 어려울 뿐만 아니라 경제적인 부담 또한 크다고 답변하면 무난하다.

E Quelle est la situation chez vous à propos des écoles maternelles ?
유치원과 관련하여 당신 나라의 상황은 어떻습니까?

C À mon avis, la situation n'est pas très différente en comparaison avec la France. Les parents riches veulent que leurs enfants puissent avoir une meilleure éducation dès qu'ils sont très jeunes. Alors, le taux d'admissibilité de certaines écoles maternelles privées est de 1 sur 50, c'est-à-dire, un candidat sur cinquante seulement sera admis à ces écoles. Et il est inutile de parler des frais d'inscription trop chers.
제 생각에 프랑스와 비교했을 때 상황이 크게 다르지 않습니다. 부유한 부모들은 그들의 자녀들이 아주 어렸을 때부터 최고의 교육을 받을 수 있기를 원합니다. 그래서 어떤 사립 유치원들의 경쟁률은 50:1인데, 다시 말해 50명의 지원자 중 1명만 이러한 학교들에 입학하게 된다는 것입니다. 너무 비싼 등록비는 말할 필요도 없습니다.

EXERCICE 1 실전 연습

🎧 Track 4-18

Étape 1 지문 내용을 간단히 소개한 후 이에 대한 자신의 의견을 이야기해 보세요.
감독관의 질문에 추가로 답변해 보세요.

Pays-Bas : prime pour profs « excellents »

Une expérience pilote visant à récompenser les enseignants « excellents », notamment par des primes salariales, a été lancée aujourd'hui aux Pays-Bas. Celle-ci, d'une durée de six mois à un an, concerne plus de 1 600 enseignants. Une enveloppe de 10 millions d'euros pour 2012 a été allouée au projet.
« La récompense de prestations n'est pas un but en soi mais un moyen de s'assurer que la qualité de l'enseignement est encore davantage au cœur des préoccupations », souligne le ministre de l'Éducation.
« Cette manière de récompenser et d'énumérer les prestations rompt avec la culture de l'égalité et fait des excellents professeurs des modèles à suivre », a expliqué le ministère.
Les enseignants seront évalués notamment sur leur capacité à « tirer l'élève vers le haut », « améliorer leur professionnalisme » ou « travailler en collaboration avec leurs collègues », a indiqué le ministre de l'Éducation.
En accord avec les superviseurs de l'expérience, qui sont extérieurs au ministère de l'Enseignement, les directeurs d'établissements scolaires décideront alors de la récompense appropriée.
Ces récompenses permettraient-elles d'améliorer la qualité de l'enseignement ?

Le Figaro 17/11/2011

Étape 2 문제 18의 필수 어휘를 익히고, 해석을 참조하세요.

prime (f) 상여금, 특별 수당 | pilote 시험적인 | récompenser 보답하다, 사례하다 | enveloppe (f) 총예산 | allouer 지급하다, 주다 | prestation (f) 용역 | préoccupation (f) 관심, 걱정 | énumérer 나열하다, 헤아리다 | rompre 부러뜨리다, 관계를 끊다 | superviseur 감독자 | rémunération (f) 수당 | poussiéreux 시대에 뒤진, 낡은 | en sus de ~이외에, ~밖에 | gonfler 늘리다, 부풀리다 | exiger 요구하다, 주장하다

문제 해석

네덜란드, '우수한' 교원들에게 수당 지급

'우수한' 교원들에게 보상, 특히 보너스 급여를 제공해 주려는 시범적 시도가 오늘 네덜란드에서 시작되었다. 이러한 시도는 6개월에서 1년간 1,600명이 넘는 교원들을 대상으로 실시된다. 2012년에는 1천만 유로의 예산이 이 프로젝트에 할당되었다. "용역에 대한 보상은 그 자체가 목적이 아니라, 오히려 교육의 질이 주된 관심사라는 것을 확실히 하기 위한 수단입니다."라고 교육부 장관은 강조한다.

"이처럼 용역들을 나열하고 보상하는 방식은 균등함의 문화를 버리고 우수한 교원들을 본받아야 할 롤모델로 만듭니다"라고 장관이 설명했다.

교원들은 특히 '학생들을 끌어올릴 수 있는 능력', '그들의 직업 의식을 향상시키는 능력', 혹은 '동료들과 협동하여 일하는 능력'으로 평가받을 것이라고 교육부 장관은 말했다.

이러한 시행을 감찰하는 사람들은 교육부 외부 인사들로, 학교의 교장들이 그들과 합의하여 적절한 보상을 결정할 것이다.

이러한 보상들이 교육의 질을 개선시킬 수 있을 것인가?

Étape 3

모범 답변을 확인하고 실전 훈련하세요.

구술 전개 요령

1. 기사 요약

❶ 주제가 우수한 교원들에게 지급되는 '보너스 급여'에 대한 것임을 밝힌다.
❷ 네덜란드에서 이를 위해 많은 예산을 편성했음을 언급한다. 그리고 이 제도의 목적이 교육의 질 향상에 있다는 점을 강조한다.
❸ 보너스 급여 제도의 효과에 의문을 제기하고 있음을 언급한다.

2. 의견 표명

❶ 기사에서 다루고자 하는 바는 교사에게 보너스 급여를 지급하는 것이 과연 적절한지 아닌지이다.
❷ 평가에 따른 차등 보상의 궁극적인 목적은 교육의 질 향상에 있는데, 이를 통해 실력 있는 교사들을 채용 및 양성할 수 있고, 교사 스스로도 자신을 돌아볼 수 있는 기회가 될 수 있다는 장점이 있다.
❸ 그러나 평가 기준의 문제가 있음을 언급한다. 교사를 평가하는 방식은 주로 학생의 학습 능력을 향상시켰는지, 동료 교사들과의 공동 작업이나 연구 실적이 어땠는지가 기준이 되는데, 교사가 평가를 잘 받기 위해 학생과 과도한 친분 관계를 쌓거나, 학생들의 성적을 부당하게 높이는 등의 부정적인 결과가 발생할 수 있다. 또한 평가 점수만으로 교사를 판단하거나 교사들 간의 지나친 경쟁 의식을 부추길 수 있다.
❹ 교사가 학생들의 성적을 얼마나 향상시켰는지와 연구 실적이 어땠는지만으로는 좋은 교사를 판단할 수 없다는 것을 강조한다.

Cet article a pour but de montrer le problème entre la compétence du professeur et sa rémunération, spécialement du salaire en citant le cas des Pays-Bas. Il nous explique que ce pays a financé une grosse somme d'argent pour ce projet en 2012. Et puis, il souligne l'objectif principal, c'est-à-dire, la rémunération qui est très utile pour qu'on puisse améliorer la qualité de l'enseignement dans la classe en citant le ministre de l'Éducation. Et il nous explique les critères d'évaluations des professeurs par rapport à la relation avec les élèves et avec les autres professeurs et leur compétence personnelle. Il finit par poser la question de l'efficacité de ce moyen de récompenses.

À mon avis, l'une des questions essentielles à propos de ce sujet est s'il faut récompenser les bons profs ou non. Cette idée peut être utile. Non seulement parce que la compétence de certains enseignants motivés peut être reconnue mais aussi parce que cette rémunération permet aux autres de mettre à jour leurs cours poussiéreux. Cela devrait s'appliquer dans tous les pays.

D'ailleurs, la prime peut être utile pour séduire des professeurs réputés et c'est le cas des universités canadiennes. Par exemple, dans une certaine université, certains professeurs réputés auraient obtenu 10 000 $ en moyenne en sus de leur salaire.

Mais je pense que la question est comment les enseignants seront-ils évalués. Sur quels critères ? Le ministère explique qu'on récompensera en priorité les enseignants qui auront su prouver leur capacité à « tirer l'élève vers le haut », qui auront amélioré leur professionnalisme ou qui se seront illustrés dans des projets collectifs, montrant ainsi qu'ils pouvaient travailler en collaboration avec leurs collègues.

La question de l'évaluation des enseignants existe déjà actuellement et les salaires progressent au rythme de cette évaluation. Rajouter encore cette inégalité risque tout simplement d'amener les professeurs à gonfler les notes de leurs élèves, faire du copinage avec eux et les traiter comme des copains et non plus comme des apprenants. Il est facile de faire croire que le niveau de classe est excellent.

Et puis, à mon avis, le problème le plus grave, c'est qu'on risque de juger les professeurs par l'évaluation des enseignants. Supposons que les élèves soient au courant du résultat de l'évaluation des enseignants. Dans ce cas-là, certains élèves ne respecteront pas les professeurs ayant un mauvais résultat.

D'ailleurs, il peut y avoir une tension entre les professeurs à cause de cette évaluation. Je pense que la qualité du professeur ne doit pas être jugée seulement par la note de l'évaluation. Alors, on a besoin de réfléchir avant d'appliquer ce système car les acteurs de l'éducation sont après tout les professeurs et les élèves.

https://www.enseignons.be

해석

이 기사는 네덜란드의 경우를 인용하면서 교원의 능력과 보수, 특히 월급 간의 문제를 보여주는 것을 목적으로 합니다. 기사는 우리에게 이 나라가 2012년에 이 프로젝트에 거액의 돈을 출자했다고 설명합니다. 그리고 기사는 교육부 장관의 말을 인용하면서 가장 중요한 목표, 다시 말해 교실에서의 교육의 질을 개선시키는 데 큰 도움이 되는 보수 지급을 강조합니다. 그리고 기사는 우리에게 학생들 및 다른 교원들과의 관계, 그리고 그들의 개인적인 역량과 관련된 교원들의 평가 기준을 설명합니다. 기사는 이러한 보상 제도의 효율성에 의문을 제기하며 끝맺습니다.

제 생각에 이 주제와 관련된 중요한 문제들 중 하나는 우수한 교원들에게 보상을 지급해야 하는지 아닌지입니다. 이러한 아이디어는 유용할 수 있습니다. 동기 부여를 받은 몇몇 교원들의 능력이 인정받을 수 있을 뿐만 아니라, 이러한 보상은 다른 교원들로 하여금 케케묵은 수업을 업데이트 하도록 만들기 때문입니다. 이는 모든 국가들에 적용되어야 합니다.

게다가, 수당은 유명한 교수들을 끌어들이는 데 유용할 수 있습니다. 캐나다 대학들의 경우가 그렇습니다. 예를 들어 한 대학에서 어떤 유명한 교수들은 월급 이외에도 평균 10,000 달러를 받을 것입니다.

하지만 저는 교원들이 어떻게, 어떤 기준으로 평가받을지가 문제라고 생각합니다. 장관은 '학생들을 끌어올릴 수 있는' 능력을 증명할 줄 아는, 그들의 직업 의식을 향상시켰거나 협동 프로젝트에서 두각을 나타내어 동료들과 협동해서 일할 수 있음을 보여주는 교원들에게 우선적으로 수당을 지급할 것이라고 설명했습니다.

교원 평가의 문제는 실제로 이미 존재하며, 급여는 이러한 평가에 따라 상승합니다. 이러한 불평등을 또 더하는 것은 교사들로 하여금 학생들의 성적을 부풀리고, 그들과 친구처럼 지내고, 그들을 더 이상 학습자가 아니라 친구처럼 대하도록 하는 위험을 초래합니다. 학급 수준이 훌륭하다고 믿게 하는 것은 쉽습니다.

그리고 제 생각에 가장 심각한 문제는, 교원 평가로 교사들을 판단할 위험이 있다는 것입니다. 학생들이 교원 평가 결과를 알고 있다고 가정해 봅시다. 이 경우, 몇몇 학생들은 결과가 좋지 않은 교원을 존중하지 않을 것입니다.

게다가 이 평가 때문에 교원들 간에 마찰이 있을 수 있습니다. 저는 교사의 자질이 평가 성적에 의해서만 판단되어서는 안 된다고 생각합니다. 따라서 우리는 이 시스템을 적용하기 전에 심사숙고할 필요가 있습니다. 왜냐하면 교육의 당사자들은 결국 교사들과 학생들이기 때문입니다.

질의 및 응답

감독관은 우리나라의 교원 평가나 우수 교원에 대한 수당 제도가 어떠한지 물을 것이다. 대학교에서 강의 평가가 이루어지고 있는데, 이때 학생들이 교수의 수업 그 자체만 평가하는 경우보다는 자신이 받은 성적이나 과제의 양 등 개인적인 느낌을 기준으로 평가하는 경우가 많아 신뢰성이 떨어진다는 것을 예로 들 수 있을 것이다.

E Qu'est-ce qui se passe chez vous concernant ce sujet ?
이 주제와 관련하여 당신의 나라에서는 어떤 일이 벌어지고 있습니까?

C Il existe déjà ce genre de système dans les universités coréennes. Les étudiants donnent leur opinion sur la qualité des cours ou des professeurs. Le problème, c'est qu'on ne peut pas avoir confiance en cette évaluation. Par exemple, certains élèves évaluent les professeurs selon leurs notes. S'ils obtiennent de bonnes notes, ils donnent une opinion favorable aux professeurs. En revanche, s'ils ont de mauvaises notes, ils leur expriment une opinion défavorable. Ou bien, si un professeur donne beaucoup de devoirs ou exige des efforts de la part des élèves pendant les cours, il est difficile d'avoir la bonne évaluation des élèves.

한국 대학들에는 이미 이러한 종류의 제도가 존재합니다. 학생들은 교수나 수업의 질에 대한 그들의 의견을 제시합니다. 문제는 이 평가를 신뢰할 수 없다는 것입니다. 예를 들어 몇몇 학생들은 그들의 성적에 따라 교수들을 평가합니다. 만약 그들이 좋은 성적을 받았다면 교수에게 호의적인 의견을 냅니다. 반대로 나쁜 성적을 받으면 반대하는 의견을 표하죠. 혹은 만약 한 교수가 너무 많은 과제를 내주거나 수업 동안 학생들에게 노력할 것을 요구하면, 학생들의 좋은 평가를 받기는 어렵습니다.

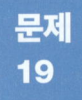

EXERCICE 1 실전 연습

🎧 Track 4-19

Étape 1

지문 내용을 간단히 소개한 후 이에 대한 자신의 의견을 이야기해 보세요.
감독관의 질문에 추가로 답변해 보세요.

Une ville américaine interdit les petites bouteilles d'eau en plastique

La ville américaine de Concord (Massachusetts, nord-est) est devenue ce 1er janvier la première à interdire la vente de petites bouteilles d'eau plate en plastique de moins d'un litre, par souci de l'environnement, sous peine d'une amende maximum de 50 dollars, selon un arrêté municipal.
Cette interdiction a été poussée pendant trois ans par une octogénaire de cette petite ville de 16 000 habitants, à quelque 30 km à l'ouest de Boston. Jean Hill, 84 ans, était soutenue par le mouvement « Ban the bottle » (« Interdisez les bouteilles ») qui dénonce notamment la pollution créée par les bouteilles en plastique dont beaucoup ne sont pas recyclées. Le mouvement souligne également que l'eau en bouteille coûte plus de 1 000 fois plus cher que l'eau du robinet.

Le Figaro 02/01/2013

Étape 2

문제 19의 필수 어휘를 익히고, 해석을 참조하세요.

arrêté (m) 법령, 포고 | municipal 도시의, 시의 | octogénaire 80대의 (사람) | eau du robinet (f) 수돗물 | se dégrader 잃다, 사라지다 | atterrir 착륙하다 | décharge (f) 매립(장) | martèlement (m) 철썩임, 망치질 소리 | rivage (m) 해안 | briser 없애다, 제거하다 | remédier 고치다, 개선하다 | à l'égard de ~에 관해서, ~에 대하여 | prélever 공제하다 | ordure (f) 쓰레기 | en même temps 동시에 | maint 많은, 다수의 | décyclage (m) 다운사이클링 | incinérateur (m) 소각(장)

미국의 한 도시가 플라스틱 물병을 금지한다

미국의 도시인 콩코드(메사추세츠 주 북동쪽)는 올해 1월 1일, 환경을 염려하여 1리터 이하의 플라스틱 물병 판매를 금지한 첫 번째 도시가 되었다. 이를 위반하면 시(市) 법령에 따라 최대 50달러의 벌금에 처해진다.
이러한 금지는 보스턴에서 서쪽으로 30km 떨어진, 16,000명의 주민들이 사는 이 작은 마을의 한 80대 노인에 의해 3년 동안 추진되었다. 84세의 Jean Hill은 '병을 금지하라(Ban the bottle)' 운동 단체에 의해 지지를 받았는데, 이 단체는 대부분이 재활용되지 않는 플라스틱 병에 의한 오염을 특히 규탄한다. 이 단체는 또한 병에 든 물이 수돗물보다 1,000배 이상 비싸다고 주장한다.

Étape 3 모범 답변을 확인하고 실전 훈련하세요.

구술 전개 요령

1. 기사 요약
❶ 기사가 환경 문제를 다루고 있다는 점을 언급한다.
❷ 미국의 한 도시에서 환경 보호를 위해 플라스틱 물병 사용을 금지했다는 내용을 기술한다.
❸ 플라스틱 물병 사용을 제한하면, 환경을 보호할 수 있을 뿐만 아니라 경제적으로도 이득이 됨을 강조한다.

2. 의견 표명
❶ 플라스틱으로 인한 환경 오염이 심각한데, 그 중에서도 특히 플라스틱 물병을 생산하는 데 막대한 비용이 들어간다. 플라스틱은 제조부터 소비까지 막대한 에너지가 소비될 뿐더러 자연적으로 소멸되는 데 아주 오랜 시간이 걸리기 때문에 환경 오염의 주범이 되고 있다.
❷ 일상생활에서 편리함 때문에 플라스틱 제품을 많이 사용하고 있으나 환경 오염을 막기 위해 플라스틱 사용을 반드시 줄여야 하며, 이를 줄이기 위한 방법을 설명한다. 첫째, 플라스틱 제품을 재사용한다. 둘째, 빈 플라스틱 병을 가져오는 사람들에게 소액의 돈을 공제해 준다. 셋째, 플라스틱 사용을 근본적으로 자제한다.
❸ 환경 오염은 후손들에게까지 영향을 미치기 때문에 무엇보다 중요한 일이라는 것을 강조한다.

모범 답변

Cet article parle du problème de l'environnement. Dans la première partie, il mentionne le fait qu'une ville américaine prend une mesure nécessaire pour protéger l'environnement : interdire la vente de petites bouteilles d'eau. Ensuite, il souligne que cette décision est un résultat obtenu par l'effort d'une habitante. Il finit en soulignant le fait que cette mesure est importante non seulement pour empêcher la pollution de l'environnement mais aussi pour surmonter la crise économique.

Il est vrai que beaucoup de monde parle récemment de la gravité de la pollution de l'environnement. En ce qui concerne le problème de la bouteille en plastique, j'ai lu un article qui nous informe des points importants. Plus précisément, les bouteilles d'eau en plastique ont un coût environnemental incroyable et considérable. D'ailleurs, il faut 1 000 ans pour qu'une bouteille d'eau en plastique se dégrade. La production, la vente et le transport de bouteilles d'eau à usage unique provoquent aussi la pollution atmosphérique à cause des gaz d'échappement. La production, la distribution et le traitement des bouteilles en plastiques jusqu'à leur fin de vie consomment près de 2 000 fois plus d'énergie que l'eau du robinet tandis que la ville en consommerait environ 15 millions d'unités en moyenne chaque année. Au-delà du coût environnemental lié à leur création, les bouteilles d'eau en plastique sont en soi un réel problème puisque des dizaines de millions d'entre elles atterrissent dans les décharges et dans l'océan chaque année.

En fait, le plastique est partout… et je veux vraiment dire partout ! Une grande partie de nos aliments et de nos boissons sont emballés dans du plastique comme des sacs ou des bouteilles. Et la plupart des jouets sont en plastique. On en fabrique en grandes quantités, parce que c'est si utile dans à peu près tout ce qu'on fait. C'est pourquoi les déchets en plastique causent de graves problèmes. Le soleil ou le martèlement des vagues sur les rivages brisent le plastique en petits morceaux, mais les petits morceaux ne disparaissent pas et c'est l'un des plus gros problèmes avec ce genre de choses fabriquées par l'homme. Évidemment les humains ne vont pas arrêter de fabriquer du plastique car c'est tellement utile pour tant de choses. Alors d'abord, nous devons reconnaître que le plastique est un gros problème. Ensuite, il faut commencer à agir pour y remédier.

On parle souvent des trois R à l'égard de l'environnement : Réduire, Réutiliser, Recycler. Réduire est un acte important. Cela veut dire ne pas acheter autant de choses en plastique. Il y a des bouteilles en plastique en parfait état jetées par les gens. Elles sont un bon exemple. Elles sont solides et peuvent être utilisées plusieurs fois. Ou alors pourquoi ne pas utiliser le verre pour les bouteilles ? C'est ce que les gens faisaient avant le plastique. Recycler tous les déchets en plastique, c'est la seule solution — difficile mais pas impossible. Prenons les bouteilles en plastique, par exemple : Une idée serait de prélever une petite somme pour chaque bouteille vendue et quand on rendrait la bouteille vide, on récupérerait son argent et les bouteilles pourraient être recyclées. Les « ordures » rapporteraient de l'argent — cela encouragerait les gens à recycler le plastique, s'ils peuvent en même temps faire du bénéfice. Une fois qu'on se rend compte que les déchets plastiques ont une réelle valeur commerciale, ils seront réutilisés maintes et maintes fois… et le problème est résolu. En dernier, on doit ajouter le mot « Refuser ». Dire NON aux plastiques à usage unique comme les sacs et les bouteilles. Protéger l'environnement est primordial car il s'agit non seulement des gens d'aujourd'hui mais aussi des enfants de l'avenir.

http://tiki.oneworld.org

해석

이 기사는 환경 문제에 대해 말하고 있습니다. 첫 번째 부분에서 기사는 미국의 한 도시가 환경을 보호하기 위해 필요한 조치를 취했다는 사실을 언급합니다. 작은 물병의 판매를 금지한 것이죠. 그러고 나서 기사는 이러한 결정이 한 주민의 노력에 의해 얻어진 결과였음을 강조합니다. 기사는 이러한 조치가 환경 오염을 막는 것뿐만 아니라 경제 위기를 극복하는 데 중요하다는 사실을 강조하며 끝맺습니다.

최근 많은 사람들이 환경 오염의 심각성에 대해 이야기하고 있는 것이 사실입니다. 플라스틱 병 문제에 관해서 저는 중요한 점들을 우리에게 알려 주는 한 기사를 읽었습니다. 더 구체적으로, 플라스틱 물병은 믿을 수 없을 정도로 막대한 환경적 비용을 가져옵니다. 게다가 플라스틱 물병이 없어지는 데는 1,000년이 필요합니다. 일회용 물병의 생산, 판매 그리고 운송은 또한 배기가스로 인한 대기오염을 유발합니다. 플라스틱 병이 수명이 다하기까지 생산, 유통, 처리는 수돗물의 2,000배에 가까운 에너지를 더 소비하는데, 도시는 매년 평균적으로 약 1,500만 개의 플라스틱 병을 소비합니다. 그것의 생산과 관련된 환경적 비용 이상으로 플라스틱 물병은 그 자체로 현실적인 문제인데, 왜냐하면 매년 그것들 중 수천만 개가 매립지와 바다에 이르기 때문입니다.

사실 플라스틱은 사방에 널려 있습니다. 정말로 사방에 널려 있어요! 우리가 먹는 식품들과 음료들 대부분이 가방이나 병과 같은 플라스틱으로 포장되어 있습니다. 그리고 대부분의 장난감들도 플라스틱이죠. 우리는 그것이 우리가 하는 거의 모든 일에 매우 유용하기 때문에 그것들을 대량으로 만듭니다. 이것이 플라스틱 쓰레기가 심각한 문제들을 일으키는 이유입니다. 태양이나 해안가에서의 파도의 철썩임이 플라스틱을 잘게 부수지만, 이 작은 조각들은 사라지지 않으며 이는 인간에 의해 만들어진 이러한 종류의 것들이 가지는 가장 큰 문제점들 중 하나입니다. 플라스틱은 매우 많은 것에 유용하기 때문에 분명 인간은 플라스틱을 만드는 것을 멈추지 않을 것입니다. 그래서 우리는 먼저 플라스틱이 큰 문제라는 것을 인식해야 합니다. 그러고 나서 그것을 개선하기 위해 행동하기 시작해야 합니다.

흔히들 환경에 관한 3R을 절감(Réduire), 재사용(Réutiliser), 재활용(Recycler)이라고 말합니다. 절감하기는 중요한 행동입니다. 플라스틱으로 된 물건들을 이만큼 많이 사지 말라는 뜻이죠. 사람들에 의해 버려진, 온전한 상태의 플라스틱 병들이 있습니다. 이것들은 좋은 예시입니다. 단단하고 여러 번 사용될 수 있죠. 아니면 병에 유리를 왜 쓰지 않겠습니까? 이것은 사람들이 플라스틱 이전에 했던 것입니다. 모든 플라스틱 쓰레기를 재활용하는 것이 유일한 해결책입니다. 쉽지는 않겠지만 불가능하지도 않습니다. 플라스틱 병을 예로 들어 봅시다. 한 가지 아이디어는 판매된 병 하나당 소액의 돈을 공제해 주는 것입니다. 사람들은 빈 병을 반납할 때 돈을 돌려받을 수 있을 것이고 병들은 재활용될 수 있을 것입니다. '쓰레기'로 돈을 벌 수 있는 것입니다. 이는 사람들로 하여금 이익을 볼 수 있도록 하는 동시에 플라스틱을 재활용하도록 독려할 것입니다. 플라스틱 쓰레기가 실제로 상업적 가치가 있다는 것을 사람들이 일단 깨닫고 나면, 그것들은 계속해서 재사용될 것이고 문제는 해결될 것입니다. 마지막으로 우리는 '거부한다'라는 단어를 추가해야 합니다. 가방이나 병과 같은 일회용 플라스틱에 대해 아니라고 말하는 것입니다. 환경을 보호하는 것은 매우 중요한데, 왜냐하면 그것이 현대의 사람들뿐만 아니라 미래의 아이들과도 연관되기 때문입니다.

> 질의 및 응답

감독관은 재활용이 환경 문제를 해결하는 데 충분한지에 대해 질문할 수 있다. 플라스틱을 재활용하는 것은 근본적인 해결 방안이 아니라고 한 뒤, 플라스틱 소비 자체를 줄여야 한다는 것을 강조한다.

E Pensez-vous que le recyclage est suffisant pour protéger l'environnement ?
당신은 환경을 보호하는 데 재활용으로 충분하다고 생각하나요?

C Non, je ne le crois pas. Le recyclage des bouteilles plastiques ne peut pas être une solution à long terme. De plus, avec le recyclage intervient le « décyclage ». Souvent, le plastique ne peut être recyclé qu'en plastique. Une bouteille ne sera pas toujours recyclée en bouteille, comme c'est le cas pour le verre — pour au final, ne plus être recyclable du tout et finir dans une décharge ou en incinérateur. Il semble donc urgent de prendre des mesures pour réduire notre consommation non recyclable.
아니오, 그렇게 생각하지 않습니다. 플라스틱 병의 재활용은 장기적인 해결책이 될 수 없습니다. 게다가 재활용은 '다운사이클링'을 포함합니다. 흔히 플라스틱은 플라스틱으로만 재활용이 될 수 있죠. 유리의 경우처럼 병이 항상 병으로 재활용되는 것은 아니며, 더 이상 재활용이 불가능해지면 결국에는 매립지나 소각장으로 가게 됩니다. 따라서 우리의 재활용이 불가능한 소비를 줄이기 위해 조치를 취하는 것이 시급해 보입니다.

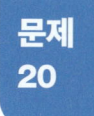

EXERCICE 1 실전 연습

Track 4-20

지문 내용을 간단히 소개한 후 이에 대한 자신의 의견을 이야기해 보세요.
감독관의 질문에 추가로 답변해 보세요.

La sécurité des enfants sur Internet

À l'occasion de la Journée pour Internet sans craintes, la Commission Européenne met l'accent en France sur les risques du cyber-harcèlement pour les jeunes utilisateurs.

Le slogan « Ensemble, pour un meilleur Internet » vise à mettre l'accent sur la lutte contre le cyber-harcèlement. Comment ? Avec la mise en place de nouvelles ressources et d'actions précises sur le terrain comme la création de sites et de contenus de qualité pour les enfants. De nouvelles préconisations sont faites aux créateurs et éditeurs en ligne pour qu'ils garantissent aux plus jeunes un accès à des contenus fiables. En effet, en 2013, près de 10 % des collégiens ont rencontré des problèmes de harcèlement dont 6 % étaient sévères, selon l'enquête nationale de victimisation au sein des collèges publics réalisée auprès de 18 000 élèves réalisée par le ministère de l'Éducation nationale. Plus grave, 40 % des élèves ont déclaré avoir été victimes d'une agression en ligne.

https://www.parents.fr

문제 20의 필수 어휘를 익히고, 해석을 참조하세요.

cyber-harcèlement 사이버 폭력 | sur le terrain 현장에서, 실제로 | préconisation (f) 권장, 추천 | victimisation (f) 피해 | imiter 모방하다, 흉내내다 | endommager 해치다, 상하게 하다 | vigilant 주의하고 있는 | violation (f) 침범, 침해

문제 해석

인터넷상에서 아이들의 안전

'걱정 없는 인터넷의 날'을 맞아 유럽 위원회가 프랑스에서 젊은 이용자들에게 사이버 폭력의 위험성을 강조했다. '더 나은 인터넷을 위해 뭉치자'라는 슬로건은 사이버 폭력에 맞선 투쟁을 강조하기 위한 것이다. 어떻게? 아이들을 위한 양질의 콘텐츠 사이트를 개설하는 것과 같이, 실제로 명확한 행동들과 새로운 방법들을 시행하면서. 온라인 크리에이터들과 게시자들에게 새로운 권고가 내려진다. 이는 그들이 어린아이들에게 신뢰할 만한 콘텐츠들에 대한 접근을 보장해 주도록 하기 위함이다. 실제로 2013년 교육부가 공립 중학교 학생들 18,000여 명을 대상으로 실시한 피해 실태 조사에 따르면 약 10%의 중학생들이 (사이버) 폭력의 문제를 겪었으며, 그 중 6%는 심각한 수준이었다. 더 심각한 것은 40%의 학생들이 온라인상에서 공격받은 적이 있다고 진술했다는 것이다.

Étape 3

모범 답변을 확인하고 실전 훈련하세요.

구술 전개 요령

1. 기사 요약

❶ 사이버 폭력에 아이들이 노출된다는 것이 핵심 주제임을 밝힌다.
❷ '걱정 없는 인터넷의 날'을 통해 유럽 위원회가 달성하려는 목표가 무엇인지 설명한다.
❸ 통계 자료를 근거로 사이버 폭력으로 인한 아이들의 피해가 심각하다는 점을 부각시킨다.

2. 의견 표명

❶ 아이들이 사이버 폭력의 희생자가 되고 있음을 언급한다.
❷ 인터넷은 우리 생활에 없어서는 안 될 필수 요소로, 어떠한 장점들이 있는지 나열한다.
❸ 인터넷으로 인한 피해를 설명한다. 폭력적인 장면은 아이들의 정서에 해가 될 뿐만 아니라 모방으로 인한 범죄를 야기할 위험이 있음을 설명한다.
❹ 사이버 폭력으로부터 아이들을 보호할 수 있는 방안들에 대해 구체적으로 언급한다. 첫째, 부모가 아이들과 최대한 많은 대화를 하는 것이 가장 중요하다. 또한 컴퓨터 사용 시간을 제한하는 등의 물리적인 방법을 통해 아이들을 보호할 수 있다. 둘째, 학교와 정부의 역할 또한 중요하다.

C'est un article sur le danger d'Internet pour les enfants. Il commence par présenter la Commission Européenne qui avertit du danger de cyber-harcèlement pour les jeunes internautes à l'occasion de la Journée pour « Internet sans crainte ». Et puis, il explique le but du slogan : souligner la lutte contre le cyber-harcèlement. Après, il précise comment prendre des précautions contre le danger causé par Internet. En dernière partie, il montre combien la situation est sérieuse en se basant sur les données statistiques.

En effet, il faut admettre que le développement de la technologie a complètement changé la vie des gens et surtout il est de plus en plus difficile de vivre sans Internet et sans téléphone portable. Pourtant, il y a aussi des problèmes très graves à cause de cela. En particulier, les enfants sont souvent victimes du cyber-harcèlement. J'ai lu un article sur Internet à propos de ce sujet et selon une étude, les gens passent trop de temps devant l'écran. Il mentionne également le fait que les jeunes utilisent beaucoup plus Internet et le smartphone que les adultes.

Surtout, YouTube a eu un grand succès pendant ces dernières années et il est vrai qu'Internet nous donne des avantages. On peut trouver des informations sur le site Internet ou bien des documents nécessaires pour faire des devoirs sans aller à la bibliothèque. Et on réserve des billets de train ou d'avion et on achète des marchandises sur Internet.

Cependant, certaines scènes sur Internet sont si violentes que les enfants ne doivent pas les regarder. Les enfants ont tendance à imiter les actes des adultes sans réfléchir et les scènes violentes et cruelles risquent d'endommager leurs émotions. Quelquefois, les adolescents commettent des crimes graves en imitant des scènes qu'ils ont vues sur Internet sans connaître la gravité de ces actes.

Maintenant, j'aimerais faire quelques propositions pour résoudre les problèmes du cyber-harcèlement. D'abord, je pense que le rôle des parents est primordial. En effet, il est vrai que les parents ne peuvent pas tout contrôler ce qui est dit dans les vidéos. Les experts parlent souvent de l'importance du dialogue avec les enfants, c'est-à-dire qu'il vaut mieux parler avec son enfant le plus librement possible. Par exemple, les parents doivent essayer de regarder avec leurs enfants les vidéos dans un premier temps. Cela permet d'aborder des sujets importants qui sont mis en scène.

Et puis, on ne peut pas ignorer le rôle de l'école et du gouvernement. Ils doivent donner des messages aux parents pour faire plus attention au danger du cyber-harcèlement ainsi qu'aux médias et notamment à Internet. Par ailleurs, on doit faire comprendre aux enfants les dangers sur Internet. Plus précisément, Internet est un espace de libre expression mais pas un lieu virtuel où tout est permis. Donc, il y a des limites, légales notamment, et morales et les parents doivent accompagner l'enfant devant l'écran dès la petite enfance et être vigilant à ce que fait l'enfant sur son écran. Le temps sur l'ordinateur ou la tablette doit être limité, et ce, plus l'enfant est jeune.

> **해석**

이것은 아이들에게 인터넷이 가지는 위험에 대한 기사입니다. 기사는 유럽 위원회가 '걱정 없는 인터넷'의 날을 맞이하여 어린 네티즌들에게 사이버 폭력의 위험을 경고한다는 것을 소개하면서 시작합니다. 그리고 슬로건의 목적을 설명합니다: 사이버 폭력에 맞선 투쟁을 강조하는 것입니다. 그 후에 기사는 인터넷에 의해 야기되는 위험을 어떻게 미리 대비할 것인지를 구체화합니다. 마지막 부분에서 기사는 통계 자료에 근거하여 상황이 얼마나 심각한지 보여줍니다.

실제로 기술 발전이 사람들의 삶을 완전히 바꾸어 놓았다는 것을 인정해야 합니다. 특히 인터넷과 휴대폰 없이 사는 것은 점점 더 어려워지고 있습니다. 그러나 이로 인한 매우 심각한 문제들도 있습니다. 특히 아이들은 많은 경우 사이버 폭력의 희생양들입니다. 저는 이 주제에 관한 기사를 인터넷에서 읽은 적이 있고, 한 연구에 따르면 사람들은 스크린 앞에서 너무 많은 시간을 보낸다고 합니다. 그 기사는 또한 청소년들이 성인들보다 훨씬 많이 인터넷과 스마트폰을 사용한다는 사실을 언급했습니다.

무엇보다도, 유튜브는 최근 몇 년간 큰 성공을 거두었습니다. 그리고 인터넷이 우리에게 여러 이점들을 주는 것도 사실입니다. 우리는 도서관에 가지 않고도 인터넷 사이트에서 과제를 하기 위해 필요한 자료나 정보들을 찾을 수 있습니다. 그리고 인터넷에서 기차나 비행기표를 예매하거나 물건들을 살 수 있습니다.

하지만 인터넷에서의 어떤 장면들은 너무 폭력적이어서 아이들은 그것을 보면 안 됩니다. 아이들은 아무 생각없이 어른들의 행동을 흉내내는 경향이 있고 폭력적이고 잔인한 장면들은 아이들의 정서에 해가 될 위험이 있습니다. 때때로 청소년들은 그들이 인터넷에서 본 장면들을 흉내내면서 심각한 범죄들을 저지릅니다. 이런 행동의 심각성은 알지 못한 채 말이죠.

이제 저는 사이버 폭력 문제를 해결하기 위한 몇 가지 제안들을 하려고 합니다. 먼저, 저는 부모들의 역할이 가장 중요하다고 생각합니다. 사실 부모들이 비디오에 나오는 모든 것들을 통제할 수 없는 것이 사실입니다. 전문가들은 아이들과의 대화의 중요성에 대해 자주 말하는데, 다시 말해 가능한 한 가장 자유롭게 아이와 이야기하는 것이 좋다는 것입니다. 예를 들어 부모들은 처음에 아이들과 함께 비디오를 보려고 노력해야 합니다. 이것은 화면에 나오는 중요한 주제들을 다룰 수 있게 해 줍니다.

그리고 학교와 정부의 역할을 무시할 수 없습니다. 이들은 부모들에게 미디어, 특히 인터넷에서와 같은 사이버 폭력의 위험성에 더 주의하라는 메시지를 줘야 합니다. 게다가 우리는 인터넷에서의 위험들에 대해 아이들을 이해시켜야 합니다. 더 구체적으로, 인터넷은 자유로운 표현의 공간이지만, 모든 것이 허용되는 가상의 장소는 아닙니다. 그래서 한계가, 특히 법적이고 도덕적인 한계가 있습니다. 그리고 부모들은 아이가 어릴 때부터 화면 앞에서 아이와 함께해야 하고, 아이가 화면 안에서 무엇을 하는지에 대해 경계를 늦추지 말아야 합니다. 컴퓨터나 태블릿을 하는 시간은 제한되어야 하며, 특히 아이가 어릴수록 더 그래야 합니다.

질의 및 응답

감독관은 인터넷 사용을 통제하는 것이 아이의 사생활을 침해하는 것이 아닌지 질문할 수 있다. 아이들은 성인에 비해 판단력이 높다고 할 수는 없으므로 부모의 개입은 사생활 침해가 아니며, 아이들과 대화를 하며 문제를 풀어 가는 것이 중요하다는 점을 강조한다.

E Surveiller son enfant constitue-t-il une violation de sa vie privée ?
아이를 감시하는 것이 사생활 침해일까요?

C Je pense que ça dépend de l'âge. Par exemple, avant 12-13 ans, surveiller l'activité de son enfant sur Internet ne constitue pas une violation de sa vie privée. Beaucoup de jeunes parlent à leurs parents, souhaitent leur raconter leurs petits secrets. Par ailleurs, contrairement à l'inquiétude des parents, les enfants demandent quasiment toujours leurs parents en amis, ce qui prouve bien qu'ils n'ont rien à leur cacher.
저는 그것은 나이에 달려 있다고 생각합니다. 예를 들어 12~13세 이전에 인터넷에서 아이의 활동을 감시하는 것은 사생활 침해가 아닙니다. 많은 청소년들이 부모들에게 그들의 작은 비밀을 말하고, 말하고 싶어 합니다. 게다가 부모들의 걱정과는 반대로 아이들은 거의 항상 그들의 부모가 친구가 되어 주기를 바라는데, 이것은 청소년들이 부모들에게 아무것도 숨기지 않는다는 것을 잘 보여줍니다.

Level Test

 **혜택 1** **현재 내 실력 테스트!**

독학에 성공하기 위해서는 수시로 나의 실력을 점검하며 레벨에 맞는 커리큘럼에 따라 학습해야 합니다. 시원스쿨 프랑스어 홈페이지에서 무료로 레벨테스트 하고 혜택도 받으세요.

STEP 01 **준비** 왕초보 또는 중·고급 기준으로 현재 나의 실력이 어느 정도인지 확인하세요.

STEP 02 **실력 확인** 총15개의 문항으로 나의 레벨과 채점 결과, 정답 및 해설까지 살펴보세요.

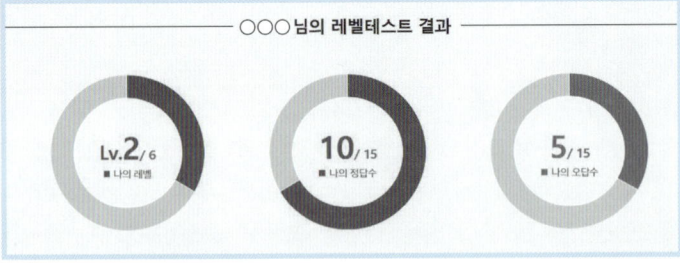

STEP 03 **레벨테스트 혜택 받기** 나에게 딱 맞는 추천 강의와 패키지 할인 쿠폰을 받으세요.

혜택 2　모르는 건 바로바로! 공부 질문게시판

강의와 도서 내용 중 궁금한 점을 공부 질문게시판에 올려 주세요. 담당 강사진과 시원스쿨 프랑스어 연구진이 바로바로 자세히 답변해 드립니다.

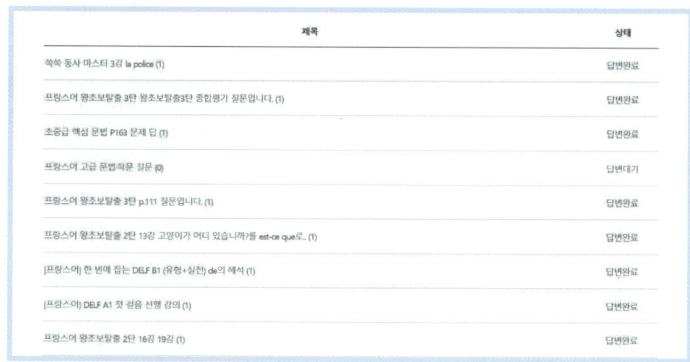

혜택 3　모두 무료! 공부 자료실

학원에 가지 않아도 충분한 학습 자료를 제공합니다. 원어민 MP3 파일과 샘플 강의뿐만 아니라 연습문제, 종합평가, 족집게 노트, 월별 테마 어휘 등 수시로 업데이트되는 자료까지 꼭 챙기세요.

혜택 4　완전 핵이득! 이벤트

참여만 해도 사은품이 와르르! 수시로 할인, 증정 이벤트를 제공합니다.

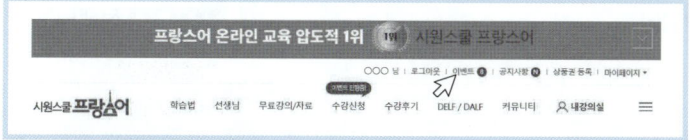

지금 바로 시원스쿨 프랑스어 홈페이지를 방문하세요!
france.siwonschool.com

시원스쿨 프랑스어 강사진

"델프의 신"
Il Young 선생님

강좌
- 한 번에 끝내는 DELF A1 (신유형)
- 한 번에 끝내는 DELF A2 (신유형)
- 한 번에 끝내는 DELF B1 (신유형)
- 한 번에 끝내는 DELF B2 (신유형)

"프랑스어 문법 명강사"
Emma 선생님

강좌
- 프랑스어 기초 문법 1·2탄
- 쏙쏙 동사 마스터
- 초·중급 핵심 문법 / 중·고급 문법 완성
- 술술 말하는 프랑스어 패턴
- FLEX UP 프랑스어

"왕초보 탈출의 새로운 기준"
Joomière 선생님

강좌
- 하루 10분 처음 프랑스어
- NEW 프랑스어 왕초보탈출 파닉스, 1탄, 2탄

"중고급 프랑스어 최강자"
Ji Yeon 선생님

강좌
- 프랑스어 중급 문법·작문
- 프랑스어 고급 문법·작문

프랑스어 도서 라인업

GO! 독학 프랑스어 첫걸음

체계적인 커리큘럼으로 혼자서도 쉽게 독학할 수 있다GO!

초보자도 혼자서 무리없이 학습할 수 있는 회화 위주의 체계적인 커리큘럼으로, 일상 회화를 통해 어휘와 문법을 익힐 수 있으며 스토리텔링 방식으로 더 쉽고 재미있게 학습이 가능하다.

김지연 지음 | Sylvie MAZO 감수 | 값 18,900원
(본책+별책 부록+MP3+무료 강의 제공)

GO! 독학 프랑스어 단어장

단어장 한 권으로 첫걸음부터 DELF까지 한 번에!

프랑스어 첫걸음부터 DELF 시험 준비를 목표로 하는 학습자까지, 보다 친절하면서도 효율적으로 단어를 학습할 수 있도록 구성하였다. 회화와 시험에 꼭 나오는 예문과 주제별, 상황별 분류로 유기적인 단어 암기가 가능하다. 독학하며 궁금한 부분은 무료 음성 강의로 빈틈없이 공부할 수 있다.

Emma 지음 | Sylvie MAZO 감수 | 값 16,800원
(본책+MP3+무료 강의 제공)

시원스쿨 여행 프랑스어

공부하지 않고, 바로 찾아 말하는 진짜 여행 회화!

여행 시 직면할 수 있는 상황에 '꼭 필요한 표현'을 바로 찾아 말할 수 있는 휴대용 '사전'이다. 다양한 상황별로 필요한 단어와 문장을 한글 중심으로 찾을 수 있도록 구성되어, 급할 때 바로 찾아 말할 수 있다. 해당 언어의 발음과 가장 유사하게 들리는 한글 독음을 제공한다. 책 마지막의 여행 꿀팁까지 놓치지 말자.

시원스쿨어학연구소 지음 | 값 12,000원
(본책+MP3 제공)

시원스쿨닷컴